형법각론

경찰승진 · 경찰직 · 사시
법원직 · 검찰직 · 각종 시험 대비

한 남 현 지음
(필명 : 한영삼)

율곡출판사

들어가는 글

청명한 하늘만큼 넓은 가슴으로 어떠한 경우에도 포용과 관용을 베풀 수 있는 자세로 수험에 임했으면 하는 생각으로 몇 자 적어 본다.

형법은 범죄와 형벌로서 범죄에 대한 법률효과인 형벌 또는 보안처분을 규정한 법규범의 총체로서 범죄가 사회와 밀접하게 연관되어 살아 숨 쉬고 있는 한 그 존재의의는 변하지 않을 것이며, 오히려 시간이 지날수록 형벌의 중요성은 커져만 가고 있다. 저자는 수험생들의 고충에 조금이나마 일조(一助)하고자 필자의 오랜 사법고시 준비과정과 고시 · 공무원학원 및 대학 강의 등에서 터득한 경험을 바탕으로 집필에 임하게 되었으며, 특히 수년간 수험생(사법고시 · 경찰간부후보생 · 경찰승진 · 경찰채용 · 법원 및 검찰직 등)을 대상으로 강의해 오면서 유사한 수많은 교재 중에서 단권화할 수 있는 전문수험서가 필요함을 직시하던 차에 그동안 형법교재를 출간한 지 5년이 지나 2013년 개정된 법 정비와 함께 본서를 출간하게 되었다.

전문수험서인 본서는 다음과 같은 점에 중점을 두어 기술하였다.

- **완벽한 단권화** : 국내에 있는 유사한 형법 관련도서들을 참조하여 본서 한권으로 정리할 수 있도록 단권화하였다.
- **도식화** : 대립되는 학설과 상이(相異)한 개념을 도식화하여 쉽게 이해할 수 있도록 하였다.
- **최신 중요 판례의 수록** : 최근 판례의 출제빈도가 절대적으로 증가하고 있음을 반영하여 출제경향에 부응하고자 최신 판례를 정리하여 수록하였다.
- **형사특별법과 관련된 내용정리** : 최근의 각종 채용시험(경찰 · 법원직 · 검찰직 등) 및 승진시험은 업무의 특수성으로 인하여 특별법의 출제빈도가 증가하므로 이에 대비할 수 있도록 관련 특별법을 기술하였다.
- **사례중심** : 각 단원마다 사례를 나열하여 내용을 이해할 수 있도록 하였다.
- **단원마다 핵심정리 요약** : 수험생들의 편의를 위하여 각 단원마다 중요한 부분을 정리하였다.

좋은 전문수험서는 “살아 있는 수험서” 이다.

살아 있는 수험서는 출제경향을 신속하게 반영하고 제정 및 개정된 내용을 신속하고 정확하게 담아야 하며, 시험에 적중해야 한다고 생각한다. 저자는 앞으로도 교수의 양심으로 수험생의 밀알이 되도록 최선을 다하여 연구할 것을 약속드린다.

본서가 출간되기까지 실무적인 면에서 많은 격려와 조언을 주신 경찰관 여러분(수사지휘과 정팀장과 강력범죄과정 교육생)과 원고정리와 교정 등을 도와준 자식과 같은 남부대학교 경찰행정학과 제자 등에게 감사하며, 원고의 편집에서 출간까지 수고하신 율곡출판사 박기남 사장님과 신재혁 선생에게도 감사드리며, 소리 없이 그림자 역할을 하며, 기도하는 아내에게 사랑의 단어를 전한다.

끝으로 수험생 여러분의 건강과 건승을 빌며, 하나님의 은총이 있기를 기도한다.

2014년 2월

삼애관 연구실에서 우암동산을 바라보며

한 남 현 씀

제2장 자유에 관한 죄

제3장 명예와 신용에 대한 죄

제4장 사생활의 평온에 대한 죄

제5장 재산에 대한 죄

제2편 사회적 법익에 관한 죄

제1장 공공의 안전과 평온에 대한 죄

제2장 공중의 건강에 대한 죄

제4장 사회의 도덕에 대한 죄

제3편 국가적 법익에 관한 죄

제1장 국가의 존립과 권위에 대한 죄

제1편

개인적 법익에 관한 죄

제1장

생명과 신체에 대한 죄

제1절 살인의 죄

I. 서 론

1. 의 의

살인의 죄란 사람을 살해함으로써 그 생명을 침해(박탈)하는 범죄이다.

2. 보호법익과 보호정도

(1) 보호법익: 사람의 생명

(2) 보호받는 정도: 침해범, 즉 보호법익에 대한 현실적인 침해를 필요로 하는 침해범이다.

3. 살인죄의 형태

살인죄 · 존속살해죄 · 영아살해죄, 촉탁 · 승낙에 의한 살인죄, 자살관여죄(자살교사 · 방조죄), 위계 · 위력에 의한 촉탁 · 승낙살인죄가 있다.

II. (보통)살인죄

1. 서 설

(1) 의의: 사람을 살해함으로써 성립하는 범죄이다(제250조 제1항).

예 살인의사로 총을 발사하여 살해한 경우

(2) 성질

① 침해범 · 즉시범 · 결과범

② 부진정부작위범 또는 간접정범의 형태로도 가능

예 ① 모(A)가 유아에게 젖을 주지 않아 유아를 아사시킨 경우 → (부진정부작위에 의한) 살인죄
② 정신병자를 교사하여 살해한 경우 → 살인죄의 간접정범

2. 구성요건

(1) 객관적 구성요건

① **주체** : 피해자 이외의 모든 자연인이다. 따라서 법인 또는 (법인격 없는) 단체는 살인죄의 주체가 될 수 없다.

② **객체** : 사람

㉠ **사람의 내용**

ⓐ 생명있는 자연인에 한한다. 따라서 법인은 제외된다.

ⓑ 자기 이외의 타인이어야 한다. 즉, 자살은 살인죄의 구성요건에 해당하지 않는다.

ⓒ 직계존속이나 영아가 아닌 사람일 것. 따라서 직계존속 또는 영아를 살해하면 존속살해죄 또는 영아살해죄의 객체가 된다.

ⓓ 생명있는 자연인인 한 생존능력 유 · 무는 불문한다. 즉, 기형아 · 조산아 · 빈사상태의 병자 · 사형확정 판결받은 자 · 생존가망이 없는 영아 등을 불문한다. 따라서 사자 · 태아는 살인죄의 객체가 될 수 없다.

예 ① 임신중인 태아를 살해하면 → 낙태죄 성립
② 사자를 살인의사로 총을 발사하면 → 사체손괴죄 성립

㉡ **사람의 시기**

ⓐ **학설** : 진통설(통설 · 판례) · 일부노출설 · 전부노출설 · 독립호흡설

i) **진통설 또는 분만개시설**(통설 · 판례) : 분만을 위하여 규칙적인 진통이 있는 때에 사람이라는 견해(일명 분만개시설)

예 제왕절개수술에 의한 경우에는 의사의 자궁절개수술의 단계시(의사수술시) 사람으로 본다.

ii) **일부노출설** : 태아의 신체의 일부가 모체에서 노출된 때에 사람이라는 견해(일명 두부노출설)

iii) **전부노출설** : 태아가 모체로부터 완전히 분리된 때에 사람이라는 견해

iv) **독립호흡설** : 태아가 모체로부터 완전히 분리되어 독립적으로 호흡한 때에 사람이라는 견해

예 의사가 제왕절개수술에 의한 출산을 시키려다 태아 몸의 일부분이 산모의 체외로 나온 상태에서 태아를 살해한 경우 ➡ 독립호흡설에 의하면 살인죄는 성립하지 않는다.

ⓑ **결론** : 민법의 통설과 판례는 전부노출설 · 형법의 통설과 판례는 진통설(분만개시설)을 취한다.

관련판례 사람의 시기

1. 제왕절개수술의 경우(5.2kg 태아) '의학적으로 제왕절개수술이 가능하였고 규범적으로 수술이 필요하였던 시기(時期)'는 판단하는 사람 및 상황에 따라 다를 수 있어 분만개시 시점, 즉 사람의 시기(始期)도 불명확하게 되므로 이 시점을 분만의 시기(始期)로 볼 수는 없다(대판 2007. 6. 29, 2005도3832).
2. 조산원이 분만 중인 태아를 질식사에 이르게 한 경우 ➡ 업무상 과실치사죄가 성립(대판 1982. 10. 12, 81도2621)

ⓒ **사람의 종지**

ⓐ **학설** : 맥박종지설(다수설) · 호흡종지설 · 결합설 · 뇌사설(최근의 유력설)

i) **맥박종지설**(다수설) : 맥박이 영구적으로 정지한 때에 사망한 것으로 보는 견해 (일명 심장사설)

ii) **호흡종지설** : 호흡이 영구적으로 정지한 때에 사망한 것으로 보는 견해

iii) **결합설** : 호흡과 맥박이 영구적으로 정지한 때에 사망한 것으로 보는 견해

iv) **뇌사설** : 뇌기능이 종국적으로 정지한 때에 사망한 것으로 보는 견해, 즉 장기이식수술을 합법화시킬 수 있다.

ⓑ **결론** : 사람의 생명은 맥박과 호흡이 아닌 뇌활동에 있으며 또한 장기이식수술과 관련하여 뇌사설이 타당하다.

예 교통사고로 인하여 뇌의 기능은 정지되었으나, 호흡과 맥박이 계속되는 환자에 대하여 인공적으로 호흡과 맥박을 정지시키는 행위는 뇌사설에 의하면 살인죄가 되지 않는다.

③ **행위** : 살해

㉠ 살해의 수단 · 방법에는 제한이 없다. 즉, 작위 · 부작위 · 직접적 · 간접적(예 정신병자 이용하여 살인시) · 유형적 · 무형적을 불문한다.

ⓛ 단, 미신적(예 저주 · 기도) 방법에 의한 살인죄는 부인(통설)한다.

예 미신적 방법(기도 · 저주)에 의한 살해한 경우 → 살인죄 부인, 즉 무죄

핵심요약 부작위에 의한 살인죄

1. 어머니가 유아에게 젖을 주지 아니하여 아사(굶어 죽게 한 경우)시킨 경우
2. 감금한 자가 탈진상태에 빠져 있는 피해자를 구조하지 아니하여 죽게 한 경우
3. 어린 조카를 저수지로 데리고 가서 미끄러지기 쉬운 제방쪽으로 유인하여 함께 걷다가 물에 빠진 조카를 방치하여 익사하게 한 경우

ⓒ 국가의 재판을 이용하여 사형판결 및 집행을 받게 한 경우(예 위증 · 무고 등), 즉 고발자나 증인이 재판을 지배하였다고 볼 수 없으므로 살인죄가 성립하지 않는다. 따라서 살인죄의 간접정범이 성립할 수 없다(통설).

예 법정에서 증인이 허위진술을 하여 피고인에게 사형이 선고된 경우 → (위증죄는 별개로 하고) 살인죄가 성립하지 않는다.

④ **실행의 착수시기와 기수시기**

㉠ **실행의 착수시기**

ⓐ **원칙** : 생명을 위태롭게 하는 행위자, 즉 행위자가 살의를 가지고 타인의 생명을 위태롭게 하는 행위를 직접 개시한 때이다.

예 살해의사로써 피해자에 총을 겨누었을 때 · 독약을 탄 우유를 건네주었을 때

ⓑ 예외

i) **이격범**(離隔犯) : 독자적인 행위시, 즉 원인행위가 행위자의 영향권을 벗어나 독자적으로 진행을 개시한 때 예 살인의사로 우체국에 폭발물을 탁송한 때

ii) **간접정범** : 이용행위시설(주관설), 즉 어느 행위로 인하여 처벌받지 않거나 과실범으로 처벌받는 자를 이용하여 살인행위시에 살인죄의 간접정범이 성립한다.

예 정신병자를 이용하여(교사하여) 살인한 경우 → 살인죄의 간접정범

ⓛ **기수시기** : 사망의 결과 발생시, 즉 살해행위로 인한 사망의 결과가 발생한 때이다. 따라서 행위와 결과 사이에는 인과관계와 객관적 귀속이 인정되어야 한다.

핵심요약 살인행위와 사망과의 인과관계

1. **살인행위와 사망 사이에 인과관계가 인정되면** : 살인죄 기수
2. **살인행위와 사망 사이에 인과관계가 인정되지 않으면** : 살인죄 미수

(2) 주관적 구성요건요소

① **고의** : 미필적 고의

㉠ 살해에 대한 인식과 의사가 있어야 한다.

㉡ 살해의 고의는 확정적 고의뿐만 아니라 미필적 고의도 인정된다.

예 피해자가 맞아 죽어도 좋다고 생각하고 총을 발사한 경우 → 살인의 고의가 인정

관련판례 살인죄의 고의(미필적 고의)

1. 살인죄의 범위는 자기의 행위로 인하여 피해자가 사망할 수도 있다는 사실을 인식·예견하는 것으로 족하고, 피해자의 사망을 희망하거나 목적으로 할 필요는 없으며, 즉 미필적 고의로 족하다(대판 1994. 3. 22, 93도3612).
2. 인체급소를 잘 알고 있는 무술교관 출신이 무술의 방법으로 울대(성대)를 가격하여 사망하게 한 경우 → 살인죄(대판 2001. 8. 18, 2000도2231)
3. 건장한 체격의 군인이 왜소한 자를 폭행하고, 특히 급소인 목을 부러질 정도로 세게 졸라 사망하게 한 경우 → 살인죄(대판 2001. 3. 9, 2000도5590)
4. 교통사고를 가장하여 보험금을 수령하고, 범행은폐 목적으로 승용차에 태운 후 고의로 승용차를 저수지에 추락시켜 사망하게 한 경우 → 살인죄(대판 2001. 11. 27, 2001도4392)
5. 강도가 베개로 피해자의 머리부분을 약 3분간 누르던 중 피해자가 저항을 멈추고 사지가 늘어졌음에도 계속 눌러 사망하게 한 경우 → 살인죄(대판 2002. 2. 8, 2001도6425)

② **착오문제**

㉠ **구체적 구성요건의 착오** : 발생사실에 기수가 되어, 고의가 조각되지 않는다.

예 甲을 살인의사였으나 잘못하여 乙을 살인한 경우 → 乙에 대한 살인죄

㉡ **추상적 구성요건의 착오** : 인식사실의 미수범과 발생사실의 과실범의 상상적 경합이 되어, 고의가 조각된다.

예 甲의 재물을 손괴의사로 돌을 던졌으나 통행인이 맞아 상해를 당한 경우 → 재물손괴의 미수범과 과

실치상죄의 상상적 경합범

3. 위법성

(1) 위법성이 조각되는 경우

① **정당행위** : 예 강도범인을 살해하는 경우 → 무죄, 즉(정당방위로 위법성이 조각되어) 살인죄가 성립하지 않는다.

② **정당행위** : 예 사형집행 · 전투행위 중 적을 사살한 경우 → 무죄, 즉(정당행위로 위법성이 조각되어) 살인죄가 성립하지 않는다.

③ **안락사** : 일정한 요건하에서 사회상규에 반하지 아니하는 경우에 정당행위로서 위법성이 조각된다. 즉, 안락사는 육체적 고통제거를 위하여만 인정되고 정신적 고통제거를 위한 안락사는 부정된다(판례).

(2) 위법성이 조각되지 않는 경우

① **긴급피난에 의한 살해** : 생명은 우월적 이익의 원칙이 적용될 수 없으므로 위법성조각사유가 될 수 없다.

예 정신병자의 살인행위를 피하기 위하여 도망가다 통행인을 밀쳐 사망케 한 경우 → 과실치사죄가 성립

② **피해자의 승낙에 의한 살해** : 생명은 처분할 수 있는 법익이 아니므로 위법성조각사유가 될 수 없다. 즉, 예 피해자의 승낙을 얻어 살해한 경우 → 촉탁 · 승낙에 의한 살인죄가 성립

4. 죄수 및 관련문제

(1) 죄수

① **죄수결정의 기준** : 피해자의 수에 따라 결정. 즉, 생명을 일신전속적 법익이므로 피해자의 수를 기준으로 한다.

예 동일장소에서 총 2발을 발사하여 2인을 살해한 경우 → 2개의 살인죄

② **일죄인 경우**

㉠ **1개의 행위로 수인을 살해한 경우** : 수개의 살인죄의 상상적 경합범

㉡ **동일인에 대한 살인예비 · 살인미수 · 살인기수인 경우** : 1개의 살인죄만 성립

㉢ **살인행위에 수반되는 상해 · 손괴를 한 경우** : 1개의 살인죄만 성립

㉣ **살의의사로 동일인에게 수회 공격하여 살인을 가한 경우** : 1개의 살인죄

③ **수죄인 경우** : 동일한 장소 · 시간에 동일한 방법으로 수인을 살해한 경우 → (포괄적 일죄

가 아니고) 수개의 살인죄의 실체적 경합범(판례[1])

예 동일장소에서 총 3발을 발사하여 3인을 살해한 경우 ➡ 3개의 살인죄

(2) 관련문제

① **살인 후 재물취득시** : 예 A는 甲을 살인 후 甲의 손목시계를 취득한 경우

㉠ **판례** : 살인죄와 절도죄 성립

㉡ **통설** : 살인죄와 점유이탈물횡령죄 성립

② **사자의 재물취득시** : 점유이탈물횡령죄가 성립(통설 · 판례)

예 A가 동사자(凍死者)의 손목시계를 취득한 경우 ➡ 점유이탈물횡령죄(통설 · 판례)

Ⅲ. 존속살해죄

1. 서 설

(1) 의의 : 자기 또는 배우자의 직계존속을 살해함으로써 성립하는 범죄이다(제250조 제1항).

예 A가 아버지를 살해한 경우

(2) 성질

① **부진정신분범** : 행위자의 신분으로 불법(형)이 가중되므로 부진정신분범이다.

② **법조경합 중 특별관계** : 보통살인죄에 비하여 존속살해죄는 법조경합 중 특별관계이다.

(3) 합헌성(合憲性) **여부**

① **문제의 제기** : 헌법은 모든 국민은 법 앞에 평등함을 명시(헌법 제11조)하고 있다. 따라서 살인죄에 비하여 존속살해죄의 형을 가중함은 헌법상 평등원칙에 반하느냐 여부가 문제된다.

② **학설** : 합헌설(다수설 · 판례)과 위헌설

---

1. 대판 1969. 12. 30, 69도2062

	합헌설(다수설 · 판례)	위헌설
내 용	① 법앞의 평등은 상대적 평등을 의미한다. ② 유교 중심의 가족제도 또는 자식의 부모에 대한 도덕적 의무를 근거한다. ③ 비속의 패륜성을 비난하므로 존속이 강하게 보호받는 것은 그 반사적 이익에 불과하다 ④ 친자의 관계는 차별대우(헌법 제11조)의 금지인 사회적 신분에 포함되지 않는다.	① 생명에 대한 평등은 절대적 평등을 의미한다. ② 존속살해에 대한 가중규정은 봉건적 가족제도의 유산으로서, 근대의 자연법사상은 친자관계도 개인 대 개인의 평등관계로 취급한다. ③ 존속의 패륜성 · 잔혹성이 문제되는 경우도 많다. ④ 비속은 출생의 자유가 없으므로 직계비속이라는 신분으로 차별대우하는 것은 사회적 신분으로 인한 차별대우이다.
결 론	① 평등이란 상대적 평등을 의미하며 효는 인륜의 대본이며 사회적 윤리의 구성부분이므로 ② 따라서 합헌설이 타당하다(판례).	

헌재결정 존속상해치사죄의 가중처벌은 합헌

존속상해치사죄의 가중처벌규정은 합헌이다(헌재 2002. 3. 28, 2000헌바53).

2. 구성요건

(1) 객관적 구성요건

① **주체** : 직계비속 또는 그 배우자

㉠ **직계비속의 판단기준** : 민법에 의한다.

㉡ **직계 존 · 비속 관계의 신분적 성격** : 자연적 신분과 법적 · 사회적 신분의 결합이다.

② **객체** : 자기 또는 배우자의 직계존속

㉠ **자기란** : 행위자 자신을 말한다.

㉡ **배우자란**

ⓐ 내용 : 법률상의 개념으로, 즉 법률상의 배우자만을 의미하며 따라서 사실상 배우자는 제외된다. 예 계모를 살해한 경우 ➡ (보통)살인죄

ⓑ 배우자의 판단기준 : 범죄행위 당시 기준, 즉 배우자는 범죄행위 당시에 생존하여야 한다.

ⓒ 구체적 적용범위

i) 사망한 배우자의 직계존속을 살해한 경우 ➡ 보통살인죄(통설)

ii) 동일한 기회에 배우자와 직계존속을 계속하여 살해한 경우 ➡ 존속살해죄(통설)

iii) 이혼합의후 별거중 배우자의 직계존속을 살해한 경우 ➡ 존속살해죄(법률상 이

혼이 성립되지 않는 한 배우자 관계가 존재하므로)

iv) 혼인의 무효 · 취소 · 이혼 후 배우자의 직계존속을 살해한 경우 ➡ 보통살인죄

㉢ **직계존속**

ⓐ 의의 : 혈통이 직하직상(直下直上)하는 형태로 연결되는 친족(직계)으로서 부모 및 부모와 동일한 항렬 이상에 속하는 친족을 말한다.

예 부모 · (외)조부모 · (외)증조부모 등

ⓑ 성질

i) 직계존속은 법률상의 개념이며, 여기서 법률상 개념이란 민법상의 친자관계를 말하며 반드시 호적의 기재가 기준이 되는 것은 아니다(판례).

ii) 혈족(자연혈족과 법정혈족을 불문)에 한하고 인척은 포함하지 않는다.

ⓒ 적용범위 : 자연혈적인 경우(실친)와 법정혈족인 경우(양친)

	자연혈족인 경우(실친 · 實親)	**법정혈족인 경우**(양친 · 養親)
근 거	① **원칙상** : 부모의 혼인과 자녀의 출생으로 발생한다. ② **예외** : 혼인 외의 출생자는 인지에 의하여 발생한다.	입양에 의해서 발생한다.
적용범위	① 인지 전에 생부(生父)를 살해한 경우 ➡ 보통살인죄 ② 인지 후 생부(生父)를 살해한 경우 ➡ 존속살해죄(통설 · 판례) ③ 인지 전 · 후를 불문하고 생모(生母)를 살해한 경우 ➡ 존속살해죄(혼인 외 출생자와 생모간에는 출생신고나 인지절차 없이 당연히 친자관계가 발생하므로)	① 입양 후 양부모를 살해한 경우 ➡ 존속살해죄 ② 계모와 계부를 살해한 경우 ➡ 보통살인죄(계모와 계부는 혈족이 아닌 인척이므로 보통살인죄가 성립) ③ 이혼한 모와 동거하는 자가 혼인한 부를 살해한 경우 ➡ 존속살해죄(이혼한 부는 혈족이므로 존속살해죄가 성립) ④ 버려진 아이를 호적에 친자로 입양하여도 양친자관계를 창설하려는 명백한 의사가 없는 때 ➡ 직계존속이라 할 수 없다(판례).

개념정리 인지(認知) · 입양(入養)

1. **인지**(認知) : 혼인외에서 출생한 자(子)를 자기의 자로서 인정하는 의사표시를 말한다. 즉, 혼인외에서 출생한 자(子)는 법률상 당연히 부(父)를 갖지 못한다. 부(父)가 자기의 자(子)임을 승인하거나 또는 자(子)가 소송을 제기하여 승소함으로써 법률상 당연히 부(父)를 가질 수 있다.
2. **입양**(入養) : 사실상 타인의 자(子)를 법률상 자기의 자(子)로 인정하는 제도. 즉, 부모와 그 친생자(親生子) 사이의 관계와 동일한 법률관계를 설정할 목적으로 양자(養子)가 되려는 자와 양부모(養父母)가 되려는 자(者) 사이에 체결하는 신분상의 계약을 말한다.

핵심요약 존속살해죄 인정여부

1. **인지전에 생부 살해시** : 보통살인죄
2. **인지후에 생부 살해시** : 존속살해죄
3. **인지전 · 후에 생모 살해시** : 존속살해죄
4. **입양후 양부모 살해시** : 존속살해죄
5. **입양후 실부모 살해시** : 존속살해죄
6. **계모와 계부를 살해시** : 보통살인죄
7. **모와 동거하는 자가 이혼한 부를 살해시** : 존속살해죄

③ **행위** : 살해(보통살인죄와 동일하다).

㉠ 살해의 수단 · 방법에는 제한이 없다. 즉, 작위 · 부작위 · 직접적 · 간접적 · 유형적 · 무형적을 불문한다.

㉡ 다만, 미신적(예 저주 · 기도) 방법에 의한 살인죄는 부인된다(통설).

(2) 주관적 구성요건

① **고의** : 미필적 고의

㉠ 존속살해에 대한 인식과 의사가 있어야 한다.

㉡ 살해의 고의는 확정적 고의뿐만 아니라 미필적 고의도 인정한다.

② **착오문제**

㉠ **보통살인의 의사로 존속살해의 결과가 발생한 경우** : 보통살인죄

예 친구아버지를 살해할 의사였으나 착오로(잘못하여) 자기아버지를 살해한 경우 ➡ 보통살인죄 성립

ⓛ **존속살해의 의사로 보통살인의 결과가 발생한 경우** : 보통살인죄

예 자기아버지를 살해할 의사였으나 잘못하여 친구아버지를 살해할 경우 ➡ 보통살인죄 성립

3. 공범관계

(1) 의의 : 존속살해죄는 신분관계로 인하여 불법(형)이 가중되는 부진정신분범이므로 따라서 비신분자(신분없는 공범)는 제33조 단서가 적용되어, 보통살인죄가 성립한다.

(2) 적용범위

① **甲과 乙이 공동으로 甲의 父를 살해한 경우** : 甲은 존속살해죄 · 乙은 보통살인죄의 공동정범(통설)

② **처(妻)와 자(子)가 공동하여 남편을 살해한 경우** : 존속살해죄의 공동정범(판례)

③ **甲이 乙을 교사 또는 방조하여 乙의 父를 살해한 경우** : 甲은 보통살인죄의 교사 또는 방조범 · 乙은 존속살해죄

④ **甲이 乙을 교사 또는 방조하여 甲의 父를 살해한 경우** : 甲은 존속살해죄의 교사 또는 방조범 · 乙은 보통살인죄

4. 죄수 및 관련문제 : 피해자의 수, 즉 죄수의 결정기준은 피해자의 수에 따라 결정한다.

예 강도가 존속을 살해한 경우 ➡ 강도살인죄와 존속살해죄의 상상적 경합범

핵심요약 존속에 대한 처벌범죄

1. **존속에 대한 범죄를 가중처벌하는 범죄** : 살인 · 상해 · 폭행 · 협박 · 학대 · 체포 · 감금 · 유기죄
2. **존속에 대한 가중처벌 규정이 없는 범죄** : 약취 및 유인죄 · 존속과실치사죄 · 명예훼손죄 · 모욕죄

Ⅳ. 영아살해죄

1. 서 설

(1) 의의 : 직계존속이 치욕을 은폐하기 위하거나 양육할 수 없음을 예상하거나 특히 참작할 만한 동기로 인하여 분만 중 또는 분만 직후의 영아를 살해함으로써 성립하는 범죄이다(제251조).

(2) 성질

① **감경적 구성요건**(다수설) : 출산으로 인한 산모의 정신이상 또는 흥분상태 때문에 책임이 감경된다.

② **부진정신분범** : 주체의 특수한 동기(치욕은폐 · 양육할 수 없음을 예상 · 참작할 만한 동기 등)로 인하여 불법(형)이 감경되는 부진정신분범이다.

③ **봉건주의적**(봉건적 시대착오적) **형법의 유물** : 과거형법은 영아살해죄를 봉건주의적 형법의 유물로 이해하였으나 현재의 통설은 기대불가능성으로 인한 책임감경사유로 본다.

2. 구성요건

(1) 객관적 구성요건

① **주체** : 직계존속

㉠ **통설** : 법률상 · 사실상의 직계존속을 불문한다.

㉡ **판례** : 법률상 직계존속에 한한다.

㉢ **예** A는 연인관계인 B가 영아를 출산하자 양육할 수 없음을 예상하고 살해한 경우 A의 죄책은 → 판례는 살인죄 · 통설은 영아살해죄 성립

관련판례 영아살해죄

사실상 동거관계에 있는 남녀 사이에 태어난 영아를 남자(동거남)가 살해한 경우 → 영아살해죄가 아닌 보통살인죄가 성립(대판 1970. 3. 10, 69도3385)

㉣ **직계존속 모두** : (영아살해죄의 주체인 직계존속은) 산모뿐만 아니라 직계존속 모두를 포함한다(다수설). **예** 부모 · (외)조부모 · (외)증조부모 등

㉤ **자수범 아님** : 산모가 타인을 이용하는 간접정범의 형태로 범할 수 있으므로 자수범(自手犯)이 아니다.

예 영아를 출산한 산모가 정신병자를 이용하여 영아를 살해한 경우 → 영아살해죄의 간접정범

② **객체** : 분만중 또는 분만 직후의 영아

㉠ **분만중이란** : 분만을 개시한 때(진통시)부터 분만이 완료된 때(전부 노출시)까지를 의미한다.

㉡ **분만 직후란** : 분만으로 인한 흥분상태가 계속되는 동안(심리적 개념으로 법관이 판단)을 의미한다.

㉢ **영아란** : 태아의 단계를 지난 사람으로 반드시 사생아일 필요는 없다. 즉, 산모가 출산으로 인한 흥분상태가 계속되는 동안에 있는 자를 말한다(판례).

③ **행위** : 살해(보통살인죄와 동일하다)

(2) 주관적 구성요건 : 고의 + 특별한 주관적 동기

① **고의**

㉠ 영아살해에 대한 인식과 의사가 있어야 한다.

㉡ 미필적 고의만으로 족하다.

② **특별한 주관적 동기**

㉠ **내용**

ⓐ 치욕을 은폐하기 위한 경우란 : 분만으로 인하여 사회적 수치나 치욕 등을 은폐하기 위한 경우를 말한다. 예 강간으로 인한 임신 · 과부 또는 미혼모가 사생아를 출산

ⓑ 양육할 수 없음을 예상한 경우란 : 영아를 양육할 경제적 능력이 없는 경우를 말한다.

ⓒ 기타 특히 참작할 만한 동기로 인한 경우란 : ⓐ와 ⓑ 이외에 특히 책임감경을 인정할 수 있는 경우를 말한다. 예 불구 · 기형아출산 · 조산으로 생육의 가망이 없는 경우 등

㉡ **법적 성질** : 감경적 구성요건, 즉 범죄구성요건 중 책임(형)이 감경되는 책임감경구성요건이다.

㉢ **형법 제53조(작량감경)와의 관계**

ⓐ 문제의 제기 : 영아살해죄에서 행위자의 주관적 동기는 제53조(작량감경)의 사유에 해당하며 제53조(작량감경)를 적용할 수 있겠느냐가 문제된다.

ⓑ 학설 : 긍정설(다수설)과 부정설이 대립

㉣ **결론** : 영아살해죄의 동기와 작량감경사유는 그 성질과 내용이 다르므로 영아살해죄에도 제53조(작량감경사유)가 적용될 수 있다. 따라서 긍정설이 타당하다.

③ **동기의 착오문제**

㉠ 책임감경사유가 없음에도 있다고 착오로 잘못 인정한 경우에는 영아살해죄가 성립한다.

예 산모가 적출로 분만된 영아를 사생아로 오인하고 살해한 경우 → 영아살해죄

ㄴ 책임감경사유가 있음에도 없다고 착오로 잘못 인정한 경우에는 보통살인죄가 성립한다.

예 산모가 객관적으로 사생아인 영아를 사생아가 아니라고 오해하고 그 영아를 살해한 경우 → 보통살인죄

3. 영아살해죄와 공범관계

(1) 의의 : 영아살해죄는 책임이 감경되는 부진정신분범이므로 따라서 비신분자는 제33조의 단서가 적용된다(통설). 즉 보통살인죄가 성립한다.

(2) 적용범위

① **비신분자가 신분자의 행위에 가담한 경우** : 신분자는 영아살해죄, 비신분자는 살인죄가 성립

예 강간으로 임신한 A가 영아를 출산하였으나 A가 A의 언니 甲과 공동하여 영아를 살해한 경우 → A는 영아살해죄 · 甲은 살인죄

② **신분자가 비신분자의 행위에 가담한 경우** : 신분자는 영아살해죄 · 비신분자는 보통 살인죄가 성립(통설)

예 영아를 출산한 산모 A와 A의 언니 甲이 공동하여 영아를 살해한 경우 → A는 영아살해죄 · 甲은살인죄

③ **비신분자가 신분자를 교사하여 본죄**(영아살해죄)**를 범한 경우** : 신분자는 영아살해죄 · 비신분자는 살인죄의 교사범이 성립

예 A가 강간으로 임신한 산모 甲을 교사하여 영아를 살해한 경우 → A는 살인죄 교사범 · 甲은 영아살해죄

④ **신분자가 비신분자를 교사하여 본죄**(영아살해죄)**를 범한 경우** : 신분자는 영아살해죄의 교사범 · 비신분자는 살인죄가 성립

예 A는 강간으로 임신하여 영아를 출산한 후 A의 동생 甲에게 영아를 살해토록 교사하여 영아를 살해한 경우 → A는 영아살해죄 교사범 · 甲은 살인죄

(3) 간접정범

① 영아살해죄는 자수범(自手犯)이 아니므로 직계존속은 영아살해죄의 간접정범이 될 수 있다.

예 영아를 출산한 산모 A가 정신병자를 이용하여 영아를 살해한 경우 → A는 영아살해죄의 간접정범

② 직계존속이 아닌 자는 보통살인죄의 간접정범이 된다.

예 영아를 출산한 산모 A의 이모 甲이 정신병자를 이용하여 A가 출산한 영아를 살해한 경우 → 甲은 살인죄의 간접정범

보충설명 영아살해죄

1. **예비 · 음모** : 불법
2. **미수범** : 처벌

V. 촉탁 · 승낙살인죄

1. 서 설

(1) 의의 : 피해자의 촉탁 또는 승낙을 받아 그를 살해함으로써 성립하는 범죄로써 일명 동의살인죄라고도 한다(제252조 제1항).

(2) 성질

① **감경적 구성요건** : 피해자의 승낙을 전제하므로 불법(형)이 감경되는 감경적 구성요건이다(통설).

② **형벌감경의 근거**

㉠ **근거** : 책임감경설과 불법감경설(통설)이 대립된다.

㉡ **결론** : 본죄는 형법이 벌하지 않는 자살에 유사한 성질을 가지므로 불법이 감경된다. 따라서 불법감경설이 타당하다(통설).

③ **로마법 유래** : 승낙이 있으면 불법작위가 되지 아니하는 로마(Rome)법에서 유래한다.

2. 구성요건

(1) 객관적 구성요건

① **객체** : 자신에 대한 살해를 촉탁 또는 승낙한 자

㉠ **적용범위** : 행위자 이외의 자연인이면 일반인 · 존속을 불문한다.

㉡ **의사결정능력**

ⓐ 죽음의 의미를 이해할 수 있는 의사결정능력이 있어야 한다. 따라서 유아 · 정신병자 · 심신상실자 등은 본죄의 객체가 될 수 없고 (보통)살인죄가 성립한다.

예 A는 5세된 자식과 동반자살의사로 자식의 승낙하에 음독하였으나 자(子)만 사망한 경우 ➡ A는 살인죄

ⓑ 의사결정능력은 형법총칙상의 책임능력과 같은 것은 아니다.

② **행위** : 촉탁 또는 승낙을 받아 살해

㉠ **촉탁 또는 승낙이 있을 것**

ⓐ 촉탁과 승낙의 차이점

	촉 탁	승 낙
의 의	피해자가 타인에게 자신을 살해하여 줄 것을 요구하는 진지하고 명시적인 의사표시를 말한다.	살해의 의사를 한 자가 피해자로부터 살해에 대한 동의를 받는 것을 말한다.
방 법	명시적을 요	명시적 · 묵시적을 불문
대리성	대리촉탁 부인, 따라서 대리촉탁에 의한 살인은 보통살인죄를 구성한다.	대리승낙 부인한다. 단, 사자(使者)에 의한 대리승낙을 인정한다.

ⓑ 촉탁과 승낙의 공통점

i) 주체 : 피해자 자신, 즉 피해자의 촉탁 · 승낙을 받은 자가 본죄의 주체가 된다.

ii) 상대방 : 특정되어 있음을 요하지 않는다. 그러나 촉탁 또는 승낙의 상대방이 특정된 경우에는 제3자에 대하여는 본죄가 성립하지 않고 보통살인죄가 성립한다.

iii) 진지성 : 피해자의 자유의사에 의한 진의(眞意)에 의하여야 한다. 따라서

㉮ 행위자의 위계 · 위력에 의하여 촉탁 · 승낙을 한 때에는 위계 · 위력에 의한 살인죄가 성립한다.

㉯ 일시적 기분에 의한 촉탁 · 승낙은 진의에 의한 촉탁 · 승낙이 아니므로 (보통) 살인죄가 성립한다.

iv) 시기 : 촉탁 · 승낙은 실행행위 이전에 있어야 한다. 따라서 촉탁 · 승낙은 언제나 취소할 수 있다. 예 살인미수가 된 후 피해자가 승낙한 경우 → 살인미수가 성립

㉡ **살해행위**

ⓐ 수단방법 : 제한없다. 즉, 작위 · 부작위 · 적극 · 소극을 불문한다.

ⓑ 실행의 착수시기 : 살해행위를 개시한 때이다. 따라서 살해의 촉탁 · 승낙만 있고 살해행위의 실행행위가 없으면 예비에 불과하여 불가벌이 된다(본죄는 예비 · 음모의 처벌규정이 없으므로 불벌).

ⓒ 기수시기 : 피해자를 살해한 때이다.

(2) 주관적 구성요건

① 촉탁 · 승낙에 의한 살인에 대한 인식과 의사가 있어야 한다.

② 미필적 고의만으로 족하다.

(3) 착오문제

① **촉탁 또는 승낙이 없었으나 있는 것으로 오인하고 살해한 경우** : 촉탁 · 승낙에 의한 살인죄가 성립(통설)

② **촉탁 · 승낙이 있었으나 없는 것으로 오인하고 살해한 경우** : 보통 살인죄가 성립(즉, 촉탁 · 승낙에 대한 인식이 없으므로 보통살인죄가 성립)

VI. 자살관여죄(자살교사 · 방조죄)

1. 서 설

(1) 의의 : 사람을 교사 또는 방조하여 자살하게 함으로써 성립하는 범죄이다(제252조).

예 A와 甲이 정사(情死)의사로 음독하였으나 A는 생존하고 甲만 사망한 경우 ➡ A는 자살관여죄

(2) 성질

① **자살을 처벌하지 않는 이론적 근거** : 자살은 구성요건해당성이 없기 때문에 벌하지 않는다(통설). 즉, 살인죄의 객체인 사람은 타인을 의미하므로 자살은 살인죄의 구성요건해당성이 없으므로 처벌하지 않는다.

② **자살관여자를 처벌하는 근거** : 공범독립성설(판례) · 공범종속성설(통설) · 독자적 범죄유형설

㉠ **공범독립성설**(판례) : 자살이 범죄가 아닌데도 자살을 교사 · 방조한 자를 자살관여죄로 처벌한다. 즉, 형법 총칙상의 교사 · 방조와 자살관여죄의 교사 · 방조의 내용은 같은 것이므로 총칙의 교사 · 방조의 규정이 적용된다는 견해

㉡ **공범종속성설**(통설) : 자살의 공범을 처벌할 수 없기 때문에 이를 처벌하기 위하여 공범이 아닌 독립범죄로 특별히 규정한 것으로 본다. 따라서 자살관여죄가 적용되는 때에는 총칙의 교사와 방조는 적용되지 않는다.

㉢ **독자적 범죄유형설** : 자살관여죄는 살인죄의 특별한 공범형태나 감경적 구성요건으로 규정한 것도 아닌 살인죄 중에서 독자적인 범죄유형을 규정한 것이라는 견해

㉣ **결론** : 총칙상의 공범규정(교사와 방조)은 정범의 존재를 전제로 하여 공범의 성립을 인정하나 자살관여죄는 정범에 종속된 공범이 아니라 독립한 범죄유형인 특별규정으로 파악하므로, 따라서 공범종속성설이 타당하다.

보충설명 자살관여죄

1. **공범독립성설**(판례) : 자살관여죄는 당연규정, 즉 총칙의 교사 · 방조 규정적용
2. **공범종속성설**(통설) : 자살관여죄는 특별규정, 즉 총칙의 교사 · 방조 규정적용 부정

2. 구성요건

(1) 객관적 구성요건

① **주체** : 제한없다.

② **객체** : 행위자 이외의 자연인

㉠ 행위자 이외의 자연인이며, 자기 또는 배우자의 직계존속도 이에 해당된다.

예 존속을 교사 · 방조하여 자살하게 한 때 ➡ 자살교사 · 방조죄

㉡ 자살의 의미를 이해하고 의사를 결정할 능력을 가진 자이어야 한다. 따라서 자살의 의사를 결정할 능력이 없는자(예 유아 · 정신병자)를 교사 · 방조한 경우는 살인죄(살인죄의 간접정범)가 성립한다.

예 어머니가 생활고를 비관하여 5세된 딸과 함께 동반자살을 시도하여 딸만 사망한 경우 ➡ 보통살인죄

㉢ 자살의 의미를 이해하고 의사를 결정할 능력이 있는 자라도 위계 · 위력에 의한 자살의 경우는 위계 · 위력에 의한 살인죄(제253조)가 성립한다.

예 강요 · 기망에 의해 자살하게 한 경우 ➡ 위계 · 위력에 의한 살인죄

㉣ **행위** : 자살을 교사 또는 방조하는 것

	자살의 교사	자살의 방조
의 의	자살의사 없는 자에게 교사하여 자살을 결심하게 하는 것을 말한다.	이미 자살을 결심하고 있는 자에게 자살을 용이하게 하는 것을 말한다.
수단 · 방법	제한없다. 즉, 명시적 · 묵시적을 불문한다	제한없다. 즉, 적극적 · 소극적을 불문한다

③ **촉탁 · 승낙살인죄와 구별** : 주관적 행위수행기준설(다수설) · 행위지배기준설

㉠ **주관적 행위수행기준설**(다수설) : 사망의 주도적 역할을 행위자가 담당하면 촉탁 · 승낙살인이고, 자살자가 담당하면 자살방조죄라는 견해

㉡ **행위지배기준설** : 범죄행위(자살관여죄)의 지배가 있으면 촉탁 · 승낙살인이고, 범죄행위(자살관여죄)의 지배가 없으면 자살방조죄라는 견해

㉢ **결론** : 행위지배기준설은 자살방조를 독립한 범죄로 보지 않고 공범의 한 형태로 보는 점에서 부당하다. 따라서 주관적 행위수행기준설이 타당하다.

관련판례 자살교사 · 방조죄

1. (강기훈 유서대필 사건에서) 자살을 결심하고 있는 자의 유서대필 행위는 자살방조죄가 성립한다(대판 1992. 7. 24, 92도1148).
2. 피고인이 인터넷 사이트 내 자살 관련 카페 게시판에 청산염 등 자살용 유독물의 판매광고를 한 행위가 단지 금전편취 목적의 사기 행각의 일환으로 이루어졌고, 변사자들이 다른 경로로 입수한 청산염을 이용하여 자살한 사정 등에 비추어, 피고인의 행위는 자살방조에 해당하지 않는다(대판 2005. 6. 10, 2005도1373).

④ **실행의 착수시기와 기수시기**

㉠ **실행의 착수시기** : 자살을 교사 · 방조한 때(통설), 즉 자살을 교사 · 방조한 때에 실행의 착수가 있으며, 자살행위의 개시시가 아니다.

㉡ **기수시기** : 자살의 결과가 발생한 때, 따라서 자살을 교사 · 방조하였으나 자살이 실패한 경우 또는 자살행위의 착수가 없는 경우에는 자살관여죄의 미수범이 되나 자살관여죄는 미수범처벌규정이 없으므로 불벌이다.

(2) 주관적 구성요건요소

① **고의**

㉠ 타인의 자살에 대한 인식과 의사가 있어야 한다.

㉡ 미필적 고의만으로 족하다

② **동기** : 동기는 양형의 참작사유가 될 뿐 자살관여죄의 성립에는 영향이 없다.

3. 합의동사(合意同死)

(1) 문제의 제기 : 합의동사(合意同死) 또는 정사(情死)자 중 1人은 사망하고 1人이 생존한 경우 그 생존자를 자살관여죄로 처벌할 수 있는가가 문제된다.

예 A와 B는 합의동사(정사)로 음독하였으나 A는 생존하고 B는 사망한 경우 ➡ A는 자살관여죄

(2) 학설 : 긍정설(통설) · 부정설

① **긍정설**(통설) : 합의동사에서 생존자에게 자살교사 · 방조죄의 성립을 인정하는 견해

② **부정설** : 합의동사는 자살의 공동정범에 불과하므로 단독의 자살이 불가벌인 것과 같이 공동자살도 불가벌이라는 견해

③ **결론** : 생존자의 행위에 대한 비난가능성이 있으므로 긍정설이 타당하다.

4. 관련문제

(1) 자살을 교사한 후 방조한 경우 : 자살교사죄만 성립(자살방조죄는 자살교사죄에 흡수된다)

(2) 타인을 교사하여 자살을 결의하게 한 후 그 촉탁을 받아 살해한 경우 : 촉탁살인죄만 성립(다수설)(자살교사죄와 촉탁살인죄는 법조경합 중 보충관계로 보아 촉탁살인죄만 성립)

(3) 자기는 죽을 의사없이 정사(情死)를 가장하여(상대방을 기망 · 강요하여) **자살하게 한 경우** : 위계 · 위력에 의한 살인죄

개념정리 정사(情死) 또는 합의동사(合意同死)

정사 또는 합의동사란 사랑하는 사람끼리 정말 죽을 의사로 자살하는 것을 말한다.

핵심요약 자살관여죄

1. **남녀가 정사할 것을 합의하고**(합의동사) **음독하였으나 남자는 생존하고 여자만 사망한 경우** : (남자는) 자살방조죄
2. **정사를 가장하여 상대방만 자살하게 한 경우** : 위계 · 위력에 의한 살인죄
3. **정사를 가장하여 자기(A)는 음료수를 상대방(B)은 독약을 음독시킬 의사였으나 착오로 상대방의 독약을 음독하여 사망한 경우** : A는 살인미수
4. **유아 · 정신병자와 같이 자살의 의미를 이해할 수 없는 자를 교사 · 방조하여 자살하게 한 경우** : 살인

죄(또는 살인죄의 간접정범)

5. 자살을 교사하여 자살을 결의하게 한 후 그 촉탁을 받아 살해한 경우 : 촉탁살인죄

6. 모(母)가 생활고를 비관하여 5세된 딸과 함께 동반자살을 시도하여 딸(5세)만 사망한 경우 : 보통살인죄

Ⅶ. 위계 · 위력에 의한 살인죄

1. 서 설

(1) 의 의 : 위계 또는 위력으로써 사람의 촉탁 또는 승낙을 받아 그를 살해하거나 자살을 결의하게 함으로써 성립하는 범죄이다(제253조).

예 정사(情死)를 가장하여 자기는 음료수를 상대방은 독약을 음독시켜 사망하게 한 경우

(2) 성 질 : 위계 또는 위력과 같은 비정상적인 의사표시를 전제하는 점에서 자유로운 의사결정을 전제로 한 촉탁 · 승낙살인 또는 자살관여죄와는 다르고 살인죄와 유사한 성질을 갖는다.

2. 구성요건

(1) 객관적 구성요건

① **주체** : 제한없다.

② **객체** : 행위자 이외의 모든 자연인. 따라서 일반인 · 직계존속 · 직계비속을 불문한다.

③ **행위** : 위계 또는 위력으로써 사람을 촉탁 또는 승낙을 받아 그를 살해하거나 자살하게 하는 것

	위 계	위 력
의 의	상대방의 무지 또는 착오를 이용하여 자신의 목적을 달성하는 것을 말한다.	사람의 의사를 제압할 수 있는 유형적 · 무형적 힘을 말한다.
범죄의 예	합의동사를 가장하여 자살하게 하는 경우	폭행 · 협박, 사회적 · 경제적 지위를 이용하는 경우도 포함된다.

④ **실행의 착수시기와 기수시기**

㉠ **실행의 착수시기** : 위계 또는 위력을 행사할 때, 즉 상대방에게 위계 또는 위력을 행사한 때에 실행의 착수가 있다.

㉡ **기수시기** : 사망한 때, 즉 실행에 착수하였으나 사망하지 않으면 미수가 된다.

예 독약을 음료수로 가장하여 음용케 하였으나 치사량 미달로 사망하지 않은 경우 ➡ (위계 · 위력에 의한) 살인미수

(2) 주관적 구성요건 : 고의

① 위계 · 위력에 의한 살인죄에 대한 인식 또는 의사가 있어야 한다.

② 미필적 고의만으로 족하다.

3. 처벌상의 문제

(1) 살인죄(제250조)의 예에 의하여 처벌한다.

(2) 따라서 행위객체가 일반인이면 보통살인죄 · 자기 또는 배우자의 직계존속이면 존속살해죄로 처벌한다.

예 ① 결혼을 독촉하는 여자친구를 살해의사로 합의동사를 가장하여 살해한 경우 ➡ (보통)살인죄
② 암으로 고통받은 아버지와 동반자살을 가장하여 살해한 경우 ➡ 존속살해죄

핵심요약 위계 · 위력에 의한 살인죄

1. **자살의 의미를 이해할 수 있는 자에게 위계 · 위력을 사용하여 자살하게 한 경우** : 위계 · 위력에 의한 살인죄
2. **자살의 의미를 이해할 수 없는 자(**예 유아 · 정신병자 등)**에게 정사를 가장하여 자살하게 한 경우** : 보통 살인죄

Ⅷ. 살인예비 · 음모죄

1. 서 설

(1) 의의 : 살인죄 · 존속살해죄 및 위계 · 위력에 의한 살인죄를 범할 목적으로 예비 또는 음모함으로써 성립하는 범죄이다(제255조).

(2) 적용범위 : 살인죄 · 존속살해죄, 위계 · 위력에 의한 살인죄에 한하여 예비 · 음모를 처벌한다. 단, 영아살해죄, 촉탁 · 승낙에 의한 살인죄는 예비 · 음모를 처벌하지 않는다.

(3) 성질

① **수정적 구성요건** : 본죄(살인죄 · 존속살해죄, 위계 · 위력에 의한 살인죄)는 살인죄의 수정적 구성요건이다(다수설).

② **목적범이며 단축된 이행위범** : 본죄는 목적범이며, 목적달성을 위한 별개의 행위(예 예비 · 음모행위)를 필요로 하는 단축된 이행위범이다.

2. 구성요건

(1) 객관적 구성요건

① 외부적 행위로서 살인예비 · 음모의 존재

	살인예비	살인음모
의 의	살인의 실행을 위한 물적 준비행위로서 실행의 착수 이전의 일체의 행위를 말한다.	살인의 실행을 위한 2인 이상의 인적 준비행위를 말한다.
성 질	물적 결합형태	심적 결합형태
방 법	제한없다. 즉, 물적 준비(예 흉기구입 · 무기제공 · 행동자금교부)와 정신적 준비 (예 기술 습득 등)를 불문	예 모의 · 협의 · 통보 등
범죄의 예	살인의사로 흉기구입 · (범죄)대상을 물색하는 경우	살인의사로 모의(통보)하는 경우

② 실행의 착수 이전일 것

㉠ 본죄는 실행의 착수 이전의 행위이어야 한다.

㉡ 따라서 살인예비 · 음모죄가 실행의 착수로 살인미수 또는 살인기수가 되면 살인예비 · 음모죄는 살인미수 또는 살인(기수)죄에 흡수되어 본죄는 성립되지 않는다. 즉, 흡수주의

(2) 주관적 구성요건 : 고의 + 목적

① 고의

㉠ 본죄는 객관적 구성요건에 대한 인식 또는 의사가 있어야 한다.

㉡ 미필적 고의만으로 족하다.

② **목적범** : 본죄는 고의 이외에 목적이 있어야 한다. 따라서 목적이 없으면 본죄는 성립하지 아니한다.

3. 예비행위의 중지

(1) 문제의 제기

① 살인을 예비 · 음모한 자가 살인의 실행착수 이전에 자의로 중지하거나 포기한 경우에 중지미수의 규정을 적용할 수 있느냐가 문제된다.

② 예 A가 살인의사로 흉기를 구입한 후 양심의 가책을 느껴 살인행위를 포기한 경우

(2) 학설 : 긍정설(다수설) · 부정설(판례)

	긍정설(다수설)	부정설(판례)
의 의	예비에 대하여도 중지미수의 규정을 적용하여야 한다는 견해	예비에 대하여는 중지미수의 규정을 적용할 수없다는 견해
근 거	형의 균형을 위하여 인정	중지미수 적용에 관한 명문규정이 없으므로 부정
결 론	예비의 형이 중지미수의 형보다 무거운 때에는 형의 균형을 위하여 따라서 긍정설이 타당하다(다수설).	

Ⅸ. 살인미수범

(1) 살인죄 · 존속살해죄 · 영아살해죄, 촉탁 · 승낙에 의한 살인죄, 위계에 의한 살인죄의 미수범을 처벌한다(제254조).

(2) 단, 살인의 죄 중 자살관여죄는 미수범 처벌규정이 없다.

핵심요약 살인죄

1. **살인죄 중 예비 · 음모 처벌규정이 있는 범죄** : 살인죄 · 존속살해죄, 위계 · 위력에 의한 살인죄
2. **살인죄 중 예비 · 음모 처벌규정이 없는 범죄** : 영아살해죄, 촉탁 · 승낙에 의한 살인죄, 자살관여죄
3. **살인죄 중 미수범처벌규정이 없는 범죄** : 자살관여죄
4. **존속에 대한 가중처벌규정이 없는 범죄** : 약취 · 유인죄, 모욕죄 · 명예훼손죄 · 존속과실치사죄

제2절 상해와 폭행의 죄

I. 서 론

1. 의 의

상해와 폭행의 죄란 사람의 신체에 대한 침해를 내용으로 하는 범죄이다.

2. 보호법익과 보호정도

구 분	상해죄	폭행죄
보호법익	생리적 기능의 완전성	신체의 완전성
보호받는 정도	침해범	형식범 또는 거동범

3. 상해죄와 폭행죄의 형태

(1) 상해죄의 형태 : 상해죄 · 존속상해죄 · 중상해죄 · 존속중상해죄 · 상해치사죄 · 상해죄의 동시범 · 상습상해죄

(2) 폭행죄의 형태 : 폭행죄 · 존속폭행죄 · 특수폭행죄 · 폭행치사상죄 · 상습폭행죄

4. 폭행죄와의 구별

(1) 형법규정

① **구형법** : 폭행죄의 결과적 가중범으로서 상해죄를 규정한다.

② **현형법** : 폭행죄의 결과적 가중범으로서 폭행치상(사)죄를 규정하고, 폭행죄 미수범은 처벌하지 않는 면에서 상해죄는 미수범처벌규정을 둠으로써 양죄를 구별한다.

(2) 상해죄와 폭행죄의 차이

	폭행죄	상해죄
범죄행위	행위 중시	결과 중시
성질	형식범(거동범)	결과범(침해범)
보호법익	신체의 완전성(신체의 건재)	생리적 기능의 완전성(신체의 건강)
수단 · 방법	유형적 방법	유형적 · 무형적 방법 불문
미수범	불벌	처벌
인과관계	불요	필요
과실범	부인	인정
소추조건	반의사불벌죄	반의사불벌죄 아님
동시범의 특례	(동시범 특례)규정 없다	(동시범 특례)규정 있다(제263조)
피해자의 승낙	(언제나) 위법성 조각	사회상규에 반하지 않는 경우에 한하여 위법성 조각
범죄의 예	① 깜짝 놀라게 하는 행위 ② 이목을 가리우는 행위 ③ 얼굴에 침 뱉는 행위 ④ 여자의 가슴을 만지는 행위 ⑤ 머리카락을 절단하는 행위 ⑥ 기절시키는 행위	① 영양실조 ② 설사 나게 하는 행위 ③ 처녀막 파열 ④ 코피 나게 하는 행위 ⑤ 머리카락을 뽑는행위 ⑥ 실신시키는 행위

Ⅱ. 상해의 죄

1. 상해죄

(1) 서설

① **의의** : 사람의 신체를 상해함으로써 성립하는 범죄이다(제257조).

② **성격**

㉠ 침해범 · 즉시범 · 결과범이다.

㉡ 부진정부작위범이나 간접정범의 형태로도 가능하다.

(2) 구성요건

① **객관적 구성요건**

㉠ **주체** : 피해자 이외의 모든 자연인이다.

㉡ **객체** : 사람의 신체

ⓐ 사람이란

i) **자연인** : 자연인만을 말한다. 따라서 법인은 제외된다.

ii) **타인** : 타인을 의미한다. 행위자 이외의 생존하는 모든 자연인을 의미한다. 단, 직계존속은 제외한다(존속상해죄가 성립).

iii) **자상**(自傷) : 자상은 원칙상 상해죄를 구성하지 않는다(불벌). 단, 군형법과 병역법에 의하여는 처벌된다. 예외로 강요·기망에 의한 자상은 상해죄의 간접정범이 성립한다.

ⓑ 태아

i) 문제의 제기

㉮ **원칙상** : 상해죄의 객체는 사람이므로 태아는 상해죄의 객체가 될 수 없다.

㉯ **예외로** : 태아에게 약물 기타 외부의 충격으로 손상을 가하여 기형아가 출산된 경우에 상해죄로 처벌할 수 있는가가 문제된다.

ⓘ **학설** : 긍정설과 부정설(통설)이 대립

ⓘⓘ **결론** : 형법은 사람의 상해만을 규정하고 있으므로 태아에 대한 상해를 상해죄로 인정하게 되면 유추해석금지의 원칙에 반하게 되므로 부정설이 타당하다.

㉢ **행위** : 상해

ⓐ **상해의 개념** : 신체의 완전성 침해설·생리적 기능 훼손설(다수설)·절충설

	신체의 완전성 침해설	생리적 기능훼손설 (다수설)	절충설
의 의	상해란 신체의 완전성에 대한 침해라는 견해	상해란 생리적 기능의 훼손이라는 견해	상해란 생리적 기능의 훼손 이외에 신체의 외관에 대한 중대한 변화를 포함하는 것이라는 견해
근 거	① 폭행죄는 행위 자체를 범죄로 하는 반면 ② 상해죄는 내용의 침해를 의미한다.	① 폭행죄는 외부적 완전성의 침해인 반면 ② 상해죄는 내부적 생리적 기능의 훼손을 의미한다.	① 폭행죄는 신체의 외모에 대한 경미한 침해인 반면 ② 상해죄는 생리적 기능의 훼손 이외에 신체의 외모에 대한 중대한 침해를 의미한다.
상해의 범위와 사례	① 생리적 기능의 장애 이외에 신체의 외관을 변경하는 것 ② 예 소량의 모발 · 수염 · 손톱 · 발톱을 절단하는 것 ③ 예 일시적인 인사불성에 빠지게 하는 것	① 외상이 있는 경우(예 처녀막 파열 · 치아 탈락 · 찰과상 등) ② 외상이 없는 경우(예 성병감염 · 실신 등)을 불문하고 상해이다.	생리적 기능의 장애 이외에 신체의 외관에 대한 중대한 변경을 하는 것도 상해(예 여자의 머리카락 절단은 상해이고 남자의 머리카락 절단은 폭행)이다.
비 판	① 상해죄와 폭행죄의 구별이 불명확하다. ② 상해죄의 인정범위가 너무 넓다.		① 신체의 외관에 대하여만 중대한 변화를 요구하는 이유가 불분명하다. ② 신체외관 변화가 중대한가 여부는 폭행죄의 판단기준은 될 수 있지만 상해죄와 폭행죄를 구별하는 기준은 될 수 없다.
결 론	상해와 폭행을 엄격하게 구별하고 있는 형법의 해석상 생리적 기능 훼손설이 타당하다(다수설).		

관련판례 상해죄

1. 오랜 시간(4시간 30분) 동안 폭행 · 협박을 이기지 못하고 실신하여 범인이 불러온 구급차 안에서 정신을 차린 경우 → 상해죄(대판 1996. 12. 10, 96도2529)
2. 강제추행 과정에서 젖가슴에 약 10일간의 치료를 요하는 좌상을 입고, 그 압통 · 종창을 치료하기 위하여 주사를 맞고 3일간 투약한 경우 → 상해죄(대판 2000. 2. 11, 99도4794)
3. 피해자를 강제로 눕혀 옷을 벗긴 뒤 1회용 면도기로 피해자의 음모를 위에서 아래로 가로 약 5cm · 세로 약 3cm 정도 깎은 경우 → 강제추행죄가 성립하고, 강제추행치상죄는 부인(대판 2000. 3. 23, 99

도3099)

4. 태아를 사망하게 한 행위가 임산부 신체의 일부를 훼손하는 것이거나 태아의 사망으로 인하여 그 태아를 양육 · 출산하는 임산부의 생리적 기능이 침해되어 임산부에 대한 상해가 된다고 볼 수는 없다. 즉 낙태죄만 성립(상해죄는 낙태죄에 흡수된다)(대판 2007. 6. 29, 2005도3832).

ⓑ 상해의 수단과 방법 : 제한이 없다. 즉 유형적(예 폭행) · 무형적(예 협박 또는 공포감을 주어 정신장애 등) · 직접적 · 간접적(동물을 이용하여 상해) · 작위 · 부작위(예 어머니가 유아에게 음식을 주지 않아 신체쇠약)를 불문한다.

ⓒ 실행의 착수시기

i) 원칙상 : 상해행위를 개시한 때이다.

ii) 예외

㉮ 간접정범의 경우 : 피이용자에 대한 이용행위를 개시한 때이다(다수설).

㉯ 이격범의 경우 : 원인된 행위가 그 행위자의 영향권을 벗어나 독자적으로 진행을 개시한 때이다(통설).

ⓓ 기수시기 : 상해의 결과가 발생한 때 기수가 된다.

② **주관적 구성요건요소** : 고의

㉠ 상해에 대한 인식과 의사가 있어야 한다.

㉡ 미필적 고의만으로 족하다

㉢ 따라서 폭행의 고의로 상해 또는 사망의 결과가 발생하면 폭행치(사)상죄 · 상해의 고의로 폭행의 결과가 발생하면 상해미수죄가 된다.

(3) 위법성

① **피해자의 승낙** : 피해자의 승낙에 의한 상해는 사회상규 또는 공서양속에 반하지 않는 한도에서 위법성이 조각되어 벌하지 아니한다.

예 채무면제의 대가로 채무자의 승낙을 받아 상해한 경우 → 상해죄 성립(사회상규 또는 공서양속에 반하므로 피해자 승낙여부와 관계없이 상해죄가 성립)

② **치료행위**

㉠ **학설** : 구성요건해당성조각설 · 정당행위설(통설 · 판례) · 피해자의 승낙설이 대립

㉡ **결론** : 의사의 치료행위는 업무로 인한 정당한 행위로서 위법성이 조각된다(정당행위설

: 통설 · 판례). 그러나 치료행위는 건강을 유지 · 촉진시키는 행위이므로 상해죄의 구성요건해당성 조각설이 타당하다.

㉢ **징계행위**

ⓐ **원칙상 불벌** : 징계행위가 징계의 목적달성을 위한 행위는 위법성이 조각된다.

예 체벌

ⓑ **예외로 처벌** : 징계의 행사로 상해의 결과가 발생하면 위법성이 조각되지 아니한다.

예 말을 듣지 않는 제자에게 징계행위로 상해를 가한 경우 ➞ 상해죄 성립

㉣ **자상행위**

ⓐ **원칙상 불벌** : 단, 강요 · 기망에 의한 자상행위는 상해죄의 간접정범이 된다.

ⓑ **예외로 처벌** : 군형법(동법 제41조 제1항)과 병역법(동법 제75조)은 처벌한다.

예 병역기피의사로 손가락 절단시

(4) 죄수 및 관련문제

① **죄수** : 피해자의 수에 따라 결정, 즉 신체의 완전성은 일신전속적 법익이므로 피해자의 수에 따라 결정한다.

② **관련문제**

㉠ **공무집행중인 공무원에게 상해를 가한 경우** : 공무집행방해죄와 상해죄의 상상적 경합범

㉡ **살인의 고의로 상해를 가한 경우** : 살인미수죄 성립

㉢ **내란행위로 상해를 가한 경우** : 내란죄만 성립(흡수주의)

㉣ **1개 행위로 수인을 상해한 경우** : 수개 상해죄의 상상적 경합범

㉤ **수개의 행위로 수인을 상해한 경우** : 수개 상해죄의 경합범

보충설명 상해죄와 폭행죄

1. **상해의사로 폭행하였으나** (단순)**폭행의 결과가 발생한 경우** : 상해미수범
2. **폭행의사로 폭행하였으나 상해의 결과가 발생한 경우** : 폭행치상죄

2. 존속상해죄

(1) 의의 : 자기 또는 배우자의 직계존속에 대하여 상해를 가함으로써 성립하는 범죄이다(제257

조 제2항). 예 자식이 노모(83세)에게 사업자금을 대주지 않는다고 상해를 가한 경우 → 존속상해죄

(2) 성질

① **부진정신분범** : 신분관계로 인하여 책임(형)이 가중되는 가중적 구성요건으로서 부진정신분범이다.

② **법조경합 중 특별관계** : 상해죄와 존속상해죄는 법조경합 중 특별관계이다.

(3) 구성요건

① **주체 · 객체** : 존속살해죄에서 주체 · 객체와 동일하다(10면 참조).

② **행위** : 상해(상해죄와 동일하다 · 29면 참조).

3. 중상해죄 · 존속중상해죄

(1) 서설

① **의의**

㉠ **중상해죄** : 사람의 신체를 상해하여 생명에 대한 위험을 발생하게 하거나 불구 또는 불치나 난치의 질병에 이르게 함으로써 성립하는 범죄이다(제258조 제1항 · 제2항).

예 실명 · 혀절단

㉡ **존속중상해죄** : 자기 또는 배우자의 직계존속에 대하여 중상해를 가함으로써 성립하는 범죄이다(제258조 제3항).

예 사업자금을 주지 않는다고 부(父)를 실명시킨 경우

② **성질**

㉠ **가중적 구성요건** : 상해죄에 비하여 불법(형)이 가중되므로 가중적 구성요건이다.

㉡ **부진정결과적 가중범** : 중한 결과발생에 대한 과실 이외에 고의가 있는 경우에도 성립하는 부진정결과적 가중범이다(통설).

(2) 구성요건

① **객관적 구성요건**

㉠ **주체**

ⓐ 중상해죄 : 제한없다.

ⓑ 존속중상해죄 : 직계비속 또는 그의 배우자

㉡ **객체** : 사람의 신체

ⓐ **중상해죄** : 상해죄와 同一하다.

ⓑ **존속중상해죄** : 직계존속 또는 배우자의 직계존속에 한한다.

㉢ **행위** : 상해

ⓐ 상해의 수단 · 방법 : 제한없다.

ⓑ 중한 결과발생

i) 생명에 대한 위험발생

㉮ 의의 : 생명에 대한 구체적 위험의 발생, 즉 치명상을 의미한다.

예 쇠망치로 머리를 쳐서 생명에 위험을 주는 경우. 만약 쇠망치로 머리를 쳐서 사망하면 중상해죄가 아닌 상해치사죄가 성립한다.

㉯ 판단기준 : 의학적인 판단자료를 기초로 한 법률적 판단이다.

ii) 불구

㉮ 의의 : 신체조직의 중요부분을 상실하는 경우를 말한다.

예 실명 · 혀절단 · 청력상실 · 성기절단 등

㉯ 판단기준 : 피해자 개인의 사정은 고려하지 않고 신체조직상의 기능을 객관적으로 판단한다.

예 피아니스트의 새끼손가락 절단은 불구라 할 수 없다. 즉, 상해죄만 성립

iii) 불치 또는 난치의 질병

㉮ 의의 : 치료의 가능성이 없거나 또는 현저히 곤란한 경우를 말한다.

예 AIDS감염 · 기억상실증 · 정신병 유발 등

㉯ 판단기준 : 치료가능성 유 · 무는 의학적 표준에 의하여 판단한다.

관련판례 중상해죄

1. 피해자를 협박하여 피해자가 자기 콧등을 길이 2.5cm · 깊이 0.56cm 절단함으로써 안면불구가 된 경우 ➞ 중상해죄
2. 피해자가 다리를 부러뜨려 1~2개월간 입원케 하라고 교사하여 다리를 부러뜨린 경우 ➞ (중상해가 아닌) 상해죄의 교사범 성립(대판 2005. 12. 9, 2005도7527)
3. 폭행의사로 폭행하여 치아 2개를 빠지게 한 경우 ➞ (중상해죄가 아닌) 폭행치상죄가 성립
4. 협박하여 면도칼로 콧등을 스스로 절단케 한 경우 ➞ 중상해죄의 간접정범
5. 머리를 강타하여 뇌진탕을 일으키게 하거나 눈을 때려 실명시킨 경우 ➞ 중상해죄

② **주관적 구성요건**

㉠ **고의**

ⓐ 상해에 대한 고의와 중한 상해결과에 대한 고의 또는 과실에 대한 인식과 의사가 있어야 한다.

ⓑ 미필적 고의만으로 족하다.

㉡ **착오문제**

ⓐ 중상해죄를 착오로 인식하지 못하고 중상해를 가한 경우 ➡ 상해죄로 처벌

ⓑ 존속중상해죄를 착오로 인식하지 못하고 존속중상해를 가한 경우 ➡ 중상해죄로 처벌

(3) 적용범위

① **문제의 제기** : 폭행의 고의로 중상해의 결과가 발생한 경우 중상해죄가 성립할 수 있느냐가 문제된다.

② **학설** : 긍정설 · 부정설(통설)

㉠ **긍정설** : 폭행치사상죄가 명문으로 중상해죄를 포함시킨 이상 본죄가 적용된다는 견해

㉡ **부정설**(통설) : 중상해죄는 상해의 고의를 요하므로 중상해죄가 적용되지 않고 폭행치사상죄가 성립한다는 견해

㉢ **결론** : 폭행치상죄가 중상해죄와 관련이 있는 것은 처벌의 균형을 고려한 문제이지 범죄성립의 문제는 아니므로 폭행의 고의로 중상해의 결과가 발생하면 폭행치상죄가 성립한다. 따라서 부정설이 타당하다.

4. 상해치사죄 · 존속상해치사죄

(1) 의의

① **상해치사죄** : 사람의 신체를 상해하여 사망에 이르게 함으로써 성립하는 범죄이다.

예 피해자가 상해를 피해 도망가다가 실족하여 사망한 경우 · 상해의사로 상해를 가하였으나 사망한 경우

② **존속상해치사죄** : 자기 또는 배우자의 직계존속에 대하여 상해를 가하여 사망의 결과가 발생하는 범죄이다.

예 A는 부 甲에게 상해의사로 폭행을 가하였으나 사망한 경우

(2) 성질

① **결과적 가중범** : 상해 또는 존속상해에 대한 고의는 있었으나 사망에 대하여는 고의가 없으므로 결과적 가중범이다(만약 사망에 대하여 고의가 있었다면 살인죄 성립).

관련판례 상해치사죄

상해를 가해 피해자가 빈사상태에 빠지자 사망한 것으로 오인하고 범행을 은폐하기 위해 베란다로 옮긴 후 떨어뜨려 사망하게 한 경우 ➞ (포괄하여) 상해치사죄(대판 1994. 11. 4, 94도2361)

② **결과적 가중범의 공동정범 인정**(판례)

㉠ **甲과 乙은 강도를 공모한 후 강도행위 중 상해를 가한 경우** : 甲과 乙은 강도치상죄의 공동정범

㉡ **패싸움 도중 칼을 휘둘러 한 사람에게는 사망이 이르게 하고 다른 한 사람에게는 상해를 가한 경우** : 상해치사죄와 상해죄의 경합범(판례[2])

5. 상해죄의 동시범

(1) 서설

① **의의**

㉠ **동시범** : 2인 이상이 의사의 연락 없이 동시(同時) 또는 이시(異時)에 동일한 행위 객체에 대하여 구성요건적 결과를 실현한(상해의 결과를 발생하게 한) 경우를 말한다.

예 甲과 乙은 우연히(상호간의 의사 연락없이) 동시에 丙에게 돌멩이를 던져 골절상을 입혔으나 누구의 돌멩이가 골절상을 입혔는지 그 원인이 판명되지 아니한 경우 ➞ 상해죄의 공동정범

㉡ **공동정범처벌** : 독립행위가 경합하여 상해의 결과를 발생케 한 경우에 그 원인된 행위가 판명되지 아니한 때는 공동정범의 예에 의한다(제263조).

㉢ **특례(별)규정** : 상해죄의 동시범(제263조)은 독립행위의 경합(제19조)의 특례(별)규정이다.

② **책임주의의 예외**

㉠ 결과발생의 원인이 된 행위가 판명되지 아니한 경우, 즉 독립행위의 경합(제19조)은

2. 대판 1978. 1. 17, 77도2193

미수범으로 처벌하고(예 A와 B가 상호간의 의사 연락 없이 살인의사로 甲에게 총을 발사하여 사망하였으나 甲이 누구의 총에 맞아 사망하였는지 그 원인이 규명되지 아니한 경우 ➡ A와 B는 살인미수죄), 상해죄의 동시범(제263조)은 공동정범

예 A와 B가 상호간의 의사연락 없이 상해의사로 甲에게 상해를 가하였으나 甲은 누구에 의하여 상해를 당하였는지 그 원인이 규명되지 아니한 경우 ➡ A와 B는 상해죄의 공동정범으로 처벌한다.

㉡ 따라서 상해죄의 동시범은 책임주의의 예외를 인정한다.

③ **입법취지**

㉠ 집단적 상해를 방지하기 위하여 인정

㉡ 입증의 곤란을 구제하기 위하여 인정

④ **성질** : 법률상 책임추정설 · 이원설 · 거증책임전환설(통설 · 판례) · 간주규정설

㉠ **법률상 책임추정설** : 입증의 곤란을 구제하기 위하여 공동정범에 관한 법률상 책임의 추정을 인정한다는 견해

㉡ **이원설** : 소송법상으로는 거증책임전환이고 실체법상으로는 공동정범의 범위를 확장한다는 견해

㉢ **거증책임전환설**(통설 · 판례) : 거증(입증)책임은 원칙상 검사가 부담하나 거증(입증)책임의 곤란 구제를 위하여 거증(입증)책임이 검사에서 형사 피고인으로 전환된다는 견해

㉣ **간주규정설** : 상해의 입증이 불가능한 경우를 해결하기 위하여 복수의 단독범을 하나의 공동정범으로 보는 간주규정이라는 견해

(2) 성립요건

① **독립행위의 경합**

㉠ 독립행위의 경합이란 상호간의 의사연락 없이 2개 이상의 범죄행위가 동시 또는 이시(異時)에 동일객체에 향하여지는 것을 말한다.

㉡ 범죄행위는 동시(同時) 또는 이시(異時)를 불문한다(통설 · 판례).

② **상해의 결과발생**

㉠ 상해의 결과가 발생해야 한다. 따라서 상해의 결과가 발생하지 아니하면 상해죄의 동시범 적용이 인정되지 않는다.

㉡ 상해의 결과발생은 상해행위에 의하든 · 폭행행위에 의하든 불문한다. 따라서 폭행치상죄 · 상해치사죄 · 과실치상죄의 경우에도 상해죄의 동시범을 인정한다(통설 · 판례).

㉢ 상해의 결과발생이 과실에 의한 경우에도 상해죄의 동시범을 인정한다.

예 과실치상죄

㉣ 단, 강간치상죄와 강도치상죄는 보호법익을 달리하므로 상해죄의 동시범 적용을 부정한다(통설 · 판례).

핵심요약 상해죄의 동시범 특례(제263조)

1. (상해죄의 동시범) **적용되는 범죄** : 상해죄 · 상해치사죄 · 폭행치상죄 · 폭행치사죄 · 과실치상죄
2. (상해죄의 동시범) **적용되지 않는 범죄** : 강간치상죄 · 강도치상죄

③ **원인된 행위가 판명되지 않을 것**

㉠ 결과발생에 대한 원인된 행위가 판명되지 아니하여야 한다. 따라서 자기의 행위로 인한 것이 아니라는 것을 입증하면 상해의 기수로 처벌되지 않는다.

㉡ 즉, 원인된 행위가 판명된 경우는 (동시범으로서) 각자는 자신의 행위의 결과에 대한 책임만을 부담한다(형사책임 개별화원칙).

예 A와 B는 상호 의사연락 없이 甲에게 상해를 가하였으나 甲은 A에 의하여 상해를 당하였음이 판명된 경우 ➡ A는 상해죄기수 · B는 상해죄미수범

(3) 처벌

① **공동정범**(상해죄의 기수)**의 예에 의하여 처벌**

예 A · B · C는 상호간의 의사연락없이 甲에게 상해를 가하였으나 甲은 누구에 의하여 상해를 당하였는지 그 원인이 규명되지 아니한 경우 ➡ A · B · C는 상해죄의 공동정범

② **형법총칙의 임의적 공범규정이 적용** : 원칙상 형법각칙의 필요적 공범은 형법총칙의 임의적 공범규정이 적용되지 않는다. 예외로 상해죄의 동시범은 형법총칙의 임의적 공범이 적용된다.

6. 상습죄(상해 · 존속상해 · 중상해 · 존속중상해죄)

(1) 의의 : 상습으로 상해 · 존속상해 · 중상해 · 존속중상해죄를 범함으로써 성립하는 범죄이다.

(2) 성질

① 부진정신분범(상습성이란 신분으로 인하여 불법(형)이 가중되는 부진정신분범이다)

② 주관주의 근거

(3) 상습성

① 상습성이란 행위자의 일정한 행위의 반복이 아니라 행위자의 상습(습벽 · 습성)을 말한다(판례).

② 따라서 1개의 행위라도 습벽이 인정되면 상습성을 인정한다.

예 상해의 습성있는 자가 상해를 가한 경우 → 1개의 상습상해죄

(4) 상습범과 공범관계

① **상습자와 비상습자가 공동으로 상해를 실행한 경우** : 상습자는 상습상해죄 · 비상습자는 단순상해죄의 공동정범이 성립한다.

예 상습상해자 A와 단순상해자 甲이 공동하여 상해를 가한 경우 → A는 상습상해죄 · 甲은 단순상해죄

② **상습자가 비상습자를 교사 · 방조하여 상해를 실행한 경우** : 상습자는 상습상해죄의 교사범 또는 방조범 · 비상습자는 단순상해죄가 성립한다.

예 상습상해자 A가 단순상해자 甲을 교사하여 상해를 가한 경우 → A는 상습상해죄의 교사범 · 甲은 단순상해죄

③ **비상습자가 상습자를 교사 · 방조하여 상해를 실행한 경우** : 비상습자는 단순상해죄의 교사범 또는 방조범 · 상습자는 상습상해죄가 성립한다.

예 단순상해자 A가 상습상해자 甲을 교사하여 상해를 가한 경우 → A는 단순상해죄의 교사범 · 甲은 상습상해죄

Ⅲ. 폭행의 죄

1. 서 설

(1) 의의 : 사람의 신체에 대하여 폭행을 가함으로써 성립하는 범죄이다.

(2) 보호법익과 보호받는 정도

① **보호법익** : 신체의 완전성

② **보호받는 정도** : 형식범 또는 거동범

(3) 구별개념

① **상해죄와의 구별** : 상해의 죄에서 상해죄와 폭행죄의 구별 참조(28면 참조)

② **협박과의 구별**

㉠ **폭행** : 유형력 내지 물리력에 의한 공격(타격)을 말한다.

㉡ **협박** : 무형력 내지 정신력에 의한 공격(타격)을 말한다.

2. 폭행죄

(1) 서설

① **의의** : 사람의 신체에 대하여 폭행을 가함으로써 성립하는 범죄이다(제260조 제1항).

② **성질**

㉠ 형식범(거동범)

㉡ 반의사불벌죄(해제조건부범죄)

㉢ 미수범과 과실범 처벌규정 없다.

(2) 구성요건

① **객관적 구성요건**

㉠ **주체** : 피해자 이외의 모든 자연인이다.

㉡ **객체** : 사람의 신체

ⓐ **사람이란** : 자연인인 타인을 말한다. 따라서 법인은 해당되지 아니한다.

ⓑ **신체란** : 타인의 신체인 한 생리적 · 육체적은 물론 인격적 · 정신적도 포함된다.

㉢ **행위** : 폭행

ⓐ **폭행이란** : 사람의 신체에 대하여 유형력을 행사하는 것을 말한다.

ⓑ 폭행의 개념

폭행의 형태	의 의	범죄의 예
최광의의 폭행	① 사람 · 물건에 대한 직접 · 간접의 유형력의 행사 ② 즉, 일체의 유형력의 행사를 말한다.	내란죄 · 소요죄 · 다중불해산죄
광의의 폭행	사람에 대한 직접 · 간접의 유형력의 행사	공무집행방해죄 · 특수도주죄 · 강요죄
협의의 폭행	① 사람에 대한 직접적인 유형력의 행사 ② (또는) 사람의 신체에 대한 직접 · 간접의 유형력의 행사	특수공무원폭행죄 · 폭행죄 · 존속폭행죄 · 외국원수에 대한 폭행죄
최협의의 폭행	상대방의 항거를 곤란하게 하거나 또는 항거불능한 상태하의 유형력의 행사	절도죄 · 강간죄 · 준강도죄 · 강제추행죄
결 론	① 형법상 폭행이란 : 협의의 폭행을 의미한다. ② 구체적 사례 : 깜짝 놀라게 하는 행위 · 얼굴에 침뱉는 행위 · 머리카락 절단하는 행위 · 이목을 가리는 행위 · 여자의 가슴을 만지는 행위 · 기절시키는 행위 등	

ⓒ 폭행의 수단 · 방법 : 제한이 없다

i) 사람의 신체에 대한 직접 · 간접 · 작위 · 부작위를 불문한다.

ii) 사람의 신체에 대한 유형력의 행사이므로 따라서 타가(他家)의 마당에 인분을 넣은 비닐봉지를 던졌을 경우 사람의 신체에 대하여 공격한 것이 아니면 폭행이 아니다(판례).

ⓓ 기수시기 : 유형력 행사시, 즉 폭행죄는 형식범으로 유형력 행사만 있으면 구성요건이 충족되어 기수가 된다.

② **주관적 구성요건**

㉠ (폭행의) **고의** : 폭행의 고의가 있어야 한다

ⓐ 폭행의사로 폭행을 가하였으나 폭행의 결과가 발생하지 않은 경우 : 폭행죄 기수

ⓑ 상해의 고의로 폭행을 가하였으나 상해가 발생하지 않은 경우 : 상해죄 미수

ⓒ 폭행의사로 폭행을 가하였으나 상해의 결과가 발생한 경우 : 폭행치상죄

㉡ **과실폭행죄는 부인** : 폭행죄는 고의범이므로 과실에 의한 폭행죄는 인정되지 않는다.

(3) 위법성

① **피해자의 승낙에 의한 폭행** : 피해자의 승낙에 의한 폭행은 사회상규에 위배되지 않는 한 위법성이 조각된다(통설).

② 정당행위

㉠ **징계권자가 징계행위로서 한 폭행** : 정당행위로서 위법성이 조각된다.

예 부모의 자식에 대한 폭행 · 교사의 학생에 대한 폭행, 단 남편의 처에 대한 폭행은 폭행죄가 성립한다.

㉡ **타인에 대한 징계행위로서 한 폭행** : 사회상규에 반하지 않는 한 위법성이 조각된다.

예 술취한 자가 시비를 걸면서 팔을 잡기에 뿌리친 경우(판례) · 강제연행을 모면하기 위하여 팔꿈치로 이를 뿌리치면서 상대방의 가슴을 잡고 벽에 밀어붙인 경우(판례)

(4) 죄수 및 타죄와의 관계

① **폭행이 다른 범죄의 수단으로 사용된 경우** : 다른 범죄에 흡수된다.

예 강도 또는 강간행위로 폭행을 사용한 경우 ➡ 강도죄 또는 강간죄만 성립

② **폭행할 것을 상대방에게 고지하고 폭행한 경우**

㉠ **협박내용이 폭행과 같은 경우** : 협박죄는 폭행죄에 흡수, 즉 폭행죄만 성립

예 협박할 것을 고지한 후 폭행한 경우 ➡ 폭행죄만 성립

㉡ **협박내용이 폭행과 다른 경우** : 협박죄와 폭행죄의 경합범

예 살인을 고지한 후 폭행한 경우 ➡ 협박죄와 폭행죄의 경합범

③ **폭행의 고의였으나 폭행보다 중한 결과가 발생한 경우** : 결과적 가중범이 성립한다.

예 폭행의사로 폭행하였으나 잘못하여 사망 또는 상해의 결과가 발생한 경우 ➡ 폭행치사 또는 폭행치상죄 성립

(5) 반의사불벌죄

① **원칙은 반의사불벌죄** : 폭행죄는 피해자의 명시한 의사에 반하여 공소를 제기할 수 없는(처벌할 수 없는) 반의사불벌죄. 즉, 소추조건이다.

② **예외로 폭력행위등처벌에관한법률** : 폭행의 행위가 폭력행위등처벌에관한법률에 해당할 때에는 반의사불벌죄가 되지 않는다(동법 제2조 제4항).

핵심요약 폭행죄[3]

1. 폭행죄를 인정한 경우(판례)

① 폭언을 수차 반복한 경우

② 안수기도를 하면서 가슴과 배를 반복하여 누르거나 때린 경우

---

3. 진용은, 638~639면

③ 근접하여 욕설을 하면서 때릴 듯이 손발이나 물건을 휘두르거나 던지는 행위

④ 폭행죄에 있어서 사람의 신체에 대한 유형력의 행사는 반드시 신체에 대한 직접적인 접촉을 요건으로 하는 것이 아니므로, 어린애를 업은 사람을 넘어뜨린 행위는 그 어린애에 대해서도 (역시) 폭행이 된다.

2. 폭행죄를 부정한 경우(판례)

① 남의 집 마당에 인분을 던지는 경우(행위)

② 방문을 열어주지 않으면 모두 죽여버린다고 폭언을 하면서 시정된 방문을 수회 발로 차는 경우(행위)

③ 사람의 시비를 만류하면서 조용히 얘기나 하자며 그의 팔을 2 · 3회 끈 경우(행위)

3. 존속폭행죄

(1) 의의 : 자기 또는 배우자의 직계존속에 대하여 폭행을 가함으로써 성립하는 범죄이다(제260조 제2항). 예 사업자금을 대주지 않는다고 아버지를 폭행한 경우

(2) 성질

① 부진정신분범(신분관계로 인하여 책임(형)이 가중되는 가중적 구성요건으로서 부진정신분범이다)

② 주관주의 근거

③ 반의사불벌죄

4. 특수폭행죄

(1) 서설

① **의의** : 단체 또는 다중의 위력을 보이거나 위험한 물건을 휴대하여 폭행(또는 존속폭행)을 가함으로써 성립하는 범죄이다.

② **성질**

㉠ **특별규정** : 집단폭행이라는 점에서 단순폭행보다 불법(형)이 가중되는 특별규정이다.

㉡ **폭력행위등처벌에관한법률규정 적용**(동법 제3조) : 특별법 우선적용 원칙에 따라 특수폭행죄는 폭력행위등처벌에관한법률규정이 적용되므로 따라서 특수폭행죄는 현실적인 실익이 없다.

㉢ **반의사불벌죄가 아님** : 폭행죄는 반의사불벌죄이나, 특수폭행죄는 반의사불벌죄가 아니다.

(2) 구성요건

① 객관적 구성요건

㉠ **객체** : 단체 또는 다중의 위력을 보이거나 위험한 물건을 휴대할 것

ⓐ 단체란

i) 공동의 목적을 지닌 다수인의 계속 · 조직적인 결합체를 말한다.

ii) 공동목적은 불법이든 · 합법이든 불문한다. 따라서 불법단체뿐 아니라 법인 · 정당 · 노동조합과 같은 적법단체도 포함된다. 단체의 구성원이 집결되어 있을 필요성은 없고 소집 · 연락으로 결합할 가능성이 있으면 성립한다(단체로 본다).

예 선거기간 중 특정지역을 비난하는 발언을 한 후보자를 그 지역향우회 회원이 자신의 신분을 밝히고 폭행한 경우 ➡ 특수폭행죄

iii) 범죄단체조직죄(제114조)의 단체와 동일하다.

ⓑ 다중이란 : 단체를 이루지 못한 다수인의 집합으로 집단적 위력을 보일 수 있는 정도만으로도 족하다(판례).

ⓒ 다중의 위력을 보여란

i) 사람의 의사를 제압하는 데 필요한 세력을 말한다.

ii) 세력은 유형적 · 무형적이든 불문한다.

iii) 다중의위력을 보인다는 것은 세력을 상대방에게 인식시키는 것을 말한다.

㉮ 다중의 위력을 보이는 방법은 시각 · 청각 · 촉각을 불문한다.

㉯ 의사를 제압할 정도의 세력을 인식하므로 족하다.

㉰ 현실로 상대방의 의사가 제압되었음을 요하지 않는다.

㉱ 현장에 단체나 다중이 있음을 요하지 않는다. 즉, 위력을 보이기 위해 폭행의 현장에 단체나 다중이 반드시 있음을 요하지 않는다(현장성 불요). 다만, 단체 또는 다중이 실존하여야 한다(실존성 요).

보충설명 특수폭행죄에서 폭행현장에 단체 또는 다중이 현존하여야 하는가?

특수폭행죄는 단체 또는 다중의 위력을 보이는 것이지 단체 또는 다중 그 자체를 보이는 것이 아니라는 점을 들어 폭행현장에 단체 또는 다중이 있을 것을 요하지 않는다(현장성 불요). 다만, 단체 또는 다중은 실

제로 존재하여야 하며(실존성 요) 존재하지 않은 단체나 다중을 가장하는 것은 특수폭행죄가 성립하는 것이 아니라 폭력행위 등 처벌에 관한 법률 제3조가 적용된다.

㉡ **위험한 물건을 휴대한 경우**

ⓐ 위험한 물건이란 : 사람의 생명 · 신체에 해를 가하는 데 사용될 수 있는 물건을 말한다. 예 폭발물 · 면도칼 · 유리병 · 쪽가위 등

보충설명 위험한 물건

1. **위험한 물건으로 인정하는 물건** : 유리병 · 면도칼 · 곡괭이자루 · 드라이버 · 벽돌 · 의자와 당구큐대 · 항아리조각 · 승용차
2. **위험한 물건으로 인정하지 않는 물건** : 행위자의 신체(주먹 · 발) · 전신주 · 바위 · 콘크리트바닥 · 돌담벽

관련판례 위험한 물건여부 판단

위험한 물건인가 여부는 구체적인 사안에 따라 사회통념에 비추어 그 물건을 사용하면 상대방이나 제3자가 곧 위험성을 느낄 수 있는가의 여부에 따라 이를 판단하여야 한다. 따라서 쇠파이프로 머리를 구타당하자 각목으로 상대방의 허리를 구타한 경우 위험한 물건이라고 할 수 없다(대판 1981. 7. 28, 81도1046).

ⓑ 휴대란

i) 위험한 물건을 사용할 의도(사)로 몸에 소지한다는 의미이며, 따라서 반드시 직접 소지하거나 또는 수중에 지닐 필요는 없다.

ii) 휴대사실을 상대방에게 인식시킬 필요는 없다.

㉢ **행위** : 폭행(폭행죄에서 폭행과 동일하다 · 40면 참조)

② **주관적 구성요건**

㉠ **고의** : 단체 또는 다중의 위력을 보이거나 위험한 물건을 휴대하고 폭행한다는 고의가 있어야 한다.

예 폭행자가 위험한 물건을 객관적으로 소지하고 있었더라도 그 휴대사실을 몰랐다면 특수폭행죄가 성립하지 않는다.

ⓛ **착오문제** : 위험한 물건을 휴대한 사실을 인식하지 못한 경우 ➡ 특수폭행죄는 성립하지 않고 단순폭행죄만 성립

보충설명 형법상 "특수(特殊)"자 붙은 범죄

구성요건	범죄의 예
단체 또는 다중의 위력을 보이거나 위험한 물건을 휴대하여 …	① 특수공무집행방해죄 ② 특수폭행죄 ③ 특수체포 · 감금죄 ④ 특수협박죄 ⑤ 특수주거침입죄 ⑥ 특수손괴죄
수용설비 · 기구를 손괴하거나 사람에게 폭행 · 협박을 가하거나 2人 이상이 합동하여 …	특수도주죄
① 야간에 문호 또는 장벽 · 기타 건조물의 일부를 손괴하고 … ② 흉기를 휴대하거나 2人 이상이 합동하여 …	특수절도죄
① 야간에 사람의 주거 등에 침입하여 … ② 흉기를 휴대하거나 2人 이상이 합동하여 …	특수강도죄

보충설명 형법상 "중(重)"자 붙은 범죄

구성요건	범죄의 예
생명에 대한 위험발생	중유기죄 · 중권리행사방해죄
생명에 대한 위험발생 · 불구 또는 불치나 난치의 질병	중상해죄
사람의 생명 · 신체에 대한 위험발생	중손괴죄
가혹한 행위	중체포 · 감금죄

보충설명 형법상 "준(準)"자 붙은 범죄

구성요건	범죄의 예
심신상실 또는 항거불능상태 이용	준강간 · 준강제추행죄
지려천박 또는 심신장애 이용	준사기죄
탈환거부 · 체포면탈 · 죄적인멸	준점유강취죄 · 준강도죄

5. 폭행치사상죄

(1) 의의 : 폭행죄 또는 특수폭행죄를 범하여 사람을 사상케 함으로써 성립하는 범죄이다.

예 폭행으로 인하여 코뼈가 부러진 경우 → 폭행치상죄

(2) 성질

① 결과적 가중범

② 반의사불벌죄가 아님

핵심요약 폭행치사죄

1. 폭행치사죄를 인정하는 경우(판례)

① 어린아이를 업고 있는 사람을 밀어 넘어지면서 어린아이가 사망한 경우

② 폭행으로 인하여 병약한 사람의 지병이 도져 사망한 경우

③ 폭행으로 피해자가 뒤로 넘어지면서 머리를 바닥에 부딪쳐 뇌출혈로 사망한 경우

④ 두부(頭部)나 피부를 강타하여 사망케 한 경우

2. 폭행치사죄를 부정하는 경우(판례)

① 피해자의 뺨을 한번 살짝 때렸는데 피해자의 특이체질 때문에 사망한 경우

② 어깨를 잡고 약간(약 7m 정도) 걸어가는 정도의 폭행을 가하였으나 피해자의 특이체질 때문에 사망한 경우

③ 피고인의 삿대질을 피하려고 뒷걸음치다 넘어져 두개골 골절로 사망한 경우

6. 상습폭행죄

(1) 의의 : 상습으로 폭행죄 · 존속폭행죄 또는 특수폭행죄를 범함으로써 성립하는 범죄이다.

(2) 성질

① 부진정신분범

② 주관주의 근거

③ 반의사불벌죄 아님

(3) 처벌

① **가중처벌** : 그 죄에 정한 형의 2분의 1까지 가중한다.

② **폭력행위등처벌에관한법률 적용** : 특별법우선원칙에 따라 상습폭행죄는 폭력행위등처벌에관한법률이 적용되므로 따라서 상습폭행죄는 현실적인 실익이 없다.

보충설명 상습범을 가중처벌하는 범죄

상해죄 · 존속상해죄 · 중상해죄 · 존속중상해죄 · 폭행죄 · 존속폭행죄 · 특수폭행죄

보충설명 폭력행위등처벌에관한법률(폭처법)

1. **목적** : 집단적 또는 상습적으로 폭력행위를 범하거나 흉기 그 밖의 위험한 물건을 휴대하여 폭행행위 등을 자행하는 자 등을 처벌함을 목적으로 한다.

2. **적용범죄**

   ① 상습적으로 상해 · 존속상해, 폭행 · 존속폭행, 체포 · 감금, 존속체포 · 감금, 협박 · 존속협박, 주거침입 · 퇴거불응, 강요, 공갈 또는 재물손괴 등의 죄를 범한 자(제2조 제1항)

   ② 2人 이상이 ① 규정범죄를 공동하여 행하거나 누범인 경우 형을 가중한다(제2조 제2 · 3항).

   ③ 야간에 행하여진 단순 폭행 · 협박은 폭력행위등처벌에관한법률이 적용되어 가중처벌할 수 있지만 처벌을 원하지 않을 경우 처벌할 수 없는 반의사불벌죄이다.

   ④ 미수범 처벌(제6조)

3. **형가중범죄**

   ① **내용** : 단체 또는 집단을 구성하거나 그러한 단체 또는 집단에 가입한 자가 단체 또는 집단의 위력을 과시하거나 단체 또는 집단의 존속 · 유지를 위하여 다음 각호의 1의 행위를 한 때에는 그 죄에 대한 형의 장기 및 단기의 2분의 1까지 가중한다(제4조 제2항).

   ② **적용범죄**

      ㉠ 공무방해에 관한 죄 중 제136조(공무집행방해) · 제141조(공용서류 등의 무효 · 공용물의 파괴)의 죄

      ㉡ 살인의 죄 중 제250조 제1항(살인) · 제252조(예비 · 음모)의 죄

      ㉢ 신용 · 업무와 경매에 관한 죄 중 제314조(업무방해) · 제315조(경매 · 입찰의 방해)의 죄

      ㉣ 절도와 강도의 죄 중 제333조(강도) · 제334조(특수강도) · 제337조(강도상해 · 치상) · 제339조(강도 강간) 및 제340조 제2항(해상강도상해 · 치상) · 제341조(상습범) · 제343조(예비 · 음모)의 죄를 범한 자

보충설명 특정범죄가중처벌등에관한법률(특가법)

1. **목적** : 형법 · 관세법 · 조세범처벌법 · 지방세기본법 · 산림법 및 마약법에 규정된 특정범죄에 대한 가중처벌 등을 규정함으로써 건전한 사회질서의 유지와 국민경제의 발전에 기여함을 목적으로 한다(제1조).

2. **적용범죄**

① 수뢰액이 1천만원 이상인 수뢰 · 사전수뢰 · 제삼자 뇌물제공죄(제2조 제1항)

② 알선수뢰죄(제3조)

③ 불법체포 · 감금치사상죄 또는 폭행 · 가혹행위치사상죄 가중처벌(제4조의2)

④ 공무상 비밀누설죄 가중처벌(제4조의3)

⑤ 국고 관리책임자의 횡령 · 배임죄가중처벌(제5조)

⑥ 재물이나 재산상의 이익취득목적 · 살해목적의 미성년자 약취 · 유인죄(제5조의2)

⑦ 차량운전자의 피해자 치사상후 도주나 도주후 피해자의 사망(제5조의3)

⑧ 운행중인 자동차 운전자에 대한 폭행 등의 가중처벌(제5조의10)

⑨ 위험운전(음주 또는 약물복용운전) 치사상죄(제5조의11)

⑩ 상습절도 · 강도와 그 미수범 가중처벌(제5조의4)

⑪ 강도상해 등 재범자의 가중처벌(제5조의5)

⑫ 상습장물죄 가중처벌(제5조의4)

⑬ 절도목적의 단체나 집단을 구성한 경우(제5조의8)

⑭ 강도상해치상 · 강도강간죄 또는 그 미수죄로 형을 받아 집행종료 또는 면제를 받은 후 3년 내에 다시 이들 죄를 범한 자(제5조의5)

⑮ 보복범죄 가중처벌(제5조의9)

⑯ 관세법위반행위 가중처벌(제6조)

⑰ 조세포탈 가중처벌(제8조)

⑱ 산림법위반행위 가중처벌(제9조)

⑲ 통화위조 가중처벌(제10조)

⑳ 마약사범 가중처벌(제11조)

㉑ 외국인을 위한 탈법행위 가중처벌(제12조)

㉒ 특수직무유기(제15조)

제3절 과실치사상의 죄

I. 서 론

1. 의 의

과실치사상죄란 과실로 인하여 사람을 사망에 이르게 하거나 신체에 상해를 가함으로써 성립하는 범죄이다.

2. 보호법익과 보호받는 정도

(1) 보호법익 : 사람의 생명과 신체

(2) 보호받는 정도 : 침해범

3. 과실치사상죄의 형태

과실치상죄 · 과실치사죄 · 업무상과실 및 중과실치사상죄가 있다.

II. 과실치상죄

1. 서 설

(1) 의의 : 과실로 인하여 신체를 상해함으로써 성립하는 범죄이다.

예 골프장서 골프연습중 골프공을 잘못쳐 관리인이 맞아 상처가 난 경우 → 과실치상죄

(2) 성질

① 침해범 · 즉시범 · 결과범

② 반의사불벌죄

③ 결과적 가중범 아님(과실로 인하여 중한 결과가 발생하였으므로 결과적 가중범이 아니다)

④ 미수범 처벌규정 없다.

2. 구성요건

(1) 객체 : 사람의 신체(살인 · 상해 · 폭행죄와 동일하다, 28면 참조)

(2) 행위 : 과실로 인하여 상해의 결과가 발생할 것

① **과실이란**

㉠ **의의** : 정상의 주의태만(부주의)으로 인하여 결과발생을 인식하지 못한 경우를 말한다.

㉡ **과실행위의 방법** : 제한없다. 즉, 작위 · 부작위 또는 직접 · 간접을 불문한다.

㉢ **과실의 공동정범 인정여부** : 예 공사장 인부 A와 B가 목재를 메고 가다 실수로 목재를 떨어뜨려 통행인이 맞아 사망한 경우 ➡ 과실치사죄(판례)

ⓐ 긍정설 : 판례 · 행위공동설 · 공동행위주체설

ⓑ 부정설 : 통설 · 범죄공동설 · 공동의사주체설 · 목적적 행위지배설

② **인과관계가 존재할 것**

㉠ 상해의 결과는 과실로 인하여 발생하여야 한다.

㉡ 과실행위와 결과 사이에 인과관계가 있어야 한다.

관련판례 과실치상죄[4]

1. 과실과 상해 사이의 인과관계 인정(과실치상죄 인정 : 판례)

① 자전거를 몰고 가다가 열차건널목에서 일단 멈춘 피해자가 열차와 자동차의 충돌사고에 놀라 스스로 넘어져 다친 경우 ➡ 자동차 운전자의 과실치상죄 인정

② 의사가 연탄가스 중독환자에게 병명을 가르쳐 주지 않은 채 퇴원시켜 그 환자가 다시 그 방에서 잠을 자다가 연탄가스에 중독된 경우 ➡ 의사의 과실치상죄 인정

2. 과실과 상해 사이의 인과관계 부정(과실치상죄 부정 : 판례)

① 주행중인 버스의 페달브레이크가 작동하지 아니하게 되자 운전자가 당황하여 사이드브레이크를 조작하지 않았다 하여도 사이드브레이크는 원래 주차용으로서 차량주행 중에는 이를 사용할 수 없을 뿐만 아니라 경사진 곳에서는 이를 사용하더라도 제동의 효과를 얻을 수 없으므로 사이드브레이크를 조작하지 않은 것이 본건 사고의 원인이 되었다고 할 수 없다.

② 현장소장인 피고인이 작업반장에게 작업중지를 지시하였는데도 이를 무시하고 작업반원들에게 작업을 지시하여 사고가 난 경우

③ 임차가옥에 하자가 있어 연탄가스가 스며든 경우 그 하자가 임차가옥을 사용할 수 없는 정도의 파

---

4. 진용은, 645면

손상태이거나 임대인에게 수선의무가 있다고 보아야 할 대규모의 것이 아닌 한 임차인의 통상의 수선 및 관리의무에 속한다 할 것이므로, 가옥에 있는 하자의 정도가 위 어느 것인지를 심리하여 임대인의 주의의무 위반을 따져야 한다. 즉, 임대인의 과실치상죄 성립 부인

③ **결과의 발생**

㉠ 상해의 결과가 발생하지 않으면 과실치상죄는 성립하지 않는다.

㉡ 따라서 과실치상죄의 미수범을 부정한다.

Ⅲ. 과실치사죄

1. 의 의

과실로 인하여 사람을 사망에 이르게 함으로써 성립하는 범죄이다.

예 골프장서 골프연습중 골프공을 잘못쳐 관리인이 맞아 사망한 경우 → 과실치사죄

2. 성 질

(1) 침해범 · 즉시범 · 결과범

(2) 결과적 가중범 아님

(3) 반의사불벌죄 아님

(4) 미수범 처벌규정이 없다.

Ⅳ. 업무상과실 · 중과실치사상죄

1. 서 설

(1) **의의** : 업무상 과실 또는 중대한 과실로 인하여 사람을 사상에 이르게 함으로써 성립하는 범죄이다. 예 운전수가 운전도중 보행자를 치어 사망 또는 상해의 결과가 발생한 경우

(2) **성질**

① **부진정신분범** : 업무자라는 신분관계로 인하여 책임(형)이 가중되는 가중적 구성요건으로 부진정신분범이다.

② 주관주의 근거

2. 구성요건

(1) 객체 : 업무상 과실 또는 중대한 과실로 사람

① **업무상이란**

㉠ 사회생활의 지위에 기하여 계속적 · 반복적으로 종사하는 사무를 말한다.

㉡ 사회생활의 지위에서 행한 행위이어야 하므로, 따라서 자연적인 생활 현상은 업무성을 부인한다. 예 운동 · 산책 · 수면 · 가사 등

㉢ 업무는 계속적 · 반복성이 있어야 한다. 다만, 호기심에 의하여 단 1회 운전한 것만으로는 업무라고 할 수 없다(판례).

예 ① 의사가 개업 첫날 의료사고를 낸 경우 → 업무상 과실치사(상)죄
② 여자친구와 하이킹하기 위하여 자전거를 타고 가다 넘어져 통행인을 다치게 한 경우 → 과실치상죄

㉣ 업무는 사람의 생명 · 신체에 대한 위험을 초래할 수 있는 업무에 한정한다.

예 운전 · 의료행위 · 기계의 작동 등

㉤ 업(사)무는 공적 · 사적이든, 보수가 있든 · 없든, 본무 · 겸무이든, 주된 업무 · 부수업무이든, 면허가 있든 · 없든 불문한다.

예 무면허운전자나 무면허의료행위자도 업무성을 인정하여 본죄의 주체가 된다.

② **업무상 과실이란**

㉠ 업무상 필요한 주의의무를 태만히 하는 것을 말한다.

예 운전자는 교통신호와 교통법규를 준수하고 사고방지를 위한 조치를 하여야 할 업무상 의무가 있다.

핵심요약 업무자에 해당하는 경우(판례)

1. 법정자격 없는 광산보안관리자
2. 무면허운전자
3. 자전거 타고 배달한 점원
4. 기술자면허 없이 자가발전기의 작동작업을 담당한 자

관련판례 업무상 과실

1. 업무상 과실을 인정하는 경우

① 운전자가 피해자의 신호에 따라 자동차를 후진시키다가 피해자를 다치게 한 경우 → 업무상 과실치상죄가 성립

② 트럭운전자가 동승한 화주의 요청에 따라 무리하게 과속 운행하다가 행인을 치어 사망하게 한 경우 → 업무상 과실치사죄의 공동정범이 성립

③ 앞차에 받혀 넘어진 피해자가 뒤따라오던 차에 치어 사망한 경우 → 앞차의 운전자에게도 업무상 과실치사죄가 성립

④ 주치의가 환자의 호흡곤란을 알고도 환자의 상태를 확인하지 아니하여 환자가 식물인간 상태에 이른 경우 → 업무상 과실치상죄가 성립

⑤ 음주운전 단속중인 경찰관의 정지신호를 무시하고 계속 진행함으로써 정차시키기 위하여 차를 저지하는 경찰관에게 상해르 입힌 경우 → 업무상 과실치상죄가 성립

⑥ 함께 술을 마신 후 만취된 사람을 방안에 혼자 눕혀 놓고 촛불을 끄지 않고 나오는 바람에 화재가 발생하여 사망한 경우 → 과실치사죄가 성립

2. 업무상 과실을 부정하는 경우

① 운전자가 차주 또는 조수에게 운전하게 하여 사고를 낸 경우 → 운전자에게 과실책임이 없다.

② 학생이 교실 유리창을 닦다가 추락사한 경우 → 담임교사에게 과실책임이 없다.

③ 버스운전자가 내리막길에서 브레이크가 작동되지 않자 인도로 돌진하여 보행자를 사망케 한 경우 → 운전자에게 과실책임이 없다.

보충설명 업무의 유형(형태)

1. **과실범에 있어서의 업무** : 업무상 실화죄 · 업무상 과실치사(상)죄 · 업무상 과실교통방해죄 · 업무상 과실장물죄 · 업무상 과실폭발성물건파열죄 · 업무상 과실가스 · 전기 등의 공급방해죄, 업무상 과실가스 · 전기 등의 방류죄
2. **진정신분범의 요소로서의 업무** : 업무상 비밀누설죄 · 허위진단서작성죄 · 업무상 과실장물죄
3. **부진정신분범의 요소로서의 업무** : 업무상 횡령죄 · 업무상 배임죄 · 업무상 낙태죄 · 업무상 과실치사상죄 · 업무상 실화죄 · 업무상 과실교통방해죄
4. **보호법익으로서의 업무** : 업무방해죄
5. **행위의 태양(양태)으로서의 업무** : 아동혹사죄
6. **정당행위로서의 업무** : 위법성조각사유

㉡ **죄수문제**

ⓐ 무면허운전자가 운전도중 사람을 치어 사상케 한 경우 : 업무상 과실치사상죄와 교통사고 처리에 관한 특별조치법과의 실체적 경합범(판례)

ⓑ 음주운전자가 운전도중 사람을 치어 사상케 한 경우 : 업무상 과실치사상죄와 교통사고 처리에 관한 특별조치법과의 실체적 경합범(판례)

ⓒ 무면허운전자가 음주운전을 한 경우 : 무면허운전과 음주운전과의 상상적 경합범(판례)

ⓓ 주취운전(음주운전)과 음주측정을 거부한 경우 : 음주운전과 음주측정거부의 실체적 경합범

ⓔ 업무상 과실치사상죄를 범한 후 도망한 경우 : 특정범죄가중처벌법 위반죄가 성립

③ **중과실이란**

㉠ 주의의무위반의 정도가 현저히 결여된 경우 즉, 행위자가 조금만 주의를 했더라면 결과 발생을 회피할 수 있었을 경우이다. 예 주유소에서 담배를 피우는 경우

예 ① 주유소에서 담배를 피워 화재가 나 종업원이 사망한 경우 ➡ 중과실치사죄
② 노인(84세)과 여자아이(11세)에게 안수기도를 하면서 20~30분간 반복하여 가슴과 배를 누르고 안찰하여 사망한 경우 ➡ 중과실치사죄(판례)

㉡ 따라서 중과실이란 과실로 인하여 중대한 결과발생을 의미하지 않는다.

㉢ 경과실과 중과실의 구별기준은 구체적인 경우에 사회통념을 고려하여 판단한다(판례).

(2) 행위 : 사상에 이르게 할 것, 따라서 업무상 과실로 인하여 사상의 결과가 발생해야 한다.

제4절 낙태의 죄

I. 서 론

1. 의 의

낙태의 죄란 태아를 자연의 분만기 이전에 인위적으로 모체 밖으로 배출하거나 모체내에서 살해

하는 범죄이다(통설).

2. 보호법익 및 보호받는 정도

(1) 보호법익

① 태아 및 임신의 생명과 신체의 안전

② 즉, 1차(주된 보호법익)로 태아의 생명과 신체의 안전 · 2차(부차적 보호법익)로 임부의 생명과 신체의 안전

(2) 보호받는 정도 : 추상적 위험범

3. 낙태의 죄의 형태

낙태죄 · 동의낙태죄 · 동의낙태치사상죄 · 의사 등의 낙태죄 · 부동의 낙태죄 · 업무상 동의낙태치사상죄 · 부동의낙태치사상의 죄가 있다.

Ⅱ. 낙태죄

1. 서 설

(1) 의의 : 부녀가 약물 기타의 방법으로 낙태함으로써 성립하는 범죄이다.

(2) 성질 : 신분범 · 자수범 아님 · 필요적 공범 아님

2. 구성요건

(1) 객관적 구성요건

① **주체** : 임신한 부녀

㉠ **신분범** : 임신한 부녀에 한하므로 신분범이다. 따라서 제3자(임부 아닌 자)가 간접정범의 형태로 본죄를 범할 수 없으며 다만, 부동의 낙태죄는 성립한다.

예 타인의 절대적 강제하에서 임부가 낙태한 경우 ➡ (타인은) 부동의낙태죄

㉡ **자수범 아님** : 임신한 부녀는 타인을 이용하여 간접정범으로 본죄를 범할 수 있다. 따라서 자수범이 아니다.

예 임부가 스스로 낙태하려다가 신체에 이상이 생겨 임부의 생명이 위태롭게 되자 의사가 태아를 낙태한

경우 → 임부는 자기낙태죄의 간접정범

② **객체** : 태아

㉠ 태아란 수태시로부터(수정된 수정란이 자궁에 착상한 때로부터) 분만이 개시되기까지(사람이 되기까지)의 생명체를 말한다.

㉡ 임신기간과 수태원인은 불문한다. 즉, 태아는 적법한 혼인관계에서 수태한 것은 물론 간통 · 강간 등에 의하여 수태한 것도 포함된다(법률상 · 사실상 혼인관계 불문하고 모두 인정).

㉢ 태아는 낙태행위시에 생명이 있어야 한다. 따라서 사태(死胎)는 낙태죄를 부인한다.

㉣ 태아인 이상 낙태행위 당시에 태아의 발육정도나 생존능력의 유무는 불문한다.

㉤ 임신한 부녀가 자살을 기도하여 낙태한 때에도 자기낙태죄가 성립한다.

③ **행위** : 낙태

㉠ 낙태란 자연적인 분만기 이전에 인위적으로 태아를 모체 밖으로 배출하거나 모체 내에서 살해하는 것을 말한다. 따라서 낙태행위로 태아가 사망하였는지 여부는 낙태죄 성립에 영향없다(판례[5]).

㉡ 낙태의 수단 · 방법에는 제한이 없다. 즉, 유형적 방법(예 약물 · 수술)이든 무형적 방법(예 임부를 놀라게 하는 것)에 의하든 불문하며, 스스로 하든 · 타인에 의해서 하든 불문한다. 단, 자연유산은 제외된다.

④ **기수시기** : 낙태행위 종료시, 즉 낙태죄는 추상적 위험범이므로 낙태행위로 태아의 생명 · 신체에 구체적인 위험이 발생함을 요하지 않는다.

예 ① 임산부가 낙태를 시도하였으나 모체 내의 태아가 살아 있는 경우 → 불벌(낙태미수죄가 성립하나 낙태미수는 처벌규정이 없으므로)

② 의사가 낙태시 수술을 하였으나 태아가 미숙아로 출생하자 살해한 경우 → 낙태죄와 살인죄의 경합범(판례)

(2) 주관적 구성요건

① **고의** : 낙태에 대한 의사와 인식이 있어야 한다.

② **과실낙태죄 부정** : 낙태죄는 고의범이므로 따라서

㉠ 타인에 의한 과실낙태는 과실치상죄가 성립하나,

㉡ 본인에 의한 과실낙태는 과실낙태죄가 성립하지 않는다(과실낙태죄 처벌규정이 없으므로).

5. 대판 2005. 4. 15, 2003도2780

③ **착오문제**

㉠ **임신이 되었음에도 불구하고 임신하지 않은 것으로 오인한 경우** : 불법, 즉 구성요건의 착오로서 고의가 조각되어 처벌되지 않는다.

㉡ **상상임신**(想像姙娠)**의 경우** : 불능범으로 낙태죄가 성립하지 않는다.

㉢ **낙태가 가족계획 · 국가정책에 순응하는 것으로 오인한 경우** : 법률의 착오문제이다(판례). 즉, 착오에 정당한 사유가 있으면 벌하지 아니한다.

3. 위법성

(1) 피해자의 승낙 : 산모의 승낙이나 동의가 있더라도 위법성은 조각되지 않고 동의낙태죄가 성립한다.

(2) 모자보건법상의 인공임신중절

① **성립요건**(모자보건법 제14조)

㉠ 의학적 · 우생학적 · 윤리적 사유가 있는 경우

㉡ 의사는 본인과 배우자의 동의를 얻어야 하며

㉢ 임신한 날로부터 28주 이내에 인공임신중절수술을 할 수 있다.

② **위법성 조각사유**

㉠ 본인 또는 배우자가 우생학적 또는 유전학적 정신장애나 신체질환이 있는 경우

㉡ 본인 또는 배우자에게 전염성 질환이 있는 경우

㉢ 강간 또는 준강간에 의하여 임신한 경우

㉣ 법률상 혼인할 수 없는 혈족 또는 인척 간에 임신한 경우

㉤ 임신의 지속이 보건의학적 이유로 모체의 건강을 심히 해하고 있거나 해할 우려가 있는 경우

③ **효과** : 위법성이 조각되어 처벌되지 아니한다. 즉, 정당행위 중 법령에 의한 행위로 위법성이 조각된다.

(3) 긴급피난 : 모자보건법상의 요건을 갖추지 못하였을지라도 임산부의 생명을 구하기 위하여 불가피한 경우에는 긴급피난으로 위법성이 조각될 수 있다.

예 임산부의 생명을 구하기 위한 낙태행위 ➡ 불법(긴급피난으로 위법성이 조각되므로)

4. 정범과 공범 관계

(1) 임산부가 타인에게 낙태를 촉탁하여 낙태한 경우 : 자기낙태죄

(2) 타인이 임산부의 촉탁 · 승낙을 받아 임산부와 공동으로 낙태한 경우 : 타인은 동의낙태죄 또는 업무상 동의낙태죄 · 임산부는 자기낙태죄

예 ① 임산부가 남편의 동의를 받아 낙태시 ➡ 임산부는 자기낙태죄 · 남편은 동의낙태죄
② 임산부의 부탁을 받아 의사가 낙태시 ➡ 임산부는 자기낙태죄 · 의사는 업무상 동의낙태죄

(3) 타인이 임산부를 교사하여 낙태한 경우 : 임산부는 자기낙태죄 · 타인은 자기낙태죄의 교사범

예 ① 남편(A)이 아내(甲)에게 낙태를 종용하여 낙태시 ➡ 남편은 자기낙태죄의 교사범 · 아내는 자기낙태죄
② 남편(A)이 아내(甲)에게 낙태약을 구해주거나 · 의사를 소개시켜 주어 낙태한 경우 ➡ 남편은 자기낙태죄의 종범 · 아내는 자기낙태죄

Ⅲ. 동의낙태죄

1. 서 설

(1) 의의 : 부녀의 촉탁 또는 승낙을 받아 낙태함으로써 성립하는 범죄이다(제269조 제2항).

(2) 성질

① **필요적 공범** : 자기낙태죄는 필요적 공범이 아니나 동의낙태죄는 필요적 공범이다.

② **독립된 범죄** : 낙태죄를 시술자 쪽에서 본 독립된 구성요건이다.

③ **신분범 아님** : 업무상 동의낙태죄에 열거되어 있는 자(제270조 제1항) 이외의 자이므로 신분범이 아니다.

2. 구성요건

(1) 객관적 구성요건

① **주체** : 업무상 동의낙태죄(제270조 제1항)에 열거되어 있는 자 이외의 자

예 친정어머니 · 남편 · 치과의사 등

② **객체** : 태아(낙태죄의 태아와 동일하다)

③ **행위** : 부녀의 촉탁 · 승인을 받아 낙태하게 하는 것

㉠ **촉탁이란** : 부녀가 낙태를 의뢰 · 부탁하는 것을 말한다.

㉡ **승낙이란** : 낙태자가 낙태에 관한 임부의 동의를 얻는 것을 말한다.

㉢ **촉탁 · 승낙** : 낙태의 의미를 이해할 수 있고 임부의 자유로운 의사에 의한 것이어야 한다.

㉣ **위계 · 폭행 · 협박 또는 강요 · 착오에 의한 촉탁 · 승낙에 의한 낙태** : 부동의 낙태죄가 성립

(2) 주관적 구성요건

① **고의** : 촉탁 · 승낙에 의한 낙태의 인식이 있어야 한다.

예 ① 임부의 촉탁에 의해 낙태를 행한 경우 ➡ 동의낙태죄
② 임부에게 낙태를 교사하여 낙태한 경우 ➡ 자기낙태죄의 교사범

② **착오문제** : 촉탁 · 승낙이 있었으나 촉탁 · 승낙이 없는 것으로 오인하여 낙태한 경우 ➡ 부동의 낙태죄가 성립

Ⅳ. 업무상 동의낙태죄

1. 서 설

(1) 의의 : 업무상 동의낙태죄란 의사 · 한의사 · 조산사 · 약제사 또는 약종상이 부녀의 촉탁 또는 승낙을 받아 낙태함으로써 성립하는 범죄이다(제270조 제1항).

예 의사가 임산부의 부탁으로 낙태한 경우 ➡ 업무상 동의낙태죄

(2) 성질 : 부진정신분범, 즉 동의낙태죄에 대하여 신분으로 책임(형)이 가중되는 부진정신분범이다.

2. 구성요건

(1) 주체 : 의사 · 한의사 · 조산사 · 약제사 또는 약종상에 한한다. 즉, 부진정신분범이다.

① 의사란 산부인과 의사에 한하지 않는다. 따라서 내과의사 · 외과의사를 불문한다.

② 면허 있는 의사이어야 한다.

③ 단, 무면허자 · 치과의사 · 수의사 · 의대교수 · 간호사 · 제약사 · 안마사는 업무상 동의낙태죄의 주체가 될 수 없고, 단순동의낙태죄가 성립한다.

예 의사가 자리를 비운 사이에 간호사가 임부의 촉탁을 받아 낙태하게 한 경우 ➡ 간호사는 동의낙태죄

핵심요약 업무상 동의낙태죄의 주체

1. **업무상 동의낙태죄의 주체 인정** : 의사(내과 · 외과 · 산부인과 의사 불문) · 한의사 · 조산사 · 약제사 · 약종상
2. **업무상 동의낙태죄의 주체 부정** : 무면허자 · 치과의사 · 수의사 · 의대교수 · 간호사 · 제약사 · 안마사

개념정리 약제사 · 약종상

1. **약제사**(藥劑師) : 약사의 전(前) 용어, 즉 약사면허 없이 약사에 관한 일을 하는 사람
2. **약종상**(藥種商) : 약재를 파는 장사 또는 그런 장사를 하는 사람

(2) 행위 : 촉탁 또는 승낙을 받아 낙태하는 경우(촉탁 · 승낙의 의미는 동의낙태죄와 동일하다).

3. 위법성

(1) 모자보건법에 의한 인공임신중절행위(동법 제14조) : 정당행위 중 법령에 의한 행위로서 위법성이 조각된다.

(2) 긴급피난 : 모자보건법의 요건은 구비하지 못하였으나 임산부의 생명을 구하기 위하여 불가피한 경우에는 긴급피난으로 위법성이 조각된다.

예 위독한 산모의 생명 구출을 위하여 부득이하게 태아를 낙태한 경우 ➡ 불벌, 즉 의사는 정당행위 또는 긴급피난으로 위법성이 조각되어 벌하지 아니한다.

V. 부동의낙태죄

1. 서 설

(1) 의의 : 부녀의 촉탁 또는 승낙없이 낙태함으로써 성립하는 범죄이다(제270조 제2항).

(2) 성질 : 가중적 구성요건, 즉 동의낙태죄에 대하여 불법(형)이 가중되는 가중적 구성요건이다.

2. 구성요건

(1) 주체 : 제한이 없다. 따라서 업무상 동의낙태죄(제270조 제1항)에 열거된 자도 인정된다.

(2) 행위 : 부녀의 촉탁 또는 승낙없이 낙태하는 경우

① 임부가 정상적인 판단능력이 없거나 또는 그 촉탁 · 승낙이 강요에 의한 경우는 동의가 있더라도 부동의낙태죄가 성립한다.

② 부녀의 촉탁 또는 승낙이 없으면 되고, 반드시 본인의 의사에 반할 것을 요하지 않는다. 따라서 임신한 부녀 모르게 낙태한 경우에도 부동의 낙태죄가 성립한다.

③ 낙태하는 경우란 직접 낙태행위를 하는 것을 말한다.

3. 죄수문제

(1) 임산부의 동의없이 낙태하기 위하여 임산부를 살해한 경우 : 살인죄와 부동의낙태죄의 상상적 경합범

(2) 임산부에게 낙태를 강요한 경우 : 부동의낙태죄와 강요죄의 상상적 경합범

(3) 낙태에 수반되는 상해행위를 한 경우 : (부동의)낙태죄만 성립(낙태행위는 필연적으로 신체상해를 수반하므로 낙태죄만 처벌, 즉 흡수주의)

(4) 낙태에 수반되는 정도를 초과한 상해행위를 한 경우

① **상해의 고의가 있으면** : (부동의)낙태죄와 상해죄의 상상적 경합범

② **상해의 고의가 없으면** : 낙태치상죄가 성립

Ⅵ. 낙태치사상죄

1. 의 의

동의낙태죄 · 업무상 낙태죄 또는 부동의 낙태죄를 범하여 부녀를 상해에 이르게 하거나 또는 사망에 이르게 함으로써 성립하는 범죄이다(제270조 제3항).

2. 성 질

(1) 가중적 구성요건 : 업무상 동의낙태죄나 부동의낙태죄에 비하여 책임(형)을 가중하는 가중적 구성요건이다.

(2) 결과적 가중범 : 낙태행위로 인한 상해 또는 사망이라는 중한 결과가 발생하는 결과적 가중범이다.

(3) 미수범 부정 : 본죄는 기본범죄인 낙태가 기수에 이르러야만 성립하므로 따라서 낙태죄 또는 낙태치사상죄는 미수범을 인정할 수 없다.

제5절 유기와 학대의 죄

I. 서 론

1. 의 의

유기와 학대의 죄란 보호의무자가 요부조자(노유 · 질병 등)를 유기하거나 생존에 필요한 보호를 하지 않음으로써 성립하는 범죄이다.

2. 보호법익 및 보호받는 정도

(1) 보호법익 : (피유기자의) 생명과 신체의 안전

(2) 보호받는 정도 : 추상적 위험범(통설 · 판례)

3. 유기의 죄 형태

유기죄 · 존속유기죄 · 중유기죄 · 유기치사상죄 · 영아유기죄이다.

II. 유기의 죄

1. 유기죄

(1) 서설

① **의의** : 노유 · 질병 기타 사정으로 인하여 부조를 요하는 자를 보호할 법률상 또는 계약상 의무가 있는 자가 유기함으로써 성립하는 범죄이다(제271조 제1항).

② **성질**

㉠ **추상적 위험범** : 유기행위만으로 성립하는 추상적 위험범이다.

예 부모가 고아원 정문앞에 유아를 버리고 간 경우 ➡ 유기죄 성립

ⓛ **진정신분범** : 부조의무 있는 자의 유기행위에 한하므로 진정신분범이다.

(2) 구성요건

① 객관적 구성요건

㉠ **주체** : 부조를 요하는 자를(要扶助者) 보호할 법률상 또는 계약상의 의무있는 자, 즉 보호의무자(진정신분범).

ⓐ **보호의무의 의의** : 요부조자의 생명 · 신체에 대한 위험으로부터 요부조자를 보호할 법률상 또는 계약상의 의무를 말한다.

ⓑ **보호의무의 내용** : 법률상 보호의무와 계상약 보호의무

i) **법률상 보호의무** : 보호의무의 근거가 법률의 규정에 의하는 것을 말하며, 공법 · 사법을 불문한다.

예 경찰관직무집행집에 의한 보호조치의무 · 도로교통법에 의한 사고운전자의 구조의무 · 친권자의 자에 대한 보호의무

ii) 계약상 보호의무

㉮ 보호의무의 근거가 계약에 기인하는 것을 말한다.

㉯ 계약은 유기자와 피유기자가 체결한 것이든, 유기자와 제3자가 체결한 것이든, 명시적 · 묵시적 계약이든 불문한다.

예 간호사의 환자보호의무 · 유치원 보모의 유아보호의무

ⓒ 보호의무의 근거

i) **판례** : 법률상 · 계약상의 보호의무에 한한다.

예 ① 강간범이 피해자를 방치하고 도주한 경우 ➡ 강간죄만 성립하고 유기죄는 부인(판례).
② 술에 취한 상태로 길을 가던 甲과 乙이 하수구에 빠져 甲은 가까스로 기어나와 귀가하였으나 乙은 상처를 입고 신음하다가 사망한 경우 ➡ 甲은 무죄(판례)

ii) **통설** : 법률상 · 계약상 이외에 사무관리 · 관습 · 조리상의 보호의무도 인정한다.

핵심요약 보호의무의 근거

1. **판례** : 법률상 · 계약상의 보호의무에 한
2. **통설** : 법률상 · 계약상 이외에 사무관리 · 관습 · 조리상의 보호의무도 인정

ⓛ **객체** : 노유 · 질병 기타 사정으로 인하여 부조를 요하는 자. 즉, 요부조자

ⓐ 노유란 : 연령에 의한 획일적 판단이 아니라 구체적 사정에 따라 판단한다(통설).

ⓑ 질병이란 : 육체적 · 정신적인 질병을 의미하며 질병의 원인 · 치료시기 · 질병기간의 장기 또는 치료의 가능성을 불문한다.

ⓒ 기타 사정이란 : 분만 · 불구 · 백치 · 부상 등을 말한다.

ⓓ 부조를 요하는 자란 : 신체적 · 정신적 결함으로 인하여 일상생활에 필요한 동작을 하지 못하며 자기의 생명 · 신체에 미치는 위험을 배제할 수 없는 자를 말한다. 따라서 경제적 극빈자는 포함되지 않는다.

핵심요약 요부조자(要扶助者)

1. **요(要)부조자에 해당하는 경우**(유기죄의 대상) : 노인 · 유아 · 부상자 · 정신병자 · 술취한 자 · 백치 · 분만중인 여자 · 최면술에 걸린 자 · 마취 중인 자
2. **요(要)부조자가 아닌 경우**(유기죄의 대상이 아닌 경우) : 동작이 가능한 경제적 극빈자 · 임신중인 여자 · 수면중인 여자

ⓒ **행위** : 유기

ⓐ 유기란 : 부조를 요하는 자를 보호 없는 상태에 둠으로써 그의 생명 · 신체에 위험을 가져오는 행위. 즉, 추상적 위험범이다.

예 노약자를 양로원의 정문 앞에 두고 도망한 경우 → 유기죄

ⓑ 유기의 방법 : 제한이 없다. 즉, 적극적 · 소극적 유기, 작위(예 홀로 생활하기 어려운 노모를 시골집에 버려두고 떠나는 경우) · 부작위(예 홀로 생활하기 어려운 장애인인 자식을 돌보지 않고 방치하는 경우)에 의한 유기를 불문한다.

예 불구의 자식에게 부모가 음식을 주지 않는 경우 → 유기죄

㉣ **기수시기** : 유기행위시

ⓐ 유기죄는 추상적 위험범이므로 법익침해의 결과가 발생할 필요는 없고 유기행위만 있으면 기수이다.

ⓑ 예 ① 불구자를 양로원의 문 앞에 두고 도망한 경우 → 유기죄
② 타인의 구조가 없으면 행위자가 스스로 구조할 의사로서 부근에서 망을 보는 경우 → 유기죄

② 주관적 구성요건

㉠ **고의** : 유기에 대한 고의가 있어야 한다. 즉, 부조를 요하는 자를 유기한다는 인식과 자기가 보호의무자라는 인식을 요한다.

㉡ **미필적 고의** : 즉, 미필적 고의만으로 족하다.

보충설명 고의

1. **노모**(老母)**를 유기의사로 산속에 유기**(버린 경우)**한 경우** : 존속유기죄
2. **노모를 살인의사로 산속에 유기**(버린 경우)**하였으나 행인에 의하여 구조된 경우** : 존속살인미수죄

핵심요약 유기죄(기출문제 중심)

1. 유기죄가 성립하는 경우

① 회사원 甲이 자신의 승용차를 몰고 가다가 교통사고를 내어 보행인 乙을 다치게 한 후 이를 방임하고 도주한 경우
② 신변경호원이 타인의 폭행을 받아 쓰러져 있는 피경호자를 부조하지 않은 경우
③ 길에 쓰러져 있는 병자를 집에 데려와 보호하다가 그 병자를 집에 남겨두고 별다른 조치없이 가족 모두를 데리고 장기여행을 떠나버린 경우
④ 종교적 이유로 수혈을 거부하는 경우

2. 유기죄가 성립하지 않는 경우

① 부녀를 강간한 후 강간 현장에 부녀를 놓아두고 간 경우(행위)
② 가출신고를 하지 않은 경우
③ 역대합실에 울고 있는 미아를 보았으나 시간이 없어 그냥 지나가 버려 미아가 사망한 경우

㉢ **착오문제**

ⓐ **보호의무자의 지위에 관한 착오** : 구성요건의 착오문제, 즉 구성요건의 착오로써 고의가 조각되어 처벌되지 않는다.

ⓑ **보호의무자의 내용에 관한 착오** : 법률의 착오문제, 즉 착오에 정당한 사유가 있으면 벌하지 아니한다.

(3) 위법성 : 유기죄는 피해자의 동의 · 승낙이 있더라도 사회상규에 반하므로 위법성이 조각되지 않는다.

(4) 죄수문제

① **유기행위 또는 학대 등이 상해죄에 해당하는 경우** : 유기죄와 상해죄의 상상적 경합범

② **유기치사상죄와 도로교통법에 위반하는 경우** : 유기치사상죄와 도로교통법위반죄의 실체적 경합범

2. 존속유기죄

(1) 서설

① **의의** : 자기 또는 배우자의 직계존속을 유기함으로써 성립하는 범죄이다(제271조 제2항).

예 중풍에 걸린 노모를 유기의사로 양로원 앞에 유기한 경우

② **성질**

㉠ **부진정신분범** : 유기죄에 대하여 신분관계로 인한 불법(형)이 가중되는 부진정신분범이다.

㉡ **추상적 위험범** : 존속에 대한 유기행위만으로 성립하는 추상적 위험범이다.

(2) 구성요건

① **객관적 구성요건**

㉠ **주체** : 요부조자의 직계비속이다.

㉡ **객체** : 요부조자인 자기 또는 배우자의 직계존속이다.

㉢ **행위** : 유기이다(유기죄에서 유기와 동일하다 · 65면 참조).

② **주관적 구성요건**

㉠ **고의** : 직계존속을 유기한다는 인식이 있어야 한다. 즉, 미필적 고의만으로 족하다.

㉡ **착오문제** : 자기 또는 배우자의 직계존속인 줄 모르고 유기한 경우 ➡ 단순유기죄가 성립

3. 중유기죄 · 중존속유기죄

(1) 의의 : 유기죄 또는 존속유기죄를 범하여 사람의 생명에 대한 위험을 발생하게 함으로써 성립하는 범죄이다(제271조 제3 · 4항).

(2) 성질

① **부진정결과적 가중범** : 유기죄 또는 존속유기죄에 대한 중한 결과(생명에 대한 위험발생은 과실로 발생한 경우뿐만 아니라 고의가 있는 경우에도 성립)로 인하여 책임(불법)이 가중되는 부진정결과적 가중범이다.

② **구체적 위험범** : 생명에 대한 구체적인 위험발생이 있어야 성립하는 구체적 위험범이다.

4. 영아유기죄

(1) 서설

① **의의**

㉠ 직계존속이 치욕을 은폐하기 위하거나 양육할 수 없음을 예상하거나 기타 참작할 만한 동기로 인하여 영아를 유기함으로써 성립하는 범죄이다(제272조).

예 영아를 출산한 산모가 영아를 고아원 앞에 유기한 경우

㉡ 봉건주의적 형법의 유물이란 비판을 받고 있다.

② **성질**

㉠ **부진정신분범** : 유기죄에 대하여 신분관계로 책임(불법)이 감경되는 감경적 구성요건으로 부진정신분범이다.

㉡ **자수범 아님** : 직계존속이 간접정범의 형식으로 범할 수 있으므로 자수범이 아니다.

(2) 구성요건

① **주체** : 직계존속

㉠ **통설** : 법률상 · 사실상의 직계존속을 불문한다. 예 산모 · 부 · 조부모 등

㉡ **판례** : 법률상의 직계존속에 한한다.

㉢ 예 국회의원(A)은 여배우(甲)와 정을 통하다 영아를 출산하게 되자 치욕을 은폐하기 위하여 A가 영아를 고아원 앞에 유기한 경우 A의 죄책은 ➡ 통설은 영아유기죄, 판례는 유기죄

② **객체** : 치욕을 은폐하기 위하거나 양육할 수 없음을 예상하거나 기타 참작할 만한 동기로 인한 영아

㉠ **치욕을 은폐하기 위하여란** : 강간 · 근친자간의 상간으로 인한 경우를 말한다.

㉡ **양육할 수 없음을 예상하는 경우란** : 경제적 빈곤으로 인한 경우를 말한다.

㉢ **기타 참작할 만한 동기로 인하여란** : 불구 · 기형아 · 젖먹이 아이 등을 말한다.

보충설명 영아살해죄의 영아와 영아유기죄의 영아

1. **영아살해죄에서 영아** : 열거적 규정, 즉 분만 중 또는 분만 직후의 영아에 한한다.
2. **영아유기죄에서 영아** : 예시적 규정, 즉 분만중 또는 분만 직후의 영아뿐만 아니라 젖먹이 아이도 포함된다.
3. **결론** : 영아유기죄의 영아는 영아살해죄의 영아보다는 넓은 개념이다.

(3) 행위 : 유기(유기죄에서 유기와 동일하다 · 65면 참조)

5. 유기치사상죄 · 존속유기치사상죄

(1) 의의 : 유기죄 또는 존속유기죄를 범하여 사람을 사상에 이르게 함으로써 성립하는 범죄이다(제275조).

예 ① 치매에 걸린 노모를 유기의사로 서울역에 유기하였으나 동사(凍死)한 경우 ➡ 존속유기치사죄
② 모가 종교상 이유로 수혈을 거부하여 딸을 사망하게 한 경우 ➡ 유기치사죄

(2) 성질 : 결과적 가중범

Ⅲ. 학대의 죄

1. 서 론

(1) 의의 : 학대의 죄란 자기의 보호 또는 감독을 받는 사람을 학대함으로써 성립하는 범죄이다.

(2) 보호법익 및 보호받는 정도

① **보호법익** : 피보호감독자의 생명과 신체의 안정성 및 인간의 인격권

② **보호받는 정도** : 추상적 위험범

(3) 학대의 죄의 형태 : 학대죄 · 존속학대죄 · 아동혹사죄가 있다.

2. 학대죄

(1) 서 설

① **의의** : 자기의 보호 또는 감독을 받는 사람을 학대함으로써 성립하는 범죄이다(제273조 제1항). 예 5세된 자녀가 대소변을 가리지 못한다고 잠을 재우지 않는 경우

② **성질**

㉠ **추상적 위험범** : 학대죄는 추상적 위험범이므로 학대행위만으로 성립한다.

㉡ **진정신분범** : 학대죄는 보호 또는 감독할 지위에 있는 자에 한하므로 진정신분범이다.

③ **가혹행위와의 구별**

㉠ **공통점** : 학대와 가혹행위는 육체적 · 정신적 고통을 가하는 점에서는 동일하다.

㉡ **차이점** : 학대에는 폭행 · 협박 · 음란행위 등이 포함되지 않으나 가혹행위에는 포함된다.

㉢ **결론** : 가혹행위가 학대보다 넓은 개념이다.

(2) 구성요건

① **주체** : 타인을 보호 또는 감독하는 자, 즉 진정신분범

㉠ **보호 또는 감독의 근거** : 제한없다. 즉, 법률상 · 계약상 · 관습상 · 조리상을 불문한다.

㉡ **유기죄와 구별** : 보호 · 감독에 관한 근거가 없는 점에서 유기죄와 구별된다. 즉, 보호 · 감독에 관한 근거에 관하여 유기죄는 근거가 제한되어 있으나 학대죄는 제한이 없다.

핵심요약 유기죄와 학대죄의 근거

1. **유기죄의 근거** : 법률상 · 계약상의 보호의무에 한한다(판례).
2. **학대죄의 근거** : 제한없다. 즉, 법률상 · 계약상 · 관습상 · 조리상을 불문한다.

② **객체** : 자기의 보호 또는 감독을 받는 자

㉠ 보호 또는 감독을 받는 자에는 아동 · 소년 · 질병자 · 불구자 · 노약자 등 제한없다.

㉡ 단, 18세 미만의 아동을 학대한 때에는 아동복지법이 적용된다.

③ **행위** : 학대

㉠ **학대란** : 육체적 · 정신적인 고통을 가하는 가혹한 행위를 말한다(다수설 · 판례).

예 음식을 공급하지 않는 경우 · 필요한 휴식이나 수면을 인정하지 않는 경우 · 대소변을 가리지 못한다고 4세된 자녀를 닭장에 가두고 전신을 구타한 경우

관련판례 학대란

1. 학대란 육체적으로 고통을 주거나 정신적으로 차별대우를 하는 행위를 말하며, 이러한 학대행위는 단순히 상대방의 인격에 대한 반인륜적 침해만으로는 부족하고, 적어도 유기에 준할 정도에 이르러야 한다(대판 2000. 4. 25, 2000도223).
2. 아버지가 12세된 친딸과 매월 4회에서 8회까지 8년 동안 지속적인 성관계를 가져왔다면 이는 학대가 아니라 성폭력처벌법(의제강간죄)으로 처벌한다(대판 2000, 4, 25. 2000도223).

㉡ **학대행위를 초과하여 폭행 · 협박 · 상해 · 추행 등의 행위시** : 별개(폭행 · 협박 · 상해 · 추행)의 범죄를 구성하고 학대죄는 (이들 범죄에) 흡수된다. 즉, 흡수주의

(3) 죄수문제

① **학대가 상해 또는 사망의 결과를 직접 발생시킨 경우** : 학대죄와 상해죄 또는 살인죄의 상상적 경합범

② **학대가 18세 미만의 아동에 대한 경우** : 아동복지법이 우선 적용(특별법우선의 원칙에 따라 학대죄보다 아동복지법이 적용)

3. 존속학대죄

(1) 의의 : 자기 또는 배우자의 직계존속에 대하여 학대를 함으로써 성립하는 범죄이다(제273조 제2항). 예 중병에 있는 시어머니에게 며느리가 음식을 공급하지 않는 경우

(2) 성질

① **부진정신분범** : 학대죄에 대하여 신분관계로 인하여 책임(불법)이 가중되는 가중적 구성요건으로 부진정신분범이다.

② **추상적 위험범** : 존속에 대한 학대행위만으로 성립하는 추상적 위험범이다.

4. 아동혹사죄

(1) 서설

① **의의** : 자기의 보호 또는 감독을 받는 16세 미만의 자를 그 생명 또는 그 신체에 위험한 업무에 사용할 영업자 또는 종업자에게 인도하거나 인도를 받음으로써 성립하는 범죄이다(제274조).

예 甲은 생활이 곤란한 나머지 14세된 자기 아들을 위험스런 중노동을 하는 공장의 공장장에게 50만원을 받고 인도한 경우 → 아동혹사죄가 성립

② **보호법익 및 보호받는 정도**

㉠ **보호법익** : 아동의 생명과 신체의 완전성 및 아동의 복지권이다.

㉡ **보호받는 정도** : 추상적 위험범이다.

③ **성질**

㉠ **진정신분범** : 보호 또는 감독의무 있는 자에 한하여 성립하므로 진정신분범이다.

㉡ **필요적 공범** : 본죄는 인도자와 인수자가 서로 다른 방향에서 동일 목표를 향한 공동작용이므로 필요적 공범 중 대향범이다.

㉢ **경향범** : 행위자에게 가혹(학대)의 경향(의향)이 있어야 한다. 따라서 초과주관적 불법요소이다.

(2) 구성요건

① **객관적 구성요건**

㉠ **주체** : 16세 미만자를 보호 또는 감독하는 자. 여기서 보호 또는 감독의 근거는 법률상 · 계약상 · 사무관리 · 조리 · 관습 등을 불문한다.

㉡ **객체** : 16세 미만의 자. 즉, 16세 미만의 자인 한 성별 · 기혼 · 미혼여부 · 신체의 발육정도와의 무관하다.

㉢ **행위** : 생명 또는 신체에 위험한 업무에 사용할 영업자 또는 종업자에게 인도하거나 또는 인도받는 것. 즉, 인도와 인수이다.

ⓐ 인도란 : 자기의 보호 · 감독을 받는 16세 미만의 자를 생명 · 신체에 위험 있는 업무에 사용할 영업자 또는 그 종업자에게 그의 사용의 자유를 허용하기 위해 신체를 맡기는 것이다. 예 13세 된 자식을 곡마단 단장에게 인도하는 경우 → 아동혹사죄

ⓑ 인수란 : 아동을 넘겨받는 것을 말한다.

ⓒ 위험한 업무의 범위 : 생명 · 신체에 위험이 있는 업무에 한하므로 따라서 근로기준법상의 업무보다 제한적으로 해석하여야 한다(통설).

ⓓ 기수시기 : 현실적인 인도시, 즉 인도계약을 체결하는 것만으로는 부족하고 현실적인 인도가 있어야 한다(통설). 다만, 현실적으로 위험한 업무에 종사하게 할 필요는 없다.

② 주관적 구성요건

㉠ **고의** : 아동이 16세 미만 자라는 인식과 생명 · 신체 위험이 있는 업무에 사용한다는 인식이 있어야 한다. 즉, 미필적 고의만으로 족하다.

㉡ **초과주관적 불법요소** : 경향범. 즉, 아동혹사(학대)에 대한 고의 외에 학대의 경향이 있어야 하는 초과주관적 불법요소이다.

(3) 위법성 : 본죄(아동혹사죄)는 피해자의 승낙이 있어도 (사회상규에 반하므로) 위법성이 조각되지 않는다.

5. 학대치사상죄 · 존속학대치사상죄

(1) 의의 : 학대 또는 존속학대를 범하여 사람을 사상에 이르게 함으로써 성립하는 범죄이다(제275조).

(2) 성질 : 결과적 가중범이다.

제2장

자유에 관한 죄

제1절 협박의 죄

I. 서 론

1. 의 의

협박의 죄란 사람을 협박함으로써 의사결정의 자유를 침해하는 범죄이다.

2. 보호법익과 보호받는 정도

(1) **보호법익** : 개인의 의사결정의 자유이다.

(2) **보호받는 정도** : 통설은 침해범 · 판례는 위험범

3. 성 질

(1) **비열범**

① 상대방의 정신적 · 육체적 약점을 이용하는 범죄이다.

② 따라서 이욕범인 공갈죄 · 강도죄와 구별된다.

(2) **독립범죄** : 협박은 다른 범죄의 구성요건의 일부가 되지 않는 독립한 협박인 경우에만 성립하는 독립범죄이다.

(3) **반의사불벌죄** : 피해자의 명시한 의사에 반하여 처벌할 수 없는 반의사불벌죄이다(공소를 제기할 수 없다).

(4) **미수범 처벌** : 협박죄는 침해범이므로 미수범 처벌 규정이 있다(통설).

4. 구별개념

(1) 체포 · 감금죄의 보호법익 : 신체활동의 자유

(2) 약취 · 유인죄의 보호법익 : 신체이동의 자유

(3) 강요죄의 보호법익 : 의사결정의 자유와 의사활동의 자유

(4) 강간죄의 보호법익 : 정조의 자유

(5) 공갈죄와의 구별

	협박죄	공갈죄
보호법익	의사결정의 자유	재산권
성 질	재산죄 아님	재산죄

5. 협박죄의 형태

협박죄 · 존속협박죄 · 특수협박죄 · 상습협박죄가 있다.

Ⅱ. 협박죄

1. 서 설

(1) 의의 : 사람을 협박함으로써 성립하는 범죄이다(제283조).

예 공동절교 · 내가 경찰관이 되면 너를 가만두지 않겠다

(2) 성질

① 비열범

② 반의사 불벌죄

③ 침해범 · 즉시범 · 결과범

2. 구성요건

(1) 객관적 구성요건

① **주체** : 피해자 이외의 모든 자연인이다.

② **객체** : 사람

㉠ **사람이란** : 자연인인 타인을 말한다. 따라서 법인은 인정되지 않는다.

㉡ **해악의 고지대상** : 공포심을 느낄 수 있는 의사능력이 있는 자이어야 한다. 따라서 심신상실자 · 명정자 · 수면중인 자 · 영아 등은 협박죄의 객체가 될 수 없다.

㉢ **외국원수** : 외교사절에 대한 협박은 독립된 범죄(외국원수에 대한 협박죄)를 구성하므로(제107조), 따라서 협박죄의 객체가 될 수 없다.

③ **행위** : 협박

㉠ **협박의 개념** : 광의의 협박 · 협의의 협박 · 최협의의 협박

	의 의	범죄의 예
광의의 협박	① 일반적으로 사람에게 공포심을 일으키게 할 만한 해악을 고지하는 것 ② 즉 공포심이 상대방에게 현실적으로 야기되었는지의 여부는 불문한다.	공무집행방해죄 · 직무강요죄 · 내란죄 · 다중불해산죄 · 소요죄
협의의 협박	① 상대방이 현실로 공포심을 느낄 수 있는 정도의 해악을 고지하는 것 ② 즉 현실적으로 상대방이 공포심을 느껴야 한다.	협박죄 · 강요죄 · 공갈죄 · 약취죄
최협의의 협박	상대방의 반항을 불가능하게 하거나 현저히 곤란케 할 정도의 해악을 고지하는 것	강간죄 · 강제추행죄 · 준강도죄

보충설명 협박죄의 개념

1. **통설** : 협박죄를 침해범으로 보아, 즉 협의의 협박으로 본다. 미수범 인정
2. **판례** : 협박죄를 위험범으로 보아, 즉 광의의 협박으로 본다. 미수범 부정

㉡ **결론**

ⓐ 협박죄에서 협박 : 협의의 협박을 의미한다.

ⓑ 해악의 고지 : 현실로 공포심을 일으켜야 한다. 따라서 해악을 고지하였으나 상대방이 공포심을 갖지 않은 경우 ➡ 협박죄의 미수가 성립.

예 공동절교를 통보(고지)하였으나 전혀 공포심을 느끼지 않는 경우 ➡ 공갈죄 미수

ⓒ 해악의 내용 : 제한이 없다.

i) 피해자 또는 친족의 생명 · 신체 · 자유 · 명예 · 재산에 관한 것에 한정되지 않고 정조 · 업무 · 신용 · 피해 등을 포함한다.

ii) 피해자의 친족에 관한 법익에 한정되지 않고 피해자와 특히 밀접한 관계가 있는 제3자의 법익에 관한 것도 해당한다.

ⓓ 해악의 고지 · 방법 : 제한이 없다.

i) 구두 · 문서 · 직접 · 간접 · 명시 · 묵시 · 조건부 · 부작위에 의해서도 인정된다.

ii) 다만, 자연발생적인 길흉화복의 통지 · 천재지변의 도래를 알리는 경고 · 해악의 고지가 아닌 단순한 폭언(욕설) 정도는 협박죄가 되지 않는다.

iii) 단, 야간 또는 2인 이상이 공동하여 협박죄를 범한 경우에는 특별법 우선의 원칙에 따라 폭력행위 등 처벌에 관한 법률(제2조 제2항)에 의하여 처벌된다.

ⓔ 해악의 고지시기 : 현재 · 미래를 불문하며 고지를 받은 자도 반드시 본임임을 요하지 않는다.

㉢ **기수시기** : 현실적으로 공포심을 느낄 때, 즉 협박죄는 침해범이므로 해악의 내용이 상대방에게 도달하여 상대방이 현실적으로 공포심을 느껴야 한다.

예 상대방에게 해악을 고지하였으나 전혀 공포심을 갖지 않을 경우 · 해악을 고지하였으나 상대방에게 도달하지 아니할 경우 ➡ 협박죄 미수가 성립(통설). 단, 판례는 협박죄 기수(협박죄를 위험범으로 보므로)

(2) 주관적 구성요건 : 고의

① 협박죄는 고의범이므로 상대방에게 공포심을 일으킨다는 인식을 요한다. 즉, 미필적 고의만으로 족하다.

② 행위자가 현실로 해악을 실천할 의사가 있거나 범죄적 불법임을 요하지는 않는다.

3. 위법성

(1) 권리행사

① **정당한 권리실현의 수단으로써 협박이 행하여진 경우** : 협박죄 부정

예 채권자가 채무자에게 빚을 갚지 않으면 고소하겠다 하여 채권을 확보한 경우 ➡ 무죄

② **정당한 권리실현의 수단을 남용하여 협박이 행하여진 경우** : 협박죄 인정

예 채권자가 채무자에게 빚을 갚지 않으면 가족을 몰살하겠다고 고지하는 경우 ➡ 협박죄가 성립

(2) 공동절교(예 왕따)한 경우 : 협박죄 인정

예 일정한 지역주민이 결속하여 특정인에 대하여(피절교자의 비행이 없는 경우) 공동적 절교를 결의하여 이를 고지하는 경우 ➡ (명예에 대한) 협박죄가 성립

(3) 노동쟁의 : 협박죄 부정

노동쟁의에 의한 파업 · 태업 · 직장폐쇄 등은 노동자의 정당한 권리행사로 상대방에게 공포심을 일으킨다 하더라도 위법성이 조각되어 협박죄를 구성하지 않는다.

4. 죄수문제

(1) 동시에 수인을 협박한 경우 : (수개) 협박죄의 상상적 경합범

(2) 협박을 수단으로 다른 범죄가 성립하는 경우 : 협박죄는 다른 범죄에 흡수된다.

예 통정(通情) · 간통 사실을 남편에게 알리겠다고 협박하여 재물을 갈취한 경우 → 공갈죄만 성립

(3) 협박행위 후에 상해를 가한 경우 : 협박죄와 상해죄는 경합범

핵심요약 협박죄

1. **협박죄를 인정하는 경우**
   ① 공동절교
   ② 거동이나 태도에 의한 해악의 고지
   ③ 여자 경리직원이 회사돈을 횡령한 사실을 알고 자기와 성교하지 않으면 고발하겠다고 하여 공포심을 가졌으나 성교에 응하지 아니한 경우
2. **협박죄를 인정하지 않는 경우**
   ① 피해자에게 "입을 찢어 버릴라"라고 한 경우 또는 간통상대자에게 "계속 만나면 쥐도 새도 모르게 파묻어버리겠다"라고 한 경우 등. 즉, 단순한 감정적인 욕설
   ② 단순히 "앞으로 물건(수박)이 없어지면 네 책임이다" 또는 "피해자를 찾아서 해결하라"라고 한 경우. 즉, 사회상규에 반하지 아니하므로
   ③ 자연발생적인 길흉화복 · 천재지변의 도래를 알리는 것을 말하는 경우

Ⅲ. 존속협박죄

1. 의 의

자기 또는 배우자의 직계존속을 협박함으로써 성립하는 범죄이다(제283조 제2항).

예 아버지한테 사업자금을 대주지 않으면 집에 불을 지르겠다고 협박하는 경우

2. 성 질

(1) 부진정신분범 : 신분에 의하여 불법(형)이 가중되는 부진정신분범이다.

(2) 반의사불벌죄 : 피해자의 명시한 의사에 반하여 처벌할 수 없는(공소를 제기할 수 없는) 반의사불벌죄이다.

(3) 미수범 처벌 : 본죄는 침해범이므로 미수범처벌규정이 있다.

Ⅳ. 특수협박죄

(1) 의의 : 단체 또는 다중의 위력을 보이거나, 위험한 물건을 휴대하여 협박 또는 존속협박을 함으로써 성립하는 범죄이다.

(2) 폭력행위 등 처벌에 관한 법률 규정 적용 : 특별법 우선적용 원칙에 따라 특수협박죄는 폭력행위 등 처벌에 관한 법률규정이 적용되므로, 따라서 특수협박죄는 실익이 없다(동법 제3조 제1항, 제8조).

Ⅴ. 상습협박죄

(1) 의의 : 상습으로 협박죄 · 존속협박죄 또는 특수협박죄를 범함으로써 성립하는 범죄이다.

(2) 폭력행위 등 처벌에 관한 법률 규정적용 : 특별법 우선적용 원칙에 따라 상습협박죄는 폭력행위 등 처벌에 관한 법률규정이 적용되므로(동법 제2조 제1항, 제3조 제3항, 제8조) 따라서 상습협박죄는 실익이 없다.

관련판례 주간에 협박이 도달하면 폭처법적용부정

1. 폭력행위 등 처벌에 관한 법률 제2조(야간협박죄)에 적용되기 위해서는 해악의 고지가 피해자에게 야간에 도달하여야 하므로 실행의 착수가 야간에 이루어졌더라도 기수에 이른 시기가 주간인 경우에는 형법 제283조 제1항(협박죄)이 적용될 뿐 폭력행위 등 처벌에 관한 법률 제2항(야간협박죄)은 적용되지 않는다(대판 2002. 12. 10, 2002도4940).
2. 예 야간(20시)에 제3자를 통해 협박하였는데 다음날 오전(10시)에 피해자에게 전달된 경우 → (폭처법적용을 부정하고) 단순협박죄 성립

제2절 강요의 죄

Ⅰ. 서 론

1. 의 의

강요의 죄란 폭행 또는 협박으로 사람의 권리행사를 방해하거나 의무없는 일을 하게 함으로써 성립하는 범죄이다.

2. 보호법익과 보호받는 정도

(1) 보호법익 : 의사결정의 자유와 의사활동의 자유

(2) 보호받는 정도 : 침해범

3. 강요의 죄의 형태

강요죄 · 중강요죄 · 인질강요죄 · 인질상해죄 · 인질상해치상죄 · 인질살해죄 · 인질살해치사죄가 있다.

Ⅱ. 강요죄

1. 서 설

(1) 의의 : 폭행 또는 협박으로 사람의 권리행사를 방해하거나 또는 의무 없는 일을 행하게 함으로써 성립하는 범죄이다(제324조).

예 규정속도를 지키는 자가용운전자에게 덤프트럭운전자가 속도위반을 강요하면서 경적을 울리는 경우

(2) 성질

① **침해범** : 의사결정의 자유와 의사활동의 자유를 침해하는 침해범. 즉, 자유침해의 성질을 가진다.

② **결합범** : 의사결정의 자유와 의사활동의 자유라는 두 가지 법익을 보호하므로 결합범이다.

2. 구성요건

(1) 객체 : 사람

① 행위자 이외의 자연인인 타인을 말한다. 따라서 법인 · 단체 · 국가는 본죄의 객체가 되지 아니한다.

② 의사결정능력과 의사활동능력을 가진 자이어야 한다.

③ 폭행 또는 협박의 객체가 된 사람과 권리행사를 방해당한 사람이 동일인일 필요는 없다.

예 아들을 죽이겠다고 협박함으로써 그 부(父)로 하여금 의무 없는 일을 행하게 하는 경우 → 강요죄

(2) 행위 : 폭행 또는 협박으로 권리행사를 방해하거나 또는 의무 없는 일을 행하게 하는 경우일 것

① **폭행 또는 협박**

㉠ **폭행이란** : 광의의 폭행, 즉 사람에 대한 직접 · 간접의 유형력의 행사이다.

관련판례 강요죄

1. 강요죄를 인정하는 경우

① 맹인의 안내자에게 폭행을 가하여 맹인의 보행을 방해한 경우

② 규정 속도를 지키는 자가용 운전자에게 덤프트럭운전자가 속도위반을 강요하면서 경적을 울리는 경우

③ 맹인의 지팡이를 빼앗아 맹인이 보행할 수 없게 하는 경우

④ 장애인이 타고 가는 휠체어를 손괴한 경우

⑤ 관광객을 실은 버스 운전자를 끌어내려 결박한 경우

⑥ 달리는 차바퀴에 총을 쏘아 더 이상 운행이 불가능하게 한 경우

⑦ 임차인으로부터 집을 명도받기 위해 수도 · 전기 · 가스공급을 끊거나 문을 폐쇄한 경우

⑧ 마취제나 수면제를 투여하여 사람이 제대로 일을 할 수 없게 만든 경우

⑨ 공포탄 발사에 위압(위협)을 느껴 일을 중단하게 한 경우

⑩ 골프장 운영자가 불리하게 변경된 회칙에 동의하지 아니하면 회원권을 박탈하겠다고 한 경우, 즉 골프장회원권사기[6]

⑪ 환경단체 소속회원들이 축산농가폐수배출 단속중 위반사실확인서에 서명하지 아니하면 법에 저촉된다고 겁을 준 경우(환경단체사건[7])

6. 대판 2003. 9. 26, 2003도763

7. 대판 2010. 4. 29, 2007도7064

제1편

2. 강요죄를 인정하지 않는 경우

① 자살하려는 자를 폭력으로 중지시킨 경우

② 타인이 조성한 묘판을 파헤치는 논의 점유자에게 폭행으로 중지시킨 경우

③ 상사가 범죄행위를 한 부하직원에게 징계절차에 앞서 자진사직을 권유한 경우(사직권유사건[8])

㉡ **협박이란** : 협의의 협박, 즉 상대방이 현실적으로 공포심을 느낄 수 있는 정도의 해악의 고지를 말한다.

② **강요의 내용** : 권리행사를 방해하거나 의무 없는 일을 행하게 하는 것

㉠ **권리행사의 방해**

ⓐ 권리행사의 방해란 : 타인이 행사할 수 있는 권리를 행사하지 못하게 하는 경우를 말한다.

ⓑ 법적 근거 불요 : 권리는 반드시 법적 근거가 있을 필요는 없고, 재산적 권리나 비재산적 권리를 불문한다.

ⓒ 권리행사의 방해의 수단과 방법 : 제한없다. 즉, 작위 · 부작위 · 사실행위 · 법률행위를 불문한다.

예 귀속재산매매계약을 폭력으로 포기시키는 경우 · 폭력으로 소청 취하(취소)서에 날인케 한 경우(판례)

ⓓ 권리행사의 침해 요(要) : 권리행사를 방해하는 경우이어야 한다. 따라서 권리행사로 볼 수 없는 행위에 대하여 폭행 · 협박으로 이를 중지시키는 경우는 폭행죄 · 협박죄는 성립할지언정, 강요죄는 성립하지 않는다.

예 ① 자살자의 자살기도 행위를 폭력으로 중지시킨 경우 ➡ 강요죄 부인(사회상규에 반하지 아니하는 행위이므로 무죄)

② 타인이 조성한 묘판을 파헤치는 논의 점유자에게 폭행으로 중지시킨 경우 ➡ 강요죄 부인

㉡ **의무 없는 일을 행하게 하는 경우란**

ⓐ 법률상 의무 없는 자에게 폭행 또는 협박으로 일정한 작위 · 부작위 또는 인용을 강요하는 것을 말한다.

ⓑ 여기서 의무란 법률상의 의무를 말하며, 법률상 의무인 이상 공법상 · 사법상의 의무를 불문한다.

8. 대판 2008. 11. 27, 2008도7018

예 ① 타인을 협박하여 법률상 의무 없는 사죄(직)서나 진술서를 작성하도록 한 경우 → 강요죄(판례)
② 부하직원의 해고를 강요하는 경우 → 강요죄

ⓒ 의무 없는 일은 법률행위 · 사실행위를 불문한다.

예 사장배척운동에 가담하겠다는 각서를 쓰게 한 경우 · 제한속도의 범위 내에서 최고시속으로 달리는 승용차운전자에게 길을 비키든지 아니면 과속주행을 하도록 밀착하여 계속 경적을 울려대는 화물자동차운전자의 행위 → 강요죄

③ **기수시기** : 폭행 · 협박에 의하여 현실적으로 권리행사를 방해하거나 의무 없는 일을 했을 때. 따라서 폭행 · 협박을 하였지만 권리행사를 방해하지 못한 경우 또는 강요행위인 폭행 · 협박 그 자체가 미수에 그친 경우에는 강요죄의 미수가 된다.

핵심요약 강요죄의 미수범

1. 폭행 · 협박을 하였으나 권리행사를 방해하지 못한 경우
2. 강요를 위해 폭행 · 협박에 착수했으나 폭행 · 협박 자체가 미수에 그친 경우
3. 폭행 · 협박과 권리행사방해 사이에 인과관계가 없는 경우

3. 위법성

(1) 피해자의 승낙 : 강요죄는 피해자의 승낙이 있으면 구성요건 해당성이 조각된다.

(2) 정당한 권리행사의 수단으로 강요행위를 한 경우 : 위법성이 조각된다.

예 합법적인 노동쟁의행위에 수반된 강요행위 → 강요죄가 불성립(무죄)

(3) 위법성의 판단기준

① **목적의 정당성** : 위법성이 조각된다. 예 음주운전을 막기 위하여 폭행을 한 경우 → 무죄

② **수단의 정당성** : 정당한 목적달성을 위한 수단 자체가 사회상규에 반하지 않으면 위법성이 조각되나, 사회상규에 반하면 위법성이 조각되지 않는다.

예 ① 음주운전을 막기 위하여 상해한 경우 → 상해죄 성립
② 음주운전을 막기 위하여 강제(완력 사용)로 키를 뺏은 경우 → 무죄

③ **목적과 수단의 연관성의 요(要)** : 위법성이 조각된다. 즉, 목적과 수단의 연관성이 있으면 위법성이 조각된다.

4. 죄수문제

(1) 한 개의 강요행위로 수인을 강요한 경우 : 수개의 강요죄의 상상적 경합범

(2) 타인에게 범죄(강도)를 강요한 경우 : 강요한 범죄(강도)의 교사범 또는 간접정범과 강요죄의 상상적 경합범

(3) 강요행위로 체포 · 감금죄, 약취 · 유인죄 또는 강간죄 · 강제추행죄가 성립하는 경우 : 법조경합으로 강요죄는 성립하지 않고 이들 범죄만 성립

예 도망가면 죽인다고 강요하여 체포 · 감금한 경우 → 체포 · 감금죄만 성립

(4) 강요행위로 협박한 경우 : 법조경합으로 협박죄는 성립하지 않고 강요죄만 성립

(5) 강요행위로 공갈죄 · 강도죄가 성립하는 경우 : 공갈죄 · 강도죄가 성립하고 강요죄는 성립하지 아니한다.

관련판례 (강요행위로 공갈행위시) 공갈죄

투자금의 회수를 위해 폭행 · 협박하여 물품대금을 횡령했다는 자인서를 받아낸 뒤(폭력에 의한 권리행사방해죄 또는 강요죄) 이를 근거로 계속 금품갈취행위를 한 경우 → (포괄하여) 공갈죄가 성립(대판 1985. 6. 25, 84도2083)

Ⅲ. 중강요죄

1. 의 의

강요죄를 범하여 사람의 생명에 대한 위험을 발생하게 함으로써 성립하는 범죄이다(제326조).

2. 성 질

(1) 부진정결과적 가중범 : 강요행위로 인하여 생명에 대한 위험발생은 과실 또는 고의를 불문하므로 부진정결과적 가중범이다.

(2) 구체적 위험성 : 생명에 대한 구체적 위험발생을 필요로 하므로 구체적 위험범이다.

(3) 미수범 불벌 : 강요의 죄 중에서 유일하게 미수범처벌규정이 없다.

핵심요약 강요의 죄 미수범

1. **강요의 죄 중 미수범처벌** : 강요죄 · 인질강요죄 · 인질상해 및 치상죄 · 인질살인 및 치사죄
2. **강요의 죄 중 미수범불벌** : 중강요죄

Ⅳ. 인질강요죄

1. 서 설

(1) 의의 : 사람을 체포 · 감금 · 약취 또는 유인하여 이를 인질로 삼아 제3자에 대하여 권리행사를 방해하거나 의무 없는 일을 행하게 함으로써 성립하는 범죄이다(제324조의2).

예 항공기를 납치하여 승객을 인질로 삼고 항공기 소속 국가의 정부에 정치범 석방을 강요(요구)하는 경우

(2) 보호법익과 보호받는 정도

① **보호법익** : 인질의 장소 이전의 자유와 피강요자의 의사결정의 자유

② **보호받는 정도** : 침해범

(3) 성질

① **가중적 구성요건** : 단순강요죄에 비하여 행위의 불법으로 책임(형)이 가중되는 가중적 구성요건이다.

② **결합범** : 체포 · 감금죄 또는 약취 · 유인죄와 강요죄의 결합범이다.

(4) 인정이유 : 범죄악용방지

인질을 이용하여 범인의 석방요구 · 체포면탈 또는 정치적 목적으로 이용하는 것을 방지하기 위하여 인정한다.

2. 구성요건

(1) 객체 : 사람

본죄의 객체(사람)는 인질행위의 객체와 강요행위의 객체(피강요자) 등 이중의 객체를 필요로 한다.

① **인질의 객체** : 제한없다. 즉, 자연인인 타인이면 성립하고, 피강요자와 신분관계가 있음을 요하지 않는다.

② **강요행위의 객체**(피강요자) : 피강요자는 의사결정능력과 의사활동능력을 가진 사람이어야 한다.

(2) 행위 : 체포 · 감금 · 약취 · 유인하여 이를 인질로 삼아 제3자에 대하여 권리행사를 방해하거나 의무 없는 일을 행하게 할 것

① **체포 · 감금 · 약취 · 유인행위** : 체포 · 감금 · 약취 · 유인을 수단으로 하여 강요하여야 한다. 따라서 체포 · 감금 · 약취 · 유인을 하지 않는 자가 강요한 경우 ➡ 인질강요죄가 아니라 강요죄가 성립

② **인질로 삼아란** : 체포 · 감금 · 약취 · 유인된 자의 생명 · 신체 등 안전에 관한 제3자의 우려를 이용하여 석방이나 생명 · 신체에 대한 안전보장의 대가로 제3자를 강요할 목적으로 체포 · 감금 · 약취 · 유인된 자의 자유를 구속하는 행위를 말한다.

③ **강요행위란**

㉠ 체포 · 감금 · 약취 · 유인을 수단으로 인질을 삼고 제3자의 의사활동의 자유를 침해하는 것

㉡ 강요의 상대방은 제3자, 즉 개인 · 단체 · 국가를 불문한다.

예 장관이나 외교관을 납치하여 인질로 삼고 정치범이나 양심수를 석방하려고 강요하는 경우 ➡ 인질강요죄

(3) 실행의 착수시기와 기수시기

① **실행의 착수시기** : 강요행위를 개시한 때이다(통설).

② **기수시기** : 권리행사를 방해하거나 의무없는 일을 하게 하였을 때이다(통설). 따라서 폭행 · 협박을 가했으나 권리행사를 방해하지 못한 때에는 인질강요죄의 미수가 된다.

3. 위법성

정당한 권리행사의 수단으로 인질강요를 한 경우에도 위법성이 조각되지 않는다. 즉, 수단의 불법성이 크기 때문에 위법성이 조각되지 않는다.

4. 죄수문제

(1) 수인을 인질로 삼고 1인에게 강요행위를 한 경우 : 인질강요죄만 성립

(2) 1개의 강요행위로 수인의 권리행사를 방해한 경우 : 수개의 인질강요죄의 상상적 경합범

(3) 인질강요죄를 범할 때에 체포 · 감금 · 약취 · 유인죄를 범한 경우 : 인질강요죄 성립(법조경합중 보충관계)

5. 석방(해방)시 임의적 감경

(1) 의의 : 인질강요죄를 범한 자 및 그 죄의 미수범이 인질을 안전한 장소로 풀어준 때에는 그 형을 감경할 수 있다(제324조의6). 즉, 임의적 감경사유

(2) 입법취지 : 인질의 안전을 확보하기 위한 형사정책적 배려에서 제정되었으며, 인질석방의 동기는 불문한다.

핵심요약 인질강요죄

1. 인질을 안전한 장소에 풀어주면 되고 인질석방의 동기는 불문(자의성 여부 불문)
2. 인질강요죄가 성립(기수)된 이후에 중지한 경우(인질을 안전한 장소로 풀어준 때)에 성립
3. 임의적 감경사유

보충설명 석방(해방)시 임의적 감경

1. **피해자를 풀어준 경우 형을 감경할 수 있는 범죄** : 인질강요죄 · 인신매매죄 · 미성년자 약취 · 유인죄, 인질상해 · 인질치상죄
2. **피해자를 풀어준 경우 형을 감경할 수 없는 범죄** : 체포 · 감금죄, 인질살해 · 인질치사죄, 강간죄

V. 인질상해 · 치상죄

1. 의 의

인질강요를 범한 자가 인질을 상해하거나 상해에 이르게 함으로써 성립하는 범죄이다(제324조의3).

2. 성 질

(1) 인질상해죄 : 결합범, 즉 인질강요죄와 상해죄의 결합범이다.

(2) 인질치상죄 : 결과적 가중범, 즉 인질강요죄를 범하여 상해의 결과가 발생하는 결과적 가중범이다.

3. 미수범

(1) 인질상해죄의 미수범 : 인질강요죄의 기수 · 미수를 불문하고 상해의 기수 · 미수를 기준으로 판단한다. 즉, 상해가 미수이면 본죄의 미수를 인정한다.

(2) 인질치상죄의 미수범 : 인질강요죄가 미수인 때에 한하여 인질치상죄의 미수를 인정한다.

4. 석방(해방)시 임의적 감경

인질상해죄 · 인질치상죄의 기수범 또는 미수범이 인질을 안전한 장소로 풀어준 때에는 그 형을 감경할 수 있다. 즉, 임의적 감경사유(제324조의6).

VI. 인질살해 · 치사죄

1. 의 의

인질강요죄를 범한 자가 인질을 살해하거나 사망에 이르게 함으로써 성립하는 범죄이다(제324조의4).

2. 성 질

(1) 인질살해죄 : 결합범, 즉 인질강요죄와 살인죄의 결합범이다.

(2) 인질치사죄 : 결과적 가중범, 즉 인질강요죄를 범하여 사망의 결과가 발생하는 결과적 가중범이다.

(3) 해방(석방)시 임의적 감경규정 없다 : 본죄는 안전한 장소로 풀어준 때 인정하는 석방(해방)시 감경규정(제324조의6)이 없다.

핵심요약 인질석방시 임의적 감경

1. **인질석방시 임의적 감경규정이 있는 경우** : 인질강요죄 · 인질상해죄 · 인질치상죄
2. **인질석방시 임의적 감경규정이 없는 경우** : 인질살해죄 · 인질치사죄

제3절 체포와 감금의 죄

I. 서 론

1. 의 의

체포와 감금의 죄란 사람을 체포 또는 감금함으로써 사람의 신체 또는 행동의 자유를 침해하는 범죄이다.

2. 보호법익 및 보호받는 정도

(1) **보호법익** : 사람의 신체적 활동의 자유

(2) **보호받는 정도** : 침해범

개념정리 신체활동의 자유

1. **의의** : 신체활동의 자유란 일정한 장소에서 떠날 자유를 의미하며, 따라서 일정한 장소에 들어오지 못하게 하는 것은 본죄가 성립하지 않는다.
   예 강의실 · 작업장 · 회의실 등으로 못 들어가게 막는 경우 → 체포 · 감금죄는 성립하지 않고, 강요죄가 성립
2. **판단기준** : 신체활동의 자유는 현실적 자유뿐만 아니라 잠재적 자유까지도 포함하므로 본인(피체포 · 감금자)이 원할 때 현재의 장소로부터 이동할 수 있는가가 기준이 된다.

3. 체포와 감금죄의 형태

체포 및 감금죄 · 중체포 및 중감금죄 · 존속중체포 및 존속중감금죄 · 특수체포 및 감금죄 · 상

습체포 및 감금죄 · 존속체포 및 존속감금죄가 있다.

Ⅱ. 체포 · 감금

1. 의 의

사람을 체포 또는 감금함으로써 성립하는 범죄이다(제276조 제1항).

2. 성 질

(1) **계속범** : 체포 · 감금 행위는 다소간 시간적 계속을 요하므로 계속범이다. 즉, 시간적 계속설을 취한다(통설).

(2) **침해범 · 미수범 처벌** : 현실적인 신체활동의 자유를 침해하는 침해범이며, 미수범을 처벌한다.

3. 구성요건

(1) 객관적 구성요건

① **주체** : 피해자 이외의 모든 자연인이다. 다만, 공무원의 불법체포 · 감금죄는 일정한 업무에 종사하는 공무원에 한한다(제124조).

예 재판 · 검찰 · 경찰 · 기타 인신구속에 관한 직무를 행하는 자

② **객체** : 사람

㉠ 사람이란 법인 이외의 모든 자연인을 말한다. 따라서 법인은 해당하지 않는다.

㉡ 신체활동의 자유를 가지는 자이며, 일시적인 신체활동의 자유를 상실한 경우에도 체포 · 감금죄의 객체를 인정한다(즉, 광의설). 따라서 정신병자 · 명정자(酩酊者) · 수면 중인 자도 본죄를 인정한다. 단, 유아와 영아는 신체활동의 자유가 없으므로 체포 · 감금죄를 부인한다.

관련판례 정신병자 감금죄 인정

정신병자도 감금죄의 객체가 될 수 있다(대판 2002. 10. 11, 2000도4315).

㉢ 체포 · 감금의 사실을 인식할 필요는 없다(통설).

예 수업중인 강의실의 문을 잠갔다가 강의가 끝나기 전에 문을 열어준 경우 ➡ 감금죄 성립

핵심요약 체포 · 감금죄

1. **체포 · 감금죄 인정** : 정신병자 · 명정자 · 수면중인 자
2. **체포 · 감금죄 부인** : 유아 · 영아(이전의 자유가 없으므로 본죄는 부인하고 약취죄의 대상이다)

③ **행위** : 체포와 감금

	체 포	감 금
의 의	① 사람의 신체에 대하여 직접적이고 현실적인 실력(구속)을 가함으로써 그 행동의 자유를 박탈하는 것 ② 즉, 신체에 대한 적접적인 구속을 말한다.	① 사람을 일정한 장소 밖으로 나가지 못하게 하여 행동의 자유를 장소적으로 제한하는 것 ② 즉, 장소적 관계를 이용한 간접적 속박을 말한다.
수단 · 방법	제한없다. 즉, 유형적 · 무형적 · 작위 · 부작위 · 간접방법을 불문한다.	제한없다. 즉, 유형적 · 무형적 · 물리적 · 심리적 · 작위 · 부작위 · 간접방법을 불문한다.
범죄의 예	① 사람의 신체를 줄로 묶음 ② 경찰관을 사칭하여 죄없는 자를 체포하는 경우 ③ 경찰관을 기망하여 체포하는 경우 ➡ 체포죄의 간접정범 ④ 밧줄로 묶어서 한쪽을 잡고 있는 경우 ⑤ 권총이나 흉기로 겁을 주어 그 자리에서 움직이지 못하게 하는 경우 ⑥ 체포는 현실적인 실력을 가해야 한다. 예 위협을 하여 일정한 장소에 출두시키는 경우 ➡ 체포죄는 성립되지 않고 강요죄가 성립	① 차를 고속으로 운전하여 하차하지 못하도록 하는 경우 ② 높은 곳에 올라가 있는 자로부터 사다리를 제거하는 경우 ③ 목욕탕에서 부녀의 옷을 빼앗아 수치심으로 나오지 못하게 하는 경우 ④ 형기(刑期)가 끝난 사람을 제때에 석방하지 않는 경우 ⑤ 정을 모르는 경찰관을 이용하여 피해자를 유치시킨 경우 ➡ 감금죄의 간접정범

④ **기수시기 및 종료시기** : 본죄는 계속범이므로 그 성질상 어느 정도의 시간적 계속성을 요구한다.

㉠ **기수시기** : 체포 · 감금행위가 시간적으로 일정시간 계속된 때이다.

㉡ **종료시기** : 체포 · 감금상태가 계속되는 동안은 범죄가 종료되지 않고 석방되어 자유가 회복되면 종료된다.

보충설명 일시적인 자유박탈이 체포 · 감금죄의 미수인가, 폭행죄가 성립하는가?

1. **견해** : 다수설은 폭행죄 · 유력설은 체포 · 감금죄의 미수범
2. **사례** : 체포 · 감금의사로 일시적 감금상태인 경우 ➡ 감금죄의 미수

(2) 주관적 구성요건

① **고의범**

㉠ 체포 · 감금죄는 체포 · 감금죄에 대한 인식을 요한다. 즉, 미필적 고의만으로 족하다.

㉡ 단, 피체포 · 감금자는 체포 · 감금죄에 대해 인식할 필요가 없다.

예 기숙사 방에서 자고 있는 친구방을 감금의사로 잠갔다가 친구가 깨기 전에 문을 열어준 경우 ➡ 감금죄 성립

② **과실체포 · 감금 부정** : 체포 · 감금죄는 고의범이므로 과실체포 · 감금죄를 부정한다.

예 창고관리인은 창고에 사람이 있는 줄 모르고 창고문을 잠그고 퇴근한 후 창고에 사람이 있음을 알고 창고문을 열어준 경우 ➡ 무죄

4. 위법성

(1) 피해자의 승낙 : 피해자의 승낙이 있으면 구성요건해당성이 조각된다(통설).

예 연주중인 강당의 문을 폐쇄하여 외부인의 출입을 통제하는 경우 ➡ 무죄

(2) 정당행위 : 검사 또는 사법경찰관의 영장에 의한 구속 · 현행범인의 체포 · 친권자의 징계행위 · 경찰관의 주취자보호조치 · 치료를 위한 정신병자 감금 등은 정당행위로서 위법성이 조각된다. 다만, 정당행위의 한계를 넘는(이탈한) 경우에는 체포 · 감금죄가 성립한다.

예 아파트 경비원이 자동차 절도범을 체포하여 버릇을 고쳐줄 생각으로 경비실에 밤새도록 가두어 둔 경우 ➡ 감금죄 성립

관련판례 피해자의 승낙에 의한 체포 · 감금은 위법성 조각사유(즉, 체포 · 감금죄 부인)

1. 정신병자 어머니의 의뢰 · 승낙하에 감호를 위하여 보호실 문을 야간에 한해 3일간 시정하여 출입금지시킨 경우
2. 수용시설에 수용중인 부랑인들의 야간도주 방지를 위해 취침시간 중 출입문을 안에서 잠근 경우

5. 죄수문제

(1) 사람을 체포한 후 감금한 경우 : 감금죄만 성립(법조경합 중 흡수관계)

(2) 감금 중에 강도 · 강간 · 상해 · 살인 등의 범죄를 한 경우 : 감금죄와 이들 범죄와의 경합범.

예 강도상해가 끝난 뒤에도 감금행위가 계속된 경우 → 감금죄와 강도상해죄의 실체적 경합(대판 2003. 1. 10, 2002도4380)

(3) 감금을 강간의 수단으로 사용한 경우 : 감금죄와 강간죄의 상상적 경합범

(4) 살인의 수단으로 체포 · 감금한 경우 : 살인죄만 성립(법조경합 중 흡수관계)

(5) 사람을 체포 · 감금한 후 그 석방의 대가로 금품을 강취한 경우 : 인질강도죄만 성립(법조경합 중 흡수관계)

(6) 미성년자를 유인한 후 계속해서 불법감금한 경우 : 미성년자 유인죄와 감금죄의 경합범(판례)

Ⅲ. 존속체포 · 감금죄

1. 의 의

자기 또는 배우자의 직계존속에 대하여 체포 또는 감금을 함으로써 성립하는 범죄이다(제276조 제2항). 예 사업자금을 대주지 않는 아버지를 집 밖으로 나가지 못하도록 문을 잠근 경우

2. 성 질 : 부진정신분범

체포 · 감금죄에 대하여 신분관계로 인하여 불법(형)이 가중되는 가중적 구성요건으로 부진정신분범이다.

Ⅳ. 중체포 · 감금죄, 존속중체포 · 존속감금죄

1. 서 설

(1) 의의 : 사람 또는 직계존속을 체포 또는 감금하여 가혹한 행위를 함으로써 성립하는 범죄이다(제277조 제1 · 2항).

예 甲은 A를 여관으로 납치하여 감금한 후 그의 친구 乙을 불러내어 함께 A를 교대로 감시하면서 구타한 경우 → 甲과 乙은 중감금죄의 공동정범

(2) 성질

① **계속범** : 체포 또는 감금의 위법상태가 계속되므로 계속범이다.

② **가중적 구성요건** : 행위의 불법으로 불법(형)이 가중되는 가중적 구성요건이다.

2. 구성요건

(1) 객관적 구성요건

① **주체** : 피해자 이외의 모든 자연인이다.

② **행위** : 체포 또는 감금하여 가혹한 행위를 가하는 것

㉠ **가혹한 행위란** : 정신적 · 육체적 고통을 주는 일체의 행위를 말한다.

㉡ **가혹한 행위의 수단 · 방법** : 제한없다. 즉, 유형적 · 무형적 · 작위 · 부작위를 불문한다. 예 수면방해 · 음란한 행위 · 나체로 만드는 행위

관련판례 가혹한 행위가 인정되는 경우

1. 일상생활에 필요한 정도의 의식주를 공급하지 않는 행위
2. 필요한 정도의 휴식 · 수면을 허용하지 않는 행위
3. 폭행을 가하는 행위
4. 음란한 행위
5. 여자의 옷을 벗겨 수치심을 일으키는 행위

③ 학대와의 구별

㉠ 학대행위에는 폭행 · 협박 · 음란행위가 포함되지 않으나 가혹행위에는 포함된다.

㉡ 따라서 가혹한 행위가 (학대죄에서) 학대보다 넓은 개념이다.

(2) 주관적 구성요건 : 고의

체포 · 감금시에 가혹한 행위를 하려는 의사. 또한 체포 · 감금 후에 가혹행위를 할 의사가 있는 경우에도 인정한다. 즉, 미필적 고의만으로 족하다.

3. 중체포 · 감금죄의 미수범

(1) 체포 · 감금하여 가혹행위를 가하려고 하였으나 체포 · 감금하지 못한 경우

(2) 체포 · 감금이 있었으나 가혹행위를 가하지 못한 경우

(3) 가혹행위가 미수로 그친 경우

V. 특수체포 · 특수감금죄

1. 의 의

(1) 단체 또는 다중의 위력을 보이거나 위험한 물건을 휴대하여 체포 · 감금죄, 존속체포 · 존속감금죄, 중체포 · 중감금죄, 존속중체포 · 존속중감금죄를 범함으로써 성립하는 범죄이다(제278조).

(2) 본죄를 범하면 폭력행위 등 처벌에 관한 법률 제3조가 우선 적용된다. 따라서 특별법 우선의 원칙에 따라 폭처법이 적용되므로 본죄는 실익이 없다.

2. 성 질 : 가중적 구성요건

체포 · 감금죄에 대하여 행위방법의 불법으로 인하여 불법(형)을 가중하는 가중적 구성요건이다.

VI. 상습체포 · 상습감금죄

1. 의 의

상습으로 체포 · 감금죄, 존속체포 · 감금죄, 중체포 · 감금죄, 존속중체포 · 감금죄를 범함으로써 성립하는 범죄이다(제279조).

2. 성 질 : 부진정신분범

체포 · 감금죄에대하여 행위자의 상습성으로 인하여 불법(형)이 가중되는 부진정신분범이다.

VII. 체포 · 감금치사상죄, 존속체포 · 감금치사상죄

1. 의 의

(1) **체포 · 감금치사상죄** : 체포 · 감금죄를 범하여 사람을 상해에 이르게 하거나 또는 사망에 이

르게 함으로써 성립하는 범죄이다(제281조 제1항).

예 ① 동거녀가 술집에 나갈 수 없게 감금 후 옷을 벗기는 등 가혹행위를 하여 이를 피하기 위하여 창문으로 뛰어내리다 사망한 경우 → 감금치사죄 성립

② 피해자의 하차요구를 무시한 채 과속(60~70km 속도)으로 진행하여 피해자가 감금상태를 벗어날 목적으로 달리는 차에서 내리다가 상해를 입은 후 치료중 사망한 경우 → 감금치사죄 성립(판례[9])

(2) 존속체포 · 감금치사상죄 : 자기 또는 배우자의 직계존속에 대하여 체포 · 감금죄를 범하여 상해에 이르게 하거나 사망에 이르게 함으로써 성립하는 범죄이다(제281조 제2항).

2. 성 질 : 결과적 가중범

체포 · 감금으로 인하여 상해 또는 사망의 결과가 발생하는 결과적 가중범이다.

3. 관련문제

(1) 체포 · 감금행위는 미수였으나 사망의 결과가 발생한 경우 : 체포 · 감금치사죄 성립

(2) 사망 또는 상해의 결과가 체포 · 감금시에 발생한 경우 : 체포 · 감금치사(상)죄 성립

제4절 약취와 유인 및 인신매매의 죄

I. 서 론

1. 의 의

약취와 유인 및 인신매매의 죄란 사람을 약취 · 유인 또는 인신매매하여 자기 또는 제3자의 사실상의 지배하에 둠으로써 성립하는 범죄이다.

2. 보호법익과 보호받는 정도

(1) 보호법익 : 피인취자의 신체적 활동의 자유권(즉, 개인의 (거처)자유권). 단, 미성년자 약취 · 유

9. 대판 2002. 2. 11, 99도5286

인죄의 주된 보호법익은 미성년자의 자유권이며 부차적인 보호법익은 보호자의 감독권이다(통설).

(2) 보호받는 정도 : 침해범

핵심요약 약취와 유인 및 인신매매의 죄

1. **보호법익** : 피인취자의 신체적 활동의 자유(즉, 개인(거처)의 자유)
2. **미성년자 약취 · 유인죄의 보호법익** : 1차로 미성년자의 자유권이며, 2차로 보호자의 감독권

3. 성 질

(1) 계속범 : 약취 · 유인행위는 시간적 계속성을 요하므로 계속범이다.

(2) 목적범 : 약취 · 유인 및 인신매매의 죄 중 미성년자약취 · 유인죄, 인신매매죄, 피약취 · 유인자 국외이송죄(제289조 제2항)를 제외하고는 목적범이다.

(3) 예비 · 음모와 미수범 처벌 : 약취 · 유인 및 인신매매의 죄의 장에 규정된 대부분의 범죄에 대하여 예비 · 음모와 미수범 처벌규정을 두고 있다.

(4) 상습범 가중처벌규정 삭제 : 구법과 달리 개정형법은 약취 · 유인 및 인신매매의 죄의 장에 규정된 상습범 가중처벌규정을 삭제(폐지)하였다.

(5) 세계주의의 도입 : 개정형법은 약취 · 유인과 인신매매의 죄의 장에 규정된 범죄가 대한민국 영역 밖에서 죄를 범한 외국인에게도 적용될 수 있도록 세계주의 규정을 신설하였다(제296조의2).

핵심요약 약취 · 유인 및 인신매매의 죄

1. **목적범** : 추행 · 간음 · 결혼 · 영리목적약취 · 유인죄, 노동력착취 · 성매매와 성적착취 · 장기적출목적약취 · 유인죄, 국외이송목적약취 · 유인죄
2. **목적범 아닌 범죄** : 미성년자 약취 · 유인죄, 인신매매죄, 피약취 · 유인자 국외이송죄

Ⅱ. 미성년자약취 · 유인죄

1. 서 설

(1) 의의 : 미성년자를 약취 · 유인함으로써 성립하는 범죄이다(제287조).

(2) 보호법익 : 미성년자의 자유권과 보호자의 감독권

① **주된 보호법익** : 미성년자의 자유권이며

② **부차적 보호법익** : 보호자의 감독권이다.

(3) 성질 : 침해범 · 결합범 · 계속범이다.

2. 구성요건

(1) 객관적 구성요건

① **주체** : 제한이 없다.

㉠ 자연인인 한 누구든지 주체가 될 수 있다.

㉡ 미성년자를 보호감독하는 자(예 친권자 · 감독자)라도 보호감독의 지위를 상실하면 본죄의 주체가 될 수 있다.

예 입양된 자식을 실부모(實父母)가 데려오는 경우 → 미성년자 약취 · 유인죄 인정

관련판례 미성년자 약취 · 유인죄

외조부가 맡아서 양육해 오던 미성년인 손자를 손자의 의사에 반하여 사실상 자신의 지배하에 옮긴 친권자에 대하여 미성년자 약취 · 유인죄를 인정(대판 2008. 1. 31, 2007도8011)

㉢ 단, 미성년자 본인은 본죄의 정범은 물론 공범도 될 수 없다(통설).

② **객체** : 미성년자

㉠ 미성년자는 민법(제4조)상 미성년자로, 즉 19세 미만 자를 말한다.

㉡ 혼인한 미성년자도 본죄의 객체가 될 수 있다. 즉, 성년의제제도는 민법 이외의 법률에는 적용되지 않으므로 혼인한 미성년자도 대상이 될 수 있다(다수설).

㉢ 미성년자인 한 성별, 의사능력 유 · 무, 행위능력 유 · 무를 불문한다. 단, 의사능력이 전혀 없는 유아는 약취죄의 객체는 될 수 있으나 유인죄의 객체는 될 수 없다(통설).

예 유아(2세된 아이)에게 과자 사준다고 약취 · 유인하여 데리고 온 경우 ➡ 미성년자 약취죄만 성립

③ **행위** : 약취 또는 유인하는 것

핵심요약 미성년자 약취 · 유인죄

1. **목적 없이 미성년자를 약취 · 유인하면** : 미성년자 약취 · 유인죄
2. **목적을 갖고 미성년자를 약취 · 유인하면** : 영리목적 약취 · 유인죄

㉠ **약취 또는 유인**

ⓐ 의의 : 인취(약취 + 유인)

	약 취	유 인
의 의	폭행 또는 협박으로 사람을 자기 또는 제3자의 지배하에 두는 행위를 말한다.	기망 또는 유혹으로 사람을 자기 또는 제3자의 지배하에 두는 행위를 말한다.
수 단	폭행 또는 협박을 수단으로 사용	기망 또는 유혹을 수단으로 사용

보충설명 유혹의 내용

1. 반드시 유혹의 내용이 허위임을 요하지 않는다(판례).
2. 인취란 약취와 유인을 합하여 인취라고도 한다.

ⓑ 수단 · 방법 : 제한없다. 즉, 약취 · 유인 · 폭행 · 협박의 정도는 실력적 지배하에 둘 수 있는 정도이면 족하고, 반드시 반항을 억압할 정도임을 요하지 않는다.

예 사이비교주의 교리에 감명받아 가출한 15세 청소년에게 껌팔이 행상을 시킨 경우 ➡ 미성년자 유인죄

ⓒ 약취 · 유인의 상대방 : 피인취자 또는 보호감독자를 불문한다.

예 유아나 의식 불명자 또는 맹인의 보호자에게 폭행 · 협박 · 기망 · 유혹하여 피인취자를 약취 · 유인한 경우 ➡ 미성년자 약취 · 유인죄 인정

㉡ **실력적 지배**

ⓐ 약취 · 유인하여 자기 또는 제3자의 실력적 지배상태에 두어야 한다.

ⓑ 단, 장소적 이전은 본죄의 필수적 요건이 아니다(통설).

예 보호자를 폭행 · 협박하여 떠나게 하고 피해자를 사실상 자기의 지배하에 둔 경우 → 미성년자 약취 · 유인죄 인정

④ **실행의 착수 및 기수시기**

㉠ **실행의 착수시기** : (약취 · 유인의 수단인) 폭행 · 협박 · 기망 · 유혹을 개시한 때이다.

㉡ **기수시기** : 본죄는 계속범이므로 어느 정도의 시간적 계속성이 인정된 때에 기수가 되고 피인취자의 자유가 회복되었을 때 종료한다.

(2) 주관적 구성요건

① **고의** : 피인취자가 미성년자라는 사실과 약취 · 유인에 대한 인식이 있으면 된다. 즉, 미필적 고의만으로 족하다.

② **동기와 목적은 불문** : 약취 · 유인의 동기나 목적은 불문한다(예 보호나 양육하기 위한 약취 · 유인도 본죄 인정). 따라서 친권자의 지위를 상실한 실부모가 미성년자를 보호 또는 양육하기 위하여 약취 · 유인한 때도 본죄가 성립한다.

3. 위법성

(1) 피해자의 승낙 : 본죄의 보호법익은 미성년자의 자유권뿐만 아니라 보호자의 감독권까지 필요로 하므로 피인취자나 보호자의 승낙만으로는 위법성이 조각되지 아니한다.

① **피인취자인 미성년자의 승낙만 있는 경우** : 본죄 성립, 즉 위법성이 조각되지 않는다.

② **보호자의 승낙만 있는 경우** : 본죄 성립, 즉 보호자는 본죄의 공범이 되어 위법성이 조각되지 않는다.

③ **피인취자와 보호자 모두의 승낙이 있는 경우** : 불법, 즉 구성요건 해당성이 조각된다(통설).

관련판례 피인취자인 미성년자의 승낙만 있는 경우

아버지와 함께 살고 있던 미성년자(14세 여중생)의 동의를 얻어 피고인과 공범들이 자신들의 사실상 지배하로 옮긴 경우 → 미성년자약취죄(대판 2003. 2. 11, 200도7115)

(2) 위법성 조각사유 : 본죄도 정당방위 · 긴급피난 · 정당행위의 요건에 해당하는 경우 위법성이 조각된다.

4. 죄수문제

(1) 미성년자를 약취 · 유인한 자가 피인취자를 계속하여 감금한 경우 : 미성년자 약취 · 유인죄와 감금죄의 경합범

예 여중생을 비디오 보여 준다 하여 자취방에 유인한 후 나가지 못하도록 감금한 경우 → 미성년자 약취 · 유인죄와 감금죄의 경합범

(2) 미성년자를 약취 · 유인한 후 미성년자를 유기한 경우 : 미성년자 약취 · 유인죄만 성립하고 유기죄는 성립하지 않는다(법조경합 중 흡수주의).

5. 해방(석방)시 : 임의적 감경

미성년자 약취 · 유인죄를 범한 자가 약취 · 유인한 자를 안전한 장소로 풀어준 때에는 그 형을 감경할 수 있다. 즉, 임의적 감경

보충설명 약취 · 유인자 석방시 임의적 감경

1. **목적** : 형사정책적 목적, 즉 본죄가 기수가 되면 회부할 수 없는 침해가 발생하므로 기수가 되기 전에 중지함으로써 피인취자를 보호하고자 하는 형사정책상의 목적으로 규정
2. **처벌** : 임의적 감경
3. **해방시 임의적 감경규정 없는 범죄** : 피약취 · 유인 · 매매 · 이송자살인 · 치사죄, 국외이송목적 인신매매죄, 피매매자 국외이송죄, 체포 · 감금죄, 인질강도죄, 인질살해 · 치사죄

Ⅲ. 추행 · 간음 · 결혼 · 영리목적 약취 · 유인죄

1. 서 설

(1) 의의 : 추행 · 간음 · 결혼 또는 영리의 목적으로 사람을 약취 또는 유인함으로써 성립하는 범죄이다(제288조 제1항).

(2) 성질

① **침해범 · 결합범 · 계속범**

② **목적범** : 추행 · 간음 · 결혼 · 영리목적을 지닌 목적범이다.

③ **세계주의 채택** : 본죄를 대한민국 영역 밖에서 죄를 범한 외국인에게도 적용한다.

2. 구성요건

(1) 객관적 구성요건

① **주체** : 제한없다.

② **객체** : 사람

㉠ 성년 · 미성년, 남녀를 불문한다.

㉡ 미성년자라도 영리의 목적으로 미성년자를 인취(약취 · 유인)한 경우 ➡ (미성년자약취 · 유인죄가 아니라) 영리를 위한 약취 · 유인죄가 성립

③ **행위** : 약취 또는 유인(미성년자약취 · 유인죄의 행위와 동일하다, 100면 참조)

관련판례 약취행위의 수단인 폭행

술에 만취한 피고인이 간음 목적으로 초등학교 5학년 여학생의 소매를 잡아끌면서 "우리 집에 같이 자러 가자"고 한 행위는 추행 등 목적 약취 · 유인죄(형법 제288조)의 약취행위의 수단인 '폭행'에 해당한다(대판 2009. 7. 9, 2009도3816).

④ **기수시기** : 본죄의 목적으로 타인을 인취하여 자기 또는 제3자의 사실상의 지배하에 옮긴 때에 기수가 되며, 그 목적의 실현여부는 불문한다.

예 甲은 소녀(17세)를 포주에게 팔려고 유인한 후 포주에게 인도하지 못한 채 체포된 경우 ➡ 영리목적 유인죄(기수)

3. 주관적 구성요건 : 고의 + 목적범

(1) 고의 : 사람을 약취 또는 유인한다는 인식이 있어야 한다. 즉, 미필적 고의만으로 족하다.

(2) 목적범 : 고의 외에 추행 · 간음 · 결혼 · 영리의 목적이 있어야 한다.

① **추행목적이란** : 객관적으로 일반인에게 성적 수치심이나 성적 혐오의 감정을 일으키게 하는 일체의 행위이다.

② **간음목적이란** : 법률상 결혼 아닌 성교행위를 목적으로 하는 경우이다.

③ **영리목적이란**

㉠ 자기 또는 제3자로 하여금 재산상의 이익을 얻게 할 목적을 말한다.

㉡ 영리의 목적만 있으면 성립하고 현실로 이익을 취득함을 요하지 않는다.

㉢ 결혼목적이란 법률혼 · 사실혼을 불문하는 결혼을 말한다(통설).

㉣ 이익은 일시적 · 계속적 · 적법 · 불법을 불문한다.

4. 공범관계

영리의 목적을 가진 자와 목적 없는 자가 미성년자를 약취 · 유인한 경우 ➡ 목적 있는 자는 영리를 위한 약취 · 유인죄, 목적 없는 자는 미성년자 약취 · 유인죄가 성립한다.

예 영리의 목적이 있는 甲과 영리의 목적이 없는 乙이 18세 소녀를 약취 · 유인한 경우 ➡ 甲은 영리를 위한 약취 · 유인죄, 乙은 미성년자 약취 · 유인죄

5. 관련문제 : 석방의 대가로 재물을 요구하기 위하여 약취 · 유인한 경우

(1) 객체가 미성년자인 경우 : 특정범죄가중처벌 등에 관한 법률이 적용(동법 제5조의2)

(2) 객체가 성년자인 경우 : 영리 목적 약취 · 유인죄(다수설)

(3) 약취 · 유인한 후 석방의 대가로 재물을 요구한 경우 : 인질강도죄

6. 해방(석방)시 : 임의적 감경

본죄를 범한 사람이 약취 · 유인된 사람을 안전한 장소로 풀어준 때에는 그 형을 감경할 수 있다. 즉, 임의적 감경(제295조의2)

Ⅳ. 노동력 착취 · 성매매와 성적 착취 · 장기적출목적 약취 · 유인죄

◎ **관련조문**

제288조 [추행 등 목적 약취 · 유인 등] : ② 노동력 착취 · 성매매와 성적 착취 · 장기적출을 목적으로 사람을 약취 또는 유인한 사람은 2년 이상 15년 이하의 징역에 처한다.

제294조 [미수범] : 미수범은 처벌한다.

제296조 [예비 · 음모] : 본죄를 범할 목적으로 예비 또는 음모한 사람은 3년 이하의 징역에 처한다.

제295조 [벌금의 병과] : 본죄와 그 미수범에 대해서는 5천만원 이하의 벌금을 병과할 수 있다.

제295조의2 [형의 감경] : 본죄를 범한 사람이 약취 · 유인된 사람을 안전한 장소로 풀어준 때에는 그 형을 감경할 수 있다.

제296조의2 [세계주의] : 제288조는 대한민국 영역 밖에서 죄를 범한 외국인에게도 적용한다.

1. 서 설

(1) 의의 : 노동력 착취 · 성매매와 성적 착취 · 장기적출을 목적으로 사람을 약취 또는 유인함으로써 성립하는 범죄이다(제288조 제2항).

(2) 성질

① **침해범 · 결합범 · 계속범**

② **목적범** : 노동력 착취 · 성매매와 성적 착취 · 장기적출의 목적이 있어야 성립하는 목적범이다.

③ **예비 · 음모와 미수범 처벌**(제294조 · 제296조)

④ **세계주의 채택** : 본죄를 대한민국 영역 밖에서 범한 외국인에게도 적용한다(제296조의2).

2. 기수시기 : 사람을 약취 · 유인한 때

본죄의 목적으로 사람을 약취 또는 유인한 때 기수가 된다. 따라서 현실적으로 노동력 착취 · 성매매와 성적 착취 · 장기적출 달성여부는 불문한다.

3. 해방(석방)시 : 임의적 감경

본죄를 범한 자가 약취 · 유인된 사람을 안전한 장소로 풀어준 때에는 그 형을 감경할 수 있다. 즉, 임의적 감경사유

V. 국외이송목적 약취 · 유인죄, 피약취 · 유인자 국외이송죄

◎ **관련조문**

제288조 [추행 등 목적 약취 · 유인 등] : ③ 국외에 이송할 목적으로 사람을 약취 또는 유인하거나 약취 또는 유인된 사람을 국외에 이송한 사람도 제2항과 동일한 형으로 처벌한다.

제294조 [미수범] : 미수범은 처벌한다.

제296조 [예비 · 음모] : 본죄를 범할 목적으로 예비 또는 음모한 사람은 3년 이하의 징역에 처한다.

제295조 [벌금의 병과] : 본죄와 그 미수범에 대해서는 5천만원 이하의 벌금을 병과할 수 있다.

제295조의2 [형의 감경] : 본죄를 범한 사람이 약취 · 유인 또는 이송된 사람을 안전한 장소로 풀어준 때에는 그 형을 감경할 수 있다.

제296조의2 [세계주의] : 제288조는 대한민국 영역 밖에서 죄를 범한 외국인에게도 적용한다.

1. 서 설

(1) 의의 : 국외에 이송할 목적으로 사람을 약취 또는 유인하거나 약취 또는 유인된 사람을 국외에 이송함으로써 성립하는 범죄이다(제288조 제3항).

(2) 성질

① **침해범 · 계속범 · 결합범 · 목적범**

② **목적범** : 국외이송목적으로 약취 · 유인함으로써 성립하는 목적범이다.

③ **예비 · 음모 및 미수범 처벌**

④ **세계주의 채택** : 본죄를 대한민국 영역 밖에서 범한 외국인에게도 적용한다.

2. 구성요건

(1) 주체 : 제한없다. 즉, 국외에 이송할 목적이 있는 이상 행위주체가 보호자의 지위에 있더라도 상관없다. 여기서 국외란 대한민국 영역 외를 말한다.

핵심요약 국외이송목적 약취 · 유인죄

1. **대한민국**(국내)**에서 국외이송 목적으로 약취 · 유인한 경우** : 국외이송목적 약취 · 유인죄
2. **대한민국**(국내)**에서 국외**(에) **이송**(할) **목적으로 약취 · 유인한 자가 그 피인취자를 국외로 이송한 경우** : 국외이송목적 약취 · 유인죄와 피인취 · 유인자 국외이송죄의 실체적 경합(다수설)
3. **외국에서 대한민국**(국내) **또는 외국에서 외국으로 이송목적을 약취 · 유인한 경우** : 본죄부인

(2) 객체 : 사람. 즉, 사람인 한 기혼 · 미혼 · 성년 · 미성년 · 남녀의 성별을 불문한다.

(3) 행위 : 약취 · 유인 또는 매매(약취 · 유인은 미성년자 약취 · 유인죄의 행위와 동일하며 · 100면 참조)(매매는 인신매매죄의 행위와 동일하다 · 107면 참조)

3. 해방(석방)시 : 임의적 감경

본죄를 범한 자가 약취 · 유인 또는 이송된 사람을 안전한 장소로 풀어준 때에는 그 형을 감경할 수 있다. 즉, 임의적 감경사유

VI. 인신매매죄

◎ 관련조문

제289조 [인신매매] : ① 사람을 매매한 사람은 7년 이하의 징역에 처한다.

제294조 [미수범] : 미수범은 처벌한다.

제296조 [예비 · 음모] : 본죄를 범할 목적으로 예비 또는 음모한 사람은 3년 이하의 징역에 처한다.

제295조 [벌금의 병과] : 본죄와 그 미수범에 대해서는 5천만원 이하의 벌금을 병과할 수 있다.

제295조의2 [형의 감경] : 본죄를 범한 사람이 매매된 사람을 안전한 장소로 풀어준 때에는 그 형을 감경할 수 있다.

제296조의2 [세계주의] : 제289조는 대한민국 영역 밖에서 죄를 범한 외국인에게도 적용한다.

1. 서 설

(1) 의의 : 사람을 매매함으로써 성립하는 범죄이다(제289조). 우리나라가 서명한 '인신매매방지의정서' 의 국내적 이행을 위하여 2013년 신설된 범죄이다.

(2) 성질

① **필요적 공범** : 매도인과 매수인 모두를 필요로 하는 필요적 공범이다.

② **대향범** : 상호 대립하는 방향에서 진행하는 범죄이므로 필요적 공범 중 대향범이다.

③ **예비 · 음모 및 미수범 처벌**

④ **세계주의 책택** : 외국인이 대한민국 영역 외에서 범한 경우에도 적용한다.

⑤ **친고죄 아님** : 피해자의 고소가 없어도 소추할 수 있는 범죄로 친고죄가 아니다.

2. 구성요건

(1) 객관적 구성요건

① **주체** : 제한이 없다. 따라서 보호자 또는 배우자라도 본죄의 주체가 될 수 있으며 본죄는 필요적 공범 중 대향범으로 매도인과 매수인 모두 처벌한다(쌍벌주의).

② **객체** : 사람, 즉 사람인 이상 미혼 · 기혼 · 성년 · 미성년을 불문한다. 따라서 처도 인정된다.

③ **행위** : 매매. 즉, 매매란 대가를 받고 인신을 수수하는 것을 말하며, 매매에 한정하지 않고 교환도 포함된다.

④ **실행의 착수시기와 기수시기**

㉠ **실행의 착수시기** : 사람에 대한 매매계약을 체결한 때이다.

㉡ **기수시기** : 사람의 신체에 대한 사실상의 지배의 이전이 있는 때에 기수가 되며 계약은 체결하였으나 사람을 인도하지 않은 때에는 본죄의 미수가 된다. 따라서 신체에 대한 사실상의 지배의 이전이 있으면 목적의 실현여부와 대가의 지급여부는 본죄 성립에 영향없다.

ⓐ 예 계약은 체결하였으나 인도(사실상의 지배)하지 아니한 경우 ➞ 인신매매죄의 미수범

ⓑ 예 부녀를 매매하기로 돈을 먼저 받고 아직 부녀를 인도하지 아니한 경우 또는 부녀를 매매하기로 계약을 체결하였으나 아직 인도하지 아니한 경우 ➞ 부녀매매죄의 미수범

(2) 주관적 구성요건 : 고의 + 추업에 사용할 목적 불요

① **고의** : 사람을 매매한다는 사실에 대한 인식이 있어야 한다. 즉, 미필적 고의만으로 족하다.

② **목적범 아님** : 본죄는 목적범이 아니므로 고의 이외에 특별한 목적은 요하지 않는다.

3. 해방(석방)시 : 임의적 감경

본죄를 범한 자가 매매된 자를 안전한 장소로 풀어준 때에는 그 형을 감경할 수 있다. 즉, 임의적 감경사유

Ⅶ. 추행 · 간음 · 결혼 · 영리목적 인신매매죄

◎ **관련조문**

제289조 [인신매매] : ② 추행 · 간음 · 결혼 또는 영리의 목적으로 사람을 매매한 사람은 1년 이상 10년 이하의 징역에 처한다.

제294조 [미수범] : 미수범은 처벌한다.

제296조 [예비 · 음모] : 본죄를 범할 목적으로 예비 또는 음모한 사람은 3년 이하의 징역에 처한다.

제295조 [벌금의 병과] : 본죄와 그 미수범에 대해서는 5천만원 이하의 벌금을 병과할 수 있다.

제295조의2 [형의 감경] : 본죄를 범한 사람이 매매된 사람을 안전한 장소로 풀어준 때에는 그 형을 감경할 수 있다.

제296조의2 [세계주의] : 제289조는 대한민국 영역 밖에서 죄를 범한 외국인에게도 적용한다.

1. 서 설

(1) 의의 : 추행 · 간음 · 결혼 또는 영리의 목적으로 사람을 매매함으로써 성립하는 범죄이다(제289조 제2항).

(2) 성질

① **목적범** : 본죄는 목적이 있어야 성립하는 목적범이다.

② **예비 · 음모 및 미수범 처벌**(제294조 · 제296조)

③ **세계주의 채택**(제296조의2)

2. 구성요건

(1) 주체 : 제한없다.

(2) 객체 : 사람(추행 · 간음 · 결혼 · 영리목적 약취 · 유인죄의 객체와 동일하다 · 103면 참조)

(3) 기수시기 : 추행 · 간음 · 결혼 · 영리목적으로 사람을 매매한 때 기수가 되며, 본죄의 목적달성여부는 본죄 성립에 영향없다.

Ⅷ. 노동력 착취 · 성매매와 성적 착취 · 장기적출목적 인신매매죄

◎ **관련조문**

제289조 [인신매매] : ③ 노동력 착취 · 성매매와 성적 착취 · 장기적출을 목적으로 사람을 매매한 사람은 2년 이상 15년 이하의 징역에 처한다.

제294조 [미수범] : 미수범은 처벌한다.

제296조 [예비 · 음모] : 본죄를 범할 목적으로 예비 또는 음모한 사람은 3년 이하의 징역에 처한다.

제295조 [벌금의 병과] : 본죄와 그 미수범에 대해서는 5천만원 이하의 벌금을 병과할 수 있다.

제295조의2 [형의 감경] : 본죄를 범한 사람이 매매된 사람을 안전한 장소로 풀어준 때에는 그 형을 감경할 수 있다.

제296조의2 [세계주의] : 제289조는 대한민국 영역 밖에서 죄를 범한 외국인에게도 적용한다.

1. 서 설

(1) 의의 : 노동력 착취 · 성매매와 성적 착취 · 장기적출을 목적으로 사람을 매매함으로써 성립하는 범죄이다(제289조 제3항).

(2) 성질

① **목적범** : 본죄는 노동력 착취 · 성매매와 성적 착취 · 장기적출의 목적이 있어야 성립하는 목적범이다.

② **예비 · 음모 및 미수범 처벌**(제294조 · 제296조)

③ **세계주의 채택** : 본죄를 대한민국 영역 밖에서 범한 외국인에게도 적용한다(제296조의2).

2. 기수시기 : 사람을 매매한 때

본죄를 목적으로 사람을 매매한 때 기수가 된다. 따라서 매매 후 현실적으로 노동력 착취 · 성매매와 성적 착취 · 장기적출목적 달성여부는 불문한다.

3. 해방(석방)시 : 임의적 감경

본죄를 범한 자가 매매된 사람을 안전한 장소로 풀어준 때에는 그 형을 감경할 수 있다. 즉, 임의적 감경사유

IX. 국외이송목적 인신매매죄 · 피매매자 국외이송죄

◎ 관련조문

제289조 [인신매매] : ④ 국외에 이송할 목적으로 사람을 매매하거나 매매된 사람을 국외로 이송한 사람도 제3항과 동일한 형을 처벌한다.

제294조 [미수범] : 미수범은 처벌한다.

제296조 [예비 · 음모] : 본죄를 범할 목적으로 예비 또는 음모한 사람은 3년 이하의 징역에 처한다.

제295조 [벌금의 병과] : 본죄와 그 미수범에 대해서는 5천만원 이하의 벌금을 병과할 수 있다.

제295조의2 [형의 감경] : 본죄를 범한 사람이 매매 또는 이송된 사람을 안전한 장소로 풀어준 때에는 그 형을 감경할 수 있다.

제296조의2 [세계주의] : 제289조는 대한민국 영역 밖에서 죄를 범한 외국인에게도 적용한다.

1. 서 설

(1) 의의 : 국외에 이송할 목적으로 사람을 매매하거나 매매된 사람을 외국에 이송함으로써 성립하는 범죄이다(제289조 제4항).

(2) 성질

① **목적범** : 국외이송목적이 있어야 성립하는 목적범이다.

② **예비 · 음모 및 미수범 처벌**(제294조 · 제296조)

③ **세계주의 책택** : 본죄는 대한민국 영역 밖에서 죄를 범한 외국인에게도 적용한다(제296조의2).

④ **가중적 구성요건** : 국외이송목적 인신매매죄는 목적으로 불법(형)이 가중되는 가중적 구성요건이고, 피매매자 국외이송죄는 행위태양으로 인하여 불법(형)이 가중되는 범죄이다.

2. 기수시기 : 사람을 매매 또는 국외이송한 때

본죄를 목적으로 사람을 매매 또는 국외이송한 때 기수가 된다. 따라서 현실적으로 매매 이후에 국외이송 여부는 범죄성립에 영향없다.

X. 피약취 · 유인 · 매매 · 이송자 상해 · 치상죄

◎ **관련조문**

제290조 [약취 · 유인 · 매매 · 이송 등 상해 · 치상] : ① 제287조부터 제289조까지의 죄를 범하여 약취 · 유인 · 매매 또는 이송된 사람을 상해한 때에는 3년 이상 25년 이하의 징역에 처한다.
② 제287조부터 제289조까지의 죄를 범하여 약취 · 유인 · 매매 또는 이송된 사람을 상해에 이르게 한 때에는 2년 이상 20년 이하의 징역에 처한다.
제294조 [미수범] : 제290조 제1항의 미수범은 처벌한다.
제296조 [예비 · 음모] : 제290조 제1항의 죄를 범할 목적으로 예비 또는 음모한 사람은 3년 이하의 징역에 처한다.
제295조 [벌금의 병과] : 본죄와 그 미수범에 대해서는 5천만원 이하의 벌금을 병과할 수 있다.
제295조의2 [형의 감경] : 본죄를 범한 사람이 매매 또는 이송된 사람을 안전한 장소로 풀어준 때에는 그 형을 감경할 수 있다.
제296조의2 [세계주의] : 제290조는 대한민국 영역 밖에서 죄를 범한 외국인에게도 적용한다.

1. 서 설

(1) 의의 : 미성년자 약취 · 유인죄, 추행 · 간음 · 결혼 · 영리목적 약취 · 유인죄, 노동력 착취 · 성매매와 성적 착취 · 장기적출목적 약취 · 유인죄, 국외이송목적 약취 · 유인죄, 피약취 · 유

인자 국외이송죄, 인신매매죄, 추행 · 간음 · 결혼 · 영리목적 인신매매죄, 노동력 착취 · 성매매와 성적 착취 · 장기적출목적 인신매매죄, 국외이송목적 인신매매죄, 피매매자 국외이송죄를 범하여 약취 · 유인 · 매매 또는 이송된 사람을 상해하거나 상해에 이르게 함으로써 성립하는 범죄이다(제290조).

(2) 구별개념

	피약취 · 유인 · 매매 · 이송자상해죄	피약취 · 유인 · 매매 · 이송자치상죄
성 질	결합범, 즉 상해에 대한 고의 필요	결과적 가중범, 즉 상해에 대한 과실(예견가능성)이 필요
처 벌	예비 · 음모 및 미수범 처벌규정 있다.	예비 · 음모 및 미수범 처벌규정 없다.

2. 성 질

(1) 목적범 아님

(2) 예비 · 음모 및 미수범 처벌

(3) 세계주의 채택 : 대한민국 영역 밖에서 본죄를 범한 외국인에게도 적용한다(제296조의2).

(4) 해방(석방)시 : 임의적 감경, 즉 본죄를 범한 자가 매매 또는 이송된 사람을 안전한 장소로 풀어준 때에는 그 형을 감경할 수 있다(제295조의2).

3. 행 위 : 약취 · 유인 · 매매 · 상해이다.

(1) 약취 · 유인 : 미성년자 약취 · 유인죄의 행위와 동일하다(100면 참조).

(2) 매매 : 인신매매죄의 행위와 동일하다(107면 참조).

(3) 상해 : 상해죄의 행위와 동일하다(29면 참조).

XI. 피약취 · 유인 · 매매 · 이송자 살인 · 치사죄

◎ 관련조문

제291조 [약취 · 유인 · 매매 · 이송 등 살인 · 치사] : ① 제287조부터 제289조까지의 죄를 범하여 약취 · 유인 · 매매 또는 이송된 사람을 살해한 때에는 사형 · 무기 또는 7년 이상의 징역에 처한다.

② 제287조부터 제289조까지의 죄를 범하여 약취 · 유인 · 매매 또는 이송된 사람을 사망에 이르게 한 때에는 무기 또는 5년 이상의 징역에 처한다.

제294조 [미수범] : 제290조 제1항의 미수범은 처벌한다.

제296조 [예비·음모] : 제291조 제1항의 죄를 범할 목적으로 예비 또는 음모한 사람은 3년 이하의 징역에 처한다.

제295조 [벌금의 병과] : 본죄와 그 미수범에 대해서는 5천만원 이하의 벌금을 병과할 수 있다.

제296조의2 [세계주의] : 제291조는 대한민국 영역 밖에서 죄를 범한 외국인에게도 적용한다.

1. 구별개념

	피약취·유인·매매·이송자살인죄	피약취·유인·매매·이송자치사죄
성 질	결합범, 즉 살인에 대한 고의 필요	결과적 가중범, 즉 살인에 대한 과실(예견가능성)이 필요
처 벌	예비·음모 및 미수범 처벌규정 있다.	예비·음모 및 미수범 처벌규정 없다.

2. 특 징

(1) 피약취·유인·매매·이송자 상해 및 치상죄 : 해방(석방)시 감경규정 있다.

(2) 피약취·유인·매매·이송자 살인 및 치사죄 : 해방(석방)시 감경규정 없다.

XII. 피인취(약취·유인)·매매이송자 수수·은닉죄

◎ 관련조문

제292조 [약취·유인·매매·이송된 사람의 수수·은닉 등] : ① 제287조부터 제289조까지의 죄로 약취·유인·매매 또는 이송된 사람을 수수(授受) 또는 은닉한 사람은 7년 이하의 징역에 처한다.

제294조 [미수범] : 제292조 제1항의 미수범은 처벌한다.

제296조 [예비·음모] : 제292조 제1항의 죄를 범할 목적으로 예비 또는 음모한 사람은 3년 이하의 징역에 처한다.

제295조 [벌금의 병과] : 본죄와 그 미수범에 대해서는 5천만원 이하의 벌금을 병과할 수 있다.

제295조의2 [형의 감경] : 본죄를 범한 사람이 약취·유인·매매 또는 이송된 사람을 안전한 장소로 풀어준 때에는 그 형을 감경할 수 있다.

제296조의2 [세계주의] : 제292조는 대한민국 영역 밖에서 죄를 범한 외국인에게도 적용한다.

1. 서 설

(1) 의의 : 제287조부터 제289조까지의 죄로 약취·유인·매매·이송된 자를 수수 또는 은닉함으로써 성립하는 범죄이다(제292조).

(2) 성질

① **총칙상의 방조범 적용부정**(즉, 독립된 범죄) : 총칙상의 방조행위를 독립범죄로 규정한 것이다. 따라서 총칙상의 방조범(제32조) 규정은 적용되지 않는다.

② **예비 · 음모 및 미수범 처벌**

③ **해방**(석방)**시** : 임의적 감경(제295조의2)

④ **세계주의 채택**(제296조의2)

2. 구성요건

(1) 객체 : 제287조(미성년자 약취 · 유인) · 288조(추행 · 간음 · 결혼 · 영리목적 약취 · 유인죄, 노동력착취 · 성매매와 성적 착취 · 장기적출목적 약취 · 유인죄, 국외이송목적 약취 · 유인죄 및 피약취 · 유인자 국외이송죄) · 제289조(인신매매죄, 추행 · 간음 · 결혼 · 영리목적 인신매매죄, 노동력 착취 · 성매매와 성적 착취 · 장기적출목적 인신매매죄, 국외이송목적 인신매매죄 · 피매매자 국외이송죄)

(2) 행위 : 수수 또는 은닉

① **수수란** : 유상 · 무상을 불문하며 피인취자를 교부받아 자기의 실력적 지배하에 두는 것을 말한다.

② **은닉이란** : 피인취자(약취 · 유인)의 발견을 곤란하게 하는 일체의 행위를 말한다.

XIII. 약취 · 유인 · 매매 · 이송목적 모집 · 운송 · 전달죄

◎ **관련조문**

제292조 [약취 · 유인 · 매매 · 이송된 사람의 수수 · 은닉 등] : 제287조부터 제289조까지의 죄를 범할 목적으로 사람을 모집 · 운송 · 전달한 사람도 제1항과 동일한 형으로 처벌한다.

제295조의2 [형의 감경] : 본죄를 범한 사람이 약취 · 유인 매매 또는 이송된 사람을 안전한 장소로 풀어준 때에는 그 형을 감경할 수 있다.

제296조의2 [세계주의] : 제292조는 대한민국 영역 밖에서 죄를 범한 외국인에게도 적용한다.

1. 서 설

(1) 의의 : 제287조부터 제289조까지의 죄를 범할 목적으로 사람을 모집 · 운송 · 전달함으로써 성립하는 범죄이다(제292조).

(2) 성질

① **총칙상의 방조범 적용부정** : 총칙상의 방조행위를 독립범죄로 규정한 것이다. 따라서 총칙상의 방조범 규정은 적용되지 않는다.

② **예비 · 음모 및 미수범 처벌규정 없다** : 약취 · 유인 및 인신매매의 죄 중 예비 · 음모 및 미수범 처벌규정이 없는 범죄이다.

③ **해방**(석방)**시 임의적 감경**(제295조의2)

④ **세계주의 채택**(제296조의2)

2. 구성요건

(1) 객체 : 제287조부터 제289조까지(피인취(약취 + 유인) · 매매 · 이송자수수 · 은닉죄의 객체와 동일하다, 114면 참조)

(2) 행위 : 모집 · 운송 · 전달이다.

① **모집** : 사람을 뽑아 모으는 행위를 말한다.

② **운송** : 사람을 운송기관에 태워 보내는 행위를 말한다.

③ **전달** : 사람을 다른 사람에게 이전(전하는)하여 도달하게 하는 행위를 말한다.

제5절 강간과 추행의 죄

I. 서 론

1. 의 의

강간 및 강제추행의 죄란 폭행 · 협박 · 위력 또는 위계로써 간음 또는 추행을 함으로써 개인의 성적 자유를 침해하는 범죄이다.

2. 보호법익과 보호받는 정도

(1) 보호법익 : 개인의 성적 자기결정의 자유

(2) 보호받는 정도 : 침해범 또는 위협범

3. 강간과 추행의 죄의 형태

(1) 기본적 구성요건 : 강간죄 · 유사강간죄 · 강제추행죄 · 준강간 · 강제추행죄와 의제강간 및 강제추행죄

(2) 가중적 구성요건 : 강간 등 상해 · 치상, 강간 등 살인 · 치사죄, 업무상 위력 등에 의한 간음죄 및 혼인빙자간음죄

Ⅱ. 강간죄

1. 서 설

(1) 의의 : 폭행 또는 협박으로 사람을 강간함으로써 성립하는 범죄이다.

(2) 성질

① **침해범 · 즉시범 · 결과범**

② **신분범 아님** : 남 · 여를 불문하고 강간할 수 있으므로 신분범이 아니다(다수설).

③ **자수범 아님** : 강간죄는 직접 또는 간접정범 · 남 · 여를 불문하고 범할 수 있으므로 자수범이 아니다. 예 A(여자)는 정신병자를 교사하여 강간하도록 한 경우 → 강간죄의 간접정범

2. 구성요건

(1) 객관적 구성요건

① **주체** : 제한이 없다.

남 · 녀를 불문하고 주체가 될 수 있으므로(예 여자가 남자를 강간하면 강간죄가 성립하므로) 따라서 신분범도 자수범도 아니다.

② **객체** : 사람

㉠ 사람이란 남자 · 여자 · 미혼 · 기혼 · 성년 · 미성년, 노인 · 소년을 불문한다.

예 여자가 남자를 강간하거나 남자가 남자를 강간한 경우 → 강간죄 인정

㉡ 매춘부와 같이 음행의 상습여부를 불문하므로 매춘부(녀)도 강간죄의 대상이다.

㉢ 법률상 · 사실상 처도 강간죄 인정한다.

㉣ 여성으로 성전환수술한 부녀(여자)도 강간죄 인정한다.

보충설명 신 · 구형법 강간죄 비교

	(구)**형법**	(신)**형법**
객 체	부녀에 한	사람, 즉 남 · 여를 불문
처	법률상 처에 대한 강간죄 부인	법률상 처에 대한 강간죄 인정(판례)

핵심요약 강간죄

1. **처에 대하여 강간한 경우** : 강간죄 인정
2. **여자가 남자를 강간한 경우** : 강간죄 인정
3. **남자가 남자를 강간한 경우** : 강간죄 인정
4. **여자로 성전환 수술한 부녀를 강간한 경우** : 강간죄 인정

③ **행위** : 폭행 또는 협박으로 강간하는 것

㉠ **폭행 · 협박의 정도** : 최협의의 폭행 · 협박, 즉 상대방의 반항을 불가능하게 하거나 현저히 곤란하게 할 정도의 폭행 · 협박이다.

㉡ **폭행 · 협박의 방법** : 제한없다. 즉, 절대적 폭력(예 약물 · 마약 · 술 등)과 상대적 폭력을 불문하고 인정한다.

예 A는 B를 강간의사로 수면제를 복용시킨 후 잠든 B를 강간한 경우 → A는 강간죄

㉢ **강간이란** : 폭행 · 협박에 의하여 상대방의 반항을 곤란하게 한 후 성기에 삽입하는 성교행위(삽입설)를 말한다.

관련판례 강간죄의 폭행 · 협박

1. 강간죄의 폭행 · 협박에 해당하지 않는 경우, 즉 강간죄 부인

① 애인을 강제로 여관으로 끌고 가 간음하였던바, 당시 여관주인이 방을 안내하였지만 창피하다는 이유로 구조를 요청하지 않은 경우 → 무죄(대판 1990. 9. 28, 90도1526)

② 남동생의 취직 부탁차 찾아온 유부녀를 간음하려 하자 소리를 치겠다고 하며 반항하므로 너는 유부

녀이고 나는 총각이니 들키면 누가 망신이냐고 말하며 간음한 경우 → 무죄(대판 1985. 11. 29, 85도1273)

③ 강간할 목적으로 담을 넘어 방에 침입하여 자고 있는 피해자의 가슴과 엉덩이를 만지면서 간음을 시도한 경우 → 주거침입죄 성립. 다만, 강간행위인 폭행 · 협박이 있었다고 할 수 없으므로 강간죄 또는 강간미수죄는 부인한다(대판 1990. 5. 25, 90도607).

2. 강간죄의 폭행 · 협박에 해당하는 경우, 즉 강간죄 인정

① 여관으로 유인 후 성교할 것을 요구하였으나 거부하자 "옆방에 내 친구들이 많이 있다. 소리지르면 옆방 친구들이 와 윤간(수인이 강간)할 수 있으므로 조용히 해라" 하며 한 명하고 할 것이냐 윤간할 것이냐고 겁을 준 후 간음한 경우 → 강간죄 성립(대판 2000. 8. 18, 2000도1914)

② 유부녀인 피해자에게 불륜사실(혼인외 성관계사실)을 폭로하겠다고 협박하여 피해자를 간음한 경우 → 강간죄 성립(대판 2007. 1. 25, 2006도5979)

④ **실행의 착수시기 및 기수시기**

㉠ **실행의 착수시기** : 폭행 · 협박이 개시된 때. 따라서 폭행 · 협박을 행하였으나 강간에 대해 부녀의 동의가 있으면 강간미수에 해당한다. 그러나 행위자가 실행에 착수하기 전에(폭행 · 협박 전에) 부녀가 간음에 동의한 때에는 화간으로 되어 강간죄가 성립하지 않는다.

㉡ **기수시기** : 삽입설(통설). 즉, 남자 또는 여자의 성기가 남자 또는 여자의 성기에 삽입되는 때에 기수가 된다.

(2) 주관적 구성요건

① **고의범** : 강간에 대한 인식이 있어야 한다. 즉, 미필적 고의만으로 족하다.

② **착오문제**

예 호스트바에서 일하는 여장 남성(게이)을 부녀인 줄 알고 강간한 경우 → 강간죄 성립(구형법은 강간죄의 불능미수가 성립하였으나 개정형법은 강간죄의 객체가 사람으로 개정되어 남자가 남자를 강간해도 강간죄 인정)

3. 위법성

(1) 피해자의 승낙 : 불벌

① (강간죄에서 피해자의 승낙이 있으면) 구성요건해당성이 조각된다.

② 단, 13세 미만자는 피해자의 승낙이 있어도 의제강간죄가 성립된다.

4. 죄수문제

(1) 강간행위로 폭행 · 협박한 경우 : 강간죄만 성립

(2) 주거 침입하여 강간한 경우 : 주거침입죄와 강간죄의 경합범

(3) 감금 중 강간(강도)한 경우 : 감금죄와 강간(강도)죄의 경합범

(4) 강간 후 강도(피해자의 재물을 강취)한 경우 : 강간죄와 강도죄의 경합범

(5) 강도 후 강간한 경우 : 강도강간죄

5. 특수강간죄

(1) 의의 : 흉기 기타 위험한 물건을 휴대하거나 2人 이상이 합동하여 강간함으로써 성립하는 범죄이다. 예 야간에 흉기를 들고 주거에 침입하여 강간한 경우 → 특수강간죄

(2) 성질 : 친고죄 아님

(3) 성폭력법 처벌 : 특별법 우선의 원칙에 따라 성폭력범죄의 처벌 및 피해자보호 등에 관한 법률, 즉 성폭력범죄처벌법에 의하여 처벌하므로 본죄는 실익이 없다.

Ⅲ. 유사강간죄

◎ **관련조문**

제297조의2 [유사강간] : 폭행 또는 협박으로 사람에 대하여 구강 · 항문 등 신체(성기는 제외한다)의 내부에 성기를 넣거나 성기 · 항문에 손가락 등 신체(성기는 제외한다)의 일부 또는 도구를 넣는 행위를 한 사람은 2년 이상의 유기징역에 처한다.

제300조 [미수범] : 미수범은 처벌한다.

1. 의 의

폭행 또는 협박으로 사람에 대하여 구강 · 항문 등 신체(성기는 제외한다)의 내부에 성기를 넣거나 성기 · 항문에 손가락 등 신체(성기는 제외한다)의 일부 또는 도구를 넣는 행위를 함으로써 성립하는 범죄이다(제297조의2). 2013년 신설된 범죄이다.

예 ① 군대상급자가 하급자를 폭행 후 항문에 성기를 삽입하는 경우 → 유사강간죄
② 강도가 미용실에 침입해 자고 있는 미용사를 폭행 후 자기 성기를 빨도록 하는 경우 → 유사강간죄

2. 성 격

(1) 구강성교 · 항문성교 등은 강간은 아니지만 강간행위 못지않게 피해자의 성적 자유에 대한 중대한 침해를 가져오는 범죄이다.

(2) 따라서 강제추행죄보다 형을 중하게 처벌할 필요성이 있어 신설된 범죄이다.[10]

Ⅳ. 강제추행죄

1. 서 설

(1) **의의** : 폭행 또는 협박으로 사람에 대하여 추행을 함으로써 성립하는 범죄이다.

(2) **성질**

① **추상적 위험범** : 추행행위만으로 성립하는 추상적 위험범이다.

② **신분범 또는 자수범도 아님** : 강간죄의 성질과 동일하다(116면 참조).

2. 구성요건

(1) **주체** : 제한이 없다. 즉, 남 · 녀를 불문하고 주체가 될 수 있으므로, 따라서 신분범 또는 자수범도 아니다.

(2) **객체** : 사람. 즉, 사람이란 남 · 녀와 기혼 · 미혼 · 노인 · 소년을 불문한다.

(3) **행위** : 폭행 또는 협박으로 사람에 대하여 추행하는 것

① **폭행 · 협박의 정도** : 최협의의 폭행 · 협박. 즉, 상대방의 반항을 억압하거나 현저히 곤란한 정도의 폭행 · 협박을 말한다.

보충설명 강제추행죄의 폭행 · 협박의 정도

1. **다수설** : 강간죄와 같은 정도의 폭행 · 협박을 의미한다. 즉, 최협의의 폭행 · 협박을 의미
2. **판례** : 반드시 상대방의 의사를 억압할 정도의 것임은 요하지 않고, 다만 상대방의 의사에 반(反)하는 유형력의 행사가 있는 이상 그 힘의 대소 · 강약을 불문하는 것으로 해석한다. 즉, 대소 · 강약을 불문한다(대판 2002. 4. 26, 2001도2417).

---

10. 김현, 형법각론, 2013, 106면

제 1 편

관련판례 강제추행죄의 폭행 · 협박[11]

1. 강제추행죄의 폭행 · 협박은 추행 이전에 행해질 것을 요하지 않고 폭행행위 자체가 추행행위라고 인정되는 경우도 포함되며, 이때 폭행 · 협박은 반드시 상대방의 의사를 억압할 정도의 것임을 요구하지 아니하고, 다만 상대방의 의사에 반하는 유형력의 행사인 한 그 힘의 대소 · 강약을 불문한다(대판 2002. 4. 26, 2001도2417).
2. 강제추행죄가 성립하려면 그 폭행 · 협박이 피해자의 항거를 곤란하게 할 정도일 것을 요한다(대판 2007. 1. 25, 2006도5979).

관련판례 강제추행죄의 추행여부[12]

1. 강제추행죄의 추행에 해당하는 경우, 즉 강제추행죄 인정

① 피해자를 팔로 힘껏 껴안고 두 차례 입을 맞춘 경우(대판 1983. 6. 28, 83도399)

② 피해자의 상의를 걷어올려 유방을 만지고 하의를 끌어내린 경우(대판 1994. 8. 23, 94도630)

③ 노래를 부르면서 놀던 중 노래를 부르는 피해자를 뒤에서 껴안고 춤을 추면서 유방을 만진 경우(대판 2002. 4. 26, 2001도2417)

④ 초등학교 4학년 담임교사(남자)가 교실에서 자기반 남학생의 성기를 만진 행위는 미성년자의 제강제추행죄에서 말하는 '추행'에 해당한다(대판 2006. 1. 13, 2005도6791).

⑤ 직장상사(유부남)가 피해자(20대 초반 미혼여성)의 의사에 반하여 어깨를 주무르고 껴안은 경우(여성에 대한 추행이 있어 신체 부위에 따라 본질적인 차이가 있다고 볼 수 없으므로 추행에 해당한다)(대판 2004. 4. 16, 2004도52)

⑥ 피해자인 유부녀에게 불륜(혼인외 성관계사실)사실을 폭로하겠다고 협박하여 추행한 경우(대판 2007. 1. 25, 2006도5979)

2. 강제추행죄의 추행에 해당하지 않는 경우, 즉 강제추행죄 부정

① 사람과 차량의 왕래가 빈번한 도로에서 혼자 욕설을 하면서 성기를 보여준 경우, 즉 폭행 · 협박행위가 없으므로 강제추행죄 부인(대판 2012. 7. 26, 2011도8805)

② 중대장이 복도나 사무실 등에서 소속중대원의 젖꼭지나 특정신체를 비틀거나 때린 경우(대판 2008. 5. 29, 2008도2222)

---

11. 진용은, 진형법, 705면

12. 조충환 · 양건, 형법, 720면

② **폭행 · 협박의 방법** : 제한없다. 즉, 약물 · 알코올 등을 불문한다.

예 강제추행의 의사로 수면제를 복용시킨 후 잠든 여자의 가슴을 만지는 경우 → 강제추행죄

③ **추행이란** : 객관적으로 상대방의 의사에 반하여 성적 수치심이나 혐오감을 줄 수 있는 간음 이외의 행위를 말하며, 행위자의 주관적인 동기나 목적은 문제되지 않는다.

예 타인의 주거에 침입하여 취침 중인 부녀를 갑자기 포옹하는 행위 · 여자의 가슴을 만지는 행위 · 음부에 손가락을 삽입하는 행위 · 상대방을 나체(옷을 벗기는)가 되게 하는 행위 등

3. 죄수문제

(1) 강제추행죄를 공연히 행한 경우 : 공연음란죄와 강제추행죄의 상상적 경합범

(2) 폭행 자체가 추행의 행위에 해당하는 경우 : 강제추행죄만 성립

4. 특수강제추행죄

(1) 의의 : 흉기 기타 위험한 물건을 휴대하거나 2인 이상이 합동하여 강제추행을 함으로써 성립하는 범죄이다. 예 야간에 흉기를 들고 주거에 침입하여 여자의 가슴을 만진 경우 → 특수강제추행죄

(2) 성질 : 친고죄 아님

(3) 성폭력범죄 등의 처벌법 : 특별법우선원칙에 따라 성폭력범죄의 처벌 및 피해자 보호 등에 관한 법률이 적용되어 본죄는 실익이 없다.

V. 준강간죄 · 준강제추행죄

1. 서 설

(1) 의의 : 사람의 심신상실 또는 항거불능의 상태를 이용하여 간음 또는 추행을 함으로써 성립하는 범죄이다.

(2) 성질

① **특별한 구성요건** : 성적 자유를 가지지 못한 사람을 성욕의 객체나 도구가 되는 것으로부터 보호하는 데 목적이 있다.

② **침해범 · 추상적 위해범** : 준강간죄는 침해범이나 · 준강제추행죄는 추상적 위험범이다.

2. 구성요건

(1) 주체 : 제한이 없다. 즉, 남 · 녀를 불문하고 (본죄의) 주체가 될 수 있으므로, 따라서 신분범도 자수범도 아니다.

(2) 객체 : 심신상실이나 항거불능의 상태에 있는 사람

① 심신상실 또는 항거불능의 상태

	심신상실의 상태	항거불능의 상태
의 의	① 정신장애로 인하여 정상적인 성적 자기결정을 할 수 없는 상태를 말한다. ② 단, 심신미약자는 포함되지 않는다.	심신상실 이외의 원인으로 심리적 · 육체적인 항거 또는 거절이 불가능한 상태를 말한다.
원 인	① 원인은 불문한다 ② 단, 행위자가 조성한 것이 아니고 이미 존재하는 상태를 말한다.	① 원인은 불문한다. ② 단, 행위자가 조성한 것이 아니고 이미 존재하는 상태를 말한다. 예 강간의사로 수면제를 복용시킨 후 숙면중인 부녀를 간음한 경우 ➡ 강간죄 성립
범죄의 예	① 정신병자 또는 백치상태의 부녀를 추행 · 간음하는 경우 ② 수면중인 자 또는 만취한 자를 추행 · 간음하는 경우 ③ 기절하여 의식을 상실한 자를 추행 · 간음하는 경우	① 의사가 치료를 가장하여 추행 · 간음하는 경우 ② 불임중인 여인에게 남편의 부탁으로 안수해 준다고 속여 추행한 경우 ③ 타인에 강간당한 부녀를 추행 · 간음하는 경우

② **준강간죄와 준강제추행죄의 객체** : 준강간죄와 준강제추행죄의 객체는 사람으로, 즉 남 · 여를 불문한다는 면에서 같다.

(3) 행위 : 사람의 심신상실 또는 항거불능의 상태를 이용하여 간음 또는 추행하는 것

① **간음 또는 추행** : 강간죄 · 강제추행죄와 동일하다.

② **심신상실 또는 항거불능의 상태를 이용한다란** : 행위자가 이러한 상태를 인식하였을 뿐만 아니라, 그 상태 때문에 간음 또는 추행이 용이하게 되었음을 인식하는 것을 말한다. 다만, 이런 상태를 행위자가 스스로 야기시켜 간음 · 추행한 경우는 강간죄 또는 강제추행죄가 된다.

예 ① 여성에게 술을 먹여 만취시켜 놓고 간음한 경우 ➡ 강간죄
② 행위자가 간음 · 추행의사로 마취제 · 수면제 · 최면술 등을 이용하여 항거불능상태를 야기한 후 간음 · 추행한 경우 ➡ 강간죄 또는 강제추행죄 성립

③ **강간죄 또는 강제추행죄와 본죄의 구별** : 행위의 차이이다. 즉, 강간 또는 강제추행죄의

행위는 폭행 · 협박을 사용하나, 준강간 또는 강제추행죄의 행위는 폭행 · 협박을 사용하지 않는다.

(4) 미수범 처벌 : 본죄는 강간죄 · 강제추행죄의 예에 의하므로 본죄의 미수범도 처벌한다(통설 · 판례).

VI. 미성년자 의제강간 · 강제추행죄

1. 서 설

(1) 의의 : 13세 미만의 사람에 대하여 간음하거나(의제강간죄) 또는 추행(의제강제추행죄)을 함으로써 성립하는 범죄이다(제305조).

(2) 성질 : 침해범 · 즉시범 · 결과범

(3) 보호법익 : 정상적인 성적 성장, 즉 개인의 성적 활동의 자유가 아니라 13세 미만자의 정상적인 성적 성장이다.

2. 구성요건

(1) 객관적 구성요건

① **주체** : 제한없다. 즉, 남 · 여를 불문한다.

② **객체** : 13세 미만의 사람(사람은 강간죄 · 강제추행죄의 객체와 동일하다 · 116면 참조)

③ **행위** : 간음 또는 추행

㉠ 간음 · 추행의 수단 · 방법 제한이 없다. 즉, 추행 · 협박 · 위계 · 위력 등을 불문한다.

㉡ 13세 미만의 사람은 간음 · 추행에 대한 동의능력이 없는 것으로 간주하여, 피해자의 동의가 있는 경우에도 본죄는 성립한다.

㉢ 따라서 처음부터 폭행이나 협박으로 13세 미만의 자를 간음 · 추행을 한 경우 본죄는 해당하지 않고 강간죄나 강제추행죄가 성립한다.

보충설명 미성년자에 대한 간음 · 강간 · 강제추행

1. 13세 미만의 사람
   ① **폭행 · 협박을 사용한 경우** : 강간죄 · 강제추행죄
   ② **폭행 · 협박을 사용하지 않은 경우** : 미성년자 의제강간 · 의제강제추행죄
   ③ **상대방의 동의가 있는 경우** : 미성년자 의제강간 · 의제강제추행죄
2. 13세 이상 19세 미만의 사람
   ① **폭행 · 협박을 사용한 경우** : 강간죄 · 강제추행죄
   ② **위계 · 위력을 사용한 경우** : 미성년자 등에 대한 간음죄(제302조)
   ③ **상대방의 동의가 있는 경우** : 범죄 불성립, 즉 무죄

   예 20세의 대학생이 13세 6개월된 중학생을 개인교습하다가(가르쳐 오다가) 서로 눈이 맞아 성관계를 맺은 경우, 현행법상 처벌할 수 없다.

(2) 주관적 구성요건 : 고의 + 인식요

① **고의**(범) : 13세 미만자를 간음 · 추행한다는 인식이 있어야 한다. 즉, 미필적 고의만으로 족하다.

② **인식요** : 간음이나 추행시 13세 미만의 사람이라는 인식이 필요하다.

관련판례 미성년자의제강제추행죄는 고의만으로 족

미성년자의제강제추행죄의 성립에 주관적 구성요건요소는 고의만으로 충분하고, 성욕을 자극 · 흥분 · 만족시키려는 주관적 동기나 목적까지 있어야 하는 것은 아니다(대판 2006. 1. 13, 2005도6791).

③ 착오문제

㉠ **13세 미만으로 인식하였으나 사실은 13세 이상인 경우** : 불능범으로 본죄 불성립

㉡ **13세 이상으로 인식하였으나 사실은 13세 미만인 경우** : 구성요건의 착오로서 고의가 조각된다. 즉, 본죄불성립

3. 위법성

13세 미만 자는 간음 · 추행에 대한 동의능력이 없는 것으로 간주되므로 본죄는 피해자의 승낙이 있어도 범죄성립에는 영향 없다. 즉, 의제강간죄 또는 의제강제추행죄가 성립한다.

4. 미수범의 처벌

본죄에는 미수범의 처벌에 관한 규정(제300조)을 준용하지 않고 있으나 본죄는 강간죄 · 강제추행죄의 예에 의하므로 미수범을 처벌한다(통설).

관련판례 미성년자의제강간 · 추행죄의 미수범

형법 제305조(미성년자에 대한 강간 · 추행)에서 규정한 형법 제297조(강간죄)와 제298조(강제추행죄)의 '예(例)에 의한다'는 의미는 미성년자의제강간 · 강제추행죄의 처벌에 있어 그 법정형뿐만 아니라 미수범에 관하여도 강간죄와 강제추행죄의 예(例)에 의한다는 취지로 해석되며, 이러한 해석이 형벌법규의 명확성의 원칙에 반하는 것이거나 죄형법정주의에 의하여 금지되는 확장해석이나 유추해석에 해당하는 것으로 볼 수 없다(대판 2007. 3. 15, 2006도9453).

Ⅶ. 강간 등 상해 · 치상죄, 강간 등 살인 · 치사죄

1. 서 설

(1) 의의

① **강간 등 상해 · 치상죄** : 강간죄 및 강제추행죄, 준강간 및 준강제추행죄, 미성년자 의제강간 및 강제추행죄를 범한 자가 사람을 상해하거나 상해에 이르게 함으로써 성립하는 범죄이다.

② **강간 등 살인 · 치사죄** : 강간죄 및 강제추행죄, 준강간죄 및 준강제추행죄, 미성년자 의제강간 및 강제추행죄를 범한 자가 사람을 살해하거나 또는 사망에 이르게 함으로써 성립하는 범죄이다.

(2) 성질

① **강간**(강제추행)**상해 또는 강간**(강제추행)**살인죄는 결합범** : 강간 또는 강제추행죄와 상해죄의 결합범이다.

② **강간**(강제추행)**치사**(상)**죄는 결과적 가중범** : 강간(강제추행)행위로 인하여 사망 또는 상해의 결과가 발생한 결과적 가중범이다.

③ **친고죄 아님**

④ **미수범 부인**

2. 구성요건

(1) 주체 : 제한이 없다. 즉, 남 · 여를 불문하므로, 신분범도 자수범도 아니다.

(2) 객체 : 사람. 즉, 남 · 녀, 기혼 · 미혼, 노인 · 소년을 불문한다.

(3) 행위 : (사람을) 상해 또는 살해

① **상해 또는 살해** : 상해죄에서 상해 또는 살인죄에서 살해와 동일하다.

② **치상 또는 치사**

㉠ **강간(강제추행)치상 또는 강간(강제추행)치사의 결과 발생이 있을 것**

ⓐ 강간 · 추행행위 그 자체에서 발생된 상해 또는 사망일 것 예 성병의 감염

ⓑ 본죄의 행위인 폭행 · 협박에 의하여 야기된 상해 또는 사망일 것

예 피해자가 강간을 피하기 위하여 창문 밖으로 뛰어내리다 상처를 입는 경우 또는 사망한 경우 → 강간치상죄 또는 강간치사죄 성립

ⓒ 강간 · 추행행위에 수반하여 발생하는 상해 또는 사망일 것

예 처녀막 파열 · 수면장애 · 식욕감퇴 등

ⓓ 단, 일상생활에서 발생할 수 있는 경미한 상처는 본죄의 상해에 포함되지 않는다. 따라서 여성의 음모절단 · 가벼운 근육통 등은 상해에 해당하지 않는다.

예 강간을 강하게 저항하는 여성의 손목을 강하게 잡아 붉은 자국이 난 경우 → 강간죄만 성립

㉡ **인과관계가 존재할 것**

ⓐ 강간 · 강제추행 행위와 상해 사이에 인과관계가 있을 것

ⓑ 따라서 사실에 의한 결과발생은 인과관계가 없다.

예 A가 甲에게 강간하였으나 甲이 수치심에서 자살한 경우 → A는 강간죄만 성립

보충설명 강간(강제추행)치상죄에서 상해

1. **상해를 인정하는 경우** : 성병감염 · 처녀막파열 · 수면장애 · 식욕감퇴 · 보행불능 · 히스테리증세
2. **상해를 인정하지 않는 경우** : 가벼운 근육통(상처) · 여성의 음모절단 · (가슴을 만지는 과정에서) 가슴찰과상

(4) 기수시기 : 강간 또는 추행의 기수 · 미수를 불문하고 상해 또는 사망의 결과 발생한 때

① **강간 · 추행행위의 기수 · 미수를 불문하여 상해 또는 사망의 결과만 발생하면** : 강간치상

(사)죄 인정

② **사례** : 예 A는 甲에게 강간의사로 폭행하였으나 甲이 심하게 반항하여 강간은 실패하였으나 이로 인하여 2주의 상해가 발생한 경우 ➡ A는 강간치상죄

3. 공범관계

(1) 강간죄의 공동정범 중 1인에 의하여 상해 또는 사망의 결과가 발생한 경우 : 공범자 모두 강간치상(사)죄의 공동정범 인정

(2) 사례

① A와 B는 강간을 공모한 후 B는 망을 보고 A가 강간행위 중 상해를 가한 경우 ➡ A와 B는 강간치상죄의 공동정범

② A와 B가 강간을 공모한 후 B는 망을 보고 A가 甲에게 강간하려 하자 甲이 이를 피하려다 실족사한 경우 ➡ A와 B는 강간치사죄의 공동정범

4. 죄수문제

(1) 강간치상 후 피해자를 살해한 경우 : 강간치상죄와 살인죄의 경합범

(2) 강간의사로 폭행하였으나 사망한 부녀를 간음한 경우 : 강간치사죄와 사체모욕죄의 경합범

(3) 강간 후 강도한 경우 : 강간죄와 강도죄의 경합범

보충설명 강간치사(상)죄[13]

1. 강간치사상죄가 인정되는 경우

① 부녀가 강간을 모면하려고 여관 2층에서 뛰어내리다가 상해를 입은 경우 ➡ 강간치사상죄

② 피해자를 강간하여 2주간의 치료를 요하는 질입구 파열창을 입힌 자가 피해자에게 용서를 구했으나, 피해자가 이에 불응하면서 강간사실을 부모에게 알리겠다고 하자 강간범행을 은폐하기 위해 피해자의 목을 졸라 질식 사망케 한 경우 ➡ 강간치상죄와 살인죄의 경합범

③ 甲이 피해자를 강간하였는데, 진단결과 피해자의 종전의 성경험으로 인하여 이미 파열된 처녀막이 피해자의 특이체질로 인하여 새로 형성된 것이 甲의 강간으로 다시 파열된 것으로 판명된 경우 ➡ 甲은 강간치상죄가 성립

13. 진용은, 진형법, 709면

④ 甲은 乙녀를 강간하여 성병을 감염시켰으나 치료비 및 위자료로 500만원을 주고 합의한 경우 → 甲은 강간치상죄

⑤ 甲 · 乙 · 丙 세 사람이 부녀를 강간하기로 결의한 뒤, 甲이 먼저 강간을 하여 처녀막파열상을 입히고, 그 후 乙이 강간하였으나 丙은 계속 주위 망을 보다가 피해자가 측은한 생각이 들어 강간할 것을 단념한 경우 → 甲 · 乙 · 丙은 강간치상죄의 공동정범

⑥ 13세 미만의 부녀를 간음하여 치상케 한 경우 → 강간치상죄

⑦ 강간으로 인해 보행불능 · 수면장애 · 식욕감퇴 등 기능장애가 야기된 경우 → 강간치상죄

⑧ 피해자가 손가락을 깨물자 이를 잡아 뽑다가 피해자에게 치아결손의 상해를 입힌 경우 → 강간치상죄

2. 강간치사상죄가 인정되지 않는 경우

① 강간당한 부녀가 수치심으로 인하여 자살한 경우 → 강간죄만 인정

② 강간하려는 과정에서 손가락에 생긴 2cm 정도의 긁힌 상처가 있는 경우 → 강간죄만 인정

Ⅷ. 미성년자 · 심신미약자 간음 · 추행죄

1. 서 설

(1) 의의 : 미성년자 또는 심신미약자에 대하여 위계 또는 위력으로 간음 또는 추행함으로써 성립하는 범죄이다.

(2) 성질

① **침해범 · 즉시범 · 결과범**

② **친고죄**

③ **독립된 범죄** : 피해자의 성적 활동의 자유를 방어할 능력이 부족한 자의 보호를 위하여 인정하는 독립된 범죄이다.

2. 구성요건

(1) 주체 : 제한없다(강간죄 · 강제추행죄의 주체와 동일하다 · 116면 참조).

(2) 객체 : 미성년자 또는 심신미약자

① **미성년자란**

㉠ 민법상 미성년자로, 즉 19세 미만 자를 말한다.

㉡ 다만, 13세 미만 자는 미성년자 의제강간죄가 되므로, 즉 의제강간죄(제305조)와의 관계상 13세 미만 자는 제외된다.

㉢ 따라서 13세 이상 19세 미만의 자이어야 한다.

② **심신미약자란** : 정신기능의 장애로 정상적인 판단능력이 미약(부족)한 자를 말하며, 연령은 불문한다.

(3) 행위 : 위계 또는 위력으로써 간음 또는 추행

① **위계란** : 상대방을 기망 또는 유혹하여 그 착각이나 부지(不知)를 이용하는 것을 말한다.

예 치료 또는 종교의식을 빙자하여 피해자가 간음 또는 추행하는 것을 인식하지 못한 경우

② **위력이란**

㉠ 상대방의 자유의사를 제압할 만한 세력을 말한다.

㉡ 따라서 강간죄 · 강제추행죄의 폭행 · 협박에 이르지 않을 정도의 폭행 · 협박 및 행위자의 지위 · 세력 등을 말한다.

예 강간죄에서 요구되는 정도의 폭행 · 협박으로 미성년자를 간음한 경우 → 강간죄 성립

③ **간음 · 추행** : 강간죄 · 강제추행죄의 간음 · 추행과 동일하다.

관련판례 미성년자 · 심신미약자 간음 · 추행죄[14]

1. **심신미약자에게 남자를 소개시켜 준다고 거짓말을 하여 여관으로 유인하고 성교한 경우** : 무죄(여관으로 온 행위와 성교 사이에는 불가분의 관련성이 없으므로 본죄 부인)(대판 2002. 7. 12, 2002도2029)
2. **컴퓨터 채팅을 통해 여고생**(16세)**에게 성교의 대가로 돈을 주겠다고 거짓말을 하고**(대금지급의사나 능력도 없음) **성교한 경우** : 위계에 의한 미성년자(청소년) 간음죄 부인(청소년의 성보호에 관한 법률 제10조 제4항 : 대판 2001. 12. 24, 2001도5074. 즉, 사리판단력이 있는 피해자에 관하여 금품제공과 성교행위 사이에 불가분이 관련성이 없으므로 본죄 부인)

Ⅸ. 피보호 · 감독자간음죄(업무상 위력 등에 의한 간음죄)

1. 서 설

(1) 의의 : 업무 · 고용 기타 관계로 인하여 자기의 보호 또는 감독을 받는 사람에 대하여 위계 또

14. 조충환 · 양건, 형법, 725면

는 위력으로 간음함으로써 성립하는 범죄이다(제303조 제1항).

예 甲은 자기가 고용하는 乙여자(20세)에게 말을 듣지 않으면 해고하겠다고 위협하여 간음한 경우

(2) 보호법익 : 피감호자의 성적 자유

(3) 성질

① 침해범 · 즉시범 · 결과범

② 신분범

2. 구성요건

(1) 주체 : 업무 · 고용 기타 관계로 사람을 보호 · 감독하는 지위에 있는 자. 따라서 신분범이다.

(2) 객체 : 업무 · 고용 기타 관계로 인하여 자기의 보호 또는 감독을 받는 사람

① **사람이란**

㉠ 13세 미만의 사람은 의제강간죄가 적용되므로

㉡ 여기서 사람은 심신미약자가 아닌 19세 이상의 사람으로 한정한다(다수설).

② **업무란** : 사적 · 공적 업무를 불문한다.

예 처가 경영하는 미장원에 고용된 부녀를 남편이 간음한 경우 ➡ 업무상 위력에 의한 간음죄가 성립

③ **고용이란** : 고용주와 피고용인 사이의 관계를 말한다.

예 회사상급자와 여직원 관계 · 공장의 작업반장과 공원관계

④ **기타 관계란** : 업무 · 고용 이외의 원인으로 지휘 · 감독을 받는 관계를 말한다.

예 자연적인 혈연관계 · 지연관계 등

(3) 행위 : 위계 또는 위력으로 간음하는 것(위계와 위력은 미성년자에 대한 간음 · 추행죄에서 위계 · 위력과 동일).

3. 관련문제

(1) 13세 미만의 피보호 · 감독 부녀를 위계 · 위력으로 간음한 경우 : 미성년자 의제강간죄가 성립

(2) 13세 이상의 미성년자 또는 심신미약자인 피보호 · 감독 부녀를 위계 · 위력으로 간음한 경우 : 미성년자 · 심신미약자 간음죄(다수설)

X. 피구금자간음죄

1. 서 설

(1) 의의 : 법률에 의하여 구금된 사람을 감호하는 자가 그 사람을 간음함으로써 성립되는 범죄이다(제303조 제2항).

(2) 성질

① 신분범

② 친고죄

③ 자수범 아님(본죄는 간접정범의 형태로도 가능하므로 자수범이 아니다)

2. 구성요건

(1) 주체 : 법률에 의하여 구금된 사람을 감호하는 자. 즉, 진정신분범이다.

예 경찰공무원 · 검찰공무원 · 교정직공무원 등

(2) 객체 : 법률에 의하여 구금된 사람

① 법률에 의하여 구금된 사람이란 형사소송법상 적법한 절차를 밟아 구금된 사람을 말한다.

예 형집행중인 자 · 노역장에 유치중인 자 · 구속된 피고인 · 피의자

② 따라서 가석방 중인 자 · 선고유예자 · 집행유예자 · 불구속피의자 또는 피고인 · 보호관찰중인 자는 구금된 자가 아니므로 본죄의 객체가 될 수 없다.

(3) 행위 : 간음. 따라서 위계 · 위력 또는 폭행 · 협박을 필요로 하지 않는다. 따라서 피구금자를 폭행 · 협박하여 간음한 경우에는 강간죄가 성립한다.

3. 위법성

피해자의 승낙(동의)이 있어도 위법성이 조각되지 않는다. 즉, 본죄가 성립한다.

예 구속된 피의자의 허락(승낙)하에 간음한 경우 → 피구금부녀간음죄(피구금자의 자유로운 의사의 승낙으로 볼 수 없으므로)

보충설명 성폭력범죄 등의 처벌법(성폭력범죄의처벌및피해자보호등에관한법률)

1. 목적

성폭력범죄를 예방하고 그 피해자를 보호하며, 성폭력범죄의 처벌 및 그 절차에 관한 특례를 규정함으로써 국민의 인권신장과 건강한 사회질서의 확립에 이바지함을 목적으로 한다.

2. 적용범죄

① 특수강도강간

② 흉기 기타 위험한 물건을 휴대하거나 2인 이상이 합동하여 강간 · 강제추행하거나 준강제추행한 경우(제5조 · 제6조). 즉, 특수강간 · 특수강제추행

③ 친족관계에 의한 강간 예 자신의 친딸(18세)을 강간한 경우

④ 장애인에 대한 준강간범(제8조)

⑤ 업무상 위력에 의한 추행죄(제11조)

⑥ 친족관계에 의한 강간범이나 장애인에 대한 준강간범 · 특수강간범 또는 특수강제추행범이 피해자를 치사케 할 경우 또는 강간범 · 강제추행범 · 준강간범 · 장애인에 대한 준강간범이 사람을 살해한 경우(제10조)

⑦ 피감호자추행죄(제303조 제1항) · 피구금자추행죄(제303조 제2항)

⑧ 통신매체이용음란(제14조)

⑨ 공중밀집장소에서의 추행죄 예 지하철 내에서 여학생의 엉덩이를 만지는 경우

⑩ 카메라이용촬영죄 예 수영장 여자 탈의실에 몰래 카메라를 설치한 경우

3. 고소기간

법인을 알게 된 날부터 1년을 경과하면 고소하지 못한다. 다만, 고소할 수 없는 불가항력의 사유가 있는 때에는 그 사유가 없어진 날부터 기산된다(제19조).

4. 고소제한의 예외

자기 또는 배우자의 직계존속을 고소할 수 있다(제18조).

5. 보호관찰

법원이 성폭력범죄를 범한 자에 대하여 형의 선고를 유예할 경우에는 1년 동안 보호관찰을 받을 것을 명할 수 있다. 다만, 성폭력범죄를 범한 자가 소년인 경우에는 반드시 보호관찰을 명하여야 한다.

보충설명 성폭력범죄 등의 처벌법

1. **친고죄** : 업무상 위력에 의한 추행죄, 통신매체이용음란죄, 공중밀집장소에서의 추행죄

2. **비친고죄** : 카메라이용촬영죄

제3장

명예와 신용에 대한 죄

제1절 명예에 관한 죄

I. 서 론

1. 의 의

명예에 관한 죄란 공연히 사실을 적시하여 사람의 명예를 훼손하거나 사람을 모욕함으로써 성립하는 범죄이다.

2. 보호법익과 보호받는 정도

(1) 보호법익: 외부적 명예

① **명예의 본질**: 내부적 명예 · 외부적 명예(통설) · 명예감정

㉠ **내부적 명예**: 사람의 내부적인 인격적 가치 그 자체를 의미한다. 즉, 자기 또는 타인의 평가와는 독립하는 절대적 가치를 말한다.

㉡ **외부적 명예**(통설) : 사람의 인격적 가치에 대한 사회적 또는 일반적 평가를 말한다. 즉, 명예에 대한 타인의 가치판단이다.

㉢ **명예감정**: 자기의 인격적 가치에 대한 자기 자신의 주관적 평가를 말한다. 즉, 명예에 대한 주관적 명예감정이다.

② **결론**: 명예를 인격적 가치에 대한 사회적 평가로 보는, 즉 외부적 명예설이 타당하다(통설).

(2) 보호받는 정도: 추상적 위험범

(3) 모욕죄와의 구별

학 설	명예훼손죄	모욕죄
위법성조각사유의 특례(제310조)	적용 인정	적용 부정
소추조건	반의사불벌죄	친고죄
사실의 적시	필요, 즉 구체적 사실 적시 필요	불요, 즉 구체적 사실의 적시 불요
사자의 인정 여부	사자에 대한 명예훼손죄 인정	사자에 대한 모욕죄 부정

3. 명예에 관한 죄의 형태

(1) 기본적 구성요건 : 명예훼손죄와 모욕죄

(2) 가중적 구성요건 : 사자의 명예훼손죄 · 출판물 등에 의한 명예훼손죄

Ⅱ. 명예훼손죄

1. 서 설

(1) 의의 : 공연히 사실을 적시하거나 또는 허위의 사실을 적시하여 사람의 명예를 훼손함으로써 성립하는 범죄이다.

(2) 성질

① **반의사불벌죄**

② **추상적 위험범 · 즉시범 · 형식범**

2. 구성요건

(1) 객관적 구성요건

① **주체** : 자연인

㉠ 자연인에 한하므로, 법인은 주체가 될 수 없다.

㉡ 자연인인 한, 내 · 외국인, 유아 · 정신병자 · 실종선고를 받은 자를 불문한다.

㉢ 단, 법인의 대표자인 자연인이 법인의 명의를 사용하여 타인의 명의를 훼손한 경우에는 그 행위자인 대표자가 처벌된다.

② **객체** : 사람의 명예

㉠ **명예란** : 사람의 인격적 가치에 대한 사회적 또는 일반적 평가를 말한다. 즉, 외부적 명예설(통설)

㉡ **사람에는** : 자연인 · 법인을 불문한다.

ⓐ 자연인인 이상 유아 · 정신병자 · 행위무능력자도 포함한다. 단, 사자(死者)는 부인한다(사자는 사자에 대한 명예훼손죄의 대상이 된다).

ⓑ 법인격 없는 단체

i) 법인 또는 법인격 없는 단체라도 법에 의하여 인정된 사회적 기능을 담당하고 통일된 의사를 형성할 수 있으면 인정한다. 즉 명예의 향유가 인정되는 단체이다.

예 정당 · 노조 · 향우회 · 변호사회 · 종교단체 등

ii) 단, 사교적 단체 등은 법에 의하여 인정된 사회적 기능을 담당하지 않으므로 부정된다. 즉, 명예의 향유가 인정되지 않는 단체이다. 예 낚시 · 등산클럽 · 골프모임 등

핵심요약 명예훼손죄에서 명예의 대상

1. **명예의 향유가 인정되는 단체** : 정당 · 노조 · 향우회 · 변호사회 · 종교단체
2. **명예의 향유가 인정되지 않는 단체** : 낚시 동우회 · 등산클럽 · 골프모임

㉢ **명예의 주체** : (특정인 또는 특정집단의 명칭이) 특정되어야 한다. 따라서 서울시민 · 부산시민 전체 상인들 · 여자들 · 학자들 등은 본죄가 부인된다.

예 ① 경찰서 형사과에 근무하는 형사들은 뇌물을 받는다고 한 경우 ➞ 명예훼손죄 인정
② 경찰관들은 뇌물을 받는다고 한 경우 ➞ 명예훼손죄 부인

③ **행위** : 공연히 사실을 적시하여 사람의 명예를 훼손하는 것

㉠ **공연히란** : 불특정 또는 다수인이 인식할 수 있는 상태를 말한다(통설).

ⓐ 불특정이면 1인이든 다수인이든 불문한다.

핵심요약 공연성 인정 유무

1. **공연성 인정**(판례)
   ① 신문기자 1인과 택시기사 1인에 대한 공연성 인정, 즉 전파성이론(판례)
   ② 목욕탕에서 모르는 다른 손님 3인이 있는 가운데 특정인을 비난한 경우 공연성 인정
2. **공연성 부정**(판례)
   ① 피해자와 그 남편 앞에서 사실을 적시한 경우
   ② 피해자의 친척에게 불륜관계를 말한 경우
   ③ 피해자가 근무하는 학교를 비방한 경우
   ④ 중학교 교사를 비난하는 내용의 진정서를 학교법인 이사장에게 보낸 경우(이사장이 전파할 가능성이 없다)
   ⑤ 처의 추궁에 의하여 다른 여성과의 동침사실을 시인한 경우
   ⑥ 이혼소송 계속중인 처가 남편의 친구에게 서신을 보내면서 남편의 명예를 훼손하는 문구가 기재된 서신을 동봉한 경우

개념정리 전파성이론

1. **의의** : 전파성이론이란 특정한 사람(1인)에게 사실을 적시하였으나 그 자가 불특정 또는 다수인에게 그 말을 전파할 가능성이 있으면 공연성을 인정한다는 것을 말한다(판례).
2. **요건** : 주관적 요소로서 전파가능성에 대한 인식과 그 위험을 용인하는 내심의 의사가 있어야 한다(대판 2004. 4. 9, 2004도340).

ⓑ 다수인이면 특정한 사람이든 불특정한 사람이든 불문한다.

ⓒ 불특정 또는 다수인이 현실로 인식하였는지의 여부는 불문한다.

ⓛ **사실의 적시란** : 사람의 인격적 가치에 대한 사회적 평가를 저하시키는 데 충분한 사실을 구체적으로 지적하는 것을 말한다.

ⓐ 사실이란 명예의 주체에게 불이익한 것이면 족하다.

ⓑ 사실은 공지사실 · 비공지사실 · 현재 또는 과거 사실을 불문한다.

ⓒ 적시된 사실과 피해자의 명예 저하와는 직접적인 관계가 있어야 한다. 즉, 사실의 적시는 피해자에게 직접적으로 관련된 사항이어야 하나, 피해자의 성명까지 표시해야 하는 것은 아니다. 즉, 표현의 내용 · 상황을 종합하여 누구에 대한 것인지를

추측할 수 있을 정도이면 충분하다(판례).

예 남편의 비행을 적시하는 것은 처에 대한 명예훼손이 되지 않는다.

ⓓ 사실 적시의 방법에는 제한이 없다.

예 구두 · 문서 · 도화 · 대중매체 등을 불문하며 직접적 표현 · 우회적 표현에 의한 암시 · 추측 · 질문에 의하여도 성립한다(관계없다). 다만, 신문 · 잡지 · 라디오 기타 출판물에 의한 경우에 비방의 목적이 있으면 출판물에 의한 명예훼손죄(제309조)가 성립한다.

관련판례 명예훼손죄

교수가 학생들 앞에서 피해자의 이성관계를 암시하는 발언을 한 경우 ➡ 명예훼손죄(대판 1991. 5. 14, 91도420. 즉, 사실의 적시는 간접적 · 우회적 표현에 의하여도 성립)

보충설명 출판물에 의한 사실적시

1. **비방목적 없으면** : 명예훼손죄
2. **비방목적 있으면** : 출판물에 의한 명예훼손죄

ⓔ 사실의 적시는 특정인의 명예를 침해할 정도로 구체적이어야 한다.

예 종로경찰서에 근무하는 형사들 또는 서울지검 검사들은 나쁜놈들이라고 한 경우 ➡ 명예훼손죄 인정

따라서 추상적인 사실의 적시는 모욕죄가 성립한다.

예 A는 나쁜놈(도둑놈)이라고 한 경우 ➡ 모욕죄

ⓕ 적시된 사실이 진실한 것이든 허위의 것이든 불문하고 본죄가 성립된다. 단, 허위의 경우에는 형이 가중된다.

ⓒ **명예의 훼손**

ⓐ 사람의 인격적 가치에 대한 사회적 평가를 침해할 우려가 있는 행위를 말한다.

ⓑ 명예란 윤리적인 것에 한정되지 않고, 학문적 · 예술적 · 사교적인 것은 물론 성격 · 용모 · 건강 · 신분 등을 불문한다. 단, 경제력은 신용훼손죄의 대상이다.

예 甲은 사업에 실패하여 거액의 부채를 지고 파산 직전에 있다는 허위의 사실을 신문에 게재한 경우 ➡ 신용훼손죄

ⓒ 명예는 진가(眞價)와 일치할 필요가 없다. 즉, 현실적 명예 · 가정적 명예를 불문하

며 명예는 적극적 · 긍정적 가치이어야 한다. 따라서 소극적 가치인 익명은 명예가 아니다.

④ **기수시기** : 본죄는 추상적 위험범이다(통설). 따라서 현실적으로 명예훼손이 된 때가 아니라, 공연히 사실을 적시하여 불특정 또는 다수인이 직접 인식할 수 있는 상태에 이르면 기수가 되며, 상대방이 이를 인식할 것도 요하지 않는다.

(2) 주관적 구성요건

① **고의**(범) : 타인의 명예를 공연히 적시하여 명예를 훼손한다는 인식이 있어야 한다. 즉, 미필적 고의만으로 족하다.

② **착오문제**

㉠ **진실한 사실을 허위사실로 오인하여 적시한 경우** : 명예훼손죄가 성립(큰 고의는 작은 고의를 포함하므로)

㉡ **허위의 사실을 진실한 사실로 오인하여 적시한 경우** : 명예훼손죄가 성립(중한 죄를 인식하지 못한 경우이므로 경한 죄로 처벌)

3. 위법성

(1) 피해자의 승낙 : 명예는 그 법익주체가 처분할 수 있는 개인적 법익이므로, 즉 피해자의 승낙이 있으면 위법성이 조각된다.

(2) 정당행위

① **법령에 의한 행위** : 검사의 기소사실의 진술 · 증인의 증언 · 피고인과 변호인의 방어권 행사 등은 위법성이 조각된다.

② **업무로 인한 행위** : (언론기관의) 공공의(정당한) 이익 있는 보도 · 학술 또는 예술작품에 대한 논평 등은 위법성이 조각된다.

(3) 형법 제310조에 의한 위법성 조각

① **형법 제310조** : 제307조 제1항(명예훼손죄)의 행위가 진실한 사실로서 오로지 공공의 이익에 관한 때에 처벌하지 않는다라고 규정되어 있다.

예 신문기자 甲이 오르지 공공의 이익을 위하여 모 공무원의 공금 100만원 횡령사실을 보도하였으나, 실제로 그 공무원이 횡령한 것은 90만원이었던 경우 ➡ 甲은 무죄

② **형법 제310조의 성립요건**

㉠ **명예훼손죄에 한** : 제310조의 대상은 제307조 제1항(명예훼손죄)의 행위에만 적용된다.

㉡ **공연성 요** : 공연히 사실을 적시하여 사람의 명예를 훼손하는 행위에만 적용된다.

㉢ **진실성과 공익성** : 적시된 사실이 진실한 것으로서 오로지 공공의 이익에 관한 것이어야 한다. 따라서 허위의 사실을 적시한 경우(제307조 제2항)에는 적용되지 않는다.

㉣ **공공의 우월적 이익** : 언론의 자유를 통하여 추구된 공공의 이익이 피해자 개인의 명예 이익보다 우월해야 한다.

개념정리 공공의 이익

공공의 이익이란 국가·사회 또는 다수인 일반인의 이익뿐만 아니라 특정한 사회집단이나 그 구성원 전체의 관심과 이익에 관한 것을 말한다(판례).

③ **효과**

㉠ **실체법상 효과** : 처벌하지 아니한다. 즉, 위법성조각사유

㉡ **절차법상 효과** : 거증책임전환설(통설·판례)

개념정리 거증책임전환설

1. **의의** : 원칙상 거증책임은 검사가 부담하나, 예외로 거증책임이 검사에서 피고인에게 전환되는 경우를 말한다.
2. **적용** : 예 상해죄의 동시범(제263조)·명예훼손죄의 공익성과 진실성(제310조)

4. 관련문제

(1) 죄수문제

① **피해자의 수(數)를 기준으로 판단** : 명예훼손죄는 일신전속적 법익을 보호하는 범죄이므로, 그 죄수는 피해자의 수를 기준으로 결정한다.

② **구체적 사례**

㉠ **1개의 문서 또는 1회의 발언기회에 2인 이상의 자의 명예를 훼손한 경우** : 수개의 명

예훼손죄의 상상적 경합

㉡ **수개의 신문지상에 같은 광고문헌을 게재해 동일피해자의 명예를 훼손한 경우** : (포괄일죄로) 1개의 명예훼손죄

(2) 타죄와의 관련 문제

① **모욕죄와의 관계** : 명예훼손 중에 모욕적인 언사를 사용한 경우 ➡ 명예훼손죄만 성립 [법조 경합중 흡수관계(다수설)]

② **신용훼손죄와의 관계**

㉠ **허위사실을 적시하여 명예와 신용을 동시에 훼손한 경우** : 명예훼손죄와 신용훼손죄의 상상적 경합범

㉡ **진실한 사실을 적시하여 신용을 훼손한 경우** : 명예훼손죄만 성립

Ⅲ. 사자의 명예훼손죄

1. 서 설

(1) 의의 : 공연히 허위의 사실을 적시하여 사자의 명예를 훼손함으로써 성립하는 범죄이다.

2. 성 질 : 친고죄

(1) 친고죄 및 고소권자 : 본죄는 고소가 있어야 소추(논)할 수 있는 친고죄이며, 고소권자는 사자의 친족 또는 자손이다.

(2) 고소권자가 없는 때 : 이해관계인의 신청에 의하여 검사가 10일 이내에 고소권자를 지정하여야 한다(형소법 제228조).

3. 보호법익 및 보호받는 정도

(1) 보호법익 : 사자의 명예(사자의 인격적 가치)

(2) 보호받는 정도 : 추상적 위험범

4. 구성요건

(1) 객관적 구성요건

① **객체** : 사자의 명예(명예훼손죄에서 명예와 동일하다 · 136면 참조)

② **행위** : 공연히 허위의 사실을 적시하여 사자의 명예를 훼손하는 것

㉠ 허위의 사실을 적시한 경우에 한하여 성립한다.

예 甲은 乙이 사망한 줄 알면서 乙은 사망한 것이 아니라 빚 때문에 도망다니다 죽은 척하는 나쁜놈이라고 공연히 허위의 사실을 적시한 경우 ➡ 사자에 대한 명예훼손죄

㉡ 따라서 진실된 사실을 적시한 경우에는 본죄가 성립하지 않는다.

예 A는 최근에 사망한 소설가 甲은 얼마 전에 건강하다고 생각하였기 때문에 사망을 의심하였지만 甲의 소설은 도작이라고 모신문에 발표하였다. 그 후에 밝혀진 바에 의하면 도작임이 드러났다. 甲의 행위는 ➡ 무죄(사자에 대한 명예훼손죄는 허위의 사실을 적시한 경우에 성립하고, 진실된 사실을 적시한 경우에는 성립하지 않으므로 따라서 무죄)

(2) 주관적 구성요건

① **고의**(범) : 사자의 명예를 훼손한다는 인식이 있어야 한다. 즉, 미필적 고의만으로 족하다.

② **착오문제**

㉠ **생존자로 오인하고 허위사실을 적시하였으나 사자인 경우** : 사자에 대한 명예훼손죄 성립(큰 고의는 작은 고의를 포함하므로)

㉡ **생존자로 오인하고 진실한 사실을 적시하였으나 사자인 경우** : 무죄(본죄는 미수범 처벌규정이 없으므로)

㉢ **사자로 오인하고 허위의 진실을 적시하였으나 생존자인 경우** : 사자에 대한 명예훼손죄 성립

㉣ **사자로 오인하고 진실한 사실을 적시하였으나 생존자인 경우** : 무죄(본죄는 과실범처벌규정이 없으므로)

Ⅳ. 출판물에 의한 명예훼손죄

1. 서 설

(1) 의의 : 사람을 비방할 목적으로 신문 · 잡지 또는 라디오 기타 출판물에 의하여 명예훼손의 죄를 범함으로써 성립하는 범죄이다.

(2) 성질

① **가중적 구성요건** : 명예훼손죄에 비하여 행위방법으로 인하여 불법(형)이 가중되는 가중적 구성요건이다.

② **진정목적범** : 명예훼손죄에 대한 인식 이외에도 주관적 불법요소로서 비방의 목적이 있어야 한다.

③ **반의사불벌죄** : 피해자의 의사에 반하여 처벌할 수 없는 반의사불벌죄이다.

④ **공연성 불요** : 본죄는 명예에 관한 죄 중 공연성을 요하지 않는 범죄이다.

(3) 명예훼손죄와의 구별

	출판물에 의한 명예훼손죄	명예훼손죄
목적성	필요, 즉 비방할 목적 필요	불요, 즉 비방할 목적 불요
공연성	불요	필요
행 위	(신문 · 잡지 · 라디오 등) 출판물	공연히

2. 구성요건

(1) 객관적 구성요건

① **객체** : 사람의 명예

㉠ 사람에는 자연인 · 법인을 불문한다.

㉡ 따라서 사자는 해당하지 않는다.

예 사자를 비방할 목적으로 출판물을 이용하여 명예를 훼손한 경우 ➡ (사자에 대한 명예훼손죄는 별개로 하고) 본죄는 성립하지 않는다.

② **행위** : 신문 · 잡지 · 라디오 기타 출판물에 의하여 사람의 명예를 훼손하는 것

㉠ **명예훼손의 방법** : 신문 · 잡지 또는 라디오 기타 출판물에 의하여야 한다. 따라서 신문 · 잡지 · 라디오는 출판물의 예시에 지나지 아니하므로 TV · 비디오 · 영화 등 영상매체도 출판물에 해당한다.

㉡ **기타 출판물이란** : 인쇄물에 한하며, 따라서 프린트나 손으로 쓴 물건은 제외한다.

관련판례 기타 출판물

1. **의의** : 기타 출판물이란 등록 · 인쇄된 제본인쇄물이나 제작물과 같은 정도의 효용과 기능을 가지고 사실상 출판물로 유통 · 통용될 수 있는 외관을 가진 인쇄물이어야 한다(대판 1997. 8. 26, 97도133).
2. **기타 출판물을 인정하지 않는 경우**
   ① 컴퓨터 워드프로세서로 작성되어 프린트된 A4용지 7쪽 분량이 인쇄물(대판 2000. 2. 11, 99도3048)
   ② 제호의 기재가 없는 낱장의 종이에 자기주장을 광고하는 문안이 인쇄되어 있는 인쇄물(대판 1998. 10. 9, 97도158)
   ③ 장수가 2장에 불과하고 제본방법도 조잡한 최고서 사본(대판 1997. 8. 26, 97도133)
   ④ 모조지 위에 싸이펜으로 기재한 삽입광고문(대판 1986. 3. 25, 85도1143)

③ **사실의 적시**

㉠ **진실 · 허위사실 불문** : 진실사실(제307조 제1항) 또는 허위사실(제307조 제2항)을 적시하여 명예를 훼손하여야 한다.

㉡ **공연성은 불요** : 출판물 등은 공연성보다 높은 전파성이 있기 때문에 공연성을 요하지 않는다.

④ **기수시기** : 불특정 또는 다수인이 인식할 수 있는 상태

㉠ 불특정 또는 다수인이 인식할 수 있는 상태에 이르면 기수가 된다. 즉, 추상적 위험범

㉡ 따라서 현실적 인식 여부 또는 비방의 목적 달성 여부는 본죄 성립에 영향 없다.

⑤ **본죄의 간접정범 인정**

예 정을 모르는 기자에게 허위의 기사를 제공하여 신문에 보도케 한 경우 → (허위정보 제공자는) 출판물에 의한 명예훼손죄의 간접정범(판례)

(2) 주관적 구성요건 : 고의 + 목적

① **고의**(범) : 본죄에 대한 인식이 있어야 한다.

② **목적범** : 명예훼손에 대한 고의 이외에 비방의 목적이 있어야 한다. 여기서 비방의 목적이란 사람의 인격적 평가를 저하시키려는 의도를 말한다.

㉠ (출판물에 게재하더라도) **비방의 목적이 있는 경우** : 출판물에 의한 명예훼손죄 성립

㉡ (출판물에 게재하더라도) **비방의 목적이 없는 경우** : 명예훼손죄 성립

예 타인의 비위사실을 신문에 게재하였더라도 비방의 목적이 없는 경우 → 명예훼손죄

V. 모욕죄

1. 서 설

(1) 의의 : 공연히 사람을 모욕함으로써 성립하는 범죄이다.

(2) 성질

① 추상적 위험범

② 친고죄

③ 간접정범 또는 부진정부작위범의 형태도 가능

(3) 명예훼손죄와 구별 : 명예훼손죄와 모욕죄의 구별개념 참조(136면 참조)

2. 구성요건

(1) 객체 : 사람

① 사람인 한 자연인(유아 · 정신병자 불문) · 법인 · 법인격 없는 단체 모두 인정된다.

② 단, 사자에 대한 모욕죄는 인정하지 않는다.

(2) 행위 : 공연히 모욕하는 것

① **공연성이란** : 불특정 또는 다수인이 인식할 수 있는 상태를 말한다.

예 자기 일기장에 甲은 사기꾼이라고 기입하여 소지하고 있는 경우 → 모욕죄가 불성립, 즉 무죄(공연성이 없으므로)

② **모욕이란**

㉠ 구체적인 사실을 적시하지 아니하고, 사람의 외부적 명예를 해할 만한 경멸의 의사표시를 말한다. 예 도둑놈 · 죽일놈 · 나쁜놈 · 개 같은 잡년 · 창녀 같은 년 등의 언사, 침 뱉는 행위

㉡ 모욕의 수단 · 방법에는 제한이 없다. 따라서 구두 · 문서 · 도화는 물론 작위 · 부작위를 불문한다. 다만, 모욕은 설명가치를 가져야 하므로 단순한 농담 · 불친절 · 무례만으로는 모욕이라 할 수 없다(판례).

㉢ **모욕죄와 명예훼손죄의 구별** : 구체적 사실의 적시 여부, 즉 모욕죄는 구체적 사실을 적시하지 않으나 명예훼손죄는 구체적 사실을 적시한다.

관련판례 모욕죄 인정

1. 甲이 다중이 있는 다방에서 을에게 '도둑놈' 또는 '죽일놈' 등의 욕설을 퍼부은 경우
2. 甲이 여러 사람이 모여 있는 커피점에서 평소 음행이 있는 것으로 소문난 乙이라는 여자를 만나자, 별다른 이유도 없이 '화냥년', '똥갈보' 등의 욕설을 퍼부은 경우
3. 甲이 乙과 동네사람들이 지켜보는 가운데 서로 말다툼을 하다가 '야, 이 개같은 잡년아'라고 큰 소리로 욕설을 한 경우
4. 동네사람 4명과 구청직원 2명 등이 있는 자리에서 피해자가 듣는 가운데 구청직원에게 피해자를 가리키면서 '저 망할 년 저기 오네'라고 피해자를 경멸하는 욕설 섞인 표현을 한 경우

3. 위법성

(1) 피해자의 승낙 : (피해자의 승낙이 있으면) 구성요건해당성이 조각된다(다수설).

예 채권자가 채권추심을 하면서 모욕적 언사를 사용한 경우(그것이 부정행위자에게 뉘우침을 갖게 하고 자기의 급박한 권리침해를 방어하는 데 사용되는 정도의 언사인 경우) ➡ 모욕죄가 성립하지 않는다(판례).

(2) 제310조(명예훼손죄의 위법성조각)**의 적용여부**

① **학설** : 긍정설 · 부정설(다수설 · 판례)의 대립

② **결론**

㉠ 모욕죄는 명문규정이 없으므로 진실된 사실이라 하더라도 위법성을 조각하지 아니한다(다수설 · 판례).

㉡ 따라서 모욕죄는 제310조가 적용되지 않는다. 즉, 부정설이 타당(다수설 · 판례).

㉢ 예 정치 · 학문 · 예술 분야의 비판 · 논평의 경우에 어느 정도의 경멸적 표현을 사용한 경우 ➡ (정당행위로서) 위법성이 조각된다.

4. 죄수문제

(1) 명예훼손죄와 관계 : 모욕과 동시에 명예훼손이 발생한 경우 ➡ 명예훼손죄만 성립, 즉 모욕죄는 명예훼손죄에 흡수되므로(법조경합 중 흡수관계).

(2) 폭행죄와의 관계 : 폭행을 하면서 경멸의 의사표시를 한 경우 ➡ 모욕죄와 폭행죄는 상상적 경합범

(3) 외국원수 · 외교사절에 대한 모욕죄와의 관계 : 외국원수 · 외교사절에 대한 모욕죄가 성립(제107조 제2항, 제108조 제2항). 따라서 모욕죄는 성립하지 않는다.

핵심요약 명예에 관한 죄

	명예훼손죄	출판물에 의한 명예훼손죄	사자명예훼손죄	모욕죄
공연성	필요	불필요	필요	필요
사실의 적시	진실한 사실과 허위의 사실 불문	진실한 사실과 허위의 사실 불문	허위의 사실에 한	불필요
소추조건	반의사불벌죄	반의사불벌죄	친고죄	친고죄
위법성조각사유의 특례(제310조)	특례적용	특례부정	특례부정	특례부정
목적	목적불요	목적요	목적불요	목적불요

핵심요약 공연성의 필요성 유무 범죄

1. **공연성이 필요한 범죄** : 모욕죄 · 명예훼손죄 · 공연음란죄
2. **공연성이 필요하지 않는 범죄** : 출판물에 의한 명예훼손죄 · 신용훼손죄 · 업무상 비밀 누설죄 · 피의사실공표죄 · 외국원수 또는 외교사절 모욕죄

핵심요약 명예에 관한 죄

1. **목적범** : 출판물에 의한 명예훼손죄
2. **친고죄** : 사자에 대한 명예훼손죄 · 모욕죄
3. **반의사불벌죄** : 명예훼손죄 · 출판물에 의한 명예훼손죄
4. **공연성 불요** : 출판물에 의한 명예훼손죄
5. **허위사실의 적시만을 요하는 범죄** : 사자에 대한 명예훼손죄
6. **위법성조각사유의 특례적용**(제310조) : (진실된 사실을 적시한) 명예훼손죄만 적용

제2절 신용 · 업무와 경매에 관한 죄

I. 서 론

1. 의 의

신용 · 업무와 경매에 관한 죄란 사람의 신용을 훼손하거나 업무를 방해하거나 또는 경매 · 입찰의 공정성을 침해함으로써 성립하는 범죄이다.

2. 본 질 : 재산죄설 · 명예적 법익설 · 병유설(다수설)

(1) **재산죄설** : 신용에 대한 경제적 측면을 강조하여 본죄를 재산죄의 일종이라는 견해

(2) **명예적 법익설** : 신용도 사람에 대한 사회적 평가라는 점에서 명예에 관한 죄의 일종이라는 견해

(3) **병유설**(독립범죄설 · 다수설) : 본죄는 명예에 관한 죄의 성격과 재산죄의 성격을 가진다는 견해로서 이를 독립범죄설이라고도 한다.

3. 보호법익과 보호받는 정도

(1) **보호법익**

① **신용훼손죄의 보호법익** : 사람의 신용

② **업무방해죄의 보호법익** : 사람의 업무

③ **경매 · 입찰방해죄의 보호법익** : 경매 · 입찰의 공정성

(2) **보호받는 정도** : 추상적 위험범

4. 신용 · 업무 및 경매에 관한 죄의 형태

신용훼손죄 · 업무방해죄 · 컴퓨터 (등) 업무방해죄, 경매 · 입찰방행죄로 구성

Ⅱ. 신용훼손죄

1. 서 설

(1) 의의 : 허위의 사실을 유포하거나 기타 위계로서 사람의 신용을 훼손함으로써 성립하는 범죄이다. 예 甲은 사업에 실패하여 거액의 부채를 지고 파산직전에 있다고 허위사실을 유포한 경우 → 신용훼손죄

(2) 명예훼손죄와 구별

① 양자의 차이점

	신용훼손죄	명예훼손죄
성 질	사람의 경제적 가치에 대한 사회적 평가를 침해	사람의 인격적 가치에 대한 사회적 평가를 침해
보호법익	사람의 신용	사람의 외부적 명예
공연성	불요	필요

② **양자의 공통점** : 사람에 대한 사회적 평가를 침해하는 면에서 같다.

(3) 보호법익 : 사람의 신용

(4) 성격 : 추상적 위험범 · 즉시범 · 거동범

2. 구성요건

(1) 객관적 구성요건

① **객체** : 사람의 신용

㉠ **사람이란** : 자연인 · 법인 · 법인격 없는 단체를 불문한다.

㉡ **신용이란** : 사람의 지불능력 또는 지불의사에 대한 사회적 평가를 말한다.

② **행위** : 허위사실을 유포하거나 기타 위계로서 사람의 신용을 훼손하는 것

㉠ 허위사실의 유포란

ⓐ 객관적 사실이 아닌 허위의 사실을 불특정 또는 다수인에게 전파하는 것을 말한다.

예 甲은 사업에 실패하여 거액의 부채를 지고 파산당한 자라고 허위사실을 유포한 경우 → 신용훼손죄(판례)

ⓑ 전부허위이건 일부허위이건 불문한다. 따라서 진실한 사실이나 단순한 의견진술 또는 가치판단을 표시하는 경우는 신용훼손죄를 부정한다(판례).

ⓒ 유포방법에는 제한없다. 즉, 행위자의 직접 · 간접적인 고지에 의하든 또는 언어 ·

문서 · 도화에 의하든 불문한다.

ⓓ 특정의 소수인에게 고지되어 점차 불특정 또는 다수인에게 전파될 것을 인식하는 경우도 포함한다.

㉡ **위계란** : 타인에게 착오를 일으키게 하는 일체의 수단을 말한다.

예 계략 · 술책 · 기망 · 유혹 · 무지를 이용하는 수단 등

㉢ **신용훼손이란** : 사람의 지불능력 또는 지불의사에 대한 경제적 평가를 저하시킬 우려 있는 상태를 발생케 하는 것을 말한다.

③ **기수시기** : (본죄는 추상적 위험범이므로) 허위사실이 유포 기타 위계의 행사가 있으면 기수가 되고, 신용이 현실적으로 훼손될 필요는 없다.

(2) 주관적 구성요건

① **고의**(범) : 신용훼손에 대한 인식이 있어야 한다.

② **착오문제**

㉠ **허위사실을 진실한 사실로 오인한 경우** : 무죄(과실범처벌규정이 없으므로)

㉡ **진실한 사실을 허위의 사실로 오인한 경우** : 무죄(오상범이므로)

3. 죄수문제

(1) 허위사실을 유포하고 또한 위계를 사용하여 타인의 신용을 훼손한 경우 : (포괄적 일죄로) 신용훼손죄

(2) 공연히 허위사실을 적시하여 타인의 명예와 신용을 훼손한 경우 : 신용훼손죄와 명예훼손죄의 상상적 경합범

(3) 진실된 사실을 적시하여 타인의 명예와 신용을 훼손한 경우 : 명예훼손죄만 성립

Ⅲ. 업무방해죄

1. 서 설

(1) 의의 : 허위의 사실을 유포하거나 기타 위계 또는 위력으로 사람의 업무를 방해함으로써 성립하는 범죄이다.

(2) 성질

① 추상적 위험범

② 간접정범 또는 부진정부작위범의 형태로 가능

③ 친고죄도 · 반의사불벌죄도 아님

(3) 보호법익과 보호받는 정도

① **보호법익** : (사람의) 업무

② **보호받는 정도** : 추상적 위험범이다.

2. 구성요건

(1) 객체 : 사람(타인)의 업무

① **사람이란** : 자연인 · 법인 · 법인격 없는 단체를 불문한다.

② **업무란**

㉠ 사람의 사회생활의 지위에서 행하는 계속적 · 반복적 사무를 말한다.

㉡ 계속 · 반복의 의사가 있는 한 1회의 행위라도 업무성을 인정한다. 단, 일시오락의 목적시 또는 형법상 보호할 가치가 없는 업무는 계속 · 반복의 의사가 있어도 업무성을 부인한다. 예 하이킹 · 산보 등은 업무성 부인

㉢ 경제적 · 정신적 업무를 불문한다.

㉣ 보수 유 · 무 또는 영리목적의 유 · 무도 불문한다.

㉤ 일시적 · 계속적 업무를 불문한다.

㉥ 주된업무 · 부수업무를 불문한다.

㉦ 공적 · 사적 업무를 불문한다.

㉧ 생명 · 신체에 대한 위험을 초래할 업무에 한하지 않는다.

㉨ 단, 공무는 제외한다(다수설). 즉, 공무는 업무에 포함되지 아니한다(다수설).

보충설명 업무방해죄의 업무에 공무(公務)의 포함 여부

1. **부정설**(다수설) : 형법상 공무집행방해죄가 별도로 규정되어 있으므로 공무는 포함되지 않는다는 견해
2. **긍정설** : 공무도 본죄의 업무에 포함된다는 견해
3. **절충설** : 원칙상 포함되지 않으나 공무를 폭행 · 협박 · 위계 이외의 수단으로 방해하는 경우에는 본죄의 업무에 포함된다는 견해

핵심요약 업무방해죄에서 업무

1. **업무에 해당하는 경우**(업무방해죄 인정 · 판례)
   ① 공유수면 허가 없이 폐석을 운반하는 선박의 출입을 방해한 경우
   ② 무효인 계약을 기초로 토지를 경작하는 경우
   ③ 대표선출에 관한 규정에 위배하여 개최된 유림회의의 경우
   ④ 행정청의 허가 없이 영업을 하고 있는 경우
2. **업무에 해당하지 않는 경우**(업무방해죄 부정 · 판례)
   ① 정당한 권한 없이 타인의 점포를 철거하는 경우
   ② 타인이 점유 · 경작하는 토지의 소유자가 적법절차에 의한 점유이전 없이 그 토지를 임의경작하는 경우
   ③ 계속하여 행하는 사무가 아닌 공장의 이전과 같은 1회적인 사무인 경우
   ④ 임대인의 조경공사업무인 경우(단순한 1회적 사무에 지나지 않으므로 업무방해죄의 업무에 해당하지 않는다.)
   ⑤ 회사운영권의 양도 · 양수 합의의 존부 및 효력에 관한 다툼이 있는 상황에서 양수인이 비정상적으로 위 회사의 임원변경등기를 마친 경우(대판 2007. 8. 23, 2006도3687)

③ 업무상 과실치사상죄의 업무와의 구별

	업무방해죄에서 업무	업무상과실치사상죄에서 업무
업무의 성격	보호법익	책임가중요소
업무의 내용	제한이 없다. 즉, 생명 · 신체에 대한 업무 이외의 업무 등을 불문	생명 · 신체에 대한 위험을 수반하는 업무에 한
보호가치 유 · 무	보호할 가치가 있는 업무	보호할 가치가 있는 업무여부 불문
오락목적업무	(오락목적은) 업무성 부인	(오락목적시도) 업무성 인정
공무의 포함 여부	부정, 즉 공무는 제외	긍정, 즉 공무도 포함

(2) 행위 : 허위사실을 유포하거나 기타 위계 또는 위력으로서 사람의 업무를 방해하는 것.

① **허위사실의 유포와 위계** : 신용훼손죄의 경우와 동일하다.

② **위력이란** : 사람의 의사를 제압 · 혼란하게 할 만한 일체의 세력을 말한다. 즉, 유형적 · 무형적 위력을 불문한다. 따라서 폭행 · 협박뿐 아니라 사회 · 경제 · 정치적인 지위나 권세를 이용하는 것도 포함된다.

예 ① 다방이나 음식점에서 고함을 지르며 난동을 부린 경우 → (위력에 의한) 업무방해죄
② 영화를 상영중인 극장에 뱀을 풀어놓아 손님들을 나가게 한 경우 → (위력에 의한) 업무방해죄

관련판례 업무방해죄

1. 위계에 의한 업무방해죄를 인정(판례)

① 시험문제 유출행위

② 경쟁관계에 있는 회사가 번창하는 것을 시기하여 경쟁회사의 제품은 인체에 유해하다는 허위사실을 신문지상에 공포한 경우

③ 동종 또는 유사한 상호 또는 상표를 사용하여 고객을 빼앗는 경우

④ 법관을 기망하여 얻은 가처분명령으로 타인의 가옥을 점거하고 사원들을 퇴거시킨 경우

⑤ 종업원들을 유혹하여 달아나게 함으로써 영업을 못하게 하는 경우

⑥ 노조집행부가 회사와 협의 없이 일방적으로 휴무를 결정한 후 유인물을 배포하여 유급휴일로 오인한 근로자들이 출근하지 않아 공장가동을 불가능하게 한 경우

⑦ 타인명의의 허위학력과 경력을 기재한 이력서를 제출하여 위장취업을 한 경우

⑧ 타인어장의 해저에 장애물을 침몰시켜 어업을 못하게 하는 경우

2. 위계에 의한 업무방해죄를 부정(판례)

① 공장을 양도한 후 계약을 위배하여 외상채무자로부터 외상대금을 수령한 경우

② 어장의 대표자가 후임자에게 어장에 대한 허위의 채권을 주장하면서 인장의 인도를 거절한 경우

(3) 기수시기 : (본죄는 추상적 위험범이므로) 허위의 사실을 유포하거나 위계 또는 위력행사가 있으면 기수가 되고 현실적인 업무방해 결과의 발생을 필요로 하지 않는다.

3. 위법성

(1) 피해자의 승낙 : 피해자의 승낙이 있으면 위법성이 조각된다(통설 · 판례).

(2) 정당행위 : 노동쟁의 행위

① 노동자의 정당한 이익을 주장하기 위한 상당한 수단인 때에는 정당행위로서 위법성이 조각된다.

② 단, 노동쟁의 행위가 폭력 · 파괴행위를 수반하는 경우에는 위법성이 조각되지 않는다.

예 ① 쟁의행위의 목적이 아닌 다른 목적을 위하여 다수 근로자들이 집단적으로 일시에 조퇴하거나 결근하는 등 업무의 정상적인 운영을 저해한 경우 → 위력에 의한 업무방해죄(판례)

② 적법한 절차를 거치지 않거나 방법이 위법한 노동쟁의의 경우 → 위력에 의한 업무방해죄가 성립(판례)

(3) 지구행위 : 위법성을 조각한다.

예 가옥점유자와의 임대차기간이 만료되었거나, 그 자가 계약에 위반하여 타인에게 전대하려고 하거나, 불법으로

내부수리를 한다 하더라도 가옥주로서는 적법한 절차에 따라 그것을 금지하게 하거나 명도를 요구하여야지 위계를 써서 업무를 방해할 수 없다(판례).

4. 죄수문제

(1) 1개의 행위로 타인의 신용을 훼손하고 업무를 방해하는 경우 : 업무방해죄와 신용훼손죄의 상상적 경합범

(2) 업무방해행위가 동시에 배임행위에 해당하는 경우 : 업무방해죄와 배임죄의 상상적 경합범

(3) 업무방해행위가 공갈의 수단으로 사용된 경우 : 업무방해죄와 공갈죄의 경합범

Ⅳ. 컴퓨터 (등) 업무방해죄

1. 서 설

(1) 의의 : 컴퓨터 등 정보처리장치 또는 전자기록 등 특수매체기록을 손괴하거나 정보처리장치에 허위의 정보 또는 부정한 명령을 입력하거나 기타의 방법으로 정보처리에 장애를 발생케 하여 사람의 업무를 방해함으로써 성립하는 범죄이다.

(2) 입법취지 : 컴퓨터의 사용 방해나 데이터의 부정조작으로부터 사람의 업무를 보호하는 데 있다.

2. 구성요건

(1) 객체 : 컴퓨터 등 정보처리장치 또는 전자기록 등 특수매체기록에 의한 업무

① **컴퓨터 등 정보처리장치**

㉠ **의의** : 자동적으로 계산이나 데이터처리를 할 수 있는 전자장치를 말한다. 즉, 이를 전자계산기 또는 컴퓨터시스템이라고 한다.

예 하드웨어 · 소프트웨어 · 각종컴퓨터. 단, 독자적인 처리능력을 갖고 있지 못한 휴대용계산기 · 전자수첩 · 자동판매기 · 자동개찰기 등은 본죄의 객체에 해당하지 않는다.

㉡ **전자기록 등 특수매체기록**

ⓐ 전자기록이란 : 전자방식(반도체기억집적회로 · ROM · RAM)이나 자기방식(자기디스크 · 자기드럼)에 의해 만들어진 기록으로 전자계산기에 의한 정보처리에 사용되는 것을 말한다.

예 전자계산기 내의 ROM(Read only Memory) · RAM(Random Access Memory) · IC카드 · CD카드 ·

승차권. 단, 컴퓨터에 사용되는 자료가 아닌, 즉 비디오테이프 · 녹음테이프 · 마이크로필름은 본죄의 객체가 아니다.

ⓑ **특수매체기록** : 전자기록 이외에 광기술이나 레이저기술을 이용한 기록을 말한다.

㉢ **업무** : 업무방해죄에서 업무와 동일하다(152면 참조).

핵심요약 컴퓨터 (등) 업무방해죄

1. **본죄의 객체**(대상)**가 인정되는 경우** : 하드웨어 · 소프트웨어 · 각종컴퓨터 · 집적회로 · 자기디스크 · 자기테이프 · 광디스크 · CD카드 · 크레디트카드 · 전화카드 · 전철표 등의 자기기록부분
2. **본죄의 객체**(대상)**가 인정되지 않는 경우** : 비디오테이프 · 녹음테이프 · 녹화필름 · 마이크로필름

(2) 행위 : 손괴하거나 정보처리장치에 허위의 정보 또는 부정한 명령을 입력하거나 기타 방법으로 정보처리에 장애를 발생케 하여 사람의 업무를 방해하는 것

① **손괴** : 물리적 파괴나 멸실 외에 기기조작으로 입력된 기존의 데이터를 없애는 경우를 말한다. 예 물체 자체를 손괴 · 기록내용 소거 · 컴퓨터바이러스 감염 · 통신회선절단 · 입출력부속장치 손괴 등

② **정보처리장치에 허위의 정보 또는 부정한 명령을 입력** : 진실에 반(反)하는 정보를 입력하는 것을 말한다.

예 임금이 없는데 임금이 있는 것으로 하는 경우, 수지의 총액을 산출하여야 하는데 고객의 인원수를 계산하는 경우, 해킹 · 바이러스의 침투 등

관련판례 컴퓨터 (등) 업무방해죄

전보발령을 받아 정보처리장치를 운영할 권한이 없는 자가 관리자의 아이디와 비밀번호를 무단으로 변경하는 행위는 단지 후임자에게 알려주지 아니한 행위와 달라, 컴퓨터 등 업무방해죄가 성립(대판 2006. 3. 10, 2005도382)

③ **기타 방법으로 정보처리에 장애를 발생케 하는 경우** : 정보처리기능 장애를 일으키는 일체의 행위를 말한다.

예 기기의 부품파괴 · 전원의 절판 · 온도 및 습도 등의 작동환경파괴 · 통신회선의 재처리불능데이터의 입력 등

④ **업무의 방해** : 업무에 지장을 주는 일체의 행위를 말한다.

3. 죄수문제

(1) 1개의 정보처리장치에 수회(여러 차례) **허위정보를 입력한 경우** : (단순일죄로) 1개의 업무방해죄

(2) 1개의 행위로 컴퓨터를 손괴하고 업무를 방해한 경우 : 컴퓨터 (등) 업무방해죄만 성립(재물손괴죄는 본죄에 흡수된다)

V. 경매 · 입찰방해죄

1. 서 설

(1) 의의 : 위계 또는 위력 기타 방법으로 경매 또는 입찰의 공정을 해함으로써 성립하는 범죄이다.

(2) 성질

① 추상적 위험범

② 친고죄도 · 반의사불벌죄도 아님

③ 간접정범 또는 부진정부작위범의 형태로 가능

(3) 보호법익 : 경매 또는 입찰의 공정

2. 구성요건

(1) 객체 : 경매 또는 입찰

경매 또는 입찰에는 국가나 공공단체가 행하는 것 이외에 사인(私人)이 행하는 것도 포함된다.

① **경매란** : 매도인이 다수인으로부터 구두로 청약을 받고 그 가운데 최고가격 청약자에게 승낙함으로써 성립하는 매매를 말한다.

② **입찰이란** : 경쟁계약에 있어서 경쟁에 참가한 다수인에 대하여 문서로 계약의 내용을 표기하게 하여 가장 유리한 청약자를 상대방으로 하여 계약을 성립시키는 것을 말한다.

(2) 행위 : 위계 또는 위력 · 기타 방법으로 경매 또는 입찰의 공정을 해하는 것

① **위계 또는 위력이란** : 신용훼손죄 · 업무방해죄의 경우와 동일하다.

② **기타 방법으로 경매 또는 입찰의 공정을 해한다란**

㉠ **의의** : 적당한 가격을 형성하는 공정한 자유경쟁을 방해하거나 위태롭게 하는 행위를 말한다. 예 담합 · 경쟁자간의 금품수수 등

㉡ **적정 또는 공정한 가격의 기준**

ⓐ 학설 : 경쟁가격설(다수설)과 시장가격설이 대립

ⓑ 결론 : 객관적으로 산정되는 공정한 가격이 아니라 경매 · 입찰의 구체적 진행과정에서 얻어지는 가격이므로, 따라서 경쟁가격설이 타당하다(다수설).

③ **담합행위** : 공정한 가격을 해하거나 부정한 이익을 얻을 목적으로 행하여진 경우를 말한다.

관련판례 경매 · 입찰방해죄

1. 담합행위가 인정되는 판례(본죄 인정)

① 입찰을 가장하는 경우, 즉 가장경쟁자를 내세워 단독입찰을 경쟁입찰처럼 가장한 경우

② 다수의 입찰자 가운데 1인을 입찰케 하고, 그 외의 자는 입찰을 포기할 것을 모의하는 경우

③ 입찰장소의 주변을 에워싸고 입찰에 참가하려는 사람의 출입을 막아 참석 못하게 한 경우

2. 담합행위가 부정되는 판례(본죄 부정)

① 가격을 예정하지 아니하고 각자가 일부씩 입찰에 참가하면서 1인을 대표자로 하여 단독입찰케 하는, 즉 신탁입찰의 경우

② 담합행위라도 경쟁자간의 무모한 출혈경쟁을 방지하기 위하여 주문자의 예정가격 내에서 사전모의한 경우

(3) 기수시기 : 담합행위시

(본죄는 추상적 위험범이므로) 담합행위시 기수가 되고 현실적인 담합행위가 있음을 요하지 아니한다.

보충설명 형법각칙상 위계 · 위력을 규정하고 있는 범죄

구 분	범죄사례
위계 또는 위력이 병렬적으로 규정된 경우	위계 등에 의한 촉탁살인죄 · 미성년자 등에 대한 간음죄 · 업무상 위력 등에 의한 간음죄 · 일반업무방해죄, 경매 · 입찰 방해죄
위계만 규정된 경우	위계에 의한 공무집행방해죄 · 신용훼손죄
위력만 규정된 경우	특수폭행죄, 특수체포 · 감금죄, 특수협박죄 · 특수공무방해죄 · 해상강도죄

제4장

사생활의 평온에 대한 죄

제1절 비밀침해의 죄

I. 서 론

1. 의 의

비밀침해의 죄란 개인의 사생활에 있어서의 비밀을 침해하는 범죄이다.

2. 보호법익 및 보호받는 정도

(1) **보호법익** : 개인의 사생활의 비밀

(2) **보호받는 정도** : 추상적 위험범

3. 비밀침해의 죄의 형태

비밀침해죄 · 기술적 수단이용비밀침해죄 · 업무상 비밀누설죄로 구성된다.

II. 비밀침해죄

1. 서 설

(1) **의의** : 봉함 · 기타 비밀장치한 사람의 편지 · 문서 또는 도화를 개봉함으로써 성립하는 범죄이다.

(2) 성질

① 추상적 위험범

② 친고죄

2. 구성요건

(1) 객관적 구성요건

① **객체** : 봉함 기타 비밀장치한 사람의 편지 · 문서 · 도화

㉠ **봉함 기타 비밀장치**

ⓐ 봉함이란 : 겉봉을 파기하지 않으면 내용을 용이하게 알 수 없게 한 일체의 설비를 말한다. 예 봉투를 풀로 붙이는 것 등

ⓑ 비밀장치란

i) 봉함 이외의 방법으로 외포(外包)를 만들어 파괴하지 않고서는 그 내용을 지득할 수 없는 일체의 설비를 말한다. 예 열쇠가 있는 책상서랍이나 금고 등

ii) 비밀의 주체는 자연인 · 법인 및 법인격 없는 단체를 불문한다.

iii) 비밀침해죄는 친고죄이므로 따라서 국가나 공공단체는 제외된다.

iv) 따라서 봉함 · 기타 비밀장치하지 않은 편지(예 우편엽서) · 문서 · 도화는 본죄의 객체가 되지 않는다. 예 우편엽서 · 내용이 공개된 편지 등

ⓒ 형법이 규정하고 있지 않은 통신의 비밀을 침해하는 경우

i) 사적인 대화의 비밀을 침해(예 도청 · 녹음 등)하는 경우 : 통신비밀보호법에 의하여 처벌

ii) 전보 · 전화의 통화비밀을 침해하는 경우 : 전기통신사업법에 의하여 처벌

㉡ **편지 · 문서 또는 도화**

ⓐ **편지** : 특정인이 다른 특정인에게 의사를 전달하는 문서로, 우편물에 한하지 않으며 발송전 · 후를 불문한다. 예 발송전의 봉함한 신서를 개봉한 경우 → 비밀침해죄

ⓑ **문서** : 문자 또는 일정한 부호를 사용하여 의사를 표시한 것을 말하며, 공문서 · 사문서를 불문한다. 예 유언서 · 원고 · 일기장 · 메모 등

ⓒ **도화** : 의사표시가 그림으로 된 것을 말한다. 예 사진 · 도표 · 건축도 등

ⓓ **공적 · 사적 불문** : 편지 · 문서 · 도화의 내용은 사적 · 공적인 것을 불문한다.

ⓔ **대화** : (본죄의 객체는) 편지 · 문서 또는 도화에 한하므로, 따라서 타인의 대화를 엿듣는 것은 본죄가 되지 않는다.

② **행위** : 개봉

㉠ **개봉** : 봉함 기타 비밀장치를 파괴하여 그 내용을 알 수 있는 상태에 두는 것을 말한다.

㉡ **기수시기** : (본죄는 추상적 위험범이므로) 내용을 인지할 수 있는 상태에 두면 기수가 되며, 개봉자가 그 내용을 실제로 인지하였는가의 여부는 불문한다. 즉, 개봉 자체로서 본죄가 성립한다.

예 편지 수취인이 편지를 뜯어본 후 서랍 속에 넣어 둔 경우, 잠겨진 서랍을 여는 것만으로 본죄가 성립

㉢ (따라서) **개봉하지 않고 봉함 기타 비밀장치된 문서를 찢거나 태워 손괴하였을 경우** : 비밀침해죄가 성립하지 않고 문서손괴죄가 성립

(2) 주관적 구성요건

① **고의**(범) : 본죄에 대한 인식이 있어야 한다.

② **착오문제**

㉠ **타인에게 온 편지를 자기에게 온 줄 알고 개봉한 경우** : 무죄(고의가 없으므로)

㉡ **타인에게 온 편지를 자기가 뜯어볼 권한이 없는데도 있다고 오인하여 개봉한 경우** : 법률의 착오문제(착오에 정당한 이유가 있으면 불벌)

3. 위법성

(1) 피해자의 동의 : (피해자의 동의가 있으면) 구성요건해당성이 조각된다(양해).

(2) 정당행위

① **법령상 개봉이 인정되는 경우** : 위법성이 조각된다.

예 친권자가 친권행사로서 자식에게 온 편지를 개봉하는 경우 · 교도소장(교도관)이 수형자의 편지를 검열하는 경우 · 우체국직원(우체국장)이 범죄예방을 위하여 편지를 개봉하는 경우

② **단, 남편이 처의 편지를 개봉한 경우** : 비밀침해죄 인정

(3) 추정적 승낙 : 위법성 조각

피해자의 승낙 또는 추정적 승낙이 인정되는 경우도 위법성이 조각된다.

예 출장중인 남편에게 온 편지를 아내가 뜯어보고 그 내용을 남편에게 알려주는 경우

핵심요약 비밀침해죄

1. **남편이 처의 편지를 개봉한 경우** : 비밀침해죄
2. **출장중인 남편에게 온 편지**(등기속달편지)**를 처가 뜯어보고 그 내용을 남편에게 알려준 경우** : 무죄, 즉 추정적 승낙으로 위법성이 조각된다.

4. 소추조건

(1) 친고죄 : 피해자의 고소가 있어야 소추할 수 있는 친고죄이다.

(2) 고소권자

① **통설** : 발신인 및 수신인 모두 고소권자

② **판례** : 발신인은 항상 고소권자 · 수신인은 수신 후부터 고소권자이다.

Ⅲ. 기술적 수단이용 비밀침해죄

1. 의 의

봉함 · 기타 비밀장치한 사람의 편지 · 문서 · 도화 또는 전자기록 등 특수매체기록을 기술적 수단을 이용하여 그 내용을 알아냄으로써 성립하는 범죄이다.

2. 성 질

(1) 추상적 위험범

(2) 친고죄

3. 구성요건

(1) 객체 : 봉함 기타 비밀장치한 사람의 편지 · 문서 · 도화 또는 전자기록 등 특수매체기록

① **봉함 · 기타 비밀장치 · 편지 · 문서 · 도화** : 비밀침해죄의 객체와 동일하다(160면 참조).

② **전자기록 등 특수매체기록** : 일정한 정보에 관한 전자적 기록이나 광학적 기록을 말한다.

예 전자기록 · 광기록 · 녹음테이프 · 녹화필름 · 마이크로필름 등

(2) 행위 : 기술적 수단을 이용하여 그 내용을 알아낸 경우일 것

① **기술적 수단을 이용하여 그 내용을 알아낸 경우** : 봉함 기타 비밀장치한 편지 · 문서 · 도화 또는 전자기록 등 특수매체기록을 개봉하지 않고 원형 그대로 둔 채 기술적 수단을 이용하여 그 내용을 알아낸 경우를 말한다.

예 보안장치된 특수매체기록의 내용을 비밀번호를 이용하여 알아내는 경우, 투시기 · 자외선 또는 약물을 사용하여 그 내용을 알아낸 경우

② **단순히 불빛에 비추어 봉함된 편지의 내용을 알아내는 경우** : (기술적 수단 이용) 비밀침해죄 부정

(3) 기수시기 : (본죄는 침해범이므로) 기술적 방법으로 그 내용을 지득(知得)하였을 때 기수가 된다. 따라서 내용을 알아내지 못한 경우는 본죄가 성립하지 않는다.

핵심요약 비밀침해의 죄

1. **비밀침해죄** : 형식범, 즉 개봉행위만으로 성립하고 내용의 인지여부는 불문한다.
2. **기술적 수단이용 비밀침해죄** : 침해범, 즉 현실적인 내용을 인지한 경우에만 성립한다.

Ⅳ. 업무상 비밀누설죄

1. 서 설

(1) 의의

일정한 신분자(의사 · 한의사 · 치과의사 · 약제사 · 약종상 · 조산사 · 변호사 · 변리사 · 공인회계사 · 공증인 · 대서사업자나 그 직무상 보조자 또는 차등의 직에 있던 자)가 그 업무처리 중 지득한 타인의 비밀을 누설하거나 종교의 직에 있는 자 또는 있었던 자가 그 직무상 지득한 타인의 비밀을 누설함으로써 성립하는 범죄이다(제317조).

(2) 성질

① **친고죄** : 피해자의 고소가 있어야 소추할 수 있는 친고죄이다.

② **신분범** : 본죄는 제317조에 규정된 자에 한하여 성립하므로 (진정)신분범이다.

③ **결합범** : 본죄는 개인적 비밀을 주된 보호법익으로 하고, 특정직업 종사자들의 비밀 준수에 대한 일반의 신뢰를 부수적 보호법익으로 하므로 결합범이다.

(3) 보호법익과 보호받는 정도

① **보호법익** : 개인의 비밀

② **보호받는 정도** : 추상적 위험범

2. 구성요건

(1) 객관적 구성요건

① **주체** : 의사 · 한의사 · 치과의사 · 약제사 · 약종상 · 조산사 · 변호사 · 변리사 · 공인회계사 · 공증인 · 대서업자나 그 직무상 보조자 또는 차등의 직에 있던 자와 종교의 직에 있는 자와 있던 자

㉠ **진정신분범이며 자수범** : 본죄는 본조의 규정에 열거되어 있는 자에 한하여 성립되므로 진정신분범이며 자수범이다. 따라서 간호사 · 수의사 · 회사원 · 세무사 · 감정사 · 변호사 아닌 변호인 등은 본죄의 주체가 될 수 없다.

㉡ **본죄에 열거한 자 이외의 자가 타인의 비밀을 공연히 누설한 경우** : 명예훼손죄가 성립하고, 본죄는 성립되지 않는다.

㉢ **공무원 또는 공무원이었던 자가 비밀을 누설하는 경우** : 공무상 비밀누설죄가 되고 본죄는 성립하지 않는다.

② **객체** : 직무상 또는 업무처리 중 취득한 타인의 비밀

㉠ **비밀이란**

ⓐ 일반적으로 알려져 있지 않은 사실로서 타인에게 알려지지 아니함으로써 본인에게 이익이 있는 것을 말한다.

ⓑ 반드시 본인이 의식하고 있음을 요하지 않는다.

ⓒ 비밀의 주체는 자연인 · 법인 또는 법인격 없는 단체를 불문하며 개인의 비밀에 한한다. 따라서 국가나 공공단체의 비밀은 공무상 비밀누설죄가 되고 본죄의 비밀에는 포함되지 않는다.

예 ① 공무원 또는 공무원이었던 자가(법령에 의한) 직무상의 비밀을 누설한 경우 → 공무상 비밀누설죄(제127조)

② 공무원 또는 공무원이었던 자가 외교상의 비밀을 누설한 경우 → 외교상 비밀누설죄(제113조)

ⓓ 비밀은 본인이 비밀로 할 것을 원할 뿐만 아니라(비밀유지의사) 객관적으로 비밀로

(하여야) 할 이익(객관적인 비밀유지이익)이 있어야 한다.

ⓔ 비밀은 사적 비밀 · 공적 비밀을 불문한다.

㉡ **업무처리중 또는 직무상 비밀** : 비밀은 업무처리 중 또는 직무상 취득한 비밀이어야 한다. 따라서 타인과 잡담 중 또는 인근인이기 때문에 지득한 비밀은 제외된다.

③ **행위** : 누설하는 것

㉠ 누설이란 비밀사항을 모르는 사람에게 고지하여 알려주는 행위를 말한다. 따라서 이미 알고 있는 자에 누설 · 공지의 사실 또는 공개된 비밀 · 허위사실이나 가치판단은 비밀누설의 대상이 될 수 없다.

㉡ 누설방법에는 제한없다. 즉, 구두 · 서류 또는 열람 등을 불문한다.

예 성병환자의 진료부를 방치하여 다른 사람이 읽게 하는 경우

㉢ 누설은 1인이든 다수인이든 불문. 즉, 공연성을 요하지 않는다.

예 공연히 타인의 비밀을 누설한 경우 ➡ 업무상 비밀누설죄와 명예훼손죄의 상상적 경합범

④ **기수시기** : (본죄는 추상적 위험범이므로) 비밀이 상대방에게 도달한 때 기수가 되며 상대방이 고지된 내용을 현실적으로 알았을 것을 요하지 않는다.

(2) 주관적 구성요건

① **고의**(범) : 본죄에 대한 인식이 있어야 한다.

② **착오문제**

㉠ **자기가 지득한 사실이 타인의 비밀이 아니라고 오인하여 제3자에게 누설한 경우** : 무죄, 즉 구성요건적 착오로서 고의가 조각된다.

㉡ **비밀을 누설할 권한이 없는 자가 권한이 있다고 오인하여 누설한 경우** : 불벌, 즉 법률의 착오로서 착오에 정당한 이유가 있으면 벌하지 아니한다.

3. 위법성

(1) 피해자의 승낙 : (피해자의 승낙이 있으면) 구성요건해당성이 조각된다.

(2) 증언거부권자의 증언 : 증언거부권자가 타인의 비밀에 관한 증언을 한 경우에 위법성이 조각된다(통설). 예 의사 · 변호사

(3) 긴급피난 : 생명 · 신체 또는 자유에 대한 위난을 피하기 위하여 비밀을 누설한 때에는 긴급피난에 의하여 위법성이 조각된다. 예 성병환자를 치료한 의사가 그 사실을 배우자에게 고지하는 경우

4. 정당행위 : 위법성 조각

법령에 의하여 비밀의 고지가 의무로 되어 있는 때에도 정당행위로서 위법성이 조각된다.

예 전염병 예방을 위한 전염병 환자 신고의무

핵심요약 업무상 비밀누설죄

1. **본죄의 주체에 해당하는 자** : 의사 · 한의사 · 치과의사 · 약제사 · 약종상 · 조산사 · 변호사 · 변리사 · 공인회계사 · 공증인 · 대서업자나 그 직무상 보조자 또는 차등의 직에 있던 자 · 종교의 직에 있는 자 또는 있던 자
2. **본죄의 주체에 해당하지 않는 자** : 간호사 · 수의사 · 회사원 · 세무사 · 감정사 · 변호사 아닌 변호인 · 구치소장
3. **본죄의 주체가 타인의 비밀을 누설하면** : 업무상 비밀누설죄
4. **본죄의 주체 이외의 자가 타인의 비밀을 공연히 누설하면** : 명예훼손죄가 성립
5. **공무원 또는 공무원이었던 자가 직무상 비밀을 누설하면** : 공무상 비밀누설죄
6. **공무원 또는 공무원이었던 자가 외교상이 비밀을 누설하면** : 외교상 비밀누설죄
7. **본죄에서 타인의 비밀누설에 해당하지 않는 경우** : 이미 알고 있는 자에 누설 · 공지사실 또는 공개된 비밀 · 허위사실이나 가치판단
8. **본죄의 주체가 공연히 타인이 비밀을 누설하면** : 업무상 비밀누설죄와 명예훼손죄의 상상적 경합범

제2절 주거침입의 죄

I. 서 론

1. 의 의

주거침입의 죄란 사람의 주거 또는 관리하는 장소의 평온과 안전을 침해하는 것을 내용으로 하는 범죄이다.

2. 보호법익과 보호받는 정도

(1) 보호법익 : 주거의 사실상 평온(통설 · 판례)

(2) 보호받는 정도 : 결과범 · 침해범

3. 주거침입의 죄의 형태

(1) 기본적 구성요건 : 주거침입죄와 퇴거불응죄

(2) 가중적 구성요건 : 특수주거침입죄 · 주거신체수색죄

Ⅱ. 주거침입죄

1. 서 설

(1) 의의 : 사람의 주거 · 관리하는 건조물 · 선박이나 항공기 또는 점유하는 방실에 침입하므로써 성립하는 범죄이다.

(2) 성질

① **계속범**(다수설) : 주거침입행위의 시간적 계속성을 요하므로 계속범이다.

② **결과범 · 침해범** : 미수범 처벌규정이 있으므로 결과범이며 침해범이다.

2. 구성요건

(1) 객체 : 사람의 주거 · 관리하는 건조물 · 선박이나 항공기 또는 점유하는 방실

① **사람의 주거**

㉠ 주거란 사람의 기거침식(寄居寢食)에 사용되는 장소이다. 따라서 사무실 · 연구실 · 실험실 · 상점 등은 제외된다.

㉡ 주거는 (반드시) 사람이 현존(現存)해 있음을 필요로 하지 않는다. 따라서 일시 외출중인 경우나 공가(空家)도 주거에 해당한다. 단, 폐가(廢家)는 부인된다.

㉢ 주거는 주거의 구조 · 설비 여하를 불문하며(예 천막집 · 토굴) 일시적 · 계속적 사용여부를 불문한다. 따라서 별장 · 천막 · 토굴 · 판잣집 등도 주거에 해당한다.

㉣ 사람의 주거는 타인의 주거이어야 한다. 따라서 공동구성원이더라도 일단 이탈한 후에는 타인의 주거가 되어 그 주거에 침입하면 주거침입죄가 성립된다.

예 ① 가출한 자식이 귀가한 경우 → 주거침입죄 성립

② 별거중인 아내가 남편의 아파트에 함부로 침입하는 경우 → 주거침입죄 성립

ⓜ 주거는 적법 · 부적법을 불문한다.

예 임대차기간이 경과된 후 임차인의 퇴거를 요구하기 위하여 임대인이 임의로 침입한 경우 → 주거침입죄 성립

ⓑ 주거는 주거에 사용하는 건물 이외에 그 부속물도 포함된다.

예 ① 계단 · 복도 · 지하실 · 차고 등도 주거에 해당

② 이미 수일 전에 2차례에 걸쳐 피해자를 강간하였던 피고인이 대문을 몰래 열고 들어와 담장과 피해자가 거주하던 방 사이의 좁은 통로에서 창문을 통해 방안을 엿본 경우 → 주거침입죄(대판 2001. 4. 24, 2001도1092)

ⓢ 주거는 부동산은 물론 동산도 될 수 있다. 예 주거용 차량

관련판례 주거의 해당 유무

1. 주거에 해당되어 주거침입죄 인정(판례)

별장 · 주거용 차량 · 외출중인 빈집 · 임시로 대여받은 방(역관) · 판잣집 · 천막집 · 토굴 · 무허가 주택 · (주거의) 정원 · 계단 · 복도 · 지하실

2. 주거에 해당되지 않아 주거침입죄 부정(판례)

기차 · 승용차 · 버스의 좌석 · 출입금지의 표지를 한 일정구역 · 극장안의 좌석

② 관리하는 건조물 · 선박 · 항공기

ⓖ 관리

ⓐ 사실상의 지배 · 관리를 말한다.

ⓑ 타인의 무단침입을 방지할 만한 인적 설비(예 수위 · 경비원 · 관리인) · 물적 시설(예 열쇠 장치 · 못질해 두는 것)이 있어야 한다.

ⓒ 따라서 단순한 출입금지표시만으로는 관리라 할 수 없다.

ⓛ **건조물이란** : 주거를 제외한 일체의 건물과 그 부속물을 말한다.

예 관공서 청사 · 공장 · 극장 · 창고 · 사무소 등

관련판례 건조물

1. **골리앗 크레인** : 건조물 해당(대판 1991. 6. 11, 91도753)
2. **타워 크레인** : 건조물 아님(대판 2005. 10. 7, 2005도5351)

㉢ **선박 또는 항공기란** : 대 · 소(大 · 小)를 불문하지만 적어도 사람의 주거에 사용 가능한 정도임을 필요로 한다. 예 유람선 · 비행기 등

③ **점유하는 방실**

㉠ 건물 내에서 사실상 지배 · 관리하는 구역을 말한다.

예 사무실 · 연구실 · 여관방 · 오피스텔 · 콘도 등

㉡ 단, 극장의 좌석 · 열차의 좌석 등은 (점유하는 방실에 해당되지 않으므로) 주거침입죄가 인정되지 않는다.

(2) 행위 : 침입하는 것

① **침입이란**

㉠ 주거자의 의사에 반하여 주거 등에 들어가는 것을 말하며, 반드시 출입을 제지당하였을 것을 요하지 않는다(판례[15]).

㉡ 주거자의 의사는 명시적 · 묵시적 · 추정적 의사를 불문한다.

㉢ 침입은 외부로부터 침입을 말하며 이미 주거 안에 있는 자에 대해서는 본죄가 성립하지 않는다(판례).

예 죄수가 교도소의 다른 감방에 들어가거나 공무원이 상사의 방에 들어간 경우 → 주거침입죄 부인

㉣ 침입은 작위뿐만 아니라 부작위에 의한 침입도 가능하다. 부작위에 의한 침입은 거주권자의 퇴거요구를 받을 것을 요하지 않는 점에서 퇴거불응죄와 구별된다.

예 ① 허가받고 들어온 자가 시간이 지나도록 체류하는 경우 → 주거침입죄
② 주거에 대한 보증인 의무를 진 보증인이 제3자의 침입을 방지하지 않은 경우 → 주거침입죄

② **승낙이 있는 경우** : 구성요건해당성이 조각

㉠ 승낙(동의권자)할 수 있는 자는 주거 등의 출입과 제재를 결정할 권리가 있는 사람을 말하며 반드시 소유자에 한하지 않으며 적법하게 거주하는 자이어야 한다.

㉡ 주거자의 승낙이 있는 경우에 구성요건해당성이 조각된다.

---

15. 대판 2003. 9. 23, 2001도4328

㉢ 승낙은 명시 · 묵시를 불문하나, 단 기망 · 강제에 의한 동의는 주거침입죄가 인정된다.

예 ① 위조한 입장권을 제시하여 입장한 경우 → 주거침입죄 성립
② 대리시험을 쳐주기 위하여 고사장에 들어간 경우 → 주거침입죄 성립

㉣ 승낙 또는 추정적 승낙은 적법한 목적을 위한 것임을 요한다. 따라서 평소에 출입이 허용된 자라도 부정한 목적으로 들어가면 (침입이 되어) 본죄가 성립한다.

예 ① 친구 집에 절도의사로 친구 母의 승낙을 받고 들어가 절도행위를 한 경우 → 주거침입죄와 절도죄의 경합범
② 정부가 내연의 처의 승낙을 받고 들어가 정을 통한 경우 → 판례는 주거침입죄와 간통죄의 경합범 · 통설은 간통죄만 성립

㉤ 공동관리의 주거(예 부부 · 수인이 같은 방에서 자취 등)인 경우는 그 전원의 동의가 필요하다.

관련판례 주거침입죄

1. **목적이 적법이면 피해자의 승낙이 없어도** : 주거침입죄 부정
2. **목적이 불법이면 피해자의 승낙이 있어도** : 주거침입죄 인정
3. **일반인의 출입이 자유로운 곳**(예 상점 · 은행 · 여관 · 관공서청사 · 백화점 등)**은 피해자의 승낙이 없어도**
   ① 범죄의 목적이 없는 경우 → 주거침입죄 부정
   ② 범죄의 목적이 있는 경우 → 주거침입죄 인정(판례)

관련판례 주거침입죄[16]

1. 강간할 의도로 피해자가 사용 중인 공중화장실의 용변 칸에 노크하여 남편으로 오인한 피해자가 용변 칸 문을 열자 들어간 때 → 주거침입죄(대판 2003. 5. 30, 2003도1256)
2. 출입이 금지된 시간에 담벽을 넘어 여객터미널에 들어간 경우 → 주거침입죄(대판 1990. 3. 13, 90도173)
3. 간통현장을 목격하고 그 사진을 촬영하기 위해 상간자의 주거에 침입한 경우 → 주거침입죄(대판 2003. 9. 26, 2002도3924)
4. 거주자나 관리자와의 관계 등으로 평소 그 건조물에 출입이 허용된 사람이라 하더라도 주거에 들어간 행위가 거주자나 관리자의 명시적 또는 추정적 의사에 반한 경우 → 주거침입죄 성립(대판 2007. 8. 23, 2007도2595)
5. 고위직에 있는 친구에게 뇌물을 전달하기 위해 들어간 경우 → 주거침입죄 부인(대판 1984. 2. 14, 83도2897 즉, 불법목적을 가지고 들어갔지만 친구의사에 반하여 들어간 것이 아니므로)

16. 조충환 · 양건, 형법, 796면

(3) 기수시기 : 통설은 전부침입설 · 판례는 일부침입설

① **통설** : 전부침입설, 즉 주거침입죄는 미수범처벌 규정이 있으므로, 따라서 신체의 전부가 들어가면 기수이고, 신체의 일부가 들어가면 미수가 된다.

② **판례** : 일부침입설, 즉 신체의 일부가 주거에 들어간 경우라도 '주거의 사실상 평온' 을 해하였다면 기수가 된다.

보충설명 주거침입죄

전화를 거는 경우 · 건물 밖에서 창문을 통해 들여다 보는 경우 · 건물 안으로 돌을 던지는 경우 : 주거침입죄 부인(신체의 침입행위가 없으므로)

3. 위법성

(1) 정당행위 : 위법성 조각의 사유

① **법령에 의한 경우**

예 수사관이 수색을 위하여 침입한 경우 → 무죄, 다만 사인이 현행범 체포를 위하여 타인의 주거에 침입하면 주거침입죄가 성립한다.

② **사회상규에 반하지 않는 주거침입 등의 경우**

예 채무변제를 독촉하기 위하여 채무자 집에 들어간 경우

(2) 긴급피난

예 맹견을 피하기 위해 타인 집으로 몸을 숨긴 경우 → 무죄, 즉 긴급피난으로 위법성이 조각된다.

(3) 추정적 승낙 : 위법성이 조각

예 타인의 주거에 불이 났기 때문에 불을 끄기 위하여 들어간 경우 → 무죄, 즉 추정적 승낙에 의하여 위법성이 조각된다.

4. 죄수문제

(1) 승낙 없이 주거에 침입한 후 퇴거요구에 불응한 경우 : 주거침입죄만 성립

(2) 승낙을 받고 주거에 침입한 후 퇴거요구에 불응한 경우 : 퇴거불응죄

(3) 주거에 침입한 후 다른 범죄를 범한 경우 : 주거침입죄와 다른 범죄와의 경합범

예 주거에 침입한 후 강간한 경우 → 주거침입죄와 강간죄의 경합범

(4) 주거침입을 위하여 다른 범죄를 범한 경우 : 주거침입죄와 다른 범죄와의 상상적 경합범

예 주거를 침입하기 위하여 주거지의 재물을 손괴한 경우 → 주거침입죄와 재물손괴죄의 상상적 경합범

(5) 야간주거침입절도죄 · 특수절도죄 · 특수강도죄를 범한 경우 : 야간주거침입절도죄 · 특수절도죄 · 특수강도죄만 성립(주거침입이 구성요건요소로 되어 있기 때문에 별도의 주거침입죄는 성립하지 않는다)

핵심요약 주거침입죄[17]

1. 주거침입죄가 성립하는 경우

① 폭행할 목적으로 들어간 경우

② 가출한 아들이 절도를 목적으로 부친의 집에 침입한 경우

③ 대리시험 응시자의 수험장소 입장행위

④ 채권을 독촉하기 위해서 허가 없이 채무자의 주거에 침입한 경우

⑤ 해고된 공장직원이 출입금지된 공장에 임의로 들어가는 경우

⑥ 공무원에게 폭행을 가할 목적으로 청사건물 안에 들어가는 경우

⑦ 가옥 임대차계약해제 이후에 임차인이 퇴거하지 않자 전주인인 임대인이 그 퇴거를 독촉하기 위하여 그 집에 들어가는 경우

⑧ 자기 물건을 은닉하고 있는 사람의 집에 은닉물건을 수색하기 위해 들어가는 경우

⑨ 길에서 우연히 절도범을 만나 붙잡기 위해 쫓아가다가 절도범이 타인의 집에 들어가자 따라 들어간 경우

⑩ 음식점에 도청기를 설치하기 위해 들어간 경우

⑪ 점유할 권리 없는 자가 점유중인 건조물에 승낙 없이 들어간 경우

⑫ 주거자의 허락을 받아 주거에 들어갔으나 불법행위를 목적으로 들어간 경우

⑬ 공중에게 출입이 개방된 건물에 들어갔으나 범죄의 목적으로 들어간 경우

⑭ 사인이 현행범인을 체포하기 위하여 타인의 주거에 침입한 경우

2. 주거침입죄가 성립하지 않는 경우

① 가족이 없는 사이에 불이 나서 그 불을 끄기 위해 방에 침입한 경우

② 문이 열린 승용차에 돈을 훔치지 위해 들어간 경우

③ 수색영장에 의한 가택수색의 경우

④ 부가 친권을 행사하기 위해 아들 집에 들어간 경우

---

17. 진용은, 진형법, 767면

⑤ 은행에 돈을 찾으러 수위의 승낙을 받지 않고 들어간 경우
⑥ 타인의 점포에 승낙 없이 들어간 경우
⑦ 임차인이 임대차 종료 후에도 계속 점유하고 있었는데 소유자가 마음대로 판자로 출입문을 막아 놓아서 임차인이 이를 뜯고 들어간 경우
⑧ 사법경찰관이 현행범인을 체포하기 위해 허가 없이 타인이 주거에 들어간 경우

Ⅲ. 퇴거불응죄

1. 서 설

(1) 의의 : 사람의 주거 · 관리하는 건조물 · 선박이나 항공기 또는 점유하는 방실에서 퇴거요구를 받고도 응하지 않으므로 성립하는 범죄이다.

(2) 성질

① 진정부작위범

② 계속범

2. 구성요건

(1) 주체 : 사람의 주거 등에 적법하게 또는 과실로 들어간 자가 퇴거를 요구받고 응하지 아니한 자. 즉, 진정신분범

(2) 객체 : 사람의 주거 · 관리하는 건조물 · 선박이나 항공기 또는 점유하는 방실(주거침입죄의 객체와 동일하다 · 167면 참조)

(3) 행위 : 퇴거요구를 받고 불응하는 것

① 퇴거요구는 1회로도 족하고 퇴거요구 주체는 주거자 · 간주자 · 점유자 · 임차인이다.

② 퇴거요구는 명시 · 묵시를 불문한다.

③ 퇴거요구는 공법 · 사법상의 권리에 의하여 제한되는 경우가 있다.

예 피의자에 대한 구속영장을 집행하기 위해 피의자의 주거에 들어온 경찰관리에게 퇴거요구를 할 수 없다.

관련판례 퇴거불응죄

1. 예배를 방해할 목적으로 교회에 들어온 자에게 교회당회가 퇴거를 요구했는데도 불응한 경우 → 퇴거불응죄(대판 1992. 4. 28, 91도2309)
2. 직장점거를 개시한 근로자들이 직장폐쇄를 단행한 사용자의 퇴거요구를 받고 불응한 경우 → 퇴거불응죄(대판 1991. 8.13, 91도1324)

(4) 기수시기 : 불응한 때, 즉 퇴거의 요구가 있었으나 이에 불응한 때에 기수가 된다.

(5) 미수의 인정여부 : 미수범 인정

퇴거불응죄는 진정부작위범이며 거동범이므로 미수가 성립할 수 없으나(통설), 형법은 퇴거불응죄의 미수범(제322조) 처벌규정을 두고 있다. 이는 입법상 불법이다.

Ⅳ. 특수주거침입죄

1. 의 의

단체 또는 다중의 위력을 보이거나 위험한 물건을 휴대하여 주거침입죄 또는 퇴거불응죄를 범함으로써 성립하는 범죄이다.

2. 성 질 : 가중적 구성요건

주거침입죄와 퇴거불응죄에 대하여 행위실행(태양)의 위험으로 인하여 불법(형)이 가중되는 가중적 구성요건이다.

3. 구성요건

단체 또는 다중인 경우에는 전원이 주거에 침입할 것을 요하지 않으며 그 중 1인만 침입한 경우에도 특수주거침입죄가 성립한다.

V. 신체 · 주거수색죄

1. 서 설

(1) 의의 : 사람의 신체 · 주거 · 관리하는 건조물 · 자동차 · 선박이나 항공기 또는 점유하는 방실을 수색함으로써 성립하는 범죄이다.

(2) 보호법익 : 신체의 자유와 주거의 사실상의 평온

2. 구성요건

(1) 객체 : 사람의 신체 · 주거 · 관리하는 건조물 · 자동차 · 선박이나 항공기 또는 점유하는 방실

(2) 행위 : 수색하는 것

① 수색이란 사람 또는 물건의 발견을 위하여 사람의 신체 또는 일정한 장소를 조사하는 강제력의 행사이다.

② 예 ① 권한 없는 자가 사람의 신체를 수색하는 경우 → 신체수색죄 성립

② 권한 없는 자가 고속버스의 화물칸을 수색하는 경우 → 주거수색죄 성립

③ 소수주주가 회사측 의사에 반하여 사무실에서 회계장부를 찾아낸 경우 → 방실수색죄(대판 2001. 9. 7, 2001도2917)

3. 위법성

(1) 정당행위 : 법령에 의한 수색은 정당행위로서 위법성이 조각된다.

(2) 피해자의 승낙 : 피해자의 승낙에 의한 수색은 구성요건해당성이 조각된다.

4. 죄수문제

(1) 주거에 침입하여 수색한 경우 : 주거침입죄와 주거수색죄의 경합범

(2) 절도 · 강도 목적으로 금품을 수색한 경우 : 절도 · 강도죄만 성립(주거수색죄는 절도 · 강도죄에 흡수된다)

제5장

재산에 대한 죄

제1절 재산죄의 일반이론

I. 서 론

1. 의 의

(1) 재산죄란 개인의 재산을 보호법익으로 하는 범죄를 말하며, 형법상 재산죄란 재물죄와 이익죄를 결합한 범죄이다.

(2) 따라서 재산죄와 이익죄는 구별된다.

2. 재산죄의 종류

(1) **행위객체에 의한 분류** : 재물죄 · 이익(득)죄 · 재물죄 또는 이익죄

① **재물죄** : 절도죄 · 횡령죄 · 장물죄 · 손괴죄

② **이익(득)죄** : 배임죄 · 컴퓨터 등 사용사기죄

③ **재물죄 또는 이익(득)죄** : 강도죄 · 사기죄 · 공갈죄

(2) **불법영득의사 여부에 의한 분류** : 영득죄와 손괴죄

	영득죄	손괴죄
의 의	불법영득의사를 필요로 하는 범죄	불법영득의사를 필요로 하지 않고 손괴의 의사만으로 성립하는 범죄
범죄의 예	① 재산죄 등 손괴죄를 제외한 모든 범죄 ② 즉, 절도죄 · 횡령죄 · 장물죄 · 배임죄 · 강도죄 · 사기죄 · 공갈죄	재산죄 중 손괴죄

(3) 침해방법에 의한 분류 : 탈취죄와 편취죄

	탈취죄	편취죄
의 의	소유자 · 점유자의 의사에 반하여 재물을 취득하는 범죄	소유자 · 점유자의 하자있는 의사에 의하여 취득하는 범죄
범죄의 예	절도죄 · 강도죄 · 장물죄 · 횡령죄	사기죄 · 공갈죄

(4) 보호법익에 의한 분류 : 소유권을 보호법익 · 소유권 이외의 물권 또는 채권을 보호법익 · 전체로서 재산권을 보호법익

① **소유권을 보호법익으로 하는 범죄** : 절도죄 · 횡령죄 · 장물죄 · 손괴죄

② **소유권 이외의 물권 또는 채권을 보호법익으로 하는 범죄** : 권리행사방해죄

③ **전체로서 재산권을 보호법익으로 하는 범죄** : 강도죄 · 사기죄 · 공갈죄 · 배임죄

Ⅱ. 재산죄의 객체 : 재물과 이익

1. 재물의 의의

(1) 관리가능할 것

① **재물의 본질** : 유체물설과 관리가능설

	유체물설	관리가능성설(통설 · 판례)
의 의	재물은 유체물에 한하여 인정한다는 견해	재물은 유체물에 한하지 않고 관리가능한 것이면 인정한다는 견해
제346조의 해석	예외적(특별) 규정. 즉, 제346조를 유체물이 아닌 동력을 재물에 포함시키기 위한 특별규정으로 본다.	예시적 또는 주의적 규정. 즉, 관리가능성설은 유체물뿐만 아니라 무체물도 재물에 포함되므로 제346조는 주의적(예시적) 규정으로 본다.

개념정리 제346조(동력)

관리할 수 있는 동력은 재물로 간주한다.

② 관리의 범위

㉠ **관리가능이란** : 물리적 관리가능만을 말하며 따라서 법률적(예 권리 · 채권 등) 관리 또는 사무적 관리(기능)은 재물에 포함하지 않는다.

㉡ **관리가능하므로 재물성 인정** : 예 전기 · 인공냉기 · 인공열기 · 염전 · 전력 · 수력 등

㉢ **관리할 수 없으므로 재물성 부정** : 예 자기 · 전파 · 태양 · 음파 · 바다 · 권리 등

③ **제346조**(관리할 수 있는 동력은 재물로 간주한다) : 예시적 · 주의적 규정이다(통설 · 판례). 여기서 관리할 수 있는 동력은 자연적 에너지를 말한다(예 인공냉기 · 전력 · 수력 등). 따라서 인간의 노동력 · 우마(牛馬)의 견인력은 재물이 아니다(통설).

(2) 경제적 가치가 있음을 요하지 아니한다

① 소유권의 객체로 되어 있으면 족하고 반드시 경제적 가치가 있음을 요하지 않는다(통설 · 판례).

② 따라서 소유자가 주관적 가치를 가짐에 불과한 것도 재물이 된다.

예 가족사진 · 태환권 · 연애편지 등

③ 단, 객관적 · 주관적 가치가 전혀 없는 것은 재물이 될 수 없다. 예 공기

관련판례 재물인정 유무

1. 재물을 인정하는 판례

① 무효인 약속어음(보험증권) · 주권포기각서 · 위조된 유가증권

② 인감증명서

③ 주민등록증 · 운전면허증

④ 불상 · 애인의 사진 · 20만원 상당의 초상화

⑤ 폐지로서 소각할 것에 불과한 도시계획구조변경계획서

⑥ 사법상의 권리이전관계를 내용으로 하는 저서

⑦ 종합병원의 학술연구자료인 사체

⑧ (법원으로부터 송달된) 심문기일소환장

⑨ 매매계약서 사본

2. 재물을 부정하는 판례

① 권리(10만원을 받을 수 있는 권리)

② 전파 · 자기 · 음파 · 태양 · 바다

③ 타인 전화의 사용(전화통화)

④ 특허권

⑤ 아편흡식기 · 위조통화

⑥ 타인의 컴퓨터에 저장된 데이터

(3) 부동산의 재물성

① 부동산도 관리가능한 유체물이므로, 따라서 사기죄 · 공갈죄 · 횡령죄의 재물의 객체에는 부동산도 포함된다.

② **문제의 제기** : 부동산이 절도죄 또는 강도죄의 객체가 될 수 있는지에 관하여 명문규정이 없기 때문에 견해가 대립된다. 즉 긍정설과 부정설(판례)

	긍정설	부정설(판례)
의 의	부동산의 절도죄 · 강도죄를 인정한다는 견해	부동산의 절도죄 · 강도죄를 부정한다는 견해
근 거	① 절도죄의 객체에는 동산에 한한다는 명문규정이 없다. ② 절취의 본질은 재물에 대한 지배의 이전에 있으며 소재 이전을 필요로 하는 것은 아니다. 따라서 부동산 절도를 인정한다.	① 부동산은 그 점유가 침해된 경우에도 그 소재를 변경하지 않는 것이므로 피해자가 점유를 침해당하였다고 인정하기가 어렵다. ② 절취의 본질은 재물의 장소적 이전이 필요하므로 장소적 이전이 불가능한 부동산 절도를 부정한다.

③ **결론**

㉠ **판례** : 부동산의 절도죄는 부인하나, 단 부동산의 강도죄는 인정한다.

예 토지경계선을 넘어 타인의 토지 일부를 침범하여 건축하는 경우 ➡ 경계침범죄가 성립하고 절도죄는 부정

㉡ **다수설** : 부동산의 절도죄와 강도죄를 부인한다(부동산은 장소적 이전이 불가능하므로).

(4) 재물의 타인성 : 재산죄의 객체인 재물은 타인의 재물이어야 한다.

① **타인이 점유하는 자기소유의 재물** : 권리행사방해죄가 성립

예 전당포에 저당잡힌 자기 시계를 훔친 경우

② **공무소의 명에 의한 타인이 관리하는 자기재물** : 공무상 보관물무효죄가 성립

예 압류한 집행관이 채무자에게 보관을 명한 물건을 손상한 경우

(5) 금제품의 재물성

① **점유만이 금지되어 있는 물건** : 재물성 인정 예 불법취득(소지)의 무기 · 군용알코올(휘발유) 등

② **소유와 점유가 금지되어 있는 물건** : 재물성 부인(통설) 예 위조통화 · 아편흡식기 등

단, 판례는 법률상 소유가 금지된 금제품이라도 절도죄의 객체를 인정한다.

예 위조통화를 절취한 경우 ➡ 통설은 절도죄 부인 · 판례는 절도죄 인정

(6) 사체의 재물성

① **재물성 부정** : 원칙상 사체의 재물성을 부인하나(예 유골 · 사체 · 유발) 예외로 사체의 재물성

을 인정한다(예 학문연구의 목적 또는 의학실습용사체 · 유골 등).

② **사체에 부착된 의치 · 의족 · 모발 · 혈액 · 장기** : 재물성 부정(사체의 일부분이므로)

③ **사체로부터 분리된 의치 · 의족 · 모발 · 혈액 · 장기** : 재물성 인정

(7) 불법원인급여물 : 재물성인정. 즉, 불법한 원인에 의하여 급여된 물건(예 뇌물로 제공한 재물 · 매음료(성적 관계의 댓가)로 지불한 재물 등)은 그 소유 · 소지가 금지된 것은 아니므로 재물성을 인정한다.

2. 재산상의 이익

(1) 의의 : 재산상의 이익이란 재물 이외에 재산적 가치가 있는 이익을 말한다.

(2) 이익 범죄 형태 : 배임죄 · 강도죄 · 사기죄 · 공갈죄

(3) 이익의 성질 : 법률적 재산설 · 경제적 재산설(판례) · 법률적 및 경제적 재산설(다수설)이 대립

① **법률적 재산설** : 법률상(민법상 재산상의) 권리와 의무의 총제가 재산상의 이익이라는 견해. 따라서 경제적 가치는 불문한다.

② **경제적 재산설**(판례) : 재산을 경제적 이익의 총체라는 견해. 따라서 경제적 이익의 범위는 경제적 기준에 의하여 결정된다. 예 노동력 · 기대권 등도 재산상의 이익이 된다.

③ **법률적 및 경제적 재산설**(다수설) : 법률적 재산설과 경제적 재산설의 절충적 견해, 즉 법질서의 승인된 범위 내에서 경제적 가치 있는 모든 재화가 재산상의 이익이라는 견해

(4) 이익의 내용 : 적극적 이익 · 소극적 이익 · 영구적 이익 · 일시적 이익을 불문한다.

보충설명 이익의 내용

1. **적극적 이익** : 재산의 증가를 말한다. 예 무임승차 · 담보제공을 받는 것 · 무상 · 노동력의 제공 · 채권취득
2. **소극적 이익** : 부채의 감소를 말한다. 예 채무의 감소 · 면제 · 채무변제의 유예를 받는 것 등
3. **영구적 이익** : 예 재무변제
4. **일시적 이익** : 예 채무이행의 연기

관련판례 이익의 본질(경제적 재산설을 근거)

부녀가 금품 등을 받을 것을 전제로 성행위를 하는 경우 그 행위의 대가는 사기죄의 객체인 경제적 이익에 해당하므로, 부녀를 기망하여 성행위의 대가의 지급을 면하는 경우 → 사기죄가 성립(대판 2001. 10. 23, 2001도2991)

Ⅲ. 불법영득의사

1. 서 설

(1) 의의 : 일시적 또는 영구적으로 권리자를 배제하여 타인의 재물을 자기의 소유물과 같이 그 경제적 용도에 따라 이용·처분하려는 의사를 말한다.

(2) 법적 성질 : 고의내용설·초과주관적 구성요건요소설(통설)

① **고의내용설** : 불법영득의사를 고의의 내용으로 보는 견해

② **초과주관적 구성요건요소설**(통설) : 불법영득의사를 고의 외에 초과주관적 구성요건요소로 보는 견해

(3) 논의의 실익

① **문제의 제기** : 불법영득의사의 문제는 특히 절도죄에서 중요한 의미가 있다.

② **결론** : 절도죄의 성립에 불법영득의사를 필요로 한다면(통설·판례)

㉠ **첫째** : 절도죄(불법영득의사 필요)와 손괴죄(불법영득의사 불요)를 구별하는 기준이 될 수 있고

㉡ **둘째** : 사용절도의 불가벌성을 확정하는 기능을 한다.

2. 불법영득의사의 인정여부 : 필요설(통설·판례)과 불필요설

	필요설(통설·판례)	**불필요설**
의 의	재산죄의 성립에는 불법영득의사가 필요하다는 견해	재산죄(특히 절도죄)의 성립에는 고의만 있으면 성립하고 고의 이외의 불법영득의사는 불필요하다는 견해
보호법익	소유권	점유권
근 거	① 불법영득의사의 여부에 따라 영득죄와 손괴죄로 구별할 수 있다. ② 손괴죄는 영득죄보다 형이 경한데, 그것은 불법영득의사가 없다는 데에 그 이유가 있다. ③ 불법영득의사의 유무에 따라서 가벌적인 절도와 불가벌적인 사용절도를 구별할 수 있다.	① 불법영득 의사에 관한 명문규정이 없다. ② 절도죄의 보호법익은 점유이므로 점유침해의 의사 외에 별도의 의사를 불요한다. ③ 사용절도의 경우에 불법영득의 의사가 없다고 절도죄로 벌하지 않는다면 피해자보호에 충실하지 못하다. ④ 절도죄를 손괴조보다 중하게 벌하는 이유는 불법영득의 의사 때문이 아니라, 재산적 질서를 혼란시킨다는 행위태양 때문이다.

3. 결 론

(1) 재산죄 중 손괴죄를 제외하고는 불법영득의사를 필요로 한다.

(2) 따라서 손괴죄와 자동차 등 불법사용죄는 불법영득의사를 불요한다(통설 · 판례).

관련판례 불법영득의사

1. 불법영득의사가 인정되는 경우(절도죄 인정)

① 예금통장을 절취하여 예금을 인출한 후 예금통장을 반환한 경우

② 타인의 총을 절취한 경우

③ 바닷가의 배를 절취하여 사용한 후 다른 곳에 방치한 경우

④ 타인의 소유물을 소유권자의 형을 위하여 절취한 경우

2. 불법영득의사가 부정되는 경우(절도죄 부정)

① 주민등록증을 사용 후 반환할 의사로 절취한 경우

② 현금카드 · 신용카드를 일시 사용하고 곧 반환한 경우

③ 혼인신고서 작성 위하여 피해자의 승낙없이 도장 사용 후 제자리에 갖다 놓은 경우

④ 타인 직불카드 사용 후 반환한 경우

4. 불법영득 의사의 객체(영득행위의 대상) : 물체설 · 가치설 · 절충설(통설 · 판례)

(1) 물체설 : 불법영득행위의 대상은 재물의 물체 그 자체라는 견해

(2) 가치설 : 불법영득행위의 대상은 재물의 경제적 가치라는 견해

(3) 절충설(통설 · 판례) : 물체설과 가치설의 결합. 즉, 불법영득행위의 대상은 재물의 물체 그 자체 또는 재물의 경제적 가치라는 견해(여기서 가치란 단순한 재물의 사용가치가 아니라 재물의 특수한 기능가치를 말한다)

(4) 영득의 불법 : 영득은 객관적으로 불법하여야 하고, 불법은 위법을 의미한다. 이 경우 위법이 구체적으로 무엇을 의미하는가에 관하여 견해가 대립한다.

① **영득의 불법설** : 불법영득의 위법성은 영득행위가 특별히 피해자의 소유권 질서와 모순 · 충돌된다는 것을 의미한다는 견해. 이 견해에 따르면 행위자에게 반환청구권이 있는 때에는 비록 영득행위는 있었을지라도 불법영득이 되지 않는다.

② **절취의 불법설**(판례) : 불법이란 영득의 불법이 아닌 절취의 불법을 의미하므로 절취가 적법하지 않으면 불법영득의사를 인정해야 한다는 견해

예 ① 외상매매 계약을 해제하여 외상매매물품의 반환청구권이 피고인에게 있다 하여도 매수인의 승낙을 받지 아니하고 물품을 가져간 경우 ➡ 절도죄

② 회사의 물품대금 확보를 목적으로 채무자의 승낙없이 채무자 소유의 자동차를 운전하여 회사로 옮겨놓은 경우 ➡ (불법영득의사 있으므로) 절도죄

5. 사용절도

(1) 의의 : 타인의 재물을 일시적으로 사용한 후에 반환하는 것을 말한다.

예 이웃집 재봉틀을 일시 사용한 후 반환의사로 가져간 경우 · 친구의 자전거를 일시 사용한 후 반환의사로 가져간 경우

(2) 사용절도의 성립요건

① 일시사용 의사가 있을 것

㉠ **사용절도는** : 목적물을 일시 사용할 의사이어야 한다.

㉡ **일시사용 여부의** (구체적) **판례**

ⓐ 일시사용의 목적으로 자전거를 타고 간 때 : 무죄(불법영득의사가 없으므로)

ⓑ 자동차 또는 오토바이를 2시간 동안 사용하고 원래 있는 곳에 갖다 둔 경우 : 자동차 등 불법사용죄(불법영득의사가 인정되므로)

② 단순한 사용일 것

㉠ 단순한 사용이므로 재물의 가치를 감소 · 소멸시켜서는 안 된다.

㉡ 따라서 단순한 일시적 사용이라도 재물의 가치를 감소 · 소멸시키면 불법영득의사가 인정된다.

예 자동차를 장시간 사용하여 타이어를 마모시키거나 또는 밧데리를 못쓰게 한 경우 ➡ 자동차 (등) 불법사용죄 성립

핵심요약 사용절도 인정여부

1. 사용절도를 부정하는 경우

① 자동차 또는 오토바이를 장시간(10시간 30분) 사용하고 원래 있던 곳에 가져다 둔 경우 ➡ (타이어를 마모시키거나 또는 배터리를 못 쓰게 하여 재물의 가치를 감소시켰으므로) 자동차불법사용죄

② 재물을 사용한 후 방치하거나 버려두어 소유자가 우연히 이를 반환받을 수 있게 한 데 불과한 경우 ➡ 절도죄

③ 해변에 둔 배를 절취하여 용무를 마치고 다른 곳에 방치한 경우 ➡ 절도죄

2. 사용절도를 인정하는 경우

① 약속시간에 늦지 않으려고 길가에 세워진 타인의 자전거를 허락 없이 타고 반환한 경우 ➡ 무죄

② 잠시 읽고 돌려주기 위하여 책을 가져간 경우 ➡ 무죄

③ **사용 후 반환할 것**

㉠ 사용 후 재물을 반환하여야 한다.

㉡ 따라서 사용 후 재물을 방치하면 절도죄가 성립한다.

예 해변에 둔 배를 절취하여 용무를 마치고 다른 곳에 방치한 경우 ➡ 절도죄 성립

(3) 사용절도의 효과 : 원칙상 불벌 · 예외로 처벌

① **원칙**(상) : 불가벌

㉠ 불법영득의사 없다.

㉡ 점유자나 소유자의 점유권이 완전히 배제되었다고 볼 수 없다.

㉢ 사회 상규에 반하지 아니한다.

㉣ 피해가 경미하므로 처벌하지 않는다.

② **예외** : 자동차 등 불법사용죄 처벌. 즉, 권리자의 동의 없이 타인의 자동차 · 선박 · 항공기 또는 원동기장치자전차를 일시적으로 사용한 자는 자동차 등 불법사용죄(제331조의2)로 처벌한다(재물의 가치를 감소 · 소멸시켰으므로).

Ⅳ. 친족상도례

1. 서 설

(1) 의의 : 일정한 친족 사이에 재산범죄를 범한 경우에 범죄는 성립하나 친족관계라는 특수사정을 고려하여 특별취급(형의 면제 또는 친고죄)하는 것을 말한다.

예 자식이 아버지의 자동차를 절취한 경우

(2) 인정이유

① 친족간의 행위에 대하여 국가간섭을 배제

② 친족간의 정의관계를 고려한 형사정책적인 이유

2. 법적 성질 : 인적처벌조각사유설(통설 · 판례) · 범죄불성립설

(1) 인적처벌조각사유설(통설 · 판례) : 재산범죄에서 범죄자와 피해자가 일정한 친족관계에 있는 경우 범죄는 성립하나 친족관계로 인하여 그 형을 면제한다는 견해

(2) 범죄불성립설 : 재산범죄에서 범죄자와 피해자가 일정한 친족관계에 있는 경우에는 범죄가 성립하지 않는다는 견해

3. 친족상도례의 적용

(1) 친족관계의 범위

① **민법** : 친족의 범위는 민법에 의한다. 민법은 8촌 이내의 혈족 · 4촌 이내의 인척 · 배우자를 친족으로 본다(민법 제777조).

② **인적 범위** : 친족관계는 누구와의 사이에 존재하여야 하느냐에 관하여

㉠ 행위자가 재물의 소유자 사이에 존재하여야 한다는 설

㉡ 행위자와 재물의 점유자 사이에 존재하여야 한다는 설

㉢ 행위자와 재물의 소유자 · 점유자 모두 사이에 존재하여야 한다는 설(통설 · 판례)

㉣ **결론**

ⓐ 절도죄의 보호법익이 소유권이며, 또한 절취행위는 점유의 침해를 특징으로 하므로 ㉢설이 타당하다.

ⓑ 따라서 행위자 · 점유자 · 소유자 모두에게 친족관계가 존재하여야 한다.

예 처가 보관중인 처 친구의 보석반지를 남편이 절취한 경우 → 절도죄 성립

관련판례 친족관계의 인적 범위[18]

1. **사기죄와 친족상도례** : 법원을 기망하여 제3자로부터 재물을 편취한 경우에 피기망자인 법원은 피해자가 될 수 없고 재물을 편취당한 제3자가 피해자라고 할 것이므로 피해자인 제3자와 사기죄를 범한 자가 직계혈족의 관계에 있을 때에는 그 범인에 대하여 형법 제328조 제1항(친족상도례)을 준용하여 형을 면제하여야 한다(대판 1976. 4. 13, 75도781).
2. **절도죄와 친족상도례** : 친족상도례에 관한 규정은 범인과 피해물건의 소유자 및 점유자 모두 사이에 친족관계가 있는 경우에만 적용되는 것이고, 절도범인이 피해물건의 소유자나 점유자의 어느 일방 사

---

18. 김현, 형법각론, 210면

이에서만 친족관계가 있는 경우에는 그 적용이 없다(대판 1980. 11. 11, 80도131).

3. 컴퓨터 (등) 사용사기죄와 친족상도례

① 절취한 친족 소유의 예금통장을 현금자동지급기에 넣고 조작하여 예금 잔고를 다른 금융기관의 자기 계좌로 이체하는 방법으로 저지른 컴퓨터 등 사용사기죄에 있어서의 피해자는 친족 명의 계좌의 금융기관이다.

② 손자가 할아버지 소유 농업협동조합 예금통장을 절취하여 이를 현금자동지급기에 넣고 조작하는 방법으로 예금 잔고를 자신의 거래 은행 계좌로 이체한 경우, 위 농업협동조합이 컴퓨터 등 사용사기범행부분의 피해자이므로 친족상도례를 적용할 수 없다(대판 2007. 3. 15, 2006도2704).

4. 횡령죄와 친족상도례 : 횡령범인이 위탁자가 소유자를 위해 보관하고 있는 물건을 위탁자로부터 보관받아 이를 횡령한 경우에 형법 제361조에 의하여 준용되는 제328조 제2항의 친족간의 범행에 관한 조문은 범인과 피해물건의 소유자 및 위탁자 쌍방 사이에 같은 조문에 정한 친족관계가 있는 경우에만 적용되고, 단지 횡령범인과 피해물건의 소유자 간에만 친족관계가 있거나 횡령범인과 피해물건의 위탁자간에만 친족관계가 있는 경우에는 적용되지 않는다(대판 2008. 7. 24, 2008도3438).

③ **시적 범위** : 친족관계는 범죄행위시에 존재하면 되고, 그 이후에 소멸되어도 친족상도례는 적용된다.

예 A는 아버지의 자동차를 절도(취)하였으나 그 후 아버지와 어머니가 이혼한 경우 ➡ A는 친족상도례가 적용되어 형이 면제된다.

관련판례 친족은 범죄행위시에 존재

친족관계는 원칙적으로 범행 당시에 존재해야 하나, 혼인 외의 출생자에 대한 인지가 범행 후에 이루어진 경우라도 그 소급효(민법 제860조)에 따라 친족상도례규정이 적용된다(대판 1997. 1. 24, 96도1731).

(2) 친족상도례의 적용범위

① 적용구분

㉠ **형의 면제** : 직계혈족 · 배우자 · 동거친족 · 호주 · 가족 또는 그 배우자간의 친족

ⓐ **직계혈족** : 직계존속과 직계비속을 말하며, 동거 유 · 무 또는 자연혈족 · 법정혈족을 불문한다. 또한 양자와 생가와의 관계도 해당된다(판례). 단, 인지하지 않은 혼인외의 자는 제외된다.

ⓑ **배우자** : 법률상의 배우자를 말하며 사실상의 배우자는 제외된다.

ⓒ 동거친족 : 직계혈족과 배우자를 제외한 동일한 주거에서 일상생활을 같이 하는 친족으로, 따라서 일시 숙박한 친족 · 가출한 친족 · 차가(借家) 친족은 동거친족이 아니다.

ⓓ 가족 : 일가의 구성원으로서 호주가 아닌 자로서 계모와 적모도 가족에 포함된다.

㉡ **친고죄** : ㉠ 이외의 친족간의 범죄는 고소가 있어야 공소를 제기할 수 있다.

예 분가하여 동거하지 않는 형의 집에서 물건을 절취한 경우 ➞ 형의 고소가 있어야 처벌할 수 있다.

② **적용범위**

㉠ 재산죄 중 강도죄와 손괴죄를 제외한 범죄에 적용된다.

㉡ 따라서 절도죄 · 횡령죄 · 장물죄 · 배임죄 · 사기죄 · 공갈죄에 한하여 적용된다.

(3) 공범관계 : 친족상도례는 친족관계에 있는 자에게만 적용되므로 비친족에게는 친족상도례가 적용되지 않는다.

① **비친족이 친족의 범죄에 가담한 경우** : 비친족은 친족상도례 적용이 부인된다.

예 A와 B가 A의 부(父) 甲의 지갑을 절취한 경우 ➞ A는 불벌(형 면제) · B는 절도죄

② **친족이 비친족의 범죄에 가담한 경우** : 친족은 친족상도례가 적용된다.

예 A가 甲을 교사하여 甲의 부(父)의 물건을 절취한 경우 ➞ 甲은 절도죄는 성립하나 불벌(형 면제) · A는 절도죄의 교사범

4. 친족관계의 인식 및 착오

(1) 친족관계의 인식

친족상도례는 인적 처벌조각사유이므로 친족관계가 객관적으로 존재하면 되고 행위자가 이를 인식할 것을 요하지 않는다.

(2) 친족관계의 착오

친족관계는 객관적 구성요건요소가 아니므로 친족관계의 착오는 고의 성립에 영향이 없으므로 범죄는 성립한다.

① **친족인 줄 알았으나 사실은 친족이 아닌 경우** : 친족상도례 적용 부인

예 甲은 자기 아버지의 지갑인 줄 알고 절취했는데 사실은 아버지 친구의 지갑인 경우 ➞ 절도죄 성립

② **친족이 아닌 줄 알았으나 사실은 친족인 경우** : 친족상도례 적용

예 甲이 아버지 친구의 지갑인 줄 알고 절취했는데 사실은 자기 아버지의 지갑인 경우 ➞ 불벌(형 면제)

V. 불가벌적 사후행위

1. 서 설

(1) 의의 : 범죄에 의하여 영득한 재물이나 이익을 사용 · 처분하는 사후행위가 별도의 구성요건에 해당하는 경우에도 주된 범죄행위에 흡수됨으로써 별도의 범죄를 구성하지 않는 것을 말한다. 예 절도품을 손괴 또는 은닉한 경우 → 절도죄만 성립

(2) 성질

① **상태범만 인정** : 범죄 이후의 상태(행위)는 별개의 범죄를 구성하지 않으므로 상태범에서만 인정한다

② 재산죄에 한하지 않는다. 예 간첩이 국가기밀을 누설한 경우 → 간첩죄만 성립

2. 법적 성질 : 법률경합의 일종이라는 설(통설)과 법률경합이 아니라는 설

(1) 법률경합의 일종이라는 설 : 보충관계설과 흡수관계설(통설)이 대립

(2) 법률경합이 아니라는 설 : 인적처분조각사유설과 순수한 수죄라는 설이 대립

3. 불가벌적 사후행위의 범위

(1) 학설 : 손해발생설 · 위법상태설 · 법익침해설(통설)

(2) 결론 : 사후행위가 별개의 새로운 법익을 침해하는 경우에는 별도의 범죄를 구성한다. 따라서 법익침해설이 타당하다(통설).

핵심요약 불가벌적 사후행위

1. 불가벌적 사후행위를 인정하는 경우(판례)

① **절취한 물건을 손괴한 경우** : 절도죄만 성립

② **절취한 물건을 매각한 경우** : 절도죄만 성립

③ **절취한 돈으로 물건을 구입한 경우** : 절도죄만 성립

④ **절취한 자기앞수표를 현금으로 교환한 경우** : 절도죄만 성립

⑤ **절취한 자기앞수표로 물건을 구입한 후 거스름돈을 받은 경우** : 절도죄만 성립

⑥ **절취한 열차승차권을 환불받은 경우** : 절도죄만 성립

⑦ **횡령물을 손괴 또는 매각한 경우** : 횡령죄만 성립

⑧ **장물을 보관하는 자가 영득한 경우** : 장물보관죄만 성립

2. 불가벌적 사후행위를 부정하는 경우(판례)

① **절취한 예금통장을 사용하여 예금청구서를 작성한 후 은행으로부터 예금을 인출한 경우** : 통설은 절도죄와 사기죄 · 판례는 절도죄와 사기죄 외에 사문서위조죄 및 동행사죄

② **절취한 전당포를 제시하여 저당물을 찾은 경우**(편취한 경우) : 절도죄와 사기죄

③ **절취한 소를 도살장 아닌 곳에서 도살한 경우** : 절도죄와 축산물가공처리법위반죄

④ **절취한 편지를 개봉한 경우** : 절도죄와 비밀침해죄

⑤ **절취한 물건을 자기 물건인 것처럼 가장하여 매각한 경우** : 절도죄와 사기죄

⑥ **살해한 사체를 손괴한 경우** : 살인죄와 사체손괴죄

⑦ **절취한 권총으로 사람을 살해한 경우** : 절도죄와 살인죄

4. 불가벌적 사후행위의 성립요건

(1) 사후행위는 범죄 구성요건을 구비하여야 한다.

예 절도범이 절취한 현금을 소비한 경우 → 절도죄만 성립, 즉 처음부터 불가벌적 사후행위가 발생하지 않는다.

(2) 주된 범죄와 보호법익이 같거나 또는 침해의 양을 초과하지 않아야 한다.

① 피해자와 법익이 같더라도 침해된 법익을 초과하여서는 안 된다. 즉, 침해된 법익을 초과하면 새로운 범죄가 발생한다.

예 ① 절취한 문서로 피해자의 재물을 편취한 경우 → 절도죄와 사기죄 성립
② 절취한 편지를 개봉한 경우 → 절도죄와 비밀침해죄 성립

② 타인의 새로운 법익을 침해하여서는 안된다.

예 절취한 전당표로 전당물을 편취한 경우 → 절도죄와 사기죄 성립

③ 재산죄에 한하지 않는다.

예 간첩이 국가기밀을 누설한 경우 → 간첩죄만 성립

(3) 주된 범죄행위가 처벌받을 것을 요하지 않는다.

예 주된 범죄가 공소시효 완성으로 공소가 제기되지 아니한 경우 → 사후행위는 불가벌

(4) 사후행위가 주된 범죄보다 반드시 가벼워야(경한 죄) 하는 것은 아니다.

예 점유이탈물을 횡령한 후 이를 손괴한 경우 → 횡령죄만 성립

제2절 절도의 죄

I. 서 론

1. 의 의

절도의 죄는 타인의 재물을 절취하는 것을 내용으로 하는 범죄로서 순수한 재물죄이다.

2. 보호법익과 보호받는 정도

(1) **보호법익** : 타인의 소유권(통설)

(2) **보호받는 정도** : 침해범

3. 절도죄의 형태

(1) **기본적 구성요건** : 절도죄

(2) **가중적 구성요건** : 야간주거침입절도죄 · 특수절도죄 · 자동차 등 불법사용죄 · 상습절도죄

II. 절도죄

1. 서 설

(1) **의의** : 타인이 점유하는 타인의 재물을 절취함으로써 성립하는 범죄이다.

(2) **구별개념**

① **횡령죄 · 권리행사방해죄와의 구별**

㉠ **횡령죄** : 자기가 점유하는 타인의 재물이다.

예 전당포에 저당중인 보석반지를 주인이 영득한 경우 → 횡령죄

㉡ **권리행사방해죄** : 타인이 점유하는 자기의 재물이다.

예 전당포에 저당중인 보석반지를 주인 몰래 가져오는 경우 → 권리행사방해죄

㉢ **절도죄** : 타인이 점유하는 타인의 재물이다.

예 소매치기가 타인의 목걸이를 절취한 경우 → 절도죄

② 강도죄와의 구별

	절도죄	강도죄
대 상	재물죄	재물죄 또는 이익죄
행 위	절 취	강 취
친족상도례	적용 인정	적용 부정

(3) 성질

① 침해범 · 즉시범 · 결과범 · 상태범

② 재산죄 중 재물죄 · 영득죄 · 탈취죄

2. 구성요건

(1) 객관적 구성요건

① **주체** : 제한이 없다. 단, 친족의 신분을 가진 자가 주체인 경우에는 친족상도례가 준용된다.

예 甲과 乙이 甲의 父의 재물을 절취한 경우 → 甲은 불가벌 · 乙은 절도죄

② **객체** : 타인이 점유하는 타인의 재물

㉠ **점유**

ⓐ 형법상의 점유는 재물에 대한 사실상의 지배를 의미하며, 반드시 소지하지 않아도 된다.

ⓑ 민법상의 점유와 구별

	형법상 점유	민법상 점유
개 념	사실상 · 법률상의 점유 불문. 즉, 소지 또는 보관이라야 한다.	법률상 점유에 한. 즉, 점유라야 한다.
점유보조자	점유 보조자의 점유 인정	점유 보조자의 점유 부인
간접점유	간접점유 부인	간접점유 인정
상속점유	상속에 의한 승계 점유 부인	상속에 의한 승계 점유 인정

ⓒ 점유는 재물에 대한 점유의사가 필요하다. 단, 점유의사는 구체적이고 개별적인 의사일 필요는 없고, 추상적이고 일반적인 의사만으로도 족하다.

ⓓ 권원(權原)에 의한 적법한 점유임을 요하지 않는다.

예 절도범의 절취물을 절도하는 경우 → 절도죄

보충설명 점유의 기능

1. **행위의 주체로서 점유** : 타인의 재물을 보관(점유)하는 자가 범죄의 주체가 되며 신분요소로서 점유라고도 한다. 예 횡령죄
2. **행위의 객체로서 점유** : 점유가 행위의 객체가 되는 경우를 말한다. 예 절도죄 · 강도죄 · 사기죄 · 공갈죄
3. **보호의 객체로서 점유** : 점유가 보호의 객체(보호법익)가 되는 경우로서 적법한 권원(權原)에 의한 점유이어야 한다. 예 권리행사방해죄

보충설명 재물죄의 행위 객체

1. **타인이 점유하는 타인(소유)의 재물** : 절도죄 · 강도죄 · 사기죄 · 공갈죄
2. **자기가 점유하는 타인(소유)의 재물** : 횡령죄
3. **타인이 점유하는 자기 재물** : 권리행사방해죄
4. **자기 또는 타인이 점유(점유자 불문)하는 타인의 재물** : 손괴죄
5. **재물죄에 의하여 영득한 재물** : 장물죄
6. **누구의 점유에도 속하지 않는 타인(소유)의 재물** : 점유이탈물횡령죄

ⓛ 공동점유의 경우

공동점유란 다수인이 재물에 대하여 사실상의 지배를 가지는 것을 말한다.

ⓐ 대등관계의 공동점유

i) 자기와 타인의 공동점유권을 침해하는 경우(공동점유자 상호간에 점유의 타인성이 인정되어 다른 점유자의 동의없이 단독점유로 옮기면) : 절도죄 성립

예 동업관계 있는 조합원의 합유물에 대하여 조합원 동의 없이 자기점유로 옮긴 경우 → 절도죄

ii) 단, 자기와 타인의 공동소유권을 영득하는 경우(공동소유의 재물을 1인이 단독점유중에 그 보관자가 임의로 영득하면) : 횡령죄 성립

ⓑ 상 · 하 관계의 공동점유

i) 하급점유자는 점유 보조자에 불과하므로 주인만 점유자다. 따라서 하급점유자가 상급점유자의 점유권을 침해하면 : 절도죄 성립

예 상점 점원이 상점 물건을 영득하는 경우 또는 파출부가 주인댁 물건을 영득하는 경우 → 절도죄

ii) 독립적 점유 : 다른 사람의 협조없이 종업자(직원)가 사실상 지배하고 있는 재물

에 대하여 어느 정도 처분권이 위임되어 있는 경우(예 은행 · 역 · 백화점의 금전출납직원)에는 종업자의 단독점유가 인정되어 종업자(직원)가 영득하면 횡령죄가 성립한다.

예 은행직원이 관리하는 예금 · 출금할 돈을 영득한 경우 → 횡령죄 성립

ⓒ **포장물의 점유** : 물건을 포장 또는 용기 속에 넣어 맡긴 경우의 점유에 대하여 포장물 전체는 수탁자의 점유에 속하고 그 내용물은 위탁자의 점유에 속한다(판례).

예 ① 포장물 전체를 영득한 경우 → 횡령죄
② 포장물의 내용물을 영득한 경우 → 절도죄
③ 우편집배원이 소포를 영득한 경우 → 절도죄
④ 화물선장이 수탁화물을 영득한 경우 → 업무상 횡령죄
⑤ 정부보유미를 보관중인 자가 보관중인 가마니마다 소량의 쌀을 절취한 경우 → 절도죄

ⓒ **재물의 운반위탁의 경우**

ⓐ **문제의 제기** : 재물의 운반위탁의 경우 운반자와 위탁자 사이에 점유를 누구에게 인정할 수 있느냐의 문제이다.

ⓑ **결론** : 운반자에 대한 위탁자의 현실적인 감독과 통제가 가능하느냐 여부에 따라 판단한다(판례).

i) **위탁자의 감독과 통제가 가능한 경우** : 위탁자의 점유인정. 따라서 운반자가 영득하면 절도죄 성립 예 철도공무원이 그가 운반중인 화물을 취득(처분)한 경우 → 절도죄

ii) **위탁자의 감독과 통제가 불가능한 경우** : 운반자의 점유인정. 따라서 운반자가 영득하면 횡령죄 성립

예 ① 지게꾼이 운반중에 물건을 취득한 경우 → 횡령죄
② 사환이 입금토록 한 돈을 취득한 경우 → 횡령죄
③ 화물자동차의 운전자가 운반중인 물건을 취득한 경우 → 횡령죄

ⓔ **타인의 재물**

ⓐ 타인이란 자기 이외의 자를 말하며, 자연인 이외에 법인 · 단체도 포함한다.

ⓑ 자연인은 의사능력이나 책임능력의 유 · 무를 불문한다.

ⓒ 규범적 구성요건요소이다.

ⓓ 타인의 단독소유 · 공동소유이든 불문한다.

ⓔ 예 ① 공동소유하는 소유물을 공동소유자 중 1인이 임의로 탈취한 경우 → 절도죄(타인소유 타인점유에 대한 침해이므로)

② 甲과 乙이 공동으로 소유하되 甲 단독으로 점유하는 물건을 甲이 처분한 경우 → 횡령죄(타인소유 자기점유에 대한 침해이므로)

ⓕ 단, 무주물(無主物)과 자기 재물(소유권의 객체가 될 수 없는) 금제품은 타인의 재물에 속하지 않으므로 절도죄가 부인된다.

핵심요약 점유의 인정여부

1. 점유가 인정되는 경우(절도죄 인정)

① 강간피해자가 도망가면서 현장에 두고 간 물건을 취득시

② 응급환자 또는 실신자가 떨어뜨린 물건을 취득시

③ 철도승무원이 그가 운송중인 화물을 취득시

④ 여관 · 극장 · 목욕탕 · 당구장에서 손님이 두고 온 물건을 취득시

⑤ 주차장에서 자동차에 두고 온 물건을 취득시

⑥ 농토에 두고 온 농기구를 취득시

⑦ 집으로 돌아가는 길을 아는 가축을 취득시

⑧ 공동소유권 중 1人이 그 소유권을 침해하는 경우

⑨ 종업원이 상점물건을 취득시

⑩ 파출부가 주인댁 물건을 취득시

2. 점유가 인정되지 않는 경우(점유이탈물횡령죄 인정)

① 고속버스에 두고 온 물건을 취득시

② 역 대합실에 두고 온 물건을 취득시

③ 공원의 벤취에 두고 온 물건을 취득시

④ 사자(死者)의 물건을 취득시

⑤ 집으로 돌아오는 길을 모르는 가축을 취득시

③ **행위** : 절취

㉠ **절취란** : 타인이 점유하는 타인의 재물을 점유자의 의사에 반하여 자기 또는 제3자의 점유로 옮기는 것을 말한다.

㉡ **절취의 내용은** : 타인점유의 배제와 점유의 취득을 내용으로 한다.

ⓐ (타인) 점유의 배제

i) 의의 : 점유의 배제란 점유자 또는 처분권자의 의사에 반하여 재물에 대한 사실

상 지배를 배제하는 것을 말한다. 다만, 상대방의 하자 있는 의사에 의한 점유를 배제한 경우에는 사기죄 · 공갈죄가 성립한다.

예 보석을 구매의사 없이 구매할 것처럼 주인을 기망하여 보석을 받은 후 보는 척하다 달아난 경우 → 사기죄

ii) **점유배제의 수단 · 방법** : 제한없다. 즉, 직접적 · 간접적이든, 제3자나 동물을 이용하든, 공연히 행하든(예 날치기) · 비밀리에 행하든(예 소매치기) 불문한다.

iii) **피해자의 승낙** : 점유의 배제는 점유자 또는 처분권자의 의사에 반하여야 하므로 피해자의 승낙은 구성요건해당성을 조각한다(양해의 성질).

예 동거중인 자의 지갑에서 현금을 꺼내가는 것을 목격하고도 피해자가 만류하지 아니한 경우 → 무죄(판례, 묵시적 동의가 인정되므로)

iv) **책략절도인정** : 기망행위가 점유배제의 한 방법인 경우, 따라서 기망행위에 의한 재물의 교부(처분)행위가 있다고 보기 어려운 때에는 절도죄가 성립한다.

예 옷을 사겠다고 하여 입은 후 도주한 경우 → 절도죄

ⓑ (새로운) **점유의 취득**

i) (새로운) 점유의 취득은 행위자가 재물에 대하여 타인의 방해를 받지 않는 사실상의 지배를 말한다.

ii) 일반적으로 점유의 배제와 점유의 취득은 동시에 이루어지나 시간적인 일치함을 요하지 않는다.

예 주인댁의 보석반지를 우편함에 숨겨 놓은 후 다음날 가져가는 경우 → 절도죄

iii) 행위자가 종국적이고 확실한 점유를 가질 것을 요하는 것은 아니며, 제3자가 취득하여도 된다.

핵심요약 절취행위에 해당되는 경우(절도죄 인정 : 판례)

1. 옷을 사겠다고 하여 입은 후 도주한 경우
2. 반지를 사는 척하며 고르다가 갖고 도주한 경우
3. 타인의 선물상자에 꽂힌 명함을 자기 것으로 대체한 경우
4. 가짜 경찰관의 압수에 속아서 (압수)취지를 묵인한 경우
5. 결혼식장의 축의금 접수인인 것처럼 행세하여 축의금을 받아 가로챈 경우
6. 강간피해자가 도피하면서 현장에 두고 간 지갑에서 현금을 절취한 경우

④ **실행의 착수시기와 기수시기**

㉠ **실행의 착수시기** : 밀접행위시, 즉 사실상의 지배를 침해하는 밀접한 행위를 한 때이다.

예 목적물을 물색할 때 · 절도의사로 장롱에 접근시 · 자동차 안의 물건을 훔치려고 문 손잡이를 잡아당긴 때 · 소매치기하기 위하여 손으로 주머니를 더듬은 때

㉡ **실행의 기수시기** : 취득설

ⓐ **학설** : 접촉설(재물에 손을 댔을 때) · 취득설(자기 지배하에 두었을 때) · 이전설(다른 장소로 이전하였을 때) · 은닉설(재물의 발견을 곤란하도록 은닉하였을 때)이 대립하는데 취득설(통설 · 판례)이 타당하다.

예 소매치기가 타인의 호주머니에서 물건을 꺼낸 때 → 절도죄 기수

ⓑ **취득후 원상회복 등** : 취득 이후에 원상회복 · 반환 · 용서 · 변상 등의 행위는 절도죄 성립에 전혀 영향이 없다.

예 오토바이를 절취한 자가 양심의 가책을 느껴 피해자에게 용서를 구한 후 변상한 경우 → 절도죄가 성립

(2) 주관적 요건

① **고의와 불법영득의사 필요**

㉠ **고의** : 재물의 타인성과 절취한다는 인식이 있어야 한다.

㉡ **불법영득의사 요** : 절도죄는 영득죄이므로 고의 이외에 불법영득의 의사가 있어야 한다. 따라서 불법영득의사가 없는 경우에는 사용절도가 되어 절도죄를 구성하지 않는다(통설 · 판례).

② **착오문제**

㉠ **타인의 재물을 무주물로 오인하여 그 점유를 절취한 경우** : 무죄(구성요건의 착오로써 고의가 조각된다)

㉡ **피해자의 승낙이 있는 것으로 오인하여 취득한 경우** : 무죄(구성요건의 착오로써 고의가 조각된다)

(3) 불가벌적 사후행위 : 절도죄는 상태범이므로 절도(기수) 이후에 영득한 재물을 이용 · 처분 · 손괴 · 은닉하는 경우에도 불가벌적 사후행위로서(별도로) 처벌하지 않는다.

핵심요약 불가벌적 사후행위

1. 불가벌적 사후행위에 해당하는 경우(별도의 범죄불성립)

① 절취한 물건을 소비한 경우 ➡ 절도죄만 성립

② 절취한 자기앞수표를 자기 것인 양 현금으로 바꾼 경우 ➡ 절도죄만 성립

③ 열차승차권을 절취한 자가 역직원으로부터 대금을 환불받는 경우 ➡ 절도죄만 성립

2. 불가벌적 사후행위에 해당하지 않는 경우(별도의 범죄성립)

① 절취한 편지를 개봉한 경우 ➡ 절도죄와 비밀침해죄 경합범

② 절취한 통장과 인장으로 예금청구서를 작성 후 예금을 인출한 경우 ➡ 통설은 절도죄와 사기죄 경합범 · 판례는 절도죄와 사기죄 외에 사문서위조죄 및 동행사죄

③ 절취한 전당표로 전당물을 인출한 경우 ➡ 절도죄와 사기죄 경합범

④ 절취한 물건에 새로운 상표를 붙여 재산상의 이익을 취득한 경우 ➡ 절도죄와 사기죄 경합범

3. 관련문제

(1) 절도죄와 주거침입죄와의 관계

① **주간에 주거에 침입하여 절도한 경우** : 주거침입죄와 절도죄의 경합범

② **야간에 주거에 침입하여 절도한 경우** : 야간주거침입절도죄

(2) 절도죄와 공무상 비밀표시무효죄와의 관계

① **압류된 옷장의 봉인을 뜯고 그 안에서 내용을 절취한 경우** : 절도죄와 공무상 비밀표시무효죄의 경합범

② **봉인을 훼손하지 않고 압류물 전체를 절취하는 경우** : 절도죄와 공무상 비밀표시 무효죄의 상상적 경합범

(3) 절도죄와 증거인멸죄와의 관계 : 수사관서에 증거물로 압수한 물건을 절취한 경우 ➡ 절도죄와 증거인멸죄의 상상적 경합범

(4) 절도죄와 장물죄와의 관계

① **절도를 교사한 후에 절도범인으로부터 그 도품을 취득한 경우** : 절도교사죄와 장물취득죄의 경합범

② **절도범이 절도품인 줄 알면서 절취한 경우** : 절도죄와 장물취득죄의 상상적 경합범

③ **절도범이 절도품인 줄 모르고 절취한 경우** : 절도죄만 성립

Ⅲ. 야간주거침입절도죄

1. 서 설

(1) 의의 : 야간에 사람의 주거 · 간수하는 저택 · 건조물 · 선박 또는 점유하는 방실에 침입하여 타인의 재물을 절취함으로써 성립하는 범죄이다.

(2) 성질

① 절도죄의 특별규정

② 결합범

③ 신분범

2. 구성요건

(1) 행위 : 야간에 사람의 주거 · 간수하는 저택 · 건조물 · 선박 또는 점유하는 방실에 침입하여 타인의 재물을 절취

① 야간

㉠ 일몰 후부터 일출 전까지를 의미한다(통설 · 판례). 즉, 천문학적 해석(설)을 근거

㉡ 절취행위나 주거침입행위 중 어느 하나가 야간에 행하여지면 족하다(통설). 단, 판례는 주거침입행위와 절취행위가 야간에 행하여짐을 요한다. 따라서 주거침입행위가 주간에 이루어지면 본죄가 성립하지 않는다.

㉢ **예** ① 주간에 타인의 주거에 침입한 후 야간에 절도행위를 한 경우 → 야간주거침입절도죄(통설) · 판례는 주거침입죄와 절도죄의 경합범

② 야간에 타인의 주거에 침입한 후 주간에 절도행위를 한 경우 → 야간주거침입 절도죄(통설)

③ 주간에 타인의 주거에 침입한 후 (주간에) 절도행위를 한 경우 → 주거침입죄와 절도죄의 (실체적) 경합범

② 사람의 주거

㉠ 거주란 사람의 기거침식에 사용되는 장소를 말한다.

㉡ 주거의 사용이 일시적 · 영속적이든 불문한다.

㉢ 거주자가 반드시 현존함을 요하지 않는다.

㉣ 주거는 적법함을 요하지 않는다.

③ **간수**

㉠ 사실상의 지배 · 관리를 의미한다.

㉡ 타인의 침입을 방지하는 인적 설비(예 경비원) · 물적 설비(예 열쇠장치)를 불문한다.

㉢ 간수자가 현존함을 요하지 않는다.

④ **저택**

㉠ 주거에 사용하기 위한 건조물 및 이에 부속하는 위요지(圍繞地)를 말한다.

㉡ 현재 주거에 사용되고 있지 않은 것에 한한다. 예 공가(빈집) · 폐쇄된 별장 등

⑤ **건조물** : 주거에 사용되는 건조물을 제외한 기타의 건조물(가옥)과 이에 부속되는 위요지(圍繞地)를 말한다. 예 학교 · 공장 · 관공서 · 청사 등

⑥ **선박** : 대 · 소는 불문하나 최소한 사람이 거주할 수 있는 정도의 규모이어야 한다.

⑦ **점유하는 방실** : 건조물 내의 사실상 지배 · 관리하는 일정구역을 말한다.

예 여관 · 호텔 내의 객실, 사람이 투숙하고 있는 빌딩 내의 사무실 등

(2) 실행의 착수시기 및 기수시기

① **실행의 착수시기** : 주거침입시, 즉 절도의사로 야간에 주거 등에 침입한 때이다.

예 야간에 절도의사로 행한 주거침입 행위가 미수인 경우 ➡ 야간주거침입절도죄의 미수범

② **기수시기** : 재물 취득시, 즉 주거침입의 미수 · 기수와 관계없이 절취행위가 완료된 때(즉, 재물취득시) 기수가 된다.

예 야간에 길가의 창문을 열고 손을 넣어 방안의 물건을 절취한 경우 ➡ 야간주거침입절도죄 기수

3. 위법성

(1) 피해자의 승낙이 있는 경우 : 불벌, 즉 구성요건 해당성이 조각된다.

(2) 주거침입행위만 승낙하고 절도행위는 승낙하지 아니한 경우 : 절도죄만 성립

(3) 절취행위만 승낙하고 주거침입행위는 승낙하지 아니한 경우 : 주거침입죄만 성립

Ⅳ. 특수절도죄

1. 서 설

(1) 의의 : 야간에 문호 또는 장벽 기타 건물의 일부를 손괴하고 사람의 주거 · 간수하는 저택건조

물 · 선박 또는 점유하는 방실에 침입 또는 흉기를 휴대하거나 2인 이상이 합동하여 타인의 재물을 절취함으로써 성립하는 범죄이다.

(2) 성질

① **가중적 구성요건** : 수단의 강폭성(제1항) · 수단의 위험성(제2항 전단) · 수단의 집단성(제2항 후단)으로 불법(형)이 가중되는 가중적 구성요건이다.

② **합동범** : 2인 이상의 합동을 필요로 하므로 합동범이다.

③ **침해범 · 결과범 · 상태범**

2. 구성요건 : 손괴 후 야간주거침입절도 · 흉기휴대절도 · 합동절도

(1) 손괴한 후 야간주거침입절도 : 야간에 문호 또는 장벽 기타 건조물의 일부를 손괴하고 야간주거침입절도를 범한 경우에 성립한다. 즉, 손괴죄 + 주거침입죄 + 절도죄의 경합범

① **야간**

㉠ 일몰 후부터 일출 전까지를 의미한다(통설 · 판례). 즉, 천문학적 해석(설)을 근거

㉡ 통설은 주거침입행위나 절도행위 중 어느 하나가 야간에 행하여지면 족하나 · 판례는 주거침입행위나 절도행위가 야간에 이루어져야 한다고 본다.

예 피고인이 오후 2시(14시)에 피해자의 집 자물쇠를 파괴하고 침입하여 방안에서 카메라 1대를 절취한 경우 ➡ 통설은 특수절도죄 · 판례는 주거침입죄와 손괴죄 및 절도죄의 경합범

② **문호 · 장벽 · 건조물의 일부** : 주거에 대한 외부적 침입을 막기 위하여 설치된 인(공)적 시설물을 말한다(일체의 위장시설물). 따라서 자연적 장애물은 포함되지 아니한다.

③ **손괴**

㉠ 문호 등의 일부를 물질적으로 파괴하여 그 효용을 해하는 것을 말한다.

예 집 자물쇠를 뜯고 침입하는 경우, 단 자물쇠를 열쇠로 열고 들어가는 것은 손괴가 아니다.

㉡ 손괴는 전적으로 사용불능하게 할 필요가 없고, 주요부분에 대한 파괴를 요하지 아니한다.

관련판례 특수절도죄

야간에 불이 꺼져 있는 편의점의 출입문을 발로 걷어차자 잠금고리가 출입문에서 떨어지면서 출입문이 열려 상점 안으로 침입하여 재물(담배 · 현금)을 절취한 경우 ➡ 특수절도죄(대판 2004. 10. 15, 2004도4505)

④ **실행의 착수시기** : 야간에 주거침입의사로 건조물 일부를 손괴하기 시작한 때에 실행의 착수가 있다.

(2) 흉기휴대절도 : 흉기를 휴대하고 절도행위를 한 경우를 말한다.

① **흉기** : 사람의 생명 · 신체를 해하는 데 사용되는 기구를 말한다. 예 총기 · 무기 · 칼 등

② **휴대** : 몸 가까이 소지하는 것을 의미하며, 행위시에 휴대할 것을 요한다. 행위자만 흉기를 휴대한다는 인식을 하면 되고 상대방의 인식을 요하는 것은 아니다.

③ **실행의 착수시기** : 밀접행위시이다.

(3) 합동절도 : 2인 이상이 합동하여 절도행위를 범한 경우를 말한다.

① **2人 이상의 합동** : 주관적 요건으로 공모와 객관적 요건으로 실행행위의 분담이 있어야 한다. 분담행위는 시간적 · 장소적으로 합동관계가 있어야 한다(현장설 : 통설 · 판례).

② **합동범**(특수절도)**과 공범관계**

㉠ 합동범(특수절도)의 공동정범은 부인(판례)

㉡ 합동범(특수절도)에 대한 교사범과 방조범은 인정(판례)

③ **실행의 착수시기** : 밀접행위시이다.

예 甲 · 乙 · 丙이 재물을 절취하기로 공모한 후 甲은 망을 보고 乙과 丙은 현장에서 재물을 절취한 경우

㉠ **판례** : 甲은 특수절도죄의 공동정범, 乙 · 丙은 특수절도죄

㉡ **다수설** : 甲은 절도죄의 공동정범 또는 특수절도의 종범, 乙 · 丙은 특수절도죄

V. 자동차 (등) 불법사용죄

1. 서 설

(1) 의의 : 권리자의 동의 없이 타인의 자동차 · 선박 · 항공기 또는 원동기장치된 자전거를 일시 사용함으로써 성립하는 범죄이다.

(2) 입법취지(필요성) : 사용절도는 불법영득의사가 없기 때문에 절도죄가 성립하지 않는다. 그러나 차량증가와 자동차 등의 불법사용으로 인한 손해와 피해자의 감정을 고려하여 자동차 등 불법사용죄의 규정을 신설하였다.

(3) 보호법익 : 소유권(다수설)

(4) 절도죄와 구별

① **절도죄** : 타인의 소유권을 침해하는 범죄

② **자동차 등 불법사용죄** : 타인의 사용권을 침해하는 범죄

2. 구성요건

(1) 객체 : 자동차 · 선박 · 항공기 · 원동기장치자전거

① **자동차**

㉠ 철길 또는 가설된 선에 의하지 않고 원동기를 사용하여 운전되는 차, 즉 교통수단으로서 사용되는 자동차에 한한다.

㉡ 자동차의 종류는 불문한다. 예 승용자동차 · 화물자동차 · 이륜자동차

② **선박** : 수면을 운행하는 교통수단으로 사용되는 선박, 따라서 수중을 운행하는 잠수함이나 비행정 등은 인정되지 않는다.

③ **항공기** : 사람의 조종에 의하여 공중을 운행하는 교통수단으로 사용되는 항공기에 한한다. 따라서 글라이더 · 우주선 · 우주왕복선 등은 인정되지 않는다.

④ **원동기 장치된 자전거** : 총배기량 125cc 이하의 이륜자동차(오토바이) 또는 50cc 미만의 원동기를 단 자전거를 말한다. 이륜 · 삼륜을 불문한다. 따라서 (일반)자전거 · 기차 등은 인정되지 않는다.

(2) 행위 : 권리자의 동의없이 일시 사용하는 것

① **권리자** : 소유자 이외에 사용자도 포함된다.

② **동의** : 사전동의를 요(要)하며 명시적 · 묵시적 동의를 불문한다. 단, 사후동의는 본죄가 성립한다.

③ **일시 사용**

㉠ 자동차 등에 대한 권리자의 점유를 일시적으로 배제하고 자동차 등을 통행수단으로 사용하는 것을 의미한다.

㉡ 따라서 예 자동차 안에서 잠을 자는 경우 · 장물을 은닉하는 경우 · 라디오를 듣는 경우 → 사용이라 할 수 없으므로 본죄를 부인

㉢ 사용이란 불법사용 외에 무단사용도 포함한다. 따라서 정당하게 사용한 후에 권한의 범위를 넘어 사용한 경우에는 본죄가 성립하지 않는다.

예 택시기사가 택시를 사용(私用)으로 무단사용한 경우

㉣ 일시사용이 사회상규에 반하지 아니하는 경우에는 본죄를 인정하지 않는다.

3. 주관적 구성요건 : 고의 + 불법영득의사 불요

(1) 고의 : 주관적 구성요건으로 고의를 필요로 하나, 단 불법영득의사는 필요하지 않다.

예 피고인은 애인과 놀러 가기 위해서 옆집에 사는 이웃 주민의 자동차를 허락 없이 하루 종일 사용한 다음 원래 주차되어 있는 장소에 몰래 갖다 놓은 경우 → 자동차불법사용죄(본죄는 불법영득의사를 필요로 하지 않으므로)

(2) 착오문제 : 권리자의 동의가 없는데도 동의가 있는 것으로 오인한 경우 → 무죄(사실의 착오문제로 고의가 조각되므로)

4. 절도죄와의 관계

자동차 등 불법사용죄는 절도죄에 대한 보충관계에 있으므로 따라서 절도죄가 성립하면 자동차(등) 불법사용죄는 적용되지 않는다.

예 상습절도자가 추가로 자동차 등 불법사용의 범행을 한 경우 → 상습절도죄만 성립(자동차 등 불법사용죄는 상습절도죄에 흡수된다. 대판 2002. 4. 26, 2002도429)

VI. 상습절도죄

1. 서 설

(1) 의의 : 상습으로 절도죄 · 야간주거침입절도죄 · 특수절도죄 · 자동차 등 불법사용죄를 범함으로써 성립하는 범죄이다.

(2) 성질

① 부진정신분범

② 주관주의 근거

2. 구성요건

(1) 상습으로 절도죄 · 야간주거침입절도죄 · 특수절도죄 · 자동차 등 불법사용죄를 범할 것을 요한다.

(2) 행위자의 반복된 행위로 인하여 얻어진 행위자의 습성 또는 경향으로 범죄를 범하는 것을 말

한다.

(3) 예 ① 연 5회에 걸쳐 절도행위를 한 경우 → 1개의 상습절도죄
② 상습으로 수개의 절도행위를 한 경우 → (포괄적 죄로) 1개의 상습절도죄

3. 죄수문제

절도죄 · 야간주거침입절도죄 · 특수절도죄 · 자동차 등 불법사용죄를 상습적으로 반복한 경우 → (포괄일죄로) 상습특수절도죄만 성립(판례)

제3절 강도의 죄

I. 서 론

1. 의 의

강도의 죄란 폭행 또는 협박으로 타인의 재물을 강취하거나 재산상 이익을 취득하거나 타인으로 하여금 이를 취득하게 함으로써 성립하는 범죄이다.

2. 보호법익과 보호받는 정도

(1) **보호법익** : 재산권 외에 자유권(개인의 신체 · 의사결정의 자유). 즉, 1차로 재산권 · 2차로 자유권(개인의 신체 · 의사결정의 자유)이다.

(2) **보호받는 정도** : 침해범

3. 강도죄의 형태

강도죄 · 특수강도죄 · 준강도죄 · 인질강도죄 · 강도상해 및 치상죄 · 강도살인 및 치사죄 · 강도강간죄 · 해상강도죄 · 강도예비 및 음모죄 · 상습강도죄가 있다.

Ⅱ. 강도죄

1. 서 설

(1) 의의 : 폭행 또는 협박으로 타인의 재산을 강취하거나 기타 재산상의 이익을 취득하거나 제3자로 하여금 이를 취득하게 함으로써 성립하는 범죄이다.

(2) 구별개념

① 절도죄와의 구별

	강도죄	절도죄
보호법익	재산권 외에 자유권	재산권
객 체	재물 또는 이익	재물
행 위	폭행 · 협박 사용, 즉 강취	폭행 · 협박 불사용, 즉 절취
친족상도례	적용 부정	적용 인정

② 공갈죄와의 구별

	강도죄	공갈죄
행 위	폭행 · 협박 사용, 즉 강취	공갈사용, 즉 갈취
처분행위	불요, 즉 탈취죄	필요, 즉 편취죄
친족상도례	적용 부정	적용 인정
예	택시운전수를 폭행하여 택시요금을 면제받은 경우	택시운전수에게 합승을 신고한다 하여 택시요금을 면제받은 경우

(3) 성질

① 재산죄 중 재물죄 · 이득죄 · 영득죄 · 탈취죄

② 친족상도례 적용부인

2. 구성요건

(1) 주체 : 제한이 없다. 즉, 친족의 신분을 가진 자도 본죄가 인정되므로, 따라서 (강도죄는) 친족상도례의 적용을 받지 않는다. 예 자식이 아버지를 폭행하여 돈을 강취한 경우 → 강도죄

(2) 객체 : 타인의 재물 또는 재산상의 이익

① **타인의 재물** : 타인의 점유에 속하는 타인소유의 재물이어야 한다. 즉, 절도죄에서 타인의

재물과 동일하다(194면 참조).

② **재산상의 이익**

㉠ **이익** : 재산적 가치있는 일체의 이익을 말하여 이익의 종류 및 태양을 불문한다.

예 노무의 제공 · 권리포기 · 이행연기 · 저당권말소 · 채무의 면제 · 소유권이전의 의사표시 등

㉡ 일시적 이익(예 이행연기) · 영구적 이익 · 적극적 이익(예 취득) · 소극적 이익(예 채무의 면제)을 불문한다.

㉢ 산술적으로 산출할 수 있는 이익에 한하지 않는다(판례). 예 노무의 제공

㉣ 법률행위가 유효 · 무효이든, 취소할 수 사유가 있든 · 없든 불문한다.

㉤ 부동산은 재물로서가 아니라 재산상의 이익으로서 강도죄의 객체가 된다(다수설).

(3) 행위 : 폭행 또는 협박으로 재물을 강취하거나 기타 재산상의 이익을 취득하거나 제3자로 하여금 취득하게 하는 것

① **폭행 · 협박**

㉠ **최협의의 폭행 · 협박** : 상대방의 반항을 불가능하게 할 정도의 폭행 · 협박이어야 한다.

ⓐ **강도죄에서 폭행 · 협박** : 상대방의 반항을 억압할 정도의 폭행 · 협박이어야 한다.

ⓑ **공갈죄에서 폭행 · 협박** : 상대방의 의사와 행동을 제한하는 정도의 폭행 · 협박이어야 한다.

예 강도의 고의로 폭행 · 협박하였으나 객관적으로 그 폭행 · 협박이 공갈의 정도에 불과한 경우 → 공갈죄

㉡ **폭행 · 협박의 방법** : 제한없다. 즉, 수면제 · 알콜 · 마취제 등의 사용도 인정된다.

예 강도의사로 수면제가 든 드링크를 복용케 한 후 잠든 자의 지갑을 취득하면 → 강도죄 성립

㉢ **폭행 · 협박의 판단** : 객관적 표준에 의한 판단. 즉, 피해자의 주관적 표준이 아니라 모든 사정을 종합적으로 고려하여 객관적 표준에 의한 판단이어야 하며(객관적 : 통설 · 판례), 그 상대방은 반드시 재물 또는 재산상 이익의 피해자와 일치할 필요는 없다.

② **재물의 강취**

㉠ **강취** : 폭행 · 협박에 의하여 피해자의 의사에 반한 타인의 재물을 자기 또는 제3자의 지배하에 이전하는 것을 말한다.

㉡ **인과관계가 있을 것**

ⓐ **인과관계** : 폭행 · 협박과 재물에 대한 점유취득과의 사이에 인과관계가 있어야 한다.

ⓑ 폭행 · 협박을 가했으나 상대방이 동정심에서 재물을 교부한 경우 : 강도죄의 미수

예 강도의 고의로 폭행 · 협박하여 재물을 요구했으나 상대방은 연민의 정(불쌍하여 재물교부)으로 또는 억압당하지 않고 단순한 공포심으로 재물을 교부한 경우 ➞ 강도미수

ⓒ 연관성 : 폭행 · 협박은 타인의 재물을 취거하기 위한 수단이어야 하며, 폭행 · 협박과 재물의 취거 사이에 시간적 · 장소적 연관성이 있어야 한다. 폭행 · 협박은 취거(강취)이전에 있어야 한다. 따라서 취거(강취)행위가 기수에 이른 이후에 폭행 · 협박을 한 경우에는 준강도죄가 성립한다.

예 ① A가 甲을 폭행하여 시계를 빼앗고 다음날 甲의 집에 들어가서 보석을 훔친 경우 ➞ 시계에 대해서는 강도죄 · 보석에 대해서는 절도죄의 경합범

② 폭행 · 협박이 있고 그로부터 상당한 시간이 경과한 후 다른 장소에서 금원을 교부받은 경우 ➞ 강도죄의 미수범(판례)

③ 절도범이 절도품의 탈환을 항거할 목적으로 폭행한 경우 ➞ 준강도죄

③ 재산상의 이익을 취득하는 것일 것

㉠ 이익은 적극적 이득 · 소극적 이득 · 영구적 이익 · 일시적 이익을 불문한다.

예 소유권이전의 의사표시를 하게 하는 것은 적극적 이익이고, 채무를 면제받은 것은 소극적 이익이다.

㉡ 강취와 이득시에 피해자의 의사표시 내지 처분행위가 없어도 강도죄가 성립한다.

핵심요약 강도죄 · 공갈죄 · 강요죄

1. 채무를 면하기 위하여 채권자를 살해한 경우 ➞ 강도살인죄(판례)
2. 택시운전수를 폭행하여 택시요금을 면제받은 경우 ➞ 강도죄
3. 택시운전수에게 합승을 신고한다 하여 택시요금을 면제받은 경우 ➞ 공갈죄
4. 자가용 운전수를 폭행하여 목적지까지 타고 간 경우 ➞ 강요죄
5. 도박에서 진자가 도박자금을 강취한 경우 ➞ 강도죄
6. 폭행 · 협박으로 채무를 면제하거나 그 이행의 연기를 승낙하게 한 경우 ➞ 강도죄
7. 정당한 대가를 지급하지 않고 피해자의 노무를 제공하게 한 경우 ➞ 강도죄
8. 폭행 · 협박으로 소유권이전등기나 저당권말소등기의 의사표시를 하게 한 경우 ➞ 강도죄

(4) 실행의 착수시기 및 기수시기

① **실행의 착수시기** : 폭행 · 협박을 개시한 때이다.

예 강도의사로 주거에 침입하여 재물을 물색하던 중 체포된 경우 → 주거침입죄와 강도예비죄

② **기수시기** : 재물취득시. 따라서 재물의 강취 또는 취득 후 반환 · 원상회복 · 용서 등의 행위는 강도죄 성립에 전혀 영향이 없다.

예 A는 강도의사로 폭행을 가한 후 재물을 강취하였으나 양심의 가책을 느껴 피해자에게 용서를 구한 후 변상한 경우 → 강도죄

3. 위법성

(1) 의의 : 권리자가 권리실행의 방법으로 폭행 · 협박하여 재물을 강취하거나 재산상이 이익익을 취득한 경우에 위법성이 조각하지 않고 강도죄가 성립한다(판례).

(2) 사례(판례)

① **채권추심 목적으로 타인의 재물을 강취한 경우** : 강도죄

② **외상물품대금채권회수를 의뢰받은 자가 추심과정에서 폭행 · 협박으로 재물 또는 재산상의 이익을 취득한 때** : 강도죄

4. 공범관계

(1) 공동정범

① **공동정범** : 강도의 공동의사에 의한 실행행위를 분담하면 공동정범을 인정한다.

예 甲 · 乙 · 丙은 강도를 공모한 후 甲은 망을 보고 乙은 폭행을 가하고 丙은 재물을 취득한 경우 → 甲 · 乙 · 丙은 강도죄의 공동정범

② **공동정범의 중지범** : 강도죄의 중지미수가 성립되려면 공동정범자 중 1인의 중지로는 부족하고 다른 공동정범자에 의한 결과발생까지 방지하여야 한다.

예 A · B는 강도를 결의(모의)하고 甲을 협박하던 중 B는 양심의 가책을 받고 도망하였으나, A가 단독으로 甲의 금품을 강취 → A · B는 강도죄의 공동정범

(2) 교사의 착오

① **중한 죄교사에 경한 죄를 실행한 경우**

㉠ **판례** : 교사자는 정범이 실행한 범죄의 교사범으로 처벌 · 피교사자는 실행한 범죄로 처벌한다.

㉡ **통설** : 교사자는 교사한 범죄의 예비 · 음모로 처벌 · 피교사자는 실행한 범죄로 처벌한다.

㉢ 예 甲이 乙에게 강도를를 교사하였으나 절도행위를 한 경우 ➡ 통설은 甲은 강도죄의 예비 · 음모죄 · 乙은 절도죄, 판례는 甲은 절도죄의 교사범 · 乙은 절도죄

② **경한 죄교사에 중한 죄를 실행한 경우** : 교사자는 교사한 범죄로 처벌하나, 피교자는 실행한 범죄로 처벌된다.

예 甲이 乙에게 절도를 교사하였으나 강도행위를 한 경우 ➡ 甲은 절도죄의 교사범 · 乙은 강도죄

(3) 승계적 공동정범 : 판례는 가담 이후의 행위만 처벌한다.

예 A가 강도의사로 甲을 포박하였으나 때마침 통행인 B가 오므로 A와 B가 공동하여 甲의 재물을 취득한 경우 ➡ A는 강도죄 · B는 절도죄(판례)

5. 죄수문제

(1) 1인이 관리하는 수인소유의 재물을 강취한 경우 : 1개의 강도죄만 성립(판례)

(2) 동일한 기회에 동일한 범죄의사하에 계속적으로 강도와 절도를 범한 경우 : 강도죄만 성립 (강도죄와 절도죄는 법조경합 중 특별관계이므로)

(3) 강도 이후 강취한 재물을 처분한 경우 : 강도죄만 성립, 즉 재물처분행위는 불가벌적 사후행위

(4) 강도 후 강간한 경우 : 강도강간죄

(5) 강간 후 강도한 경우 : 강간죄와 강도죄의 경합범

(6) 강도 후 강간하였으나 사망한 경우 : 강도강간죄와 강도치사죄의 경합범

Ⅲ. 특수강도죄

1. 서 설

(1) 의의 : 야간에 사람의 주거 · 관리하는 건조물 · 선박 · 항공기 또는 점유하는 방실에 침입하여 강도죄를 범하거나 또는 흉기를 휴대하거나 2인 이상이 합동하여 강도죄를 범함으로써 성립하는 범죄이다.

(2) 성질

① 가중적 구성요건(행위자의 위법성으로 불법(형)이 가중되는 가중적 구성요건이다)

② 결합범

③ 합동범

2. 구성요건

(1) 야간주거침입강도

① **의의** : 야간에 사람의 주거 · 건조물 · 선박 · 항공기 또는 점유하는 방실에 침입하여 강도죄를 범하는 경우이다.

예 강도의사로 야간에 주거에 침입하였으나 주거자들이 모두 잠들어 폭행 · 협박 없이 재물을 절취한 경우 → 특수강도죄의 예비 · 음모

② **야간이란** : 일몰후부터 일출전까지를 의미한다(통설 · 판례). 즉, 천문학적 해석설을 근거

(2) 흉기 휴대 강도 : 흉기를 휴대하고 강도를 함으로써 성립하는 범죄이다.

예 강간범이 강간 범행 후에 특수강도의 범의를 일으켜 그 부녀의 재물을 강취한 경우 → 강간죄와 특수강도죄의 경합범(대판 2002. 2. 8, 2001도6425)

(3) 합동강도 : 2人 이상이 합동하여 강도죄를 범하는 경우이다.

예 甲 · 乙 · 丙이 강도를 공모한 후 甲은 망을 보고 乙과 丙은 합동하여 (현장에서) 강도행위를 한 경우 → 甲 · 乙 · 丙은 특수강도죄(판례)

3. 실행의 착수시기 및 기수시기

(1) 실행의 착수시기 : 다수설은 폭행 · 협박을 개시한 때 · 판례는 주거침입시이다.

(2) 기수시기 : 재물취득시, 즉 재물 또는 재산상의 이익을 취득한 때 기수가 된다.

Ⅳ. 준강도죄(사후강도죄)

1. 서 설

(1) 의의 : 절도가 재물의 탈환을 항거하거나 체포를 면탈하거나 죄적을 인멸할 목적으로 폭행 또는 협박을 함으로써 성립하는 범죄이다.

예 절도범인이 절도품의 탈환을 항거할 목적으로 폭행을 한 경우

(2) 성질

① 결합범

② 목적범

③ 신분범

④ 재물죄에 한하여 인정

⑤ 독립된 범죄(강도죄의 특수유형이나 절도죄의 가중유형이 아닌 독립된 범죄이다)

2. 구성요건

(1) 객관적 구성요건

① **주체** : 절도행위의 실행에 착수한 자. 즉, 절도범

㉠ **신분범** : 본죄는 절도행위의 실행에 착수한 자에 한하므로 신분범이다.

㉡ **절도의 기수 · 미수 불문** : 절도의 실행의 착수가 있는 한, 절도의 기수 · 미수를 불문한다.

㉢ **절도죄에 한** : 절도범인 한 단순절도 · 야간주거침입절도 · 특수절도 · 상습절도를 불문한다. 따라서 절도죄의 예비나 강도범은 본죄의 주체가 될 수 없다.

㉣ 예 ① 절도의사로 낮에 주거에 침입하였다가 발각되자 폭행을 가한 경우 ➡ 주거침입죄와 폭행죄의 경합범
② 절도의사로 야간에 주거에 침입하였다가 발각되자 폭행을 가한 경우 ➡ 준강도죄

② **객체** : 타인이 점유하는 타인의 재물(절도죄의 객체와 동일하다)

③ **행위** : 폭행 또는 협박을 가하는 것

㉠ **최협의의 폭행 또는 협박** : 상대방의 반항을 억압할 정도의 폭행 · 협박을 말한다.

㉡ **폭행 · 협박의 객체** : 재물의 소유자 또는 점유자에 한하지 않고 체포하려는 제3자를 불문한다.

예 절도가 체포를 면탈하기 위해 경찰관에 대하여 폭행 · 협박을 가한 경우 ➡ 준강도와 공무집행방해죄의 상상적 경합범

㉢ **근접성** : 폭행 · 협박은 절도의 기회에 행해져야 한다(통설 · 판례). 즉, 폭행 · 협박은 절도와 장소적 · 시간적으로 근접한 관계에 있어야 한다.

㉣ **실행착수전 폭행** : 실행의 착수전(절도의 실행전) 예비 · 음모 단계에서 폭행을 가한 경우 ➡ 준강도죄는 부인하고 단순폭행죄만 성립한다.

핵심요약 준강도죄(사후강도죄)

1. 절도범인이 뒤쫓는 주인에게 폭행을 가한 경우 → 준강도죄
2. 절도범인이 뒤쫓는 경찰관에게 폭행을 가한 경우 → 준강도죄와 공무집행방해죄의 상상적 결합범
3. 절도의사로 물건을 물색중 인기척이 나므로 그대로 도주하였으나, 뒤쫓는 주인에게 폭행을 가한 경우 → 준강도죄의 미수범
4. 절도범인이 뒤쫓는 주인에게 폭행을 가하여 상해의 결과가 발생한 경우 → 강도상해죄(판례 · 다수설)
5. 절도의사로 집안을 정찰중 주인이 나타나므로 그대로 도주하였으나 뒤쫓는 주인에게 폭행을 가한 경우 → 단순폭행죄
6. 강도 또는 특수강도가 체포면탈의 목적으로 폭행 · 협박한 경우 → 강도죄 또는 특수강도죄만 성립(통설)

(2) 주관적 구성요건 : 고의 + 목적

① **고의**(범) : 절도와 폭행 · 협박에 대한 고의가 있어야 한다.

② **목적범** : 고의 외에 목적이 있어야 한다. 다만, 절도가 발각되자 이러한 목적 이외의 강도 목적으로 폭행 · 협박을 가한 경우에는 준강도가 성립하지 않고 강도죄가 성립한다.

예 절도가 발각되자 재물을 강취하기 위하여 폭행 · 협박한 경우 → 강도죄가 성립하고, 준강도죄는 부인

㉠ 목적이란 재물 탈환의 항거 · 체포의 면탈 · 죄적을 인멸할 목적을 말한다.

㉡ 목적이 현실적으로 달성되었느냐 여부는 불문한다.

③ **불법영득의사 요** : 강도죄 · 준강도죄는 강도행위에 대한 고의만 있으면 성립하고 별도의 불법영득의사를 요하지 않는다.

3. 미수범

(1) 미수범의 성립시기 : 절도행위 기준설(통설 · 판례)

① 준강도의 기수와 미수의 구별은 절취행위의 기수와 미수에 따라 결정된다는 절취행위기준설의 입장이다(통설 · 판례).

② 예 ① 절도미수범이 체포를 면하기 위하여 추적자를 폭행한 경우 → 준강도죄의 미수범(통설 · 판례)
② 절도기수범이 체포를 면하기 위하여 추적자를 폭행한 경우 → 준강도의 기수범

(2) 결론 : 준강도죄의 미수범 처벌을 인정한다(통설 · 판례).

4. 준강도죄와 공동정범

① **절도의 공범자중 1인이 준강도죄를 범한 경우** : 다른 공범자도 준강도죄의 공동정범 성립(판례)

② 예 A와 B가 절도를 공모한 후 절도를 하던 중 A가 뒤쫓는 주인에게 폭행을 가한 경우 → A와 B는 준강도죄의 공동정범

V. 인질강도죄

1. 서 설

(1) 의의 : 사람을 체포 · 감금 · 약취 또는 유인하여 이를 인질로 삼아 재물 또는 재산상의 이익을 취득하거나 제3자로 하여금 이를 취득하게 함으로써 성립하는 범죄이다.

(2) 보호법익 : 1차로 타인의 재산권 · 2차로 타인의 인격권

(3) 성질

① 결합범(체포 · 감금 + 약취 · 유인죄 + 공갈죄의 결합범)

② 신분범

③ 재물 또는 이익죄

④ 해방(석방) 감경규정 없다.

2. 구성요건

(1) 주체 : 제한없다.

(2) 객체 : 사람

① 성년 · 미성년 · 남녀를 불문한다.

② 피인질자와 피해자가 동일인임을 요하지 아니한다.

(3) 행위 : 체포 · 감금 · 약취 · 유인하여 이를 인질로 삼아 재물 또는 재산상의 이익을 취득하거나 제3자로 하여금 이를 취득하게 하는 것

① **인질로 삼아란** : 체포 · 감금 · 약취 · 유인된 자의 석방 대가로 재물 또는 재산상의 이익을 취득하려는 것을 말한다.

예 사장아들을 인질로 삼아 석방의 대가로 돈을 받은 경우 → 인질강도죄

② **체포 · 감금 · 약취 · 유인** : 체포 · 감금죄와 약취 · 유인죄의 행위와 동일하다.

(4) 실행의 착수시기 및 기수시기

① **실행의 착수시기** : 석방의 대가로 재물 또는 재산상의 이익을 요구한 때이다.

② **실행의 기수시기** : 취득시, 즉 재물 또는 재산상의 이익을 취득한 때이다.

(5) 특정범죄가중처벌등에관한법률 : 특별법우선의 원칙에 따라 미성년자를 약취 · 유인하고 재물이나 재산상의 이익을 취득하거나 요구한 때에는 특정범죄가중처벌등에관한법률에 의하여 가중처벌한다. 따라서 본죄는 특가법이 적용되므로 형법에서는 실익이 없다.

VI. 강도상해 · 치상죄

1. 서 설

(1) 의의 : 강도가 사람을 상해하거나 상해에 이르게 함으로써 성립하는 범죄이다.

(2) 성질

① **강도상해죄** : 강도죄와 상해죄의 결합범이다.

② **강도치상죄** : 강도죄의 결과적 가중범이다.

2. 구성요건

(1) 주체 : 강도

① 신분범, 즉 본죄는 강도의 실행에 착수한 자에 한하므로 신분범이다.

② 강도에는 단순강도 · 특수강도 · 준강도 · 인질강도가 모두 포함된다.

③ 강도의 기 · 미수를 불문한다.

④ 강도의사는 있었으나 폭행 · 협박을 개시하지 않는 자. 즉, 강도죄의 예비 · 음모단계에 있는 자는 본죄의 주체가 되지 않는다.

(2) 행위 : 사람을 상하게 하거나 상해에 이르게 하는 것. 즉, 상해 또는 치상

① 상해 또는 치상이란 강도행위시 행하여지면 되고 반드시 강도의 수단이 폭행 · 협박에 의함을 요하지 아니한다.

② 그러나 상해의 결과가 피해자의 체포과정에서 생긴 것이라면 강도상해죄는 성립하지 않는다(판례).

관련판례 강도상해죄 · 강도치상죄

1. 채무자가 채무면제의사로 채권자에게 상해를 가한 경우 ➡ 강도상해죄
2. 채무자가 채무면제의사로 채권자에게 폭행을 가하였으나 상해의 결과가 발생한 경우 ➡ 강도치상죄
3. 강도의 기회에 과실로 영아를 밟아 상처를 낸 경우 ➡ 강도치상죄가 아니라 강도죄와 과실치상해죄의 경합범
4. 절도범이 체포를 면탈할 목적으로 여러 명의 피해자에게 같은 기회에 폭행을 가하여 그 중 1인에게만 상해를 가한 경우 ➡ (포괄하여) 1개의 강도상해죄(대판 2001. 8. 21, 2001도3447)
5. 강도현장에서 강도범이 발을 붙잡고 늘어지는 피해자를 30cm 쯤 끌고 가서 폭행 · 상해한 경우 ➡ 강도상해죄
6. 강도의 폭행 · 협박으로 극도의 공포심에서 이를 피하기 위해 창문을 뛰어내려 탈출을 시도하다 상해를 입은 경우 ➡ 강도치상죄
7. 재물강취 후 피해자에게 운전케 하여 자동차를 타고 도주하다가 단속경찰관이 뒤따라오자 피해자를 찔러 상해를 가한 경우(단, 강취와 상해 사이에 1시간 20분이 시간적 간격이 있었음) ➡ 강도상해죄

3. 미수범

(1) 강도상해죄의 미수 : 본죄는 상해행위가 미수이면 인정되고, 따라서 강도의 기수 · 미수와는 관계없다.

예 강도의 고의로 폭행하여 상해를 가하였으나 재물을 탈취하지 못한 경우 ➡ 강도상해죄의 기수

(2) 강도치상죄의 미수 인정 : 개정형법은 결과적 가중범인 강도치상죄 · 강도치사죄의 미수범을 인정하나, 본죄는 중한 결과 발생을 요하는 결과적 가중범이므로 본죄의 미수는 있을 수 없다(다수설).

4. 관련문제

(1) 공범관계

① **문제의 제기** : 강도의 공동정범 중 1인이 강도의 기회에 상해 또는 치상의 결과를 발생케 한 경우에 다른 공동정범자에게도 본죄가 성립된다(판례).

② 예 강도를 공모한 甲은 망을 보고 乙이 강도행위 중 폭행을 가하였으나 상해의 결과가 발생한 경우 ➡ 甲 · 乙은 강도치상죄의 공동정범

(2) 죄수문제 : 강도의 기회에 직무를 집행하는 경찰관에게 상해를 가한 경우 ➡ 공무집행방해죄와 강도상해죄의 상상적 경합범

Ⅶ. 강도살인 · 치사죄

1. 서 설

(1) 의의 : 강도가 사람을 살해하거나 또는 사망에 이르게 함으로써 성립하는 범죄이다.

(2) 성질

① **강도살인죄** : 강도죄와 살인죄의 결합범이다.

② **강도치사죄** : 강도죄의 결과적 가중범이다.

③ **법정형이 가장 중(重)** : 강도의 죄 중 법정형이 가장 중(重)한 범죄이다.

(3) 주체 : 강도

① 신분범, 즉 본죄는 강도의 실행에 착수한 자에 한하므로 신분범이다.

② 강도에는 단순강도죄 · 특수강도죄 · 준강도죄 · 인질강도죄가 모두 포함된다.

③ 강도의 기수 · 미수를 불문한다.

④ 강도의사는 있었으나 폭행 · 협박을 개시하지 않은 자. 즉, 강도죄의 예비 · 음모자는 본죄의 주체가 되지 않는다.

(4) 행위 : 사람을 살해하거나 사망에 이르게 하는 것. 즉, 살인 또는 치사

① 살인 또는 치사란 강도행위시에 행하여지면 되고 반드시 강도의 수단인 폭행 · 협박에 의함을 요하지 아니한다.

관련판례 강도살인죄 · 강도치사죄

1. 채무자가 채무면제의사로 채권자를 살해한 경우 → 강도살인죄
2. 강도범행 직후 경찰관에게 붙잡혀 파출소로 연행되던 자가 체포를 면하기 위해 과도로 경찰관을 찔러 사망하게 한 경우 → 강도살인죄
3. 강도가 피해자를 살해할 목적으로 현주건조물에 방화하여 사망하게 한 경우 → 강도살인죄와 현주건조물방화치사죄의 상상적 경합
4. 절도가 체포를 면탈할 목적으로 사람을 살해한 경우 → 강도살인죄
5. A는 야간에 절도의 의사로 甲의 집에 들어갔으나 마침 깨어 있던 甲의 아들 乙이 체포하려고 하자 이를 면하기 위해 乙을 살해하고 도망한 경우 → A는 강도살인죄
6. 절도가 현장에서 강취의 수단으로 폭행을 가하여 사람을 치사케 하였으나, 때마침 순경이 들어와 체포하려 하므로 재물을 탈취하지 못하고 도주한 경우 → 강도치사죄

7. 채무자가 채무면제의사로 채권자에게 폭행을 가하였으나 사망한 경우 → 강도치사죄
8. 보험금 수령목적으로 피보험자를 살해한 경우 → 강도살인죄가 아니라 보통살인죄가 성립(판례)

(5) 기수시기 : 살인이나 치사의 결과가 발생한 때. 따라서 재물의 강취여부와는 관계없다.

2. 미수범

(1) 강도살인죄의 미수 : 본죄의 기수 · 미수는 강도의 기수 · 미수와 관계없이 살인의 기수 · 미수에 따라 결정한다(판례). 즉, 살인행위가 미수이면 본죄의 미수가 되고, 살인행위가 기수이면 본죄의 기수가 된다.

(2) 강도치사죄의 미수인정 : 개정형법은 결과적 가중범인 강도치상죄와 강도치사죄의 미수범을 인정하나, 결과적 가중범이므로 본죄의 미수는 있을 수 없다(다수설).

3. 죄수문제

(1) 강도의 고의없이 사람을 살해한 후 재물을 취득한 경우 : 판례는 살인죄와 절도죄의 경합범 · 통설은 살인죄와 점유이탈물횡령죄가 성립

예 A는 甲을 살인 후 손목시계를 취득한 경우

① **판례** : 살인죄와 절도죄의 경합범

② **통설** : 살인죄와 점유이탈물 횡령죄

(2) 강도의 고의로 사람을 살해하고 재물을 취득한 경우 : 강도살인죄

예 택시요금 면제의사로 운전수를 살해한 경우 → 강도살인죄

(3) 살인과 관련 없이 사자(死者)의 재물을 취득한 경우 : 점유이탈물횡령죄

예 동사자(凍死者)의 손목시계를 취득한 경우 → 점유이탈물횡령죄(통설 · 판례)

Ⅷ. 강도강간죄

1. 서 설

(1) 의의 : 강도가 사람을 강간함으로써 성립하는 범죄이다.

(2) 성질

① **결합범** : 강도죄와 강간죄의 결합범이다.

② **친고죄 부정** : 본죄는 강간죄와는 달리 친고죄가 아니다.

(3) 보호법익 : 재산권 및 성적 자유

2. 구성요건

(1) 주체 : 강도(강도상해 · 강도치상죄의 주체와 동일하다, 215면 참조), 즉 강도의 실행에 착수한 이상 강도의 기수 · 미수를 불문한다.

(2) 객체 : 사람. 즉, 사람인 한 남 · 여, 성년 · 미성년, 기혼 · 미혼을 불문하며, 강도와 강간의 상대방(객체)이 다른 경우에도 강도강간죄가 성립한다.

예 A의 재물을 강도 후 옆에서 자고 있던 동생 甲을 강간한 경우 ➡ 강도강간죄

(3) 행위 : 강간. 즉, 강간은 강도의 기회에 행하여지면 되고, 재물강취의 전 · 후를 불문한다.

예 여자를 강간할 의사로 폭행하였는데 공포에 질린 여자가 애원하면서 금품을 제공하므로 강간을 하지 않고 금품만 받은 경우 ➡ 강도죄와 강간미수죄의 경합범

3. 기수와 미수의 인정

강도강간죄의 기수와 미수의 구별은 강간행위의 기수 · 미수에 의하여 결정되며, 강도의 기수 · 미수는 불문한다.

(1) 강도가 기수라도 강간이 미수인 경우 : 강도강간죄 미수

예 재물을 강취하였으나 강간은 실패한 경우 ➡ 강도강간죄 미수

(2) 강도가 미수라도 강간이 기수인 경우 : 강도강간죄의 기수

예 재물강취 행위는 실패(포기)하였으나 강간을 실행한 경우 ➡ 강도강간죄 기수

4. 죄수문제

(1) 강도의사로 폭행을 가한 후 강간을 실행하였으나 재물강취 행위를 포기한 경우(즉, 강도가 강간한 경우) : 강도강간죄

(2) 강간 후 피해자의 금품을 강취한 경우(즉, 강간 후 강도한 경우) : 강간죄와 강도죄의 경합범

(3) 강도 후 강간하여 치상 또는 치사케 한 경우 : 강도강간죄와 강도치상죄(강도치사죄)의 상상

적 경합범(판례)

보충설명 강간강도죄 · 강도강간치사상죄의 명문규정없다

현행법상 강간강도죄나 강도강간치사상죄는 명문의 규정이 없다.

IX. 해상강도죄

1. 의 의

(1) 해상강도죄 : 다중의 위력으로 해상에서 선박을 강취하거나 선박에 침입하여 타인의 재물을 강취함으로써 성립하는 범죄이다. 여기서 해상이란 지상의 경찰권이 미치지 않는 영해 · 공해를 말하고, 하천 · 호수 · 항만은 제외된다.

(2) 해상강도상해 · 치상죄 : 해상강도가 사람을 상해 또는 상해에 이르게 함으로써 성립하는 범죄이다.

(3) 해상강도살인 · 치사 · 강간죄 : 해상강도가 사람을 살인 또는 사망에 이르게 하거나 사람을 강간함으로써 성립하는 범죄이다.

관련판례 해상강도살인죄

1. 선장을 비롯한 일부 선원들을 살해하는 등의 방법으로 선박의 지배권을 장악하여 목적지까지 항해한 후 선박을 매도하거나 침몰시키려고 한 경우 → (선박에 대한 불법영득의 의사가 있으므로) 해상강도살인죄가 성립(대판 1997. 7.25, 97도1142)
2. 선박(파나마 선적의 원양어선)이 항해하는 도중에 일부선원들(조선족)이 선박의 지배권을 장악한 후 이를 매각하려는 의도로 한국인 선원 7명을 살해한 후 사체를 바다에 던지 경우 → 해상강도살인죄와 사체유기죄의 경합범(대판 1997. 7. 25, 97도1142)

2. 성 질

(1) 가중적 구성요건 : 행위의 위험성으로 불법(형)이 가중되는 가중적 구성요건이다.

(2) 신분범 : 해상에서 강도행위시에만 인정하므로 신분범이다.

3. 행 위 : 다중의 위력에 한

(1) 다중 : 집단의 위력을 보일 정도이면 족하고 인원수에는 제한이 없다.

(2) 위력 : 상대방의 의사를 제압할 수 있는 유형력 · 무형력의 행사를 말한다.

X. 상습강도죄

1. 의 의

상습으로 단순강도죄 · 특수강도죄 · 인질강도죄 또는 해상강도죄를 범함으로써 성립하는 범죄이다.

2. 성 질

(1) 부진정신분범 : 상습으로 불법(형)이 가중되므로 부진정신분범이다.

(2) 주관주의 근거

3. 적용범죄

(1) 적용범죄 : 단순강도죄 · 특수강도죄 · 인질강도죄 · 해상강도죄에 한하여 인정된다.

(2) 적용되지 않는 범죄 : 준강도죄 · 강도상해(치상)죄 · 강도살인(치사)죄 · 강도강간죄 · 해상강도상해(치상)죄 · 강도살인(치사 · 강간)죄

4. 특정범죄가중처벌등에관한법률

(1) 상습강도 · 상습절도를 범한 경우에는 특별법우선의 원칙에 따라 특정범죄가중처벌등에관한법률이 적용되어 가중처벌된다.

(2) 따라서 상습강도죄는 특가법이 적용되므로 형법에서는 실익이 없다.

관련판례 상습강도죄의 상습성

피고인에게 강도의 전과사실이 없다 하더라도 불과 3개월여 사이에 16회에 걸쳐 특수강도행위를 반복하였고, 그 범행의 수단 · 방법이 범행을 거듭함에 따라 전문화 · 대형화해 가고 있다면 특수강도의 상습성을 인정할 수 있다(대판 1986. 6. 10, 86도778).

XI. 강도예비 · 음모죄

1. 의 의

강도할 목적으로 예비 또는 음모함으로써 성립하는 범죄이다.

예 강도에 사용할 흉기를 매입하거나 흉기를 휴대한 경우 · 강도를 목적으로 흉기를 소지하고 통행인을 기다리는 경우

2. 강도예비 · 음모에 대한 중지범

(1) 강도예비 · 음모 단계에서 자의로 범죄행위를 중지한 경우

예 A가 강도의사로 청계천에서 흉기를 구입해 오다가 양심에 가책을 느껴 강도행위를 중지한 경우 ➡ 강도의 예비 · 음모에 대한 중지 미수(통설)

(2) 학설 : 인정설(통설) · 부정설(판례)

① **통설** : 강도죄의 예비 · 음모에 대한 중지범 인정

② **판례** : 강도죄의 예비 · 음모에 대한 중지범 부정

관련판례 강도예비 · 음모죄[19]

1. 절취한 차량인 줄 알면서도 차량절도범들이 위 차량을 이용하여 강도를 함에 있어 차량을 운전해 달라는 부탁을 받고 위 차량을 운전해 준 경우 ➡ 강도예비죄와 장물운반죄(대판 1999. 3. 26, 98도3030)
2. 강도예비 · 음모죄가 성립하기 위해서는 예비 · 음모행위자에게 미필적으로라도 '강도'를 할 목적이 있음이 인정되어야 하고 그에 이르지 않고 단순히 '준강도'할 목적이 있음에 그치는 경우 ➡ 강도예비 · 음모죄로 처벌할 수 없다(대판 2006. 9. 14, 2004도6432).

19. 조충환 · 양건, 형법, 87면

제4절 사기의 죄

I. 서 론

1. 의 의

(1) 사기의 죄란 사람을 기망하여 재물의 교부를 받거나 재산상의 이익을 취득하는 것을 내용으로 하는 범죄를 말한다.

(2) 따라서 재물죄인 동시에 이득죄이며 편취죄이다.

2. 보호법익과 보호받는 정도

(1) 보호법익

① **다수설** : 재산권

② **판례** : 재산권 이외에 거래의 진실성 또는 신의성실

(2) 보호받는 정도 : 침해범

3. 사기죄의 형태

사기죄 · 컴퓨터 등 사용사기죄 · 준사기죄 · 편의시설부정이용죄 · 부당이득죄가 있다.

II. 사기죄

1. 서 설

(1) 의의 : 사람을 기망하여 재물의 교부를 받거나 재산상의 이익을 취득하거나 또는 제3자로 하여금 이를 취득하게 함으로써 성립하는 범죄이다.

(2) 구별개념

구별범위	객 체	행 위	침해방법
사기죄	타인이 점유하는 타인의 재물 또는 재산상의 이익	기망, 즉 사취	편취죄
공갈죄	타인이 점유하는 타인의 재물 또는 재산상의 이익	공갈, 즉 갈취	편취죄
강도죄	타인이 점유하는 타인의 재물 또는 재산상의 이익	폭행 또는 협박, 즉 강취	탈취죄
절도죄	타인이 점유하는 타인의 재물	절취	탈취죄
횡령죄	자기가 점유하는 타인의 재물	횡취	탈취죄

(3) 성질

① 재산죄 중 재물죄 및 이익죄 · 영득죄 · 편취죄

② 불법영득의사 요

③ 친족상도례 적용

2. 구성요건

(1) 객체 : 타인이 점유하는 타인의 재물 또는 재산상의 이익

① **점유** : 절도죄에서 점유와 동일하다(192면 참조).

② **타인의 재물**

㉠ **의의** : 타인이 점유하는 타인의 재물이다. 여기서 재물에는 동산 · 부동산을 불문한다.

㉡ **따라서**

ⓐ 타인이 점유하는 자기 재물의 경우 : 권리행사방해죄가 성립

예 전당포에 저당잡힌 자기시계를 훔친 경우

ⓑ 공무소의 명령에 의하여 타인이 간수하는 물건의 경우 : 공무상 보관물의 무효죄가 성립 예 압류물건을 원래 장소에서 다른 장소로 이전한 경우

㉢ **동력규정** : 재물에는 관리할 수 있는 동력(제346조)도 포함되며, 동산 · 부동산을 불문한다.

예 부동산 사기의 경우 권리이전의 의사표시만으로는 부족하고 점유이전 또는 소유권이전등기가 완료된 때에 기수가 된다(통설 · 대판).

③ **재산상의 이익**

㉠ 적극적 이익 · 소극적 이익 · 연속적 이익(예 채무면제) · 일시적 이익(예 채무이행의 연기)

을 불문한다.

관련판례 재산상 이익

1. 적극적 이익

① 채권의 취득

② 기망에 의하여 노무의 제공을 받거나 또는 담보제공(연대보증)을 받는 경우, 즉 노무 또는 담보제공

③ 국유재산의 매각을 전제로 연고자에게 유상대부계약을 할 때에 허위로 연고권이 있는 것 같이 관계공무원을 기망한 경우, 즉 연고권 취득

④ 채권추심의 승인을 받는 경우

⑤ 채무보증

⑥ 민사소송법상의 화해 등

2. 소극적 이익

① 채무면제

② 채무변제의 유예를 받는 경우

③ 무임승차

④ 전기계량기를 거꾸로 돌려 요금지급을 면탈하는 경우

3. 연속적 이익 : 채무면제

4. 일시적 이익 : 채무이행의 연기

ⓛ 이익의 취득이 사법상 유효할 것을 요하지 않으며, 외관상 재산상의 이익을 취득하였다고 볼 수 있는 사실관계가 있으면 족하다(판례).

ⓒ 이익의 대상은 재산권이어야 한다. 따라서 기망수단에 의하여 이익을 취득하였어도 그것이 재산상의 이익이 아니면 사기죄가 성립하지 않는다.

예 사기결혼과 이중장부를 만들어 세무서원을 기망하여 세금을 포탈한 경우 → 사기죄 부인(사기결혼은 재물이 아니므로 사기죄 부인하고 세금포탈은 조세범처벌법위반으로 처벌)

예 ① 부재자의 재산관리인으로 선임된 경우 → 사기죄 부인

② 도로점유허가신청에 있어서 사용자가 누구인가에 대하여 기망한 경우 → 사기죄 부인

③ 사기결혼과 사기에 의한 정조를 빼는 행위 → (재물이 아니므로) 사기죄 부인

ⓔ 재산상의 이익은 구체적인 이익이어야 한다.

예 ① 단순히 채무변제를 피하기 위하여 도주한 경우 → 사기죄 부인

② 단순히 지급보증서를 받은 경우 → 사기죄 부인

④ **개인적 법익에 한** : 사기죄는 개인적 법익에 한하므로 따라서 사회적 · 국가적 법익은 해당되지 않는다.

예 공무원을 기망하여 세금을 포탈한 경우 ➡ 조세범처벌법 위반죄가 성립하고, 사기죄는 성립하지 않는다.

핵심요약 사기죄가 성립하지 않는 경우(판례)

1. 사기결혼 · 사기에 의한 정조를 뺏는 행위는 재산(재물)권 침해가 아니므로 사기죄 부인
2. 매음을 한 후 기망에 의하여 화대를 지불하지 않는 경우
3. 공무원을 기망하여 세금포탈 · 조세의 환급 · 공제를 받은 경우(조세범처벌법위반으로 처벌)
4. 이중장부를 만들어 세무서원을 속여 세금을 포탈한 경우
5. 관계서류를 위조하여 부동산소유권 이전등기를 마친 경우
6. 등기공무원을 기망하여 허위의 보존등기를 한 경우
7. 무자격 침술사의 치료행위

(2) 행위 : 사람을 기망하여 재물의 교부를 받거나 재산상의 이익을 취득하는 것 또는 제3자로 하여금 교부받게 하거나 재산상의 이익을 취득하게 하는 것. 즉, 사기죄는 기망 → 착오 → 처분행위 → 재물 또는 재산상 이득취득의 단계를 거친다.

① **기망**

㉠ **기망이란** : 사람을 착오에 빠지게 하는 일체의 행위를 말한다.

㉡ **기망행위의 대상** : 법률행위 · 사실행위의 판단을 불문한다.

㉢ **기망의 수단 · 방법** : 제한이 없다. 즉, 명시 · 묵시 · 작위 · 부작위 · 언어 · 문서를 불문한다.

핵심요약 & 관련판례 기망의 수단 · 방법(사기를 인정하는 행위)

1. **명시적 기망** : 언어 · 문서에 의한 기망을 말한다.
2. **묵시적 기망** : 언어가 아닌 행동에 의한 기망을 말하며, 정당한 권리자임을 묵시적으로 설명하는 것을 말한다.
   ① 결제될 가망이 없는 어음이나 수표를 담보로 제공하거나 할인을 받아 재물을 취득한 경우 ➡ 사기죄
   ② 절취한 예금통장을 가지고 은행에서 (예금청구서 작성후) 예금을 청구한 경우 ➡ 통설은 절도죄와

사기죄 · 판례는 절도죄 · 사기죄와 사문서 위조죄 및 동행사죄

③ 절취한 장물을 담보로 제공하고 돈을 빌린(차용) 경우 → 절도죄와 사기죄

④ 질병을 숨기고 보험을 가입한 후 보험금을 수령한 경우 → 사기죄

⑤ 무전취식 · 무전숙박

㉠ 처음부터 돈이 없음을 알면서 또는 대금지불 의사 없이 무전취식 · 숙박한 경우 → 사기죄

㉡ 음식을 먹는 도중이나 먹고 난 후 또는 투숙한 후에 돈이 없음을 알고 도망친 경우 → 무죄(과실사기죄 처벌규정이 없으므로)

⑥ 100만원짜리 부적을 사서 몸에 소지하면 대학입시에 합격할 것이라고 기망하여 부적을 사게 한 경우 → 사기죄

3. 부작위에 의한 기망 : 법률상 고지 의무 있는 자가 일정한 사실에 관하여 상대방이 착오에 빠져 있음을 알면서도 이를 고지하지 아니한 경우로 일반거래의 경험칙상 상대방이 그 사실을 알았더라면 법률행위를 하지 않았을 것이 명백한 경우에는 신의칙상 그 사실(이)을 고지할 법률상 의무가 인정된다(대판 2004. 5. 27, 2003도4531).

① 질병을 숨기고 보험계약을 체결하는 경우 → 사기죄

② 거스름돈사기(잔전사기)

㉠ 거스름돈이 더 온 줄 알면서 취득한 경우 → 사기죄

㉡ 거스름돈이 더 온 줄 모르고 취득한 후 더 온 줄 알면서 반환하지 아니한 경우 → 점유이탈물횡령죄

㉢ 거스름돈이 더 온 줄 (끝까지) 모르고 사용한 경우 → 무죄

㉣ **기망의 상대방** : 타인

ⓐ 타인에는 자연인 · 법인, 특정 · 불특정인을 불문한다. 예 사기광고

ⓑ 단, 심신상실자나 유아는 제외된다. 즉, 심신상실자나 유아는 스스로 착오를 일으킬 능력이 없기 때문에 기망의 상대방이 될 수 없다.

ⓒ 예 ① 미성년자의 지려천박을 기망한 경우 → 준사기죄
② 의사능력이 없는 심신상실자 또는 유아를 기망하여 재물을 취득한 경우 → 절도죄

② **착오**(즉 피기망자의 착오가 있을 것)

㉠ 착오의 주체는 사람에 한하여 인정된다.

예 자동판매기에 화폐 유사물(엽전)을 투입하여 물건(커피 등)을 취득한 경우 → 사기죄는 부정. 단, 편의시설부정이용죄가 성립

㉡ 피기망자의 착오는 사실 판단에 관한 착오 · 가치판단에 관한 착오 · 동기의 착오를 불

문하고 사기죄가 인정된다.

예 서화나 골동품을 팔아먹기 위하여 진품이라고 믿게 할 만한 사언을 사용하여 판매한 경우 ➡ 사기죄

㉢ 기망과 착오간에 인과관계가 존재하여야 한다.

예 ① 기망을 하였으나 상대방이 불쌍하여 재물을 교부한 경우 ➡ 사기죄 미수
② 무임승차의 경우에 차장이 차표없이 승차한 사람이 있느냐고 물었을 때 가만히 있거나 없다고 말한 경우 ➡ 사기죄

㉣ 피기망자와 피해자가 동일인임을 요하지 않는다. 예 소송사기

③ **처분행위**(재산의 처분행위가 있을 것)

㉠ 피해자의 재산적 처분행위가 있어야 한다.

예 ① 원서라고 속이고 문맹자로 하여금 차용증서에 서명 · 날인케 한 경우 ➡ 사기죄 부인(재산적 처분행위가 없으므로)
② 사람을 기망하여 주의를 다른 곳으로 돌리고 난 후 재물을 취득하는 경우 ➡ 사기죄가 아니라 절도죄가 성립(재산적 처분행위가 없으므로)

㉡ **처분행위**

ⓐ 민법상 개념이 아닌 사실상 개념이다.

ⓑ 처분행위자는 피기망자와 일치하여야 하나, 처분행위자가 피해자와 동일인임을 요하지 않는다.

ⓒ 처분행위자는 피해자의 재물을 사실상 처분할 수 있는 지위에 있으면 되고 법적 권한이 있음을 요하지 않는다(판례).

예 ① 가정부를 기망하여 주인의 재물(옷 · 보석 등)을 교부받은 경우 ➡ 사기죄(가정부는 사실상 처분지위에 있으므로)
② 항공기 또는 열차승객을 기망하여 다른 승객의 짐(가방 등)을 넘겨받은 경우 ➡ 절도죄(다른 승객의 짐에 대한 사실상 처분권한이 없으므로 사기죄는 부인)

ⓓ 판례는 처분의사를 요하나 · 통설은 처분의사를 불요한다.

㉢ **방기 또는 포기시켜 습득한 경우** : 사기죄가 성립한다.

예 초등학생이 진짜 백금 다이아반지를 습득하였으나 고철이라고 기망하여 버리게 한 후 이를 습득한 경우 ➡ 사기죄

핵심요약 사기죄

1. **처분행위인정**(사기죄성립)
   ① 사람을 기망하여 재물을 포기하게 한 후 이를 습득한 경우 ➡ 사기죄
   ② 자전거(오토바이 · 승용차)를 살 의사 없이 시운전을 빙자하여 인도(넘겨)받아 타고 도주한 경우 ➡ 사기죄
   ③ 범인이 형사를 가장하여 위조지폐를 수색하는 척하면서 상품대금으로 받았던 만원권 지폐 10장을 위조지폐라고 압수명목으로 가져간 경우
   ㉠ 주인이 자의로 교부한 때 ➡ 사기죄
   ㉡ 범인이 스스로 취거해 간 때 ➡ 절도죄
   ④ 혼인사기. 즉, 혼인하기로 속여서 금품을 교부받은 경우 ➡ 사기죄
2. **처분행위부정**(사기죄부정)
   ① 시계방 주인에게 시계를 사겠다고 속여 시계를 받아서 구경하는 척하다가 가지고 도망간 경우 ➡ 절도죄
   ② 사람을 기망하여 주의를 딴 곳으로 돌리고 난 후 재물을 취득한 경우 ➡ 절도죄
   ③ 진실한 용도를 속이고 부동산이전등기 관련서류(부동산매도용 인감증명서 등)를 교부받아 피고인 명의로 소유권이전등기를 경료한(마친) 경우 ➡ 사기죄 부정(대판 2001. 7. 13, 2007도1289, 즉 피해자의 부동산에 관한 처분행위가 없으므로)
   ④ 등기공무원을 기망하여 부동산에 대하여 소유권이전등기를 한 경우 ➡ 사기죄 부정(즉 피해자의 처분행위가 없으므로), 단 공정증서원본부실기재죄가 성립
   ⑤ 매음을 한 후 기망에 의하여 화대의 지불을 면하는 경우 ➡ 사기죄부정
   ⑥ 이중장부를 만들어 세무서원을 속여(기망하여) 세금을 포탈한 경우 ➡ 사기죄부정
   ⑦ 사기결혼. 즉, 학력 · 재산 · 경력을 속여서 결혼한 경우 ➡ 사기죄부정

④ **재산상의 이익취득**(즉 재산상의 이익(피기망자의 손해발생)이 있을 것)

㉠ **재산상의 이익** : 강도죄에서 이익과 동일하다. 즉, 적극적 이익 · 소극적 이익 · 일시적 · 영구적을 불문한다.

예 채무인수의 약속, 차금에 있어서 보증인이 되는 것의 승낙, 변제 기일의 연기, 무임승차 등

㉡ **재산상 손해**

ⓐ 경제적 가치의 총제적 감소를 의미한다.

ⓑ 손해의 판단기준은 처분행위의 전 · 후에서 피해자의 재산상태를 비교하여 판단

한다.

(3) 실행의 착수시기 및 기수시기

① **실행의 착수시기** : 재물편취의 의사로 기망행위를 개시한 때이다.

예 ① 보증금 편취목적으로 방화한 때 → 보증금 청구시
② 소송사기의 경우 → 소제기시

② **기수시기** : 취득시. 즉, 상대방의 처분행위에 의하여 재물의 점유를 취득한 때이다.

㉠ **동산의 경우** : 인도시

㉡ **유가증권을 편취하는 경우** : 교부시

㉢ **부동산을 사기하는 경우** : 소유권 이전등기시

㉣ **보험사기의 경우** : 보험증권의 교부를 받은 때

㉤ **소송사기의 경우** : 승소판결을 얻어 상대방으로부터 금전의 교부를 받은 때

㉥ **무전취식 · 무전숙박의 경우** : 취식 · 숙박한 때

(4) 주관적 구성요건 : 고의 + 불법영득의사

① **고의** : 상대방을 기망하여 재물이나 재산상 이익을 취득하고 이로 인하여 상대방에게 재산상의 손해가 초래된다는 점을 인식하여야 한다.

② **불법영득의사** : 고의 이외에도 불법영득의사 또는 불법이득의 의사가 있어야 한다.

③ **구체적 사례**

㉠ **대금결제의사나 능력없이 신용카드를 발급받아 카드가맹점에서 물품을 구입하고 현금자동지급기에서 현금을 인출한 경우** : (포괄일죄로서) 사기죄(판례, 즉 불법영득의사가 있으므로)

㉡ **기도 · 굿 · 부적을 해주고 보수를 받는 경우** : 사기죄부인(즉, 불법영득의사가 없으므로)

(5) 위법성

① **문제의 제기** : 정당한 권리자가 권리실현의 수단으로서 상대를 기망하고 재물 또는 재산상 이익을 취득한 경우에 사기죄가 성립하느냐의 문제가 있다.

② **판례** : 권리행사행위와 기망행위를 전체적으로 고찰하여 권리행사의 수단이 사회통념상 허용된 범위를 초과한 경우에는 이득의 불법을 묻지 않고 권리남용으로 사기죄를 인정한다.

(6) 친족상도례

① 행위자와 피해자 사이에 친족관계가 존재하여야 한다.

② 다만, 피기망자와 피해자가 다른 때에는 피기망자와 행위자 사이에 친족관계가 있을 것을 요하지 않는다(판례).

3. 타죄와 관련문제

(1) 횡령죄와의 관계 : 자기가 점유하는 타인의 재물을 기망하여 영득한 경우 ➡ 횡령죄만 성립 (상대방의 처분행위가 없으므로 사기죄는 성립하지 않는다)

(2) 배임죄와의 관계 : 타인의 사무를 처리하는 자가 본인(위탁자)에 대하여 기망하여 이익을 취득한 경우

① **판례** : 사기죄만 성립

② **통설** : 사기죄와 배임죄의 상상적 경합범

(3) 위조통화행사죄와의 관계 : 위조통화를 행사하여 타인의 재물을 편취한 경우

① **판례** : 위조통화행사죄와 사기죄의 (실체적) 경합범

② **통설** : 위조통화행사죄와 사기죄의 상상적 경합범

(4) 사기도박과의 관계 : 사기도박하여 재물을 취득한 경우 ➡ 사기죄만 성립

(5) 불법원인급여

① 재물의 교부가 불법원인(아편 · 위조지폐 만드는 자금명목)에 기한 것이므로 피해자가 그 반환을 청구할 수 없는 경우에도 기망행위에 의하여 피해자에게 재산상의 손해를 가하였으므로 사기죄가 성립한다(통설).

② 예 ① 공무원에게 뇌물로 공여할 재물을 편취한 경우 ➡ 사기죄
② 아편 또는 위조지폐를 만드는 자금명목으로 금품을 편취한 경우 ➡ 사기죄

(6) 권리행사와 사기죄

① **기망행위가 권리행사의 범위 내인 경우** : 사기죄 불성립, 즉 무죄(통설)

② **기망행위가 사회통념상 권리행사의 수단을 초과하여 권리남용이 되는 경우** : 사기죄가 성립(판례)

(7) 이중저당 : 배임죄(통설, 배임죄편 참조)

(8) 사기도박 : 사기죄. 즉, 사기도박은 우연성이 없기 때문에 도박죄는 성립하지 아니하고 사기

죄만 성립한다.

Ⅲ. 컴퓨터 (등) 사용사기죄

1. 서 설

(1) 의의 : 컴퓨터 등 정보처리 장치에 허위의 정보 또는 부정한 명령을 입력하거나 권한없이 정보를 입력 · 변경하여 정보처리를 하게 함으로써 계산상의 이익을 취득하거나 또는 제3자로 하여금 취득하게 함으로써 성립하는 범죄이다.

보충설명 컴퓨터사용사기죄의 추가규정

권한없이 정보를 입력 · 변경하여 정보처리를 하게 하는 행위를 구성요건으로 추가하였다(2001. 12. 29, 개정 2002. 6. 30)

(2) 성질

① 사기죄의 보충규정

② 이익죄

(3) 사기죄와 구별

	사기죄	컴퓨터 등 사용사기죄
기망의 대상	사람	기계
성 질	재물죄 또는 이익죄	이익죄

2. 구성요건

(1) 주체 : 제한이 없다. 즉, (프로그래머나 오퍼레이터 등의) 정보처리 담당자 이외에 외부인도 포함된다.

(2) 객체 : 재산상의 이익

사기죄는 재산상의 이익 이외에 재물도 객체가 되지만, 컴퓨터사용사기죄는 재산상의 이익에 한한다.

핵심요약 컴퓨터 등 사용사기죄와 사기죄의 객체

1. **컴퓨터 등 사용사기죄의 객체** : 재산상의 이익
2. **사기죄의 객체** : 재물 또는 재산상의 이익

(3) 행위 : 컴퓨터 등 정보처리장치에 허위의 정보 또는 부정한 명령을 입력하거나 권한없이 정보를 입력 · 변경하여 정보처리를 하게 하는 것

① **컴퓨터 등 정보처리장치** : 자동적으로 계산이나 데이터의 처리를 할 수 있는 전자장치를 말한다. 예 은행의 온라인 시스템과 연결된 전자계산시 또는 현금자동인출기 등

② **허위 정보나 부정한 명령의 입력**

㉠ **허위 정보의 입력** : 진실에 반하는 내용의 정보를 입력하는 것을 말한다.

예 입금액이 없는데도 은행 컴퓨터에 허위의 입금데이터를 입력하여 예금잔고를 부당하게 증액시키는 경우

㉡ **부정한 명령의 입력** : 당해 컴퓨터의 사용 목적에 반하는 명령을 입력하는 것을 말한다.

㉢ 예 ① 타인의 구좌에 있는 예금을 단말기조작으로 자신의 구좌로 입금시키는 행위
② 프로그램조작으로 예금을 인출해도 잔액이 감소되지 않는 경우

③ **권한 없이 정보를 입력 · 변경** : 정당한 정보를 권한 없이 사용한 경우를 말한다.

예 ① 절취한 타인의 신용카드 또는 현금카드로 비밀번호를 입력하여 현금인출기에서 돈을 인출한 경우 → 컴퓨터사용사기죄
② 절취한 타인의 신용카드 또는 현금카드로 물품대금을 결제한 경우 → 컴퓨터사용사기죄

④ **정보처리를 하게 한다란** : 입력된 허위정보나 부정한 명령에 따라 계산이나 데이터의 처리가 이루어진 경우를 말한다.

관련판례 컴퓨터사용사기죄

1. 타인이 인적 사항을 도용하여 타인명의로 발급받은 신용카드의 번호와 비밀번호를 인터넷 사이트에 입력함으로써 재산상의 이익을 취득한 경우 → 컴퓨터사용사기죄(대판 2003. 1. 10, 2002도2363)
2. 타인 명의를 도용하여 발급받은 신용카드로 현금자동지급기에서 현금을 인출한 경우 또는 절취한 타인의 신용카드로 현금자동지급기에서 현금을 인출한 경우
   ① **판례** : 절도죄(대판 2002. 7. 12, 2002도2134. 즉, 컴퓨터사용사기죄의 객체는 재물이 아닌 재산상의 이익이므로 현금인출행위는 재물에 관한 범죄이므로 절도죄가 성립)
   ② **다수설** : 컴퓨터사용사기죄

(4) 위임받은 금액을 초과하여 현금을 인출하는 방법으로 차액을 취득한 경우 : 컴퓨터 등 사용사기죄(대판 2006. 3. 24, 2005도3516)

(5) 실행의 착수시기 및 기수시기

① **실행의 착수시기** : 허위의 정보 또는 부정한 명령을 입력한 때이다.

② **기수시기** : 재산상의 이익을 취득시 또는 피해자의 재산상 손해가 발생한 때이다.

(6) 주관적 구성요건 : 고의 + 불법영득의사

① **고의**(범) : 컴퓨터 등 정보처리장치에 허의의 정보나 부정한 명령을 입력하는 사실 및 이를 이용하여 정보처리를 하게 한다는 점, 이로 인하여 재산상의 손해를 야기한다는 점과 각 행위에 대한 인과관계가 존재한다는 점에 대한 인식이 있어야 한다.

② **불법영득의사** : 본죄는 고의 이외에 불법영득의사가 있어야 한다.

3. 관련문제

(1) 사기죄와의 관계 : 은행원을 기망하여 컴퓨터에 허위정보를 입력시켜 재산상의 이익을 취득한 경우 ➡ 사기죄만 성립(본죄는 사기죄에 대하여 보충관계에 있으므로 사기죄가 성립하면 본죄는 불성립)

(2) 전자기록위작 · 변작죄와의 관계 : 사기죄의 행위가 전자기록위작 · 변작죄 또는 동행사죄에 해당하는 경우 ➡ 사기죄와 전자기록위작 · 변작죄 또는 동행사죄와의 상상적 경합범

(3) 불가벌적 사후행위 : 본죄(컴퓨터사용사기죄)의 행위에 의하여 예금잔고를 부정하게 증액시킨 후 그 예금을 인출하여 현금을 취득하는 경우 ➡ 컴퓨터 등 사용사기죄만 성립

관련판례 컴퓨터사용사기 범행 후의 현금인출 행위는 불가벌적 사후행위

컴퓨터사용사기죄의 범행으로 예금채권을 취득한 다음 자기의 현금카드를 사용하여 현금자동지급기에서 현금을 인출한 경우, 현금카드 사용권한 있는 자의 정당한 사용에 의한 것으로서 현금자동지급기 관리자의 의사에 반하거나 기망행위 및 그에 따른 처분행위도 없었으므로 별도로 절도죄나 사기죄의 구성요건에 해당하지 않는다 할 것이고, 그 결과 그 인출된 현금은 재산범죄에 의하여 취득한 재물이 아니므로 장물이 될 수 없다. 즉, 컴퓨터사용사기죄만 성립, 즉 절도죄 · 사기죄 · 장물죄는 불가벌적 사후행위이므로 불벌(대판 2004. 4. 16, 2004도353)

(4) 신용카드와 관련된 문제

① **자기의 신용카드를 부정사용한 경우** : 사기죄 성립

예 카드 회사에 대금을 지불할 의사나 능력이 없으면서 있는 것처럼 가장하여 자기 카드를 사용한 경우(현금자동지급기에서 현금을 인출하거나 카드가맹점에서 물품을 구입) ➞ 사기죄

② **타인의 신용카드를 부정사용한 경우** : 점유이탈물 횡령죄와 사기죄의 경합범

예 타인의 신용카드를 습득한 후 백화점에서 자기카드인 것처럼 사용하여 물품을 구입한 경우 ➞ 점유이탈물 횡령죄와 사기죄(다수설)

③ **타인의 현금카드를 부정사용만 하고 돌려줄 의사로 절취한 경우** : 사기죄만 성립하고 절도죄는 불성립(즉, 불법영득의사가 없으므로)

④ **타인의 현금카드를 습득하여 현금인출기에서 현금을 인출한 경우**

㉠ **판례** : 점유이탈물 횡령죄와 절도죄(컴퓨터사용사기죄의 객체는 재물이 아닌 재산상의 이익으므로 현금인출행위는 재물에 관한 범죄이므로 절도죄가 성립)

㉡ **통설** : 점유이탈물 횡령죄와 컴퓨터사용사기죄

Ⅳ. 준사기죄

1. 서 설

(1) 의의 : 미성년자의 지려천박(智慮淺薄) 또는 사람의 심신장애를 이용하여 재물의 교부를 받거나 재산상의 이익을 취득하거나 또는 제3자로 하여금 재물의 교부를 받게 하거나 재산상의 이익을 취득하게 함으로써 성립하는 범죄이다.

(2) 성질

① **사기죄에 준하여 인정** : 기망을 수단으로 하지는 않으나 상대방의 하자있는 상태를 이용하므로 사기죄에 준하여 인정한다.

② **사기죄의 보충적 규정** : 사기죄가 성립되지 않을 때 성립하는 범죄이므로 사기죄의 보충적 성격을 갖는다.

③ **위험범** : 사기죄는 침해범이나, 준사기죄는 위험범이다.

(3) 사기죄와의 구별

	사기죄	준사기죄
행 위	기망	(기망을 수단으로 하지 않고) 미성년자의 지려천박 또는 사람의 심신장애를 이용
성 질	침해범	위험범
처 벌	원칙 처벌, 즉 미성년자의 지려천박 또는 사람의 심신장애를 기망에 사용한 경우	보충적 처벌, 즉 사기죄가 성립하지 않는 경우에 보충적으로 처벌

2. 구성요건

(1) 객체 : 재물 또는 재산상의 이익(사기죄의 객체와 동일하다)

(2) 행위 : 미성년자의 지려천박 또는 사람의 심신장애를 이용하여 재물을 교부받거나 재산상의 이익을 취득하거나 또는 제3자로 하여금 이를 얻게 하는 것

① **미성년자**

㉠ 민법상의 미성년자로, 19세 미만의 자를 말한다.

예 A는 시가 1만원인 모조품을 요구했는데 미성년자인 백화점 판매원이 잘못하여 시가 100만원 진품을 주므로 이를 알면서도 1만원만 지불하고 진품을 가져온 경우 ➡ (부작위에 의한) 사기죄 · (백화점 판매원이면 지려천박한 미성년자라 볼 수 없으므로 준사기죄는 부정)

㉡ 본죄는 미성년자 중에서도(모든 미성년자가 아닌) 지려천박한 자만을 의미한다.

㉢ 미성년자가 결혼하면 성년으로 의제되므로 따라서 결혼한 미성년자는 준사기죄가 인정되지 않는다.

② **지려천박** : 독립하여 사리를 판단할 수 없는 정도를 말한다. 즉, 기망수단에 의하지 않아도 처분행위를 할 상태에 있는 것을 말한다.

예 엿장수 甲은 꼬마가 골동품인 고려청자를 가져오므로 많은 엿을 주고 교환한 경우 ➡ 준사기죄

③ **심신장애**

㉠ 정신능력의 장애로 정상적인 거래상의 판단능력이 결여되어 있는 상태를 말한다. 즉, 재산산의 거래무능력 상태

㉡ 본죄에서 심신장애는 거래능력에 관한 것이므로 형법상 책임능력과는 구별된다.

㉢ 여기서 심신장애는 심신미약자만을 의미한다. 따라서 심신상실자를 이용하여 재물의 교부를 받으면 절도죄가 성립한다.

예 의사능력이 없는 정신병자 또는 유아를 기망하여 재물의 교부를 받은 경우 → 절도죄 성립

④ **이용하여란**

㉠ 상대방의 지려천박 · 심신장애 상태에 편승 · 이용하는 것을 말한다.

㉡ 기망행위에 해당하지 않을 정도이어야 한다. 따라서 상대방에 대하여 기망행위를 수단으로 한 경우에는 사기죄가 성립한다.

⑤ **처분행위** : 재물 또는 재산상의 이익은 지려천박한 미성년자 · 심신장애의 상태에 있는자의 처분행위에 의(기인)한 것이어야 한다.

예 금은방에서 종업원인 미성년자가 한 눈을 파는 사이 금반지 1개를 호주머니에 집어넣어 나온 경우 → 절도죄(즉, 처분행위가 없으므로 준사기죄는 부인)

V. 편의시설부정이용죄

1. 서 설

(1) 의의 : 부정한 방법으로 대가를 지급하지 않고 자동판매기 · 공중전화 기타 유료자동설비를 이용하여 재물 또는 재산상의 이익을 취득함으로써 성립하는 범죄이다.

(2) 인정이유

① 절도죄보다 경미한 범죄이다.

② 보충규정, 즉 사람에 대한 기망행위가 없기 때문에 절도죄나 사기죄로 처벌할 수 없는 경우에 처벌을 위하여 인정된다. 즉, 절도죄나 사기죄의 보충적 규정이다.

(3) 보호법익 : 재산권

2. 구성요건

(1) 객체 : 재물 또는 재산상의 이익(사기죄의 객체와 동일하다)

(2) 행위 : 대가를 지급하지 않고 편의시설을 부정하게 이용하는 것

① **대가를 지급하지 않는 경우** : 물품구입가격 또는 편의시설 이용료에 상당하는 금전적 지급을 하지 않는 경우를 말한다. 예 자동판매기에 모조통화(엽전)를 투입하여 캔커피를 빼먹은 경우

② **편의시설** : 자동판매기(예 승차권 · 담배 · 음료수자동판매기) · 공중전화 · 기타 유료자동설비(예 자동보관함 · 자동개찰구)와 같은 편의시설을 말하며, 자동판매기 또는 공중전화는 유료자동설

비의 예시에 지나지 않는다. 따라서 공중목욕탕과 자동설비라도 무료 모임에의 출입자를 제한하기 위한 자동설비를 부정 이용한 경우에는 본죄를 인정하지 않는다.

예 TV시청기 · 뮤직박스 등

보충설명 유료자동설비

1. 의의

유료자동설비란 대가를 지불하는 경우에 기계 또는 전자장치에 의하여 자동적으로 일정한 물건 또는 편익을 제공하는 일체의 자동기계설비를 말한다.

2. 편의시설에 해당하는 경우(본죄 인정)

자동판매기(예 승차권 · 담배 · 음료수자동판매기) · 공중전화 · 유료자동설비(예자동보관함 · 자동개찰구)

3. 편의시설에 해당하지 않는 경우(본죄 부인)

TV시청기 · 뮤직박스 · 자동놀이기구 · 무인화(無人化) 및 자동화된 시설물 · 공중교통기관 · 공중목욕탕

③ **부정하게 이용**

㉠ **부정하게 이용이란**

ⓐ 대가를 지급하지 아니하고 자동설비의 메커니즘을 비정상적으로 조종함으로써 재물 또는 재산상이 이익을 취득하는 행위를 말한다.

ⓑ 그러나 자동판매기가 이미 고장나 동전을 넣지(투입) 않아도 물건이 나와 이를 가져간 경우는 무죄(부정이용행위가 없으므로) 또한 자동판매기를 손괴하고 그 안에 있는 물건을 가져간 경우는 본죄가 성립하지 않고 손괴죄가 성립한다.

ⓒ 예 ① 자동설비를 손괴하고 그 안의 물품을 가져가는 경우 ➡ 손괴죄와 절도죄
② 고장난 자판가에 동전을 넣지 않았는데도 물건이 나오는 것을 가져가는 경우 ➡ 무죄(부정이용행위가 없으므로)

㉡ **부정하게 이용하는 방법** : 제한이 없다. 즉, 위조화폐 사용 · 잔고를 허위로 개변한 IC카드 등 예 자동판매기에 엽전을 투입하여 차를 빼 마시는 경우 ➡ 편의시설 부정이용죄

(3) 실행의 착수시기 및 기수시기

① **실행의 착수시기** : 편의시설에 대한 부정이용행위를 개시한 때이다.

예 자동판매기에 엽전을 투입하여 자동판매기에 걸려 차가 나오지 않는 경우 ➡ 편의시설부정이용죄의 미수

② **기수시기** : 편의시설 부정이용의 결과 재물이나 재산상 이익을 취득한 때이다.

VI. 부당이득죄

1. 서 설

(1) 의의 : 사람의 궁박한 상태를 이용하여 현저하게 부당한 이익을 취득하거나 제3자로 하여금 부당한 이익을 취득하게 함으로써 성립하는 범죄이다.

(2) 성질

① 사람의 궁박한 상태를 이용하므로 사기죄와 유사하다.

② 사기의 죄 중 미수범 처벌규정이 없는 범죄이다.

(3) 보호법익과 보호받는 정도

① **보호법익** : (전체로서의) 재산권

② **보호받는 정도** : 위험범

2. 구성요건

(1) 객체 : 재산상의 이익

(2) 행위 : 사람의 궁박한 상태를 이용하여 현저하게 부당한 이익을 취득하게 하는 것

① **궁박한 상태**

㉠ 궁박한 상태의 원인은 불문한다. 즉, 경제적 궁박 이외에 육체적 · 정신적(예 명예) 궁박을 불문한다.

㉡ 반드시 객관적으로 궁박한 상태의 존재를 요하지 않고, 주관적으로 궁박상태를 이용하는 것으로 충분하다.

② **현저히 부당한 이익의 취득**

㉠ 현저히 부당한 이익의 취득여부는 행위 당시의 구체적 사정에 의하여 객관적으로 판단되어야 한다.

㉡ 본죄는 침해범이므로 상대방에게 손해가 발생함을 요한다.

㉢ 이익의 취득은 상대방의 궁박한 상태를 이용하였음을 요한다.

㉣ 예 ① 甲은 교통사고의 합의금이 급히 필요하여 찾아온 乙로부터 급한 사정을 듣고 이를 기회로 시가 700만원의 결혼반지를 70만원에 매수한 경우 → 부당이득죄

② 채무액의 2배에 상당하는 재산을 대물변제(代物辨濟) 받았다는 것만으로는 현저하게 부당한 이익이라고 할 수 없다. → 부당이득죄 부인(판례)

Ⅶ. 상습사기 등(준사기 · 부당이득) 죄

1. 의 의

상습으로 사기죄 · 컴퓨터 등 사용사기죄 · 준사기죄 · 편의시설부정이용죄 · 부당이득죄를 범함으로써 성립하는 범죄이다.

2. 성 질

(1) 부진정신분범 : 상습으로 불법(형)이 가중하는 부진정신분범이다.

(2) 주관주의 근거

(3) 친족상도례와 동력에 관한 규정 : 준용된다(제354조).

핵심요약 신용카드와 현금카드에 관련된 범죄

1. 자기명의의 신용카드를 부정사용한 경우

① 카드회원이 변제의사나 변제능력 없으면서 있는 것처럼 가장하여 (가맹점에서) 물건을 구입하거나 용역을 제공받는 경우 ➡ 사기죄

② 카드회원이 변제의사나 변제능력이 없으면서 있는 것처럼 가장하여 (자기명의의 카드로) 현금자동지급기에서 현금을 인출한 경우 ➡ 사기죄(판례)

2. 타인명의의 신용카드를 부정사용한 경우

① 타인명의의 신용카드를 부정사용하여 (가맹점에서) 물품이나 용역을 취득한 경우 ➡ 여신전문금융법위반죄(신용카드부정사용죄)와 사기죄의 (실체적) 경합범

② 타인명의의 신용카드를 부정사용하여 현금자동지급기에서 현금을 인출한 경우 ➡ 여신전문금융법위반죄(신용카드부정사용죄)와 절도죄의 (실체적) 경합범

3. 타인명의의 현금카드를 부정사용한 경우

① 타인의 현금카드를 부정사용만 하고 반환의사로 절취한 경우 ➡ 사기죄만 성립(절도죄는 불법영득의사가 없으므로 불성립)

② 타인의 현금카드를 습득한 후 현금인출기에서 현금을 인출한 경우

㉠ **판례** : 점유이탈물횡령죄와 절도죄

㉡ **통설** : 점유이탈물횡령죄와 컴퓨터사용사기죄

③ 타인의 현금인출카드를 절취한 후 현금인출 후 카드를 그대로 소지하거나 폐기한 경우 ➡ 현금인출카드에 대한 절도죄와 인출한 현금에 대한 절도죄의 경합범(판례)

제5절 공갈의 죄

I. 서 론

1. 의 의

공갈의 죄란 사람을 공갈하여 재물 또는 재산상의 이익을 취득함으로써 성립하는 범죄이다.

2. 보호법익과 보호받는 정도

(1) **보호법익** : 재산권과 의사결정의 자유, 즉 주된 보호법익은 재산권·부차적 보호법익은 의사결정의 자유

(2) **보호받는 정도** : 침해범

3. 공갈죄의 형태

공갈죄·상습공갈죄가 있다.

II. 공갈죄

1. 서 설

(1) **의의** : 사람을 공갈하여 재물의 교부를 받거나 재산상의 이익을 취득하거나 또는 제3자로 하여금 재물을 교부받게 하거나 재산상의 이익을 취득하게 함으로써 성립하는 범죄이다.

(2) **구별개념**

① 사기죄와의 구별

	공갈죄	사기죄
행 위	공갈, 즉 갈취	기망, 즉 사취
보호법익	재산권 및 의사결정의 자유	재산권
양자의 공통점	① 재물죄 또는 이익죄 ③ 편취죄 ⑤ 불법영득을 요(要)	② 침해범 ④ 친족상도례적용

② 강도죄와의 구별

	공갈죄	강도죄
행 위	공갈, 즉 갈취	폭행 · 협박, 즉 강취
침해방법	편취죄	탈취죄
친족상도례	적용 인정	적용 부정
예비 · 음모	처벌 부정	처벌 인정

③ 횡령죄와의 구별

㉠ **공갈죄** : 타인이 점유하는 타인의 재물을 대상으로 하는 범죄

㉡ **횡령죄** : 자기가 점유하는 타인의 재물을 대상으로 하는 범죄

④ 협박죄와의 구별

㉠ 공갈죄와 협박죄의 차이점은 재산죄 여부에 있다.

㉡ 즉, 공갈죄는 재산죄인 반면, 협박죄는 재산죄가 아니다.

(3) 성질

① 재산죄 중 재물죄 또는 이익죄 · 영득죄 · 편취죄

② 불법영득의사 요(要)

③ 친족상도례 적용

2. 구성요건

(1) 객체 : 타인의 재물 또는 재산상의 이익(재물 또는 재산상의 이익은 사기죄와 동일하다)

핵심요약 공갈죄

1. 부녀를 공갈하여 정교한 경우 → 강요죄는 성립하나 공갈죄는 불성립(부녀와의 정교는 재산상 이익이라 할 수 없으므로 공갈죄는 불성립)
2. 부녀와 대가지급을 약속하고 정교를 맺은 후 폭행 · 협박(공갈)에 의해 그 대가를 지급하지 않은 경우 → 공갈죄
3. 종업원이 주인을 협박하여 그 업소에 취직한 후 종업원으로 근로는 제공하지 않고 주인으로부터 월급을 교부받은 경우 → 공갈죄

(2) 행위 : 타인을 공갈하여 재물의 교부를 받거나 재산상의 이익을 취득하거나 제3자로 하여금 취득케 하는 것

① **공갈**

㉠ 재물의 교부를 받거나 재산상의 이익을 취득하기 위하여 폭행 또는 협박으로 외포심을 일으키게 하는 것을 말한다.

㉡ 공갈의 수단인 폭행 또는 협박은 사람의 의사와 행동의 자유를 제한하는 정도로 족하고 반드시 상대방의 반항을 억압할 정도임을 요하지 아니한다. 공갈(해악)한 사실의 진위 · 실현의사의 유무 등은 불문한다.

예 다른 남자와 교제하는 자(사실 간통은 하지 않았음)에 간통사실을 남편에게 알리겠다고 협박하여 돈을 받은 경우 → 공갈죄

㉢ 따라서 상대방의 반항을 억압할 정도의 폭행 · 협박은 강도죄가 성립한다(판례).

② **해악의 고지**

㉠ **해악의 대상** : (해악의 대상인) 법익에는 제한이 없다. 즉, 사람의 생명 · 신체 · 자유 · 명예 · 재산을 불문한다.

㉡ **해악의 고지** : 수단 · 방법에는 제한이 없다. 즉, 언어 · 문서 · 구두 · 동작 · 명시적 · 묵시적을 불문한다. 단, 자연적 발생의 길흉화복의 통지는 협박이 아니다.

③ **처분행위가 있을 것**(재물의 교부행위)

㉠ 피공갈자의 처분행위가 있어야 하며, 처분행위는 작위 · 부작위 또는 묵인행위를 불문한다.

㉡ 처분행위와 공갈 사이에 인과관계가 존재하여야 한다. 따라서 공갈하였으나 재물의 교부가 공갈에 의한 것이 아니고 동정 기타 이유에 의한 경우에는 공갈죄의 미수가 성립한다.

예 A는 甲에게 공갈하여 돈을 요구하였으나 甲은 A가 불쌍하여 동정심에서 만원을 준 경우 → 공갈죄의 미수

㉢ 공갈의 상대방(피공갈자)은 재산상의 피해자와 동일인임을 필요로 하지 않는다.

㉣ 예 ① 처를 공갈하여 그의 남편으로부터 재물을 교부받은 경우 → 공갈죄
② 회사의 이사를 협박하여 동인으로부터 회사의 금품을 교부받은 경우 → 공갈죄
③ 타인의 사무를 처리하는 자를 협박하여 동인으로부터 본인의 금품을 교부받은 경우 → 공갈죄

(3) 실행의 착수시기 및 기수시기

① **실행의 착수시기**: 공갈행위시, 즉 해악의 고지가 있는 때에 실행의 착수가 있다.

② **기수시기**: 취득시

㉠ **재물인 경우**: 취득시, 즉 재물의 교부를 받은 때(취득시)이다.

㉡ **재산상의 이익인 경우**: 취득시, 즉 재산상의 이익을 취득한 때이다.

관련판례 공갈죄

부동산에 대한 공갈죄에 소유권이전등기를 경료받거나 그 인도를 받은 때 기수가 되고, 단지 소유권이전 등기에 필요한 서류만 교부받은 때에는 기수가 되지 아니한다(대판 1992. 9. 14, 92도1506).

3. 위법성

(1) 피해자의 승낙이 있는 행위: 위법성이 조각된다.

(2) 권리실행의 수단으로 한 공갈행위

① **권리실행의 수단으로 한 공갈행위가 사회상규에 반하지 아니하면**: 무죄, 즉 공갈죄 부정 (판례).

예 채권자가 채권을 변제받기 위하여 변제하지 아니하면 고소하겠다고 하여 채권을 변제받은 경우 → 무죄(공갈행위가 사회상규에 반하지 아니하므로)

② **권리실행의 수단으로 한 공갈행위가 사회상규에 반하면**(권리남용시): 공갈죄 성립(판례)

예 채권자가 채권을 변제받기 위하여 변제하지 아니하면 가족을 몰살하겠다고 하여 변제받은 경우 → 공갈죄와 협박죄의 상상적 경합범

핵심요약 사회상규에 反하지 아니하므로 공갈죄 부정(판례)

1. 공사대금을 지급하지 아니하면 진정하겠다고 한 경우
2. 보증금을 환불하지 아니하면 고소하여 구속시키겠다고 한 경우
3. 손해배상을 청구하면서 고소하겠다고 한 경우

4. 관련문제

(1) 공무원의 공무(직무)집행과 관련하여 상대방을 공갈하여 재물의 교부를 받은 경우: (공무원

은) 수뢰죄와 공갈죄의 상상적 경합범(판례) · 상대방은 증뢰죄

예 ① 경찰관이 구속된 피의자 가족에게 금품을 제공하지 아니하면 불리할 것이라고 하여 금품을 받은 경우 → 수뢰죄와 공갈죄의 상상적 경합범

② 음주단속중인 교통경찰관이 음주운전자 甲을 적발하였으나 甲이 잘 봐달라고 애원하므로 돈을 내놓지 않으면 연행하겠다고 위협하여 금품을 받은 경우 → 수뢰죄와 공갈죄의 상상적 경합범

(2) 공무원의 공무(직무)집행과 관련없이 상대방을 공갈하여 재물의 교부를 받은 경우 : (공무원은) 공갈죄만 성립(판례) · 상대방은 무죄

(3) 장물소지자를 공갈하여 장물을 교부받은 경우 : 공갈죄와 장물취득죄의 상상적 경합범

Ⅲ. 상습공갈죄

1. 의 의

상습으로 공갈죄를 범함으로써 성립하는 범죄이다.

2. 성 질

(1) 부진정신분범(상습으로 불법(형)이 가중되므로 부진정신분범)

(2) 주관주의

(3) 친족상도례와 동력에 관한 규정이 준용된다(제354조).

제6절 횡령의 죄

Ⅰ. 서 론

1. 의 의

횡령의 죄란 자기가 보관하는 타인의 재물이나 점유이탈물을 불법하게 영득함으로써 성립하는 범죄이다.

2. 보호법익과 보호받는 정도

(1) 보호법익 : 소유권

(2) 보호받는 정도 : 위험범

3. 횡령죄의 형태

(1) 기본적 구성요건 : 횡령죄

(2) 가중적 구성요건 : 업무상횡령죄

(3) 독립적 구성요건 : 점유이탈물횡령죄가 있다.

Ⅱ. 횡령죄

1. 서 설

(1) 의의 : 타인의 재물을 보관하는 자가 그 재물을 횡령하거나 그 반환을 거부함으로써 성립하는 범죄이다. 예 전당포에 저당잡힌 보석반지를 전당포 주인에게 돌려주지 않고 자기가 갖는 경우

(2) 구별개념

① **절도죄 · 강도죄 · 사기죄 · 공갈죄와의 구별**

㉠ **횡령죄** : 자기가 점유하는 타인의 재물을 영득하는 범죄

㉡ **절도죄 · 강도죄 · 사기죄 · 공갈죄** : 타인이 점유하는 타인의 재물을 영득하는 범죄

② **배임죄와의 구별**

	횡령죄	배임죄
객체	재물죄	이익죄
본질	영득 행위설	배신설
보호법익	소유권	전체로서의 재산
근거	(위탁보관의 근거는) 법률상 · 사실상을 불문	(사무처리의 근거는) 법률상에 한
관계	특별법	일반법

(3) 성질

① 재산죄 중 재물죄 · 영득죄

② 지능범 · 이욕범의 성격

③ 신분범(타인의 재물을 보관하는 자에 한하므로)

④ 불법영득의사 필요

⑤ 친족상도례 적용

⑥ 재산죄 중 법정형이 가장 경한 범죄(단, 점유이탈물횡령죄를 제외)

(4) 본질 : 월권행위설과 영득행위설(통설 · 판례)

	월권행위설	영득행위설(통설 · 판례)
의 의	자기가 보관하는 타인의 위탁물에 대한 권한을 초과하는 월권적 행위라는 견해	자기가 보관하는 타인의 위탁물을 불법하게 영득하는 행위라는 견해
성 질	불법영득의사 불요	불법영득의사 요
사 례	자기가 점유하는 타인의 재물을 일시적 무단사용 · 손괴 또는 은닉 목적의 처분도 횡령죄 인정	자기가 점유하는 타인의 재물을 일시적 무단사용 · 손괴 또는 은닉 목적의 처분은 횡령죄 부정(즉, 영득행위가 없으므로)

2. 구성요건

(1) 주체 : 타인의 재물을 보관하는 자, 즉 진정신분범

① 보관하는 자

㉠ **의의** : 보관이란 점유 또는 소지와 같은 의미로 법률상 · 사실상 지배하는 것을 말한다. 따라서 단순히 사실상 소지만을 뜻하는 절도죄의 점유보다 범위가 넓다.

㉡ **절도죄의 점유와의 구별**

	횡령죄에서 보관	절도죄에서 점유
기 능	행위주체(신분요소)	행위의 객체
범 위	사실상 · 법률상의 지배	사실상의 지배

㉢ **부동산의 보관**(점유) : 부동산을 외견상 유효하게 처분할 수 있는 지위에 있는 자를 보관자라 한다. 최근의 판례는 명의신탁자는 보관자가 아니므로 횡령죄를 부정한다.

ⓐ 등기된 부동산

i) 원칙상 등기부상의 등기명의인(소유명의인)이 보관자이나 예외로 법률상 권한에

기하여 사실상 타인의 부동산을 관리 · 지배하고 있는 자는 등기명의인이 아니라도 보관자가 된다. 예 법인의 대표이사 · 미성년자의 친권자 등

ii) 등기명의인이라도 등기가 원인무효이거나 위탁자가 소유권을 취득할 수 없을 때에는 보관자라고 할 수 없다(판례).

ⓑ 미등기의 부동산 : 사실상 부동산을 관리 · 지배하는 자가 보관자이다.

ⓒ 등기서류보관자 : 등기서류보관자는 부동산의 점유자가 아닌 타인의 사무처리자에 해당하여 부동산의 임의처분시에는 횡령죄가 아닌 배임죄가 성립한다.

예 ① 명의신탁에 반하여 부동산을 매각한 경우 ➡ 개별적인 사안(私案)에 따라 죄명이 다르다(보충설명 참조)

② 장손명의로 되어 있는 종중 땅을 매각한 경우 ➡ 횡령죄

보충설명 (부동산)명의신탁

1. **의의** : 진정한 소유자가 아닌 다른 사람을 소유자인 것처럼 공부상(公簿山)에 표시하는 것을 말한다.
2. **부동산명의신탁**(종중관계 및 부부관계에서 명의신탁)**과 횡령죄** : 투기나 탈세의 목적 없는 종중관계 및 부부관계에서 명의신탁은 유효하므로 명의수탁자가 신탁자의 승낙없이 임의로 처분한 경우 ➡ 횡령죄 인정, 즉 부동산실권리자명의등기에 관한 법률(부동산실명법)의 시행(1995. 7. 1) 이후에도 종래와 마찬가지로 횡령죄의 성립을 인정하고 있다(다수설 · 판례 · 대판 2000. 2. 22, 99도5227).
3. (부동산)**명의신탁의 형태**

① **2자간 명의신탁** : 부동산 소유자(신탁자 A)가 명의신탁약정에 의해 수탁자(甲)에게 소유권 이전등기를 하는 형식을 말한다. 즉, 명의신탁약정에 의한 물권변동은 무효이므로 소유권은 신탁자에 남아 있고 수탁자는 명의신탁약정 및 소유권이전 등기가 무효로 되는 것과 관계없이 사실상 목적물의 보관자이므로 신탁부동산을 수탁자가 처분하면 횡령죄가 성립한다(판례).

㉠ 甲이 신탁부동산을 매도(처분)한 경우 ➡ 횡령죄(대판 2000. 2. 22, 99도5227)

㉡ 수탁자 甲이 신탁자 A의 승낙 없이 명의신탁약정과 등기가 무효임을 알고도 적극 가담한 乙에게 매도하여 소유권이전등기를 (경료)한 경우 ➡ 甲은 횡령죄 · 乙은 횡령죄

② **3자간 명의신탁**(중간생략등기형 명의신탁) : 신탁자(A)와 수탁자(甲)가 명의신탁약정을 맺고 A가 매매계약의 당사자가 되어 매도인(乙)과 매매계약을 체결하되 등기는 乙로부터 甲 앞으로 직접 이전하는 형식의 명의신탁으로(즉, 매도인과 매수인 사이의 매매계약은 유효하나 명의신탁약정 및 소유권이전등기는 무효이므로 수탁자(甲)는 사실상 목적물의 보관자) 甲이 그 부동산을 임의로 처분한 경우 ➡ (A에 대한) 횡령죄(대판 2002. 8. 27, 2001도6209)

③ **계약명의신탁** : 신탁자(A)와의 명의신탁약정에 따라 수탁자(甲)가 매매계약의 당사자가 되어 매도

인(乙)과 매매계약을 체결하고 수탁자(甲) 앞으로 이전등기를 하는 형식을 말한다.

㉠ **乙이 선의인 경우**(명의신탁약정사실을 모르는 경우) : 甲이 부동산을 임의 처분하는 경우 ➞ 무죄(대판 2000. 3. 24, 98도4347. 즉, 부동산실명법 제4조 제2항 단서에 의해 乙이 선의인 경우에는 甲이 유효하게 소유권을 취득하므로 그 부동산 A의 소유가 아니라 甲자신의 소유이므로 횡령죄가 아닌 무죄이다).

㉡ **乙이 악의인 경우**(명의신탁약정사실을 알고 있는 경우) : 甲이 부동산을 임의처분하는 경우 ➞ 횡령죄설과 배임죄설이 대립한다.

㉣ **법률상 권한에 의한 보관**(점유)

ⓐ 타인 명의로 등기된 부동산을 법률상 권한에 의하여 사실상 관리하는 자도 보관자(점유자)이므로(예 법인의 대표이사 · 미성년자의 친권자) 이들이 관리하는 부동산을 처분(매각)하면 횡령죄가 성립한다.

예 ① (미성년자의 친권자나 후견인은 미성년자의 부동산에 대한 사실상의 점유권을 가지므로) 친권자나 후견인이 관리하는 부동산을 매각하면 ➞ 횡령죄 성립

② (법인의 대표이사는 법인소유의 부동산에 대한 사실상의 점유권을 가지므로) 법인의 대표이사가 관리하는 부동산을 매각하면 ➞ 횡령죄 성립

ⓑ 타인 명의로 등기된 부동산을 사실상 관리하는 자는 법률상 처분권을 갖고 있지 않기 때문에 보관자(점유자)라 할 수 없다. 따라서 사실상 관리하는 부동산을 매각하면 사기죄가 성립한다.

예 임차인이 부동산을 임의로 처분권을 위장하여 처분한 경우 ➞ 사기죄 성립(횡령죄는 점유권이 없으므로 인정되지 않는다).

㉤ (위탁관계가 인정된) **상점의 점원 · 은행예금 또는 유가증권의 보관**(점유) : 소지자가 보관자이다.

예 타인의 돈을 위탁받은 자가 자기이름으로 은행에 예금한 후 은행예금을 인출하여 임의로 소비한 경우 ➞ 횡령죄

② **위탁관계의 근거** : 계약에 의한 경우(예 사용대차 · 위임 · 고용 등) 외에 법률의 규정 · 관습에 의하여도 발생한다.

예 절취나 편취한 재물이 보관은 위탁관계에 의한 보관이 아니므로 그 재물의 처분은 횡령죄가 성립하지 않는다.

③ **불법원인급여**

㉠ **의의** : 위탁관계가 불법하여 위탁자가 보관자에게 반환을 청구할 수 없는 경우를 말한다. 예 뇌물로 전달해 달라고 하여 받은 돈을 임의로 소비한 경우

㉡ **처벌**

ⓐ **판례** : 횡령죄 부인(불법원인급여의 경우에 위탁자는 그 반환청구권을 상실하기 때문에 불법원인급여물이 소유권은 수탁자에게 귀속되어 타인이 재물이라고 할 수 없으므로 횡령죄가 성립하지 않는다).

ⓑ **통설** : 횡령죄 인정

핵심요약 불법원인급여물과 재산죄 관계

1. **불법원인급여물을 보관중 영득한 경우** : 판례는 횡령죄 부인 · 통설은 횡령죄 인정
2. **불법원인급여물을 보관중 기망하여 영득한 경우** : 사기죄(통설)
3. **위탁받은 장물을 보관중 영득한 경우** : 장물보관죄만 성립(즉, 횡령행위는 불가벌적 사후행위이므로)

(2) 객체 : 자기가 보관하는 타인의 재물

① **타인의 재물**

㉠ 타인이란 자기 이외의 자로서 자연인 · 법인 · 법인격 없는 단체를 말한다.

㉡ 타인의 재물이어야 하므로 자기의 물건은 권리행사방해죄(예 전당포에 저당잡힌 자기 시계를 훔친 경우) 또는 공법상 보관물무효죄(예 압류된 자기 물건을 손상시킨 경우)의 객체가 된다.

㉢ 타인의 재물에 관하여 문제가 되는 경우(판례를 중심으로 판단)

ⓐ **특정물로 위탁된 경우**(예 공탁금 · 봉합물) : 소유권이 위탁자에게 있으므로 수탁자가 임의로 이를 소비한 경우 → 횡령죄 성립

예 A는 자기의 자동차를 甲에게 팔아달라고 위탁하였는데, 甲이 매각대금을 사용한 경우 → 횡령죄

ⓑ **소비임치**(消費任置)**의 경우** : 임치물(예 금전 등)의 소유권은 수치인에게 있으므로 이를 소비한 경우 → 횡령죄 부인(무죄)(즉, 소유권이 수치인에게 있으므로 횡령죄는 성립하지 않고 민법상 소비임치목적물의 반환채무를 이행하지 않는 것으로 될 뿐이다)

ⓒ **부동산의 이중매매** : 소유권 이전등기 전까지는 소유권이 매도인에게 있으므로 매도인이 이를 처분한 경우 → 횡령죄는 부인되고 배임죄 성립

ⓓ **목적 · 용도를 정하여 위탁한 금전의 경우** : 일정한 목적과 용도를 정하여 위탁한 금전은 위탁자의 소유이므로 수탁자가 이를 임의로 사용한 경우 → 횡령죄 성립(판례)

예 A는 甲에게 일천만원을 사회복지재단에 기부하라고 맡겼는데 甲이 그 돈을 자기재무변제에 사용한

경우 ➡ 횡령죄

ⓔ 계금의 경우 : 계주가 계원들이 불입한 계불입금은 계주의 소유에 속하므로 계주가 이를 착복한 경우 ➡ 횡령죄는 부인되고 배임죄 성립

ⓕ 입사보증금의 경우 : 입사보증금은 사용자에게 소유권이 귀속되므로 사용자가 이를 처분한 경우 ➡ 횡령죄 부인

ⓖ 양도담보의 경우 : (변제기 이전에) 목적물의 소유권은 채무자에게 있고 채권자는 담보권만을 취득하므로 (변제기 이전에) 채무자가 처분한 경우에도 횡령죄는 부인되고 (담보제공한 소유자로서 담보물의 보관의무를 위반하였기 때문에) 배임죄는 성립한다. 단, 변제기 이후에 채무변제가 없자 채권자가 담보물을 처분하는 것은 자기소유의 재물을 처분하는 것이 되어 재산범죄(횡령죄 또는 배임죄)는 성립하지 않는다.

ⓗ 매도담보의 경우 : 가담법(가등기 담보 등에 관한 법률) 시행 이후 매도담보의 경우에 청산절차 후에만 채권자가 소유권을 취득(즉, 청산절차 전에는 채무자가 소유권을 취득)하므로, 즉 채무자가 변제기 이전에 처분하면 배임죄가 성립하고 채권자가 변제기 이전에 처분하면 횡령죄가 성립한다.

ⓘ 할부판매의 경우(소유권유보부 판매) : 할부대금 완납 전에는 매도인의 소유권이므로 매수인이 이를 처분한 경우 ➡ 횡령죄 성립

예 A는 대리점에서 24개월 할부로 자동차를 구입하였는데 1년만 납입하고 자동차를 친구에게 팔은 경우 ➡ 횡령죄 성립

보충설명 매도담보와 양도담보

구 분	의 의	채무자 처분	채권자 처분(담보권자)
매도담보	채무자가 매매형식을 이용하여 소유권을 채권자에게 이전하고 환매 또는 재매매예약을 하여 추후(차후)에 대금을 변제하면 소유권을 찾아오는 담보형식을 말한다.	배임죄	횡령죄
양도담보	채권담보의 목적으로 담보물의 소유권을 채권자에게 이전하고 채무자가 이행하지 않으면 채권자는 그 목적물로부터 우선변제를 받으며 채무자가 변제(이행)하면 목적물을 원소유자(채무자)에게 반환하는 담보형식, 즉 변제기까지의 담보물의 소유권은 채무자가 가지면서 변제기에 채무변제를 하지 않을 때에 소유권이 채권자에게 이전되는 형태의 담보형식을 말한다.	배임죄	① 변제기전 처분 ➡ 횡령죄(다수설) · 배임죄(판례) ② 변제기후 처분 ➡ 배임죄 아님(즉, 자기소유 재물을 처분한 것이므로)

ⓙ **지입차주의 납입금** : 지입차주들이 자동차회사에 납부한 돈은 회사의 소유이므로, 회사가 그 돈을 소비하여도 횡령죄가 성립하지 않는다(판례).

ⓚ **익명조합** : 익명조합원이 영업을 위하여 출자한 금전 기타의 재산은 상대방인 영업자의 재산이므로 영업자가 그 영업의 이익금을 자기 용도에 소비하여도 횡령죄가 성립하지 않는다(판례).

ⓛ **프랜차이즈 계약** : 동업계약으로 볼 수 없고 가맹점주가 판매하고 보관 중인 물품 판매대금은 가맹점주의 소유이므로 이를 임의소비한 행위는 계약상의 채무불이행에 지나지 않으므로 횡령죄는 성립하지 않는다(판례).

ⓜ **회사에서 지급된 노트** : (피고인은) 회사에서 지급된 노트에 개인적인 필요에 의하여 영업상의 주요사항을 기재하였는데, 퇴직시 그 노트를 회사에 반환하지 아니하고 가져온 경우, 이 노트는 피고인의 소유에 속하므로 횡령죄가 성립하지 않는다(판례).

② 재물

㉠ 재물은 동산 · 부동산 · 권리가 화체되어 있는 문서(채권증서 · 약속어음)를 불문한다. 따라서 절도죄의 객체는 동산에 한하는 면에서 차이가 있다.

㉡ 재물에 한한다.

ⓐ 횡령죄는 재물죄이므로 재물에 한하여 인정, 따라서 재산상의 이익이나 권리는 배임죄의 객체가 될 뿐 횡령죄의 객체는 될 수 없다.

핵심요약 재물 인정여부

1. 재물을 인정하는 경우(횡령죄 인정)

① 동산 · 부동산

② 권리가 화체되어 있는 문서(예 채권증서 · 약속어음)

③ 유가증권

2. 재물을 부정하는 경우(횡령죄 부인)

① 재산상의 이익 · 권리

② 광업권

③ 주식

ⓑ 타인과의 공유물과 합유물도(타인의 재물이므로) 본죄의 객체가 될 수 있다.

예 ① 공유물의 매각대금도 정산하기까지는 공유자의 공유에 속하므로 공유자 1인이 매각 대금을 임의로 소비하였다면 → 횡령죄가 성립(판례)

② 동업관계가 존속하는 이상 동업관계로 생긴 물건은 동업자의 합유에 속하므로 동업체를 공동경영하던 중 동업자의 합유에 속하는 물건을 동업자 1인이 단독으로 처분한 경우 → 횡령죄가 성립(판례)

ⓒ 관리할 수 있는 동력도 재물이다(제361조).

③ **자기가 보관하는 재물**

㉠ **자기의 보관이란**: 위탁관계에 기하여 행위자 자신이 점유하는 경우를 말한다.

㉡ **위탁**(보관)**의 내용**: 사실상의 위탁관계만 있으면 족하고 반드시 법률상 위탁관계일 필요는 없으나 객관적으로 (위탁 또는 보관관계가) 존재해야 한다. 즉, 위탁관계는 반드시 사용대차·임대차·위임 등의 계약에 의하여 설정되는 것임을 요하지 아니하고 사무관리·관습·조리·신의칙에 의해서도 성립된다(판례).

㉢ 위탁관계는 적법하게 설정한 것이어야 한다. 따라서 불법원인급여에 대하여 판례는 횡령죄 부인·통설은 횡령죄 인정한다.

④ **자기의 점유**

㉠ **사실상의 지배·법률상의 지배 불문**: 점유는 현실적인 지배로서 사실상의 지배 이외에 법률상의 지배도 포함한다.

㉡ **형법상의 점유는 민법상의 점유와 구별**

	형법상 점유	민법상 점유
의 의	사실상·법률상 점유 불문, 즉 소지 또는 보관 의미	법률상 점유에 한, 즉 점유 의미
내 용	① 점유보조자의 점유 인정 ② 간접점유 부인 ③ 상속에 의한 승계점유 부인	① 점유보조자의 점유 부인 ② 간접점유 인정 ③ 상속에 의한 승계점유 인정

핵심요약 횡령죄 인정 유무

1. 횡령죄가 인정되는 경우

① 특정물로 위탁된 것을 소비한 경우

② 목적·용도를 정하여 위탁한 금전을 소비한 경우

③ 매도담보물을 처분한 경우

④ 공유물과 합유물을 소비한 경우

⑤ 할부판매의 경우 할부대금 완납 전에 매각한 경우

2. 횡령죄가 인정되지 않는 경우

① 계주가 계금불입금한 경우 ➡ 배임죄

② 입사보증금을 사용주가 소비한 경우 ➡ 무죄

③ (부동산)이중매매 ➡ 배임죄

④ 지입차주의 납입금을 회사가 소비한 경우 ➡ 무죄

⑤ 익명조합이 출자금을 영업자가 소비한 경우 ➡ 무죄

⑥ 프랜차이즈계약으로 보관중인 물품이나 판매대금을 소비한 경우 ➡ 무죄

⑦ 회사에서 지급한 노트를 퇴사 시 반납하지 않고 가져온 경우 ➡ 무죄

(3) 행위 : 횡령 또는 반환의 거부

① **행령행위**

㉠ 횡령행위란 타인의 재물을 보관하는 자가 불법영득의 의사를 실현하는 일체의 행위를 말한다(영득행위설 : 통설 · 판례).

㉡ 횡령행위는 사실행위(예 소비 · 착복 · 은닉 등)는 물론 법률행위(예 매매 · 교환 · 증여 등)도 포함되며 법률행위가 유효 · 무효인가 또는 취소할 수 있는 것인가 여부를 불문한다(다수설).

㉢ 횡령행위가 성립하려면 불법영득의사만으로 부족하고 불법영득의사를 실현하려는 행위가 객관적으로 인정되어야 한다.

㉣ 작위 · 부작위를 불문한다.

예 사법경찰관이 사건의 증거물로 영치하고 있던 재물을 영득할 의사로 책상서랍에 넣어두고 검사에게 송부하지 않은 경우 ➡ 횡령죄

㉤ 일시사용의 목적인 경우는 불법영득의사가 없으므로 횡령죄 부정한다. 즉, 사용횡령 부정

② **반환의 거부** : 자기가 보관하는 타인의 재물에 관한 소유자의 반환요구에 대하여 소유자의 권리를 배제하는 의사표시적 행위를 말한다. 따라서 반환불능인 경우(예 도난 · 분실 등)와 반환의 거부에 정당한 사유가 있으면 본죄가 성립되지 않는다.

예 전당포에 보관중인 저당물을 도난당하여 반환하지 못한 경우 ➡ 횡령죄 부정

핵심요약 반환거부로 보아 횡령죄 인정(판례)

1. 보관자가 반환기일에 반환하지 않고 수차 연기해 오다가 제3자에게 대여하거나 전매한 경우 → (반환거부행위로) 횡령죄 성립
2. 피고인이 피해자가 공사를 위하여 설치해 둔 형틀을 사실상 점유하고 있으면서 그 반환요구에 불응한 경우 → (피해자로부터 위탁받은 여부에 불구하고) 횡령죄 성립

(4) 횡령죄의 미수와 기수시기

① **미수범 인정**

㉠ **현행법** : 횡령죄의 미수범 인정한다(제359조).

㉡ **횡령죄 미수의 사례**

ⓐ 매매예약만 하고 아직 인도가 없는 때

ⓑ 점원이 주인으로부터 물건을 인수한 후 불법영득의 의사로써 이를 가지고 도주하여 차표를 사다가 발각된 때

관련판례 횡령죄의 미수

피고인이 피해자로부터 위탁받아 식재 · 관리하여 오던 나무들을 피해자 모르게 제3자에게 매도하는 계약을 체결하고 제3자로부터 계약금을 수령한 상태에서 피해자에게 적발되어 위 계약이 더 이행되지 아니하고 무위로 그친 경우, 피고인의 행위를 횡령기수가 아니라 횡령미수에 해당한다(대판 2012. 8. 17, 2011도10451).

② **기수시기** : 실현설과 표현설(통설 · 판례)이 대립. 즉, 횡령죄는 영득의사를 표현하는 외부적 행위(표현설)를 한 때에 기수가 되며, 처분행위의 종료를 요하지 않는다.

보충설명 횡령죄의 미수와 기수 구별에 관한 학설

1. **실현설** : 행위자의 불법영득의사가 객관적으로 실현된 때에 기수가 된다는 견해
   예 횡령의사로 매매의사표시를 하였으나 아직 인도하기 전이면 미수가 되고, 인도된 때에 기수가 된다.
2. **표현설**(통설 · 판례) : 불법영득의사가 객관적으로 외부에 표현된 때 기수가 된다는 견해(통설 · 판례). 이 설(표현설)은 횡령죄의 미수를 인정하기가 (사실상) 어렵다.
   예 횡령의사로 매매의사표시를 하면 목적물의 인도전이라도 기수가 된다.

(5) 주관적 구성요건 : 고의 + 불법영득의사

① **고의와 불법영득의사** : 횡령죄가 성립하기 위하여는 고의 이외에 불법영득의사를 요한다.

② **문제가 되는 경우**[20]

㉠ **일시유용의 경우**

ⓐ 보관자가 일시 사용 목적으로 권한을 넘어 보관물을 유용한 경우는 불법영득의사가 없으므로 본죄가 성립하지 않는다.

ⓑ 그러나 업무상 횡령죄에서 횡령한(처분한) 재물을 사후에 반환하거나 변상 · 보전하는 의사가 있다 하더라도 불법영득의 의사가 인정되므로 횡령죄가 성립한다(대판 2006. 6. 2, 2005도3431).

㉡ **항목유용의 경우**

ⓐ 단순한 항목유용은 (불법영득의사 없으므로) 횡령죄를 구성하지 않는다.

예 출장장비를 지정용도 이외로 임의소비한 경우 · 수사비를 수사정보비로 사용한 경우 ➡ 횡령죄 부인

ⓑ 그러나 용도가 정해져 있는 돈을 사용해서는 안 될 때 또는 불필요한 용도에 소비한 때에는 불법영득의사가 인정되므로 횡령죄가 성립한다.

예 예산을 불법지출하여 법적 근거 없는 상사의 출장여비 보조비 · 직원들에 대한 후생비 · 접대비 등으로 소비한 경우 ➡ 횡령죄(그 지출이 공무집행을 위하여 필요한 것이 아닌 한 불법영득의사가 인정되므로)

㉢ **위법하지 않은 영득의 경우** : 피해자의 승낙이 있거나, 정당한 권리행사인 때에는 불법영득의사가 없으므로 횡령죄가 성립하지 않는다(통설).

관련판례 위법성조각사유에 의한 영득(횡령죄 부인)

1. 매도담보의 경우에 채무자가 채권자의 승낙을 얻고 매각한 때
2. 채권확보책으로 가처분결정에 의하여 보관중인 돈을 은행에 예치한 경우
3. 담보권설정을 위해 부동산을 매각한 때

㉣ **기타** : 수탁자가 공익을 위해 재물을 처분한 때에는 불법영득의사가 없으므로 횡령죄가 성립하지 않는다.

예 법인의 대표자가 소송비용 등 법인의 업무수행에 필요한 비용을 지급한 경우 ➡ 횡령죄 부인(판례)

---

20. 조충환 · 양건, 형법, 955면

3. 공범관계

(1) 횡령죄와 공범 : 횡령죄는 진정신분범이므로 비신분자는 횡령죄의 단독정범은 될 수 없고, 공동정범 · 교사범 · 종범은 성립할 수 있다.

예 전당포 주인 甲과 친구 乙이 공동하여 저당물을 영득한 경우 → 甲 · 乙은 횡령죄의 공동정범

(2) 업무상 횡령죄와 공범 : 업무상 횡령죄는 부진정신분범이므로 업무상 비신분자(보관자가 아닌 자)가 본죄에 가담한 경우 → 업무상 신분자는 업무상 횡령죄의 공동정범 · 교사범 · 종범이 성립하고, 업무상 비신분자는 (업무상 횡령죄의 단독정범 또는 공범은 될 수 없고) 횡령죄의 공동정범 · 교사범 · 정범이 성립한다.

4. 관련문제

(1) 장물보관죄와 처분행위 : 장물의 보관을 위탁받은 자가 이를 영득한 경우 → 장물 보관죄만 성립, 즉 장물보관 후의 영득행위는 불가벌적 사후행위이다.

(2) 사기죄와의 관계 : 자기가 점유하는 타인의 재물에 대하여 타인을 기망하여 영득한 경우 → 횡령죄만 성립

Ⅲ. 업무상 횡령죄

1. 서 설

(1) 의의 : 타인의 재물을 보관하는 자가 업무상의 임무에 위배하여 그 재물을 횡령하거나 그 반환을 거부함으로써 성립하는 범죄이다. 예 창고업자가 창고에 보관중인 물품을 취득(횡령)한 경우

(2) 성질

① **부진정신분범** : 업무라는 신분으로 인하여 불법(형)이 가중되는 부진정신분범이다.

② **가중적 구성요건** : 단순횡령죄에 비하여 불법(형)을 가중하는 가중적 처벌규정이다.

③ **이중적 신분** : 본죄는 타인의 재물을 위탁 · 관리하는 보관자라는 신분 이외에 업무자라는 이중의 신분을 필요로 한다. 즉, 보관자와 업무자의 신분 필요

2. 구성요건

(1) 주체 : 타인의 재물을 업무상 보관하는 자. 즉, 부진정신분범

① **업무란**

㉠ 사회생활의 지위에 의하여 계속적 · 반복적으로 행하는 사무를 의미한다.

㉡ 사무의 성질은 타인의 재물보관을 내용으로 하는 것을 말한다.

㉢ 주된 업무, 부수업무, 공적 · 사적 업무를 불문한다.

핵심요약 업무성을 인정하는 경우(업무상 횡령죄 인정 · 판례)

1. 창고업 · 운송업 · 전당포업자가 횡령한 경우
2. 목욕탕 주인이 손님의 귀중품을 맡아 보관하는 중 횡령한 경우
3. 중개인이 매매계약을 주선하고 매수인으로부터 대금을 받아 보관하는 중 횡령한 경우
4. 동직원이 관례상 적십자회비를 받아 보관 중 횡령한 경우
5. 대학로 주점에서 학생들의 외상술값을 담보하기 위해 손목시계를 맡아 보관 중 가진(횡령한) 경우
6. 업무자로서 지위가 인정되면 면직되거나 사임하고 사무인계를 마치지 않았거나 사실상 업무를 수행하고 있는 경우는 업무성 인정
7. 회사 또는 단체가 소유하는 금전을 그 조직 내의 사무분담에 따라 관리 · 보전하는 자가 그 금전을 유용한 경우는 업무성 인정

관련판례 업무상 횡령죄

사회복지법인의 이사가 설립자를 대리하여 선교지원금 명목의 금원을 수령하고 그 금원에 대하여 설립자 개인 명의로 영수증이 작성된 경우 → (위 금원에 대한) 업무상 횡령죄의 성립(대판 2005. 5. 26, 2004도1925)

② **업무의 근거** : 법령 · 계약 · 관례 등을 불문한다.

③ **업무자** : 독립사무 · 보조사무 · 단순한 기계적 사무를 불문한다.

④ **업무상 보관의 원인** : 특정인의 위탁 · 불특정다수인의 위탁 · 보수가 있든 없든 불문한다.

(2) 행위 : 횡령하거나 또는 반환을 거부하는 것(횡령죄에서 행위와 동일하다)

(3) 주관적 구성요건 : 고의 외에 불법영득의사를 요한다.

예 예산을 집행할 직책에 있는 자가(자신이 이익을 위한 것이 아니라) 경비부족을 메꾸기 위하여 예산을 유용한 경우 → (불법영득의사가 없으므로) 업무상 횡령죄가 성립하지 않는다(판례).

Ⅳ. 점유이탈물횡령죄

1. 서 설

(1) 의의 : 유실물 · 표류물 또는 타인의 점유를 이탈한 재물을 횡령하거나 매장물을 횡령함으로써 성립하는 범죄이다. 예 (고속)버스에서 승객이 놓고 내린 물건을 영득한 경우

(2) 성질

① **독립범죄**(다수설) : 점유나 신뢰관계 또는 인격적 법익을 침해하지 않는 면에서 횡령죄와 다른 독립범죄이다.

② **감경적 구성요건** : 보관자라는 신분이 없으므로 횡령죄에 비하여 불법(형)이 감경되는 감경적 구성요건이다.

③ **침해범 · 결과범 · 상태범**

④ **재산죄 중 법정형이 가장 경한 범죄**

2. 구성요건

(1) 주체 : 제한이 없다. 즉, 본죄는 신분범이 아니므로 그 주체에 제한이 없다.

(2) 객체 : 유실물 · 표류물 · 매장물 또는 타인의 점유를 이탈한 재물

① **유실물**

㉠ **의의** : 유실물이란 잃어버린 물건을 말한다.

㉡ **준유실물** : 유실물법에 의하면 분실물 외에도 착오로 점유한 물건 · 타인이 놓고 간 물건 · 일실한 가축을 준유실물로 취급한다(同法 제12조).

㉢ **구체적 사례**(판례)

예 ① 착오로 점유한 물건 : 잘못 배달된 우편물 · 잘못 인도된 재물 · 자신의 은행계좌로 잘못 입금된 타인의 송금 등

② 타인이 놓고 간 물건 : 전차 · 버스 · 지하철에서 승객이 놓고 내린 휴대품

② **표류물** : 점유를 이탈하여 바다 · 하천 등 수중에 있는 물건을 말한다.

③ **매장물** : 토지 · 해저 · 분묘 또는 건조물 등에 포장된 물건으로 소유자나 점유자를 알 수 없는 물건을 말한다.

예 해저에 매장된 보물 · 고분 내에 매장되어 있는 보석 · 수몰지구에 수장된 유품 · 폐광을 위장해 덮어둔 금광의 분리된 금광석 등

보충설명 매장된 문화재

매장문화재에 관해서는 특별법 우선원칙에 따라 문화재보호법이 적용된다.

④ **타인의 점유를 이탈한 재물**(즉, 점유이탈물)

㉠ 점유자의 의사에 의하지 아니하고 그 점유를 떠나 아직 누구의 점유에도 속하지 않는 재물을 말한다.

예 타인이 놓고 간 물건 · 착오로 인하여 점유한 물건 · 일실한 가축 · 우연히 자기의 점유에 들어온 물건(바람에 날려 들어온 이웃집 물건) 등

㉡ 타인의 실력적 지배가 미치는 장소 안에서 잃어버린 물건은 그 장소를 지배하는 자에게 점유가 인정되므로 점유이탈물이 아니라 절도죄가 성립한다.

예 ① 손님이 여관에 놓고 간 물건은 여관주인의 점유에 속하므로 영득한 경우 ➡ 절도죄 성립
② 택시 뒷좌석에 놓고 내린 물건을 영득한 경우 ➡ 절도죄 성립(택시기사의 점유에 속하므로)

㉢ 유실물 · 표류물 · 매장물은 점유이탈물의 예시에 불과하다.

㉣ 무주물 · 포기물 · 훼기물은 타인의 재물이 아니므로 본죄를 부정한다.

(3) 행위 : 횡령

① **횡령** : 불법영득의사로서 점유이탈물을 자기의 사실상 지배하에 두는 것을 말한다.

② **영득의사** : 처음부터 있었던 점유 · 후에 생겼던 점유를 불문한다.

예 자전거를 습득하여 수일간 보관한 경우 ➡ 무죄(불법영득의사가 없으므로)

③ **횡령의 수단 · 방법** : 제한이 없다. 즉, 작위 · 부작위를 불문한다.

④ **상태범** : 예 습득한 자기앞 수표를 현금과 교환하여도 점유이탈물횡령죄만 성립(현금과 교환행위는 불가벌적 사후행위로 범죄를 구성하지 않는다).

핵심요약 점유이탈물 횡령죄

1. 점유이탈물에 해당하는 경우(점유이탈물 횡령죄 성립)

① 타인이 놓고 간 물건을 영득한 경우

② 착오로 점유한 물건을 영득한 경우

③ 일실한 가축을 영득한 경우

④ 바람에 날려온 이웃집 물건을 영득한 경우

⑤ 잘못 배달된 우편물을 영득한 경우

⑥ 잘못 입금된 타인의 송금을 영득한 경우

⑦ 고속버스 · 버스 · 전차 · 지하철에서 승객이 놓고 내린 물건을 영득한 경우

⑧ 해저에 매장된 보물을 영득한 경우

⑨ 고분내에 매장된 보물을 영득한 경우

⑩ 수해로 일실된 타인의 가축을 영득한 경우

⑪ 절도범이 도품을 운반하고 버려둔 타인의 자동차를 영득한 경우

⑫ 사체의 재물을 영득한 경우

2. 점유이탈물에 해당하지 않는 경우(점유이탈물횡령죄 부인)

① 여관 · 목욕탕 · 당구장 · 택시에서 유실물을 영득한 경우 ➡ 절도죄

② 무주물 · 포기물 · 훼기물을 영득한 경우 ➡ 무죄(타인의 재물이 아니므로)

③ 강간 · 폭행현장에 피해자가 떨어뜨린 물건을 영득한 경우 ➡ 절도죄

④ 병원의 응급실에서 피해자가 떨어뜨린 물건을 영득한 경우 ➡ 절도죄

3. 점유이탈물 여부에 문제가 되는 경우

① 거스름돈의 초과수령

㉠ 거스름돈이 초과될 줄 알면서 영득한 경우 ➡ 사기죄 성립

㉡ 거스름돈이 초과될 줄 모르고 영득한 후 나중에 알면서 이를 영득한 경우 ➡ 점유이탈물 횡령죄

② 살인후 사자의 재물을 영득한 경우

㉠ **판례** : 살인죄와 절도죄

㉡ **통설** : 살인죄와 점유이탈물 횡령죄

보충설명 횡령죄와 미수범

1. 미수범 처벌 : 횡령죄 · 업무상 횡령죄

2. 미수범 불벌 : 점유이탈물횡령죄

제7절 배임의 죄

I. 서 론

1. 의 의

배임의 죄란 타인의 사무를 처리하는 자가 그 임무에 위배하는 행위로서 재산상의 이익을 취득하거나 또는 제3자로 하여금 이를 취득하게 하여 본인에게 손해를 가함으로써 성립하는 범죄이다.

2. 본 질 : 권리남용설 · 사무처리설 · 배신설(통설 · 판례)

(1) 권한남용설

① 타인의 재산을 처분할 법적 권한을 가진 자가 대리권을 남용하여 재산상의 손해를 가하는 데 배임죄의 본질이 있다는 견해

② 배임행위는 법률행위에 한한다.

(2) 사무처리설

① 타인의 재산을 관리할 법률상 의무 있는 자가 그 의무에 위반하여 손해를 가하는 데 배임죄의 본질이 있다는 견해

② 배임행위는 법령 또는 계약상의 재산관리 의무위반에 한한다.

(3) 배신설(통설 · 판례)

① 타인의 재산을 보호할 의무 있는 자가 신의성실의 의무에 위반하여 재산상의 손해를 가하는데 배임죄의 본질이 있다는 견해

② 배임행위는 법률행위 · 사실행위를 불문한다.

3. 보호법익과 보호받는 정도

(1) 보호법익 : 전체로서의 재산권(소유권 · 제한물권 · 채권을 불문)

(2) 보호받는 정도 : 침해범설(다수설)과 위험범설(판례)이 대립

4. 배임죄의 형태

배임죄 · 업무상 배임죄 · 배임수증죄가 있다.

Ⅱ. 배임죄

1. 서 설

(1) 의의 : 타인의 사무를 처리하는 자가 그 임무에 위배하는 행위로써 재산상의 이익을 취득하거나 제3자로 하여금 이를 취득하게 하여 본인에게 손해를 가함으로써 성립하는 범죄이다.

(2) 성질

① 신분범

② 이익죄

③ 재산죄 중 법정형이 가장 경한 범죄

2. 구성요건

(1) 주체 : 타인의 사무를 처리하는 자, 즉 진정신분범

① 타인의 사무

㉠ 타인의 사무를 처리하는 자만이 본죄의 주체가 될 수 있으므로 진정신분범이다.

㉡ 타인이 사무를 처리한 자란 본인과의 신임관계에 따라 타인과의 대인관계에서 신의성실의 원칙에 따라 그 사무를 처리해야 할 의무자를 말한다. 즉, 대외적으로 대리권과 같은 법적 권한은 필요하지 않으나 대내적으로 (신의)성실의 원칙에 따라 사무를 처리해야 할 의무가 있어야 한다.

㉢ 사실상의 신임관계가 있으면 사무처리자가 그 직에 해임된 후에도 사무를 인계하기 전까지는 사무처리자이다. 그러나 무효인 계약으로 처음부터 신임관계가 발생하지 않는다면 본죄의 성립이 부정된다(판례).

관련판례 처음부터 신임관계를 인정할 수 없는 경우

1. **무효인 계약**(첩계약사건) : 내연의 처와 불륜관계를 지속하는 대가로 체결한 계약은 선량한 풍속과 사회질서에 반하므로 무효이다(대판 1986. 9. 9, 86도1382).
2. **서면에 의하지 아니한 증여계약** : 서면에 의하지 아니한 증여계약은 증여가 이행되기 전까지는 언제든지 해제할 수 있으므로 증여자는 수증자의 사무를 처리하는 자라 할 수 없다(대판 2005. 12. 9, 2005도5962).

㉣ 타인이란 자연인 · 법인 또는 법인격 없는 사단을 불문한다.

㉤ 타인의 사무를 처리하는 자이므로 자기의 사무를 처리하는 자는 본죄의 주체가 될 수 없다.

② **사무처리의 근거** : 법령(예 대리인 · 친권자 · 후견인 · 회사의 대표자 등) · 계약(예 계주 · 양도담보제공자 · 은행지점장 등) · 관습 · 사무관리를 불문한다.

관련판례 타인의 사무처리의 인정 유무

1. **타인의 사무처리를 인정하는 경우**(배임죄 인정)
   ① **계주가 계금을 착복한 경우** : 계주는 계원에게 계금을 지급하여야 할 타인의 사무처리자이다.
   ② **이중매매한 경우** : 중도금 지급 이후에는 매도인은 매수인의 소유권 취득에 협력하여야 할 타인의 사무처리자이다.
   ③ **실질적인 1人 회사의 주주가 주식대금을 매각한 후 착복한 경우** : 주주는 타인의 사무처리자이므로 업무상 배임죄이다.
   ④ **양도담보설정권자가 목적물을 처분할 경우** : 채권담보를 위하여 물건을 양도담보로 제공한 채무자는 담보의 범위 안에서 타인의 사무를 처리하는 자이다.
   ⑤ **채권담보를 위해 부동산을 담보로 제공받은 양도담보권자 · 가등기담보권자 · 매도담보권자의 보전의무를 위반한 경우** : 소유권이전등기청구권보전을 위한 가등기권자는 채무의 변제기까지는 가등기상태를 유지할 타인의 사무를 처리하는 자이다.
   ⑥ **채권양도인이 채무자에 대하여 채권양도통지를 하거나 채무자로부터 채권양도승낙을 받아 줄 의무를 위반한 경우** : 채권양도인은 타인의 사무를 처리하는 자이다.
2. **타인의 사무처리를 인정하지 않는 경우**(배임죄 부정)
   ① 매매계약에서 매수인의 대금지급의무나 매매대금 중 일부를 타인에게 지급하기로 한 약정의 이행
   ② 월(할)부상환중인 자동차를 매도하면서 연체된 중도금을 지급기일까지 완납하겠다고 약정한 매도

인의 자동차 판매회사에 대한 채무이행

③ 구두로 약정한 증여의 이행의무

④ 임대차계약에 따른 임차인의 임대료 지급 의무(즉, 계약이행상의 일반적 의무는 상대방 재산보호가 본질적 내용이 아니므로 자기의 사무이다)

⑤ 임차인의 지위를 양도하면서 임대인과 양수인 사이에서 양수인이 갖는 임차인의 지위를 상실하지 않게 할 의무

⑥ 무효인 계약(예 첩관계 유지계약)으로 처음부터 신임관계가 발생하지 않았다고 해야 할 때에는 배임죄의 성립이 부정된다(판례).

⑦ 골프시설의 운영자는 일반회원들의 골프회원권이라는 재산관리를 대행하거나 재산보전에 협력하는 지위에 있지 않으므로 배임죄가 성립하지 않는다(대판 2003. 9. 26, 2003도763).

③ 사무처리의 내용

㉠ 사무는 사적 · 공적 · 일시적 · 계속적 사무를 불문한다.

㉡ 사무는 재산상의 이해관계를 가지는 사무, 즉 재산적 사무에 한정된다(통설 · 판례).

④ 사무처리의 독립성

㉠ 사무처리자에게 사무처리에 관한 독립성과 결정의 자유가 있어야 한다.

㉡ 따라서 단순히 본인의 지시에 따라 기계적 사무에 종사하는 자는 사무처리자에 해당하지 않는다. 다만, 어느 정도의 재량권을 갖고 있으면 보조자로 관여하는 사무라도 사무처리자로 인정한다(대판 2004. 6. 24, 2004도520).

예 의사가 환자에게 재산상 손해를 가할 의도로 부적절한 치료를 하거나, 형사사건 변호인이 변호를 불성실하게 하여 피고인에게 막대한 손해를 입힌 경우 → 의사와 변호인의 행위는 재산상 사무처리가 아니므로 배임죄의 사무처리자에 해당하지 않는다. 즉, 무죄

핵심요약 타인의 사무처리자 인정 유무

1. **형사사건의 변호인 · 의사의 치료의무**(행위)**를 위반하여 재산상 손해를 준 경우** : 무죄(형사사건의 변호인과 의사는 타인의 사무처리자에 해당하지 않으므로)
2. **민사사건의 변호인이 변호의 불성실로 피고인에게 재산상 손해를 준 경우** : 배임죄(민사사건의 변호인은 피고인의 사무를 처리하는 자이므로)

(2) 객체 : 재산상의 이익, 즉 이득죄

(3) 행위 : 임무에 위배하는 행위(배임행위)로서 재산상의 이익을 취득하거나 제3자로 하여금 이를 취득하게 하여 본인에게 손해를 가한 경우

① **임무에 위배하는 행위**(즉, 배임행위)

㉠ **배임행위** : 타인의 사무를 처리하는 자로서 그 임무에 위배하는 방법으로 사무를 처리하는 행위를 말한다.

㉡ **배임행위의 기준** : 사무의 성질 · 내용 · 행위 시의 상황 등을 고려하여 신의성실의 원칙에 따라 판단한다.

예 ① 은행원이 부정대출을 한 경우 → 배임죄
② 소 제기를 의뢰받은 자가 고의로 소를 제기하지 않음으로써 시효의 완성으로 재권이 소멸한 경우 → 배임죄

㉢ **배임행위의 내용** : 법률행위 · 사실행위 · 법률행위의 효력이 유효 · 무효이든 불문한다.

㉣ **배임행위의 방법** : 제한없다. 즉, 작위 · 부작위를 불문한다.

예 ① 화물상환증과 교환하지 않고 운송품을 인도하는 경우 → (작위에 의한) 배임죄
② 추심위임을 받은 자가 채권을 행사하지 않아 소멸시효가 완성된 경우 → (부작위에 의한) 배임죄

② **제3자란** : 자기 또는 본인 이외의 자를 말하며, 공범자라도 사무관리자로서 신분을 결(缺)하는 자는 제3자이다.

③ **재산상의 이익취득**

㉠ 재산상의 이익이란 모든 재산적 가치의 증가를 말하며 적극적 이익 · 소극적 이익을 불문한다.

㉡ 재산적 이익의 취득을 요하므로, 사회적 지위 또는 신분상의 이익의 취득은 배임죄가 성립하지 않는다.

④ **재산상의 손해발생**

㉠ 재산상의 손해란 재산적 가치의 감소를 말한다.

㉡ 재산상의 손해는 적극적 손해 · 소극적 손해를 불문한다.

㉢ 재산상의 손해는 전체 재산가치의 감소를 의미하므로, 한편에는 손해가 다른 한편에 이익이 있으면 재산상태의 전체로 파악할 때 손해는 없으므로 배임죄를 부정한다.

관련판례 재산상 이익의 취득이 없는 경우

1. 열 사용요금 연체사건, 즉 입주자대표회의 회장이 열 사용요금의 납부를 위한 지출결의서의 날인을 거부함으로써 아파트 입주자들에게 그 연체료를 부담시킨 경우, 열 사용요금 납부연체료를 지급받은 공급업체가 연체료 상당의 재산상 이익을 취득한 것으로 볼 수 없어 업무상 배임죄의 성립은 부정된다(대판 2009. 6. 25, 2008도3792).
2. 덤핑판매사건, 즉 회사의 승낙 없이 임의로 지정 할인율보다 더 높은 할인율을 적용하여 회사가 지정한 가격보다 낮은 가격으로 제품을 판매하는 '덤핑판매'에서 제3자인 거래처에 시장 거래가격에 따라 제품을 판매한 경우, 거래처가 재산산 이익을 취득하였다고 볼 수 없으므로 배임죄는 부정된다(대판 2009. 12. 24, 2007도2484).

(4) 실행의 착수와 기수시기

① **실행의 착수**: (불법영득의사로서) 임무에 위배되는 행위가 있는 때, 따라서 배임행위에는 착수했으나 본인에게 재산상의 손해를 가하지 못한 경우는 배임죄 미수가 된다.

예 A가 甲에게 부동산을 1억원에 매각하고 잔금을 수령한 후 동일가격으로 다시 乙에게 매매계약을 체결하고 소유권 이전등기는 아직 안 한 경우 ➡ 배임죄 미수

② **기수시기**: 본인에게 손해가 발생한 때. 단, 부동산은 소유권이전등기를 완료한 때

3. 주관적 구성요건: 고의 + 불법영득의사

(1) 고의와 불법이득의사 요: 고의와 불법이득의사가 필요하다(통설).

(2) 목적불요: 본인에게 손해를 가할 목적을 요하지 않는다(판례).

4. 관련문제

(1) 이중매매

① **계약금만 수령후 이중매매한 경우**: 배임죄 부정 즉, 계약금만 지불한 경우에는 계약을 취소할 수 있으므로 배임죄가 인정되지 않는다.

② **중도금 또는 잔금을 수령후 이중매매한 경우**: 배임죄 인정, 즉 매도인이 중도금 또는 잔금을 수령하면 매수인이 소유권 취득에 협력하여야 할 타인의 사무처리자이므로 배임죄가 성립한다.

③ **후매자의 경우**

㉠ **후매자가 선의인 경우** : 무죄

㉡ **후매자가 악의인 경우** : 후매자도 배임죄의 공동정범 혹은 교사범이 될 수 있다(판례). 단, 장물취득죄는 부인된다.

(2) 이중저당 : 배임죄 인정(즉, 저당권설정등기에 협력해야 할 (사무처리)의무를 위반하였으므로)

예 A는 甲에게서 1억원을 차용하면서 1번 저당권을 설정하기로 약정한 후 아직 등기가 종료되지 않았음을 기회로 다시 乙에게서 1억원을 차용하고 저당권을 설정하여 준 경우 ➡ 배임죄(대판 2005. 10. 28, 2005도4915)

(3) 사기죄와의 관계

① **타인의 사무를 처리하는 자가 그 임무에 위반하여 본인을 기망함으로써 본인에게 손해를 가한 경우** : 판례는 사기죄만 성립 · 통설은 사기죄와 배임죄의 상상적 경합범

② 예 보험회사의 외무사원이 피보험자에 관하여 회사를 기망하고 보험계약을 체결하게 하여 피보험자에게 이익을 얻게 하고 회사에게 손해를 입힌 경우 ➡ 판례는 사기죄 · 통설은 사기죄와 배임죄의 상상적 경합범

(4) 장물죄와의 관계

① 장물이란 재산범죄에 의하여 영득한 재물을 말한다. 따라서 배임죄에 의해 취득한 것은 재산상의 이익이므로 장물죄를 부정한다.

② 예 이중으로 매도한 부동산의 취득자 또는 전득자에 대하여 ➡ (배임죄는 별문제로 하고) 장물취득죄는 부정(판례)

(5) 횡령죄와의 관계 : 횡령죄와 배임죄는 법조경합 중 특별관계이다.

핵심요약 배임죄 인정 유무

1. 타인의 사무처리자에 해당하는 경우(배임죄 인정)

① 계주가 계금을 소비(착복)한 경우

② 은행지점장이 무담보로 회수가능성이 없는 불량대출을 한 경우

③ 철도공무원이 무임승차한 사실을 알면서도 방임한 경우

④ 마을금고의 이사장이 정관 소정의 대출신청서와 차용증서를 받지 않음은 물론 대출이자에 대한 약정도 없이 마을금고의 자금을 대출한 경우

⑤ 증권회사의 직원이 고객이 맡긴 돈으로 임의로 주식을 매입하여 고객에게 큰 손해를 입힌 경우

⑥ 부동산 매도인이 차용금담보조로 그 부동산에 대하여 가등기나 근저당권설정등기를 경료한 경우

⑦ 회사의 대표가 회사에서 지급의무 없는 돈을 지급한 경우

⑧ 질물을 수탁 · 보관하는 자가 질권자의 승낙 없이 그 질물을 원소유자에게 돌려준 경우

⑨ 양도담보 설정자가 담보물을 처분한 경우

⑩ 가등기권자가 변제기 전에 본등기를 한 경우

⑪ 가등기권자가 변제공탁 후에 본등기를 한 경우

⑫ 예금인출을 의뢰받은 자가 의뢰인의 의사에 반하여 예금을 인출한 경우

⑬ 기업의 영업비밀을 유출하여 경제적인 대가를 약속 또는 얻은 경우

2. 타인의 사무처리자에 해당하지 않는 경우(배임죄 부인)

① 형사사건 변호인의 불성실로 패소한 경우

② 의사의 불성실한 치료로 치료비가 증가한 경우

③ 매수인의 중도금 지급의무를 위반한 경우

④ 임차인이 임대료 지급의무를 위반한 경우(즉, 단순한 채무불이행한 경우)

⑤ 양도담보권자가 변제기 후 담보물을 처분하여 원리금에 충당하고 나머지를 채무자에게 정산해 주어야 할 의무를 위반한 경우(즉, 변제기 후 담보권자의 정산의무의 불이행)

⑥ 구두로 약정한 증여의 이행의무를 위반한 경우

⑦ 토지거래 허가대상 토지의 매매당사자간에 토지거래허가를 받는 데 협력하기로 약정한 경우

⑧ 양도담보권자가 담보물을 적정한 가격에 처분할 의무를 위반한 경우

⑨ 근저당권 설정자가 등기관계서류를 위조하여 근저당권 설정등기를 말소한 경우(이는 문서에 관한 범죄에 해당할 뿐이고, 별도로 배임죄가 성립하지 않는다)

⑩ 할부대금 완납 전에 할부자동차를 매도한 경우

⑪ 임차권의 이중양도

⑫ 청산회사 청산인의 회사채권자에 대한 관계 위반시(예 채무의 변제 등), 즉 청산회사의 대표청산인이 처리하는 사무는 자신의 사무 또는 청산회사의 업무이므로 타인의 사무처리자가 아니다.

⑬ 주식회사의 감사의 위반행위

⑭ 주금을 가장 납입한 경우

Ⅲ. 업무상 배임죄

1. 서 설

(1) 의의 : 업무상 타인의 사무를 처리하는 자가 그 임무에 위배하여 배임죄를 범함으로써 성립하는 범죄이다. 예 은행장이 H기업이 부도날 줄 알면서 부정대출을 해준 경우

(2) 성질

① **이중적 신분범** : 타인의 사무를 처리하는 자라는 구성적 신분(진정신분범)과 업무자라는 가

중적 신분(부진정신분범), 즉 이중적 신분범이다.

② **부진정신분범** : 업무라는 신분으로 인하여 불법(형)이 가중되는 부진정신분범이다.

2. 구성요건

(1) 주체 : 타인의 사무를 업무상 처리하는 자

① **타인의 사무란** : 배임죄에서의 타인의 사무와 동일하다.

② **업무상 처리하는 자란** : 업무상이란 업무상 횡령죄에서의 업무와 동일하다.

③ **구체적 사례**

예 은행원이 부도가 날 줄 알면서 부정대출한 경우 → 업무상 배임죄
창고업자가 화물상환증 없이 위탁물을 인도한 경우 → 업무상 배임죄
철도 공무원이 무임승차하는 줄 알면서 묵인한 경우 → 업무상 배임죄

(2) 행위 : 임무에 위배하는 행위로서 재산상의 이익을 취득하거나 제3자로 하여금 이를 취득하게 하여 본인에게 손해를 가한 경우일 것(배임죄의 행위와 동일하다)

3. 공범관계

(1) 업무자 아닌 사무처리자가 업무상 사무처리자와 공범관계인 경우 : 업무자 아닌 사무처리자는 배임죄의 공동정범 · 교사범 · 종범이 성립하나, 업무상 처리자는 업무상 배임죄가 성립한다.

예 은행원 아닌 A가 은행원인 甲 · 乙과 공모하여 업무상 배임죄를 범한 경우 → A는 (단순)배임죄, 甲 · 乙은 업무상 배임죄

(2) 사무처리자가 아닌 자가 업무상 사무처리자와 함께 본죄를 범한 경우 : 신분 있는 자는 업무상 배임죄가 성립하나, 신분 없는 자는 배임죄의 공범이 성립한다.

예 회사 대표이사인 A가 회사소유의 부동산을 甲에게 회사 명의로 매도하고 중도금을 수령하였는데, 그 후 새로이 대표이사가 된 B가 위 사실을 알면서 다시 乙에게 회사명의로 부동산을 매도하고 등기를 경료한 경우 → B는 업무상 배임죄 · 乙은 (단순)배임죄

Ⅳ. 배임수재죄

1. 서 설

(1) 의의 : 타인의 사무를 처리하는 자가 그 임무에 관하여 부정한 청탁을 받고 재물 또는 재산상의 이익을 취득함으로써 성립하는 범죄이다.

(2) 성질

① **사적(私的) 뇌물죄** : 본죄는 수뢰죄에 상응하는 규정으로 공무원 또는 중재인 이외의 사인의 뇌물수수를 처벌하는 범죄이다.

② **목적** : 사적 사무처리의 공정성과 신의성실의무를 준수하는 데 목적이 있다.

(3) 보호법익 : 사무처리의 청렴성(통설)

(4) 수뢰죄와의 구별

	배임수재죄	수뢰죄
주 체	공무원 또는 중재인 이외의 사인, 즉 사인	공무원 또는 중재인에 한
구성요건	임무에 관하여 부정한 청탁	직무에 관하여
미수범	미수처벌	미수불벌

2. 구성요건

(1) 주체 : 타인의 사무를 처리하는 자(진정신분범)

① 본죄의 사무는 배임죄와 달리 재산상의 사무에 국한되지 않는다.

예 관세사무소의 영업부장 · 도급회사의 공사현장감독 · 대학교 부총장 · 점포 등의 임대와 관리를 담당하고 있는 자 · 방송국 가요담당 프로듀서 · 종합병원의 의사 등

핵심요약 타인의 사무처리자의 범위

1. **배임죄** : 재산상 사무처리에 한한다.
2. **배임수재죄** : 재산상 사무처리 이외에도 인정. 즉, 재산상의 사무에 국한하지 않는다.

(2) 객체 : 재물 또는 재산상의 이익(강도죄에서의 재물 또는 재산상의 이익과 동일하다 · 207면 참조)

(3) 행위 : 임무에 관하여 부정한 청탁을 받고 재물 또는 재산상의 이익을 취득하는 것

① **그 임무에 관하여란** : 위임받은 본래의 사무 외에 그와 밀접한 관련이 있는 사무도 포함된다. 예 사립학교 교장의 참고서 또는 교복 구입 지정행위 · 예체능계 교수에 대한 부정 (편)입학 청탁 등

② **부정한 청탁**

㉠ 위탁된 사무에 관하여 신의성실의 원칙에 반하는 행위(부정한 청탁)를 해줄 것을 의뢰하는 것을 말한다.

㉡ 부정한 청탁행위는 작위 · 부작위 · 명시적 · 묵시적을 불문한다.

㉢ 부정한 청탁은 업무상 배임이 되는 내용의 부정한 청탁만이 아니라 사회상규 또는 신의성실의 원칙에 반하는 것을 내용으로 하는 청탁이면 족하고(통설 · 판례), 청탁받은 임무를 실제로 담당하고 있음을 요하지 않는다.

관련판례 배임수재죄

1. 부정한 청탁에 해당하는 경우(배임수재죄 인정)

① 취재기자를 겸하고 있는 신문사 지국장이 무허가 벌채사건의 기사송고를 하지 않을 것을 청탁받은 경우

② 보험회사 지부장이 피보험자의 사인에 대하여 보험회사에서 의심을 가지고 내사를 진행하고 있는데도 보험금을 빨리 타도록 해 달라는 청탁을 받은 경우

③ 사립대학 총 · 학장 또는 예 · 체능계 교수가 부정입학의 청탁을 받은 경우

④ 사립학교 교장이 출판사로부터 참고서 구입의 부정한 청탁을 받은 경우

⑤ 미인선발대회에서 금품수수에 의한 미인선발의 청탁을 받은 경우

⑥ 종중회관을 매수하는 사무를 처리하는 자가 그 매매대금을 증액하여 주고 대금지급기일 이전에 대금을 지급해 줄 것을 요청받고 그 사례로 돈을 받은 경우

⑦ 아파트 입주자 대표가 건축회사 협상대표로부터 보상금을 대폭 감액하여 조속히 합의하여 달라고 부탁받고 약속어음을 받은 경우

⑧ 건설회사의 대표이사가 파산직전의 회사로부터 자기 회사에서 발주하는 공사에 입찰경쟁 업체로 지명하여 주는 대가로 돈을 받은 경우

⑨ 종합병원 의사들이 의료품 수입업자들로부터 특정약을 본래의 용도인 순환기질환뿐만 아니라 모든 병에 잘 듣는 약이라고 원외 처방하여 달라는 청탁을 받고 돈을 받은 때

⑩ 은행장이 회수불능이 예상되는 회사로부터 거액의 불량대출을 청탁받은 경우

2. 부정한 청탁에 해당하지 않는 경우(배임수재죄 부인)

① 직무를 처리함에 당하여 직무권한 범위 안에서 편의를 보아달라고 부탁하는 경우

② 규정이 허용하는 범위 내에서 최대한 선처를 바란다는 부탁하는 경우
③ 계약관계를 유지시켜 기존의 권리를 확보하기 위한 부탁하는 경우
④ 사립대학교 교수가 편입학업무를 담당하고 있지 않는 한, 그에 대한 청탁을 받고 금품을 교부받은 경우

③ **재물 또는 재산상의 이익취득**

㉠ 취득은 반드시 부정한 청탁과 관련이 있어야 한다. 예 청탁의 대가 · 사례 등

㉡ 취득은 단순한 약속 또는 요구만으로는 불충분하며 현실적으로 취득이 있어야 한다.

(4) 실행의 착수시기 및 기수시기

① **실행의 착수시기** : 임무에 관하여 부정한 청탁을 받아들인 때

㉠ 임무에 관하여 부정한 청탁을 받아들였으나 재물 또는 재산상의 이익을 취득하지 못한 경우는 본죄의 미수가 된다.

㉡ 본죄는 취득만을 규정하고 있으므로 재물을 요구 · 약속한 경우에는 본죄의 미수가 된다(다수설).

㉢ 예 대학교수 甲은 특정 출판사의 교재를 채택하여 달라는 청탁을 받아들였으나 아직 사례금을 받지 아니한 경우 ➡ 배임수재죄의 미수범

② **기수시기** : 부정한 청탁을 받고 재물 또는 재산상의 이익을 취득한 때

㉠ 부정한 청탁을 받고 재물 또는 재산상의 이익을 현실적으로 취득한 때 본죄의 기수가 되며, 반드시 배임행위에 나아갈 것을 요하지 않는다.

㉡ 본인에게 손해가 발생하였느냐의 여부도 본죄의 성립에 영향이 없다(판례).

㉢ 예 ① 의사가 제약회사로부터 부정한 청탁을 받았으나 사례비를 받지 아니한 경우 ➡ 배임수재죄의 미수
② 골프장회원권에 관하여 피고인 명의로 명의변경이 이루어지지 아니한 이상 현실적으로 재산상 이익을 취득하지 않았으므로 ➡ 배임수재죄가 불성립(판례)

3. 관련문제

(1) 배임죄와의 관계 : 부정한 청탁을 받고 재물을 취득한 후 배임행위가 있는 경우 ➡ 배임수재죄와 배임죄의 경합범

(2) 배임증재죄와의 관계

① 배임수재죄와 배임증재죄는 필요적 공범이다.

예 A가 부실기업주 甲으로부터 다액의 뇌물을 받고 甲에게 회수가능성이 없는 불량대출을 해주어 자기가 속한 은행에 손해를 입힌 경우 → A는 업무상 배임죄와 배임수재죄 · 甲은 배임증재죄

② 단, 증재자가 금품공여의 의사표시를 하였으나 사무처리자가 부정한 청탁을 받아들이지 않거나 금품을 받지 않은 경우 → (배임수재죄는 성립하지 않고) 공여자에게만 배임증재죄만 성립

4. 필요적 몰수

(1) 범인이 획득한 재물은 몰수한다.

(2) 단, 재물의 몰수가 불능하거나 재산상의 이익을 취득한 경우에는 그 가액을 추징한다.

보충설명 배임죄와 배임수재죄의 구별

구 분	배임죄	배임수재죄
객 체	재산상 이익	재물 또는 재산상 이익
사무의 내용	재산상 사무에 한	재산상 사무에 한하지 않음
부정한 청탁	불요	필요
배임행위	필요	불요
재산상 손해발생	필요	불요
이익의 귀속주체	타인의 사무처리자 또는 제3자	타인의 사무처리자
가액의 추징	임의적 추징	필요적 추징

V. 배임증재죄

1. 서 설

(1) 의의 : 타인의 사무를 처리하는 자에게 그 임무에 관하여 부정한 청탁을 하고 재물 또는 이익을 공여함으로써 성립하는 범죄이다(제357조).

예 국회의원이 지구당의 공천비리를 조사하지 말아 달라는 취지로 중앙당 당기위원회 수석부위원장에게 돈(금원)을 교부한 경우(판례)

(2) 성질

① **필요적 공범** : 배임증재죄는 배임수재죄와 필요적 공범관계이다. 그러나 배임증재자와 배임수재자가 반드시 같이 처벌받아야 한다는 것을 의미하지는 않는다.

② **필요적 몰수**

2. 구성요건

(1) 주체 : 주체에는 제한없다. 즉, 공무원 · 사인을 불문한다.

(2) 객체 : 재물 또는 재산상의 이익(강도죄에서 재물 또는 재산상의 이익과 동일하다)

(3) 행위 : 타인의 사무를 처리하는 자에게 그 임무에 관하여 부정한 청탁을 하고 재물 또는 이익을 공여하는 것

① 배임증재죄의 행위는 배임수재죄의 행위와 동일하다.

② 단, 수재자에게는 부정한 청탁이 되어도 증재자에게는 부정한 청탁이 될 수 없는 경우 → 배임증재죄를 부인

(4) 시행의 착수시기 및 기수시기

① **실행의 착수시기** : 임무에 관하여 부정한 청탁을 한 때

② **기수시기** : 부정한 청탁을 받고 재물 또는 재산상의 이익을 공여한 때

㉠ 현실적인 공여가 있어야 기수이며, 따라서 약속이나 공여의사 표시만으로는 배임증재죄미수가 된다.

㉡ 상대방의 취득여부와 상관없이 현실적으로 공여가 있으면 본죄기수가 된다.

예 종합병원 의사에게 특정제약회사 제품의 약을 처방하여 줄 것을 부탁하고 100만원을 제공하였으나 거절당한 경우 → 배임증재죄(기수)

제8절 장물의 죄

I. 서 론

1. 의 의

장물의 죄란 장물을 취득 · 양도 · 운반 · 보관하거나 이를 알선함으로써 성립하는 범죄이다.

2. 보호법익과 보호받는 정도

(1) 보호법익 : 재산권, 즉 장물에 대한 피해자의 재산권(통설)

(2) 보호받는 정도 : 침해범

3. 본 질 : 추구권설(통설 · 판례) · 위법상태유지설 · 공유설 · 결합설

(1) 추구권설과 위법상태유지설

	추구권설(통설 · 판례)	**위법**(재산)**상태유지설**(독일의 통설)
의 의	장물죄의 피해자가 점유를 상실한 재물에 대하여 사법상의 추구(반환청구권) · 회복을 곤란하게 하는 데 본질이 있다는 견해	장물죄에 의하여 성립된 위법한 재산상태를 본범 또는 그 점유자와의 합의하에 유지 · 존속시키는 데 본질이 있다는 견해
내 용	재물의(사법상의) 추구권이 없으므로 장물성 상실 ① 불법원인급여의 경우 ② 선의취득의 경우, 즉 피해자가 취소 또는 해지할 수 없는 경우 ③ 시효에 걸린 재물	재물의 위법상태가 유지되므로 장물성 인정 ① 불법원인급여의 경우 ② 선의취득의 경우, 즉 피해자가 취소 또는 해지할 수 없는 경우 ③ 시효에 걸린 재물
특 징	① 본범은 재산죄에 한한다. ② 장물죄의 성립에 장물범과 본범간의 합의를 불요한다. ③ 대체장물의 (반환청구권이 없으므로) 장물성을 부정	① 본범은 재산죄에 한하지 않는다. ② 장물죄의 성립에 장물범과 본범간의 합의가 필요하다. ③ 대체장물의 (반환청구권을 인정하므로) 장물성을 인정

(2) 공범설

① **의의** : 본범(장물범)이 취득한 범죄적 이익에 참여 · 가담하는 데 본질이 있다는 견해로서 간접영득죄라고도 한다.

② 내용

㉠ 피해자의 추구권의 유·무와는 관계없이 수수한 물건과 피해자의 관련성만 인정되면 장물성을 인정한다.

㉡ 본범(장물범)이 가공한 물건에 대하여도 장물성을 인정한다.

(3) 결합설 : 위법(재산)상태유지설을 기본으로 추구권설을 보충한다는 견해. 즉, 장물죄는 적법한 재산상태의 회복에 대한 방해를 금지하고(위법상태유지설), 위법한 재산상태의 유지도 금지(추구권설)하려는 양면성을 가지고 있다는 견해

(4) 결론 : 본범의 피해자가 점유를 상실한 재물에 대하여 사법상 추구·회복을 곤란하게 하는 데에 장물죄의 본질이 있다는 추구권설이 타당하다(통설·판례).

4. 장물죄의 형태

(1) 기본적 구성요건 : 장물취득·양도·운반·보관·알선죄이며

(2) 가중적 구성요건 : 상습장물취득·양도·운반·보관·알선죄와 업무상 과실·중과실 장물취득·운반·보관·알선죄이다.

Ⅱ. 장물죄

1. 서 설

(1) 의의 : 장물을 취득·양도·운반 또는 보관하거나 그 행위를 알선함으로써 성립하는 범죄이다.

(2) 성질

① **재물죄** : 재산죄 중 재물만을 객체로 하는 재물죄이다.

② **사후종범성** : 범죄는 재산범에 사후적으로 참여하는 종범이 아니고 독립된 범죄이나, 그 성격상 본범인 재산범을 전제로 하여 불법영득한 재물에 사후적으로 관여하기 때문에 사후종범성을 지닌다.

③ **본범비호성** : 본범에 의해 저질러진 위법점유상태를 은폐시키는 보호창구 역할을 하므로 본범비호성을 가진다.

④ **과실범 부정** : 장물죄는 과실범처벌 규정은 없으나, 업무상 과실과 중과실 장물죄는 처벌한다.

2. 구성요건

(1) 주체 : 본범의 정범 · 공동정범 · 간접정범 · 합동범을 제외한 모든 자

① 장물죄는 타인(본범)이 불법하게 영득한 재물의 처분에 관여하는 범죄이므로 본범의 정범 · 공동정범 · 간접정범 · 합동범은 본죄의 주체가 될 수 없다.

② 따라서 타인이 범죄에 가담한 것에 불과한 본범의 교사범과 종범은 본죄의 주체가 될 수 있다.

예 강도(절도)를 교사한 자가 장물을 취득한 경우 ➞ 강도(절도)교사범과 장물취득죄의 경합범

(2) 객체 : 장물

① **의의** : 장물이란 재산죄인 범죄행위에 의하여 영득한 재물로서 피해자가 법률상 그 반환을 추구 또는 청구할 수 있는 것을 말한다.

② **장물의 요건**

㉠ **장물의 재물성** : 장물은 재산죄에 의하여 영득한 재물이어야 한다. 따라서 재산범죄에 의해 작성된 재물(예 절취한 화판과 물감으로 그린 유화)이나 재산범죄의 수단으로 사용된 재물(예 배임죄의 수단으로 제공된 이중매매 · 양도담보의 목적물인 부동산)은 장물이 될 수 없다.

ⓐ 재산죄 이외의 범죄(예 수뢰죄 · 도박죄 · 어업법위반행위 등) 또는 재산상의 이익이나 권리(예 채권 · 무체재산권 · 전화가입권 등) 등은 장물이 될 수 없다.

ⓑ 재물인 이상 동산 · 부동산을 불문하며, 반드시 경제적 가치가 있음을 요하지 않는다.

ⓒ 장물은 반드시 타인소유의 재물일 필요는 없다.

예 타인점유의 자기 물건을 절취한 본범(절도범)으로부터 도품(절도물품)인 줄 알면서 증여 또는 취득한 경우 ➞ 장물취득죄

ⓓ 재산죄 중 형법에 규정된 절도죄 · 강도죄 · 횡령죄 · 사기죄 · 공갈죄 · 장물죄 · 권리행사방해죄로 인하여 영득한 재물과 특별법상의 재산범죄(예 산림법에 의한 산림절도)도 장물이다. 따라서 배임죄 · 컴퓨터사용사기죄 · 손괴죄와 비재산죄로 취득한 재물, 즉 수산업법을 위반하여 획득한 어획물 · 뇌물 · 위조통화 · 도박자금 등은 장물이 아니다(판례).

ⓔ 장물죄는 동력에 관한 준용규정은 없으나(제346조) 해석상 관리할 수 있는 동력도 장물이 될 수 있다(다수설).

보충설명 사기도박자금과 도박자금

1. **사기도박에서 도박자금** : (재물죄인) 사기죄이므로 사기도박자금은 장물이다.
2. **도박죄에서 도박자금** : 재물죄가 아니므로 장물이 아니다.

㉡ **본범의 선행**(장물의 본범) : 장물을 영득한 범죄행위가 선행하여 존재하여야 한다.

ⓐ 본죄인 범죄행위는 구성요건에 해당하는 위법한 행위이면 족하고 유책임을 요하지 않고, 또는 소추조건이나 처벌조건을 요하지 않는다.

예 ① 형사미성년자(12세)가 절취한 물건을 제3자가 취득한 경우 ➞ 장물(취득)죄
② A가 그의 부(父)의 시계를 절취한 줄 알면서 甲이 시계를 매입한 경우 ➞ 장물죄

ⓑ 본범이 기소 또는 확정 판결로 처벌되었음을 요하지 않는다.

ⓒ 장물죄가 성립하기 위하여는 본범의 범죄행위가 기수에 이르러야 한다. 따라서 본범의 범죄행위가 기수에 이르기 전에 개입하면 장물죄가 아니라, 본범(장물죄)의 공동정범 · 교사범 · 종범이 성립한다.

㉢ **피해자의 청구권**

ⓐ 장물은 피해자가 법률상 추구할 수 있는 물건, 즉 청구할 수 있는 재물이어야 한다.

ⓑ 따라서 선의취득 · 취득시효 · 부합(附合) · 혼합(混合)에 의하여 소유권이 상실된 경우에는 장물성이 상실된다.

개념정리 취득시효 · 부합 · 혼합

1. **취득시효** : 물건에 대하여 권리를 가지고 있는 듯한 외관이 일정기간 계속되는 경우에 그것이 진실한 권리관계와 일치하는지 여부를 묻지 않고 그 외관상의 권리자에게 권리취득의 효과를 발생하게 하는 제도를 말한다.
2. **부합** : 소유자를 달리하는 수개의 물건이 결합하여 사회관념상 한 개의 물건으로 보이게 되고 그 분리가 사회관념상 불가능하거나 곤란하게 된 경우에 이를 분리하지 않고 하나의 물건으로 (어느) 특정인의 소유에 귀속시키는 것을 말한다.
3. **혼합** : 기존이 물건에 새로운 물건을 첨가(부)하는 것을 말한다.

③ **장물의 동일성**

㉠ 장물은 재산죄에 의하여 취득한 물건 그 자체 또는 그것과 동일성이 있다고 인정되는 것이어야 한다.

㉡ 동일성을 상실하지 않는 한 장물이 인정된다.

예 귀금속의 원형을 변경하여 금괴로 만든 경우 · 자동차의 부품을 절취하여 다른 자동차에 낀 경우 · 도벌한 목재를 제재하는 경우 → 장물성을 인정

㉢ 장물의 대가로써 취득한 물건은 장물성을 부정한다. 따라서 대체장물(본래의 장물에 대체된 재물)은 장물이 아니다.

예 장물을 매각하여 취득한 금전 · 장물과 교환한 재물 · 장물인 금전으로 구입한 물건 → 장물성을 부정

④ 사회통념상 피해물건과 동일시 되는 경우에는 장물성을 인정한다.

예 절취한 수표를 현금으로 바꾼 경우 · 절취한 불화를 원화로 바꾼 경우 · 절취한 예금통장에 의하여 지급받은 현금 · 절취한 1만원 지폐를 1,000원권 지폐 10장으로 교환한 경우 → 장물성을 인정

핵심요약 장물죄 인정여부

1. 본범이 재산범죄가 아닌 경우(장물죄 부정)

① 뇌물

② 도박자금. 단, 사기도박자금은 사기죄이므로 장물죄 인정

③ 위조통화

④ 위조문서

⑤ 사체 (등) 영득죄(제161조)에 의해 영득한 사체 · 유골 · 유발

⑥ 수렵법과 수산업법에 위반하여 획득한 조수나 어획물

⑦ 재산범죄에 의하여 작성된 물건 예 절취한 화판 · 물감으로 그린 유화

⑧ 재산범죄의 수단을 사용한 재물 예 배임죄의 수단으로 제공된 이중매매 · 양도담보의 목적물인 부동산

⑨ 배임죄

⑩ 손괴죄

2. 동일성을 인정하는 경우(장물죄 인정)

① 절취한 금목걸이를 금반지로 만든 경우

② 절취한 금반지를 금괴로 만든 경우

③ 절취한 수표를 현금으로 교환한 경우 또는 절취한 수표 · 현금을 은행에 예금하였다가 찾은 현금

④ 절취한 예금통장에 의하여 지급받은 현금의 경우

⑤ 절취한 1만원 지폐를 1000원권 지폐 10장으로 교환한 경우

⑥ 사기 도박자금

⑦ 산림절도로 얻은 재물

3. 동일성을 상실한 경우(장물죄 부정)

① 장물인 돈으로 매입한 재물

② 장물과 교환한 재물

③ 장물을 저당잡힌 전당표

④ 장물을 매각하여 받은 돈

4. 장물성이 상실한 경우(장물죄 부정)

① 피해자가 본범의 처분에 동의한 경우 또는 본범이 상속받은 경우

② 본범이 대외관계에서 소유자로서의 처분권을 가지고 처분한(예 명의신탁) 부동산을 임의로 처분한 경우

③ 선의취득한 재물. 단, 도난 · 유실물일 때에는 도난 또는 유실한 날로부터 2년간은 장물이 된다.

④ 가공에 의하여 소유권이 가공자에게 귀속한 때

⑤ 시효취득으로 제3자가 소유권을 취득한 경우

⑥ 피해자가 소유권을 포기한 경우 예 부합 · 혼합 등

(3) 행위 : 재물을 취득 · 양도 · 운반 · 보관 또는 알선

① **취득**

㉠ **취득이란** : 장물에 대한 점유를 이전함으로써 사실상의 처분권을 획득하는 것을 말한다.

㉡ **취득방법** : 유상취득(예 매매 · 교환 · 채무변제 · 담보 등) · 무상취득(예 증여 · 무이자소비대차 등) · 직접적 · 간접적 취득을 불문한다. 단, 장물의 사용대차를 위하여 인도받은 때에는 장물보관죄는 될 수 있어도 장물취득죄는 성립하지 않는다. 따라서 약속이나 계약의 성립만으로는 취득이 되지 않는다.

핵심요약 장물취득죄 인정 유무

1. **장물취득죄 인정되는 경우**(장물취득죄 인정)
   ① 장물을 매매 · 교환 · 채무변제 · 담보 등에 의하여 취득한 경우
   ② 장물을 증여 · 무이자소비대차 등에 의하여 취득한 경우
   ③ 회사원이 회사를 위하여 장물을 취득한 경우
   ④ 매매계약을 체결할 때에는 장물인 것을 몰랐으나 그 정을 알고 인도받은 경우
2. **장물취득죄 인정되지 않는 경우**(장물취득죄 부인)
   ① 장물인 음식물을 같이 먹은 경우
   ② 장물인 현금을 함께 소비 또는 손괴한 경우
   ③ 보수를 받고 본범을 위하여 장물을 일시 사용하거나 그와 같이 사용할 목적으로 장물을 건네받은 경우(대판 2003. 5. 13, 2003도1366)
   ④ 장물인 것을 모르고 취득한 후 나중에 장물인 사실을 안 경우

② **양도**

㉠ **양도란** : 장물임을 알지 못하고 취득한 자가 그 후 장물임을 알면서 제3자에게 유상 또는 무상으로 양도(수여)하는 것을 말한다.

㉡ **양도의 방법** : 제한이 없다. 즉, 유상 · 무상을 불문한다.

㉢ **양도의 시기** : 단순한 의사표시만으로는 부족하고 현실적인 수여행위가 있어야 한다.

㉣ **불가벌적 사후행위** : 장물임을 인식하고 취득한 때에는 장물취득죄를 구성할 뿐 그 이후의 양도행위는 불가벌적 사후행위가 된다.

예 장물인 줄 알면서 취득한 후 이를 양도한 경우 ➞ 장물취득죄만 성립

③ **운반**

㉠ **운반이란** : 장물을 장소적으로 이동하는 것을 말한다.

㉡ **운반의 방법** : 유상 · 무상을 불문한다.

㉢ **운반시기** : 운반을 인수하는 계약만으로는 부족하고 현실로 운반에 착수하여야 한다.

㉣ **불가벌적 사후행위** : 장물취득 후의 운반은 불가벌적 사후행위로써 별도로 운반죄는 성립되지 않는다. 즉, 장물취득죄만 성립

관련판례 장물운반죄

1. 장물인 줄 모르는 타인으로 하여금 장물을 운반케 한 경우 → 장물운반죄의 간접정범
2. 타인이 절도한 자동차를 동승한 경우 → 무죄
3. 재물을 절도한 절도범 스스로 운반한 경우 → 절도죄만 성립, 즉 장물운반죄는 불가벌적 사후행위
4. 재물을 절도한 절도범과 제3자가 공동하여 장물을 운반한 경우 → 제3자는 장물운반죄
5. 장물을 운반하는 자가 이를 취득한 경우 → 장물취득죄만 성립
6. 장물인 것을 모르고 취득하거나 보관한 자가 그 정을 알면서 운반한 경우 → 장물운반죄 성립

④ **보관**

㉠ **보관이란** : 위탁을 받아 타인을 위하여 장물을 자기의 점유하에 두는 것을 말한다.

㉡ **보관방법** : 유상 · 무상을 불문한다.

㉢ **보관시기** : 인수하는 계약의 성립만으로는 부족하고, 현실적으로 장물의 수취(보관)를 요한다.

㉣ **불가벌적 사후행위** : 장물취득 후의 장물보관은 불가벌적 사후행위로서 장물보관죄는 성립하지 않는다. 즉, 장물취득죄만 성립

관련판례 장물보관죄

1. 장물취득 후 장물을 보관한 경우 → 장물취득죄만 성립
2. 타인이 범죄의 증거를 인멸하기 위하여 장물을 은닉한 경우 → 장물보관죄와 증거인멸죄의 상상적 경합범
3. 장물을 보관하는 자가 이를 영득한 경우 → 장물보관죄만 성립
4. 장물인 줄 모르고 보관하였다가 그 후에 장물인 사실을 알고도 계속하여 보관한 경우 → 장물보관죄
5. 장물인 줄 모르고 보관하였다가 그 후에 장물인 사실을 알고도 계속하여 보관하였으나 점유할 권한이 있는 경우(즉, 장물을 채권담보로 보관하는 경우) → 장물보관죄 부인

   예 채권담보로서 장물인 수표를 교부받았다가 장물임을 알고도 계속 보관한 경우 → 장물보관죄 불성립(판례)

핵심요약 장물취득 · 운반 · 보관과의 관계

1. 장물을 보관한 자가 이를 취득한 경우 → 장물취득죄만 성립
2. 장물을 위탁받아 보관하던 자가 이를 횡령한 경우 → 장물취득죄만 성립(통설 · 판례 · 횡령죄는 불성립)
3. 장물을 취득 또는 운반자가 이를 보관한 경우 → 장물취득죄 또는 보관죄만 성립

⑤ **알선**

㉠ **알선이란** : 장물의 취득 · 양도 · 운반 또는 보관을 매개하거나 주선하는 것을 말한다.

㉡ **알선방법** : 유상 · 무상을 불문한다.

㉢ **알선시기** : 알선행위(매개 또는 주선)만으로 알선죄가 성립한다. 즉, 계약의 선행은 필요하지 않는다.

3. 주관적 구성요건 : 고의 + 불법영득의사

(1) 고의 : 장물에 대한 인식이 있어야 한다. 즉, 미필적 고의(인식)만으로 족하다. 따라서 본범이 누구이며 재산죄의 종류는 무엇인지 또는 피해자는 누구이며 본범의 범행일시 · 피해품목 등을 인식할 것을 요하지 않는다.

(2) 불법영득의사 : (장물죄의) 불법영득 내지 이득의 의사를 필요로 한다는 견해와 필요하지 않다는 견해가 대립한다.

4. 관련문제

(1) 본범과 장물죄

① 본범의 정범 또는 공동정범에 대하여는 장물죄가 부인된다.

예 절도죄의 공동정범이 장물을 보관한 경우 → 장물보관죄 부인(절도죄만 인정)

② 본범의 교사범과 종범은 장물죄가 인정된다.

핵심요약 본범의 교사(방조)범과 장물죄

1. 절도를 교사한 자가 절도품을 매수한 경우 → 절도교사범과 장물취득죄의 경합범
2. 甲은 정신병자에게 절도를 교사한 후 절취한 도품을 매입한 후 도품인 줄 알고 있는 乙에게 매각한 경우 → 甲은 절도죄의 간접정범(즉, 정범은 장물죄의 주체가 될 수 없으므로 장물 취득죄는 불성립) · 乙은 장물취득죄

(2) 장물의 횡령 : 장물을 보관하는 자가 그 장물을 횡령한 경우 → 장물죄만 성립(즉, 횡령죄는 불가벌적 사후행위이므로)

(3) 장물의 절도 · 강도 · 사기 · 공갈 : 장물인 줄 알면서도 절도 · 강도 · 사기 · 공갈한 경우

① **판례** : 절도죄 · 강도죄 · 사기죄 · 공갈죄만 성립하고 장물죄는 부인

② **통설** : 절도죄 · 강도죄 · 사기죄 · 공갈죄와 장물죄의 상상적 경합범

예 도품인 줄 알면서 절도한 경우 → 판례는 절도죄만 성립 · 통설은 절도죄와 장물취득죄의 상상적 경합범

Ⅲ. 상습장물죄

1. 의 의

상습으로 장물을 취득 · 양도 · 운반 또는 보관하거나 그 행위를 알선함으로써 성립하는 범죄이다.

2. 성 질

(1) 부진정신분범(상습으로 불법(형)이 가중되므로 부진정신분범이다)

(2) 주관주의 (이론) 근거

3. 구성요건

(1) 객체 : 상습으로 장물을

① **상습이란** : 행위자의 반복된 행위. 즉, 행위자의 습성 또는 상습적으로 범죄를 범하는 것을 말한다.

예 장물 알선의 전과가 없는 자가 단지 2회에 걸쳐 장물을 알선한 사실만으로는 장물알선의 상습범이 될 수 없다고 본다(판례).

② **장물이란** : 장물죄에서의 장물과 동일하다.

(2) 행위 : 취득 · 양도 · 운반 · 보관 · 알선에 한한다(장물죄에서 행위개념과 동일하다).

Ⅳ. 업무상 과실 · 중과실 장물취득죄

1. 서 설

(1) 의의 : 업무상 과실 또는 중대한 과실로 인하여 장물을 취득 · 양도 · 운반 또는 보관하거나 이들의 행위를 알선함으로써 성립하는 범죄이다.

(2) 성질

① 재산죄 중 과실범을 처벌하는 유일한 범죄이다.

② 장물죄는 일반과실범 처벌규정은 없고, 업무상 과실과 중과실장물취득죄만 처벌한다.

2. 구성요건

(1) 객체 : 업무상 과실 또는 중대한 과실로 인하여 장물을

① **업무상 과실이란** : 업무상(예 고물상 · 전당포 · 수리상 등) 요구되는 주의의무를 결한 경우를 말한다. 예 전당포 주인이 부주의로 장물을 전당물로 잡은 경우 → 업무상 과실장물취득죄

② **중대한 과실이란** : 주의의무의 정도를 현저히 결한 경우를 말한다.

예 국보급 도자기를 그 출처 · 매도인의 신원 · 주소 등 사정이 있어 국보급 도자기를 팔려고 한다는 말만 듣고 실제 가격보다 훨씬 싼 가격에 구입한 경우 → 중과실장물최득죄

③ **장물이란** : 장물죄에서 장물과 동일하다.

(2) 행위 : 취득 · 양도 · 운반 · 보관 · 알선에 한한다(장물죄에서 행위개념과 동일하다).

관련판례 업무상 과실에서 주의의무위반 여부[21]

1. 업무상 주의의무위반이 아닌 경우(업무상 과실 장물취득죄 불성립. 즉, 무죄)

① 금은방의 경우 도매시세에 따라 반지를 사고(구매하고), 주소 · 성명을 물어 기장한 경우

② 우표상이 주민등록증의 제시를 요구하여 인적 사항을 확인한 후 평소 매입가격으로 매입한 경우

---

21. 조충환 · 양건, 형법, 1017면

③ 밀가루상회 경영자로부터 수표부도를 막기 위해 염가로 팔려고 하니 사라는 권유를 받고 공장출고 가격보다 다소 저렴한 가격으로 매수한 경우

④ 고물상의 경우에 물건의 출처와 매도인의 신분확인을 하고 매도장부에 매입 · 매도 경위를 자세히 기록하고 가격이 부당하지 않는 한 ➡ 업무상 주의의무 위반이 아니다.

⑤ 택시운전기사가 승객이 소지한 물건의 출처와 장물 여부를 따지지 않고 승객의 물건을 운반한 경우 ➡ 업무상 과실장물운반죄가 불성립

⑥ 전당물의 출처와 그 소지경위 및 전당물의 소유자의 신원을 확인하고 이를 대장에 기록했다면 ➡ 주의의무를 다한 것이며, 전당물의 출처 및 그 소지경위에 관한 진위까지 확인해야 할 주의의무가 없으므로 주의의무위반이 아니다.

2. 업무상 주의의무위반인 경우(업무상 과실장물취득죄 성립)

① 고물상의 경우에 매도인이 말(지시)하는 가주소 · 가성명만을 기록하고 도품인 중고녹음기 1대를 매수한 경우 ➡ 업무상 과실장물취득죄 성립

V. 장물죄의 친족상도례(제365조)

1. 장물범과 본범의 피해자

(1) 필요적 면제사유 : 장물죄를 범한 자와 피해자 사이에 직계혈족 · 배우자 · 동거친족 · 호주 · 가족 또는 그 배우자인 신분관계가 있는 자는 형을 면제한다.

예 자기 어머니의 재물을 절취한 친구로부터 그 재물을 취득한 경우 ➡ 불벌, 즉 형을 면제한다.

(2) 친고죄 : (1) 이외의 친족인 신분관계가 있는 자는 고소가 있어야 공소를 제기할 수 있다.

예 벌거하는 형의 물건을 절취한 동생의 경우 ➡ 형의 고소가 있으면 절도죄로 처벌(즉, 형의 고소가 없으면 불벌)

2. 장물범과 본범

(1) 필요적 감면 : 장물죄를 범한 자와 피해자 사이에 직계혈족 · 배우자 · 동거친족 · 호주 · 가족 또는 그 배우자인 신분 관계가 있는 자는 형을 감면 또는 면제한다.

예 처가 절취한 시계를 그 남편이 취득한 경우 ➡ 불벌

(2) 예외 : 단, 신분관계가 없는 공범자는 형을 감경 또는 면제하지 아니한다.

예 남편이 절취한 보석반지를 처(A)와 처 친구(甲)가 취득한 경우 ➡ A는 불벌 · 甲은 장물취득죄

제9절 손괴의 죄

I. 서 론

1. 의 의

손괴의 죄란 타인의 재물 · 문서 또는 전자기록 등 특수매체기록 등을 손괴 또는 은닉하여 그 효용의 전부 또는 일부를 해하는 범죄이다.

2. 보호법익과 보호받는 정도

(1) 보호법익

① **재물손괴죄** : 소유권의 이용가치

② **공익건조물파괴죄** : (공익건조물 유지에 대한) 공공의 이익

③ **경계침범죄** : 토지경계의 명확성

(2) 보호받는 정도 : 침해범

3. 손괴죄의 형태

(1) 기본적 구성요건 : 재물손괴죄

(2) 독립된 구성요건 : 공익건조물파괴죄와 경계침해범죄가 있으며

(3) 가중적 구성요건 : 중손괴죄와 특수손괴죄가 있다.

II. 재물손괴죄

1. 서 설

(1) 의의 : 타인의 재물 · 문서 또는 전자기록 등 특수매체기록을 손괴 또는 은닉 · 기타 방법으로 그 효용을 해함으로써 성립하는 범죄이다.

(2) 성질

① **재물죄** : 재산죄 중 순수한 재물죄다.

② **친족상도례 적용 부정** : 손괴죄는 친족상도례의 적용규정이 없다.

③ **불법영득의사 불요** : 재산죄 중 손괴죄는 불법영득의사를 요하지 않는다.

2. 구성요건

(1) 객체 : 타인의 재물 · 문서 또는 전자기록 등 특수매체기록

① **타인의 재물**

㉠ **타인이란**

ⓐ 국가 · 법인 · 법인격 없는 단체 또는 개인을 불문한다.

ⓑ 타인의 재물은 자기 이외의 자의 소유에 속하는 것이면 족하고, 점유자가 누군지를 불문한다. 즉, 타인의 재물(소유)이면 자기점유 · 타인점유를 불문한다. 따라서 자기소유물 · 무주물은 본죄의 객체가 아니다.

ⓒ 단, 타인의 점유 또는 권리의 목적이 된 자기 소유의 물건은 권리행사방해죄 또는 공무상 보관물 무효죄(제323조)가 성립하고 손괴죄는 부인한다.

예 ① 전당포에 저당잡힌 전당물을 손괴한 경우 ➡ 권리행사방해죄만 성립
② 압류한 집행관이 채무자에게 보관을 명한 물건을 손괴한 경우 ➡ 공무상보관물무효죄

㉡ **재물은**

ⓐ 유체물 이외에 관리가능한 동력을 포함한다(제372조).

ⓑ 동산 · 부동산 · 경제적 교환가치 유 · 무를 불문한다. 다만, 사체는 재물이 아니므로 본죄의 객체가 될 수 없다. 예 사체를 손괴한 경우 ➡ 사체손괴죄가 성립

ⓒ 재물이 아닌 재산상의 이익은 손괴죄를 부인한다.

ⓓ 단, 공익건조물 또는 공용건조물은 손괴죄의 객체가 될 수 없다.

예 ① 공익건조물을 파괴하면 ➡ (손괴죄가 아니라) 공익건조물파괴 성립. 단, 파괴의 정도에 이르지 아니하면 손괴죄가 된다.
② 공용물(공무소사용건조물 · 선박 · 기차 · 항공기)을 파괴하면 ➡ 공용물파괴죄가 성립 예 버스승차대를 손괴한 경우
③ 공용물건(공무소사용서류 · 기타 물건)을 손괴하면 ➡ 공용물건(공용서류 등) 무효죄 예 교통법규를 위반한 운전자가 교통범칙금 스티커를 찢은 경우

② **문서**

㉠ 문서는 공용서류에 해당하지 않는 모든 서류를 말한다.

예 공무소에서 사용하거나 보관하는 공용서류를 손괴하면 ➡ 공용서류무효죄가 성립

㉡ 공문서 · 사문서, 권리 또는 의무에 관한 문서, 사실증명에 관한 문서를 불문하고 작성명의자가 누구이든 불문한다. 따라서 편지 · 도화 · 유가증권도 가능하다.

㉢ 문서는 타인의 소유에 속하여야 한다.

예 채무자가 채권자에게 작성하여 준 차용증을 찢어버린 경우 ➞ 문서손괴죄가 성립

③ **전자기록 등 특수매체기록**

㉠ 특수매체기록이란 사람의 지각에 의하여 인식될 수 없는 방식에 의하여 컴퓨터 등 일정한 정보에 대한 전자기록이나 광학기록을 말한다.

ⓐ 전자기록(자기디스크 · 자기드럼 · 집적회로 · ROM · RAM)에는 전기적 기록과 자기적 기록이 포함된다.

ⓑ 광학기록에는 레이저 기술을 이용한 기록도 포함된다.

ⓒ 마이크로 필름은 문자를 축소한 것으로 문서에 해당하나, 영상기록은 재물에 해당한다(통설).

㉡ 본죄에서 특수매체기록을 행위객체로 한 것은 기록이 파기(괴) · 데이터의 소거를 손괴에 준하여 규율한다는 취지이다. 따라서 기록을 담고 있는 매체물이 본죄의 행위객체가 아니라 매체물이 담고 있는 데이터의 기록 자체가 본죄의 행위객체가 된다는 점을 유의하여야 한다.

㉢ 따라서 기록을 담은 매체물, 즉 컴퓨터디스켓 · 레이저디스크를 파손하면 재물손괴죄가 된다.

핵심요약 재물(문서)손괴죄

1. 재물 또는 문서손괴죄의 객체가 인정되는 경우

① 타인의 재물

② 타인의 문서

③ 전자기록 등 특수매체기록

2. 재물 또는 문서손괴죄의 객체가 인정되지 않는 경우

① 공익건조물을 파괴하면 ➞ 공익건조물파괴죄

② 공용건조물을 파괴하면 ➞ 공용건조물파괴죄

③ 자기소유물

④ 무주물

(2) 행위 : 손괴 또는 은닉 기타 방법으로 효용을 해하는 것

① **손괴**

㉠ 손괴란 유형력을 행사하여 물리적으로 훼손함으로써 그 효용을 감소 또는 멸실시키는 행위를 말한다.

㉡ 물리적 훼손은 가장 중요한 부분에 관한 것임을 요하지 않고 그 일부에 관한 경우도 손괴이다. 예 자동차 타이어의 바람을 빼버린 행위 → 재물손괴죄

핵심요약 문서(재물)손괴죄가 성립하는 경우

1. 상사의 결재가 끝난 사문서의 내용을 함부로 정정하는 경우
2. 화폭에 불길한 글자를 주서하는 행위
3. 타인에 속하는 자기명의 문서의 일자변경
4. 문서에 첨부된 인지를 뜯어내는 경우
5. 복잡한 기계를 해체하여 조립을 못하게 하는 경우
6. 타인의 금반지로 자기의 목걸이를 만든 경우
7. 표시판을 거꾸로 돌려 놓은 경우
8. 말을 어느 정도 지속적인 장애상태에 두는 경우
9. 광고물 위에 다른 광고를 부착시키거나 백색 페인트로 도색하여 광고 문안을 지워버린 경우
10. 커피에 담뱃재를 털어버린 경우
11. 자동차 타이어의 바람을 빼거나 펑크 내는 경우

㉢ 다만, 물리적 손상이나 효용감소 없이 재물이 갖고 있는 기능을 방해하는 것만으로는 손괴가 되지 않는다.

예 부두에 매어 둔 배를 풀어 떠내려가게 하는 행위 · 오토바이를 다른 곳에 옮겨 놓은 행위(불법영득의사 없는 경우) · 텔레비전을 못 보게 하기 위해 전파를 방해하는 행위 → 무죄(재물손괴죄 불성립)

㉣ 특수매체기록의 경우 기록 자체의 소거 · 변경 이외에 기록매체물의 파괴도 손괴에 해당한다.

② **은닉**

㉠ 은닉은 재물 또는 문서 기타 특수매체기록의 소재를 불분명하게 함으로써 발견을 곤란 또는 불가능하게 하여 그 재물이 가진 효용을 해하는 행위를 말한다.

ⓛ 재물 또는 문서 기타 특수매체기록 등의 점유가 행위자에게 이전될 것을 요하지 아니한다.

ⓐ 은닉에 불법영득의사가 있는 경우 ➡ 절도죄 또는 횡령죄가 성립

ⓑ 은닉에 불법영득의사가 없는 경우 ➡ 손괴죄가 성립

③ 기타 방법으로 효용을 해하는 것

㉠ **기타 방법으로 효용을 해한다란** : 은닉 이외의 방법으로 재물 · 문서 · 특수매체기록의 효용 내지 이용가치를 해하는 행위를 말한다.

ⓛ **구체적 사례**(판례)

ⓐ 식기에 대소변을 하는 행위

ⓑ 보석을 바다에 던지는 행위

ⓒ 개의 사육장을 개방하여 도망가게 하는 행위

ⓓ 앵무새에게 욕을 가르쳐 욕하는 앵무새로 만든 행위

㉢ **일시 불사용도 인정** : 물리적 훼손 외에 사실상 · 감정상 그 물건 본래의 목적에 사용할 수 없는 상태뿐만 아니라 일시 사용할 수 없는 상태에 이르게 하는 경우도 포함한다.

예 그림에 낙서를 하여 피해자가 감정상 걸어둘 수 없게 한 경우 · 양어장의 양어를 밖으로 유출시키는 경우 ➡ 재물손괴죄

(3) 실행의 착수시기

① **실행의 착수시기** : 손괴의 고의를 가지고 손괴 · 은닉 기타 방법으로 인한 효용침해행위를 직접 개시한 때이다.

② **미수** : 실행에 착수하였으나 그 행위를 종료하지 못했거나, 행위는 종료했지만 그 구성요건적 결과가 발생하지 않는 경우 본죄의 미수가 된다.

3. 주관적 구성요건 : 고의 + 불법영득의사 불요

(1) 고의 : 재물손괴에 대한 인식이 있어야 한다. 즉, 미필적 고의(인식)만으로 족하다.

(2) 불법영득의사 불요 : 본죄는 영득죄가 아니므로 불법영득의사를 요하지 않는다.

4. 관련문제

(1) 문서위조죄와의 관계

① 타인점유의 자기작성문서의 내용을 변경한 경우 ➡ 문서손괴죄 성립

예 채무자가 채권자에게 써준 차용증을 되돌려 받아 차용금액을 고친 경우 ➡ 문서손괴죄

② 연명사문서의 명의자 중 1人 서명을 말소하는 경우 ➡ 문서손괴죄 성립

예 甲·乙·丙 연서로 작성한 문서 중 甲이 乙을 말소하고 丁을 기입한 경우 ➡ 문서손괴죄

(2) 증거인멸죄와의 관계 : 증거인멸이 동시에 타인의 재물을 손괴한 경우 ➡ 문서손괴죄와 증거인멸죄의 상상적 경합범

(3) 비밀침해죄와의 관계 : 편지를 개봉한 후 은닉한 경우 ➡ 문서손괴죄와 비밀침해죄의 상상적 경합범

핵심요약 문서손괴죄

1. 타인소유의 문서를 자기가 점유하는 중 손괴한 경우 ➡ 문서손괴죄
2. 자기명의의 문서가 타인소유에 있는 중에 손괴한 경우 ➡ 문서손괴죄
3. 타인명의의 문서가 자기소유에 있는 중에 손괴한 경우 ➡ 문서변조죄 성립
4. 공동소유에 속한 재물·문서는 공유자 상호간에는 타인의 재물이나 문서에 해당하므로 공유자 중 1인이 손괴(효용상실)한 경우 ➡ 문서손괴죄
5. 타인소유·타인명의의 문서를 명의인과 소유자의 동의 없이 변경한 경우 ➡ 문서변조죄만 성립

Ⅲ. 공익건조물파괴죄

1. 서 설

(1) 의의 : 공익에 공하는 건조물을 파괴함으로써 성립하는 범죄이다.

(2) 보호법익 : (공익건조물 유지에 대한) 공공의 이익

2. 구성요건

(1) 객체 : 공익에 공하는 건조물

① 건축물이란 가옥 기타 이와 유사한 건축물을 말한다.

㉠ 건축물이라고 하기 위해서는 사람이 그 내부에 출입할 수 있는 것이라야 한다.

㉡ 따라서 공공의 이익에 사용되는 것이라도 사람이 출입할 수 없으면 본죄의 객체가 될 수 없다. 예 제방 · 교량 · 철도 · 전주 · 기념비

② 공공의 이익을 위한 것이라는 사용목적과 함께 일반인이 쉽게 접근할 수 있는 것이어야 한다. 예 마을회관 · 전철역 · 박물관 · 공설운동장 등

③ 건조물은 공익에 공하는 것이어야 한다. 따라서 사용(私用) 건조물은 본죄를 부인하고 재물손괴죄가 된다.

④ 공익에 공하는 건조물인 이상 국가 · 공공단체의 소유이거나 사유 · 공유를 불문한다.

핵심요약 공익건조물파괴죄 인정 유무

1. **공익건조물에 해당하는 경우**(공익건조물파괴죄 인정 · 판례)
   공설실내체육관 · 올림픽스타디움 · 공중전화박스 · 지하철승강장 · 정거장대합실 · 공원 및 고속도로휴게소 · 교회당 · 사립학교건물 · 마을회관 · 공회당 · 시민극장 · 공공실내수영장 · 박물관 등을 파괴하면 → 공익건조물 파괴죄 성립
2. **공익건조물에 해당하지 않는 경우**(공익건조물파괴죄 부인)
   ① 제방 · 교량 · 철도 · 전주 · 기념비 · 분묘 등
   ② 공무소에서 사용되는 건조물. 즉, 공용건조물(예 법원도서관 · 국회도서관 등)을 파괴하면 → 공용물 파괴죄가 성립

(2) 행위 : 파괴하는 것

① 파괴란 건조물의 중요부분을 손괴하여 그 건조물이 전부 또는 일부를 용도에 따라 사용할 수 없게 하는 것을 말한다.

관련판례 파괴를 인정하는 경우(공익건조물파괴죄 성립)

1. 건물을 이동하여 종전과 같이 사용할 수 없게 하는 것
2. 버스정류장에 설치된 승객대의 기둥을 뽑아 버린 경우

② 파괴란 손괴보다도 훼손의 정도가 큰 경우를 말한다. 따라서 파괴 정도에 이르지 않은 때

는 재물손괴죄가 성립한다.

예 공익건조물이 파괴의 정도에 이르지 않고 손괴의 정도에 그친 경우 → 재물손괴죄가 성립(공익건조물파괴죄 불성립)

③ 파괴의 방법은 불문한다.

예 ① 공익건조물을 방화에 의한 파괴시 → 공익건조물방화죄
② 공용건조물을 일수(溢水)에 의한 파괴시 → 공용건조물일수죄 성립(공익건조물파괴죄의 적용을 부인한다)

Ⅳ. 중손괴죄 · 손괴치사상죄

1. 의 의

(1) **중손괴죄** : 재물손괴죄 또는 공익건조물파괴죄를 범하여 사람의 생명 또는 신체에 대하여 위험을 발생케 함으로써 성립하는 범죄이다.

(2) **손괴치사상죄** : 재물손괴죄 또는 공익건조물파괴죄를 범하여 사람을 상해에 이르게 하거나 또는 사망에 이르게 함으로써 성립하는 범죄이다.

2. 성 질

(1) **중손괴죄** : 부진정결과적 가중범, 즉 일반손괴죄나 공익건조물파괴죄를 범하여 사람의 생명 또는 신체에 대한 구체적 위험을 발생케 한 때 성립하는 부진정결과적 가중범이다.

(2) **손괴치사상죄** : 진정결과적 가중범, 즉 일반손괴죄나 공익건조물파괴죄를 범하여 상해에 이르게 하거나 사망케 함으로써 성립하는 진정결과적 가중범이다.

(3) **미수범 부인** : 본죄는 미수범 처벌 규정이 없다.

Ⅴ. 특수손괴죄

1. 의 의

단체 또는 다중의 위력을 보이거나 위험한 물건을 휴대하여 재물손괴죄를 범하거나 또는 공익건조물파괴죄를 범함으로써 성립하는 범죄이다(특수폭행죄의 행위와 동일하다, 40면 · 45면 참조).

2. 폭력행위등처벌에관한법률

특별법우선적용원칙에 따라 본죄를 범할 방법으로 손괴한 때에는 폭력행위등처벌에관한법률이 적용되어 가중처벌된다.

VI. 경계침범죄

1. 의 의

경계표를 손괴 · 이동 또는 제거거나 기타 방법으로 토지의 경계를 인식불능하게 함으로써 성립하는 범죄이다.

2. 보호법익 및 보호받는 정도

(1) 보호법익 : 원칙상 토지경계의 명확성이고, 보충적으로 토지소유권의 이용가치이다.

(2) 보호받는 정도 : 침해범

3. 구성요건

(1) 주체 : 제한이 없다. 따라서 토지경계로부터 인접한 토지권리자 또는 이해관계인에 한하지 않고 제3자도 무방하다.

(2) 객체 : 토지의 경계

① 경계란

㉠ 토지에 대한 소유권 등 권리의 장소적 범위를 정하는 선이다.

㉡ 계속적 · 일시적 · 사법적 · 공법적 · 자연적 · 인위적 · 법률적 · 사실적을 불문한다.

㉢ 경계는 권한 있는 기관에 의하여 확정될 필요는 없고 계약 · 관습에 의한 경우도 인정된다.

㉣ 경계가 실체법상 권리와 일치할 것도 요하지 않는다.

예 현존하는 경계를 손괴하고 정당하다고 생각하는 경계를 만드는 경우 → 경계침범죄 성립

㉤ 단, 일방적으로 설정한 경계는 경계침범죄의 경계에 해당되지 않는다(판례).

② 경계표

㉠ 토지의 경계를 명확히 하기 위하여 공작물 · 입목 기타의 물건 등을 토지에 설치한 표

지를 말한다.

㉡ 외견상 인식가능할 정도면 족하므로 표시의 방법 · 종류에는 특별한 제한이 없다.

(3) 행위 : 경계표를 손괴 · 이동 또는 제거하거나 기타의 방법으로 인식 불능케 하는 것

① **손괴란** : 경계표를 물리적으로 훼손하는 것을 말한다.

② **이동이란** : 경계표를 원래 장소에서 다른 장소로 옮기는 것을 말한다.

③ **제거란** : 원래 설치된 장소에서 경계표를 취거하는 것을 말한다.

④ **기타 방법으로 인식불능이란**

㉠ 경계표를 손괴 · 이동 · 제거 이외의 방법으로 인식을 불능하게 하는 것을 말한다.

㉡ 경계표의 손괴 · 이동 또는 제거 등은 토지의 경계를 인식불능케 하는 방법의 예시에 불과하다. 따라서 이와 같은 행위의 결과로 토지의 경계가 현실적으로 인식불능케 되어야 한다(판례).

㉢ 본죄는 미수범처벌규정이 없으므로 경계의 손괴가 있더라도 그 결과 경계가 불분명하게 되지 않으면 본죄는 성립하지 않고 재물손괴죄가 성립한다.

㉣ 경계의 인식불능은 사실상의 경계에 (국)한한다.

㉤ 토지의 전부에 대한 인식불능은 요하지 않고 일부에 대한 인식불능만으로도 충분하다.

핵심요약 경계침범죄 인정 유무

1. 경계침범에 해당하는 행위(경계침범죄 인정 · 판례)

① 경계표를 매몰하는 경우

② 경계로 되어 있는 하천을 매립하는 경우

③ 경계를 이루는 산등성이를 깎아 내려 형질의 변경을 하는 경우

④ 언덕을 깎아 내려 다른 석축을 쌓은 경우

⑤ 타인의 토지에 무단건축하는 경우

⑥ 경계를 흐르는 물의 방향을 바꾸는 경우

2. 경계침범에 해당하지 않은 행위(경계침범죄 부인 · 판례)

① 경계를 표시하는 도화(圖畵)를 파괴하는 경우

② 경계를 표시한 도면을 파기한 경우

③ 경계를 알고 있는 사람을 살해하는 경우

④ 경계표가 잘못되었다고 주장하는 경우

⑤ 건물처마를 타인소유의 가옥지붕 위로 나오게 하는 경우
⑥ 기왕에 건립되어 있던 담벽의 연장선상에 추가로 담벽을 설치한 경우
⑦ 기존의 부엌벽을 완전히 철거하지 않고 약 50미터를 그대로 둔 채 그 20미터 밖으로 새로운 담장을 설치하는 경우

(4) 기수시기 : 경계가 현실적으로 인식 불능된 때. 즉, 본죄는 경계침범 행위로 인하여 토지경계의 전부 또는 일부가 현실적으로 인식불능케 되었을 때 기수가 된다.

4. 주관적 구성요건 : 고의 + 불법영득의사 불요

(1) 고의 : 경계표를 손괴 · 이동 · 제거하거나 기타의 방법으로 경계를 인식불능케 한다는 인식을 요한다. 즉, 미필적 고의(인식)만으로 족하다.

(2) 불법영득의사 불요 : 본죄의 성립에는 타인에게 손괴를 가할 의사 또는 영득의사를 요하지 않는다.

5. 관련문제

(1) 손괴죄와의 관례 : 손괴의 방법으로 경계를 인식불능하게 한 경우 ➞ 경계침범죄만 성립(손괴죄는 흡수된다).

(2) 절도죄와의 관계 : 타인의 토지를 영득의사로 경계를 침범한 경우 ➞ (부동산의 절도죄를 부인하므로) 경계침범죄만 성립

제10절 권리행사를 방해하는 죄

I. 서 론

1. 의 의

권리행사를 방해하는 죄란 타인의 점유 또는 권리의 목적이 된 자기의 물건에 대한 타인의 권리

행사를 방해하거나 강제집행을 면할 목적으로 채권자를 해하는 것을 내용으로 하는 범죄이다.

2. 보호법익과 보호받는 정도

(1) 보호법익

① **권리행사방해죄** : (소유권이 아닌) 제한물권(용익물권 · 담보물권) 또는 채권(사용대차 · 임대차)

② **점유강취죄 · 준점유강취죄** : (소유권이 아닌) 제한물권(용익물권 · 담보물권)과 자유권

③ **강제집행면탈죄** : (강제집행의 대상인) 채권자의 채권

(2) 보호받은 정도

① **권리행사방해죄 · 강제집행면탈죄** : 추상적 위험범

② **점유강취죄 · 준점유강취죄** : 침해범

3. 권리행사방해죄의 형태

(1) 기본적 구성요건 : 권리행사방해죄 · 점유강취죄 · 준점유강취죄 · 강제집행면탈죄

(2) 가중적 구성요건 : 중권리행사방해죄

4. 성 질

(1) 친족상도례 적용 : 권리행사방해죄는 친족상도례 적용규정이 있으나, 단 점유강취죄 · 준점유강취죄 · 중권리행사방해죄 · 강제집행면탈죄는 친족상도례 적용규정이 없다.

(2) 미수범 처벌 : 점유강취죄 · 준점유강취죄에 대해서만 미수범처벌규정이 있다.

(3) 미수범 불벌 : 권리행사방해죄 · 중권리행사방해죄 · 강제집행면탈죄는 미수범처벌규정이 없다.

Ⅱ. 권리행사방해죄

1. 서 설

(1) 의의

① **개념** : 타인의 점유 또는 권리의 목적이 된 자기의 물건 또는 전자기록 등 특수매체기록을

취거 · 은닉 또는 손괴하여 타인의 권리행사를 방해함으로써 성립하는 범죄이다.

② **사례**

㉠ 전당포에 저당잡힌 자기시계를 훔친 경우 → 권리행사방해죄

㉡ 가압류된 건물의 소유자가 채권자의 승낙 없이 그 건물을 파괴 · 철거한 경우 → 권리행사방해죄

(2) 성질

① 추상적 위험범

② 미수범 불벌

③ 친족상도례의 기준이 되는 범죄

2. 구성요건

(1) 주체 : 본죄의 주체에 관하여 견해가 대립된다.

① **학설** : 신분범(판례) · 비신분범

㉠ **신분범설**(판례) : 자기의 재물을 타인의 제한물권 또는 채권의 목적물로 제공한 사람만이 주체가 된다는 견해로 일종의 신분범이라는 견해

㉡ **비신분범설** : 제3자가 소유자를 위해 권리행사를 방해하는 경우에도 본죄에 포함시켜야 한다는 견해로 일종의 비신분범이라는 견해

② **판례** : 신분범, 즉 제3자가 본죄의 주체가 될 수 없으므로 신분범이다.

(2) 객체 : 타인의 점유 또는 권리의 목적이 된 자기의 물건 또는 전자기록 등 특수매체기록

① **타인의 점유**

㉠ 타인이란 자기 이외의 자를 말한다.

㉡ 자연인 · 법인 · 법인격 없는 단체를 불문한다.

㉢ **구체적 사례**

ⓐ 자기 물건을 타인과 공동점유하는 물건을 취거한 경우(타인점유의 물건으로 되어) → 권리행사방해죄 성립

ⓑ 자기 물건을 타인과 공동소유하는 물건을 취거한 경우(타인의 물건으로 되어) → 절도죄 성립

㉣ 점유는 물건에 대한 사실상의 지배를 말한다(예 전당포에 저당잡힌 시계). 단, 점유의 의사

는 불요한다.

ⓜ 적법한 점유임을 요한다. 따라서 본권(本權)이 없는 절도범인의 점유는 인정되지 않는다.

예 절도범이 절취하여 점유보관하고 있던 물건(재물)을 주인(소유권자)이 취거한 경우 ➞ 무죄(권리행사방해죄 불성립 · 판례)

관련판례 권리행사방해죄에서 타인의 점유

권리행사방해죄에서 타인의 점유는 ① 본권에 의한 점유(예 도품인 줄 모르고 시장에서 구입하여 점유)만에 한하지 아니하고, ② 적법한 점유(예 동시이행항변권 등에 의한 점유)도 해당하며, ③ 무효인 경매절차에서 경매목적물을 경락받아 점유하고 있는 낙찰자의 점유도 인정(포함)된다(대판 2003. 11. 27, 2003도4257).

② **권리의 목적이 된 것이란** : 자기의 물건이 타인의 제한물권이나 채권의 목적물이 되어 있는 것을 의미한다. 예 저당권이 설정된 물건 · 전당포에 저당잡힌 물건

③ **물건이란**

㉠ 재산죄에서의 재물의 개념과 동일하다.

㉡ 동력의 규정은 없으나, 관리할 수 있는 동력도 포함된다(통설).

④ **전자기록 등 특수매체기록** : 손괴죄에서 전자기록 등 특수매체기록과 동일하다.

(3) 행위 : 취거 · 은닉 · 손괴하여 타인의 권리 행사를 방해하는 것

① **취거란**

㉠ 점유자의 의사에 반하여 점유물에 대한 점유자의 사실상 지배를 배제하고 자기 또는 제3자의 사실상 지배를 설정하는 것을 말한다.

예 전당포에 저당 잡힌 자기 보석반지를 전당포 주인 몰래 가져오는 경우 ➞ 권리행사방해죄

㉡ 점유자의 의사에 반하여야 하므로 점유자의 하자 있는 의사, 즉 사취나 갈취에 의한 교부는 포함되지 않는다(사기죄나 공갈죄가 성립).

예 전당포에 저당 잡힌 자기보석반지를 전당포 주인을 협박해서 갈취한 경우 ➞ 공갈죄

㉢ 취거는 절도죄에서 절취에 대응하는 개념이나 불법영득의사가 필요하지 않다는 점에서 구별된다(절도죄는 불법영득의사를 요하나, 권리행사방해죄는 불법영득의사 불요).

② **은닉이란**

㉠ 물건의 소재를 불분명하게 하여 그 발견을 불능 또는 현저히 곤란하게 하는 것을 말한다.

ⓛ 동산에 한하여 인정한다.

③ **손괴란**

㉠ 물건의 일부 또는 전부를 훼손하거나 기타 방법으로 효용을 해하는 것을 말한다.

예 가압류된 자기 건물을 채권자의 승낙 없이 파괴한 경우 → 권리행사방해죄

ⓛ 동산 · 부동산 모두를 인정한다.

④ **권리행사의 방해란**

㉠ 타인의 권리행사에 관하여 방해의 결과를 발생하게 할 우려있는 행위를 말한다.

ⓛ 현실로 방해의 결과가 발생하였음을 요하지 않는다(추상적 위험범).

핵심요약 권리행사방해죄

1. 권리행사방해죄가 성립하는 경우(판례)

① 저당채무를 갚을 수 없게 된 甲이 화가 나서 저당권이 설정된 자기소유의 집을 부수어 그 효용을 해한 경우

② 채무의 담보로서 제공한 텔레비전을 채무를 갚지 않은 채 채무자가 몰래 가져간 경우

③ 가압류된 건물의 소유자 甲이 채권자 乙의 승낙도 없이 그 건물을 철거 · 파괴한 경우

④ 甲은 자기 소유가옥의 일부에 세를 들어 살고 있는 乙이 월세를 내지 아니하자 화가 나서 乙이 임차한 방의 문짝을 부숴 버린 경우

⑤ 주식회사 대표이사가 직무집행행위로서 타인이 점유하는 위 회사의 물건을 취거한 경우

⑥ 차량대여회사가 대여한 차량을 실력으로 회수해 간 경우

⑦ 공장근저당권이 설정된 선반기계 등을 이중담보로 제공하기 위하여 다른 장소로 옮긴 경우

2. 권리행사방해죄가 성립하지 않는 경우(판례)

① 회사의 대표이사였던 자가 회사가 타인에게 담보로 제공한 회사소유의 물건을 다른 회사에 매도한 경우(자기의 물건이라 할 수 없으므로 본죄부인)

② 소유자(피해자)가 절도범인이 자기 집 마당에 보관하고 있던 솥을 허락 없이 가져간 경우(범인의 점유는 권원에 의한 점유라 할 수 없으므로 본죄부인)

③ 회사의 부사장이 타인이 점유중인 회사소유의 선박을 취거한 경우(회사의 부사장이라도 피고인의 소유라 할 수 없으므로 본죄부인)

3. 주관적 구성요건 : 고의 + 불법영득의사 불요

(1) 고의 : 본죄에 대한 고의(인식)이 있어야 한다. 즉, 미필적 고의(인식)만으로 족하다.

(2) **불법영득의사 불요** : 본죄는 영득죄가 아니다. 따라서 본죄의 성립에는 고의 이외에 불법영득의사를 요하지 않는다.

4. 권리행사방해죄와 친족상도례(제328조)

(1) **형의 면제** : 직계혈족 · 배우자 · 동거친족 · 호주 · 가족 또는 그 배우자간의 범죄는 형을 면제한다.

(2) **친고죄** : 이외의 친족의 범죄는 피해자의 고소가 있어야 소추할 수 있다.

Ⅲ. 점유강취죄 · 준점유강취죄

1. 의 의

(1) **점유강취죄** : 폭행 또는 협박으로 타인의 점유에 속하는 자기의 물건을 강취함으로써 성립하는 범죄이다. 예 전당포에 저당 잡힌 보석반지를 전당포 주인에게 폭행을 가한 후 강취하는 경우 → 점유강취죄

(2) **준점유강취죄** : 타인의 점유에 속하는 자기의 물건을 취거함에 당하여 그 탈환을 항거하거나 또는 체포를 면탈하거나 죄적을 인멸할 목적으로 폭행 · 협박함으로써 성립하는 범죄이다.

예 전당포에 저당 잡힌 보석반지를 전당포 주인 몰래 취거한 후 체포를 면탈할 목적으로 폭행을 가한 경우 → 준점유강취죄

2. 점유강취죄의 객체와 강도죄와의 차이

(1) **점유강취죄** : 타인이 점유하는 자기의 물건인 반면

예 전당포에 잡힌 자기의 손목시계를 강취한 경우 → 점유강취죄

(2) **강도죄** : 타인이 점유하는 타인의 물건이다.

예 전당포주인을 폭행하여 전당포주인시계를 강취한 경우 → 강도죄

Ⅳ. 중권리행사방해죄

1. 의 의

점유강취죄 및 준점유강취죄를 범하여 사람의 생명에 대한 위험을 발생하게 함으로써 성립하는

범죄이다.

예 전당포에 저당 잡힌 보석반지를 취거시 전당포 주인에게 폭행을 가하여 실명시킨 경우 → 중권리행사방해죄

2. 성 질

(1) 부진정결과적 가중범 : 중한 결과 발생이 고의 · 과실에 의한 경우를 불문하고 인정하므로 부진정결과적 가중범이다.

(2) 구체적 위험범 : 생명에 대한 구체적인 위험이 발생한 경우에 인정하므로 구체적 위험범이다.

(3) 미수범 불벌 : 미수범 처벌규정이 없으므로 미수범을 처벌하지 않는다.

(4) 친족상도례 특례규정 없다 : 권리행사 방해죄는 친족상도례 적용규정이 있으나(제328조), 본죄는 친족상도례 적용규정이 없다.

V. 강제집행면탈죄

1. 서 설

(1) 의의 : 강제집행을 면할 목적으로 재산을 은닉 · 손괴 · 허위양도 또는 허위의 채무를 부담하여 채권자를 해함으로써 성립하는 범죄이다.

(2) 성질

① 목적범

② 추상적 위험범

③ 미수범 불벌(미수범 처벌규정이 없으므로 미수범을 처벌하지 않는다)

④ 친족간 특례규정 없다.

2. 구성요건

(1) 주체 : 제한없다. 즉, 채무자는 물론 법정대리인 · 기타 제3자도 본죄의 주체가 될 수 있다(통설).

(2) 객체 : 강제집행을 면할 목적으로 하는 재산

① **강제집행의 대상이 되는 재산** : 동산 · 부동산은 물론 채권 기타의 재산권(예 특허권 · 실용신

안권)도 가능하다.

② **강제집행을 면할 목적** : 단순한 행위자의 주관적 인식이나 의도 이외에 강제집행을 받을 우려가 있는 객관적 상태가 존재하여야 한다.

③ **강제집행이란**

㉠ 민사소송법상의 강제집행을 말하며, 가처분 · 가압류의 집행도 포함한다(판례). 단, 벌금 · 과료 · 몰수 재판의 집행은 물론 국세징수법에 의한 체납처분은 포함되지 않는다.

㉡ 강제집행의 대상만으로 족하고 반드시 민사소송의 제기 유 · 무는 불문한다.

㉢ 본죄는 채권자의 채권을 보호하는 데 목적이 있으므로 채권이 존재하여야 하고 채권이 존재하지 아니한 때에는 본죄가 성립할 수 없다(판례).

㉣ 채무자에 재산에 한하여 인정된다.

(3) 행위 : 은닉 · 손괴 · 허위양도 또는 허위의 채무를 부담하여 채권자를 해하는 것

① **은닉** : 강제집행을 실시하려는 자에 대하여 재산의 발견을 불가능하게 하거나 곤란하게 만드는 것을 말한다.

예 강제집행을 면할 목적으로 선순위의 가등기권자 앞으로 소유권이전의 본등기를 한 경우 ➡ 강제집행면탈죄(판례, 즉 은닉행위에 해당하므로 본죄 인정)

② **손괴** : 재물을 물질적으로 훼손하거나 재산의 가치를 감소시켜서 그 효용을 해하는 일체의 행위를 말한다.

③ **허위양도**

㉠ 허위양도란 실제로 재산의 양도가 없음에도 불구하고 양도한 것으로 가장하여 재산의 명의를 변경하는 것을 말한다.

예 가옥대장상의 소유명의의 변경 · 허위채무담보를 위한 부동산소유권이전등기 등

㉡ 허위양도인 한 유상 · 무상을 불문한다.

㉢ 허위양도에 한하므로 진실한 양도인 때는 강제집행을 면할 목적이 있는 경우에도 본죄를 구성하지 않는다.

예 신탁재산에 대하여 강제집행을 받을 염려가 있어 신탁자가 신탁계약을 해지하고 제3자에게 명의신탁하여 소유권이전등기를 경료한 경우 ➡ 강제집행면탈죄 부정(즉, 신탁자의 정당한 권리행사이므로 허위양도가 되지 않는다)

핵심요약 허위양도 인정 유무

1. **허위양도를 인정하는 경우**(강제집행면탈죄 인정 · 판례)
   ① 가옥대장상의 소유자명의를 허위로 변경하는 경우
   ② 임차권명의를 제3자에게 허위로 이전하는 경우
   ③ 허위채권의 담보로서 부동산 소유권이전등기를 하는 경우
2. **허위양도를 인정하지 않는 경우**(강제집행면탈죄 부정 · 판례)
   ① 명의신탁을 해지하고 타인에게 명의신탁한 경우
   ② (강제집행을 면할 목적이 있어도) 진실한 양도인 경우

④ 허위의 채무부담

㉠ 채무가 없음에도 불구하고 제3자에게 채무를 부담하는 것처럼 가장하는 행위를 말한다.

㉡ 따라서 진실한 채무를 부담한 때에는 본죄가 성립하지 않는다.

예 타인에게 가등기를 경료한 것은 허위의 채무를 부담한 것이 아니므로 강제집행면탈죄가 부정

⑤ 채권자를 해할 것

㉠ 채권자를 해한다는 것은 현실로 채권자를 해할 필요는 없고, 해할 위험성만 있으면 충분하다. 즉, 추상적 위험범(판례)

㉡ 채권자를 해하였는가는 행위시를 기준으로 하여 구체적으로 판단해야 한다.

예 채무자가 집행을 확보할 충분한 재산이 있는 경우 채권자를 해하였다고 볼 수 없으나, 약간의 잉여재산만 있는 경우에는 본죄가 성립한다(판례).

(4) 기수시기 : 구체적으로 강제집행을 받을 우려가 있는 상태에 있을 때. 따라서 강제집행의 개시가 있을 때 기수가 되는 것은 아니다.

3. 주관적 구성요건 : 고의 + 목적

(1) 고의 : 행위자에게 강제집행을 받을 우려 있는 객관적 상태에서 재산을 은닉 · 손괴 · 허위양도 또는 허위의 채무를 부담하여 채권자를 해한다는 고의가 있어야 한다.

(2) 목적 : 본죄는 고의 이외에 강제집행을 면할 목적이 있어야 성립하는 목적범이다.

4. 공 범

본죄의 주체가 강제집행을 면하려고 한다는 정을 알면서 재산의 허위양도를 받은 자 또는 허위의 채권자가 된 자는 본죄의 공범 또는 공동정범이 된다.

제 2 편

사회적 법익에 관한 죄

제1장
공공의 안전과 평온에 대한 죄

제1절 공안을 해하는 죄

I. 서 론

1. 의 의

공안을 해하는 죄란 공공의 법질서 또는 공공의 안전과 평온을 해하는 것을 내용으로 하는 범죄이다.

2. 본 질 : 국가적 법익설 · 사회적 법익설(다수설)

(1) **국가적 법익설** : 국가의 법질서 자체를 보호함으로써 국가의 기능을 보호하는 데 본질이 있다는 견해

(2) **사회적 법익설**(다수설) : 사회공공의 안전과 평온을 보호하는 데 본질이 있다는 견해

(3) **결론** : 원칙은 사회적 법익에 관한 범죄이나, 예외로 전시공수계약불이행죄와 공무원자격사칭죄만은 국가적 법익에 관한 죄라고 본다(다수설).

3. 보호법익과 보호받는 정도

(1) **보호법익** : 사회공공의 안전 및 평온

(2) **보호받는 정도** : 추상적 위험범

4. 공안을 해하는 죄의 형태

범죄단체조직죄 · 소요죄 · 다중불해산죄 · 전시공수계약불이행죄 · 공무원자격사칭죄가 있다.

핵심요약 공안을 해하는 죄

1. **사회적 법익에 관한 죄** : 범죄단체조직죄 · 소요죄 · 다중불해산죄
2. **국가적 법익에 관한 죄** : 전시공수계약불이행죄 · 공무원자격사칭죄
3. **예비 · 음모 · 미수범처벌 규정 없다.**

Ⅱ. 범죄단체조직죄

1. 서 설

(1) 의의 : 범죄를 목적으로 하는 단체를 조직 또는 이에 가입하거나, 병역 또는 납세의무를 거부할 목적으로 단체를 조직하거나 이에 가입함으로써 성립하는 범죄이다.

(2) 성질

① **필요적 공범** : 일종의 예비 · 음모행위를 목적한 죄의 기수범으로 특별히 처벌하는 구성요건으로 필요적 공범 중 집합범이다.

② **사회적 법익에 관한 죄**

③ **목적범** : 고의 외에 목적을 필요로 하는 목적범이다. 따라서 목적이 없으면 본죄가 부인된다.

④ **예비 · 음모 · 미수불벌** : 예비 · 음모와 미수범의 처벌 규정 없다.

⑤ **즉시범** : 본죄는 범죄단체에 가입한 때로부터 성립하므로 즉시범이다(판례).

2. 구성요건

(1) 주체 : 제한이 없다. 즉, 내 · 외국인을 불문하고 누구든지 본죄의 주체가 될 수 있다.

(2) 행위 : 범죄의 목적 또는 병역이나 납세의 의무를 거부할 목적으로 단체를 조직하거나 이에 가입하는 것

① **범죄란**

㉠ (범죄단체조직죄에서 범죄는) 모든 범죄가 아니라 사형 · 무기 또는 장기 4년 이상의 징역에 해당하는 범죄를 말한다.

㉡ 형법에 규정된 범죄 외에 특별법에 규정된 범죄도 포함된다.

㉢ 예외로 단체의 조직과 가입 그 자체를 처벌하는 조직범죄(국가보안법의 반국가단체구성 · 가입죄)나 경범죄 처벌법이 적용되는 가벼운 범죄는 본죄의 범죄에서 제외된다.

② 단체란

㉠ 공동목적을 가진 특정다수인의 계속적인 결합체를 말한다.

㉡ 단체를 주도하는 최소한의 통솔체계를 갖추고 있어야 한다(판례).

㉢ 단체는 어느 정도 시간적 계속성을 갖고 있어야 한다.

관련판례 범죄단체조직죄에서 단체 인정 유무

1. 단체를 인정하는 경우(범죄단체조직죄 인정)

① 서진룸살롱사건에서 단체조직(대판 1987. 10. 13, 87도1240)

② 성남 송리파사건에서 단체조직(대판 1990. 2. 23, 90도23011)

③ 세금이 과중하다는 이유로 납세거부단체를 결성한 경우

2. 단체를 인정하지 않는 경우(범죄단체조직죄 부인)

① 소매치기를 공모하고 실행행위를 분담하기로 약정한 경우(대판 1981. 11. 24, 81도2608)

② 4명이 도박개장을 공모한 경우(대판 1977. 12. 27, 77도3463)

③ 어음사기를 위하여 전자제품 도매상을 경영하는 것으로 가장하고 업무를 분담한 경우(대판 1985. 10. 8, 85도1515)

④ 주주총회 때마다 회의의 집행을 방해하고 집행부로부터 금품을 요구하는 총회꾼을 제거하기 위해 투자인협회를 조직한 경우(대판 1969. 8. 19, 69도935)

⑤ 기존 범죄단체의 두목이 바뀌고 활동영역과 태양이 변화하였으나 그 조직이 완전히 변경됨으로써 기존의 범죄단체와 동일성이 없는 별개의 단체로 인정될 수 있을 정도에 이르렀다고는 볼 수 없는 경우(대판 2000. 3. 24, 2000도102)

③ 조직한다란

㉠ 공동목적을 수행하기 위하여 특정다수인이 상호의사 연락하에 연속적인 집합체를 형성하는 것을 말한다.

㉡ 조직의 형식은 불문이며 주동적 · 피동적을 불문한다.

④ 가입한다란

㉠ 범죄의 목적 또는 병역이나 납세의무를 거부할 목적으로 조직된 단체임을 알고 가입하는 경우를 말한다.

㉡ 가입의 방식여하는 불문한다. 즉, 구두 · 서면 · 자의가입 · 권유가입이든 불문한다.

(3) 기수시기 : (사형 · 무기 또는 장기 4년 이상의 징역에 해당하는 범죄를 목적으로 하는) 단체를 조직하거나 이에 가입한 때에 기수가 된다(즉시범 · 판례). 따라서 목적한 범죄의 실행행위 여부는 본죄의 성립에 영향이 없다.

3. 주관적 구성요건 : 고의 + 목적

(1) 고의 : 본죄에 대한 인식 또는 인용이 있어야 한다. 즉, 미필적 고의만으로 족하다.

(2) 목적범 : 고의 이외에 범죄를 범할 목적 또는 병역 · 납세의 의무를 거부할 목적이 필요하다.

4. 특별법과의 관계

(1) 폭력행위등처벌에관한법률(이하 폭처법)**에 의한 가중처벌** : 폭행이나 공갈을 목적으로 범죄단체를 조직한 때에는 특별법우선원칙에 따라 폭처법에 의하여 가중처벌된다(동법 제4조).

(2) 특정범죄가중처벌등에관한법률(이하 특가법)**에 의한 가중처벌** : 타인의 재물을 절취할 목적으로 단체 또는 집단을 구성한 자는 특별법우선원칙에 따라 특가법에 의하여 가중처벌한다(동법 제5조의8).

(3) 국가보안법에 의한 처벌 : 특별법우선원칙에 따라 반국가단체를 구성하거나 이에 가입 또는 반국가단체의 가입을 권유한 때에는 국가보안법이 우선적용된다(동법 제3조).

(4) 다른 범죄와의 죄수관계 : 범죄단체 등을 조직 · 가입하거나 구성원으로 활동한 후 목적한 범죄를 실행한 경우에는 범죄단체조직죄와 목적한 범죄의 경합범이다(판례).

예 살인을 목적으로 단체를 조직한 후 경쟁관계인 조직원을 살해한 경우 → 범죄단체조직죄와 살인죄의 경합범

5. 처 벌

(1) 그 목적한 죄에 정한 형으로 처단한다. 단, 형을 감경할 수 있다. 즉, 임의적 감경

(2) 단, 병역 또는 납세의무를 거부할 목적으로 단체를 조직하거나 이에 가입한 자는 별도의 법정형이 규정되어 있다(제14조 제2항).

Ⅲ. 소요죄

1. 서 설

(1) 의의 : 다중이 집합하여 폭행 · 협박 또는 손괴의 행위를 함으로써 성립하는 범죄이다.

(2) 성질

① 사회적 법익에 관한 죄

② 필요적 공범 (중 집합범)

③ 미수범과 예비 · 음모행위의 처벌규정 없다.

④ 행위의 객체가 없는 범죄

⑤ 추상적 위험범

(3) 내란죄와의 구별

① 소요죄와 내란죄의 차이점

	소요죄	내란죄
법 익	사회적 법익에 관한 죄	국가적 법익에 관한 죄
보호법익	한 지방의 평온	국가의 대내적 질서
목 적	목적범 아님	목적범
행 위	폭행 · 협박 · 손괴	폭동
수 괴	수괴의 존재 불요	수괴의 존재 요
예비 · 음모 · 미수	불벌	처벌
자수의 특례	부정	인정
처 벌	공동으로 처벌	가담 정도에 따라 개별적 처벌

② 내란죄와 소요죄의 공통점

㉠ 필요적 공범 (중 집합범)

㉡ 최광의의 폭행 · 협박 사용

㉢ 추상적 위험범

2. 구성요건

(1) 객관적 구성요건

① **주체** : 집합한 다중의 구성원인 개인

㉠ **필요적 공범 중 집합범**

㉡ **다중** : 다수인의 집단, 즉 한 지방의 공공의 안녕과 평온을 해할 수 있을 정도의 폭행 · 협박 · 손괴 등을 하기에 족한 다수인임을 요한다.

㉢ **집합**

ⓐ 집합이란 다수인이 일정한 장소에 모여 집단을 형성하는 것을 말한다.

ⓑ 조직적 · 비조직적이든, 주동자가 있든 · 없든, 공동 목적의 유 · 무와 관계없이 집합만 하면 성립한다.

ⓒ 처음부터 폭행 · 협박 · 손괴의 목적으로 집합할 필요는 없다.

② **행위** : 폭행 · 협박 또는 손괴

㉠ **폭행 · 협박 · 손괴**

ⓐ 최광의의 폭행 · 협박을 의미한다. 즉, 폭행 · 협박 · 손괴는 사람 또는 물건에 대한 공격적이고 적극적인 행위이어야 한다.

ⓑ 따라서 소극적인 저항이나 연좌농성 등은 소요죄를 부인한다.

㉡ **폭행 · 협박 · 손괴의 정도** : 집합한 다중의 개개인 모두가 현실적으로 폭행 · 협박 · 손괴행위를 함을 요하지 않으나, 다중의 합동력에 의하여 한 지방의 공공의 안녕과 평온을 해할 수 있을 정도의 것이어야 한다.

예 정당인사의 구호가 선창되면서 600여명의 군중과 행진하던 도중 승용차의 유리창을 훼손하고 통행인에게 폭행을 가한 경우 → 소요죄(판례)

㉢ **기수시기** : (소요죄는 추상적 위험범이므로) 한 지방의 공공의 안녕과 평온에 대한 위험성만 발생하면 기수가 되며, 즉 현실적인 공공의 안녕과 평온에 대한 위험의 결과발생은 요하지 않는다.

(2) 주관적 구성요건 : 고의, 즉 공동의사(소요의 인식) 요

① 본죄의 고의로는 소요에 대한 인식이 있어야 한다.

② 소요의 인식이란 다수인이 집합아여 폭행 · 협박 · 손괴한다는 의사, 즉 공동의사를 의미한다.

③ 공동의사는 사전모의 또는 사전계획을 요하지 아니한다.

④ 따라서 공동의사 없는 폭행 · 협박 · 손괴 등의 행위는 소요죄는 인정되지 않으나, 단순폭행죄 · 협박죄 · 손괴죄만 성립한다.

예 소요행위에 대한 인식 없이 단순히 다중이 집합하여 폭행 · 협박 · 손괴행위를 한 경우 ➡ 폭행죄 · 협박죄 · 손괴죄 성립(판례)

3. 관련문제

(1) 공범규정의 적용 : 소요죄는 임의적 공범 중 공동정범의 적용은 부인하나 교사범과 방조범의 적용은 인정한다(통설 · 판례).

예 외부에서 자금이나 정보를 제공한 경우 ➡ 소요죄의 교사범과 종범(통설)

(2) 타범죄와의 관계

① **소요죄보다 법정형이 중한 살인죄**(방화죄)**의 경우** : 소요죄와 살인죄(방화죄)의 상상적 경합범

② **소요죄보다 법정형이 경한 폭행죄**(공무집행방해죄 · 주거침입죄)**의 경우** : 소요죄만 성립, 따라서 폭행죄(공무집행방해죄 · 주거침입죄)는 소요죄에 흡수된다.

(3) 내란죄와의 관계 : 내란죄만 성립, 즉 소요죄는 내란죄에 흡수된다.

Ⅳ. 다중불해산죄

1. 서 설

(1) 의의 : 폭행 · 협박 또는 손괴의 행위를 할 목적으로 다중이 집합하여 그를 단속할 권한있는 공무원으로부터 3회 이상 해산 명령을 받고도 해산하지 아니함으로써 성립하는 범죄이다.

(2) 성질

① 진정부작위범

② 진정목적범

③ 필요적 공범 (중 집합범)

④ 소요죄의 예비단계의 범죄

⑤ 미수범과 예비 · 음모 · 선동 · 선전 행위의 처벌규정 없다.

(3) 소요죄와 구별

	다중불해산죄	소요죄
목 적	목적범	목적범 아님
성립요건	권한 있는 자로부터 3회 이상의 해산명령을 받을 것	해산명령 불요
양자의 공통점	① 공안을 해하는 범죄 ② 필요적 공범 중 집합범 ③ 폭행 · 협박 · 손괴 사용, 즉 최광의의 폭행 · 협박 사용 ④ 미수범 규정 없다. ⑤ 예비 · 음모 · 선동 · 선전의 처벌규정이 없다. ⑥ 다중불해산죄는 소요죄의 전단계 범죄	

2. 구성요건

(1) 주체 : 폭행 · 협박 · 손괴의 행위를 할 목적으로 집합한 다중의 구성원(개인)이다. 이러한 목적은 집합 전부터 있을 필요는 없으나 해산명령을 받기 전에는 존재해야 한다.

(2) 행위 : 단속할 권한 있는 공무원으로부터 3회 이상의 해산명령을 받고 해산하지 않는 것

① 단속할 권한있는 공무원이란

㉠ 해산명령권을 가진 공무원을 말한다. 예 치안경찰의 사무에 종사하는 공무원(경찰)

㉡ 해산명령권은 법령에 근거하여야 한다.

② 3회 이상의 해산명령이 있을 것

㉠ 3회 이상

ⓐ 최소한 3회 이상의 해산명령임을 요한다.

예 불법집회를 단속할 권한 있는 경찰관으로부터 4회의 해산명령을 받고 해산한 자의 경우 → 무죄

ⓑ 3회 이상의 해산명령은 각 회마다 해산에 필요한 시간적 간격이 있어야 하므로, 따라서 간격없이 행해진 해산명령은 1회의 명령에 불과하다.

㉡ 해산명령

ⓐ 다중의 분산을 명하는 것을 말한다.

ⓑ 해산명령권을 가진 공무원의 적법한 명령이어야 한다.

ⓒ 해산명령의 방식에는 제한없다. 즉, 직접 · 간접 방식을 불문한다.

㉢ 해산하지 않을 것

ⓐ (본죄는 추상적 위험범이므로) 해산하지 아니함으로써 기수가 되므로 진정부작위범이다.

ⓑ 부작위 그 자체가 기수가 되므로 본죄의 미수범은 부인된다.

ⓒ 일부 해산의 경우, 즉 해산하지 않은 자에 대하여만 본죄가 성립한다.

(3) 기수시기 : 해산하지 아니한 때

① 3회 이상 해산명령을 받고 해산하지 아니한 때에 기수된다.

② 본죄의 기수판단은 해산권자의 최종적인 해산명령시를 기준으로 판단한다.

예 4회 이후 해산명령을 받고 해산한 경우 → 무죄

V. 전시공수계약불이행죄

1. 서 설

(1) 의의 : 전쟁 · 천재 기타 사변에 있어서 국가 또는 공공단체와 체결한 식량 기타 생활필수품의 공급계약을 정당한 이유 없이 이행하지 아니하거나 또는 계약이행을 방해함으로써 성립하는 범죄이다.

(2) 성질

① **진정부작위범** : 공급계약을 체결한 자가 정당한 이유없이 계약상의 의무이행을 하지 않으므로 성립하는 진정부작위범이다.

② **미수범 · 예비 · 음모 · 선동 · 선전 처벌규정 없다.**

(3) 입법취지(필요성) : 국가비상사태하에서 생활필수품의 원활한 공급을 가능하게 하여 국민생활의 안정을 도모하기 위하여 인정한다.

(4) 전시군수계약불이행죄와 구별

	전시공수계약불이행죄	전시군수계약불이행죄
법 익	사회적 법익에 관한 죄	국가적 법익에 관한 죄
범죄형태	공안을 해하는 죄	외환의 죄
주 체	국가 또는 공공단체	정부
양자의 공통점	① 진정부작위범 ② 단, 전시군수계약불이행죄는 실익이 없다. 즉, 전쟁이 나면 (특별법우선적용원칙에 따라) 계엄법이 적용된다.	

2. 구성요건

(1) 주체 : 국가 또는 공공단체와 식량 기타 생활필수품의 공급계약을 체결한 자 또는 계약이행을 방해하는 자(진정신분범)

① **국가란** : 전시군수계약불이행죄(제103조)의 정부보다 넓은 개념이다.

② **공공단체란** : 공공단체에는 지방조합도 포함하는 개념이다.

(2) 행위 : 정당한 이유없이 공급계약을 이행하지 아니하거나 계약이행을 방해하는 행위

① **정당한 이유 유 · 무 판단** : 구체적 사정을 고려하여 신의성실의 원칙에 따라 판단하여야 한다.

② **공급계약을 이행하지 아니하는 경우** : 공급계약을 이행할 수 있는 지위에 있는 자가 정당한 이유없이 계약상의 의무이행을 하지 않는 경우이다(진정부작위범).

Ⅵ. 공무원자격사칭죄

1. 의 의

공무원의 자격을 사칭하여 그 직권을 행사함으로써 성립하는 범죄이다.

예 형사라고 사칭하고 행인을 체포하는 경우

2. 구성요건

(1) 주체 : 제한이 없다.

① 비공무원이 공무원이라고 사칭하는 경우는 물론, 공무원이 다른 공무원의 자격을 사칭하는 경우도 성립한다.

② 예 서울시 공무원 甲이 경찰공무원이라 사칭하여 피의자의 신체를 수색한 경우 → 공무원자격사칭죄가 성립

(2) 행위 : 공무원의 자격을 사칭하고 그 직권을 행사하는 것

① **공무원이란**

㉠ 국가 · 지방 또는 특별법상의 공무원 및 임시직 공무원도 포함된다(판례).

㉡ 반드시 직권행사가 가능한 공무원이어야 한다.

② **공무원의 자격을 사칭한다란** : 자격 없는 자가 공무원자격을 가진 것처럼 타인을 오신케 하는 일체의 행위를 말한다.

③ 직권을 행사한다란

㉠ 사칭한 공무원의 권한을 행사하여야 한다. 따라서 직권행사한 것이 사칭한 공무원의 직권에 속하지 않을 때에는 본죄는 성립하지 않는다.

예 경찰관이라 사칭하여 세무조사를 하는 경우 → 본죄부인

㉡ 공무원의 자격만 사칭하거나 또는 고유권한과 관계없는 권한을 행사한 경우에는 본죄는 성립하지 않는다. 예 여자친구한테 형사라고 사칭한 경우 → 무죄

핵심요약 공무원자격사칭죄의 인정 유무

1. 공무원자격사칭죄를 인정하는 경우(판례)

① 경찰관(형사)이라 사칭하여 신체를 수색시
② 세무공무원이라 사칭하여 세무조사를 하는 경우
③ 보건소공무원이라 사칭하여 위생검열을 하는 경우
④ 세관원이라고 사칭하면서 밀수품 휴대 여부를 수색하는 경우
⑤ 흥신소직원이 경찰관이라고 사칭하면서 간통현장을 덮쳐 적발한 경우

2. 공무원자격사칭죄를 인정하지 않는 경우(판례)

① 대학생이 여자친구에게 검사라 사칭한 경우
② 경찰관 경사가 친구에게 경위라고 사칭한 경우
③ 청와대 민원비서관임을 사칭하여 시외전화 고장수리를 하라고 한 경우
④ 경찰관을 사칭하여 세무조사를 하는 경우
⑤ 판사를 사칭하여 피의자 신분조서를 작성하는 경우
⑥ 합동수사반원의 지위를 사칭하여 채권을 추심한 경우
⑦ 법원서기가 애인에게 자신은 법원의 과장이라고 사칭한 경우
⑧ 회사원이 경찰서 수사과장이라고 말하며 타인으로부터 식사를 대접받는 경우

3. 관련문제

(1) 사기죄와의 관계 : 검사를 사칭하여 운전기사로부터 벌금을 받는 경우 → 공무원 자격사칭죄

(2) 수뢰죄와의 관계 : 공무원 신분을 가진 자가 자기의 권한과 관계없는 권한을 행사하여 금품을 수수한 경우 → 공무원자격사칭죄만 성립하고 수뢰죄는 불성립

(3) 공갈죄와의 관계

① 공무원의 자격을 사칭하여 재물 또는 이익을 취득한 경우 ➡ 공무원자격사칭죄와 공갈죄의 경합범

② 예 경찰관을 사칭하여 미성년자를 불심검문한 후 신분증이 없는 미성년자를 봐주는 명목으로 일금 5,000원을 받은 경우 ➡ 공무원자격사칭죄와 공갈죄의 경합범

핵심요약 공안을 해하는 범죄

1. **형태** : 범죄단체조직죄 · 소요죄 · 다중불해산죄 · 전시공수계약불이행죄 · 공무원자격사칭죄
2. **사회적 법익에 관한 죄** : 범죄단체조직죄 · 소요죄 · 다중불해산죄
3. **국가적 법익에 관한 죄** : 전시공수계약불이행죄 · 공무원자격사칭죄
4. **목적범** : 범죄단체조직죄 · 다중불해산죄
5. **진정부작위범** : 다중불해산죄 · 전시공수계약불이행죄
6. **진정신분범** : 전시공수계약불이행죄
7. **필요적 공범**(중 대향범) : 범죄단체조직죄 · 소요죄 · 다중불해산죄
8. **예비 · 음모 · 미수범처벌 규정 없다.**

제2절 폭발물에 관한 죄

I. 서 론

1. 의 의

폭발물에 관한 죄란 폭발물을 사용하여 공중의 생명 · 신체 또는 재산을 해하거나 기타 공안을 문란케 함으로써 성립하는 범죄이다.

2. 보호법익과 보호받는 정도

(1) 보호법익 : 사람의 생명 · 신체 또는 재산의 안전과 사회공공의 평온

(2) 보호받는 정도 : 구체적 위험범

Ⅱ. 폭발물사용죄 · 전시폭발물사용죄

1. 서 설

(1) 의의

① **폭발물사용죄** : 폭발물을 사용하여 사람의 생명 · 신체 또는 재산을 해하거나 기타 공안을 문란하게 함으로써 성립하는 범죄이다.

② **전시폭발물사용죄** : 전쟁 · 천재 기타 사변에서 폭발물사용죄를 범함으로써 성립하는 범죄이다.

(2) 성질

① **공공위험범** : 폭발물을 사용하여 공공의 평온을 해하므로 성립하는 공공위험범이다.

② **사회적 법익에 관한 죄** : 폭발물의 사용으로 사회공동질서가 침해된다는 사회적 위험성을 고려한 사회적 법익에 대한 죄이다(통설).

③ **예비 · 음모 · 선동만 처벌** : 예비 · 음모 · 선동만 처벌하고, 선전은 처벌규정이 없다.

④ **자수시 필요적 감 · 면** : 본죄의 예비 · 음모를 범한 후 자수한 경우에는 형을 감면한다.

2. 구성요건

(1) 객체 : 폭발물

① 폭발물이란 법률적 · 규범적 개념. 즉, 점화 등 일정한 자극을 가하면 폭발작용을 하는 물체를 말한다.

예 지뢰 · 폭탄 · 다이너마이트 등. 단, 핵원자로 · 소총의 실탄 발사 · 화염병 등은 폭발물에 해당되지 않는다.

② 자연적 폭발 · 충돌에 의한 폭발을 불문한다.

③ 폭발물의 파괴력은 사람의 생명 · 신체 · 재산을 해하거나 공안을 문란하게 할 정도이어야 한다.

(2) 행위 : 폭발물을 사용하여 사람의 생명 · 신체 또는 재산을 해하거나 공안을 문란케 하는 것

① **폭발물의 사용이란** : 폭발 가능성 있는 물건을 그 용법에 따라 폭발시키는 것을 말한다. 따라서 폭발물을 사용하였으나 현실적인 폭발이 없는 경우 ➡ 폭발물사용죄의 미수가 성립

② **공안을 문란하게 한다란**

㉠ 폭발물을 사용하여 한 지방의 법질서를 교란케 할 정도에 이르는 것을 말한다.

㉡ 사람의 생명 · 신체 · 재산을 침해하는 행위는 공안문란의 예시에 불과하다.

(3) 미수와 기수 : 공안문란 여부가 미수 · 기수의 구별기준이 된다(통설).

① **미수** : 폭발물을 사용하였으나 폭발되지 않았거나 또는 폭발되었어도 공안을 문란하게 하지 못한 경우이다.

② **기수**(시기) : 폭발물을 사용하여 사람의 생명 · 신체 · 재산을 해하거나 공안을 문란하게 한 때이다.

3. 위법성

본죄는 공공위험범이므로 피해자의 승낙이 있어도 위법성이 조각되지 않는다.

4. 처 벌

(1) 예비 · 음모 · 선동행위만 처벌 : 본죄는 예비 · 음모 · 선동 행위만을 처벌하고 선전행위는 벌하지 아니한다(제120조).

(2) 필요적 감면 : 예비 · 음모를 한 자가 (실행에 이르기 전에) 자수한 경우 필요적 감면이다.

(3) 미수범 처벌 : 본죄는 미수범처벌규정이 있다.

개념정리 선동

선동이란 타인의 정당한 판단력을 잃도록 하여 범죄실행결의를 하도록 하거나 또는 이미 결의한 내용을 조장하는 것을 말한다.

핵심요약 폭발물사용죄

1. **폭발물에 해당하는 경우**(폭발물 사용죄 인정) : 예 지뢰 · 폭탄 · 수류탄 · 다이너마이트
2. **폭발물에 해당하지 않는 경우**(폭발물 사용죄 부인) : 예 소총발사 · 화염병
3. **공공위험범**
4. **사회적 법익에 관한 죄**
5. **예비 · 음모 · 선동만 처벌. 단, 선전은 불벌**
6. **예비 · 음모의 자수시 필요적 감면**
7. **미수범 처벌**

Ⅲ. 전시폭발물 제조 · 수입 · 수수 · 소지죄

1. 의 의

전쟁(전시) 또는 사변에 있어서 정당한 이유 없이 폭발물을 제조 · 수입 · 수출 · 수수 또는 소지함으로써 성립하는 범죄이다.

2. 구성요건

(1) 행위 : 정당한 이유없이 폭발물을 제조 · 수입 · 수출 · 수수 또는 소지하는 것.

① **전시란** : 전쟁중이거나 휴전중인 상태를 말한다(판례).

② **정당한 이유없이란** : 법률의 규정에 의하지 아니하거나 국가기관의 허가 없이 임의로 하는 것을 말한다.

③ **폭발물** : 점화 등 일정한 자극을 가하면 폭발작용을 하는 물체를 말한다. 예 지뢰 · 폭탄 등

④ **제조** : 폭발물을 새로 만드는 것을 말한다.

⑤ **수입** : 폭발물을 국외에서 국내로 반입하는 것을 말한다.

⑥ **수출** : 폭발물을 국내에서 국외로 반출하는 것을 말한다.

⑦ **수수** : 폭발물을 주고받는 행위를 말한다.

⑧ **소지**

㉠ 폭발물을 사실상 자기의 지배하에 두는 것을 말한다.

㉡ 점유보다 넓은 개념으로 현실적인 소지를 요하지 않는다.

㉢ 소지의 원인은 불문한다.

⑨ **특수한 행위상황** : 이들(폭발물의 제조 · 수입 · 수수 · 소지)의 행위는 전쟁 또는 사변이라는 특수한 행위상황하에서 행한 행위이어야 한다.

제3절 방화와 실화의 죄

제1항 방화의 죄

I. 서 론

1. 의 의

방화의 죄란 고의로 불을 놓아 사람의 주거에 사용하거나 사람이 현존하는 건조물 · 공용 · 공익에 공하는 건조물 기타 일반건조물이나 물건을 소훼함으로써 성립하는 공공위험범죄를 말한다.

2. 보호법익과 보호받는 정도

(1) 보호법익 : 1차로(주된 보호법익은) 공공의 안전이며, 2차는(부차적 보호법익은) 개인의 재산, 즉 이중성격설(공공위험범죄와 재산죄로서 이중적 성격)

(2) 보호받는 정도 : 추상적 위험범과 구체적 위험범의 대립

	추상적 위험범	구체적 위험범
의 의	위험행위만으로 성립하고 결과발생에 대한 인식이 없어도 성립	위험행위 외에 결과발생에 대한 인식이 있어야 성립
성 질	① 고의 불요 ② 즉, 구성요건적 결과발생(공공의 위험)에 대한 인식 불요	① 고의 필요 ② 즉, 구성요건적 결과발생(공공의 위험)에 대한 인식 필요
범죄의 예	① 현주건조물방화죄(실화죄) ② 공용건조물방화죄(실화죄) ③ 타인소유일반건조물방화죄(실화죄) ④ 공용가스 · 전기 등 공급방해죄 ⑤ 진화방해죄	① 자기소유일반건조물방화죄(실화죄) ② 일반물건방화죄(실화죄) ③ 폭발성물건파열죄(실화죄) ④ 가스 · 전기 등 공급방해죄 ⑤ 가스 · 전기 등 방류죄

3. 방화죄의 형태

(1) 기본적 구성요건 : 일반물건방화죄

(2) 가중적 구성요건 : 현주건조물방화죄 · 공용건조물방화죄 · 일반건조물방화죄

(3) 감경적 구성요건 : 자기소유의 일반물건방화죄 · 자기소유의 일반건조물방화죄

(4) 준방화죄 : 진화방해죄 · 폭발성물건파열죄 · 가스 또는 전기 등 방류죄 · 가스 또는 전기 등 공급방해죄

Ⅱ. 현주건조물 등 방화죄

1. 서 설

(1) 의의 : 불을 놓아 사람이 주거에 사용하거나 사람이 현존하는 건조물 · 기차 · 전차 · 자동차 · 선박 · 항공기 또는 광갱을 소훼함으로써 성립하는 범죄이다.

(2) 성질

① 추상적 위험범

② 가중적 구성요건

2. 구성요건

(1) 객관적 구성요건

① **주체** : 제한없다. 자연인이면 내 · 외국인을 불문하고 누구든지 인정된다.

② **객체** : 사람이 주거에 사용하거나 사람이 현존하는 건조물 · 기차 · 전차 · 자동차 · 선박 · 항공기 또는 광갱

㉠ **사람이란**

ⓐ 범인 이외의 타인의 말한다.

ⓑ 범인의 가족이나 동거인도 공범자가 아닌 한 사람에 포함된다. 따라서 범인 가족(예 처 · 자식 등)과 함께 살고 있는 집에 방화하면 본죄의 대상이 되나, 범인 혼자 살고 있는 집에 방화하면 일반건조물방화죄가 성립하고, 본죄의 대상이 되지 않는다.

ⓒ 따라서

ⅰ) 자기소유 주택이라도 가족과 함께 살고 있는 가옥에 방화하면 : 현주건조물방화죄가 성립 예 부부싸움 끝에 격분한 남편이 자기집에 방화한 경우 → 현주건조물방화죄

ⅱ) 범인만이 사용하는 가옥에 방화하면 : 일반건조물방화죄가 성립

예 짝사랑하는 사람으로부터 절교통보를 받은 자가 홧김에 자기 혼자 사는 집에 방화한 경우 →

일반건조물방화죄

㉡ **주거에 사용한다란**

ⓐ 주거 : 범인 이외 사람의 일상생활의 장소로 사용되는 곳을 말하며, 사실상 주거로 사용하고 있으면 되고 반드시 주거로 사용하기 위하여 건조된 것일 필요 없다.

예 주거로 사용하는 타인의 자동차에 방화하면 → 현주건조물방화죄

ⓑ 사용한다란 : 반드시 주 · 야 계속해서 사람이 현존함을 필요로 하지 않는다.

예 별장 · 학교 · 관공서의 숙직실 등

㉢ **사람이 현존하는 경우란**

ⓐ 방화 당시 범인 이외의 자가 방화의 목적물 내에 있는 것을 말한다.

ⓑ 방화 당시에 반드시 현존함을 요하지 아니한다.

ⓒ 사람의 현존하는 이유는 불문한다.

ⓓ 사람의 현존은 일시적 · 계속적을 불문한다.

ⓔ 건조물의 일부에 사람이 현존하면 건조물 전체에 대한 현주건조물이 된다.

예 학교(관공서)건물의 일부를 숙직실로 사용하는 건물에 방화한 경우 → 현주건조물방화죄

㉣ **건조물이란**

ⓐ 가옥 기타 이에 유사한 공작물로서 지붕을 갖추고 벽 또는 기둥에 의하여 지지되어 내부에 사람이 출입할 수 있는 것을 말한다(예 토막굴 · 방갈로 · 천막 등). 단, 가옥과 접속되지 않은 축사나 천막은 건조물이 아니다.

ⓑ 건조물의 소유자는 누구이든 불문한다.

ⓒ 건조물은 사람의 주거에 사용되지 않은 곳에 한한다.

㉤ (기타) **기차 · 전차 · 자동차 · 항공기 · 선박 · 광갱**

ⓐ 주거에 사용되지 않는 건조물 · 기차 · 전차 · 자동차 · 선박 · 항공기 · 광갱 등에 사람이 들어 있을 때 방화하면 본죄가 성립한다.

ⓑ 그 대소와 종류는 불문이다.

ⓒ 반드시 궤도를 달리는 것에 한하지 아니한다. 예 가솔린차 · 디젤차도 포함

ⓓ 이들의 소유자가 범인이든 타인이든 불문한다.

ⓔ 광갱이란

i) 광물채취를 위하여 발굴한 지하설비를 말한다.

ii) 광갱의 소유자가 범인이든 타인이든 불문한다.

iii) 적법 여부를 불문한다.

③ **행위** : 불을 놓아 목적물을 소훼하는 것

㉠ **방화란**

ⓐ 소훼를 야기시키는 일체의 행위를 말한다.

ⓑ 방화의 방법에는 제한없다. 즉, 직접 목적물에 방화하든 매개물을 이용하여 방화하든 불문하며, 작위 · 부작위에 의한 방화도 가능하다.

예 소화할 의무 있는 자(소방공무원)가 쉽게 소화할 수 있음에도 불구하고 화기를 이용하기 위하여 소화하지 않는 경우 → (부작위에 의한) 방화죄

㉡ **소훼란** : 화력에 의한 건조물 또는 물건의 손괴를 말한다.

㉢ **실행의 착수시기** : 목적물 또는 매개물(소화물체)에 발화 또는 점화한 때이다(다수설 · 판례)

관련판례 방화죄의 실행의 착수시기

(현주건조물)방화의사로 뿌린 휘발유가 주택주변과 피해자의 몸에 살포되어 있는 사정을 알면서도 라이터를 켜 피해자의 몸에 불이 붙어 화상을 입은 경우 → 현주건조물방화치상죄(대판 2002. 3. 26, 2001도6641, 즉 외부적 사정으로 불이 방화목적물인 주택 자체에는 옮겨 붙지 않았어도 실행의 착수가 인정된다)

㉣ **방화죄의 기수시기** : 독립연소설(판례) · 효용상실설(통설) · 중요부분 연소개시설 · 일부손괴설

	ⓐ **독립연소설**(판례)	ⓑ **효용상실설**(통설)
의 의	불이 매개물을 떠나 목적물에 독립하여 연소할 수 있는 상태에 달할 때에 기수라는 견해	목적물의 중요한 부분이 소실되어 그 효용이 상실된 때에 기수라는 견해
성 질	공공위험성을 중시	재산권을 중시
비 판	방화죄의 인정범위가 넓다.	방화죄의 인정범위가 좁다.

ⓒ **중요부분 연소개시설** : 목적물의 중요한 부분에 연소가 개시되었을 때에 소훼가 완성된다는 견해

ⓓ **일부손괴설** : 목적물에 대한 일부의 손괴가 있음으로써 소훼는 완성된다는 견해

(2) 주관적 구성요건

① 고의

㉠ 소훼에 대한 인식만으로 족하다. 즉, 미필적 고의만으로 족하다.

예 가족불화가 악화되자 횃김에 서적 등을 마당에 내놓고 불을 질렀으나 불이 번져 가옥이 전소된 경우
→ (본죄에 대한 고의가 없으므로 현주건조물방화죄는 성립하지 않고) 재물손괴죄만 성립(판례)

㉡ 따라서 본죄는 추상적 위험범이므로 공공의 위험발생에 대한 인식은 불요한다.

② 착오문제

㉠ **사람이 현존하지 않거나 또는 목적물이 주거로 사용되지 않는 것으로 오인한 경우** : 일반건조물방화죄가 성립(구성요건의 착오문제이므로)

㉡ **방화의 목적물이 형법에 규정된 목적물에 해당하지 않는 것으로 오인한 경우** : 금지의 착오문제로 본다.

3. 죄수문제

본죄는 공공위험범이므로 죄수는 공공의 안전이라는 보호법익을 기준으로 결정한다.

(1) 1개의 방화로 현주건조물과 비현주건조물을 소훼한 경우 : (가장 중한) 현주건조물방화죄만 성립

(2) 1개의 방화로 수개의 현주건조물을 방화한 경우 : 1개의 현주건조물방화죄 성립

(3) 현주건조물을 소훼하기 위해 비현주건조물을 방화하였으나 연소되지 않은 경우 : 현주건조물방화죄의 미수(비현주건조물에의 방화는 본죄에 흡수된다)

4. 관련문제

(1) 건조물 안에 현존하는 사람을 살해할 고의로 방화한 경우 : 살인죄와 현주건조물방화치사죄의 상상적 경합범

(2) 건조물 안에서 살인한 후 죄적인멸을 위하여 방화한 경우 : 살인죄 (및) 사체손괴죄와 일반건조물방화죄의 경합범

(3) 화재보험료 편취를 위하여 방화한 후 보험금을 청구 또는 수령한 경우 : 사기죄와 현주건조물방화죄의 경합범

(4) 화재보험료 편취를 위하여 방화한 후 보험금을 청구하지 아니한 경우 : 현주건조물방화죄

(5) 내란죄의 행위로 방화한 경우 : 내란죄만 성립(방화죄는 내란죄에 흡수)

(6) 소요죄의 행위로 방화한 경우 : 방화죄와 소요죄의 상상적 경합범

5. 현주건조물 방화치사상죄

(1) 의의

① **개념** : 현주건조물 등 방화죄를 범하여 사람을 상해에 이르게 하거나 또는 사망에 이르게 함으로써 성립하는 범죄이다. 사망에는 소사·질식사는 물론 붕괴되는 건조물에 압사한 경우나 화제로 인한 쇼크사를 불문한다.

② **구체적 사례**

㉠ **방화의사로 방화하였으나 연기나 가스에 의하여 질식사한 경우** : 현주건조물방화치사죄

㉡ **화재를 피하기 위하여 뛰어내리다 사망한 경우** : 현주건조물방화치사죄

㉢ **구타하여 실신시킨 후 그 건물에 방화하여 소사케 한 경우** : 현주건조물방화치사죄

㉣ **단, 피해자가 진화작업 중 화상을 입은 경우** : 본죄 부정

예 피해자가 진화작업에 열중하다가 화상을 입은 경우에는 예견할 수 있는 결과라고 할 수 없으므로 현주건조물 등 방화치상죄로 처벌할 수 없다(판례).

(2) 성질

① **부진정 결과적 가중범** : 본죄는 중한 결과에 대한 고의 또는 과실이 있는 때에도 성립하는 부진정결과적 가중범이다.

② **구체적 사례**

㉠ **살인(상해)의 결과에 고의가 있는 경우** : 현주건조물방화치사(상)죄와 살인죄(상해죄)의 상상적 경합범

예 사람을 살해할 목적으로 현주건조물에 방화하여 사망에 이르게 한 경우 → 현주건조물방화치사죄가 성립(현주건조물방화치사죄와 살인죄의 상상적 경합범이나 중한 범죄인 현주건조물 방화치사죄로 처벌)

㉡ **살인(상해)의 결과에 고의가 없는 경우** : 현주건조물방화치사(상)죄만 인정(통설·판례)

예 사람을 살해할 의사 없이 현주건조물에 방화하였으나 사망한 경우 → 현주건조물방화치사죄가 성립

핵심요약 현주건조물방화치사(상)죄(판례)[22]

1. 사람을 살해할 목적으로 현주건조물에 방화하여 사망에 이르게 한 경우 → 살인죄와 현주건조물방화치사죄의 상상적 경합범
2. 존속을 살해할 목적으로 현주건조물에 방화하여 사망에 이르게 한 경우 → 존속살해죄와 현주건조물방화치사죄의 상상적 경합범
3. 재물을 강취한 후 살해할 목적으로 현주건조물에 방화하여 사망하게 한 경우 → 강도살인죄와 현주건조물방화치사죄의 상상적 경합범
4. 야간에 흉기로 공무집행 중인 공무원에게 상해를 가한 경우 → 특수공무집행방해치상죄와 폭력 행위 등 처벌에 관한 법률위반죄의 상상적 경합범
5. 현주건조물에 방화하여 기수에 이른 후 이 건조물에서 빠져나오려는 자를 가로막아 불에 타서 숨지게 한 경우 → 현주건조물방화죄와 살인죄의 실체적 경합범
6. 방화행위를 하던 집단의 1인이 피해자에게 화염병을 던져 화상을 입힌 경우에 공모(건물을 집단 방화하기로)에 참여한 집단원 모두의 죄책은 → 현주건조물방화치상죄

Ⅲ. 공용건조물 등 방화죄

1. 서 설

(1) 의의 : 불을 놓아 공용 또는 공익에 공하는 건조물 · 기차 · 전차 · 자동차 · 선박 · 항공기 또는 광갱을 소훼함으로써 성립하는 범죄이다.

(2) 성질

① **가중적 구성요건** : 일반물건방화죄에 대하여 불법(형)이 가중되는 가중적 구성요건이다.

② **추상적(공공) 위험범**

2. 구성요건

(1) 객체 : 공용 또는 공익에 공하는 건조물 · 기차 · 전차 · 자동차 · 선박 · 항공기 · 광갱

① **공용에 공한다란** : 국가 또는 공공단체가 그 이익을 위하여 사용하는 것을 말한다.

② **공익에 공한다란** : 공중의 이익을 위하여 사용하는 것을 말한다.

22. 조충환 · 양건, 경찰형법, 1066면

③ **공용 · 사유불문** : 공용 또는 공익에 사용되기만 하면 소유가 공유 · 사유를 불문한다.

④ **사람이 현존하지 않는 목적물** : 본죄의 목적물은 사람의 주거에 사용하지 아니하거나 사람이 현존하지 않는 것을 말한다. 따라서 공용 또는 공익에 공하는 목적물일지라도 사람의 주거에 사용하거나 사람이 현존하는 때에는 현주건조물방화죄가 성립하고 공용건조물방화죄는 성립하지 않는다.

예 구청건물에 방화하였는데 방화 당시에 민원인들이 그 안에 있던 경우 → 현주건조물방화죄가 성립

(2) 행위 : 불을 놓아 목적물을 소훼하는 것(현주건조물방화죄의 행위와 동일하다)

Ⅳ. 일반건조물 (등) 방화죄

1. 서 설

(1) 의의 : 불을 놓아 현주건조물 등 방화죄 · 공용건조물 등 방화죄에 기재한 이외의 건조물 · 기차 · 전차 · 자동차 · 선박 · 항공기 또는 광갱을 소훼함으로써 성립하는 범죄이다.

(2) 성질

① **타인소유 일반건조물 등 방화죄**(제166조 제1항) : 추상적 위험범 · 미수범 · 예비와 음모 처벌

② **자기소유 일반건조물 등 방화죄**(제166조 제2항) : 구체적 위험범 · 미수범 · 예비와 음모 불벌

2. 구성요건

(1) 객체 : 사람의 주거에 사용하지 않거나 사람이 현존하지 않고 공용 또는 공익에 공하지 않는 건조물 · 기차 · 전차 · 자동차 · 선박 · 항공기 · 광갱

① **타인소유일반건조물방화죄**(제166조 제1항)

㉠ **일반건조물** : 사람의 주거에 사용하지 않거나 사람이 현존하지 않는 것이면서 공용 또는 공익에 공하는 것도 아니어야 한다.

㉡ **타인소유** : (본죄의) 건조물은 타인소유에 속하는 경우이다.

예 아무도 거주하지 않는 빈집 · 창고 · 외양간 등

㉢ **타인소유로 간주되는 경우**

ⓐ 자기의 소유에 속하는 물건이라도 압류 기타 강제처분을 받거나 보험의 목적물이 된 때에는 타인의 물건으로 간주한다.

예 자기가옥에 화재보험을 가입한 후 보험금을 사취한 목적으로 방화한 경우 → 타인소유 일반건조물 방화죄

ⓑ 강제처분의 대상인 경우 예 국제징수법상 체납처분 · 몰수물건의 압류 등

ⓒ 타인의 권리의 목적물인 경우 예 전세권 · 질권 · 저당권 · 임차권 등

㉣ **추상적 위험범** : (본죄는 추상적 위험범이므로) 공공의 위험에 대한 인식은 요하지 않는다.

② **자기소유 일반건조물방화죄**(제166조 제2항)

㉠ **자기소유** : (본죄의) 건조물 등은 자기소유에 속하는 경우이다.

㉡ **자기소유로 간주되는 경우** : 타인소유에 속하는 경우라도 소유자의 동의가 있거나 무주물인 경우에는 자기소유로 간주한다. 예 소유자의 동의가 있는 경우 · 무주물인 경우

㉢ **구체적 위험범** : (본죄는 구체적 위험범이므로) 공공의 위험에 대한 인식을 요한다.

(2) 행위 : 불을 놓아 소훼하는 것(현주건조물 방화죄의 행위와 동일하다)

3. 피해자의 승낙

원칙상 공공위험범은 피해자의 승낙이 있어도 범죄성립에 영향을 미치지 않으나(즉, 위법성이 조각되지 않는다), 예외로 방화죄는 공공위험범인 동시에 재산죄의 성격을 가지므로 방화죄에서 피해자의 승낙은 개인의 법익에 대한 한도 내에서 형을 감경하거나 위법성이 조각된다(다수설).

(1) 원칙 : 처벌, 즉 방화죄는 공공위험범이므로 피해자의 승낙이 있어도 위법성이 조각되지 않는다.

(2) 예외

① **현주건조물방화의 경우 주거자 · 현존자의 승낙이 있는 경우** : 타인소유 일반건조물방화죄

② **현주건조물방화죄의 경우 소유자의 승낙이 있는 경우** : 자기소유 일반건조물방화죄

V. 일반물건방화죄

1. 서 설

(1) 의의 : 불을 놓아 현주건조물 등 방화죄 · 공용건조물 등 방화죄 · 일반건조물 등 방화죄에 기재한 이외의 물건을 소훼하여 공공의 위험을 발생하게 함으로써 성립하는 범죄이다.

예 농민들이 추곡수매가격 동결에 불만을 품고 자기소유의 볏가마(고추 · 배추 등) 수십 개를 면사무소 옆에 쌓아 놓고 불질러 태운 경우 → 일반물건방화죄

(2) 성질

① 방화죄의 기본범죄

② 구체적 위험범

③ 미수범 불벌

④ 예비 · 음모 불벌

2. 구성요건

(1) 객체 : 건조물 · 기차 · 전차 · 자동차 · 선박 · 항공기 또는 광갱을 제외한 모든 물건이다.

(2) 행위 : 불을 놓아 일반물건을 소훼하여 공공의 위험을 발생하게 하는 것(방화와 소훼는 현주건조물방화죄와 동일하다 · 329면 참조)

① 본죄는 자기소유 · 타인소유를 불문하고 구체적 위험범이다. 즉, 공공의 위험이 발생하여야 한다.

② 따라서 공공의 위험이 발생하지 않는 때에는 본죄는 부인되나 타인소유 물건인 때에 한하여 재물손괴죄가 성립한다.

예 ① 밭 한가운데에 세워둔 타인의 경우기를 소훼한 경우 → 손괴죄만 성립(공공위험성이 없으므로 본죄는 부인)
② 甲이 乙 소유의 일반물건에 방화하여 소훼하였으나 공공의 위험을 발생시키지 않은 경우 → 손괴죄만 성립

VI. 연소죄

1. 의 의

자기소유의 건조물 또는 물건에 대한 방화가 확대되어 현주건조물이나 공용건조물 또는 타인소

유의 건조물 · 물건에 연소함으로써 성립하는 범죄이다.

예 자기소유의 가옥에 방화하였으나 때마침 불어온 강풍으로 이웃집에 방화의 결과가 발생한 경우 → 연소죄

2. 성 질

(1) 결과적 가중범

(2) 미수범 불벌

(3) 예비 · 음모 불벌

3. 행 위 : 연소

(1) 연소란 행위자가 예견하지 않았던 물체에 불이 옮겨붙어 이를 소훼하는 것을 말한다.

(2) 따라서 자기소유 일반건조물이나 자기소유 일반물건을 방화하였는데, 방화가 예상을 넘어(확대되어) 현주건조물 · 공용 및 공익건조물 · 타인소유 일반건조물 · 타인소유 일반물건에 불이 옮겨붙는 경우에 성립한다.

(3) 자기소유 일반건조물방화죄 · 일반물건에 대한 방화죄는 미수처벌규정이 없으므로 연소죄는 언제나 자기소유건조물방화죄 또는 자기일반물건방화죄가 기수에 이르러야만 성립할 수 있다.

핵심요약 방화죄 미수범

1. **미수범 처벌** : 현주건조물방화죄 · 공용건조물방화죄 · 타인소유일반건조물방화죄
2. **미수범 불벌** : 자기소유 일반건조물방화죄 · 일반물건방화죄 · 연소죄

Ⅶ. 진화방해죄

1. 서 설

(1) **의의** : 화재에 있어서 진화용의 시설 또는 물건을 은닉 또는 손괴하거나 기타 방법으로 진화를 방해함으로써 성립하는 범죄이다.

(2) **성질**

① **준방화죄** : 방화행위는 없으나, 진화를 방해하는 행위를 방화죄에 준하여 처벌하기 위한

보충 규범적 규정이다.

② **미수범 불벌** : 본죄는 추상적 위험범이므로 미수범은 처벌하지 않는다.

③ **예비 · 음모 불벌**

2. 구성요건

(1) 주체 : 제한이 없다. 즉, 일반인 · 소방관을 불문한다.

예 소방관이 화재신고를 받고 보고하지 않는 경우 → 진화방해죄

(2) 객체 : 화재에 있어서 진화용의 시설 또는 물건

① **화재에 있어서란** : 화재가 이미 발생한 경우는 물론 장래 화재가 발생하려는 상태까지도 포함한다(행위상황의 문제).

② **화재** : 공공의 위험발생 또는 그 염려가 있는 정도에 이르는 연소상태를 말한다.

③ **화재의 원인** : 방화 · 실화 · 천재를 불문한다.

④ **진화용의 시설 또는 물건이란**

㉠ 직접 소화활동에 사용되는 기구를 말한다. 예 화재경보기 · 소방전 · 소방자동차 · 소방용 호스 등

㉡ 원래의 소방용에 한하고 일시적인 소방용(예 일반통신시설 · 상수도시설 등)은 포함되지 않는다.

⑤ **공유 · 사유 불문** : 진화용의 시설 또는 물건은 공유 · 사유를 불문한다.

(3) 행위 : 화재에 있어서 은닉 또는 손괴하거나 기타 방법으로 진화를 방해하는 것

① **은닉** : 진화용의 시설 또는 물건의 발견을 불가능 또는 곤란하게 하는 행위이다.

② **손괴** : 진화용의 시설 또는 물건의 효용을 해하는 일체의 행위이다.

예 ① 방화중 호스에 구멍을 뚫는 경우 → 진화방해죄
② 소방관에게 폭행 · 협박을 가하여 진화를 방해하는 경우 → 진화방해죄와 공무집행방해죄의 상상적 경합범

③ **기타 방법으로 진화를 방해한다란**

㉠ 소방관의 소방활동을 저해하는 일체의 행위를 말한다.

㉡ 진화방해행위가 소화 전체를 방해할 필요는 없고 개개의 소화활동이 저해하는 것으로 충분하다.

㉢ 진화방해의 방법에는 제한없다. 즉, 작위 · 부작위를 불문한다.

예 ① 소방관이 화재신고를 받고 고의로 진화보고를 하지 않는 경우 → (부작위에 의한) 진화방해죄

② 소방차의 진행을 방해하는 경우 → 진화방해죄

③ 소방관의 진화협력 요구에 불응한 경우 → 불벌(일반인은 진화에 대한 작위의무가 없으므로 진화방해죄가 불성립)

보충설명 부작위에 의한 진화방해죄와 방화죄

1. **부작위에 의한 진화방해죄** : 소화(진화)활동에 종사해야 할 보증인(적) 지위에 있는 자(예 소방관 · 경찰관)가 그 임무에 위배하여 진화를 방해하는 경우에 성립

   예 소방관(경찰관)이 화재신고를 받고 고의로 화재보고를 하지 않은 경우 → 진화방해죄

2. **부작위에 의한 방화죄** : 소화할 의무 있는 자가 소화할 수 있음에도 불구하고 화기(火氣) · 화재를 이용하여 소훼하게 하는 경우

(4) 기수시기 : (본죄는 추상적 위험범이므로) 진화의 방해가 될 만한 행위가 있는 때에 기수가 되며, 따라서 현실적으로 진화가 방해되었는지의 여부는 불문한다.

Ⅷ. 폭발성물건파열죄

1. 서 설

(1) 의의 : 보일러 · 고압가스 · 기타 폭발성 있는 물건을 파열시켜 사람의 생명 · 신체 또는 재산에 대하여 위험을 발생시킴으로써 성립하는 범죄이다.

예 화약호송임무자가 폭약을 호송하던 중 화차 내에 촛불을 켜놓고 잠자다가 폭약상자에 인화되자 이를 방치하고 도주한 경우 → (부작위에 의한) 폭발성물건파열죄가 성립(판례, 이리역 폭발사건)

(2) 성질

① 공공위험범

② 구체적 위험범

③ 미수범 처벌

④ 예비 · 음모 처벌

2. 구성요건

(1) 객체 : 보일러 · 고압가스 · 기타 폭발성 있는 물건

① **보일러** : 밀폐된 용기 안에서 물을 끓여 고온 또는 고압의 증기를 발생시키는 장치를 말한다.

② **고압가스** : 고압에 의하여 압축 또는 액화된 기체를 말한다.

③ **기타 폭발성 있는 물건** : 급격하게 파열하여 사람의 생명 · 신체 · 재산 · 물건을 파괴하는 성질을 가진 물건을 말한다.

예 다이너마이트 · 석유탱크 · 인화성 또는 폭발성이 있는 화학 물질류 등. 단, 총포 · 화약은 인정되지 않는다(화약과 총포는 그 자체의 폭발에 의해 파괴력을 갖는 것이 아니므로 제외된다).

④ **보일러 · 고압가스 · 기타 폭발성 있는 물건의 소유** : 자기소유 · 타인소유를 불문한다.

(2) 행위 : 파열

① **파열** : 물체의 급속한 팽창력을 이용하여 폭발에 이르게 하는 것을 말한다.

② **구체적 위험범** : 파열로 인하여 사람의 생명 · 신체 또는 재산에 대하여 구체적으로 위험을 발생시켜야 한다.

(3) 실행의 착수시기 : 파열시키는 행위를 개시한 때이다.

(4) 기수시기 : 폭발성 있는 물건을 파열시켜 사람의 생명 · 신체 · 재산에 대하여 위험이 발생한 때이다. 단, 공공의 위험발생은 요하지 않는다.

Ⅸ. 폭발성물건파열치사상죄

1. 의 의

폭발성물건파열죄를 범하여 사람을 상해에 이르게 하거나 또는 사망에 이르게 함으로써 성립하는 범죄이다. 예 원한관계 있는 이웃집의 고압가스에 불을 붙여 방에서 자고 있던 주인이 사망한 경우

2. 성 질 : 결과적 가중범

Ⅹ. 가스 · 전기 등 방류죄

1. 의 의

가스 · 전기 · 증기 또는 방사선이나 방사성 물질을 방출 · 유출 또는 살포시켜 사람의 생명 · 신체 또는 재산에 대한 위험을 발생케 함으로써 성립하는 범죄이다.

2. 성 질

(1) 구체적 위험범

(2) 미수범 처벌

(3) 예비 · 음모행위 처벌

3. 구성요건

(1) **객체** : 가스 · 전기 · 증기 또는 방사선이나 방사성 물질

① **방사선** : 전자파 또는 미립자선 중 직접 또는 간접으로 공기를 전리하는 능력을 가진 것을 말한다(원자력법 제2조 제7호).

② **방사성 물질** : 방사성을 낼 수 있는 물질, 즉 핵연료물질 · 사용후의 핵연료 · 방사선동위원소 및 원자핵분열생성물을 말한다(원자력법 제2조 제5호).

(2) **행위** : 방출 · 유출 · 살포하는 것

① **방출** : 전기 또는 방사선 등 이온화물질을 외부로 노출시키는 것을 말한다.

② **유출** : 가스 · 증기 등 기체를 밀폐된 용기 밖으로 새어나가게 하는 것을 말한다.

③ **살포** : 분말상태나 미립자상태의 방사성물질을 뿌리거나 자연히 날아 흩어지도록 내버려두는 경우를 말한다.

(3) **기수시기** : 사람의 생명 · 신체 · 재산에 대한 위험이 발생한 때

① 사람의 생명 · 신체 · 재산에 대한 위험이 발생한 때에 기수된다. 따라서 실행에 착수하였으나 사람의 생명 · 신체 · 재산에 대한 위험이 발생하지 않았을 때는 본죄의 미수범이 된다.

② 공공의 위험발생을 요하지 않는다.

보충설명 고압가스

1. **고압가스** : 폭발성물건파열죄의 객체
2. **고압가스** : 가스 · 전기 등 방류죄 · 방류치상 및 치시죄의 객체 아님

XI. 가스 · 전기 등 방류치사상죄

1. 의 의

가스 · 전기 등 방류죄를 범하여 사람을 상해에 이르게 하거나 또는 사망케 함으로써 성립하는 범죄이다.

2. 성 질 : 결과적 가중범

XII. 가스 · 전기 등 공급방해죄

1. 서 설

(1) 의의 : 가스 · 전기 또는 증기의 공작물을 손괴 또는 제거하거나 기타 방법으로 가스 · 전기 또는 증기의 공급이나 사용을 방해함으로써 성립하는 범죄이다.

(2) 성질

① 구체적 위험범

② 미수범 처벌

2. 구성요건

(1) 객체 : 가스 · 전기 또는 증기의 공작물

(2) 행위 : 손괴 · 제거 · 기타 방법으로 가스 · 전기 또는 증기의 공급이나 사용을 방해하는 것

(3) 기수시기 : (본죄는 구체적 위험범이므로) 공공의 위험이 발생했을 때. 따라서 공공의 위험이 발생하지 않으면 본죄의 미수가 된다.

보충설명 가스 · 전지 등의 공급방해죄

1. **일반가스 · 전기 등의 공급방해죄**(제173조 제1항) : 구체적 위험범 · 공공의 위험발생을 요한다.
2. **공용가스 · 전기 등의 공급방해죄**(제173조 제2항) : 추상적 위험범 · 공공의 위험발생을 요하지 않는다.

XIII. 가스 · 전기 등 공급방해치사상죄

1. 의 의

가스 · 전기 등의 공급방해죄와 공용의 가스 · 전기 등의 공급방해죄를 범하여 사람을 상해에 이르게 하거나 또는 사망케 함으로써 성립하는 범죄이다(제173조 제3항).

2. 성 질 : 결과적 가중범

XIV. 방화 등 예비 · 음모

1. 예비 · 음모의 자수시 : 필요적 감면

현주건조물방화죄 · 공용건조물방화죄 · 타인소유일반건조물방화죄 · 폭발성물건파열죄 · 가스 또는 전기 등의 공급방해죄 · 가스 또는 전기 등 공급방류죄를 범할 목적으로 예비 · 음모한 자가 자수한 때에는 형을 감면한다(제175조).

2. 예비 · 음모의 자수시 : 필요적 감 · 면 규정없는 범죄

일반건조물방화죄 · 일반물건방화죄 · 자기소유의 일반물건방화죄 · 진화방해죄

핵심요약 (방화죄의) 예비 · 음모의 자수시

1. **필요적 감면규정 있는 범죄** : 현주건조물방화죄 · 공용건조물방화죄 · 타인소유일반건조물방화죄 · 폭발성물건파열죄 · 가스 또는 전기 등의 공급방해죄 · 가스 또는 전기 등의 공급방류죄
2. **필요적 감면규정 없는 범죄** : 일반건조물방화죄 · 일반물건방화죄 · 자기소유의 일반물건방화죄 · 진화방해죄

제2항 실화의 죄

I. 서 론

1. 의 의

실화의 죄란 과실로 인하여 사람의 주거에 사용하거나 사람이 현존하는 건조물, 공용 · 공익에 공하는 건조물 기타 일반건조물이나 물건을 소훼하는 공공위험범을 말한다.

2. 실화죄의 형태

(1) 기본적 구성요건 : 실화죄

(2) 가중적 구성요건 : 업무상 실화 · 중실화죄

II. 실화죄

1. 의 의

(1) 과실로 인하여 제164조(현주건조물방화죄) · 제165조(공용건조물방화죄) · 제166조 제1항(타인소유 일반건조물 등의 방화죄)에 기재한 물건을 소훼함으로써 성립하는 범죄이다(제170조 제1항).

(2) 과실로 인하여 제166조 제2항(자기소유 일반건조물방화죄) · 제167조(일반물건방화죄)에 기재한 물건을 소훼하여 공공의 위험을 발생케 함으로써 성립하는 범죄이다(제170조 제2항). 제166조(일반물건방화죄)에 기재한 일반물건에 대한 실화는 자기소유 · 타인소유를 불문한다(판례).

2. 성 질

(1) 제170조 제1항(과실로 현주건조물방화죄 · 공용건조물방화죄 · 타인소유 일반건조물방화죄) : 추상적 위험범

(2) 제170조 제2항(과실로 자기소유 일반건조물방화죄 · 일반물건방화죄) : 구체적 위험범

3. 관련문제

(1) 실화로 인하여 사람을 사(상)에 이르게 한 경우 : 실화죄와 과실치사(상)죄의 상상적 경합범

(2) 실화죄가 실화의 위험뿐이고 그 결과가 발생하지 않은 경우 : 실화죄는 부인하고, 단 경범죄처벌법의 화기사용죄로 처벌한다(동법 제1조 제30호).

Ⅲ. 업무상 실화 · 중실화죄

1. 의 의

업무상 과실 또는 중대한 과실로 인하여 실화죄를 범함으로써 성립하는 범죄이다.

2. 구성요건

(1) 업무상이란 : 업무상 요구되는 주의의무를 결한 경우를 말한다.

예 주유소에서 화재위험이 수반되는 화기 · 전기 등을 다루는 자가 화재가 발생하지 않도록 주의하여야 하는 의무 등

(2) 중과실이란 : 주의의무를 현저히 결한 경우를 말한다.

핵심요약 중과실 인정 유무

1. 중과실을 인정하는 경우(업무상 중실화죄 인정 · 판례)

① 성냥불이 꺼진 것을 확인하지 아니한 채 플라스틱 휴지통에 던져 화재가 발생한 경우

② 연탄 아궁이로부터 80cm 떨어진 곳에 스폰지와 솜 등 쓰러지기 쉽게 쌓아두어 방치한 결과 스폰지 등에 화재가 발생한 경우

2. 중과실을 인정하지 않는 경우(업무상 중실화죄 부인 · 판례)

호텔오락실 경영자가 오락실 천정 등의 설치공사를 무자격전기기술자로 하여금 전기공사를 하게 하여 화재가 발생한 경우 → 업무상 실화죄가 성립

핵심요약 방화의 죄

1. 추상적 위험범

① 현주건조물 등 방화죄(실화죄)

② 공용건조물 등 방화죄(실화죄)

③ 타인소유일반건조물 등 방화죄(실화죄)

④ 공공용의 가스 · 전기 등 공급방해죄

⑤ 진화방해죄(제169조)

2. 구체적 위험범

① 자기소유의 일반건조물 등 방화죄(실화죄) ② 일반물건방화죄(실화죄)

③ 폭발성물건파열죄 ④ 가스 · 전기 등 공급방해죄

⑤ 가스 · 전기 등 방류죄

3. 미수범, 예비 · 음모 처벌

① 현주건조물 등 방화죄 ② 공용건조물 등 방화죄

③ 타인소유일반거조물 등 방화죄 ④ 폭발성물건파열죄

⑤ 가스 · 전기 등 방류죄 ⑥ 가스 · 전기 등 공급방해죄

4. 미수범, 예비 · 음모 불벌

① 자기소유의 일반건조물 등 방화죄 ② 타인소유의 일반물건방화죄

③ 자기소유의 일반물건방화죄 ④ 현주건조물 등 방화치사상죄

⑤ 진화방해죄 ⑥ 각종 실화죄

제4절 일수와 수리에 관한 죄

I. 일수의 죄와 수리에 관한 죄의 일반이론

1. 의 의

(1) 일수에 관한 죄 : 고의 또는 과실로 수해를 일으켜 공공의 안전을 해하는 것을 내용으로 하는 범죄를 말한다.

(2) 수리방해죄 : 수리를 방해함으로써 성립하는 범죄이다.

2. 보호법익과 보호받는 정도

	보호법익	보호받는 정도
일수의 죄	1차로 공공의 안전이며, 2차로 개인의 재산	추상적 위험범. 단, 자기물건일수죄는 구체적 위험범
수리방해죄	수리권, 즉 공공위험범이 아니다.	추상적 위험범

3. 일수와 수리에 관한 죄의 형태

(1) 기본적 구성요건 : 일반건조물일수죄와 수리방해죄

(2) 가중적 구성요건 : 현주건조물일수죄 · 공용건조물일수죄 · 현조건조물일수치사상죄

(3) 감경적 구성요건 : 자기소유 일반건조물일수죄

Ⅱ. 현주건조물 (등) 일수죄 · 일수치사(상)죄

1. 의 의

(1) 현주건조물일수죄 : 물을 넘겨 사람의 주거에 사용하거나 사람이 현존하는 건조물 · 기차 · 전차 · 자동차 · 선박 · 항공기 또는 광갱을 침해함으로써 성립하는 범죄이다.

(2) 현주건조물 일수치사상죄 : 현주건조물 (등의) 일수죄를 범하여 사람을 상해에 이르게 하거나 또는 사망에 이르게 함으로써 성립하는 범죄이다.

2. 구성요건

(1) 객체 : 사람의 주거에 사용하거나 사람이 현존하는 건조물 · 기차 · 전차 · 자동차 · 선박 · 항공기 또는 광갱(현주건조물 등의 방화죄와 동일하다)

(2) 행위 : 물을 넘겨 목적물을 침해하는 것

① **물을 넘겨**(일수)**란**

㉠ 제한되어 있는 물의 자연력을 인위적으로 수문 밖으로 방출시켜 범람하게 하는 것을 말한다.

㉡ 방법에는 제한없다. 예 제방 결궤 · 수문 파괴 · 작위 · 부작위 불문

② **침해란** : 물의 자연력에 의하여 목적물의 전부 또는 일부의 효용을 상실 또는 감소케 하는 것을 말한다.

③ **기수시기** : 목적물의 전부 또는 일부에 대한 효용의 상실 또는 감소가 있는 때에 기수가 된다. 따라서 효용의 상실 또는 감소가 일시적 · 영구적을 불문한다.

Ⅲ. 공용건조물 (등) 일수죄

1. 의 의

물을 넘겨 공용 또는 공익에 공하는 건조물 · 기차 · 전차 · 자동차 · 선박 · 항공기 또는 광갱을 침해함으로써 성립하는 범죄이다.

2. 성 질

(1) 추상적 위험범

(2) 미수범 처벌

(3) 예비 · 음모 처벌

Ⅳ. 일반건조물 (등) 일수죄

1. 의 의

물을 넘겨 현주건조물 등의 일수죄 · 공용건조물 등의 일수죄 이외의 건조물 · 기차 · 전차 · 자동차 · 선박 · 항공기 또는 광갱 기타 타인의 재산을 침해함으로써 성립하는 범죄이다.

2. 성 질 : 추상적 위험범과 구체적 위험범

	타인소유 일반건조물 (등의) 일수죄	자기소유 일반건조물 (등의) 일수죄
성 질	추상적 위험범	구체적 위험범
근 거	제179조 제1항	제179조 제2항
기 타	① 미수범 처벌 ② 예비 · 음모 처벌	① 미수범 처벌 ② 예비 · 음모 처벌

보충설명 자기소유일반건조물 등의 일수죄

자기소유일반건조물 등의 일수죄에서 자기소유의 물건이라도 압류 기타 강제처분을 받거나 타인의 권리 또는 보험의 목적물이 된 때에는 타인의 물건으로 간주한다.

V. 방수방해죄

1. 서 설

(1) 의의 : 수재에 있어서 방수용의 시설 또는 물건을 손괴 또는 은닉하거나 기타 방법으로 방수를 방해함으로써 성립하는 범죄이다.

(2) 성질

① 준일수죄(진화방해죄(제169조)와 본질을 같이하는 규정이다)

② 추상적 위험범

③ 미수범 불벌

④ 예비 · 음모행위 불벌

2. 구성요건

(1) 객체 : 수재에 있어서 방수용의 시설 또는 물건

① **수재에 있어서란**

㉠ 수재가 이미 발생한 경우는 물론 장차 수재가 발생하려는 상태까지 포함한다.

㉡ 수재의 원인은 불문, 즉 고의 · 과실 · 인재 · 천재를 불문한다.

예 홍수로 하천이 범람하거나 제방이 결궤되어 침해의 위험성이 있는 경우 → 방수방해죄가 성립

② **방수용의 시설 또는 물건이란**

㉠ 방수목적으로 제작된 일체의 물건 또는 시설을 말한다.

㉡ 공유 · 사유 · 자기소유 · 타인소유를 불문한다.

㉢ 방수란 수해의 방지를 말한다.

(2) 행위 : 손괴 · 은닉 · 기타 방법으로 방수를 방해하는 것(진화방해죄의 행위와 동일하다)

VI. 과실일수죄

1. 의 의

과실로 인하여 현주건조물 등 일수죄(제177조) · 공용건조물 등 일수죄(제178조)에 기재된 물건을 침해하거나, 일반건조물 등 일수죄(제179조)에 기재한 물건을 침해하여 공공의 위험을 발생케

한 경우에 성립하는 범죄이다.

2. 성 질

(1) **추상적 위험범** : 과실현주건조물일수죄 · 과실공용건조물일수죄

(2) **구체적 위험범** : 일반건조물일수죄

(3) **과실범만 처벌** : 본죄는 과실범만 처벌하고, 업무상 과실 · 중과실범의 처벌규정이 없다.

3. 처 벌 : 벌금형

본죄의 처벌은 법정형의 최고형이 벌금형만을 규정하고 있다.

Ⅶ. 일수예비 · 음모죄

1. 관련규정(제183조)

현주건조물일수죄(제177조) · 공용건조물일수죄(제178조) · 일반건조물일수죄(제179조 제1항)의 죄를 범할 목적으로 예비 또는 음모한 자를 처벌하는 범죄이다.

2. 예비 · 음모의 자수시 : 필요적 감 · 면 규정없다.

방화죄와 달리 예비 · 음모의 자수에 대한 필요적 감면규정이 없다.

보충설명 예비 · 음모의 자수시 필요적 감 · 면

1. **방화죄의 예비 · 음모의 자수시** : 필요적 감 · 면
2. **일수죄의 예비 · 음모의 자수시** : 필요적 감 · 면 규정 없다.

Ⅷ. 수리방해죄

1. 서 설

(1) **의의** : 제방을 결궤하거나 수문을 파괴하거나 기타 방법으로 수리를 방해함으로써 성립하는

범죄이다.

(2) 보호법익 및 보호받는 정도

① **보호법익** : 수리권, 즉 공공위험범이 아니다.

② **보호받는 정도** : 추상적 위험범

2. 구성요건

(1) 객체 : 수리

① **의의** : 일체의 물의 이용(예 관개 · 목축 · 수차발전 등)을 말한다.

② **수리의 종류는 불문** : 자연수 · 인공수 · 이용방법 · 종류를 불문한다.

③ **보호법익** : 수리권이므로 피해자에게 현존하는 수리의 이익이 존재해야 한다. 따라서 단순히 삽으로 흙을 퍼올려 물줄기를 막은 행위 · 농촌주택에서 배출하는 생활하수의 배수관을 토사로 막아 하수가 내려가지 못하게 한 경우는 수리방해죄가 성립하지 않는다(판례).

④ **수리권의 근거** : 법령 · 계약은 물론 관습상에 의한 경우도 인정된다.

⑤ **타인의 권리** : 수리권은 타인의 권리에 속하여야 한다.

㉠ 따라서 수리를 방해할 타인의 권리가 없으면 본죄는 부인된다.

㉡ 타인은 불특정 다수인이든 · 특정 1인이든 불문한다.

(2) 행위 : 제방을 결궤하거나 수문을 파괴하거나 기타 방법으로 수리를 방해하는 것

① **제방의 결궤**(손괴)**나 수문의 파괴행위** : 수리방해행위의 예시이다.

② **기타 수리를 방해하는 행위** : 제방의 결궤 · 수문의 파괴 외에 수류의 폐쇄 · 변개 또는 저수의 유출 등 수리를 방해하는 일체의 행위를 말한다.

(3) 기수시기 : (본죄는 추상적 위험범이므로) 수리방해의 행위가 있는 때에 기수가 된다. 즉, 수리방해결과의 현실적 발생을 요하지 않는다.

제5절 교통방해의 죄

I. 서 론

1. 의 의

교통방해의 죄란 교통로 또는 교통기관 등 교통설비를 손괴 또는 불통하게 하여 교통을 방해하는 것을 내용으로 하는 범죄를 말한다.

2. 보호법익과 보호받는 정도

(1) 보호법익: 1차로 공중의 교통안전이고, 2차로 공중의 생명 · 신체 또는 재산의 안전, 즉 공중의 교통안전과 공중의 생명 · 신체 · 재산의 안전 등 이중의 보호법익을 갖고 있는 범죄

(2) 보호받는 정도: 추상적 위험범

3. 교통방해의 죄의 형태

(1) 형법

① **기본적 구성요건**: 일반교통방해죄

② **가중적 구성요건**: 기차 · 선박 등 교통방해죄 · 기차 등 전복죄 · 교통방해치사상죄

(2) 특별법: 도로교통법 · 항공기운항안전법 · 철도법 등

II. 일반교통방해죄

1. 의 의

육로 · 수로 또는 교량을 손괴 또는 불통하게 하거나 기타 방법으로 교통을 방해함으로써 성립하는 범죄이다.

2. 구성요건

(1) 객체: 육로 · 수로 또는 교량

① **본죄의 객체** : 육로 · 수로 · 교량으로 공중의 교통에 공하여진 것에 한하며 공유 · 사유를 불문한다.

② **육로**

㉠ 공중의 왕래에 사용되는 육상의 도로를 말한다.

㉡ 도로법상 도로 외에 사실상 일반공중이나 차량의 통행의 자유로운 공공성을 가진 도로이면 족하다(판례).

예 인근주민이 공터를 일시 도로에 이르는 지름길로 사용하였다는 것만으로 육로라 할수 없다(판례).

③ **수로** : 선박의 항해에 제공되어 있는 하천 · 운하 · 해협 · 호수 등을 말한다.

④ **교량**

㉠ 일반의 교통에 제공된 다리를 말한다.

㉡ 단, 육교는 교량에 포함되나 궤도의 일부가 되는 철교와 철로는 제외된다(철로와 철교는 기차 등 교통방해죄의 객체인 궤도에 포함된다(제186조)).

㉢ 교량의 형태 · 대소 · 재질 · 소유관계는 불문한다.

핵심요약 철교와 철로

1. **일반교통방해죄의 객체** : 부정
2. **기차 · 선박 등의 교통방해죄의 객체** : 인정

(2) 행위 : 손괴 또는 불통하게 하거나 기타 방법으로 교통을 방해하는 것

① **손괴** : 교통을 방해할 수 있을 정도의 물리적 훼손을 말한다.

② **불통** : 장애물을 설치하여 통행을 방해하는 일체의 행위를 말한다.

예 폭력으로 통행을 차단하는 경우 · 권한 없는 자가 통행금지라는 허위의 교통표지를 표시하여 통행을 방해하는 경우 · 교통로에 화물트럭 등을 세워 일반인의 통행을 방해하는 경우 ➡ 교통방해죄

③ **기타 방법으로 교통을 방해한다란**

㉠ 교통을 불가능하게 하는 경우 외에 교통을 현저히 곤란하게 하는 경우도 포함된다.

㉡ 현실적으로 교통방해의 결과가 발생하여야 하는 것은 아니다(추상적 위험범).

예 도로를 파괴하였으나 통행인이 한 사람도 없는 경우 ➡ 교통방해죄 인정

(3) 기수시기 : (본죄는 추상적 위험범이므로) 교통방해의 상태가 발생하면 기수가 되며, 교통방해

의 결과가 현실적으로 발생하여야 하는 것은 아니다.

3. 관련문제

수리방해죄와의 관계로 하천의 제방이나 수문을 파괴하여 교통을 방해한 경우 : 교통방해죄와 수리방해죄의 상상적 경합범

관련판례 (일반)교통방해죄 인정 유무[23]

1. 교통방해죄를 인정하는 경우

① 폭력으로 통행을 차단하는 경우

② 권한 없는 자가 허위의 표지를 세워 통행을 못하게 하는 경우

③ 교통로에 화물트럭이나 기중기를 세워 놓아 일반인의 통행을 방해(차단)하는 경우

④ 주민들에 의하여 통행로로 오랫동안 이용되어 온 폭 2m의 골목길을 자신의 소유라는 이유로 폭 50cm 내지 75cm 가량만 남겨두고 담장을 설치하여 통행을 방해하는 경우

⑤ 노조원들이 적법절차 없이 철제옷장으로 광업소 출입구를 봉쇄하고 바리케이트를 설치하여 통근버스의 운행을 방해한 경우

⑥ 자기소유의 토지를 포함한 (구)도로 옆으로 (신)도로가 개설되었다 하더라도 그 토지가 (신)도로에 의해 대체될 수 없는 상태여서 여전히 일반인과 차량이 통행하고 있는 경우 그 통행을 방해한 경우(대판 1999. 7. 27, 99도1651)

⑦ 불특정 다수인이 통행로로 이용되어 오던 도로의 토지 일부의 소유자라 하더라도 그 도로의 중간에 바위를 놓아두거나 이를 파헤침으로써 차량의 통행을 못하게 하여 타인의 버섯농장 내지 신축건물공사에 지장을 준 경우 → 일반교통방해죄 및 업무방해죄가 성립(대판 2002. 4. 26, 2001도6903)

2. 교통방해죄를 인정하지 않는 경우

① 농작물을 경작하던 농토를 통하여 부근 일대의 큰 도로로 통행하려는 주민들이 늘어나자, 소유자가 이를 막고 농작물을 재배하려고 철조망을 설치한 경우

② 소유자가 토지인도소송의 승소판결을 받아 그 집행을 하여 그 토지를 공터로 두었는데 인근주민들이 일시 지름길로 이용하자 그 통행을 방해한 경우

③ 600여명의 노조원들이 보도가 따로 마련되어 있지 아니한 도로의 우측 편도 2차선의 대부분을 차지하면서 행진하는 방법으로 시위를 하여 상·하행 차량의 소통을 방해한 경우

---

23. 조충환 · 양건, 경찰형법, 1077면

Ⅲ. 기차 · 선박 (등) 교통방해죄

1. 서 설

(1) 의의 : 궤도 · 등대 또는 표지를 손괴하거나 기타 방법으로 기차 · 전차 · 자동차 · 선박 또는 항공기의 교통을 방해함으로써 성립하는 범죄이다. 예 신호등 또는 등대의 불을 끄는 행위

(2) 성질

① 가중적 구성요건(일반교통방해죄에 대하여 객체의 침해에 대한 위험성 때문에 불법(형)이 가중되는 범죄)

② 추상적 위험범

③ 미수범 처벌(제190조)

④ 예비 · 음모 처벌(제191조)

2. 구성요건

(1) 객체 : 궤도 · 등대 또는 표지

① **궤도**

㉠ 일반교통에 제공하기 위하여 지상에 설치한 궤도를 말한다(궤도사업법 제3조).

㉡ 철도의 궤도 외에 철교나 궤도터널도 포함된다.

② **등대**

㉠ 선박의 안전운항을 위하여 불빛에 따라 판단하도록 시설한 등화를 말한다.

㉡ 소유관계는 불문한다. 즉, 공유 · 사유, 자기소유 · 타인소유를 불문한다.

③ **표지**

㉠ 교통의 신호관계를 명백히 하기 위하여 설치된 교통시설을 말한다.

㉡ 공설(公設) · 사설(私設)을 불문한다.

(2) 행위 : 손괴하거나 기타 방법으로 기차 · 전차 · 자동차 · 선박 또는 항공기의 교통을 방해하는 것

① **손괴** : 교통을 방해할 수 있을 정도의 물리적 훼손을 말한다.

예 ① 철길을 손괴한 경우 → 기차교통방해죄
② 고속도로에 예리한 쇠붙이를 뿌려 달리는 차의 타이어에 펑크나게 한 경우 → 교통방해죄 인정

② **기타 방법으로 교통을 방해한다란** : 손괴 이외의 방법으로 교통을 방해할 수 있는 일체의 행위를 말한다.

예 궤도상에 장애물을 놓아 두는 행위 · 등대의 등화를 소화하는 행위 · 거짓등대를 만드는 행위 · 신호등의 전원을 끄는 행위

③ **기수시기** : 교통방해시, 즉 (본죄는 추상적 위험범이므로) 교통을 불가능하게 하거나 또는 현저히 곤란하게 하는 상태 발생시를 말한다. 따라서 현실적으로 교통방해의 결과나 공공의 위험발생을 요하지는 않는다.

Ⅳ. 기차 (등) 전복죄

1. 서 설

(1) 의의 : 사람의 현존하는 기차 · 전차 · 자동차 · 선박 또는 항공기를 전복 · 매몰 · 추락 또는 파괴함으로써 성립하는 범죄이다.

(2) 성질

① 가중적 구성요건

② 추상적 위험범

③ 미수범 처벌(제190조)

④ 예비 · 음모 처벌(제191조)

2. 구성요건

(1) 객체 : 사람의 현존하는 기차 · 전차 · 자동차 · 선박 또는 항공기

① **사람의 현존**

㉠ **사람** : 범인 이외의 자로서 인원의 다소와 사람이 현존하게 된 이유 여하는 불문한다.

예 승무원 · 승객 · 청소부를 불문

㉡ **사람이 현존하는 것이란**

ⓐ 실행행위의 (개시) 당시에 범인 이외의 자가 기차 · 전차 등의 내부에 존재하고 있는 것을 말한다.

ⓑ 행위자는 사람이 현존함에 대한 인식을 요한다.

ⓒ 사람이 현존하느냐의 판단기준은 결과발생시가 아니라 실행행위시를 기준으로 한다(통설).

예 사람이 현존하는 선박을 매몰시킨 경우에 매몰결과발생시 사람이 현존하지 않거나 범인이 사람을 안전하게 대피시킨 경우 → 선박매몰죄의 기수(대판 2000. 6. 23, 99도4688)

(2) 행위 : 전복 · 매몰 · 추락 또는 파괴하는 것

① **전복** : 교통수단을 탈선시켜 넘어가게 하는 경우를 말한다.

② **매몰**

㉠ 선박을 수중에 침몰시키는 행위를 말한다.

㉡ 좌초시킨 것으로는 매몰이라 할 수 없으나, 침몰의사로 좌초케 한 경우 → 기차전복죄의 미수성립

③ **추락** : 자동차나 항공기를 높은 곳에서 아래로 떨어뜨리는 행위를 말한다.

④ **파괴** : 교통기관으로서 중요한 기능의 일부 또는 전부를 불가능하게 할 정도의 손괴를 말하며, 경미한 손괴는 포함되지 않는다.

예 대형유조선의 유류탱크 일부에 구멍이 생기고 위성통신안테나 · 항해등이 파손된 경우에 불과한 경우 → 선박파손에 해당하지 않는다(대판 2009. 4. 23, 2008도11921).

3. 관련문제

(1) 열차에 돌을 던지는 행위 : 철도법(제85조 제2항)이 적용

(2) 업무상 과실자동차파괴죄(제189조)**가 본죄에 해당하는 경우** : 업무상 과실자동차파괴죄와 기차 등 전복죄의 경합범

(3) 보험금사기의 목적으로 보험에 가입된 선박을 침몰시킨 경우 : 사기죄와 선박매몰죄의 경합범

V. 교통방해치사상죄

1. 의 의

(1) 일반교통방해죄(제185조), 기차 · 선박 등 교통방해죄(제186조) 또는 기차 등 전복죄(제187조)를 범하여 사람을 상해에 이르게 하거나 사망에 이르게 함으로써 성립하는 범죄이다(제

188조).

(2) 여기서 사람이란 교통기관 안에 현존하는 사람뿐만 아니라 보행자 또는 부근에 있던 다른 사람들을 포함한다.

2. 성 질

(1) **교통방해치사죄** : 진정결과적 가중범

(2) **교통방해치상죄** : 부진정결과적 가중범

3. 죄수문제

(1) **상해의 고의로 교통을 방해하여 사람을 상해한 경우** : 상해죄와 교통방해치상죄의 상상적 경합범

(2) **살인의 고의로 교통을 방해하여 사람을 살해한 경우** : 살인죄와 교통방해죄의 상상적 경합범

Ⅵ. 과실교통방해죄

과실로 인하여 일반교통방해죄(제185조), 기차 · 선박 등 교통방해죄(제186조), 기차 등 전복죄(제187조)를 범한 경우에 성립하는 범죄이다(제189조 제1항).

Ⅶ. 업무상 과실 · 중과실교통방해죄

1. 의 의

업무상 과실 또는 중대한 과실로 인하여 일반교통방해죄(제185조), 기차 · 선박 등 교통방해죄(제186조) · 기차 등 전복죄(제187조)의 죄를 범한 경우에 성립하는 범죄이다(제189조 제2항).

2. 구체적 사례

甲은 처(부인)와 같이 자신의 자동차를 몰고 가다가 실수로 옆에 있는 논두렁으로 떨어져 자동차가 뒤집히고 자신은 전치 2주의 부상을 당한 경우 甲의 죄책은 ➡ 업무상 과실자동차 전복죄가 성립

관련판례 업무상 과실교통방해죄

업무상 과실로 인해 교량을 손괴하여 자동차의 교통을 방해하고 그 결과 자동차를 추락시킨 경우 → 업무상 과실일반교통방해죄와 업무상 과실자동차추락죄의 상상적 경합범(대판 1997. 11. 28, 97도1740)

제2장
공중의 건강에 대한 죄

제1절 음용수에 관한 죄

I. 서 론

1. 의 의

음용수에 관한 죄란 사람의 일상음용에 공(供)하는 정수, 즉 공중의 음용에 공하는 수도 또는 수원(水源)에 오물·독물 등 사람의 건강을 해하는 물건을 혼입하거나 수도 등의 시설을 손괴하거나 기타의 방법으로 불통하게 함으로써 성립하는 범죄이다.

2. 보호법익과 보호받는 정도

(1) **보호법익**: 공중의 건강 또는 보건

(2) **보호받는 정도**: 추상적 위험범

3. 음용수에 관한 죄의 형태

(1) **기본적 구성요건**: 음용수사용방해죄

(2) **가중적 구성요건**: 음용수독물혼입죄·수도음용수사용방해죄·수도음용수독물혼입죄·수도불통죄·음용수혼독치사상죄

Ⅱ. 음용수사용방해죄

1. 서 설

(1) 의의 : 일상음용에 공하는 정수에 오물을 혼입하여 음용하지 못하도록 함으로써 성립하는 범죄이다. 예 대학기숙사 정수기(통)에 오물을 투입하는 경우

(2) 성질

① 음용수에 관한 기본범죄

② 공공위험범

2. 구성요건

(1) 주체 : 제한없다. 즉, 소유자 · 관리자를 불문하고 인정한다.

(2) 객체 : 일상음용에 공하는 정수(淨水)

① 일상음용에 공하는 정수란

㉠ 불특정 또는 다수인이 계속 · 반복하여 마시는 청결한 물을 말한다.

예 일가족이 음용하기 위하여 담아둔 물

㉡ 따라서 특정인이 음용하는 정수(예 커피 · 컵에 단아둔 정수)는 본죄를 부인하고, 재물손괴죄의 대상이 된다.

예 컵에 담아둔 정수에 침을 뱉는 경우 ➡ 재물손괴죄

② 정수란

㉠ 사람의 음용에 적합한 정도의 청결한 물을 말한다.

㉡ 자연수 · 인위적으로 저장된 물을 불문한다. 예 약수 · 공동우물 등

㉢ 단, 수도의 정수는 수도음용수사용방해죄가 되어 본죄를 인정하지 않는다.

㉣ 관개용수 · 공업용수의 전용은 정수에 포함되지 않으므로 본죄를 부인한다.

핵심요약 음용수사용방해죄를 인정하지 않는 경우(판례)

1. 특정인의 사용에 공할 목적으로, 즉 특정인이 마시려고 컵 · 찻잔에 담아둔 정수 ➡ 재물손괴죄의 대상
2. 관개용수 · 공업용수
3. 계곡에 흐르는 물

(3) 행위 : 오물을 혼입하여 음용하지 못하도록 하는 것(사용방해)

① **오물이란** : 독물 이외의 오물을 혼입하여 정수로서의 이용에 지장을 줄 만한 물질을 말한다.

예 정수에 오물 투기 · 침을 뱉는 경우 · 대소변 등(단, 독물의 혼입은 음용수유해물혼입죄가 성립)

② **혼입이란**

㉠ 어떤 물질을 섞어 놓는 것을 말한다.

㉡ 혼입의 방법에는 제한없다. 즉, 물질의 적극적 혼입(예 섞어 넣는 것)은 물론 소극적 혼입(예 우물바닥을 일으켜 더럽히는 것)도 포함한다.

③ **음용하지 못하게 한다란**

㉠ 음용수를 물리적 · 심리적으로 음용수로서 사용할 수 없게 하는 것을 말한다.

예 우물물에 식용색소를 풀어 불쾌한 색으로 만드는 경우 · 일상의 음용에 공하는 정수에 비누를 풀어 세수하는 경우 · 정수에 대소변이나 쓰레기를 혼입하는 경우

㉡ 음용하지 못하는 방법에는 제한없다.

Ⅲ. 음용수유해물혼입죄

1. 의 의

일상음용에 공하는 정수에 독물 기타 건강을 해할 물건을 혼입함으로써 성립하는 범죄이다.

예 공동우물(약수)에 독약을 혼입하는 경우

2. 구성요건

(1) 주체 : 제한이 없다. 즉, 소유자 · 관리자를 불문한다.

(2) 객체 : 일상음용에 공하는 정수에 독물 기타 건강을 해하는 물건

① **일상음용에 공하는 정수란** : 불특정 또는 다수인이 계속 · 반복하여 마시는 청결한 물을 말한다.

② **독물 기타 건강에 해하는 물건이란** : 인체의 건강에 장애를 줄 만한 유해물질을 말한다.

예 극약 · 청산가리 · 방사능 · 산업폐기물 · 전염병 등

3. 특별관계

본죄는 음용수사용방해죄에 대하여 특별관계에 있으므로 특별법우선원칙에 따라 본죄(음용수독물 또는 유해물혼입죄)가 성립하면 음용수사용방해죄는 성립하지 않는다.

4. 미수범, 예비 · 음모처벌 : 본죄는 미수범과 예비 · 음모의 처벌규정이 있다(제196조 · 제197조).

Ⅳ. 수도음용수사용방해죄

1. 의 의

수도에 의하여 공중의 음용에 공하는 정수 또는 그 수원에 오물을 혼입하여 음용하지 못하게 함으로써 성립하는 범죄이다. 예 수도(관)에 오물을 투입하는 경우

2. 구성요건

(1) 객체 : 수도에 의하여 공중의 음용에 공하는 정수 및 그 수원

① 수도란

㉠ 정수를 공급하기 위한 인공적 설비를 말한다.

㉡ 사설 · 공설을 불문하며, 법령에 의하여 적법한 절차를 밟은 수도임을 요하지 않는다(판례).

㉢ 단, 순수한 자연유수(예 약수 · 계곡에 흐르는 물)는 부인한다.

② 공중의 음용에 공하는 정수란

㉠ 불특정 또는 다수인에게 공급중인 정수를 말한다.

㉡ 일가족의 전용수도 · (공급이 끝나) 개인 집의 물통에 남긴 정수, 즉 특정인이 음용하는 정수는 본죄를 부인하고 재물손괴죄의 대상이 된다.

예 마시려고 수돗물을 담아둔 컵에 침을 뱉는 경우 → 재물손괴죄

③ 수원(水源)이란 : 수도에 들어오기 전의 수류 또는 저수지의 물을 말한다.

(2) 행위 : 오물을 혼입하여 음용하지 못하도록 하는 것. 즉, 사용방해(음용수사용방해죄의 행위와 동일하다)

V. 수도음용수유해물혼입죄

1. 의 의

수도에 의하여 공중의 음용에 공하는 음용수 또는 그 수원에 독물 기타 건강을 해할 물건을 혼입함으로써 성립하는 범죄이다.

2. 주체 · 객체 · 행위 : 음용수유해물혼입죄의 주체 · 객체 · 행위와 동일하다(361면 참조).

VI. 음용수혼독치사상죄

1. 의 의

음용수독물혼입죄(제192조 제2항)와 수도음용수독물혼입죄(제193조 제2항)를 범하여 사람을 상해에 이르게 하거나 사망에 이르게 함으로써 성립하는 범죄이다.

예 수돗물에 독극물을 혼입하여 사람을 사망케 하는 경우 → 음용수혼독치사죄

2. 성 질

(1) 음용수혼독치사죄 : 결과적 가중범

(2) 음용수혼독치상죄 : 부진정결과적 가중범

3. 구체적 사례

(1) 상해의 고의로 음용수에 독물 등을 혼입하여 상해의 결과가 발생한 경우 : 상해죄와 음용수혼독치상죄의 상징적 경합

(2) 살인의 고의로 음용수에 독물 등을 혼입하여 사망의 결과가 발생한 경우 : 살인죄와 음용수혼독치사죄의 상상적 경합

Ⅶ. 수도불통죄

1. 서 설

(1) 의의 : 공중의 음용수를 공급하는 수도 기타 시설을 손괴 기타 방법으로 불통하게 함으로써 성립하는 범죄이다. 예 수도관을 절단하는 경우

(2) 성질

① **가중적 구성요건** : 음용수사용방해죄에 비하여 불법(형)이 가중되는 가중적 구성요건이다.

② **독립된 범죄** : 음용수사용방해죄와는 행위와 객체가 전혀 다른 독립범죄이다.

2. 구성요건

(1) 객체 : 공중의 음용수를 공급하는 수도 기타 시설

① **수도란**

㉠ 음용수를 공급하는 인공적 시설을 말한다.

㉡ 사설(私設) · 공설(公設)을 불문하며, 법령에 의하여 적법한 절차를 밟은 수도임을 요하지 않는다. 즉, 적법한 절차를 밟지 아니한 수도라도 현실적으로 공중생활에 필요한 음용수를 공급하는 시설로 되어 있는 경우에는 본죄의 대상이 된다. 그러나 불법이용자들을 위한 사설특수가압수도시설은 본죄의 객체가 아니다(판례).

㉢ 단, 순수한 자연유수(예 약수 · 계곡에 흐르는 물)는 부인된다.

② **기타 시설이란** : 공중의 음용수를 공급하는 수도 이외의 시설을 말한다.

(2) 행위 : 손괴 기타 방법으로 불통하게 하는 것이다.

3. 죄수문제

(1) 수도관을 절단하여 절취한 경우 : 절도죄와 수도불통죄의 상상적 경합범

(2) 사설(私設) 수도를 설치한 시장번영회가 수도요금을 체납한 회원에게 사전 경고후 단수한 경우 : 위법성이 조각된다(판례).

핵심요약 음용수에 관한 죄

1. **미수범과 예비·음모를 처벌하는 범죄** : 음용수유해물혼입죄·수도음용수유해물혼입죄·수도불통죄
2. **미수범과 예비·음모를 처벌하지 않는 범죄** : 음용수사용방해죄·수도음용수사용방해죄·음용수혼독치사상죄

제2절 아편에 관한 죄

I. 서 론

1. 의 의

아편에 관한 죄란 아편을 흡식하거나 아편 또는 아편흡식기구를 제조·수입·판매·소지함으로써 성립하는 범죄이다.

보충설명 마약류관리에 관한 법률

아편에 관한 죄는 특별법우선적용원칙에 따라 마약류관리에 관한 법률이 적용되므로, 따라서 아편에 관한 죄는 현실적으로 실익이 없다.

2. 보호법익과 보호받는 정도

(1) 보호법익 : 공중의 건강

(2) 보호받는 정도 : 추상적 위험범

3. 아편에 관한 죄의 형태

(1) 형법

① **기본적 구성요건** : 아편흡식죄

② **가중적 구성요건** : 아편소지죄·아편 등의 제조죄·아편흡식기제조죄·세무공무원의 아

편수입죄

③ **독립된 구성요건** : 아편흡식장소제공죄

(2) 특별법 : 마약류관리에 관한 법률

보충설명 마약류관리에 관한 법률

1. **마약** : 아편 · 몰핀 · 코데인 · 헤로인 · 코카인 · 옥시코돈
2. **대마** : 마리화나 · 해쉬쉬 · 미네랄오일
3. **향정신성의약품** : LSD · 페이요테 · 히로뽕 등

Ⅱ. 아편 등 제조 · 수입 · 판매 · 판매목적소지죄

1. 서 설

(1) 의의 : 아편 · 몰핀 또는 그 화합물을 제조 · 수입 또는 판매하거나 판매할 목적으로 소지함으로써 성립하는 범죄이다.

(2) 성질 : 가중적 구성요건, 즉 본죄는 아편흡식죄에 대한 불법(형)이 가중되는 가중적 범죄이다.

2. 구성요건

(1) 객체 : 아편 · 몰핀 또는 그 화합물

아편이란 흡식용(조제) 아편 이외에 흡식용 아편의 원료, 즉 생아편도 포함된다. 단, LSD · 마리화나 · 해피스모그 등은 아편이 아니므로 본죄가 인정되지 않는다.

(2) 행위 : 제조 · 수입 또는 판매하거나 판매할 목적으로 소지하는 것

① **제조란** : 아편 · 물핀 그 화합물을 만드는 것을 말한다.

② **수입이란**

㉠ **수입** : 국외에서 국내로 반입하는 행위이다.

㉡ **수입의 기수시기**

ⓐ 육로인 경우 : 국경선을 넘었을 때

ⓑ 해로인 경우 : 선박으로부터 육지에 양륙했을 때(양륙시)

ⓒ 항공기의 경우 : 착륙 항공기에서 운반된 때

③ **판매란**

㉠ 불특정 또는 다수인에게 유상양도하는 것을 말한다.

㉡ 이익의 유무와는 상관없다.

④ **소지란**

㉠ 목적물을 자기의 사실상의 지배하에 두는 것을 말한다.

㉡ 단, 판매의 목적이 없는 단순한 소지는 아편소지죄(제205조)에 해당된다.

㉢ 그 소지의 원인은 불문한다.

보충설명 아편소지죄와 아편판매목적소지죄

1. **아편을 판매할 목적으로 소지한 경우** : 아편판매목적소지죄
2. **아편을 판매할 목적없이 소지한 경우** : 아편소지죄

3. 죄수관계

아편 등 제조 · 수입 · 판매 · 판매목적소지 등의 행위가 동일한 기회에 연달아 행해졌을 경우 : 포괄적 일죄가 성립

Ⅲ. 아편흡식죄 · 아편흡식장소제공죄

1. 의 의

(1) 아편흡식죄 : 아편을 흡식하거나 몰핀을 주사함으로써 성립하는 범죄이다.

(2) 아편흡식장소제공죄 : 아편을 흡식하거나 몰핀주사의 장소를 제공하여 이익을 취함으로써 성립하는 범죄이다.

2. 구성요건

(1) 객체 : 아편 또는 몰핀

(2) 행위 : 아편흡식 또는 몰핀주사를 제공하여 이익을 취하는 것

① **아편흡식** : 아편을 호흡기 또는 소화기에 의하여 소비하는 것을 말한다.

② **주사** : 주사기에 의하여 신체에 주입하는 것을 말한다.

③ **장소를 제공한다란** : 아편흡식 등에 적당한 장소를 제공하는 것을 말한다.

④ 이익을 취한다란

㉠ 장소제공의 대가를 취득하는 것을 말한다.

㉡ 현실적인 이익을 취해야 한다.

㉢ 이익은 적극적 · 소극적 이익을 불문하며, 재산상 이익에 한하지 않는다.

(3) 기수시기 : 아편흡식 또는 몰핀주사의 장소를 제공하여 이익을 취득시

아편흡식장소제공죄는 아편흡식 또는 몰핀주사의 장소를 제공하여 이익을 취득한 경우에 기수가 되므로, 장소는 제공하였으나 이익을 취득하지 못한 경우에는 미수범으로 처벌된다.

3. 죄수문제

(1) 아편을 흡식하거나 몰핀을 주사하기 위하여 일시 소지한 경우 : 아편흡식죄만 성립, 즉 아편소지죄는 아편흡식죄에 흡수된다.

(2) 아편 · 몰핀 또는 아편흡식기구를 소지하고 있던 자가 그 후에 흡식 또는 주사한 경우 : 아편흡식죄와 아편소지죄의 경합범

Ⅳ. 아편흡식기제조 · 수입 · 판매 · 판매목적소지죄

1. 의 의

(1) 아편을 흡식하는 기구를 제조 · 수입 또는 판매하거나 판매할 목적으로 소지할 때에 성립하는 범죄이다.

(2) 여기서 아편을 흡식하는 기구란 아편의 흡식에 사용하기 위한 목적으로 제조한 기구이다.

(3) 따라서 아편을 주사하기 위한 주사기는 아편을 흡식하는 기구가 아니다.

2. 사 례

(1) 아편흡식기를 판매목적으로 소지한 경우 : 아편흡식기판매목적소지죄

(2) 아편흡식기를 판매목적없이 소지한 경우 : 아편흡식기소지죄

V. 세관공무원의 아편 (등) 수입 · 수입허용죄

1. 의 의

세관의 공무원이 아편 · 몰핀이나 그 화합물 또는 아편흡식기를 수입하거나 그 수입을 허용함으로써 성립하는 범죄이다.

2. 성 질

(1) 가중적 구성요건 : 일반수입죄(제198조 · 제199조)에 대한 세관공무원이라는 신분으로 불법(형)이 가중되는 범죄이다.

(2) 부진정신분범 : 세무공무원이라는 신분으로 불법(형)이 가중되므로 부진정신분범이다.

3. 공범규정의 적용여부

(1) 세관공무원의 아편수입죄 : 세관공무원과 신분없는 자가 같이 아편을 수입한 경우 → 세관공무원은 세관공무원의 아편수입죄 · 비신분자는 일반아편수입죄가 성립

(2) 세관공무원의 아편수입허용죄 : 아편수입죄의 공범을 독립범죄로 규정한 것이므로 총론의 공범규정이 적용되지 않는다.

VI. 상습아편흡식 · 아편제조 · 수입 · 판매죄

1. 의 의

상습으로 아편 등 제조 · 수입 · 판매 · 판매목적소지죄, 아편흡식기제조 · 수입 · 판매 · 판매목적소지죄, 세관공무원의 아편 등 수입 · 수입허용죄, 아편흡식 및 동 장소제공죄 및 미수죄를 범할 때 성립한다.

2. 처 벌 : 자격정지 또는 벌금의 병과

10년 이하의 자격정지 또는 2천만원 이하의 벌금을 병과할 수 있다(제204조).

Ⅶ. 아편 (등) 소지죄

1. 의 의

아편 · 몰핀이나 그 화합물 또는 아편흡식기구를 소지함으로써 성립하는 범죄이다.

2. 성 격 : 독립된 구성요건

아편의 흡식이나 몰핀의 주사를 위한 예비행위를 독립된 구성요건으로 규정한다.

3. 행 위 : 소지

(1) 의의 : 소지란 사실상의 점유를 말한다.

(2) 판매목적무(無) : 판매할 목적이 없는 경우에 한한다. 따라서

① **판매할 목적으로 소지한 경우** : 아편판매목적소지죄

② **판매할 목적없이 소지한 경우** : 아편소지죄

(3) 소지만으로 처벌 : 아편에 대한 인식 유 · 무를 불문하고 소지만으로 본죄가 성립한다.

4. 죄수문제

아편소지자가 자신이 소지하던 아편을 흡식한 경우 : 아편소지죄와 아편흡식죄의 실체적 경합범

제3장

공공의 신용에 대한 죄

제1절 통화에 관한 죄

I. 통화에 관한 죄의 일반이론

1. 의 의

통화에 관한 죄란 행사할 목적으로 통화를 위조 · 변조하거나 또는 위조 · 변조한 통화를 행사하거나, 행사할 목적으로 수입 · 수출하거나 또는 행사할 목적으로 위조 · 변조한 통화를 취득하거나, 통화유사물을 제조함으로써 성립하는 범죄이다.

2. 보호법익과 보호받는 정도

(1) 보호법익: 통화에 대한 공공의 신용과 안전(즉, 통화의 공신력)

(2) 보호받는 정도: 추상적 위험범

3. 통화에 관한 죄의 형태

(1) 형법

① **기본적 구성요건**: 통화위조 · 변조 및 행사죄

② **수정적 구성요건**: 위조통화취득죄

③ **감경적 구성요건**: 위조통화취득 후 지정행사죄 · 통화유사물제조죄

(2) 특별법: 특정범죄가중처벌등에관한법률(제10조)

Ⅱ. (내국)통화위조 · 변조죄

1. 서 설

(1) 의의 : 행사할 목적으로 통용하는 대한민국의 화폐 · 지폐 또는 은행권을 위조 또는 변조함으로써 성립하는 범죄이다.

(2) 성질

① 내국통화에 대한 기본적 구성요건

② 목적범

③ 미수범 처벌(제212조)

④ 예비 · 음모 처벌(제213조)

2. 구성요건

(1) 객관적 구성요건

① **객체** : 통용하는 화폐 · 지폐 · 은행권. 즉, 통용하는 대한민국의 통화

㉠ **통화**

ⓐ 법률에 의하여 강제통용력이 인정되고 가격이 표시되어 지불수단으로 사용되는 화폐 · 지폐 · 은행권을 총칭한다.

ⓑ 현재 대한민국의 통화는 한국은행권과 주화이다.

㉡ **통용**

ⓐ 자국에서 자국화폐가 사용되는 것을 말한다.

ⓑ 법률에 의하여 강제통용력이 인정되는 것을 말한다(통설). 따라서 강제통용력이 없는 고화 · 폐화 · 통용기간이 경과한 구화폐는 통화가 아니므로 본죄가 부정된다.

ⓒ 자국에서 외국화폐가 사실상 사용되는 유통과 구별된다.

보충설명 통용과 유통

1. **통용** : 자국에서 자국화폐가 사용되는 경우 예 한국에서 한국화폐가 사용

2. **유통** : 자국에서 외국화폐가 사용되는 경우 예 한국에서 미국달러가 사용

ⓒ **화폐**

ⓐ 금속화폐인 경화(硬貨)를 말한다.

ⓑ 일정한 가치를 대표하는 것으로 지급의 수단으로 사용하는 것을 말한다.

ⓒ 우리나라의 화폐는 한국은행이 발행한 금속화폐이다.

ⓓ **지폐**

ⓐ 정부 기타 발행권자가 발행하고 그 신용에 의하여 교환의 매개물이 되는 화폐 대용의 증권을 말한다.

ⓑ 현재 우리나라에서는 한국은행권만이 유일한 법화이기 때문에 지폐에 해당하는 것이 없다.

ⓔ **은행권** : 국가의 인허(認許)를 받은 특정은행이 발행하여 매개물로서 강제통용력을 지닌 증권을 말한다. 예 한국은행권

② **행위** : 위조 또는 변조

	통화위조	통화변조
의 의	통화의 발행권한이 없는 자가 (진화로 오인할 수 있는) 진정한 통화의 외관을 지닌 통화를 만드는 것을 말한다.	진정한 통화에 가공하여 그 가치를 변경하는 것을 말한다.
방 법	① 위조의 방법에는 제한없다. ② 고화나 폐화를 이용하든 사진 · 인쇄 · 복사 등을 이용하든 불문한다. ③ 위화가 진화 이상의 가치를 가지더라도 상관없다.	① **명가를 변조하는 경우** : 화폐의 모양 · 문자 등을 고치는 경우 ② **실가를 변조하는 경우** : 진화의 주변 · 중간 등을 뚫는 경우 ③ 변조는 같은 종류의 화폐 사이에서만 가능하다.
진화의 존부	진정한 통화의 존재 불요	진정한 통화의 존재 필요
동일성여부	통화의 동일성을 해하는 정도의 변경	통화의 동일성을 해하지 아니하는 범위 내에서의 변경
구체적 예	① 고화 · 폐화를 이용하여 새로운 통화를 만드는 경우 ② (폐화를) 사진 · 복사 · 인쇄 등 방법으로 통화의 외관을 지닌 위화를 만드는 경우 ③ 10원짜리 동전 2개를 녹여 100원짜리 동전 하나를 만드는 경우	① 10원짜리 동전표면에 백색칠을 하여 100원짜리와 색깔이 같도록 변경하는 경우 ② 100원짜리 주화의 주변을 깎아내는 경우 ③ 은행권의 일련번호를 변경하는 경우 ④ 만원권 지폐한장을 앞뒷면으로 분리하여 한면만 가진 두 장의 1만원권으로 만드는 경우 ⑤ 주화중심부에 구멍을 뚫는 경우 ⑥ 금화를 감량하게 하여 실질적 가치를 줄이는 경우

보충설명 통화유사물제조죄

통화 위조의 정도에 이르지 못한 경우는 통화유사물제조죄(제211조)가 성립한다.

(2) 주관적 구성요건 : 고의 + 목적

① **고의** : 통화위조 · 변조에 대한 인식이 있어야 한다. 즉, 미필적 고의만으로 족하다.

② **목적** : 통화위조 · 변조에 대한 인식외에 행사의 목적이 있어야 한다. 그러나 단순히 자신의 자산 또는 신용을 과시하는데 불과한 때에는 행사의 목적이 없으므로 본죄가 인정되지 않는다.

예 자기의 자산상태를 과시하기 위하여 통화를 위조한 경우 → 무죄(즉, 행사의 목적이 없으므로)

3. 죄수관계

(1) 동일기회에 수개의 통화를 위조한 경우 : 1개의 통화위조죄

(2) 통화를 위조하고 행사한 경우 : 통화위조죄와 위조통화행사죄의 경합범

Ⅲ. 내국유통 외국통화위조 · 변조죄

1. 의 의

행사할 목적으로 내국에서 유통하는 외국의 화폐 · 지폐 또는 은행권을 위조 또는 변조함으로써 성립하는 범죄이다.

2. 구성요건

(1) 객체 : 내국에서 유통하는 외국의 화폐 · 지폐 또는 은행권

① **내국에서 유통하는 외국통화란** : 외국통화가 본국에서 강제통용력을 갖거나 국내에서 강제통용력을 가질 것을 요하지 않는다.

② **내국**

㉠ 대한민국 영역 내(안)를 말한다.

㉡ 북한지역도 내국으로 인정한다(판례).

③ **유통**

㉠ 자국에서 외국화폐가 사용되는 것을 말한다.

㉡ 사실상 통용되는 것을 말하며(통설 · 판례), 국내에서 사용이 금지되어 있느냐는 불문이다.

㉢ 일부지역에서 유통되는 경우에도 인정한다.

㉣ 예 ① 북한에서 사실상 유통하는 구소련군표를 내국에서 유통하는 외국의 화폐로 인정(판례)
② 국내에 거주하는 미군 및 그 군무원 사이에만 유통되는 미군군표

④ **화폐 · 지폐 · 은행권** : 통화위조 · 변조죄와 동일하다.

(2) 행위 : 위조와 변조(내국통화위조 · 변조죄의 행위와 동일하다)

Ⅳ. 외국통용외국통화위조 · 변조죄

1. 의 의

행사할 목적으로 외국에서 통용하는 외국의 화폐 · 지폐 또는 은행권을 위조 또는 변조함으로써 성립하는 범죄이다.

2. 구성요건

(1) 객체 : 외국에서 통용하는 외국의 화폐 · 지폐 또는 은행권

① **외국** : 대한민국 영역 외를 말한다.

② **외국에서 통용하는 외국의 통화** : 본국에서 강제통용력을 가져야 한다. 따라서 본국에서 강제통용력을 잃은 경우에는 본죄의 객체가 아니다.

③ **통용화폐 · 지폐 · 은행권** : 통화위조 · 변조죄와 동일하다.

(2) 행위 : 위조 또는 변조(내국통화위조 · 변조죄의 행위와 동일하다)

핵심요약 내국유통외국통화위조 · 변조죄와 외국통용외국통화위조 · 변조죄

1. **내국유통외국통화** : 강제통용력이 있음을 요하지 않는다.
2. **외국통용외국통화** : 강제통용력이 있어야 한다.

V. 위조 · 변조통화행사죄

1. 서 설

(1) 의의 : 위조 또는 변조한(내국통화 · 내국유통외국통화 · 외국통용외국통화) 통화를 행사하거나 행사할 목적으로 수입 또는 수출함으로써 성립하는 범죄이다.

(2) 성질

① **기본범죄** : 통화행사죄의 기본적 범죄이다.

② **목적범 유무** : 위조 · 변조통화행사죄는 목적범이 아니나, 위조 · 변조통화 수입 · 수출죄는 목적범이다.

③ **위조 · 변조통화 수입 · 수출죄** : 목적범. 즉, 본죄는 고의 외에 목적이 있어야 성립하는 범죄이다.

2. 구성요건

(1) 객체 : 위조 또는 변조한 통화, 즉 위조 또는 변조한 내국통화 · 내국유통외국통화 · 외국통용외국통화이다.

(2) 행위 : 행사 · 수입 · 수출

① **행사**

㉠ 위조 또는 변조된 통화를 진정한 통화로서 거래 또는 유통상태에 두는 행위를 말한다.

㉡ 행사방법에는 제한이 없다.

ⓐ 유상 · 무상 · 적법 · 위법을 불문한다.

예 증여 · 도박자금으로 사용 · 물품구입대금으로 지급 · 화폐수집상에게 진화인양 판매 · 기부금으로 출연 · 애인에게 용돈으로 지급하는 것도 행사이다.

ⓑ 자기는 물론 타인도 포함한다.

ⓒ 상대방에게 진정한 통화라고 주장할 필요가 없다. 즉, 위조통화임을 알고 있는 자에게 교부한 경우에도 위조통화행사죄가 성립한다.

예 ① 위화를 자동판매기 · 공중자동전화기 등에 투입하는 경우 → (행사가 되어) 위조통화행사죄 인정 (즉, 위조통화행사죄와 편의시설부정이용죄의 상상적 경합범)

② 자기의 자산상태의 과시를 위한 통화위조 · 위조통화를 상품으로 매매하는 경우 → (행사가 아니므로) 본죄 부인, 즉 무죄

② **수입**

㉠ **의의** : 국외로부터 국내에 반입하는 것을 말한다.

㉡ **기수시기**

ⓐ 육로에 의한 경우 : 국경선을 넘을 때 기수가 된다.

ⓑ 해로에 의한 경우 : 영해에 들어오는 것만으로 부족하고 양륙한 때(즉, 양륙시) 기수가 된다.

③ **수출** : 국내에서 국외로 반출하는 것을 말한다.

보충설명 위조 · 변조통화행사죄의 목적범 유무

1. **위조 · 변조통화행사죄** : 목적범 아님
2. **위조 · 변조통화 수입 · 수출죄** : 목적범

핵심요약 위조 · 변조통화 행사시

1. **행사가 인정되는 경우**(위조 · 변조통화행사죄 인정)
   ① 위조통화를 물품구입대금으로 지급하거나, 보증금으로 제공하거나 또는 진화인 소액권이나 고액권으로 교환하는 것
   ② 위조통화를 진정한 화폐로 화폐수집상에 판매하는 것(수집상이 진화로서 유통시킬 수 있기 때문)
   ③ 위화를 공중전화기 · 자동판매기에 넣는 경우(사용하는 경우)
   ④ 증여 · 도박자금으로 사용
   ⑤ 애인에게 용돈으로 지급
   ⑥ 기부금으로 출연
2. **행사가 인정되지 않는 경우**(위조 · 변조통화행사죄 부인)
   ① 단순히 자기의 신용력을 보이기 위하여 위조통화를 제시하는 것(위화를 아직 유통의 상태에 둔 것이라고 볼 수 없으므로)
   ② 위조화폐를 액면가 이하의 상품으로 매매하는 것(상품으로 취급함에 불과하기 때문)
   ③ 위화인 정을 아는 자에게 이를 인도하는 경우 그 위화가 진화와 같이 유통될 것이 예상되지 않는 경우
   ④ 위조통화를 진열장에 비치해 두는 경우
   ⑤ 그림 솜씨를 과시하기 위하여 위조통화를 그린 경우

3. 죄수관계

(1) 위조 · 변조통화를 행사하여 재물을 취득한 경우

① **통설** : 위조 · 변조통화행사죄와 사기죄의 상상적 경합범

② **판례** : 위조 · 변조통화행사죄와 사기죄의 경합범

(2) 통화를 위조 · 변조하고 그 위화(위조 · 변조통화)**를 행사한 경우** : 통화위조 · 변조죄와 위조 · 변조통화행사죄의 실체적 경합

(3) 수개의 위조통화를 한꺼번에 행사한 경우 : 수개의 위조통화행사죄가 아니고, (포괄적 일죄로) 1개의 위조통화행사죄 성립

(4) 수개의 위조통화를 한거번에 수입 · 수출한 경우 : 1개의 위조통화행사죄

(5) 위조통화를 수입 · 수출한 후 행사한 경우 : 위조 · 변조통화 수입 · 수출죄와 위조 · 변조통화행사죄의 경합범

VI. 위조 · 변조통화취득죄

1. 의 의

(1) 개념 : 행사할 목적으로 위조 또는 변조한 통화(통화라는 것을 알면서)를 취득함으로써 성립하는 범죄이다.

(2) 성질 : 목적범, 즉 위화에 대한 고의 이외에 행사할 목적이 있어야 성립한다.

2. 구성요건

(1) 객체 : 위조 또는 변조한 통화

위조 · 변조통화(제207조)에 의하여 위조 · 변조된 통화이다.

(2) 행위 : 취득

① **취득**

㉠ 위조 · 변조한 통화를 자기의 점유하에 두는 일체의 행위를 말한다.

㉡ 위조 · 변조통화인 줄 알면서 취득한 경우에 한한다.

㉢ 취득의 방법과 원인은 유상 · 무상이든, 적법한 방법(예 증여 · 교환 · 매매 등) · 위법한 방법(예 절취 · 편취 등)이든 불문한다.

㉣ 단, 공범자 사이의 위화수수(僞貨授受)는 취득이 아니므로 본죄를 부인한다.

② **횡령** : 횡령(죄)은 점유이전이 수반되지 않으므로 취득이라 할 수 없어 본죄의 객체가 될 수 없으나, (절도죄에서) 절취와 (공갈죄에서) 편취는 점유이전이 수반되므로 취득으로 본죄의 객체가 된다.

3. 죄수관계

(1) 동일한 기회에 수개의 위조통화를 취득한 경우 : 1개의 위조 · 변조통화취득죄 성립

(2) 위조통화취득 후 이를 행사한 경우 : 위조 · 변조통화취득죄와 위조통화행사죄의 경합범

(3) 위조통화인 줄 알면서 절취한 경우 : 위조통화취득죄만 성립(금제품은 재산죄의 객체가 될 수 없으므로)

Ⅶ. 위조통화취득후 지정행사죄

1. 서 설

(1) 의의 : 위조 또는 변조한 통화인 줄 모르고 취득한 후 그 정을 알고 이를 행사함으로써 성립하는 범죄이다.

(2) 성질

① 목적범 아님

② 위조 · 변조통화인 줄 모르고 취득한 후(이후에) 그 정을 알면서 행사하는 경우에 성립

③ 통화에 관한 죄 중 법정형이 가장 경한 범죄

④ 미수범 불벌

⑤ 예비 · 음모 불벌

2. 구성요건

(1) 객체 : 위조 또는 변조한 통화(통화위조 · 변조죄의 객체와 동일하다)

(2) 행위 : 위조 또는 변조한 통화인 줄 모르고 취득한 후 알면서 행사하는 것

① 위조 또는 변조한 통화인 줄 모르고 취득할 것

㉠ 위조 또는 변조통화인 줄 모르고 취득한 후 그 정을 알면서 행사한 경우 : 위조통화취

득후 지정행사죄

㉡ **위조 또는 변조통화인 줄 알면서 취득한 경우** : 위조(또는 변조)통화취득죄

㉢ **위조 또는 변조한 통화인 줄 알면서 취득한 후 이를 행사한 경우** : 위조통화취득죄와 위조통화행사죄의 경합범

② **취득** : 적법 · 위법취득을 불문한다.

③ **행사** : 유상 · 무상을 불문한다.

Ⅷ. 통화유사물제조 (등) 죄

1. 서 설

(1) 의의 : 판매할 목적으로 내국 또는 외국에서 통용하거나 유통하는 화폐 · 지폐 또는 은행권에 유사한 물건을 제조 · 수입 또는 수출하거나 그 물건을 판매함으로써 성립하는 범죄이다.

(2) 성질

① **목적범** : 본죄(제조 · 수입 · 수출)는 판매할 목적(즉, 행사할 목적 아님)이 있어야 성립하는 목적범이다.

② **감경적 구성요건** : 통화위조 · 변조죄에 대하여 불법(형)이 감경되는 범죄이다.

③ **예비 · 음모 불벌**

2. 구성요건

(1) 객체 : 내국 또는 외국에서 통용하거나 유통하는 화폐 · 지폐 또는 은행권에 유사한 물건

① **통용 · 유통 · 화폐 · 지폐 · 은행권** : 통화위조 · 변조죄의 객체와 동일하게 해석한다.

② **통화유사물**

㉠ 통화와 유사한 외관을 갖추고 있으나 위조 또는 변조의 정도에 이르지 않은 것을 말한다.

㉡ 일반인이 진화로 오인할 정도에 이르지 않은 모조품을 말한다.

(2) 행위 : 제조 · 수입 · 수출 · 판매

① **제조** : 통화발행 권한 없는 자가 통화와 유사물을 만드는 것을 말한다.

② **수입** : 국외로부터 국내로 반입하는 것을 말한다.

③ **수출** : 국내에서 국외로 반출하는 것을 말한다.

④ **판매** : 불특정 다수인에게 유상으로 양도하는 것을 말한다.

Ⅸ. 통화위조예비 · 음모죄

1. 의 의

내국통화위조 · 변조죄, 내국유통외국통화위조 · 변조죄 또는 외국통용외국통화위조 · 변조죄를 범할 목적으로 예비 · 음모한 자를 특별히 처벌하는 범죄이다.

2. 성 질

(1) 목적범 : 본죄에 대한 목적이 있어야 성립하는 목적범이다.

(2) 필요적 감면 : 통화위조 · 변조의 예비 · 음모에서 자수시(범죄의 실행에 이르기 전에 자수시)에는 형을 감경 또는 면제한다(제213조).

핵심요약 통화에 관한 죄

1. 미수범 불벌

① 위조통화취득후 지정행사죄

② 즉, 통화에 관한 죄 중 위조통화취득후 지정행사죄를 제외하곤 미수범 처벌

2. 목적범 아닌 범죄

① 위조통화취득후 지정행사죄, 위조 · 변조통화행사죄

② 즉, 위조통화취득후 지정행사죄, 위조 · 변조통화행사죄를 제외하곤 목적범 처벌

3. 예비 · 음모처벌규정 있는 범죄

① 내국통화위조 · 변조죄 ② 내국유통외국통화위조 · 변조죄

③ 외국통용외국통화위조 · 변조죄

4. 예비 · 음모처벌규정 없는 범죄

① 위조 · 변조통화취득죄 ② 위조통화취득후 지정행사죄

③ 통화유사물제조죄 ④ 통화위조 예비 · 음모죄

5. 통화위조 예비 · 음모의 자수 : 필요적 감 · 면

제2절 유가증권 · 인지와 우표에 관한 죄

I. 유가증권 · 인지와 우표에 관한 죄의 일반이론

1. 의 의

유가증권에 관한 죄란 행사할 목적으로 유가증권을 위조 또는 변조 · 허위작성하거나, 위조 · 변조 · 허위작성한 유가증권을 행사 · 수입 또는 수출을 함으로써 성립하는 범죄이다.

2. 보호법익과 보호받는 정도

(1) 보호법익 : (유가증권의) 법적 거래의 신용과 안전

(2) 보호받는 정도 : 추상적 위험범

3. 유가증권 · 우표 · 인지에 관한 죄의 형태

(1) 기본적 구성요건 : 유가증권 위조 · 변조죄, 허위유가증권작성죄, 위조유가증권 등 행사죄

(2) 수정적 구성요건 : 자격모용에 의한 유가증권작성죄

보충설명 유가증권 · 우표와 인지에 관한 죄

1. **형법** : 유가증권과 우표 및 인지에 관한 죄의 처벌규정을 같은 장에 두고 있다.
2. **이유** : 인지 및 우표도 기능면에서 유가증권과 유사성이 있으므로 같은 장에 규정하고 있다.

II. 유가증권위조 · 변조죄

1. 서 설

(1) 의의 : 행사할 목적으로 대한민국 또는 외국의 공채증서 기타 유가증권을 위조 또는 변조함으로써 성립하는 범죄이다.

(2) 성질

① 유가증권에 관한 기본적 구성요건

② 목적범(본죄는 행사의 목적이 있어야 성립하는 목적범이다)

2. 구성요건

(1) 객체 : 대한민국 또는 외국의 공채증서 기타 유가증권

① **공채증서란** : 국가 또는 지방자치단체가 발행한 각종의 국채 또는 지방채의 증서를 말한다.

② **유가증권이란**

㉠ **의의** : 재산상의 권리가 표시된 증권으로서 그 권리의 행사와 처분에 그 증권의 점유를 필요로 하는 것을 말한다.

㉡ **유가증권의 성립요건**

ⓐ 재산상의 권리(즉, 재산권)가 표시되어 있어야 한다.

i) 재산권이면 물권 · 채권 · 사원권을 불문한다.

ii) 재산권의 주체도 개인 · 국가 · 외국인을 불문한다.

iii) 따라서 차용증 · 영수증 · 매매계약서 · 물품구입증 등은 법률관계의 존부 · 내용을 증명하는 데 불과하므로 유가증권이 아니다.

ⓑ 권리의 행사와 처분에 증권의 점유를 필요로 한다.

i) 두 가지 요건 중(즉, 행사와 처분 중) 어느 하나를 갖추지 못한 경우에는 유가증권이라 할 수 없다.

ii) 따라서 점유가 권리행사의 요건이 되지 않는 면책증권(예 신발표 · 우편예금통장 · 정기예탁금증서)은 유가증권이 아니다.

ⓒ 반드시 유통성을 요하지 않는다.

i) 유가증권은 유통성보다 재산권의 화체(化體)에 중점을 두고 있으므로 유통성은 성립요건이 아니다.

ii) 따라서 (유통성이 없는) 승차권 · 복권 · 경마투표권도 유가증권이다.

ⓓ 유가증권의 형식이 민법 · 상법상 유효함을 요하지 않는다.

i) 민법 · 상법상 무효인 유가증권이라도 일반인이 유효한 유가증권으로 오신할 수 있는 외관을 구비하면 유가증권으로 본다.

ii) 예 발행일자가 없는 유가증권 · 대표이사의 날인이 없는 주권 · 위조된 유가증권 · 위조된 약속어음을 구입하여 완성한 유가증권은 유가증권으로 본다.

③ **유가증권의 종류** : 법률상 유가증권과 사실상 유가증권

㉠ 법률상 유가증권 : 어음 · 수표 · 화물상환증 · 창고증권 · 선하증권 · 주권 등

㉡ 사실상 유가증권 : 승차권 · 상품권 · 입장권 · 경마투표권 등

④ **발행자**

㉠ 사인 · 국가 · 공공단체 · 외국인을 불문한다.

㉡ 사인인 경우는 자연인 · 법인을 불문한다.

㉢ 명의인이 실존함을 요하지 않으므로 사자 · 허무인 명의의 유가증권도 인정한다(통설 · 판례).

핵심요약 유가증권위조 · 변조죄

1. 유가증권을 인정하는 경우(판례)

① 어음 · 수표 · 주권 · 사채권
② 공채증서 · 화물상환증 · 창고증권 · 선하증권
③ 승차권 · 상품권 · 복권 · 경품권 · 경마투표권 · (극장)입장권
④ 영화관람권(입장권) · 공중전화카드 · 스키장리프트 탑승권 · 양도성 예금증서
⑤ 대표이사의 날인이 없는 주권
⑥ 발행일자 없는 유가증권 · 위조된 유가증권
⑦ 사자 또는 허무인 명의의 유가증권
⑧ 할부구매전표
⑨ 문방구약속어음용지

2. 유가증권을 부정하는 경우(판례)

① **면책증권** : 증거의 점유가 권리행사의 요건이 아닌 증권
㉠ (공중접객업소의) 신발표
㉡ 우편예금통장
㉢ 정기예탁금 증서 · 예금통장
㉣ 수화물 상환증
㉤ 휴대품보관증
㉥ 후불식통신카드(절취한 전화카드를 공중전화에 넣고 사용한 경우에 사문서부정행사죄가 성립, 대판 2002. 6. 25, 200도461)

② **증거증권** : 재산권이 표시되어 있지 않는 증권
㉠ 물품구입권
㉡ 영수증
㉢ 계약서
㉣ 차용증서
㉤ 매매계약서
㉥ 발행인의 날인 없는 가계수표

ⓐ (신용카드업자 발행의) 신용카드(유가증권은 부인하나, 증표로서의 가치는 인정)

ⓞ 카드일련번호식 국제전화카드(대판 2011. 11. 10, 2011도9620)

(2) 행위 : 위조와 변조

	유가증권 위조	유가증권 변조
의 의	유가증권을 작성할 권한없는 자가 (일반인이 진정하게 작성된 유가증권이라고 오신할 정도로) 타인명의의 유가증권을 작성하는 것을 말한다.	진정하게 성립한 타인명의의 유가증권을 권한없이 동일성을 해하지 않는 범위 내에서 변경하는 것을 말한다.
동일성 여부	유가증권의 동일성을 해하는 정도의 변경	유가증권의 동일성을 해하지 아니하는 범원에서의 변경
진정한 유가증권의 존부	① 불요 ② 즉, 진정한 유가증권의 존재 불요	① 필요 ② 즉, 진정한 유가증권의 존재 요
수단 · 방법	제한없다. 즉, 직접 · 간접정범의 방법도 가능	제한없다. 즉, 직접 · 간접정범의 방법도 가능
구체적 예	① 폐지되거나 유효기간이 경과된 지하철 승차권의 날짜를 고치는 경우 ② (주택)복권 당첨번호를 변경 ③ 타인이 위조한 백지의 약속어음을 완성한 경우 ④ 찢어서 폐지로 된 타인의 약속어음을 짜맞추어 어음의 외관을 갖춘 경우 ⑤ 대리권을 초과한 유가증권 작성, 즉 약속어음의 액면란에 보충권의 범위를 초과한 금액을 기입하는 경우	① 어음 · 수표의 액면금액의 변경 ② 발행일자의 변경 ③ 지급기일의 변경과 지급인의 주소변경 ④ 발행인이 기재한 배서금지문구를 권한없이 말소하는 행위 ⑤ 신용카드를 제시받은 상점점원이 그 카드의 금액란을 정정기재하였다고 하더라도 그것이 카드소지인이 위 점원에게 자신이 위 금액을 정정기재할 수 있는 권리가 있는 양 기망하여 이루어진 경우 ➡ 유가증권변조죄의 간접정범
특 례	① **대리권의 남용** : 유가증권 위조부정, 즉 유가증권을 작성할 수 있는 일반적인 권한을 가진 자가 대리권의 범위 내에서 그 대표 또는 대리권을 남용하여 자기 또는 제3자의 이익을 도모할 목적으로 유가증권을 작성(대리권 남용)한 경우 ➡ (유가증권위조는 부인하나) 배임죄 또는 허위유가증권 작성죄는 성립 ② **대리권 초과** : 대리권을 초과하여 유가증권을 작성한 경우 ➡ 유가증권위조죄가 성립 ③ **기망하여 날인** : 사기죄 성립, 즉 유가증권 발행권자를 기망하여 이미 기재한 수표용지에 날인케 한 경우 ➡ (유가증권위조죄가 아니라) 사기죄 성립	(타인명의의 유가증권 내용을 변경하여야 하므로) ① 자기명의의 유가증권에 대한 내용변경의 경우 ➡ 유가증권 변조가 아닌 허위유가증권작성죄가 성립 ② 타인소유 자기명의의 유가증권의 내용을 변경한 경우 ➡ (유가증권 변조가 아니라) 문서손괴죄가 성립

핵심요약 유가증권위조 · 변조죄

1. **무효가 된 기차표(승차권)의 날짜를 고쳐서 사용하는 경우** : 유가증권위조 및 동행사죄 성립
2. **대리권(대표권)이 없는 자가 대리인(대표자)의 자격을 사칭하여 유가증권을 작성한 경우** : 자격모용에 의한 유가증권작성죄 성립
3. **대리인(대표자)이 그 권한을 초월(초과)하여 대리인(대표자)으로서 본인이나 회사 명의의 유가증권을 작성하는 경우** : 자격모용에 의한 유가증권작성죄 성립(다수설)
4. **대리인(대표자)이 그 대리권(대표권)의 범위 내에서 그 권한을 남용하여 본인이나 회사명의의 유가증권을 작성하는 경우** : 허위유가증권작성죄 또는 배임죄가 성립(작성권한이 있으므로 유가증권위조죄 또는 자격모용에 의한 유가증권작성죄가 성립하지 않는다)

3. 죄수문제 : 유가증권의 수를 기준으로 결정

예 약속어음2매를 위조한 경우 ➡ 2개의 유가증권위조죄의 경합범(판례)

4. 죄수관계

(1) 인장을 위조하여 유가증권을 위조한 경우 : 유가증권위조죄만 성립(즉, 인장위조죄는 유가증권위조죄에 흡수된다).

(2) 유가증권을 위조하여 행사한 경우 : 유가증권위조죄와 위조유가증권행사죄의 경합범

(3) 절도 · 횡령한 유가증권 용지를 이용하여 유가증권을 위조한 경우 : 절도죄 · 횡령죄와 유가증권위조죄의 경합범

(4) 수표를 위조 · 변조한 경우 : 특별법인 부정수표단속법(제5조)이 우선적용되므로 유가증권위조죄는 적용되지 않는다.

(5) 유가증권 발행권자를 기망하여 이미 기재한 수표용지에 날인케 한 경우 : (유가증권위조죄가 아니라) 사기죄 성립

보충설명 유가증권위조 · 변조죄와 부정수표단속법상의 수표위조 · 변죄죄

1. **유가증권위조 · 변조죄** : 목적 필요, 즉 고의 이외에 행사의 목적 필요
2. (부정수표단속법상) **수표위조 · 변죄죄**(제5조) : 목적 불요, 즉 고의만으로 성립하고 행사의 목적 불요

Ⅲ. (유가증권)기재(사항)의 위조 · 변조죄

1. 서 설

(1) 의의 : 행사할 목적으로 유가증권의 권리의무에 관한 기재사항을 위조 또는 변조함으로써 성립하는 범죄이다.

(2) 성질

① **목적범** : 본죄는 행사할 목적이 있어야 성립하는 목적범이다.

② (배서 · 인수 · 보증과 같은) **부수적 증권행위에 대한 위조 · 변조범죄** : 본죄는 기본적 증권행위가 진정하게 성립한 후에 그 부수적 증권행위(배서 · 보증 · 지급보증)와 관련된 범죄라는 점에서 기본적 증권행위(발행)에 대한 유가증권위조 · 변조죄와 구별해야 한다.

2. 구성요건

(1) 객체 : 유가증권의 권리 · 의무에 관한 기재

(본죄의 객체는 유가증권 자체가 아니라) 유가증권의 권리 · 의무에 관한 기재란 배서 · 인수 · 보증과 같은 부수적 증권행위의 기재사항을 말한다.

(2) 행위 : 위조 또는 변조

① **위조**

㉠ 기본적 증권행위가 진정하게 성립한 후에 부수적 증권행위에 대해 작성명의를 모용하는 것을 말한다.

㉡ **예** ① 자기가 발행한 수표에 대하여 배서를 위조한 경우 → (유가증권)기재사항의 위조죄
② 진정하게 성립한 어음에 타인명의를 모용하여 배서하는 경우 → (유가증권)기재사항의 위조죄

② **변조**

㉠ 진정하게 성립된 유가증권에 대해서 그 부수적 증권행위에 속한 사항의 내용을 변경하는 것을 말한다.

㉡ **예** ① 타인의 배서부문을 변경하는 경우 → (유가증권)기재사항의 변조죄
② 타인의 배서 후 발행일자나 수취일자 등을 변경하는 경우 → (유가증권)기재사항의 변조죄

관련판례 유가증권기재사항의 변조죄

유가증권의 발행인(기본적 증권행위자)이라고 하더라도 부수적 증권행위가 행해진 이상, 부수적 증권행위자의 동의 없이 그 기재내용에 변경을 가한 경우 → 유가증권 기재사항의 변조죄(대판 2003. 1. 10, 2001도6553)

Ⅳ. 자격모용에 의한 유가증권작성죄

1. 서 설

(1) 의의 : 행사할 목적으로 타인의 자격을 모용하여 유가증권을 작성하거나 유가증권의 권리 또는 의무에 관한 사항을 기재함으로써 성립하는 범죄이다.

(2) 성질

① **목적범** : 행사할 목적지 있어야 성립하는 목적범이다.

② **추상적 위험범**

2. 구성요건

(1) 객체 : 타인의 자격을 모용하여 유가증권 또는 유가증권의 권리 또는 의무에 관한 사항을 기재하는 것

① **타인의 자격을 모용한다란** : 대리권 또는 대표권 없는 자(즉, 처음부터 권한이 없는 자나 권한을 상실한 자 또는 월권행위를 불문)가 타인의 대리인 또는 대표자로서 자격을 사칭하여 유가증권을 작성하는 것을 말한다.

핵심요약 자격모용에 의한 유가증권작성죄

1. 자격모용에 의한 유가증권작성죄가 성립하는 경우(판례)

① 직무집행정지가처분을 받은 대표이사가 그 권한 밖의 유가증권을 작성하는 경우

② 대표이사가 타인으로 변경되었는데도 전임 대표이사가 자격을 이용하여 회사의 약속어음을 발행한 경우

③ 甲은 A회사의 대표이사로 근무하다 퇴직후 A회사 대표이사 甲명의의 유가증권을 작성한 경우 → 자격모용에 의한 유가증권작성죄가 성립

2. 자격모용에 의한 유가증권작성죄가 성립하지 않는 경우(판례)

① 甲은 A회사의 대표이사로 근무하다 퇴직한 후 현재의 대표이사 乙명의의 유가증권을 발행한 경우 → 유가증권위조죄가 성립

② 회사의 대표이사가 은행과 당좌거래약정이 되어 있는 전대표이사 명의로 수표를 발행한 경우 → 무죄

③ 거래상 자기를 표시하는 명칭으로 사용해 온 망부 명의로 어음을 발행한 경우 → 무죄

보충설명 유가증권위조죄 · 자격모용에 의한 유가증권작성죄

1. **타인명의의 타인자격의 유가증권을 작성하면** : 유가증권위조죄
2. **자기명의의 타인자격의 유가증권을 작성하면** : 자격모용에 의한 유가증권작성죄

② **유가증권의 권리 또는 의무에 관한 사항기재란** : 배서 · 인수 · 보증과 같은 부수적 증권행위의 기재사항을 말한다.

(2) 행위 : 유가증권을 작성하는 것

① **작성의 의의** : 행사할 목적으로 타인의 자격을 모용하여 유가증권을 작성하는 것을 말한다.

② **대리권의 남용시** : 대리인이나 대표권 있는 자가 그 권한을 남용하여 유가증권을 작성한 경우 → 허위유가증권작성죄 또는 배임죄 성립(작성권한이 있으므로 유가증권위조죄 또는 자격모용에 의한 유가증권작성죄는 부정)

V. 허위유가증권작성죄

1. 서 설

(1) 의의 : 행사할 목적으로 허위의 유가증권을 작성하거나 유가증권에 허위의 사항을 기재함으로써 성립하는 범죄이다.

(2) 성질

① 무형위조(유가증권의 무형위조를 처벌하기 위한 규정이다)

② 목적범

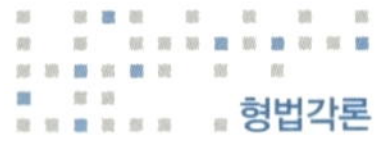

개념정리 무형위조

1. **의의** : 유가증권(문서)의 작성권한은 있으나 유가증권(문서)의 내용이 허위인 경우를 말한다.
2. **사례** : 허위유가증권작성죄 · 허위진단서작성죄 · 허위공문서작성죄 · 공정증서원본부실기재죄

2. 구성요건

(1) 객체 : 유가증권(유가증권 위조 · 변조죄의 객체와 동일하다 · 383면 참조)

(2) 행위 : 허위의 유가증권을 작성하거나 유가증권에 허위사항을 기재하는 것

① **허위의 유가증권을 작성한다란** : 유가증권 작성권한 있는 자가 타인의 작성명의를 모용하지 않고 유가증권에 허위내용을 기재하는 것을 말한다.

핵심요약 허위유가증권작성죄

1. 허위유가증권작성죄가 인정되는 경우(판례)

① 실재하지 아니하는 회사를 실재하는 회사로 가장하여 그 회사명의로 약속어음을 발행한 경우
② 지급은행과 당좌거래 사실이 없거나 거래중지 중인데 수표를 발행한 경우
③ 주권의 발행일자를 실제로 발행한 일자보다 소급기재하여 발행한 경우
④ 약속어음의 작성을 위임받은 자가 위탁자인 발행인 이름 아래 자기의 인장을 날인하여 발행하는 경우
⑤ 부정수표단속법(1951년 7월 제정)이 제정되기 이전의 판례로 지급은행과 당좌거래실적이 없거나 거래정지를 당하였음에도 불구하고 수표를 발행한 경우
⑥ 실제로 선적한 일이 없는 화물을 선적하였다는 내용의 선하증권을 발행하는 경우

2. 허위유가증권작성죄가 인정되지 않는 경우(판례)

① 당좌거래 은행에 잔고가 없음을 알면서 수표를 발행한 경우
② 원인채무관계가 존재하지 않음에도 약속어음을 발행한 경우
③ 주권발행 전에 주식을 양도받은 자에게 주권을 발행한 경우
④ 약속어음상의 권리에 아무런 영향을 미치지 않는 사항(배서인의 주소)을 허위로 기재한 경우
⑤ 은행을 통하여 지급이 이루어지는 약속어음의 발행인이 그 발행을 위하여 은행에 신고된 것이 아닌 발행인의 다른 인장을 날인한 경우라 하더라도 그것이 발행인의 인장인 이상 그 어음의 효력에는 아무런 영향이 없으므로 허위유가증권작성죄가 성립하지 아니한다(대판 2000. 5. 30, 2000도883).
⑥ 자기앞수표의 발행인이 수표의뢰인으로부터 수표자금을 입금받지 아니한 채 자기앞수표를 발행한 경우(대판 2005. 10. 27, 2005도4528)

② **허위의 사항을 기재한다란**

㉠ 기재권한 있는 자가 기존의 유가증권에 진실에 반하는 사항을 기재하는 것을 말한다.

㉡ 단, 권리관계에 아무런 영향을 미치지 않는 사항을 허위기재하는 것은 본죄에 해당하지 않는다. 예 유가증권발행시 배서인의 주소를 허위로 기재하는 경우 → 허위유가증권작성죄 불성립

Ⅵ. 위조유가증권행사죄

1. 서 설

(1) 의의 : 위조 · 변조 · 작성 또는 허위기재한 유가증권을 행사하거나 행사할 목적으로 수입 또는 수출함으로써 성립하는 범죄이다.

(2) 성질

① **유가증권에 관한 기본 범죄형태**

② **위조유가증권행사죄** : 목적범 아님

③ **위조유가증권수입 · 수출죄** : 목적범

2. 구성요건

(1) 객체 : 유가증권위조 · 변조죄, 자격모용에 의한 유가증권작성죄 · 허위유가증권작성죄에 의하여 위조 · 변조 · 작성 또는 허위기재한 유가증권

① (위조유가증권행사죄에서) **유가증권이란** : 위조된 유가증권의 원본을 말한다.

② **복사 사본은 부인** : 본죄는 위조된 유가증권의 원본만을 의미하므로, 따라서 전자복사기 등을 사용하여 기계적으로 복사한 사본은 본죄에 해당하지 않는다(판례).

(2) 행위 : 행사하거나 수입 또는 수출하는 것

① **행사**

㉠ 위조 · 변조 · 작성 · 허위기재란 유가증권을 그 용법에 따라 진정한 것으로서 사용하는 것을 말한다.

㉡ 반드시 유통상태에 있음을 필요로 하지 않는다. 따라서 반드시 유통상태에 놓아야 하는 위조통화행사죄와 구별된다.

㉢ 위조유가증권인 줄 아는 자에게 교부하는 경우에도 위조유가증권 행사가 된다는 점에

서 위조 · 변조문서의 행사와 다르다.

핵심요약 위조유가증권행사죄 · 위조통화행사죄와의 구별

1. **위조유가증권행사죄** : 유통상태 불요
2. **위조통화행사죄** : 유통상태 불요

핵심요약 위조유가증권행사죄 · 위조문서행사죄와의 구별

1. **위조유가증권행사죄** : 위조된 것을 알든 모르든 불문하고 교부시 행사로서 본죄 성립
2. **위조문서행사죄** : 위조된 것을 모르는 자에게만 교부시 행사로서 본죄 성립. 따라서 위조된 것을 알고 있는 자에 교부시는 행사가 아니므로 본죄 부인

㉣ 예 ① 위조 · 변조문서의 경우 위조 · 변조인 줄 알고 있는 자에게 제시 · 교부하는 경우 ➡ 위조 · 변조문서행사죄 부정(행사가 아니므로)

② 위조어음을 선의로 취득한 자가 후에 그 정을 알고 진정한 것처럼 이를 배서양도한 경우 ➡ 위조유가증권행사죄

③ 허위작성된 유가증권을 행사할 의사가 분명한 자에게 교부하여 그가 이를 행사한 경우 ➡ 허위작성유가증권행사죄의 공동정범이 성립(판례)

② **수입** : 국외에서 국내에 반입하는 것을 말한다.

③ **수출** : 국내에서 국외로 반출하는 것을 말한다.

(3) 기수시기 : 위조 · 변조 · 작성 · 허위기재한 유가증권을 진정한 것이라고 타인에게 인식시킬 수 있는 상태에 있는 때에 기수가 된다.

관련판례 위조유가증권행사죄가 성립하는 경우

1. 유가증권을 확인하기 위하여 제시하는 경우
2. 자기의 자산 · 신용상태에 대한 신용을 얻기 위하여 타인 또는 친족에게 보여주는 경우
3. 증거자료로서 진정한 어음이라고 법원에 제출하는 경우
4. 오락실 운영자가 위조된 문화상품권을 미리 오락기에 여러 장 투입해 두고 그 후 오락기 이용자가 게임에서 당첨이 되면 오락기에서 자동으로 그 당첨액수에 상응하는 상품권이 배출되도록 한 경우(대판 2007. 4. 12, 2007도796)

3. 죄수문제

(1) 유가증권을 위조 또는 변조한 후 이를 행사한 경우 : 유가증권위조 또는 변조죄와 위조유가증권행사죄의 경합범

(2) 위조유가증권을 행사하여 재물을 편취한 경우 : 위조유가증권행사죄와 사기죄의 상상적 경합범

Ⅶ. 인지 · 우표 위조 · 변조죄

1. 서 설

(1) 의의 : 행사할 목적으로 대한민국 또는 외국의 인지 · 우표 · 기타 우편요금을 표시하는 증표를 위조 또는 변조함으로써 성립하는 범죄이다.

(2) 성질

① **목적범**

② **인지 · 우표에 관한 기본범죄**

③ **독립된 범죄** : 인지 · 우표는 유가증권의 일종이나 통화에 가까운 성격을 갖고 있으므로 유가증권과는 독립된 범죄로 규정하고 있다.

2. 구성요건

(1) 객체 : 대한민국 또는 외국의 인지 · 우표 기타 우편요금을 표시하는 증표

① **인지** : 일정한 수수료 또는 인지세를 납부하는 방법으로 첨부 · 사용하기 위하여 정부 기타 발행권자가 일정한 금액을 권면에 표시하여 발행한 증표를 말한다.

② **우표** : 정부 기타 발행권자가 일반인에게 우편요금의 납부용으로 첨부 · 사용하게 하기 위하여 일정한 금액을 권면에 표시하여 발행한 증표를 말한다.

③ **기타 우편요금을 표시하는 증표** : 우편요금의 납부방법으로 사용되는 증표를 말한다.

예 요금별납 등의 표지

(2) 행위 : 위조 또는 변조(유가증권위조 · 변조죄의 행위와 동일하다 · 385면 참조)

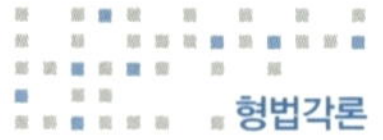

Ⅷ. 위조 · 변조 인지 또는 우표의 행사죄

1. 의 의

위조 또는 변조된 대한민국 또는 외국의 인지 · 우표 기타 우편요금을 표시하는 증표를 행사하거나 행사할 목적으로 위조 또는 변조함으로써 성립하는 범죄이다.

2. 성 질

(1) 위조 · 변조 우표 · 인지행사죄 : 목적범 아님

(2) 위조 · 변조 우표 · 인지수입 · 수출죄 : 목적범

3. 행 위 : 증표를 행사하거나 행사할 목적으로 위조 또는 변조

(1) 행사란 위조 또는 변조한 대한민국 또는 외국의 우표 등을 진정한 우표로 사용하는 것을 말한다.

(2) 행사는 반드시 우편요금이 납부용으로 사용하는 것에 한(제한)하지 않고 우표수집의 대상으로서 매매하는 경우도 포함한다(판례).

Ⅸ. 위조인지 · 우표 등의 취득죄

1. 의 의

행사할 목적으로 위조 또는 변조한 대한민국 또는 외국의 인지 · 우표 기타 우편요금을 표시하는 증표를 취득함으로써 성립하는 범죄이다.

2. 행 위 : 증표를 취득

(1) 취득은 위조 또는 변조된 인지 · 우표 기타 우편요금을 표시하는 증표라는 정(情)을 알고(알면서) 취득하였을 것을 요(要)한다.

(2) 따라서 취득시에는 위조 · 변조된 인지 · 우표인 줄 모르고 취득하였으나 이후(나중)에 알면서 보관한 경우에는 위조인지 · 우표의 지정행사죄가 없으므로 무죄이다.

보충설명 통화(우편 · 인지)취득죄

1. **위조 · 변조된 통화와 우표 · 인지를 행사할 목적으로 취득하면** : 위조 · 변조통화 또는 우표 · 인지 취득죄가 성립
2. **위조 · 변조된 통화유사물 · 유가증권 · 문서를 행사할 목적으로 취득하면** : 불벌. 즉, 처벌규정이 없으므로

X. 인지 · 우표 등의 소인말소죄(消印抹消罪)

1. 서 설

(1) 의의 : 행사할 목적으로 대한민국 또는 외국의 인지 · 우표 · 기타 우편요금을 표시하는 증표의 소인 기타 사용의 표지를 말소함으로써 성립하는 범죄이다(제221조).

(2) 성질

① 목적범

② 미수범 불벌

2. 구성요건

(1) 객체 : 인지 · 우표 · 기타 우편요금을 표시하는 증표(인지 · 우표위조 · 변조죄의 객체와 동일하다 · 393면 참조)

(2) 행위 : 증표의 소인 기타 사용의 표지를 말소

① **소인의 말소란** : 인지 · 우표에 찍혀 있는 소인의 흔적을 소멸시켜 다시 사용할 수 있게 하는 일체의 행위를 말한다.

② **소인의 말소방법** : 제한없다.

XI. 인지 · 우표유사물의 제조죄

1. 의 의

판매할 목적으로 대한민국 또는 외국의 공채증서 · 인지 · 우표 기타 우편요금을 표시하는 증표와 유사한 물건을 제조 · 수입 또는 수출하거나 이를 판매함으로써 성립하는 범죄이다.

2. 성 질

(1) 판매목적 인지 · 우표유사물제조죄(자) : 목적범

(2) 인지 · 우표 · 유사물판매죄(자) : 목적범 아님

3. 객 체 : 대한민국 또는 외국의 공채증서 · 인지 · 우표 기타 우편요금을 표시하는 증표와 유사한 물건

유사한 물건이란 일반인이 공채증서 · 인지 · 우표 또는 우편요금 표시증표라고 오신케 할 정도의 외관을 구비하지 못한 모조품을 말한다.

XII. 예비 · 음모죄

1. 관련규정(예비 · 음모)

제214조(유가증권위조 · 변조죄) · 제215조(자격모용에 의한 유가증권작성죄) · 제218조(인지 · 우표위조 · 변조죄)의 죄를 범할 목적으로 예비 또는 음모한 자는 2년 이하의 징역에 처한다.

2. 처 벌 : 자수특례규정 없다. 즉, 통화에 관한 죄의 경우와는 달리 자수에 대한 특별규정이 없다.

핵심요약 유가증권 · 우표 및 인지에 관한 죄

1. 자수시 필요한 감면

① **통화에 관한 죄의 자수시** : 필요적 감면 규정 있다.

② **유가증권에 관한 죄의 자수시** : 필요적 감면 규정 없다.

2. 예비 · 음모의 처벌

① **예비 · 음모의 처벌** : 유가증권위조 · 변조죄, 유가증권기재사항의 위조 · 변조죄, 자격모용에 의한 유가증권작성죄, 인지 및 우표의 위조 · 변조죄

② **예비 · 음모의 불벌** : 허위유가증권작성죄 · 위조유가증권행사죄, 위조 · 변조인지 또는 우표의 행사죄, 위조인지 · 우표의 취득죄, 인지 · 우표의 소인말소죄, 인지 · 우표유사물제조죄

3. 미수범 처벌

① **미수범 불벌** : 우표 · 인지 소인말소죄

② **미수범 처벌** : 우표 · 인지 소인말소죄를 제외한 유가증권 · 우표 및 인지에 관한 모든 범죄

제3절 문서에 관한 죄

I. 문서에 관한 죄의 일반이론

1. 서 설

(1) 의의 : 문서에 관한 죄란 행사할 목적으로 문서를 위조 또는 변조하거나 허위의 문서를 작성하거나, 위조 · 변조 · 허위작성된 문서를 행사하거나 문서를 부정행사함으로써 성립하는 범죄를 말한다.

(2) 보호법익과 보호받는 정도

① **보호법익** : 문서의 진정에 대한 공공의 신용(公共의 信用, 통설 · 판례)

② **보호받는 정도** : 추상적 위험범

2. 문서의 의의 : 협의의 문서와 광의의 문서

(1) 협의의 문서

① **의의** : 일정한 의사 및 관념을 문자 또는 음독 가능한 부호에 의하여 어느 정도 계속성 있는 물체를 말한다.

② **문서의 기능** : 계속적 기능 · 증명적 기능 · 보장적 기능

㉠ **계속적 기능**

ⓐ 의의 : 일정한 의사 및 관념을 문자 또는 음독 가능한 부호에 의하여 어느 정도 계속성이 있어야 한다.

ⓑ 의사표시

i) 의사 및 관념의 표현(시)일 것, 따라서 단순한 사실관계를 표시하는 것은 문서를 인정하지 않는다. 예 목욕탕 번호표 · 신발표 · 명찰 · 명함 등은 문서를 부인

ii) 의사표현의 방식은 (객관적 · 일반적으로 이해 할 수 있는) 문자 또는 음독 가능한 부호에 의한 표현일 것

㉮ 음독 가능한 부호이면 문서를 인정한다.

예 맹인용 점자 · 전신부호 · 속기용 부호 등에 의해서 표시된 것도 문서 인정

㉯ 음독이 불가능한 부호는 문서를 부정한다.

예 녹음테이프 · 음반 · 본인만이 알 수 있는 암호 등은 문서 부인

iii) 의사표현의 형태는 (확정적이어야 하므로) 원본에 의할 것

㉮ 따라서 사본 · 초본 · 등본 · 초안 등의 문서를 부인한다.

㉯ 문서의 정본 또는 인증문구가 있는 사본 · 초본 · 등본은 문서를 인정한다.

㉰ 복본(複本)(복사문서의 문서를 인정 · 판례). 즉, 사진이나 복사기를 사용하여 원본을 복사한 복사본은 문서를 인정한다. 단, 복사본이 아닌 필사본은 문서가 아니다.

iv) 의사표현방식은 반드시 문서형식에 한하지 않고 다소 생략된 문서라도(즉, 문장형식을 갖추지 않아도) 일정한 의사 내지 관념의 납득이 가능하면 문서를 인정한다.

예 예금통장과 백지위임장 · 우체국 또는 은행의 일부인 · 신용장에 날인된 접수일부인 · 세무서장의 승인 등은 문서를 인정

ⓒ 의사표시의 계속성

i) 문서는 어느 정도 계속성이 있어야 한다. 따라서 계속성이 없으면 문서를 부인한다. 예 모래위의 글씨 · 흑판의 낙서 · 판자 위에 물로 쓴 글씨 등은 문서 부인

ii) 의사표시의 내용은 시각적으로 이해할 수 있어야 한다. 따라서 청각에 의하여 내용을 이해할 수 있는 것은 문서를 부인한다.

예 음반 · 레코드 · 녹음테이프 등은 문서 부인

㉡ 증명적 기능

ⓐ 의의 : 일정한 법률관계 또는 사회생활상 중요사항을 증명할 수 있어야 한다.

ⓑ 증명능력

i) 법률관계 : 권리의무의 발생 · 변경 · 소멸과 관련된 사실을 말한다.

예 매매신청서 · 매매계약서 · 은행출금표 · 인장증명교부신청서 · 주민등록발급신청서 · 유언서 · 매도증서 · 예금청구서 · 고소장 · 고발장 등은 문서 인정

ii) 사회생활상 중요한 사항

㉮ 권리 · 의무 이외의 사항으로서 사실증명에 사용될 수 있는 것을 말한다.

예 신분증명서 · 주민등록표 · 호적부 · 이력서 · 추천서 · 인사장 · 안내장 · 광고의뢰서 · 계산서 · 영수증 · 현금보관증 · 이사회의 회의록과 결의서 등은 문서 인정

㉯ 따라서 단순한 의사를 표시하는 데 불과한 것은 문서를 부인한다.

예 시 · 소설 등의 예술작품, 저작물 · 명함 등은 문서 부정

iii) **증명적 기능** : 공문서 · 사문서를 불문한다.

iv) **진정문서를 전제** : 증명적 기능은 진정문서만 인정되고, 따라서 부진정문서는 문서위조죄의 객체가 될 수 없다.

ⓒ 증명의사

ⅰ) **증명의사 요** : 문서는 법률관계 내지 사회생활상 중요한 사항을 증명하기 위한 증명의사가 있어야 한다.

㉮ 증명의사는 확정적 의사이어야 한다. 따라서 확정적 의사가 없는 초고 · 초안은 문서를 부정한다.

㉯ 확정적 증명의사가 있는 이상 시한부로 작성된 것이라도 문서를 인정한다.

예 가계약서 · 가영수증은 문서 인정

ⅱ) **목적문서와 우연문서의 증명의사 여부**

㉮ **목적문서** : 처음부터 증명의사를 가지고 작성된 문서를 말한다. 따라서 공문서는 항상 목적문서이다.

㉯ **우연문서** : 증명의사없이 작성했다가 사후에 일정한 증거로서 이용된 문서를 말한다. 따라서 사문서에는 목적문서 · 우연문서 양자가 모두 포함될 수 있다.

㉢ **보장적 기능**(보증기능)

ⓐ **의의** : 문서에는 의사표시의 내용을 보증할 수 있는 의사표시의 주체, 즉 명의인이 있어야 한다.

ⓑ **명의인**

ⅰ) 명의인이란 문서의 표현내용이 귀속되는 의사표시의 주체를 말한다.

ⅱ) 명의인은 반드시 현실의 작성자와 일치할 필요는 없고, 자연인 · 법인 · 법인격 없는 단체를 불문한다.

iii) 명의인은 특정되어 있어야 한다. 따라서 명의인이 특정되어 있으면 반드시 그 성명이 표시될 필요는 없고 문서내용 · 형식 · 외관 등으로 명의인을 확인할 수 있으면 되고 명의인의 서명 · 날인이 있어야 하는 것은 아니다(판례).

ⓒ **명의인의 실존(재)성 여부**(사자와 허무인명의의 문서)

ⅰ) **문제의 제기** : 문서의 명의인이 실존(재)하여야 하는가와 관련하여 사자와 허무

인 명의의 문서도 문서로 인정할 수 있느냐가 문제된다.

ii) **통설 · 판례** : 명의인의 실존 불요, 즉 사자나 허무인 명의의 문서라도 일반인에게 진정한 문서로 오신할 염려만 있으면 문서의 진정에 대한 공공의 신용은 저해될 수 있으므로 공문서 · 사문서를 불문하고 명의인이 실존(재)할 필요는 없다.

iii) 결론

㉮ **종래판례** : 공문서는 명의인의 실존을 불요하나 사문서는 명의인의 실존을 요한다.

㉯ **최근판례** : 최근 전원합의체 판결로 공문서 · 사문서를 불문하고 명의인이 실존(재)하지 않는 허무인이나 사자 명의의 문서성을 인정, 즉 명의인의 실존 불요(대판 2005. 2. 24, 200도18 전원합의체).

관련판례 사자 · 허무인 명의의 문서 인정

1. 자연인 아닌 법인이나 단체 명의의 문서에 있어서 요건이 구비된 이상 그 문서 작성자로 표시된 사람의 실존 여부는 문서위조죄의 성립에 아무런 지장이 없다(대판 2003. 9. 26, 2003도3729).
2. 타인 명의의 문서를 위조하여 행사한 경우 문서의 요건을 구비한 이상 그 명의인이 실재하지 않는 허무인이나 또는 문서의 작성일자 전에 이미 사망하였더라도 사문서위조죄 및 동행사죄가 성립한다(대판 2005. 2. 24, 2002도18 전원합의체).
3. 해산등기를 마쳐 그 법인격이 소멸한 법인 명의의 사문서를 위조한 경우 사문서위조죄가 성립한다(대판 2005. 3. 25, 2003도4943).

iv) 구체적 사례(판례)

㉮ 허무인명의의 공문서 · 사자명의의 공문서 작성시 ➡ 공문서위조죄 인정

㉯ 허무인명의의 사문서 · 사자명의의 사문서 작성시 ➡ 공문서위조죄 부정

(2) 광의의 문서 : 협의의 문서와 도화

① **협의의 문서** : 협의의 문서 내용 참조

② **도화**

㉠ **도화란** : 상형적 부호에 의하여 의사 또는 관념을 표시하는 물체를 말한다.

예 인체해부도 · 토지경계표 · 지적도 등

㉡ **내용** : 도화라도 의사 또는 관념의 표시가 아닌 순수한 예술작품(예술가가 한)의 서명 ·

낙관은 도화(문서)가 아니라 인장에 해당한다.

예 화가의 낙관 또는 사인을 위서하거나 위인을 날인한 회화를 작성하는 경우 → 문서 · 도화위조죄는 부인(인장 · 서명위조죄는 성립)

관련판례 도화 위조 및 행사죄

중국산 가짜 담배를 밀수입하여 판매하면서 그 답배갑을 위조 및 행사한 경우 → (사)도화 위조 및 동행사죄가 성립(대판 2010. 7. 29, 2010도2705)

㉢ **도화의 기능** : 도화도 문서와 동일하므로 증명적 기능 · 계속적 기능 · 보장적 기능을 요한다.

핵심요약 문서 인정 유무

1. 문서로 볼 수 없는 경우(판례)

① 검증의 목적물 · 명찰 · 문패 · 번호표 · 물품예치표 · 제조상품의 일련번호 · 목욕탕에서 사용하는 번호표
② 서명 · 낙관(문서가 아니라 인장위조죄의 대상 : 통설)
③ 전기오염전광판 · 환경오염전광판 · 자동차의 주행기록
④ 시 · 소설 등의 예술작품
⑤ 초안 · 초고
⑥ 녹음테이프
⑦ 고암호를 사용한 물체
⑧ 필사본
⑨ 개인의 일기장 · 연애편지
⑩ 허무인 명의의 사문서
⑪ 작성명의인 없는 문서 또는 단순한 메모나 비망록
⑫ 흑판에 백묵으로 쓴 글

2. 문서에 해당하는 경우(판례)

① 전자기록 · 도화 · 인증 등본
② 이력서 · 추천서
③ 외국어로 기재된 문서
④ 매매계약서
⑤ 보증서
⑥ 신분증명서 · 주민등록표
⑦ 전자복사기로 복사한 문서의 사본, 즉 복사본(복사문서)
⑧ 여권
⑨ 은행의 입금표 · 영수증
⑩ 권리능력없는 사단의 문서

3. 문서의 종류

(1) 공문서와 사문서

	공문서	사문서
의 의	공무소 또는 공무원이 직무상 작성하는 문서를 말한다.	사인의 명의로 작성한 문서를 말한다.
작성자의 실존	불요	필요
특 성	사문서라도 공증절차를 필한 문서는 공문서로 취급	외국의 공문서는 사문서로 취급 예 미국교통국이 발급한 운전면허증
예	① 국립대학학생증 ② 국립대학병원 의사작성진단서 ③ 공무소 · 공무원이라도 직무와 관련하여 작성된 문서	① 사립대학학생증 ② 사립대학병원 의사작성진단서 ③ 공무소 · 공무원이라도 직무와 관련없이 작성된 문서 예 (공무원) 개인 명의의 매매계약서
결 론	① 양자(공문서와 사문서)는 작성자가 누구냐에 의하여 구별한다. ② 즉, 공문서는 공무소 또는 공무원이 작성하는 문서인데, 사문서는 사인이 작성하는 문서이다.	

(2) 진정문서 · 부진정문서 · 허위문서

① **진정문서** : 작성명의자와 현실적인 작성자가 일치하는 문서

② **부진정문서** : 작성명의자와 현실적인 작성자가 불일치하는 문서

③ **허위문서** : 작성명의자가 작성하였으나 문서의 내용이 허위인 문서

(3) 개별문서 · 전체문서 · 결합문서

① **개별문서** : 개별적인 의사표시를 내용으로 한 독립된 문서

② **전체문서** : 개개의 독립된 의사를 지닌 다수의 문서가 계속적으로 결합하여 그 전체가 통일된 독자적 의사표시의 내용을 가지게 되는 문서 예 예금통장 · 상업장부 · 형사기록 등

③ **결합문서** : 의사표시를 내용으로 하는 문서가 검증의 목적물과 결합되어 하나의 통일된 증명내용을 가지는 문서 예 사진을 첨부한 증명서 · 기존문서에 대한 인증

(4) 생략문서 · 완전문서

① **생략문서** : (문서에 나타난) 의사내용의 표시가 부분적으로 생략되어 있으면서 하나의 문서로서 의미를 갖는 문서

② **완전문서** : (문서에 나타난) 의사내용의 표시가 생략된 부분 없이 모두 표시되어 있는 문서

4. 문서의 본질 : 형식주의와 실질주의

문서에 관한 죄가 문서 성립의 진정 또는 내용의 진실 중 무엇을 보호하는 것인가에 대하여 견해가 대립된다.

	형식주의	실질주의
의 의	문서의 작성권한 없는 자가 문서를 작성한 때 처벌한다는 주의	문서의 작성권한은 있으나 문서의 내용이 허위일 때 처벌한다는 주의
보호법익	문서 성립의 진정	문서 내용의 진정(진실)
내 용	① 문서의 작성권한 있는 자가 문서를 작성하면 문서의 내용이 허위라도 위조가 안 된다. ② 문서의 작성권한 없는 자가 문서를 작성하면 문서의 내용이 진실이라도 위조가 된다. ③ 부진정문서만을 문서위조로 인정하는 입법주의	① 문서의 작성권한 있는 자가 문서의 내용이 허위인 문서를 작성하면 위조가 된다. ② 문서의 작성권한 없는 자가 문서의 내용이 진정한 문서를 작성하면 위조가 안 된다. ③ 허위문서만을 문서위조로 인정하는 입법주의
결 론	① **통설과 판례** : 형식주의를 원칙으로 하고, 실질주의를 예외적으로 인정 ② **결론** : 원칙상 작성명의가 허위(즉, 형식주의)인 경우에 문서위조죄로 처벌하고, 예외로 문서의 내용이 허위(즉, 실질주의)인 경우에 처벌한다.	

5. 위조의 형태 : 유형위조와 무형위조

(1) 유형위조와 무형위조

	유형위조	무형위조
의 의	문서의 작성권한 없는 자가 타인명의의 문서를 작성하는 것을 말한다.	문서의 작성권한은 있으나 문서의 내용을 허위로 작성하는 것을 말한다.
내 용	① 명의인 위조 ② 형식주의는 유형위조를 위조로 본다.	① 문서내용의 위조 ② 실질주의는 무형위조를 위조로 본다.
사 례	A가 권한없이 甲명의의 차용증을 작성한 경우	의사가 자기명의의 허위진단서를 작성하는 경우

(2) 현행형법의 태도

① 원칙상 유형위조(문서의 위조)를 처벌하여, 예외로 무형위조(문서의 작성)를 처벌한다.

② 무형위조는 허위진단서작성죄 · 허위공문서작성죄 · 공증증서원본부실기재죄가 있다.

③ 유형위조는 공문서 · 사문서를 불문하고 처벌하나, 무형위조는 사문서 중 허위진단서 작성죄만 예외로 처벌한다.

④ 형법은 유형위조를 문서의 위조라 하고, 무형위조를 문서의 작성이라 표현한다. 즉, 양자를 용어적으로 구별한다.

⑤ 형식주의에 의하면 유형위조는 위조이나, 무형위조는 위조가 아니다.

⑥ 실질주의에 의하면 무형위조는 위조이나, 유형위조는 위조가 아니다.

6. 문서에 관한 죄의 형태

(1) 문서에 관한 죄의 기본적 구성요건 : 사문서위조 · 변조죄, 허위진단서작성죄 · 위조사문서행사죄 · 사문서부정행사죄

(2) 사문서위조 · 변조죄의 가중적 구성요건 : 공문서위조 · 변조죄

(3) 수정적 구성요건 : 자격모용에 의한 사문서 작성죄와 공문서작성죄

(4) 허위진단서작성죄의 가중적 구성요건 : 허위공문서작성죄 · 공정증서원본부실기재죄

Ⅱ. 사문서위조 · 변조죄

1. 서 설

(1) 의의 : 행사할 목적으로 권리 · 의무 또는 사실증명에 관한 타인의 문서 또는 도화를 위조 또는 변조함으로써 성립하는 범죄이다.

(2) 성질

① 문서위조 · 변조죄의 기본범죄

② 목적범

2. 구성요건

(1) 주체 : 제한없다. 따라서 공무원도 주체가 된다.

(2) 객체 : 권리 · 의무 또는 사실증명에 관한 타인의 문서 또는 도화

① **타인의 문서**(사문서)

㉠ 공문서 이외의 문서를 말한다.

㉡ 타인은 자연인 · 법인 · 법인격 없는 단체를 불문한다.

㉢ 반드시 작성명의인이 실존하여야 하는 것은 아니다. 따라서 사자 · 허무인명의의 문서도 문서를 인정한다(통설 · 판례).

㉣ 권리 · 의무에 관한 문서(예 위임장 · 계약서 · 예금청구서 · 영수증 · 신탁증서 등) 또는 사실증명

에 관한 문서(예 추천서 · 인사장 · 안내장 · 이력서 · 회사의 신분증 등)일 것. 따라서 권리 · 의무 또는 사실증명에 관한 것이 아니라면 본죄의 객체가 될 수 없다.

ⓜ 어느 정도 영속성(永續性) 또는 계속성이 있을 것. 따라서 모래 위의 글씨 · 흑판의 낙서 등은 문서를 부인한다.

② **도화** : 상형적 부호에 의하여 의사 또는 관념을 표시하는 물체를 말한다.

예 인체해부도 · 지적도 등

(3) 행위 : 위조 · 변조

	위 조	변 조
의 의	작성권한 없는 자가 타인명의의 문서를 작성하는 것을 말한다.	진정하게 성립된 타인명의의 문서내용을 정당한 권한없이 동일성을 해하지 않을 정도로 변경하는 것을 말한다.
성립요건	1. **작성권한 없는 자가 작성** ① **의의** : 타인명의의 문서를 작성할 정당한 권한이 없는 자를 말한다. ② **명의인의 사전승낙을 받은 경우** : 본죄의 구성요건해당성이 조각된다(양해). ㉠ 승낙은 명시 · 묵시를 불문한다. ㉡ 사전승낙이 있을 것 ③ **월권대리** : 대리권 · 대표권이 있는 자가 그 권한의 범위를 초과하여 본인명의의 문서를 작성한 경우 ➡ 문서위조죄가 성립(통설) ④ **대리권 남용시** : (배임죄나 허위문서작성죄의 성립은 별론으로 하고) 문서위조죄는 성립하지 않는다(통설 · 판례). ⑤ **무권대리** : 대리권이나 대표권 없는 자가 대표자로서 본인명의의 문서를 작성하면 ➡ 자격모용에 의한 문서작성죄가 성립 2. **타인명의의 모용** : 문서위조죄 성립 권한없이 타인명의의 문서를 작성한 이상 그 내용이 진실이든 허위이든 문서위조죄가 성립	1. **권한없는 자일 것** : 따라서 권한있는 자의 변경은 변조가 아니다. 2. **진정하게 성립된 진정문서** ① 변조의 대상은 진정하게 성립된 타인명의의 진정문서이다. 따라서 부진정문서 · 위조문서 · 허위문서는 변조의 대상이 아니다. ② 미완성의 서면에 가필하여 문서를 완성한 경우 문서위조이며 변조는 아니다. 3. **타인명의의 문서** ① 변조는 타인명의의 문서에 변경을 가하는 것이다. ② 자기명의의 문서에 변경을 가하는 것은 문서변조가 아니고 문서손괴죄가 성립한다. ③ 변조의 대상인 문서의 내용은 진실 · 유효 · 적법함을 요하지 않는다.
진정문서 여부	진정문서 불요	진정문서 필요
동일성	문서의 동일성을 해하는 정도의 변경	문서의 동일성을 해하지 않을 정도의 내용 변경 (즉, 비본질적 부분의 변경)

핵심요약 문서위조죄 성립 유무

1. 문서위조죄가 성립하는 경우(판례)

① 유효기간이 경과한 문서의 발행일자를 정정하여 새로운 문서를 만든 경우

② 증명서의 성명을 고쳐 별개의 문서를 작성하는 경우

③ 졸업증명서에 누락된 성명을 기재한 경우

④ 운전면허증에 붙어있는 사진을 떼어내고 자신의 사진을 붙인 경우 ➡ 공문서위조죄

⑤ 학생증의 사진과 성명을 변경한 경우

⑥ 유효기간이 경과한 지하철승차권 또는 학원수강증의 일자를 변경한 경우 ➡ 승차권은 유가증권위조죄 · 학원수강증은 사문서위조죄

⑦ 기존의 미완성의 문서에 가공하여 그 문서를 완성하는 경우 예 백지보충

⑧ 문서작성의 대리권 있는 자가 그 권한의 범위의 초과하여 본인명의의 문서를 작성하는 경우

⑨ 명의인을 기망하여 문서를 작성하게 한 경우

⑩ 위조된 문서원본을 단순히 전자복사기로 복사하여 그 사본을 만드는 경우

⑪ 명의신탁을 부인하는 수탁자의 명의사용

⑫ 월권대리에 의한 문서작성

2. 문서변조죄가 성립하는 경우(판례)

① 인감증명서의 사용용도란의 기재를 변경한 경우 ➡ 공문서변조죄

② 결재받은 문서에 새로운 사항을 추가 기재한 경우

③ 첨부된 도면을 떼어내고 새로 작성한 도면을 가철한 경우

④ 작성된 계약서의 일자를 변경하거나, 차용증서의 지급기일 · 대여금액을 변경하는 경우

⑤ 운전면허증의 2종 보통을 1종 보통으로 변경하는 경우

⑥ 기존문서의 효력이 현존하는 문서에 유효기간을 증감하여 그 증명력을 변경하는 경우

예 학원수강증의 유효기간이 1월5일부터 2월4일까지를 12월5일부터 1월14일까지로 일자만을 변경한 경우 ➡ 사문서변조죄와 동행사죄

⑦ 행위자에게 불리한 기존의 문자를 삭제하고 유리한 문자를 기입하거나 이익이 될 만한 문자를 첨가하는 경우

3. 주관적 구성요건 : 고의 + 목적

(1) 고의 · 목적 : 본죄가 성립하기 위하여 고의 이외에 행사의 목적이 있어야 한다.

(2) 행사할 목적이란 : 위조 또는 변조된 문서를 진정한 문서로 효력을 발생케 할 목적을 말한다.

4. 죄수관계

(1) 문서에 관한 죄수는 명의인의 수를 기준으로 판단(주관설) : 2인 이상의 연명으로 된 문서를 위조한 때 ➡ 수개의 문서위조죄의 상상적 경합범(판례)

(2) 인장을 위조하여 문서를 위조한 경우 : 문서위조죄만 성립(인장위조죄는 문서위조죄에 흡수된다)

(3) 문서위조 · 변조 후 행사한 경우 : 문서위조 · 변조죄와 동행사죄의 경합범

(4) 문서위조후 이를 행사하여 타인의 재물을 영득한 경우 : 문서위조죄와 동행사죄 및 사기죄의 경합범(판례)

(5) 자기작성의 문서내용을 임의로 변경한 경우 : 문서손괴죄

(6) 명의인이 문맹임을 이용하여 문서를 작성한 경우

① **명의인이 문서의 내용을 모르고 문서를 작성한 경우** : 문서위조죄

② **명의인에게 문서내용을 진실한 것으로 오신시켜 문서의 내용을 알고 작성하게 한 후 취득한 경우** : 사기죄

(7) 신용카드부정사용좌와의 관계

① 신용카드부정사용죄의 구성요건행위인 신용카드사용은 대금결제를 위해 가맹점에 신용카드를 제시하고 매출표에 서명하여 이를 교부하는 일련의 행위를 말한다.

② 이 경우 매출표에 서명 교부하는 행위가 별도로 사문서위조 및 동행사죄의 구성요건을 충족한다고 하더라도 특별법우선적용원칙에 따라 사문서위조 및 동행사죄는 신용카드부정사용죄에 흡수되어 신용카드부정사용죄죄만 성립한다(대판 1992. 6. 9, 92도77).

보충설명 차용증서와 관련된 범죄

1. 채무자가 채권자로부터 차용증서를 일시 반환받아 차용금액을 고친 경우 ➡ 문서손괴죄
2. 甲은 문맹자 乙로부터 100만원을 차용하면서 甲을 대주 · 乙을 차주로 하는 차용증서를 작성한 경우 ➡ 사문서위조죄
3. 차용증서에 보증인으로 서명한 甲이 채권자가 소유하고 있던 차용증서를 일시반환 받아 차용증서상 자기의 보증인 문구를 입회인으로 고친 경우 ➡ 사문서변조죄

Ⅲ. 자격모용에 의한 사문서작성죄

1. 서 설

(1) 의의 : 행사할 목적으로 타인의 자격을 모용하여 권리 · 의무 또는 사실증명에 관한 문서 또는 도화를 작성함으로써 성립하는 범죄이다.

예 대리권 없는 A가 甲의 대리인으로 자기명의의 문서를 작성하는 경우(무권대리)

(2) 성질

① 유형위조(통설 · 판례)

② 목적범

(3) 사문서위조죄의 구별

	자격모용에 의한 사문서작성죄	사문서위조죄
성 질	자격만 모용한 경우, 즉 자기명의로 타인자격을 모용한 경우	자격과 성명 모두를 모용한 경우
범죄의 예	타인의 자격을 모용하여 자기명의의 문서를 작성한 경우	권한없는 자가 타인명의의 문서를 작성한 경우

2. 구성요건

(1) 객체 : 권리 · 의무 또는 사실증명에 관한 문서 또는 도화(사문서위조 · 변조죄와 동일하다)

(2) 행위 : 타인의 자격을 모용하여 작성하는 것

① **자격모용에 의한 문서의 작성**(타인의 자격모용)

㉠ **타인자격 모용** : 정당한 대리권 또는 대표권이 없는 자가 대리권 또는 대표권이 있는 것처럼 가장하여 타인의 자격을 모용하여 문서를 작성하는 것을 말한다.

예 대리권 없는 A가 甲의 대리인으로 자기명의의 문서를 작성하는 경우 → 자격모용에 의한 사문서작성죄

㉡ **권한초월** : 대리권 · 대표권이 있다고 하더라도 그 권한 이외의 사항에 관하여 대리권자 · 대표권자 명의의 문서를 작성한 경우에는 자격모용에 의한 사문서작성죄가 인정된다.

㉢ **권한남용** : 대리권을 남용하여 문서를 작성한 경우에는 문서위조죄는 불성립한다(단, 배임죄는 성립한다).

예 주식회사 대표이사가 회사공금을 쓰기 위하여 10억원을 차용하면서 12억원의 차용증서를 회사명의로

발부한 경우 ➡ 사문서위조죄 또는 사문서작성죄는 불성립(단, 배임죄는 성립)

② **작성** : 본인의 의사에 반하여 문서를 현실적으로 작성(작출)하는 것을 말한다.

관련판례 자격모용에 의한 사문서작성죄

종중의 신임 대표자 등이 선임되고 전임 대표자에 대한 직무집행정지가처분결정이 있은 후 위 가처분결정이 취소된 경우 위 가처분결정취소 이전에 작성된 이사회 의사록은 자격을 모용하여 작성한 문서가 아니므로 자격모용에 의한 사문서작성죄가 성립하지 않는다(대판 2007. 7. 26, 2005도4072).

Ⅳ. 사(私)전자기록위작 · 변작죄

1. 의 의

(1) **개념** : 사무처리를 그르치게 할 목적으로 권리 · 의무 또는 사실증명에 관한 타인의 전자기록 등 특수매체기록을 위작 또는 변작함으로써 성립하는 범죄이다.

(2) **보호법익** : 전자기록에 대한 거래의 안전과 신용

(3) **보충규정** : 본죄는 문서범죄에서 처벌의 흠결을 보완하며 컴퓨터범죄에 효율적으로 대처하기 위하여 신설된 규정이다.

2. 구성요건

(1) **객체** : 권리 · 의무 또는 사실증명에 관한 타인의 전자기록 등 특수매체기록

① **권리 · 의무란** : 위임장 · 계약서 · 예금청구서 · 영수증 · 청구서 등 권리 · 의무에 관한 것을 말한다.

② **사실증명이란** : 추천서 · 인사장 · 안내장 · 이력서 · 회사의 신분증 등과 같이 사실증명에 관한 것을 말한다.

③ **타인의 전자기록 등 특수매체기록이란**

㉠ **타인의 전자기록**

ⓐ 전자기록이란 일정한 매체에 전기적 · 자기적 방식으로 저장한 기록을 말한다.

예 ROM · RAM 등

ⓑ 일정한 매체란 자기디스크 · 자기테이프 · 집적회로 등을 말한다.

ⓒ 따라서 음반(LP)이나 콤팩트디스크에 기록된 음성신호 등은 의사내용이 아니므로 본죄를 부정한다.

ⓓ 타인의 전자기록에 한하며 자기의 전자기록은 본죄를 부정한다.

㉡ **특수매체기록**

ⓐ 광기술이나 레이저기술을 이용한 광디스크를 말한다.

ⓑ 여기서 기록이란 반도체기억집적회로 · 자기테이프 · 자기디스크 · 광디스크 등에 수록된 데이터 등을 말한다.

ⓒ 따라서 전자기록 등 특수매체기록 자체를 파손하면 본죄를 부인하고 재물손괴죄가 성립한다.

관련판례 전자기록 등 특수매체기록

컴퓨터의 기억장치 중 하나인 램(RAM)에 올려진 전자기록은 전자기록 등 특수매체기록에 해당한다(대판 2003. 10. 9, 2000도4993).

핵심요약 사전자기록위작 · 변작죄

1. 전자기록 등 특수매체기록의 객체(대상)에 해당하는 경우

① 적접회로 · 자기디스크 · 자기테이프

② 광디스크 · 레이저디스크 · CD · DVD

③ ROM · RAM

2. 전자기록 등 특수매체기록의 객체(대상)에 해당하지 않는 경우

① 마이크로 필름기록 · 컴퓨터에 대한 작업명령을 내용으로 하는 프로그램

② 음반 · 콤팩트디스크

③ 기록된 디스크 물체 자체

④ 모니터상의 화상

(2) 행위 : 위작 또는 변작

	위 작	변 작
의 의	권한없이 처음부터 허위기록을 만들어 저장 · 기억시키는 행위를 말한다.	기존기록을 부분적으로 고치거나 말소하여 새로운 기록을 현출시키는 행위를 말한다.
수단 · 방법	제한없다. 즉, 작위 · 부작위 불문	제한없다. 즉, 작위 · 부작위 불문

(3) 기수시기 : 기록에 대한 위작 · 변작을 종료한 때에 기수가 된다.

관련판례 사전자기록변작죄

램에 올려진 전자기록에 허구의 내용을 권한 없이 수정 · 입력한 경우 → 사전자기록변작죄(대판 2003. 10. 9, 2000도4993)

3. 주관적 구성요건 : 고의 + (사무처리를 그르치게 할) 목적

(1) 목적범 : 본죄가 성립하기 위하여는 고의 이외에 사무처리를 그르치게 할 목적이 있어야 한다. 따라서 사무처리를 그르치게 할 목적이 있으면 성립하고, 행사할 목적은 요하지 않는다.

(2) 사무처리를 그르치게 할 목적이란 : 정상적인 사무처리 이외의 하자가 있는 일처리를 할 목적을 말한다. 따라서 능률적인 사무처리를 위해 데이터를 이전하거나 변형을 가한 경우에는 사무처리를 그르치게 할 목적이 없으므로 본죄에 해당하지 않는다.

핵심요약 사전자기록위작 · 변작죄에서 목적

본죄에서 목적은 사무처리를 그르치게 할 목적을 말한다. 따라서 행사할 목적이 아니다.

V. 공문서위조 · 변조죄

1. 서 설

(1) 의의 : 행사할 목적으로 공무원 또는 공무소의 문서 또는 도화를 위조 또는 변조함으로써 성립하는 범죄이다.

(2) 성질

① **가중적 구성요건** : 사문서위조 · 변조죄에 대하여 공문서로 인하여 불법(형)이 가중되는 범죄이다.

② **유형위조**

③ **목적범**

④ **공문서위조 · 변조죄의 처벌** : 징역형만 처벌하고 벌금형 처벌규정 없다.

⑤ **사문서위조 · 변조죄의 처벌** : 징역형 또는 벌금형을 선택적으로 처벌한다.

2. 구성요건

(1) 주체 : 제한이 없다.

① 공무원이라도 그의 작성권한에 속하지 않는 공문서를 작성하거나 또는 공무원이 그의 직무집행과 관계없이 공무소 또는 공무원 명의의 문서를 작성하는 경우에도 공문서위조죄가 성립한다.

② 예 문서를 작성하는 공무원을 보조하는 자 또는 보충기재할 권한만 위임받은 공무원이 임의로 허위문서를 작성하는 경우 → 공문서위조죄(판례)

(2) 객체 : 공무원 또는 공무소의 문서 또는 도화, 즉 공문서

① **공문서**

㉠ 공무원 또는 공무소가 직무에 관하여 작성하는 문서를 말한다.

㉡ 공법관계 · 사법관계에 의하여 작성된 문서를 불문한다.

㉢ 권리의무 또는 사실증명에 관한 문서를 불요한다.

㉣ 반드시 공무소 · 공무원이 소유하거나 보관하여야 할 필요는 없다.

핵심요약 공문서로 인정하는 경우(판례)

1. 우체국 명의로 발행된 우편저금통장 · 우체국의 일부인 등
2. 시(市)재산 처분시에 시장이 작성한 영수증
3. 교도소 의무과장명의의 진단서
4. 국립경찰병원장 명의의 진단서 · 국립대학병원 의사작성의 진단서
5. 국 · 공립학교장 발행의 저금수령증

6. 철도청 역직원 발행의 화물통지서
7. 납세증명서
8. 가옥대장
9. 전출증명서
10. 공증인가 합동법률사무소에서 작성한 사서(私書)인증증서
11. 공무원과 사인이 작성한 문서가 1개의 문서에 포함되어 있는 경우에 공무원이 작성한 증명문구에 의해 증명되는 개인작성부분의 문서
12. 십지지문대조표

② **공도화** : 공무소 또는 공무원이 그 명의로 권한 내에서 작성한 도화를 말한다.

예 담배인삼공사에서 제조한 88담배의 도안 · 서울시 발행의 지적도 등

(3) 행위 : 위조와 변조(사문서위조 · 변조죄에서 위조 · 변조와 동일하게 해석한다 · 405면)

관련판례 공문서위조 · 변조죄[24]

1. 공문서위조죄가 성립하는 경우

① 공무소가 발급한 증명서(의사면허증)의 성명을 고쳐 별개의 문서를 작성한 경우

② 행사의 목적으로 타인의 주민등록증의 사진을 떼고 자신의 사진을 붙이는 경우(대판 1991. 9. 10, 91도1610)

③ 타인의 주민등록증사본의 사진란에 피고인의 사진을 붙여 복사하여 행사한 경우 → 공문서위조죄 및 동행사죄(대판 2000. 9. 5, 2000도2855)

④ 문서작성을 보좌하는 직무에 종사하는 공무원이 임의로 작성권자명의의 허위내용의 공문서를 완성한 경우(대판 1981. 7. 28, 81도898)

⑤ 보충기재할 권한만 위임받은 공무원이 작성권한 있는 자의 결재없이 함부로 허위내용의 공문서를 작성한 경우(대판 1984. 9. 11, 84도368)

2. 공문서변조죄가 성립하는 경위

① 재산세 과세대상의 작성권한 있는 자가 인사이동이 되어 작성권한이 없어진 후 그 기재내용을 변경한 경우(대판 1996. 11.22, 96도2049)

② 공무원이 작성한 문서와 개인이 작성한 문서가 1개 문서 중에 포함되어 있는 경우에 공무원이 작성한 증명문구에 의하여 증명되는 개인작성 부분을 변조(변경)한 경우(대판 1985. 9. 24, 85도1490)

③ 공문서기안담당자가 적법절차 없이 결재된 원문서에 새로운 사항을 기재한 경우(대판 1995. 3. 24,

24. 조충환 · 양건, 경찰형법, 1127면

94도1112)

3. 공문서변조죄가 성립하지 않는 경우(무죄)

① 자신의 주민등록증 비닐커버 위에 검은색 볼펜으로 주민등록번호 전부를 덧기재하고 투명 테이프를 붙이는 방법으로 출생연도를 나타내는 '71'을 '70'으로 고친 경우(대판 1997. 3. 28, 96도3191)

② 권한없는 자가 임의로 임감증명서의 사용용도란의 기재를 고쳐 써서 사용한 경우(대판 2004. 8. 20, 2004도2767)

VI. 자격모용에 의한 공문서작성죄

1. 서 설

(1) 의의 : 행사할 목적으로 공무원 또는 공무소의 자격을 모용하여 문서 또는 도화를 작성함으로써 성립하는 범죄이다.

예 법과대학생 A가 서울지방검찰청 검사의 자격을 사칭하여 검사 A라고 석방지휘서를 작성한 경우

보충설명 자격모용에 의한 공문서작성죄와 공문서위조죄

1. 퇴직한 경찰서장 A가 경찰서장 A명의의 공문서를 작성한 경우 → 자격모용에 의한 공문서작성죄
2. 퇴직한 경찰서장 A가 (현)경찰서장 甲 명의의 공문서를 작성한 경우 → 공문서위조죄

핵심요약 자격모용에 의한 공문서작성죄와 공문서위조죄

1. **공문서위조죄** : 공무원의 자격과 명의까지 모용한 경우에 성립

   예 퇴직한 전직 대통령 A가 현직 대통령 甲명의의 공문서를 작성한 경우

2. **자격모용에 의한 공문서작성죄** : 공무원의 자격만 모용한 경우에 성립

   예 퇴직한 전직 대통령 A가 대한민국 대통령 A명의의 공문서를 작성한 경우

(2) 성질

① **유형위조**

② **가중적 구성요건** : 자격모용에 의한 사문서작성죄에 대하여 공문서로 인하여 불법(형)이 가중되는 범죄이다.

③ **자격모용에 의한 공문서작성죄의 처벌** : 징역형만 처벌하고 벌금형 처벌규정 없다.

④ **자격모용에 의한 사문서작성죄의 처벌** : 징역형 또는 벌금형을 선택적으로 처벌한다.

2. 구성요건

(1) 객체 : 공무원 또는 공무소의 문서 또는 도화, 즉 공문서(공문서위조 · 변조죄의 객체와 동일하게 해석한다)

(2) 행위 : 자격을 모용하여 작성(자격모용에 의한 사문서작성죄와 동일하게 해석한다)

Ⅶ. 공전자기록 위작 · 변작죄

1. 서 설

(1) 의의 : 사무처리를 그르게 할 목적으로 공무원 또는 공무소의 전자기록 등 특수매체기록을 위작 또는 변작함으로써 성립한 범죄이다.

예 경찰관이 고소사건을 처리하지 아니하였음에도 경찰범죄정보시스템에 그 사건을 검찰에 송치한 것으로 허위사실을 입력한 경우 → 공전자기록위작죄(대판 2005. 6. 9. 2004도6132)

(2) 보호법익과 보호받는 정도

① **보호법익** : (전자기록 등 특수매체기록의) 진정성에 대한 공공의 신용

② **보호받는 정도** : 추상적 위험범

2. 구성요건

(1) 객체 : 공무원 또는 공무소의 전자기록 등 특수매체기록

① **공무에 사용하는 전자기록 등 특수매체기록** : 공무처리 등 컴퓨터 등에 들어 있는 기록내용을 말한다.

② **구체적 예** : 공무소의 컴퓨터 안에 들어 있는 주민등록 · 등기부등본 · 토지대장 등의 파일

(2) 행위 : 위작 또는 변작(사전기록위작 · 변작죄와 동일하게 해석한다)

(3) 기수시기 : 기록에 대한 위작 또는 변작을 종료한 때에 기수가 된다.

Ⅷ. 허위진단서 (등) 작성죄

1. 서 설

(1) 의의 : 의사 · 한의사 · 치과의사 또는 조산사가 진단서 · 검안서 또는 생사에 관한 증명서를 허위로 작성함으로써 성립하는 범죄이다.

(2) 성질

① 사문서 중 무형위조를 처벌하는 범죄

② 신분범

③ 자수범

④ 목적범 아님

2. 구성요건

(1) 주체 : 의사 · 한의사 · 치과의사 또는 조산사에 한

① **신분범** : 본죄는 의사 · 한의사 · 치과의사 또는 조산사에 한하므로 (진정)신분범이다. 따라서 간호사는 본죄의 주체가 아니므로 간호사가 허위진단서를 작성한 경우에는 본죄가 아니라 사문서위조죄가 성립한다.

예 간호사가 의사명의를 모용하여 진단서를 작성한 경우 ➡ 사문서위조죄가 성립

② **자수범** : 본죄는 간접정범에 의하여 성립할 수 없으므로 (진정)자수범이다.

(2) 객체 : 진단서 · 검안서 또는 생사에 관한 증명서

① **진단서**

㉠ 의사가 진단의 결과에 대한 판단을 표시하여 사람의 건강상태를 증명하기 위하여 작성하는 문서를 말한다.

㉡ 문서의 명칭은 불문한다.

② **검안서** : 의사가 사람의 신체에 대하여 검안한 결과를 기재한 문서를 말한다.

예 사체를 검사 · 해부한 결과를 기록하여 사인에 관한 판단을 가재한 문서

③ **생사에 관한 증명서** : 출생 · 사망사실 또는 사망원인을 증명하는 일종의 진단서를 말한다.

예 사망진단서 · 출생확인서

(3) 행위 : 허위의 문서를 작성하는 것

① 허위란 진실에 반하는 것을 말한다.

② 허위는 사실에 관한 것이든 · 판단에 의한 것이든 불문한다.

예 ① 병명 · 사인 · 사망일시 등을 허위로 기재한 경우 → 허위진단서작성죄
② 3주 치료를 요하는 상해환자에게 6주 치료를 요한다는 진단서를 발급한 경우 → 허위진단서작성죄

③ 행위자 자신이 허위의 사실이라는 것을 인식하면서 작성하여야 한다. 따라서 허위라고 인식한 때에도 객관적 진실과 일치하는 때에는 본죄가 성립하지 않는다.

예 행위자는 허위라고 인식하였으나 객관적 사실과 일치한 경우 → 허위진단서작성죄는 불성립

핵심요약 허위의 (내용)문서에 해당하지 않는 경우(허위진단서작성죄 부인 · 판례)

1. **허위라고 인식하였으나 객관적 진실과 일치한 경우** : 허위진단서작성죄는 행위자가 자신의 신분과 진단서의 기재내용이 허위라는 인식이 있어야만 성립한다. 따라서 이를 인식하지 못하면 본죄가 불성립
2. **의사가 진찰을 소홀히 하거나 오진을 하여 진실에 반하는 기재를 한 경우** : 허위기재에 대한 고의가 없으며 (본죄는) 과실범처벌규정도 없으므로 본죄가 불성립
3. **환자의 허위언동에 속아서 상해진단서를 작성해 준 경우** : 허위기재에 대한 고의가 없으며 (본죄는) 과실범처벌규정도 없으므로 본죄가 불성립

3. 관련문제

(1) 의사 아닌 자가 의사자격을 사칭하여 자기명의로 허위진단서를 작성한 경우 : 자격모용에 의한 사문서작성죄

(2) 의사 아닌 자가 타인 의사명의를 모용하여 허위진단서를 작성하는 경우 : 사문서위조죄

(3) 행위자가 허위라고 인식하였으나 객관적 사실과 일치하는 경우 : 무죄(즉, 허위진단서작성죄가 성립되지 않는다)

(4) 공무원인 의사가 공무소의 명의로 허위진단서를 작성한 경우 : 허위공문서작성죄

예 서울대학교병원의사가 허위진단서를 작성한 경우 → 허위공문서작성죄

(5) 공무원(서울대학병원)**인 의사가 부탁을 받고 허위진단서를 작성한 후 그 사례명목으로 금품을 수수한 경우** : 허위공문서작성죄와 부정처사 후 수뢰죄의 실체적 경합

Ⅸ. 허위공문서작성 (등) 죄

1. 서 설

(1) 의의

① 공무원이 행사할 목적으로 그 직무에 관하여 문서 또는 도화를 허위로 작성하거나 변개함으로써 성립하는 범죄이다.

② 본죄는 (문서성립의 진정을 보호하는 것이 아니라) 문서내용의 진실을 보호하는 범죄이다.

(2) 성질

① 허위진단서작성죄에 대한 가중범죄

② 무형위조

③ 신분범

④ 목적범 (중 단절된 결과범)

⑤ 간접정범 인정

2. 구성요건

(1) 주체 : 직무상 공문서 또는 공도화를 작성할 권한 있는 공무원, 즉 (진정)신분범

① **신분범** : 공무원 중에서도 직무에 관하여 문서 또는 도화를 작성할 권한이 있는 자에 한한다. 따라서 공무원이라도 작성권한이 없는 경우에는 본죄가 아니라 공문서위조죄가 성립한다.

㉠ 사법경찰관리의 권한이 없는 행정서기보가 피의자신문조서를 작성하는 경우 ➡ 공문서위조죄

㉡ 공무원을 보조하는 공무원이 작성권한을 가진 공무원의 결재를 받지 않고 임의로 허위내용의 공문서를 작성권한자 명의로 작성한 경우 ➡ 공문서위조죄

㉢ 면사무소 호적계장이 면장의 결제없이 호적의 출생월일 등록번호란에 허위내용의 기재를 한 경우 ➡ 공문서위조죄

② **작성권한 있는 공무원**

㉠ 문서의 명의인과 반드시 일치하여야 하는 것은 아니다. 따라서 명의인은 아니더라도 전결권이 위임되어 있는 경우에는 본죄의 주체가 될 수 있다(판례).

㉡ 예 ① 증명서작성권을 위임받은 공무원이 원본과 대조함이 없이 원본대조필을 날인한 경우 → 허위공문서작성죄 인정
② 단, 문서작성보조자가 결재를 받지 않고 문서를 작성하는 경우 → 공문서위조죄가 성립

㉢ 권한남용시. 즉, 공무원이 직무상 권한의 범위 내에서 자기 명의로 문서를 작성하였지만 그 권한을 남용한 경우 → 허위공문서작성죄(통설 · 판례)

(2) 객체 : 직무에 관한 문서 또는 도화, 즉 공문서

① **직무에 관한 문서 또는 도화란** : 공무원이 직무권한 내에서 작성한 문서 또는 도화를 말한다. 예 합동법률사무소 작성의 공증문서

② **직무권한의 근거** : 법률 · 관례 · 내규 등을 불문한다.

③ **권한남용** : 공무원이 그 직무권한의 범위 내에서 허위의 문서를 작성하거나 또는 자기의 기존문서 내용을 변조하는 경우에도 본죄가 성립한다.

예 사법경찰관이 허위의 피의자신문조사를 작성하는 경우 → 허위공문서작성죄

④ **권한 외의 사항** : 직무권한 외의 사항에 관하여 허위의 문서를 작성하면 허위공문서작성죄가 아니라 공문서위조죄가 성립

예 호적사무를 담당하는 구청직원이 호적부에 허위사실을 기재하면 → 공문서위조죄가 성립

(3) 행위 : 허위로 작성하거나 또는 변개하는 것

① **허위문서를 작성한다란**

㉠ 작성권한 있는 문서에 허위내용을 기재하는 것을 말한다.

㉡ 신고에 의하여 문서를 공무원이 작성하는 경우

ⓐ 문서에 대하여 공무원이 실질적 심사권(예 가옥대장 · 토지대장)을 가지는 경우에 허위인 정을 알면서 이를 기재한 경우 → 허위공문서작성죄가 성립

ⓑ 문서에 대하여 공무원이 형식적 심사권(예 호적부 · 등기부)을 가지는 경우에 허위인 정을 알면서 이를 기재한 경우 → 통설은 허위공문서작성죄를 부인 · 판례는 허위공문서작성죄를 인정

㉢ 허위내용은 사실판단 또는 법률판단을 불문한다.

예 ① 가옥대장에 무허가건물을 허가받은 건물로 기재한 경우 → 허위공문서작성죄
② 가옥기재대장과 다른 내용을 기재한 가옥증명서를 발행한 경우 → 허위공문서작성죄
③ 대리인에 의한 인감증명서 발급신청을 본인이 직접 신청한 것처럼 인감증명발급대장에 기재한 경우 → 허위공문서작성죄

> **핵심요약** 문서에 대한 공무원의 심사권
>
> 1. 공무원이 실질적 심사권을 가지는 경우에 허위인정을 알면서 이를 기재한 경우 → 허위공문서작성죄
> 2. 공무원이 형식적 심사권을 가지는 경우에 허위인정을 알면서 이를 기재한 경우 → 판례는 허위 공문서작성죄 · 통설은 무죄

② **변개란** : 작성권한 있는 공무원이 기존 문서내용을 허위로 고치는 것을 말한다. 따라서 부진정 공문서, 허위 및 위조 · 변조공문서는 변개의 대상이 될 수 없다.

> **개념정리** 변개 · 변조 · 작성의 구별
>
> 1. **변개와 변조** : 변개는 작성권한 있는 공무원이 허위로 변경하는 경우이나, 변조는 작성권한 없는 자의 변경인 면에서 구별
> 2. **변개와 작성** : 변개는 기존의 진정문서의 내용을 허위로 변경하는 것이나, 작성은 처음부터 허위내용의 공문서를 만드는 면에서 구별

3. 주관적 구성요건 : 고의 + 목적

(1) 본죄가 성립하기 위하여는 고의 이외에 행사의 목적이 있어야 한다(목적범).

(2) 따라서 단순한 오기나 부주의로 인한 기재누락에 불과한 경우는 본죄가 성립될 수 없다(판례).

4. 본죄의 간접정범 인정여부

(1) 작성권자가 타인을 이용한 경우 : 작성권한 있는 공무원이 작성권한 없는 공무원을 이용하여 허위공문서를 작성한 경우 → 허위공문서작성죄의 간접방법

(2) 비공무원이 작성권자를 이용한 경우 : 작성권한 없는 자(공무원 아닌 자)가 작성권한 있는 공무원을 이용하여 허위공문서를 작성한 경우 → 무죄, 즉 허위공문서작성죄의 간접정범을 부인(통설 · 판례)

(3) 공문서작성의 보조자가 작성권자(공무원)을 이용한 경우 : 공문서작성 권한은 없으나 당해 사무를 담당하는 공무원이 허위공문서를 작성한 후 결재권자인 상사에게 허위보고 후 결재를

받은 경우 ➡ 허위공문서작성죄의 간접정범(통설 · 판례)

5. 타죄와의 관계

(1) 허위진단서작성죄와의 관계 : 공무원인 의사(예 국립대학병원 의사)가 허위진단서를 작성한 경우 ➡ 허위진단서작성죄와 허위공문서작성죄의 상상적 경합(다수설 · 판례)

(2) 직무유기죄와의 관계

① 공무원이 위법사실을 발견하고도 직무상 의무에 따른 적절한 조치를 취하지 않고 적극적으로 은폐할 목적으로 허위공문서를 작성한 경우 ➡ 허위공문서작성죄만 성립(직무유기죄는 본죄에 흡수된다)

② 공무원이 기본의 위법사실을 직접적으로 은폐하기 위한 것이 아니라 그와 관련한 다른 권리를 노려 허위공문서를 작성한 경우 ➡ 허위공문서작성죄와 작무유기죄의 실체적 경합

X. 공정증서원본부실기재죄

1. 서 설

(1) 의의 : 공무원에 대하여 허위신고를 하여 공정증서원본 또는 이와 동일한 전자기록 등 특수매체기록 · 면허증 · 허가증 · 등록증 또는 여권에 부실(不實)의 사실을 기재함으로써 성립하는 범죄이다.

(2) 성질

① 무형위조

② 간접정범의 형태로만 성립

보충설명 공정증서원본부실(不實)기재죄의 처벌근거

1. 비공무원이 공무원에게 허위신고하여 허위공문서를 작성하게 한 자는 허위공문서작성죄로 처벌받지 않는다.
2. 따라서 공정증서원본 등 부실기재죄는 허위공문서작성죄에 의한 처벌의 결함을 보충하기 위한 범죄로서, 간접정범형태에 의한 허위공문서작성행위를 처벌하기 위하여 규정된 범죄이다(즉, 간접적 무형위조를 처벌하기 위한 규정이다).

2. 구성요건

(1) 주체 : 제한없다.

① 공무원이든 비공무원이든 불문하고 주체가 될 수 있으나, 다만 신청을 받은 작성권한이 있는 공무원은 본죄의 주체가 될 수 없다.

예 비공무원이 관공서에 허위내용의 증명원을 제출하여 그 내용이 허위인 줄 모르는 공무원으로부터 그 증명원과 같은 내용의 증명서를 발급받은 경우 → 허위공문서작성죄의 간접정범 부인. 즉, 무죄(대판 2001. 3. 9, 2000도938)

② 단, 작성권한 있는 공무원이 그 정을 알면서 허위의 사실을 기재한 경우 → 허위공문서작성죄가 성립

(2) 객체 : 공정증서원본 · 전자기록 등 특수매체기록 · 면허증 · 허가증 · 등록증 · 여권

① **공정증서원본**

㉠ 공정증서원본이란 공무원이 직무상 작성한 공문서로써 권리의무에 관한 사실을 증명하는 공문서를 말한다.

㉡ 권리 · 의무에 관한 공정증서만을 말한다(판례와 통설). 따라서 사실관계를 증명하는 임야대장 · 주민등록부(증) 등은 공정증서가 아니다.

㉢ 권리 · 의무는 재산상 권리 · 의무에 한하지 않고 신분상의 권리 · 의무도 포함된다.

예 부동산(상업)등기부 · 가족관계등록부

㉣ 원본에 한하며 부본 · 초본 · 등본 등은 본죄의 객체가 될 수 없다.

핵심요약 공정증서

1. 공정증서원본을 인정하는 경우(판례)

① 부동산등기부 · 선박등기부 · 자동차등록부
② 상업등기부 · 호적부
③ 합동법률사무소 명의로 작성된 공정문서
④ 화해조서
⑤ 가족관계등록부

2. 공정증서원본을 인정하지 않는 경우(판례)

① 임야대장 · 가옥대장 · 토지대장
② 인감대장
③ 주민등록부(증)
④ 전화가입원부
⑤ 지적도 · 임야도
⑥ 공증인이 인증한 사서증서(私書證書)
⑦ 공정증서의 정본 · 부본 · 등본 · 초본 · 사본
⑧ 수사기관의 진술조서 · 소송상의 각종 조서
⑨ 법원의 판결원본 · 지급명령원본

② **공정증서원본과 동일한 전자기록 등 특수매체기록** : 전자적 기록 또는 광기술을 이용한 특수매체기록으로써 공정증서원본과 동일한 효력을 갖는 것을 말한다.

예 부동산등기 파일 · 자동차등기 파일 · 호적 파일 등

③ **면허증** : 특정한 사람에게 일정한 행위를 할 수 있는 권리를 부여하는 공무원 또는 공무소의 증명서를 말한다.

예 의사면허증 · 운전면허증 · 수렵증명서 등. 단, 사법시험합경증과 교사자격증 등은 본죄 부인

핵심요약 면허증

1. 면허증에 해당하는 경우 : 의사면허증 · 약사면허증 · 수렵면허증 · 자동차운전면허증 · 침사자격증(판례)

2. 면허증에 해당하지 않는 경우 : 교사자격증 · 사법시험합격증서

④ **허가증** : 공무소가 특정한 사람에게 특정한 영업 또는 업무를 허가하였다는 사실을 기재한 공문서를 말한다.

예 서점허가증 · 음식점허가증 · 이발소허가증 · 미용실허가증 · 고물상영업허가증 · 주류판매영업허가증 등

⑤ **등록증** : 일정한 자격을 취득한 자에게 그 활동에 상응한 권능을 부여하기 위하여 공무원 또는 공무소가 작성하는 증서를 말한다(예 변호사 · 공인중개사 · 공인회계사 · 법무사 등). 다만, 사업자등록증은 본죄의 등록증에 해당하지 않는다(대판 2005. 7. 15, 2003도6934).

⑥ **여권** : 공무소가 일정한 사람에게 외국에 여행을 할 수 있음을 허가한 증명서를 말한다.

예 여권허가신청서에 허위사실을 기재하여 여권을 발급받은 경우 ➡ 공정증서원본 부실기재죄와 여권법위반죄의 상상적 경합범

(3) 행위 : 공무원에게 허위신고를 하여 부실의 사실을 기재하게 하는 것

① 공무원에 대한 허위신고

㉠ 공무원이란

ⓐ 공정증서원본 등에 기재할 권한 있는 공무원을 말한다.

ⓑ 당해 공무원은 기재사실이 허위인 정을 모르는 자이어야 한다. 따라서 허위인 것을 알고서 기재한 공무원은 허위공문서작성죄가 성립하고 신고자는 (경우에 따라) 공동정범 · 교사범 · 종범이 된다.

예 허위매매계약서인 것을 알고 있는 등기공무원에게 소유권이전신청을 하여 소유권이전등기를 경료한(마친) 경우 ➡ 공무원은 허위공문서작성죄 · 신고자는 허위공문서작성죄의 공동정범

㉡ 허위신고란

ⓐ 진실에 반하는 사실을 신고하는 것을 말한다.

ⓑ 내용이 허위인 경우 외에 신고인의 자격을 사칭하는 경우도 포함된다.

예 사자명의로 소유권보존등기를 신청한 경우

ⓒ 허위신고 방법에는 제한없다. 즉, 서면 · 구두 · 자신 · 대리인 · 자기명의 · 타인명의를 불문한다.

핵심요약 허위신고를 인정하는 경우(판례)

1. 호적부에 생년월일을 허위로 신고하여 기재하게 한 경우
2. 타인의 자식을 자기의 실자라고 허위로 신고하여 기재하게 한 경우
3. 채무를 가장하여 허위의 근저당권 설정등기를 한 경우
4. 소유권이전등기의 원인이 증여인데 매매로 신고하여 등기한 경우
5. 미사망자를 사망자로 신고하여 기재한 경우
6. 화해조서의 내용이 허위임을 알면서 등기신청한 경우
7. 법원을 기망하여 확정판결을 받아 그 내용이 허위임을 알면서 이를 제출하여 소유권이전 등기를 한 경우 ➡ 사기죄와 공정증서원본부실기재죄의 경합범(판례)
8. 위장결혼에 의한 혼인신고한 경우

② 부실의 사실을 기재한다란

㉠ **의의** : 중요한 점에 있어서 객관적 진실에 반하는 사실을 기재하게 하는 것을 말한다.

㉡ **부실사실 기재의 구체적 내용**

ⓐ 중요부분을 사실과 다르게 기재한 경우는 부실기재가 된다.

예 등기원인인 증여를 매매로 한 등기 · 허위의 회사설립 등기

ⓑ 따라서 권리의무에 관한 사항과 관계없는 것이거나 중요한 점이 아닌 사실은 부실기재가 아니다. 예 예고등기를 말소한 경우 · 등기원인을 명의신탁 대신에 매매라고 기재한 경우

ⓒ 과정이나 절차상의 하자가 있으나 실체권리관계와 일치하는 경우에는 부실기재가 아니다.

예 ① 피상속인에게 실체법상의 권리가 없어도(사망자를 상대로 승소판결 후 소유권이전등기를 한 경우) 재산상속인이 상속을 원인으로 하는 소유권이전등기를 한 경우

② 중간생략 등기의 경우, 즉 (과정이나 절차에 하자 있으나) 당사자의 의사 및 실체법률 관계와 합치되므로 부실기재가 아니다(통설 · 판례).

핵심요약 통정 · 허위표시에 의한 기재는 부실기재가 아니다(판례)

1. 가장매매계약을 원인으로 가등기 또는 소유권이전등기를 한 경우
2. 당사자의 합의에 의하여 진정한 채무자 아닌 제3자를 채무자로 기재한 근저당설정등기를 한 경우
3. 해외이주의 목적으로 일시 이혼하기로 하고 이혼신고를 한 경우

③ **실행의 착수시기** : 공무원에게 허위신고를 한 때에 실행의 착수가 된다.

④ **기수시기** : 허위신고로 인하여 부실의 사실을 기재한 때에 기수가 된다.

3. 죄수관계

(1) 법원을 기망하여 승소판결을 받은 후 이를 근거로 소유권 이전등기를 한 경우 : 사기죄와 공정증서원본부실기재죄의 경합범(판례)

(2) 등기부에 부실사실을 기재한 후에 그 등기부를 등기소에 비치한 경우 : 공정증서원본부실기재죄와 동행사죄의 경합범

(3) 공정증서작성의 대리위임장을 위조 · 행사하여 공증인가합동사무소로 하여 공정증서원본에 부실사실을 기재하게 한 후 그것을 행사한 경우 : 문서위조 및 동행사죄와 공정증서원본

부실기재죄 및 동행사죄의 경합범

XI. 위조(변조 · 작성)사문서행사죄

1. 서 설

(1) 의의 : 사문서위조 · 변조죄, 자격모용에 의한 사문서작성죄, 사전자기록위작 · 변작죄, 허위진단서작성죄에 의하여 만들어진 문서 · 도화 또는 전자기록 등 특수매체기록을 행사함으로써 성립하는 범죄이다.

(2) 성질

① 본죄는 문서행사죄의 기본범죄

② 추상적 위험범

2. 구성요건

(1) 주체 : 제한없다. 즉, 사문서를 위조 · 변조 또는 작성한 범인이 행사할 것을 요하지 않는다. 따라서 누구든지 위조문서인 정을 알면서 이를 행사하면 본죄의 주체가 된다.

(2) 객체 : 위조 · 변조 또는 자격모용에 의하여 작성된 사문서 · 사도화와 허위로 작성된 허위진단서 · 검안서 · 생사에 관한 증명서 그리고 위작 · 변작된 사전자기록 등 특수매체기록이다.

(3) 행위 : 행사하는 것

① **의의** : 위조 · 변조 · 작성 · 위조 또는 변작된 문서 · 도화 또는 전자기록 등 특수매체기록을 진정한 문서로 사용하는 것을 말한다.

② **행사의 상대방** : 문서가 위조 · 변조 · 허위문서임을 알지 못하여야 한다. 따라서 위조 · 변조임을 알고 있는 공범자나 그 대리인에게 이들 문서를 제시 · 교부하는 행위는 행사가 아니므로 본죄를 부인한다.

③ **복사본의 사용** : 위조 · 변조 · 허위문서의 원본을 사용하여야 한다. 단, (사진복사 · 전자복사된) 복사본은 문서로 간주되므로 복사본의 사용은 행사를 인정하나 필사본의 사용은 본죄의 행사를 부인한다.

④ **행사의 방법** : 제한없다.

㉠ 상대방이 그 내용을 인식할 수 있는 상태에 둠으로써 성립한다.

예 ① 교부 · 제시 · 제출 · 비치하여 열람할 수 있는 상태에 두는 행위
② 우편물을 발송하여 도달하게 하는 행위
③ 단, 위조문서의 내용을 타인에게 구술로 고지하는 행위는 행사가 아니므로 본죄 부정

㉡ 행사는 범인 자신이 스스로 할 수 있을 뿐만 아니라 간접정범의 형태로도 가능하다.

예 정을 모르는 등기공무원을 이용하여 부실기재한 등기부를 등기소에 비치하게 하는 경우 → 공정증서원본부실기재행사죄

(4) 기수시기 : 제시 · 교부 · 비치 등에 의하여 상대방이 그 내용을 인식할 수 있는 상태에 둔 때. 따라서 상대방이 문서의 내용을 인식하였거나 현실적인 신용이 침해되었을 것을 요하지 않는다(추상적 위험범).

보충설명 위조문서행사죄 · 위조통화행사죄 · 위조유가증권행사죄의 비교

구 분	위조문서행사	위조통화행사	위조유가증권행사
유통 상태	불요	필요	불요
신용력을 보이기 위한 제시	행사	행사 아님	행사
정을 아는 자에 대한 제시 · 교부	행사 아님	행사	행사
제조된 본래의 목적사용	불요	요	불요

XII. 위조(변조)공문서행사죄

1. 의 의

공문서위조 · 변조죄, 자격모용에 의한 공문서작성죄, 허위공문서작성죄, 공전자기록위작 · 변작죄, 공정증서원본부실기재죄에 의하여 만들어진 문서 · 도화 · 전자기록 등 특수매체기록공정증서원본 · 면허증 · 허가증 · 등록증 또는 여권을 행사함으로써 성립하는 범죄이다.

2. 행 위 : 행사(행사는 위조사문서행사죄와 동일하게 해석한다 · 426면 참조)

XIII. 사문서부정행사죄

1. 서 설

(1) 의의 : 권리 · 의무 또는 사실증명에 관한 타인의 문서 또는 도화를 부정행사함으로써 성립하는 범죄이다.

(2) 성질

① **미수범 불벌** : 문서에 관한 죄 중 유일하게 미수범 처벌규정 없다.

② **목적범 아님**

핵심요약 사문서(공문서)부정행사죄의 미수범

1. **사문서부정행사죄** : 미수범 불벌
2. **공문서부정행사죄** : 미수범 처벌

2. 구성요건

(1) 객체 : 권리 · 의무 또는 사실증명에 관한 타인의 진정한 문서 · 도화

(2) 행위 : 진정한 문서 또는 도화를 행사할 권한없는 자가 사용하거나 또는 행사할 권한이 있더라도 부당하게 사용하는 것을 말한다.

예 타인의 사립학교 학생증으로 도서관을 출입하는 경우 ➡ 사문서부정행사죄

XIV. 공문서부정행사죄

1. 의 의

공무원 또는 공무소의 문서 또는 도화를 부정행사함으로써 성립하는 범죄이다.

2. 성 질

(1) 미수범 처벌

(2) 목적범 아님

핵심요약 공문서부정행사죄 인정 유무

1. **공문서부정행사죄를 인정하는 경우**(판례)
   ① 타인의 여권을 사용하는 경우
   ② 타인의 운전면허증을 사용하는 경우
   ③ 타인의 국립대학 학생증으로 도서관을 출입하는 경우
   ④ 자기자신의 사진과 지문이 찍힌 다른 사람의 주민등록증을 발급받아 소지하다가 검문경찰관에게 제시한 경우
2. **공문서부정행사죄를 인정하지 않는 경우**(판례)
   ① 인감증명서 · 등기필증 · 신원증명서와 같이 사용권한자가 특정되어 있지 않고 용도가 다양한 공문서를 문서 본래의 취지에 따라 사용하는 경우
   ② 화해조서경정결정신청 기각결정문을 화해조서 정본인 것처럼 등기서류로 제출하는 경우
   ③ 타인의 가족관계증명서를 그와 아무런 관련없는 사람이 마치 자신의 것인 것처럼 행사한 경우

보충설명 복사문서의 문서 인정

전자복사기 · 모사전송기 · 기타 이와 유사한 기구를 사용하여 복사한 문서 또는 도화의 사본도 문서 또는 도화로 본다 하여 복사문서의 문서를 인정한다(판례).

예 원본을 복사한 복사문서(대판 1995. 12. 26, 95도2389), 복사한 문서의 재사본도 문서 인정(대판 2000. 9. 5, 2000도2855)

제4절 인장에 관한 죄

I. 인장에 관한 죄의 일반이론

1. 의 의

인장에 관한 죄란 행사할 목적으로 인장 · 서명 · 기명 또는 기호를 위조 또는 부정사용하거나, 위조 또는 부정사용한 인장 · 서명 등을 행사함으로써 성립하는 범죄이다.

2. 보호법익과 보호받는 정도

(1) 보호법익 : (인장 · 서명 등의) 진정에 대한 공공의 신용

(2) 보호받는 정도 : 추상적 위험범

3. 인장에 관한 죄의 형태

(1) 인장에 관한 기본적 구성요건 : 사인위조죄와 위조사인행사죄

(2) 가중적 구성요건 : 공인위조죄와 위조공인행사죄

Ⅱ. 사인(私印)위조 · 부정사용죄

1. 서 설

(1) 의의 : 행사할 목적으로 타인의 인장 · 서명 · 기명 또는 기호를 위조 또는 부정사용함으로써 성립하는 범죄이다.

(2) 성질

① 인장위조죄의 기본범죄

② 목적범

③ 추상적 위험범

④ 벌금형 규정 없다.

⑤ 인장변조는 부인(본죄는 사인위조와 부정사용(행사)만 성립하고 사인(인장)변조죄는 인정되지 않는다)

⑥ 유형위조만을 처벌

핵심요약 인장에 관한 죄

1. **유형위조만 처벌** : (인장에 관한 죄는) 성립의 진정만을 보호하고(즉, 유형위조만 처벌) 내용의 진실을 문제삼지 않는다(무형위조는 불벌)는 점에서 문서위조죄나 유가증권위조죄와 구별되며, 통화에 관한 죄와 동일하다.
2. **인장변조 부인** : 본죄는 위조와 부정사용만 처벌하고 인장변조는 인정하지 않는다.
3. **벌금형 부인** : 본죄는 자유형만 처벌하고 벌금형 처벌규정은 없다.

2. 구성요건

(1) 객체 : 타인의 인장 · 서명 · 기명 또는 기호

① **타인이란**

㉠ **의의** : 우리 나라 공무소 또는 공무원이 아닌 범인 이외의 자로서 자연인 · 법인 · 기타 법인격 없는 단체를 불문한다.

㉡ **명의인의 실재(존)성 여부**(사자와 허무인에 대한 인장위조 및 동행사죄 인정 여부)
통설 · 판례는 인장 등의 명의인이 실재(존)함을 요하지 않는다. 즉, 불요(不要). 따라서 사자 · 허무인 명의의 인장위조죄와 동행사죄는 성립한다.

② **인장이란**

㉠ 특정인의 인격과 그 동일성을 증명하기 위하여 사용되는 상징물을 말한다

㉡ 문자 · 성명은 물론 지장도 포함된다.

㉢ 인영(印影)과 인과(印顆)를 포함한다.

㉣ 인장은 권리의무 또는 사실증명에 관한 것을 불문한다.

㉤ 예 ① 사찰의 기념스탬프 → 인장 부정
② 서화에 사용된 낙관 → 인장 인정
③ 우편물에 찍힌 우체국의 일부인을 말소한 경우 → 소인말소죄

개념정리 인영과 인과

1. **인영이란** : 일정한 사항을 증명하기 위하여 물체상에 현출케 한 문자 기타 부호의 영적(影迹)을 말한다.
2. **인과란** : 인영을 현출케 하는 데 필요한 문자 기타 부호를 조각한 물체 그 자체를 말한다.

③ **서명이란** : 특정인이 자기를 표시하는 문자로서 성명 기타 호칭(예 상호 · 약호 · 아호 등)을 표시하는 것을 말한다. 즉 자서(自署)에 한한다.

④ **기명이란** : 특정인의 동일성을 표시하는 문자로서 자서 이외의 것을 말한다.
예 대필 · 인쇄 등에 의한 특정인의 표시

⑤ **기호란**

㉠ **의의** : 물건에 압날하여 그 동일성을 증명하는 인장의 일종을 말한다.

㉡ **인장과 기호의 구별** : 인장이 특정인의 인격의 동일성을 증명하는 것인데, 기호는 기

타의 사항을 증명함을 목적으로 한다는 점에서 구별된다.

(2) 행위 : 위조 또는 부정사용

① **위조란**

㉠ 권한 없는 자가 타인의 인장 · 서명 · 기명 또는 기호를 작성하는 행위를 말한다.

㉡ 권한 없는 경우뿐만 아니라 대리권 또는 대표권을 가진 자가 그 권한 밖의 무권대리행위로 서명 · 날인하는 경우도 포함한다(판례).

㉢ 명의인(표시된 주체)이 실재(존)인임을 요하지 않는다(통설 · 판례).

㉣ 위조의 방법에는 제한없다.

㉤ 명의인이 진정한 인장으로 오신할 정도만으로 족하다.

보충설명 문서 및 인장에 관한 죄에서 명의인의 실존여부

1. **통설 · 판례** : (문서위조 등) 문서에 관한 죄와 (인장위조 등) 인장에 관한 죄에서 명의인의 실존(재)인임을 불요
2. **결론** : 사자 및 허무인 명의의 문서위조 및 인장위조죄를 인정한다.

② **부정사용** : 진정한 인장 · 서명 등을 권한 없이 사용하거나 권한 있는 자가 그 권한을 남용하여 부당하게 사용하는 것을 말한다.

3. 죄수관계

(1) 문서위조죄와의 관계

① **사인위조 또는 부정사용이 문서위조(유가증권위조)의 수단으로 사용된 경우** : 문서위조죄(만) 성립(인장위조 · 부정사용죄는 문서위조죄에 흡수된다. 즉, 흡수관계)

② **사인위조 또는 부정사용이 문서위조(유가증권위조)의 수단으로 사용된 경우** : 문서(유가증권)위조죄가 성립하지 않을 경우에 인장위조죄가 성립

(2) 절도죄와의 관계

① **절취한 인장의 손괴 · 매각 · 양도행위의 경우** : 절도죄만 성립(절도 이후의 손괴 · 매각 · 양도행위는 불가벌적 사후행위이므로 불벌)

② **절취한 인장을 사용한 경우** : 절도죄와 사인부정사용죄의 경합범

(3) 사인위조죄와 동행사죄 : 인장을 위조한 후 행사한 경우 ➡ 사인위조죄와 동행사죄의 경합범

Ⅲ. 사인(私印)위조행사죄

1. 서 설

(1) 의의 : 위조 또는 부정사용한 타인의 인장 · 서명 · 기명 또는 기호를 행사함으로써 성립하는 범죄이다.

(2) 성질 : 인장위조행사죄의 기본범죄이다.

2. 구성요건

(1) 객체 : 타인의 인장 · 서명 · 기명 또는 기호(사인위조 · 부정사용죄의 객체와 동일하게 해석한다 · 431면)

(2) 행위 : 행사

① **행사란** : 위조한 인장 · 서명 등을 진정한 것으로 그 용법에 따라 타인에게 사용하는 것을 말한다.

② **현실적인 열람 불요** : 현실적인 열람여부는 관계없이 열람할 수 있는 상태에 두면 행사이다.

Ⅳ. 공인위조 · 부정사용죄

1. 서 설

(1) 의의 : 행사할 목적으로 공무원 또는 공무소의 인장 · 서명 · 기명 또는 기호를 위조 또는 부정사용함으로써 성립하는 범죄이다.

(2) 성질 : 사인위조죄에 대하여 불법(형)이 가중되는 가중범죄이다.

2. 구성요건

(1) 객체 : 공무원 또는 공무소의 인장 · 서명 · 기명 또는 기호

① **공무원의 인장이란**

㉠ 공무원이 공무상 사용하는 모든 인장을 말한다.

㉡ 공무상 사용되는 인장인 한 사인 · 공인을 불문한다.

② **공무소의 인장이란** : 공무소가 그 사무에 관하여 문서에 사용하는 인장을 말하며, 청인(廳印) · 서인(署印) · 직인 · 계인 등도 포함된다.

③ **공기호란** : 거래상 어느 정도 중요한 것임을 요한다.

예 담배갑의 전매청 명의의 기호 · 택시미터기의 검정납봉의 봉인 · 자동차의 차량번호표 등

V. 위조공인행사죄

1. 의 의

위조 또는 부정사용한 공무원 또는 공무소의 인장 · 서명 · 기명 또는 기호를 부정행사함으로써 성립하는 범죄이다(제238조).

2. 행 위 : 행사

(1) 행사란 위조한 인장 · 서명 등을 진정한 것으로 그 용법에 따라 타인에게 사용하는 것을 말한다.

(2) 따라서 부정사용된 공기호를 공범자 이외의 자에게 보이는 것도 본죄의 행사에 해당한다(판례).

3. 미수범 처벌 : 본죄는 미수범처벌규정 있다(제238조).

핵심요약 인장에 관한 죄

1. **목적범인 범죄** : 사인위조 · 부정행사죄, 공인위조 · 부정행사죄
2. **목적범이 아닌 범죄** : 사인위조행사죄 · 위조공인행사죄
3. **미수처벌** : (모든 범죄)의 미수범 처벌
4. **자유형만 처벌** : 자유형만 처벌하고 벌금형 처벌 부인
5. **유형위조만 처벌** : 유형위조만 처벌하고 무형위조는 불벌

제4장

사회의 도덕에 대한 죄

제1절 성풍속에 관한 죄

I. 성풍속에 관한 죄의 일반이론

1. 서 설

(1) 의의 : 성풍속에 관한 죄란 건전한 성도덕 또는 건전한 성풍속을 침해하는 행위를 내용으로 하는 범죄이다.

(2) 인정이유 : 성생활의 문란으로 인한 가정 · 사회생활 및 건전한 성풍속의 파괴를 예방하기 위하여 인정한다.

2. 보호법익과 보호받는 정도

(1) 보호법익 : 건전한 성도덕 또는 건전한 성적 풍속. 즉, 선량한 성풍속

(2) 보호받는 정도 : 침해범. 단, 공연음란죄 · 음화반포죄 · 음화제조죄는 추상적 위험범

보충설명 성풍속에 관한 죄

1. 보호법익

① **간통죄 · 음화반포죄 · 음화제조죄 · 공연음란죄의 보호법익** : 선량한 성풍속

② **음행매개죄의 보호법익** : 주된 보호법익은 선량한 성풍속이며, 부수적인 보호법익은 개인의 성적 자유

2. 보호받는 정도

① **간통죄 · 음행매개죄** : 침해범

② **공연음란죄 · 음화반포죄 · 음화제조죄** : 추상적 위험범

3. 강간 및 강제추행(정조)에 관한 죄와 구별

	성풍속에 관한 죄	정조에 관한 죄(강간 및 강제추행의 죄)
법 익	사회적 법익에 관한 죄	개인적 법익에 관한 죄
보호법익	건전한 성도덕 또는 성적 풍속	정조의 자유 또는 개인의 성적 활동의 자유
범죄형태	① 간통죄 ② 음행매개죄 ③ 음화 등의 반포죄 ④ 음화 등의 제조죄 ⑤ 공연음란죄	① 강간죄 ② 강제추행죄 ③ 업무상 위력 등에 의한 추행죄 ④ 강간치사상죄 ⑤ 혼인빙자간음죄

4. 성풍속을 해하는 죄의 형태

간통죄 · 음행매개죄 · 음화 등 반포죄 · 음화 등의 제조죄 · 공연음란죄로 규정되어 있다.

Ⅱ. 간통죄

1. 서 설

(1) 의의 : 배우자가 있는 자가 간통하거나 또는 상간(相姦)함으로써 성립하는 범죄이다.

(2) 성질

① **필요적 공범** (중 대향범) : 공범에 관한 형법총칙 규정이 적용되지 않는다.

② **신분범**

③ **자수범**

④ **친고죄**

⑤ **성풍속을 해하는 범죄**

⑥ **쌍벌주의** : 간통한 자 모두를 평등하게 처벌하는 쌍벌주의를 취한다.

2. 구성요건

(1) 주체 : 배우자 있는 자와 상간하는 자(신분범)

① **배우자 있는 자란**

㉠ 법률상의 배우자 있는 자를 말하며 사실상 혼인관계에 있는 자는 제외된다.

예 동거중인 자 · 첩 등

㉡ 생존한 배우자를 말한다. 따라서 사망한 배우자는 제외된다.

예 남편이 사망하였으나 사망신고 전에 타인과 정교관계를 갖는 경우 ➡ 무죄, 즉 간통죄 부인

㉢ 법률상 혼인관계에 있는 이상 사실상 동거 여부는 본죄의 성립에 영향이 없다. 따라서 별거중인 배우자의 간통도 간통죄가 성립한다.

㉣ 혼인이 무효인 경우에는 배우자에 해당되지 않아 본죄 부정하나, 혼인에 취소사유가 있는 경우에는 취소가 있을 때까지 배우자에 해당되어 본죄 인정한다.

예 외국에서 거행된 혼인이 그 외국법이 정하는 방식에 따라 거행된 경우에 (국내) 호적법에 따른 신고가 없는 경우에도 간통죄에서 배우자에 해당된다(판례).

㉤ 쌍방 중 일방만 배우자 있는 자이면 족하다.

② **상간자란**

㉠ 상간자란 배우자 있는 자와 성교관계를 맺은 이성의 상대방, 즉 제3자를 말한다.

㉡ 상간자에게 배우자가 있을 필요는 없으나(예 총각 · 처녀 · 과부 등) 상간자에게 배우자가 있으면 이중간통이 된다.

개념정리 이중간통

1. **의의** : 배우자 있는 자가 상대방에게도 배우자가 있음을 인정(자인)하면서 서로 간통하는 경우를 말한다.
2. **처벌** : (처분상의 일죄로서) 간통죄의 상상적 경합범(판례)

(2) 행위 : 간통

① 간통이란 배우자 이외의 자와 성교하는 것을 말한다.

② 따라서 성교 이외의 부정한 행위(예 포옹 · 키스 등)는 간통죄가 성립하지 않는다.

(3) 기수시기 : 삽입시, 즉 삽입이란 남자의 성기가 여자의 성기에 삽입하는 것을 말한다.

3. 주관적 구성요건

(1) 고의 : 행위자가 자기 또는 상대방에게 배우자가 있다는 사실을 인식하여야 한다. 즉, 미필적 고의만으로 족하다.

(2) 착오문제 : 행위자가 자기 또는 상간자(상대방)에게 배우자가 없는 것으로 오인하고 간통한 경우 ➡ 무죄, 즉 구성요건적 착오로 고의가 조각되어 간통죄가 성립하지 않는다.

4. 죄수문제

(1) 간통죄의 죄수판단 : 개개의 성교행위를 기준으로 판단. 따라서 성교행위 1개마다 간통죄가 성립한다.

(2) 상대방을 달리하는 수개의 성교행위를 한 경우 : 수개의 간통죄의 경합범

(3) 동일상대방과 반복된 성교행위를 한 경우 : 수개의 간통죄의 경합범(통설 · 판례)

(4) 배우자 있는 자가 강간한 경우 : 간통죄와 강간죄의 상상적 경합범

5. 소송법상 문제

(1) 친고죄 : 피해자인 배우자의 고소가 있어야 처벌하는 친고죄이다.

(2) 배우자가 간통을 종용(慫慂)과 유서(宥恕)한 경우 : 고소할 수 없다.

① **종용이란** : 간통에 대한 사전동의(승낙)을 말한다.

② **유서란** : 간통에 대한 사후승낙을 말하며, 유서방법은 명시적 · 묵시적을 불문한다.

③ **결론** : 배우자가 간통을 종용 · 유서한 경우에도 간통죄는 성립하나, 다만 고소할 수 없을 뿐이다.

핵심요약 & 관련판례

종용과 유서 인정 유무[25]

1. 종용 또는 유서가 인정되는 경우, 즉 간통죄 부인(판례)

① 배우자의 간통사실을 알고 난 후 그 상대방으로부터 배우자를 더 이상 만나지 않겠다는 합의각서를 받은 경우(유서인정)

② 합의이혼신고서에 서명날인하는 등 이혼합의가 내부적으로 성립한 경우(종용인정)

③ 법률적으로 혼인관계가 존속하더라도 더 이상 혼인관계를 지속할 의사가 없고 이혼의사의 명백한 합치가 있는 경우(종용인정)

④ 배우자와 합의이혼하기로 하고 별거상태에서 다른 자와 성교를 맺은 경우(종용인정)

⑤ 일방의 이혼요구에 상대방이 진정으로 응낙하는 언행을 보이는 사정이 있는 경우(종용인정)

⑥ 이혼심판의 심리기일에 피고인의 소송대리인이 이혼청구에 응하겠다고 진술한 경우(종용인정)

2. 종용 또는 유서가 인정되지 않는 경우, 즉 간통죄 인정(판례)

① 피고인의 배우자가 피고인을 상대로 이혼심판청구를 한 이후 피고인의 간통행위

② 단순히 합의이혼서를 작성하려고 한 사실만이 인정되고 완전한 합의이혼서를 작성하지 않는 상태에서 간통행위

③ 배우자의 간통사실을 알면서 일시 동침한 경우

④ 배우자가 다른 자와 수년간 동거하면서 간통한 사실을 알고 있으면서 특별한 의사표시나 행동을 하지 않는 경우

⑤ 협의이혼의 확인이 있다 하여 혼인생활 중에 있었던 간통행위를 유서한다고 볼 수 없다.

⑥ 고소인이 고소 이후에도 이혼 등 청구의 소가 계속 중에 피고인과 동침한 경우(대판 2000. 7. 7, 2000도)

(3) 고소기간 : 범인을 알게 된 날로부터 6월 이내에 고소하여야 한다.

(4) 고소의 효력 : 혼인이 해소되거나 이혼소송을 제기한 후가 아니면 고소할 수 없다. 또한 다시 혼인하거나 이혼소송을 취하한 때에는 고소는 취소된 것으로 간주한다(형소법 제229조 제1항 · 제2항).

25. 진용은, 진형법, 1065면; 조충환 · 양건, 경찰형법, 1178면

핵심요약 간통죄에서 고소의 효력(판례)

1. 이혼조정신청만 있고 아직 이혼심판청구가 없거나 이혼심판청구가 있는 것으로 간주되지 아니한 경우 본죄의 고소는 효력이 없다.
2. 범인만이 고소인을 상대로 이혼심판청구가 있고 고소인은 공소제기 후에 이혼심판청구가 있는 경우 그 공소제기는 법률의 규정에 위반하여 무효이다(고소의 추완을 부인한다).
3. 간통죄에 대한 제1심판결선고 후에 이혼심판청구가 취하되었다면 그 취하는 처음부터 이혼소송을 제기하지 아니한 것과 동일하게 소급적으로 소추요건을 결하게 되어 공소제기도 법률의 규정에 위반하여 무효로 된다(고소 또는 공소의 취소는 제1심 판결선고 전까지만 가능하므로 제1심 판결선고 후의 취소는 효력없다).
4. 수개의 간통행위 중 일부에 대한 고소는 다른 간통행위에 대한 고소의 효력에 영향이 없다.
5. 법원에 대하여 간통사실을 적시 진정서를 제출하거나 판사의 신문에 대하여 피고인을 처벌하여 달라고 하였어도 고소의 효력은 없다.
6. 간통죄의 고소는 적어도 어떤 간통사실에 대하여 처벌을 구하는 것인지 특정할 수 있는 것이어야 한다.
7. 배우자 사이에 합의(협의)이혼서를 작성하려고 하였거나 협의이혼의 확인만 있고 협의이혼신고가 없는 경우 또는 간통사실을 안 후 즉시 동침한 사실이 있는 것만으로는 간통을 용서하였다고 볼 수 없으므로 간통죄가 성립한다.
8. 협의이혼신고서에 서명날인한 때에는 다른 이성과의 간통을 종용하는 의사표시가 포함되어 있다고 할 수 있으므로 간통죄가 부정된다.
9. 외국에서 외국법에 의하여 혼인하고 우리나라 호적법에 따른 혼인신고를 하지 않는 경우에도 간통죄에 있어서의 배우자에 해당한다.

Ⅲ. 음행매개죄

1. 서 설

(1) 의의 : 영리의 목적으로 사람을 매개하여 간음하게 함으로써 성립하는 범죄이다.

예 여관에 투숙중인 손님에게 화대를 받을 목적으로 부녀를 소개하여 성교하게 하고 그 대가로 10만원을 받은 경우

(2) 성질

① 목적범(성풍속을 해하는 범죄 중 유일한 목적범이다)

② 침해범

2. 구성요건

(1) 객관적 구성요건

① **주체** : 제한없다.

㉠ 간음행위를 한 사람의 부모나 감독자 또는 남편도 본죄의 주체가 될 수 있다. 단, 매개되어 간음행위를 행한 사람과 그 상대방은 본죄의 주체가 될 수 없다.

㉡ 본죄는 필요적 공범이나 매개자만을 처벌하므로 임의적 공범규정은 적용되지 않는다.

② **객체** : 사람

㉠ 사람이란 남 · 여, 성년 · 미성년, 기혼 · 미혼, 과부 · 첩 등은 불문한다.

㉡ 음행의 상습 여부와 음행의 동의 여부를 불문하므로 불특정인 상대로 성생활하는 사람도 해당된다. 예 첩 · 과부 · 매춘녀 등

③ **행위** : 사람을 매개하여 간음하게 하는 것

㉠ **매개란** : 사람을 간음에 이르게 알선하는 것을 말한다. 따라서 매개하였으나 간음에 불응한 경우 또는 간음을 결의하였으나 실행에 이르지 않은 때에는 본죄가 부인된다.

㉡ **간음이란**

ⓐ 부부 사이 이외의 성관계를 말한다.

ⓑ 본죄도 1회의 간음행위가 있을 때마다 1죄가 성립한다.

(2) 주관적 구성요건 : 고의 + 목적

① **고의** : 본죄는 고의범이므로 음행매개에 대한 인식이 있어야 한다.

② **목적**

㉠ 본죄가 성립하기 위하여 고의 이외에 영리의 목적이 있어야 한다.

㉡ 영리의 목적은 재산적 이익을 취득하는 목적이다.

㉢ 현실로 이익의 취득여부와는 상관없이 목적만 있으면 성립한다.

3. 죄수 및 관련문제

(1) 죄수 : 1개의 간음마다 1죄가 성립. 따라서 시간과 장소를 달리하여 수회 간음한 경우 ➡ 수개의 음행매개죄의 경합범

(2) 관련문제

① **폭행 · 협박이 수반된 매개행위로 간음한 경우** : 강간죄와 음행매개죄의 상상적 경합범,

미성년자간음죄(위력에 의한 간음죄)가 성립

② **음행의 상습 있는 부녀를 매개하여 간음한 경우** : 윤락행위방지법(제5조 · 제14조)에 의하여 처벌(즉, 특별법우선적용원칙에 따라 본죄보다 윤락행위방지법으로 처벌)

Ⅳ. 음화 등 반포 · 판매 · 공연전시죄

1. 서 설

(1) 의의 : 음란한 문서 · 도화 · 필름 · 기타 물건을 반포 · 판매 또는 임대하거나 공연히 전시 또는 상영함으로써 성립하는 범죄이다.

(2) 성질

① 이욕범죄

② 영업범죄

③ 추상적 위험범

2. 구성요건

(1) 객체 : 음란한 문서 · 도화 · 필름 · 기타 물건

① **음란(성)이란**

㉠ 보통인(평균인)의 정상적인 성적 수치심을 해하고 선량한 성적 도의관념에 반하는 것을 말한다.

㉡ **음란성의 판단기준**

ⓐ (행위자의 주관적인 의도 · 목적과 관계없이) 사회통념에 따라 객관적으로 판단하여야 한다(통설 · 판례).

ⓑ 평균인(보통인)의 입장에서 판단하여야 한다.

ⓒ (문화)서적 · (예술)작품은 전체적 판단방법에 의하여 판단하여야 한다. 즉, 전체적 고찰방법에 따라 판단한다.

ⓓ 규범적 구성요건, 즉 법적 판단이어야 한다.

㉢ **예술작품 · 학술서적의 음란성**

ⓐ **학술서적 또는 예술작품 음란성 인정여부** : 음란성이 당연히 부정되는 것은 아니다

(통설 · 판례).

ⓑ 상대적 음란성 이론에 의하여 판단 : 문서의 내용 이외에 작가나 출판자의 의도 · 광고선전 · 판매의 방법 · 독자의 상황 등을 고려하여 상대적으로 판단하여야 한다는 이론을 말한다(통설 · 판례).

예 명화집에 실려 있는 나체화 · 마광수 교수의 소설 '즐거운 사라' · 성교를 취급한 학술논문을 신문에 게재한 경우에 대한 음란성을 인정(판례)

관련판례 문화서적과 예술작품의 음란성판단('내게 거짓말을 해봐' 사건) : 상대적 음란성이론으로 판단

문학작품이나 예술작품에 문학성 내지 예술성이 있다고 하여 그 작품의 음란성이 당연히 부정되는 것은 아니다. 다만, 그 작품의 문화적 · 예술적 가치, 주제와 성적 표현의 관련성 정도 등에 따라 그 음란성이 완화되어 결국은 형법이 처벌대상으로 삼을 수 없게 되는 경우가 있을 뿐이다. 즉, 상대적 음란성이론에 의하여 판단한다(대판 2000. 10. 27, 98도679).

② **문서 · 도화의 음란성** : 문서와 도화의 개념은 비밀침해죄 · 문서위조죄와 동일하게 해석한다.

③ **필름 · 기타 물건의 음란성** : 기타 물건이란 조각품 · 음반 또는 녹음테이프 등을 말한다. 단, 성기확대기 · 컴퓨터프로그램파일은 음란물건이 아니다(판례).

핵심요약 음화반포 · 판매 · 공연전시죄

1. **음란물로 인정되는 경우**(음화반포 · 판매 · 공연전시죄 인정)
   ① 남성용 자위기구인 모조여성성기
   ② 고야의 나체화
   ③ (마광수 교수의) 즐거운 사라
   ④ 음경의 노출 · 스트립쇼
   ⑤ 성교를 취급한 학술논문을 신문에 게재
2. **음란물로**(음란성을) **인정되지 않는 경우**(음화반포 · 판매 · 공연전시죄 부인)
   ① 음란한 영상화면을 수록한 컴퓨터프로그램 파일
   ② 여성용 자위기구 · 돌출콘돔
   ③ 성기확대기(해면체비대기)
   ④ 음담패설 · 키스 · 목욕

(2) 행위 : 반포 · 판매 · 임대하거나 공연히 전시 또는 상영하는 것

① **반포** : 불특정 또는 다수인에게 무상으로 교부하는 행위를 말한다.

② **판매** : 유상으로 양도하는 행위로서 계속성을 요구하지 않으며, 특정인 · 불특정인을 불문한다.

③ **임대** : 유상으로 대여하는 행위로서 계속성으로 요하지 않으며, 반드시 영업으로 행할 것을 요하지 않는다.

④ **공연전시 또는 상영**

㉠ **공연히 전시란** : 불특정 또는 다수인이 관람할 수 있는 상태에 두는 것을 말하며, 유상 · 무상을 불문한다.

예 ① 음란한 부호 등이 전시된 웹페이지에 대한 링크(link) 행위 ➡ (음란한 부호 등을) 공연히 전시 인정 (대판 2003. 7. 8. 2001도1355)

② 방안에서 친구 두 사람이 보는 앞에서 영사기로 도색영화필름을 상영한 경우 ➡ 공연전시 부인

㉡ **상영이란** : 필름을 영사(영상)하여 공개하는 것을 말한다. 그러나 실물전시는 상영이 아니다.

3. 주관적 구성요건 : 고의

(1) 고의 : 문서 · 도화 기타 물건을 반포 · 판매 · 임대 · 공연전시 또는 상영한다는 점에 대한 고의가 있어야 하며, 문서의 음란성에 대한 인식도 고의의 내용이 된다. 즉, 미필적 고의만으로 족하다.

(2) 목적 불요 : 본죄는 고의 이외에 (다른 초과주관적 구성요건) 목적은 필요없다. 즉, 목적 불요

4. 공 범 : 상대방은 불벌

본죄는 상대방이 있어야 하나 상대방을 처벌하지 않는 필요적 공범의 일종이기 때문에 상대방은 본죄의 공범(교사 · 방조범)일지라도 처벌되지 않는다.

예 중학생(甲)이 청계천에 있는 고서점을 구경하던 중 외국어로 된 음란소설을 발견하고 외국어를 모르는 서점 주인(乙)으로부터 음란소설을 구입한 경우 ➡ 甲은 무죄 · 乙은 음화판매죄

V. 음화 등 제조 · 소지 · 수입 · 수출죄

1. 의 의

반포 · 판매 · 임대 · 공연전시할 목적으로 음란한 물건을 제조 · 소지 · 수입 · 수출함으로써 성립하는 범죄이다.

예 ① 즐거운 사라(마광수 교수)라는 소설을 제조한 경우 → 음화 등 제조죄
② 자동차 안에서 카섹스하는 장면을 (혼자 감상할 의사로) 촬영한 경우 → 무죄(즉, 목적이 없으므로 본죄는 성립하지 않으나, 단 성폭력범죄처벌법상 카메라이용촬영죄는 성립)

2. 구성요건

(1) 객체 : 음란한 물건, 즉 음란한 물건에는 음화반포죄의 물건(음란문서 · 도화 · 필름)보다 넓은 개념으로, 즉 문서와 도화를 포함한다.

(2) 행위 : 제조 · 소지 · 수입 · 수출

VI. 공연음란죄

1. 서 설

(1) 의의 : 공연히 음란한 행위를 함으로써 성립하는 범죄이다.

(2) 성질

① 거동범(음란한 행위 자체를 처벌하는 거동범이다)

② 공연성 요(要)

(3) 음란물죄와의 구별

① **공연음란죄** : 음란행위 자체를 통제(처벌)하는 범죄이다.

② **음란물죄**(음화반포 · 판매 · 공연전시죄, 음화제조 · 수입 · 수출죄) : 음란한 물건을 통제(처벌)하는 범죄이다.

2. 구성요건

(1) 주체 : 제한이 없다.

(2) 행위 : 공연히 음란한 행위를 하는 것

① **공연히란**

㉠ 불특정 또는 다수인이 인식할 수 있는 상태를 말한다.

㉡ 인식할 수 있는 상태로 족하고 현실적으로 인식함을 요하지 않는다(형식범 또는 추상적 위험범).

예 ① 가옥 내일지라도 쉽사리 이웃 사람의 눈에 뜨이도록 개방되어 있으면(예 거실) → 공연성 인정
② 밀실(예 안방) 내에서 수인에게 보이는 경우 → 공연성 부인

② **음란한 행위란**

㉠ 성욕을 자극 또는 흥분시키고 보통인의 정상적인 성적 수치심을 해하고 선량한 성적 도의관념에 반하는 행위를 말한다.

예 ① 스트립쇼 · 음경의 노출, 단 음란행위에 이르지 않을 정도의 과다한 노출행위로 수치심이나 불쾌감을 준 경우에는 음란한 행위로 보지 않는다(단, 경범죄처벌법에 해당).
② 음란한 언어(즉, 음담패설) · 키스 · 목욕 · 여성용자위기구 · 돌출콘돔 등은 음란한 행위로 보지 않는다. 즉, 본죄 부인

㉡ 음란한 행위의 판단은 시대와 장소에 따라 상대적으로 판단한다. 즉, 상대적 개념이다.

3. 주관적 구성요건 : 고의

(1) 고의 : 공연히 음란한 행위(음란성)를 한다는 인식이 있어야 한다.

(2) 목적 불요 : 본죄는 주관적으로 성적인 목적(예 성욕의 흥분 · 만족 등)이 있어야 성립하는 것은 아니고(목적범 아님), 행위의 음란성에 대한 인식만으로 성립한다(판례[26]).

4. 죄수문제

(1) 1회의 출연 중 수회 나체를 노출한 경우 : (포괄적 일죄로서) 공연음란죄 성립

(2) 강제추행죄(강간죄)를 공연하게 행한 경우 : 강제추행죄(강간죄)와 공연음란죄는 상상적 경합

(3) 음행에 달하지 아니할 정도의 신체의 전부를 노출시킨 경우(예 음담패설 · 키스 · 목욕 등) : 무죄, 단 경범죄처벌법에 의한 처벌(동법 제1조 제41호)

26. 대판 2004. 3. 12, 2003도6514

관련판례 공연음란죄

1. 고속도로에서 승용차를 손괴하거나 타인에게 상해를 가하는 등의 행패를 부리던 자가 이를 제지하려는 경찰관에 대항하여 공중 앞에서 알몸이 되어 성기를 노출한 경우 ➡ 공연음란죄(대판 2000. 12. 22, 2000도4372)
2. 신체의 노출행위가 구체적 사정에 비추어 일반인의 성욕을 자극하여 성적 흥분을 유발하고 정상적인 성적 수치심을 해하는 것이 아니라 단순히 다른 사람에게 부끄러운 느낌이나 불쾌감을 주는 정도에 불과하다고 인정되는 경우 ➡ 공연음란죄 부인. 단, 경범죄처벌법에 의한 처벌(동법 제1조 제41호)

제2절 도박과 복표에 관한 죄

I. 도박과 복표에 관한 죄의 일반이론

1. 서 설

(1) 의의 : 도박과 복표에 관한 죄란 2인 이상의 자가 우연한 승부에 의하여 재물의 득실을 결정하거나(도박죄) 또는 복표를 발매 · 중개 또는 취득함으로써 성립(복표에 관한 죄)하는 범죄이다.

(2) 처벌이유

① 사람의 사행심을 조장하기 때문에

② 건전한 경제사고를 마비시키므로

③ 건전한 근로정신을 퇴폐시키므로

④ 다른 범죄(예 폭행 · 협박 · 강도 · 절도 · 상해 등)의 유발원인이 되므로

(3) 도박과 복표의 구별

	도 박	복 표
소유권의 이전시기	승패결정시	복표구입시
위험부담	승자와 패자 모두 위험 부담	구매자가 위험 부담
추첨여부	불요	필요

2. 보호법익과 보호받는 정도

(1) 보호법익 : 국민의 건전한 근로관념과 공공의 미풍양속

(2) 보호받는 정도 : 추상적 위험범

3. 도박과 복표에 관한 죄의 형태

(1) 기본적 구성요건 : 단순도박죄와 복표발행 · 중개 · 취득죄

(2) 가중적 구성요건 : 상습도박죄 · 도박개장죄

Ⅱ. 단순도박죄

1. 서 설

(1) 의의 : 재물로 도박함으로써 성립하는 범죄이다. 단, 일시오락 정도에 불과한 때에는 도박죄가 성립하지 않는다.

(2) 성질

① 필요적 공범 (중 대향범)

② 법정형의 최고형이 벌금형

③ 추상적 위험범

2. 구성요건

(1) 주체 : 제한이 없다. 단, 도박은 2인 이상의 자를 필요로 하는 필요적 공범 (중 대향범)이다.

(2) 행위 : 재물로서 도박하는 것

① **재물로서란**

㉠ 재물을 걸고란 의미이며, 재물을 걸고란 재물을 승자에게 줄 것을 약속하는 것을 말한다.

㉡ 재물의 액수와 교환가치의 유무를 불문한다.

㉢ 재물이 현장에 있을 것을 요하지 않는다. 예 외상도박 · 빚도박 등

㉣ 도박죄에서 재물은 재산죄의 재물과는 다르다. 즉, 재물 이외에 재산상의 이익도 포함된다. 예 외상도박 등

② 도박행위

㉠ **도박이란** : 당사자가 상호 재물을 걸고 우연한 승부에 의하여 그 재물의 득실을 결정하는 것을 말한다.

㉡ **우연이란**

ⓐ 당사자가 주관적으로 불확실한 것으로 족하고 객관적으로 불확실할 필요는 없다. 따라서 주관적으로 불확실한 과거 · 현재 · 장래 사실을 불문한다.

ⓑ 도박은 당사자 쌍방에 우연할 것을 요한다(통설).

㉢ **사기도박**(편면적 도박)

ⓐ 편면적 도박이란 우연성이 당사자 일방에게만 있는 경우를 말한다.

ⓑ 따라서 편면적 도박(사기도박)은 도박죄를 구성하지 않고 사기죄가 성립된다.

예 사기도박자 甲과 단순도박자 乙이 도박행위를 한 경우 ➡ 甲은 사기죄 · 乙은 무죄

㉣ **도박의 방법** : 제한없다. 즉, 바둑 · 장기 · 운동경기 · 화투 등을 불문한다.

③ **기수시기** : (본죄는 추상적 위험범이므로) 도박행위를 개시한 때. 즉, 화투장 배부시(예 화투 · 트럼프 배부시). 따라서 현실적인 승패의 결정 · 재물의 득실을 요하지 않는다.

3. 위법성

(1) 일시 오락 정도에 불과한 때에는 위법성이 조각되어 도박죄가 성립되지 않는다.

예 명절날 가족 5명이 1만원을 판돈으로 내놓고 1점에 100원짜리 고스톱을 친 경우 ➡ 도박죄 부인

(2) 일시 오락 정도의 판단기준은 도박의 시간과 장소 · 도박에 건 재물의 가액 · 도박에 가담한 자들의 사회적 지위나 재산 정도를 종합하여 판단한다(통설 · 판례).

4. 죄수 및 관련문제

(1) 죄수 : 같은 일시에 동일 장소에서 동일한 도박을 계속할 때 도박참가자의 변동이 있어도 ➡ 1개의 도박죄가 성립

(2) 도박개장자가 스스로 도박에 가담한 경우 : 도박죄와 도백개장죄의 경합범

Ⅲ. 상습도박죄

1. 서 설

(1) 의의 : 상습적으로 재물을 걸고 도박을 함으로써 성립하는 범죄이다.

(2) 성질

① 단순도박죄의 신분적 가중범죄

② 부진정신분범

③ 주관주의 근거

2. 구성요건

(1) 행위 : 상습적으로 도박

① **상습범** : 도박행위를 반복하여 행하는 습벽(습성 · 상습)을 말한다.

② **상습성의 판단기준** : 사회통념에 따라 구체적으로 판단, 즉 전과 · 범죄사실의 반복 · 시간적 간격 등을 고려하여 판단한다(핵심요약 참조).

③ **누범과 상습이 중복되는 경우** : 상습범에 대한 형의 가중과 누범에 대한 형의 가중이 모두 적용된다. 예 3년 이내에 상습도박행위시

핵심요약 상습도박죄(판례)

1. **도박의 습성**(습벽 · 상습)**이 있는 자가 도박행위시** : 상습도박죄 성립
2. **피고인에게 전과가 없어도 2개월 10일 동안 9회에 걸쳐 반복하여 도박을 하였다면** : 상습도박죄 성립(판례)
3. **1주일에 수회 도박을 하였으나 그 이후에는 도박행위를 일체 하지 아니한 경우** : 상습도박죄 부정(단순도박죄는 인정)

3. 공동정범

(1) 공동정범 : 예 상습도박자와 단순도박자가 도박행위시 → 상습도박자는 상습도박죄 · 단순도박자는 단순도박죄 성립

(2) 교사 · 방조

① **상습자가 비상습자의 도박을 교사(방조)한 경우** : 상습도박자는 상습도박죄의 교사(방조) · 비상습자는 (단순)도박죄 성립

② **비상습자가 상습자의 도박을 교사(방조)한 경우** : 비상습자는 (단순)도박죄의 교사(방조) · 상습도박자는 상습도박죄 성립

③ **상습도박자를 방조한 경우** : (단순)도박죄의 방조범

Ⅳ. 도박장소 (등) 개설죄

1. 서 설

(1) 의의 : 영리를 목적으로 도박을 하는 장소나 공간을 개설함으로써 성립하는 범죄이다.

(2) 성질

① **목적범** : 도박죄 중 목적범이다.

② **영리범죄** : 행위자가 현실적으로 도박을 하지 않고 도박을 유인 · 촉진시키는 영리범죄이다.

2. 구성요건

(1) 행위 : 영리를 목적으로 도박의 장소나 공간을 개설하는 것

① **영리의 목적이란**

㉠ 재산상의 이익을 얻을 목적을 말한다.

㉡ 재산상의 이익은 도박하는 자로부터 입장료 · 수수료 등의 명목으로 도박장소 개설(장)의 대가를 얻은 이익을 말하며 도박을 통해서 얻게 되는 이익을 의미하지 않는다.

㉢ 영리의 목적이 있으면 족하며 현실로 이득을 취득하였는가는 본죄의 성립에 영향 없다(판례).

② **도박의 장소나 공간의 개설이란**

㉠ 도박의 주재자가 되어 그 지배하에 도박의 장소 또는 (인터넷상에 도박사이트를 개설하여) 도박을 할 수 있는 사이버공간 등을 제공하는 것을 말한다.

㉡ 도박의 장소나 공간을 개설한 이상 현실적인 도박행위 유 · 무는 불문한다.

핵심요약 도박장소개설죄

1. **단순히 도박장소를 제공하는 경우** : 도박죄의 방조가 성립
2. **도박자의 유인 · 도박개장의 정을 알면서 가옥을 대여하는 행위** : 도박개장죄의 방조가 성립

관련판례 도박장소개설죄

인터넷 고스톱게임 사이트상에 고스톱대회를 개최하면서 참가자들로부터 참가비를 받고 입상자들에게 상금을 지급하는 행위 → 도박장소개설죄(대판 2002. 4. 12, 2001도5802)

(2) 기수시기 : 영리목적으로 도박의 장소나 공간을 개설(장)한 때에 기수가 된다. 따라서 현실적으로 도박이 행하여짐을 요하지 않는다.

3. 주관적 구성요건 : 고의 + 목적

본죄에 대한 고의 이외에 영리의 목적이 있어야 한다.

4. 죄수관계

(1) 도박장소개설자 자신이 도박을 한 경우 : 도박장소개설죄와 도박죄의 경합범

(2) 도박장소개설을 방조한 경우 : 도박장소개설죄의 방조가 성립하고, 도박방조죄는 성립하지 않는다.

V. 복표발매 · 중개 · 취득죄

1. 서 설

(1) 의의 : 법령에 의하지 아니한 복표를 발매하거나 발매중개 또는 취득함으로써 성립하는 범죄이다.

(2) 성질

① 광의로는 도박죄에 해당

② 형법은 도박죄와 독립된 범죄로 규정

2. 구성요건

(1) **객체** : 법령에 의하지 아니한 복표

① **복표** : 특정한 표찰을 발매하여 다수인으로부터 금품을 모은 다음 추첨 등의 방법으로 당첨자에게 재산상의 이익을 제공하고 다른 참가인에게 손실을 가져오게 하는 것을 말한다.

② **법령에 의하여 발행된 복표** : 정당행위로서 위법성이 조각되어 본죄의 객체가 되지 않는다. 예 로또복권 · 체육복권 · 경마권 · 경륜권 등

(2) **행위** : 발매 · 중개 · 취득하는 것

제3절 신앙에 관한 죄

I. 신앙에 관한 죄의 일반이론

1. 의 의

신앙에 관한 죄란 종교생활의 평온과 종교감정을 침해하는 것을 내용으로 하는 범죄이다. 형법에는 신에 대한 모독죄의 규정이 없기 때문에 종교 그 자체를 형법적으로 보호하는 것은 아니다.

2. 보호법익과 보호받는 정도

(1) **보호법익** : 종교감정 및 종교생활의 평온

(2) **보호받는 정도** : 추상적 위험범

보충설명 신앙에 관한 죄의 보호법익

1. **신앙에 관한 죄의 보호법익** : 종교적 감정 및 종교생활의 평온이다.
2. (그러나) **변사체검시방해죄의 보호법익** : 종교적 감정 및 종교생활의 평온과는 아무런 관련이 없다(즉, 수사기관의 공무방해죄로서의 성질을 가진 범죄).

3. 신앙에 관한 죄의 형태

장례식 등 방해죄 · 사체 등 오욕죄 · 분묘발굴죄 · 사체 등 영득죄 및 변사체검시방해죄가 있다.

Ⅱ. 장례식 (등의) 방해죄

1. 의 의

장례식 · 제사 · 예배 또는 설교를 방해함으로써 성립하는 범죄이다.

2. 구성요건

(1) 객체 : 장례식 · 제사 · 예배 또는 설교. 단, 결혼식은 부인한다.

① **장례식** : 사자를 장사지내는 의식을 말한다. 따라서 비종교적 장례식도 포함되며 사체의 존재를 요하지 않는다.

② **제사** : 신에게 제사지내는 의식을 말한다. 종교적 의식 및 전통적 의식을 불문한다.

③ **예배** : 종교단체의 관례와 형식에 따라 신에게 기도하고 숭경하는 종교적 의식을 말한다. 예배장소는 문제되지 않으나 다수인의 참여를 요한다.

④ **설교** : 종교상의 교의를 해설하는 것을 말한다. 단, 종교행정 · 종교정치 · 종교학술 등의 연설 · 강연 등은 설교가 아니므로 본죄가 인정되지 않는다.

예 정식절차를 밟지 아니하여 설교가 거부된 위임목사가 행하는 설교 또는 예배인도를 방해한 경우 ➞ 예배 또는 설교 방해죄가 성립(판례)

핵심요약 장례식 (등) 방해죄

1. **장례식 등 방해죄의 객체가 인정되는 경우**(장례식 등 방해죄 인정)
   장례식 · 제사 · 예배 · 설교
2. **장례식 등 방해죄의 객체가 인정되지 않는 경우**(장례식 등 방해죄 부인)
   결혼식 · 종교행정 · 종교정치 · 종교학술 등의 연설 또는 강연

(2) 행위 : 방해하는 것

① 장례식 등의 정상적인 진행을 곤란하게 하는 일체의 행위를 말한다.

② 방해의 방법에는 제한이 없다. 예 목사를 감금 · 설교거부 등

③ 방해는 구체적인 장례식 · 제사 · 예비 · 설교 등을 대상으로 해야 하므로 문서를 반포(배포)하여 종교를 비방하거나 예배자를 감소시키는 행위를 방해라고 할 수 없다.

④ 방해는 장례식 · 제사 등이 반드시 진행중임을 요하지 않는다. 즉, 진행과 시간적으로 불가분의 관계에 있는 준비관계도 방해가 인정된다.

(3) 기수시기 : (본죄는 추상적 위험범이므로) 장례식 등의 방해행위가 있는 때에 기수가 되며, 즉 현실적인 방해의 결과발생을 요하지 않는다.

Ⅲ. 사체 (등) 오욕죄

1. 의 의

사체 · 유골 또는 유발을 오욕함으로써 성립하는 범죄이다.

2. 구성요건

(1) 객체 : 사체 · 유골 또는 유발

① **사체** : 사자의 시신을 말한다. 인체의 형태를 갖춘 사태도 사체에 포함된다(형태기준설 근거 · 통설).

② **유골** : 화장 기타의 방법에 의하여 백골이 된 사체의 일부분을 말한다. 사자를 제사 · 기념하기 위하여 보존의 대상이 되는 것에 한하며, 단 학술표본 · 실험용은 유골에 해당하지 않는다.

③ **유발이란** : 사자를 제사 · 기념하기 위하여 보존한 모발을 말한다.

(2) 행위 : 오욕하는 것

① 오욕이란 폭행 기타 유형력의 행사에 의하여 모욕적인 의사를 표현하는 것을 말한다.

예 사간(死姦) · 사체에 대한 추행 및 방뇨행위 · 사체를 끌고 다니는 행위

② 언어에 의한 모욕을 오욕이라 할 수 없다.

③ 오욕행위는 손괴의 정도에 이르지 않아야 한다.

예 사체의 수족을 절단한 경우 ➡ 사체손괴죄가 성립

Ⅳ. 분묘발굴죄

1. 의 의

분묘를 발굴함으로써 성립하는 범죄이다.

2. 구성요건

(1) 객체 : 분묘

① 분묘란 사람의 사체 · 유골 · 유발을 매장하여 사자를 제사 또는 기념하는 장소를 말한다.

② 제사나 예배의 대상이 되지 않는 고분은 분묘라고 할 수 없다.

③ 묘표의 유 · 무, 분묘에 대한 소유권자 · 관리권자가 현존함을 요하지 않는다.

④ 적법하게 매장된 분묘임을 요하지 않는다. 즉, 암매장된 분묘도 본죄를 인정한다(판례).

(2) 행위 : 발굴

발굴이란 복토의 전부 또는 일부를 제거하거나 묘석 등을 파괴하여 분묘를 손괴하는 것을 말한다.

(3) 기수시기 : 외부인지설(통설) · 복토제거설(판례)이 대립

① **외부인지설**(통설) : 분묘 내의 관 · 사체 · 유골 등은 외부에서 인식할 수 있는 상태로 된 때 기수가 된다는 견해

② **복토제거설**(판례) : 반드시 관 · 사체 · 유골 등이 현출될 필요는 없고 복토의 일부만 제거되어도 기수가 된다는 견해

3. 위법성

(1) 정당행위 : 검증 · 감정을 위한 발굴과 같이 법률에 근거한 경우에는 정당행위로서 위법성이 조각된다.

(2) 관리자의 동의 : 위법성 조각

① 분묘를 개장 · 이수 · 수선하기 위하여 관리자의 동의를 얻은 발굴은 위법성이 조각된다.

② 토지구획시행자로부터 분묘의 개장명령을 받았더라도 분묘주인(의) 승낙없이 발굴한 때에는 본죄를 인정한다(판례).

V. 사체 등 손괴 · 유기 · 은닉 · 영득죄

1. 의 의

사체 · 유골 · 유발 또는 관내에 장치한 물건을 손괴 · 유기 · 은닉 또는 영득함으로써 성립하는 범죄이다.

2. 구성요건

(1) 객체 : 사체 · 유골 · 유발 또는 관내에 장치한 물건

① **사체 · 유골 · 유발** : 사체오욕죄의 객체와 동일하게 해석한다.

② **관내에 장치한 물건**(관내장치물) : 기념을 위하여 사체와 함께 관내에 둔 일체의 부장물을 말한다.

보충설명 사체오욕죄와 사체유기죄의 객체

1. **사체오욕죄의 객체** : 사체 · 유골 · 유발
2. **사체유기죄의 객체** : 사체 · 유골 · 유발 · 관내장치물

(2) 행위 : 손괴 · 유기 · 은닉 또는 영득하는 것

VI. 변사체검시방해죄

1. 서 설

(1) 의의 : 변사자의 사체 또는 변사의 의심있는 사체를 은닉 또는 변경하거나 기타 방법으로 검시를 방해함으로써 성립하는 범죄이다.

예 과수원 내에서 발견된 변사자를 공동묘지에 매장한 경우 → 변사체검시방해죄

(2) 성질 : 본죄는 종교적 평온과 종교감정을 보호하기 위한 범죄가 아니라 수사기관의 공무방해죄로서의 성질을 가지는 범죄이다.

2. 구성요건

(1) 객체 : 변사자의 사체 또는 변사의 의심있는 사체

① **변사자**

㉠ 자연사 또는 통상의 병사가 아닌 사체로서 사인이 분명하지 않은 자를 말한다.

㉡ 따라서 사인이 명백한 때에는 변사자라 할 수 없다.

예 범죄로 인하여 사망한 것이 명백한 경우 → 변사자가 아니다.

② **변사의 의심있는 사체** : 범죄로 인한 사망의 의심이 있는 사체를 말한다.

(2) 행위 : 은닉 · 변경 또는 기타 방법으로 검시를 방해

검시를 방해한다는 것은 검시를 불가능하게 하거나 현저히 곤란하게 하는 것을 말한다.

3. 처 벌 : 벌금형만 규정, 즉 법정형의 최고형은 벌금형이다.

관련판례 변사체검시방해죄

변사자란 그 사인이 불분명한 자를 의미하고 그 사인이 명백한 경우는 변사자라 할 수 없으므로, 따라서 범죄로 인하여 사망한 것이 명백한 사체 → 변사자가 아니므로 변사자검시방해죄의 객체가 될 수 없다(대판 2003. 6. 27, 2003도1331).

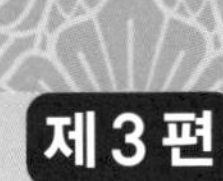

제3편

국가적 법익에 관한 죄

제1장
국가의 존립과 권위에 대한 죄

제1절 내란의 죄

I. 내란의 죄에 관한 일반이론

1. 의 의

내란의 죄는 국토를 참절하거나 국헌을 문란할 목적으로 폭동하거나(내란죄) 그러한 목적으로 사람을 살해함으로써(내란목적살인죄) 성립하는 범죄이다.

2. 보호법익과 보호받는 정도

(1) 보호법익 : 국가의 대내적 안전(존립)

(2) 보호받는 정도 : 구체적 위험범

(3) 내란죄의 형태

① **기본적 구성요건** : 내란죄

② **독립된 구성요건** : 내란목적살인죄

(4) 특성 : 미수범, 예비 · 음모 · 선동 · 선전 처벌. 즉 내란죄와 내란목적살인죄의 미수범과 예비 · 음모 · 선동 · 선전까지도 처벌한다.

3. 외환의 죄와 구별

	내란의 죄	외환의 죄
의 의	대내적으로 국가존립을 위태롭게 하는 범죄	대외적으로 국가존립을 위태롭게 하는 범죄
보호법익	국가의 대내적 안전	국가의 대외적 안전
범죄형태	내란죄 · 내란목적살인죄	외환유치죄 · 여적죄 · 모병이적죄 · 시설제공이적죄 · 시설파괴이적죄 · 물건제공이적죄 · 간첩죄

Ⅱ. 내란죄

1. 서 설

(1) 의의 : 국토를 참절하거나 국헌을 문란할 목적으로 폭동함으로써 성립하는 범죄이다.

(2) 성질

① 목적범

② 필요적 공범 (중 집합범)

③ 단절된 결과범

④ 구체적 위험범(통설) · 상태범(판례)

⑤ 조직적 범죄(조직성이 없는 단순폭행 · 협박은 본죄를 구성하지 않는다)

(3) 총칙상의 공범규정(임의적 공범)**의 적용여부** : 부정설 · 긍정설 · 절충설(다수설)

① **적용부정설** : 필요적 공범인 내란죄는 임의적 공범에는 적용할 수 없다는 견해

② **적용긍정설** : 필요적 공범인 내란죄는 임의적 공범에도 적용될 수 있다는 견해

③ **절충설**(다수설) : 필요적 공범인 내란죄는 임의적 공범 중 공동정범의 적용은 부인하나 교사범 · 방조범의 적용은 인정한다는 견해

(4) 소요죄와의 구별

	내란죄	소요죄
법 익	국가적 법익에 관한 죄	사회적 법익에 관한 죄
보호법익	국가의 대내적 질서	한 지방의 평온
목적성여부	목적범	목적범 아님
범죄의 조직성	조직적 범죄	단순집합범(처음부터 조직적 불요)
행 위	폭동	폭행 · 협박 · 손괴
미수범처벌	처벌	불벌
예비 · 음모의 처벌	처벌	불벌
자수의 특례	규정 있다(제90조).	규정 없다.
처 벌	가담정도에 따라 개별적으로 처벌	가담자 모두 동일한 형으로 처벌

2. 구성요건

(1) 객관적 구성요건

① **주체** : 제한이 없다. 즉, 내 · 외국인을 불문한다.

② **행위** : 폭동하는 것

㉠ **폭동이란** : 다수인이 결합하여 폭행 · 협박하는 것으로 한 지방의 평온을 해할 정도의 것으로 국토참절이나 국헌문란의 목적을 위한 수단이어야 한다.

㉡ **폭행 · 협박** : 최광의의 폭행 · 협박으로 사람 · 물건에 대한 일체의 유형력의 행사를 말한다.

③ **기수시기** : 폭행 · 협박이 한 지방의 평온을 해할 정도에 이를 때에 기수가 된다. 즉, 통설은 구체적 위험범 · 판례는 상태범으로 본다.

관련판례 내란죄의 기수시기 : 상태범

내란죄는 국토를 참절하거나 국헌을 문란할 목적으로 폭동한 행위로서, 다수인이 결합하여 위와 같은 목적으로 한 지방의 평온을 해할 정도의 폭행 · 협박행위를 하면 기수가 되고, 그 목적의 달성여부는 이와 무관한 것으로 해석되므로, 다수인이 한 지방의 평온을 해할 정도의 폭동을 하였을 때 이미 내란의 구성요건은 완전히 충족된다고 할 것이어서 상태범으로 봄이 상당하다(대판 1997. 4. 17, 96도3376 전원합의체).

(2) 주관적 구성요건 : 고의 + 목적

① **고의**

㉠ 본죄는 고의범이므로 다수인이 집합하여 폭동한다는 인식 · 의사가 있어야 한다.

㉡ 미필적 고의만으로 족하다.

② **단절된 결과범** : 내란의 목적만으로 성립하고 목적달성을 위한 별개의 행위를 불요한다.

③ **목적** : 국토참절이나 국헌문란의 목적

㉠ **국토참절의 목적** : 대한민국 영토주권의 일부나 전부를 배제할 목적을 말한다.

㉡ **국헌문란의 목적**

ⓐ 의의 : 우리 헌법의 기본질서를 침해할 목적을 말한다(제91조).

ⓑ 국헌문란이란

i) 헌법 또는 법률에 정한 절차에 의하지 아니하고 헌법 또는 법률의 기능을 소멸시키는 것

ii) 헌법에 의하여 설치된 국가기관을 강압에 의하여 전복 또는 권능행사를 불가능하게 하는 것. 여기서 권능행사를 불가능하게 한다란 그 기관을 영구히 폐지하는 경우 이외에 사실상 상당기간 기능을 제대로 할 수 없게 만드는 것을 의미한다(판례).

핵심요약 국헌문란에 관한 (구체적인) 판례

1. **정부조직제도 자체를 불법하게 파괴하는 경우** : 국헌문란에 해당. 단, 구체적인(특정) 정부와 내각을 타도하는 것은 국헌문란에 해당하지 않는다.
2. **단순히 국무총리나 대통령(수상)을 살해하여 내각을 경질함을 목적으로 함에 불과하고 직접 내각제도 자체를 변혁하는 것을 목적으로 하는 것이 아닌 경우** : 국헌문란이라 할 수 없다.
3. **헌법기관인 대통령 · 내각 · 법원 · 국회 등을 전복하여 그 기능을 정지시키는 경우** : 국헌문란이다.

3. 처 벌 : 가담정도에 따라 개별적으로 처벌

폭동의 역할(수괴 · 모의참여자 · 지휘자 · 중요임무종사자 · 부화수행자 · 단순폭동관여자)에 따라 법정형에 차이가 있다.

4. 죄수문제 : 내란의 폭동에 수반하여 살인 · 강도 · 손괴 · 방화 등의 행위가 있는 경우 → 내란죄만 성립(통설 · 판례, 즉 강도 · 손괴 · 방화는 내란죄에 흡수, 즉 흡수주의)

개념정리 수괴 · 모의참여자 · 지휘자 · 중요임무종사자 · 부화수행자 · 단순폭동관여자

개 념	의 의	처 벌
1. **수괴**(제87조 제1호)	폭동을 조직 · 지휘 · 통솔하는 자로서 1인일 필요는 없고, (반드시) 현장에 있음을 요하지 않는다.	사형 · 무기징역 또는 무기금고에 처한다.
2. **모의참여자 · 지휘자 · 중요임무종사자 · 살상 · 파괴 · 약탈행위자**(제87조 제2호)	중요임무종사자는 탄약 · 식량을 운반하거나 보급을 담당하는 자 등을 말한다.	① 사형 · 무기 또는 5년 이상의 징역이나 금고에 처한다. ② 살상 · 파괴 또는 약탈의 행위를 실행한 자도 같다.
3. **부화수행자 · 단순폭동관여자**(제87조 제3호)	기계적 노무에 종사하거나 투석 등의 행위를 한 자 등을 말한다.	5년 이하의 징역 또는 금고에 처한다.

Ⅲ. 내란목적살인죄

1. 의 의

국토를 참절하거나 국헌을 문란할 목적으로 사람을 살해함으로써 성립하는 범죄이다.

예 국헌문란의 목적으로 대통령 또는 정당지도자를 살해한 경우

2. 성 질

(1) 살인죄에 대한 가중적 구성요건(다수설)

(2) 폭동을 불요

3. 객 체 : 사람, 따라서 요인(要人)에 한하지 않는다.

4. 기수시기 : 내란목적으로 사람을 살해함으로써 기수가 되며, 폭동으로 나아갈 것을 요한다.

관련판례 내란목적살인죄와 내란죄 관계

국헌문란의 목적을 달성함에 있어 내란죄가 폭동을 수단으로 함에 비하여 내란목적살인죄는 살인을 그 수단으로 하는 점에서 두 죄는 엄격히 구별된다. 따라서 폭동에 수반하여 개발적으로 발생한 살인행위는 내란행위에 흡수되어 내란목적살인의 별죄를 구성하지 아니하나, 살인행위가 내란의 와중에 폭동에 수반하여 일어난 것이 아니라 의도적으로 실행된 경우 → 내란죄에 흡수되지 않고 내란목적살인죄가 성립〈12.12 군사반란사건(대판 1997. 4. 17, 96도3376 전원합의체)〉

5. 죄수문제

(1) 폭동행위 중 내란목적으로 사람을 살해한 경우 : 내란목적살인죄와 내란죄의 상상적 경합범

(2) 폭동의 준비단계에서 사람을 살해한 경우 : 내란예비죄와 내란목적살인죄의 상상적 경합범

(3) 내란목적으로 사람을 살해한 후에 다시 폭동까지 한 경우 : 내란목적살인죄와 내란죄의 경합범

Ⅳ. 내란예비 · 음모 · 선동 · 선전죄

1. 의 의

내란죄 또는 내란목적살인죄를 범할 목적으로 예비 · 음모 · 선동 · 선전함으로써 성립하는 범죄이다.

2. 성 질 : 수정적 구성요건, 즉 본죄는 내란죄 · 내란목적살인죄의 수정적 구성요건(다수설)

3. 행 위 : 예비 · 음모 · 선동 · 선전하는 것

(1) 예비 : 내란죄 · 내란목적살인죄를 실행하기 위한 (물적) 준비행위를 말한다.

(2) 음모 : 내란죄 · 내란목적살인죄를 실행하기 위해 2인 이상이 협의하는 것(심적 준비행위)을 말한다.

(3) 선동 : 일반 대중을 자극하여 내란죄의 실행을 결의하게 하거나 이미 존재하는 결의를 촉구하는 것을 말한다.

(4) 선전 : 불특정다수인에게 내란의 취지를 알리고 이해시키는 행위를 말한다.

4. 내란의 죄의 예비 · 음모의 자수 : 필요적 감면

내란죄와 내란목적살인죄를 예비 · 음모한 자가 실행에 이르기 전에 자수한 때에는 그 형을 감경 또는 면제한다(필요적 감면).

제2절 외환의 죄

I. 외환의 죄에 관한 일반이론

1. 의 의

외환의 죄는 외환을 유치하거나 대한민국에 항적하거나 적국에 이익을 제공하여 국가의 안전을 위태롭게 하는 범죄이다.

2. 보호법익과 보호받는 정도

(1) 보호법익 : 국가의 대외적 안전. 따라서 국가의 대내적 안전을 보호법익으로 하는 내란죄와 구별한다.

(2) 보호받는 정도 : 구체적 위험범

3. 외환의 죄의 형태

(1) 기본적 구성요건 : 일반이적죄

(2) 가중적 구성요건 : 외환유치죄 · 여적죄 · 이적죄(모병이적죄 · 시설제공이적죄 · 시설파괴이적죄 · 물건제공이적죄) · 간첩죄 · 전시군수계약불이행죄로 규정하고 있다.

II. 외환유치죄

1. 의 의

외국과 통모하여 대한민국에 대하여 전단을 열게 하거나 외국인과 통모하여 대한민국에 항적함으로써 성립하는 범죄이다.

2. 구성요건

(1) 주체 : 제한없다. 즉, 내 · 외국인 불문하나, 단 적국인은 여적죄의 주체이므로 본죄의 주체가 되지 않는다.

(2) 행위 : 외국 또는 외국인과 통모하여 전단을 열게 하거나 항적하는 것

① **외국 · 외국인 · 통모 · 전단을 연다 · 항적**

㉠ **외국이란** : 대한민국 이외의 국가를 말하며, 반드시 국제법상 승인된 국가임을 요하지 않는다. 다만, 여적죄와의 관계상 적국 이외의 국가를 말한다. 즉, 적국과 합세해 대한민국에 항적하는 경우는 여적죄가 성립한다.

㉡ **외국인이란** : 외국을 대표하는 정부기관 이외의 외국인개인과 사적 단체를 말한다.

㉢ **통모(通謀)란** : 외국의 정부(국가)기관과 의사를 연락하는 것을 말한다.

㉣ **전단(戰端)을 연다는 것은** : 전투행위를 개시하는 것을 말한다.

㉤ **항적(抗敵)한다란** : 적국의 군무에 종사하여 대한민국에 적대행위를 하는 것을 말한다.

② **행위의 대상** : 대한민국 또는 대한민국의 동맹국이다.

(3) 기수시기 : 현실적으로 전쟁이 개시된 때에 기수가 된다. 즉, 구체적 위험범(통설).

Ⅲ. 여적죄

1. 의 의

적국과 합세하여 대한민국에 항적함으로써 성립하는 범죄이다(제93조).

2. 구성요건 : 적국과 합세하여 대한민국에 항적(抗敵)한 자

(1) 적국 : 선전포고에 의하여 전쟁을 하거나 사실상 전쟁을 수행하고 있는 나라를 말하며, 대한민국에 적대하는 외국 또는 외국단체도 포함된다(다수설).

(2) 항적 : 대한민국에 적대행위를 하는 것을 말한다.

3. 기수시기 : 적국과 합세하여 전투 또는 항적행위를 현실적으로 행했을 때에 기수가 된다.

4. 처 벌 : 절대적 사형

형법상 법정형으로 (절대적) 사형만을 규정한 유일한 규정이다. 단, 작량감경은 가능하므로 항상 사형으로 처단된다는 것은 아니다.

Ⅳ. 이적죄

1. 모병이적죄

(1) 의의 : 적국을 위하여 모병하거나 모병에 응함으로써 성립하는 범죄이다(제94조).

(2) 구성요건

① **모병이란** : 전투에 종사할 인원을 모집하는 것을 말한다.

② **모병에 응한다란** : 자발적으로 모병에 지원하는 것을 말한다.

2. 시설제공이적죄

군사시설(군대 · 요새 · 진영 또는 군용에 공하는 선박이나 항공기 기타 장소 · 설비 또는 건조물을 적국에 제공한 자) 또는 병기 · 탄약 기타 군사상 필요한 물건을 적국에 제공함으로써 성립하는 범죄이다(제95조).

3. 시설파괴이적죄

적국을 위하여 대한민국의 군사시설(군대 · 요새 · 진영 또는 군용에 공하는 선박이나 항공기 기타 장소 · 설비 또는 건조물을 적국에 제공한 자) · 병기 · 탄약 기타 군용물건을 파괴하거나 사용할 수 없게 함으로써 성립하는 범죄이다(제96조).

4. 물건제공이적죄

군용에 공하지 아니하는(직접 제공되지 않지만) 병기 · 탄약 기타 전투용에 공할 수 있는 물건을 적국에 제공함으로써 성립하는 범죄이다(제97조).

5. 일반이적죄

(1) 의의 : 외환의 죄 이외에 대한민국의 군사상 이익을 해하거나 적국에 군사상의 이익을 제공함

으로써 성립한다.

(2) 보충규정 : 본죄는 외환유치죄 · 여적죄 · 모병이적죄 · 시설제공이적죄 · 시설파괴이적죄 · 물건제공이적죄 또는 간첩죄에 대한 보충적 규정이므로 위의 죄를 구성하는 때에는 본죄에 해당하지 않는다.

(3) 관련문제

① **직무에 관하여 군사상 기밀을 지득한 자가 이를 적국에 누설한 경우** : 간첩죄가 성립

② **직무에 관계없이 군사상 기밀을 지득한 자가 적국에 누설한 경우** : 일반이적죄가 성립

Ⅴ. 간첩죄

1. 서 설

(1) 의의 : 적국을 위하여 간첩하거나 적국의 간첩을 방조하거나 또는 군사상의 기밀을 적국에 누설함으로써 성립하는 범죄이다.

(2) 성질

① **이적(利敵)의사 요** : 본죄는 이적의사(利敵意思)가 있어야 한다.

② **가중적 구성요건** : 일반이적죄에 비하여 불법(형)이 가중되는 가중적 구성요건이다.

2. 간첩의 행위태양 : 적국을 위한 간첩 · 적국의 간첩방조 · 적국에 군사상의 기밀누설

(1) 적국을 위한 간첩

① **간첩**

㉠ 적국을 위하여 국가기밀 또는 군사기밀을 탐지 · 수집하는 행위를 말한다.

㉡ 간첩행위는 적국을 위한 것이어야 하므로 적국과의 의사연락이 있어야 한다. 따라서 편면적 간첩은 (간첩이 아니라) 간첩예비죄에 해당한다.

예 북한(괴)의 지령사주 기타 의사연락 없이 단편적으로 지득한 군사상 비밀사항을 북한(괴)에 납북된 상태 하에서 제보한 행위, 즉 편면적 간첩은 간첩죄에 해당하지 않는다. 즉, 간첩예비죄가 성립(판례)

② **적국**

㉠ 대한민국에 적대하는 외국 또는 외국인의 단체를 말한다.

㉡ 적국이란 국제법상의 국가에 한하지 않고, 사실상 국가에 준하는 단체를 포함한다.

ⓒ 북한도 적국에 해당한다(판례).

③ **국가기밀**

㉠ 국방정책상 적국에 알려지지 아니함으로써 우리나라의 이익이 되는 모든 기밀을 말한다.

㉡ 국가기밀은 군사기밀에 한하지 않고 정치 · 경제 · 사회 등에 관한 기밀도 포함된다.

예 수배자명단 · 민심의 동향파악은 국가기밀이나, 단 공지의 사실은 국가기밀이 아니다(다수설 · 판례).

㉢ Mosaik 이론, 즉 개별 내용은 국가기밀이 아니지만 이를 종합하면 전체로서 중요사실을 판단할 수 있는 정보가 될 경우에는 (국가)기밀을 인정하는 이론

(2) 간첩방조

① **의의** : 적국의 간첩임을 알면서 그 간첩행위를 원조하여 간첩활동을 용이하게 하는 일체의 행위를 말한다.

② **총칙공범 규정 적용부인** : 간첩방조는 간첩과 대등한 독립범으로 간첩죄와 법정형이 동일하다. 따라서 총칙상의 공범규정(필요적 감경)은 적용되지 않는다.

③ **간첩방조의 내용**

㉠ **간첩방조를 인정하는 경우**(판례)

ⓐ 북괴의 대남공작원을 상륙시키는 경우

ⓑ 간첩과의 접선방법을 합의하는 경우

㉡ **간첩방조를 부정하는 경우**(판례) : 간첩행위가 아닌 간첩에게 숙식의 편의 · 은닉처의 제공 · 안부편지나 사진을 전달하는 경우

④ **간접방조의 미수** : (주범인) 간첩의 미수 · 기수와 관계없이 방조행위 자체가 미수에 그친 경우에 간첩방조의 미수범이 된다(판례).

(3) 군사상의 기밀누설

① **군사상의 기밀누설** : 직무에 관하여 군사상의 기밀을 지득한 자가 그 기밀을 적국에 누설하는 것을 말한다(신분범). 따라서 직무에 관계없이 알게 된 기밀을 누설한 때 일반이적죄가 성립할 뿐 본죄(간첩죄)는 성립하지 않는다.

② **알면서 누설** : 군사상의 기밀을 누설한다는 것은 군사기밀임을 알면서 이를 적국에 알리는 것을 말한다.

③ **누설방법** : 제한이 없다. 즉, 구두 · 서면 · 전화 · 전보 · 암호 등을 불문한다.

3. 실행의 착수시기와 기수시기

(1) 실행의 착수시기

① **판례** : 잠입 · 입국시, 즉 간첩을 위하여 국내에 잠입 또는 입국하였을 때 실행의 착수가 있다(잠입 · 입국시설).

② **통설** : 탐지행위개시시, 즉 간첩을 위하여 국가기밀을 탐지 · 수집하는 행위에 착수한 때 실행의 착수가 있다.

(2) 기수시기 : 국가기밀을 탐지 · 수집한 때. 즉, 수집한 국가기밀을 적국(지령자 · 접선자)에 누설 여부는 불문한다(판례).

VI. 전시군수계약불이행죄

1. 의 의

전시 또는 사변에 있어서 정당한 이유없이 정부에 대한 군수품 또는 군용공작물에 관한 계약을 이행하지 아니하거나 계약이행을 방해함으로써 성립하는 범죄이다.

2. 성 질

(1) 미수범과 예비 · 음모 · 선동 · 선전 불벌 : 본죄는 외환의 죄 중에서 미수범, 예비 · 음모 · 선동 · 선전처벌규정이 없는 유일한 범죄이다.

(2) 진정부작위범 : 정당한 이유없이 계약을 이행하지 아니하거나 계약이행을 방해함으로써 성립하는 진정부작위범이다.

3. 전시공수계약불이행죄와의 구별

(1) 양죄의 차이점

	전시군수계약불이행죄	전시공수계약불이행죄
법 익	국가적 법익에 관한 죄	사회적 법익에 관한 죄
범죄형태	외환의 죄	공안을 해하는 죄
주 체	정부	국가 또는 공공단체

(2) 양죄의 공통점

① 진정부작위범

② 미수범 · 예비 · 음모 · 선동 · 선전 불벌

③ 정당한 이유 없음을 구성요건으로 하는 범죄

④ 전시에 실익이 없다는 비판을 받는 범죄이다. 즉, 전시에는 계엄법이 적용되므로 양죄는 실익이 없다.

핵심요약 외환의 죄

1. **미수범 불벌** : 전시군수계약불이행죄
2. **예비 · 음모 · 선동 · 선전 불벌** : 전시군수계약불이행죄
3. **미수범과 예비 · 음모 · 선동 · 선전처벌** : 외환의 죄 중 전시군수계약불이행죄를 제외하고는 모두 처벌

제3절 국기에 관한 죄

I. 국기에 관한 죄의 일반이론

1. 의 의

국기에 관한 죄란 국기 또는 국장을 손상 · 제거 · 오욕 또는 비방하는 것을 내용으로 하는 범죄를 말한다.

2. 보호법익과 보호받는 정도

(1) 보호법익 : 국가의 권위와 대외적 체면

(2) 보호받는 정도 : 구체적 위험범

Ⅱ. 국기 · 국장모독죄와 국기 · 국장비방죄

1. 서 설

(1) 의의

① **국기 · 국장모독죄** : 대한민국을 모욕할 목적으로 국기 또는 국장을 손상 · 제거 또는 오욕함으로써 성립하는 범죄이다.

② **국기 · 국장비방죄** : 대한민국을 모욕할 목적으로 국기 또는 국장을 비방함으로써 성립하는 범죄이다.

(2) 성질

① **목적범** : 대한민국을 모욕할 목적이 있어야 성립하는 목적범이다.

② **결합범** : 모욕죄와 손괴죄의 결합범이다.

2. 구성요건

(1) 객체 : 국기 또는 국장

① **국기** : 국가의 권위를 상징하기 위해 일정한 형식에 따라 제작된 기를 말한다.

예 태극기

② **국장** : 국가를 상징하는 국기 이외의 일체의 휘장을 말한다.

예 육 · 해 · 공군의 군기, 대사관 · 공사관의 휘장 · 나라문장 등

③ **공용성 요부**

㉠ **내국국기 또는 국장** : 공용 · 사용을 불문하며 소유관계도 불문한다.

㉡ **외국국기 또는 국장** : 공용에 한하고 사용(私用)은 부정한다.

예 대학생들이 미국 농산물 개방반대집회를 하면서 미국 성조기를 소각한 경우 → 무죄

(2) 행위 : 손상 · 제거 · 오욕 또는 비방

① **손상** : 국기나 국장을 절단하는 것과 같은 물리적인 파괴 내지 훼손을 말한다.

② **제거** : 국기 · 국장 자체를 손상하지 않고 이를 철거 또는 철폐하는 것을 말한다.

③ **오욕** : 국기 · 국장을 불결하게 하는 일체의 행위를 말한다.

④ **비방** : 언어 · 거동 · 문장이나 회화에 의하여 모욕의 의사를 표현하는 것을 말하며, 여기서 비방은 공연성이 있어야 한다.

(3) 주관적 구성요건 : 고의 + 목적

① 본죄가 성립하기 위하여는 고의 이외에 모욕의 목적이 있어야 한다(목적범).

② 따라서 모욕의 목적이 없는 때에는 손괴죄만 성립한다.

관련판례 국가비방을 부인

성경의 교리상 국기에 대하여 절을 해서는 안 되나 국기를 존중하는 의미에서 가슴에 손을 얹고 주목하는 방법으로 경의를 표할 수 있다고 말한 경우 → 무죄, 즉 국기비방 부인(대판 1975. 7. 22, 74도213)

제4절 국교에 관한 죄

I. 국교에 관한 죄의 일반이론

1. 서 설

(1) 의의 : 국교에 관한 죄란 국제법상 보호되는 외국의 이익을 침해하고 외국과의 국교관계를 해하고 우리나라의 대외적 지위를 위태롭게 하는 범죄를 말한다.

(2) 보호법익과 보호받는 정도

① **보호법익** : 외국의 이익을 보호하는 동시에 국가의 대외적 지위를 보호(이중법익설 · 다수설)

② **보호받는 정도** : 추상적 위험범

2. 입법주의 : 상호주의 · 단독주의(통설)

(1) 상호주의 : 상대국의 형법에 동일한 처벌규정이 있는 경우에 한하여 자국법의 적용을 인정한다는 견해

(2) 단독주의(통설) : 상대국의 형법에 동일한 처벌규정이 있느냐에 관계없이 자국법을 적용한다는 견해

(3) 결론 : 형법은 단독주의를 채택한다(통설).

3. 입법취지

(1) 외국원수에 대한 폭행죄, 외국사절에 대한 폭행죄 및 외국국기 · 국장모독죄 : 내국 또는 내국인에 대한 경우보다 가중처벌 또는 특별취급하는 규정이다.

(2) 외국에 대한 사전죄(私戰罪)와 중립명령위반죄 : 외국에 대한 국제적 의무위반 내지 평화를 해하는 행위를 처벌하기 위한 범죄이다.

(3) 외교상 비밀누설죄 : 독립된 범죄형태로서 외환죄의 성격을 포함하고 있는 범죄이다.

Ⅱ. 외국원수에 대한 폭행죄

1. 서 설

(1) 의의 : 대한민국에 체재하는 외국원수에 대하여 폭행 · 협박 · 모욕 또는 명예를 훼손함으로써 성립하는 범죄이다.

(2) 성질

① **반의사불벌죄** : 본죄는 그 외국정부의 명시한 의사에 반하여 공소를 제기할 수 없다.

② **외국원수에 대한 모욕죄 또는 명예훼손죄** : 공연성을 요하지 않는다.

③ **제310조(위법성조각사유) 적용 부인** : 본죄는 명예훼손죄의 위법성 조각사유에 관한 규정(제310조)이 적용되지 않는다.

(3) 모욕죄 · 명예훼손죄와 구별

	외국원수에 대한 모욕 · 명예훼손죄	모욕 · 명예훼손죄
보호법익	외국의 이익과 국가의 대외적 지위	(사람의) 외부적 명예
법익형태	국교에 관한 죄	명예에 관한 죄
성 질	반의사불벌죄	① **모욕죄** : 친고죄 ② **명예훼손죄** : 반의사불벌죄
공연성 여부	불요	필요
제310조 적용 (위법성조각사유)	적용 부정	명예훼손죄만 적용 인정

2. 구성요건

(1) 객체 : 대한민국에 체재하는 외국의 원수

① 외국의 원수에 해당하며, 즉 외국의 대통령 또는 국왕을 말한다.

② 따라서 내각책임제 국가의 수상이나 국제법상 국가로 인정할 수 없는 집단의 장은 외국원수가 아니다.

③ 외국원수의 가족은 본죄의 객체가 될 수 없다.

(2) 행위 : 폭행 · 협박 · 모욕 또는 명예를 훼손하는 것

① **폭행 · 협박** : 폭행죄의 폭행 · 협박죄의 협박과 동일하다.

② **모욕 · 명예훼손** : 모욕죄의 모욕 · 명예훼손죄의 명예훼손과 동일하다.

Ⅲ. 외국사절에 대한 폭행죄

1. 의 의

대한민국에 파견된 외국사절에 대하여 폭행 · 협박 · 모욕 또는 명예훼손을 함으로써 성립하는 범죄이다.

2. 성 질 : 반의사불벌죄

3. 객 체 : 대한민국에 파견된 외국사절

(1) 외교사절이란 외국을 대표하는 자를 말하며, 외교사절인 이상 상설사절 · 임시사절 또는 정치적 · 의례적 사절인가를 불문한다. 예 대사 · 공사. 단, 영사는 포함되지 않는다.

(2) 외교사절의 가족 · 수행원 · 사자(使者) 등은 본죄의 객체가 되지 않는다.

Ⅳ. 외국국기 · 국장모독죄

1. 의 의

외국을 모욕할 목적으로 그 나라의 공용에 공하는 국기 또는 국장을 손상 · 제거 또는 오욕함으로써 성립하는 범죄이다.

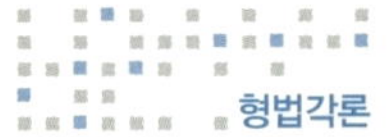

2. 성 질

(1) 목적범

(2) 경향범

(3) 반의사불벌죄

(4) 공용에 한하여 인정

3. 객 체 : 공용에 공하는 국기 또는 국장

(1) 공용에 공하는 이란 국가의 권위를 나타내기 위하여 그 나라의 공적 기관이나 공무소에서 사용되는 것을 말한다.

(2) 따라서 장식용 만국기 · 사인(私人)이 휴대한 국기 또는 국장 · UN기 및 UN의 휘장은 본죄의 객체가 아니다.

V. 외국에 대한 사전죄(私戰罪)

1. 의 의

외국에 대하여 사전(私戰)하거나 사전할 목적으로 예비 또는 음모함으로써 성립하는 범죄이다.

2. 인정이유(입법취지)

개인의 사적인 전투행위가 외교관계를 악화시키고 국가존립을 위태롭게 할 위험이 있기 때문에 처벌한다.

3. 구성요건 : 사전(私戰)

(1) **사전이란** : 국가의 전투명령을 받지 않고, 자의로 외국에 대하여 전투행위를 하는 것을 말한다.

(2) **사전의 상대방** : 외국이다.

Ⅵ. 중립명령위반죄

1. 의 의

외국간의 교전에 있어서 중립에 관한 명령에 위반함으로써 성립하는 범죄이다.

2. 성 질

(1) 백지형법 : 위반자에 대하여 형벌만을 규정하고 있으므로 백지형법이다.

(2) 광의의 한시법 : 일시적 사정에 대처하기 위한 범죄이므로 광의의 한시법이다.

3. 행위상황 : 외국간의 교전이 있어서 중립에 관한 명령에 위반할 것

(1) 외국간의 교전

① 외국간의 교전이란 대한민국이 전쟁당사국이 아닌 외국간의 전쟁을 말하며, 중립명령에 위반하는 것을 말한다.

② 어느 정도의 전쟁상태이냐는 불문한다.

③ 국제법상의 전쟁상태임을 요하지 않는다.

(2) 중립명령

① 중립이란 교전국 어느 쪽에도 가담하지 않는 것을 말한다.

② 명령은 대통령령 · 부령과 같이 협의의 명령에 한정되지 않는다.

Ⅶ. 외교상의 기밀누설죄

1. 서 설

(1) 의의 : 외교상의 기밀을 누설하거나 누설할 목적으로 외교상의 기밀을 탐지 또는 수집함으로써 성립하는 범죄이다.

(2) 성질

① 추상적 위험범

② 목적범(외교상 기밀탐지 · 수집죄는 목적범이다)

핵심요약 외교상 기밀의 누설

1. **외교상 기밀을 누설한 경우** : 외교상 기밀누설죄 성립
2. **외교상 기밀을 적국에 누설한 경우** : 간첩죄 성립

2. 구성요건

(1) 주체 : 제한없다. 즉, 본죄의 주체에는 제한이 없는 점에서 신분범인 공무상 비밀누설죄와 구별된다.

(2) 객체 : 외교상의 기밀

① **외교상의 기밀** : 외국과의 관계에서 국가가 보호해야 할 기밀을 말한다.

예 외국과 비밀조약을 체결한 사실

② **공지의 사실** : 외국에 이미 알려져 있는 사항, 즉 공지의 사실은 비밀로 하여야 할 이익이 없으므로 (외교상의) 기밀이 아니다(다수설 · 판례).

관련판례 공지의 사실

외국 언론에 이미 보도된 바 있는 우리나라의 외교정책이나 활동에 관련된 사항들에 관하여 정부가 이른바 보도지침의 형식으로 국내 언론기관의 보도 여부 등을 통제하고 있다는 사실을 알리는 경우 → 외교상의 기밀을 누설한 경우에 해당하지 않는다(대판 1995. 12. 15, 94도2379).

(3) 행위 : 누설하거나 탐지 또는 모집하는 것

제2장
국가의 기능에 대한 죄

제1절 공무원의 직무에 관한 죄

I. 공무원의 직무에 관한 죄의 일반이론

1. 서 설

(1) 의의

① 공무원의 직무에 관한 죄는 공무원이 직무를 위배하거나 직권을 남용하거나 또는 뇌물을 수수하는 행위를 내용으로 하는 범죄이다.

② 즉, 본죄는 공무원이 범죄의 주체로 되는 신분범이며, 공무원의 직무와 관련된 범죄이므로 직무범죄(職務犯罪)라고도 한다.

(2) 보호법익과 보호받는 정도

① **보호법익** : 국가의 기능(특히 국가질서에 대한 내부로부터의 침해에 본질이 있다)

② **보호받는 정도** : 위험범

2. 직무범죄의 종류

(1) 진정직무범죄와 부진정직무범죄

	진정직무범죄	부진정직무범죄
의 의	공무원만이 정범이 될 수 있는 범죄	공무원 아닌 자도 (범죄를) 범할 수는 있지만 공무원이 행한 경우에 형이 가중되는 범죄
범죄의 예	직무유기죄 · 피의사실공표죄	불법체포 · 감금죄, 폭행 · 가혹행위죄
성 질	공무원의 신분은 구성요건적 신분	공무원의 신분은 가중적 신분
제33조 (공범과 신분)	진정직무범죄에 가담한 비공무원은 진정직무범죄의 공범정범이 성립	부진정직무범죄에 가담함 비공무원은 일반범죄가 성립

(2) 일반직무범죄와 특수직무범죄

	일반직무범죄	특수직무범죄
의 의	모든 공무원이 주체가 될 수 있는 범죄	특수한 지위에 있는 공무원만이 주체가 될 수 있는 범죄
범죄의 예	수뢰죄 · 공무상 비밀누설죄	폭행 · 가혹행위죄, 선거방해죄

3. 공무원의 의의와 범위

(1) 공무원의 의의

① 공무원이란 법령에 의하여 공무(국가 또는 지방자치단체의 사무)에 종사하는 직원을 말한다.

② 즉, 공무원은 국가공무원 · 지방공무원 · 경력공무원과 특수경력직공무원을 불문한다.

보충설명 경력직공무원과 특수경력직공무원

1. **경력직공무원** : 일반직공무원 · 특정공무원 등이 있다.
2. **특수경력직공무원** : 정무직공무원 · 별정직공무원 · 전문직공무원 등이 있다.

(2) 공무원의 범위

① **고용직공무원은 공무원 부정** : 공무의 내용이 단순한 기계적 · 육체적 노무에 종사하는 고용직공무원은 공무원을 부정한다. 예 청소부 · 공원 · 사환 · 인부 · 운전기사 등

② **공법인의 직원도 공무원 인정** : 행정기관에 준하는 공법인의 직원은 공무원을 인정한다

(통설 · 판례). 예 우편배달부 · 한국은행의 임직원 · 청원경찰 · 지방의회의원 등

4. 공무원의 직무에 관한 죄의 형태

(1) 직무위배죄 : 직무유기죄 · 피의사실공표죄 · 공무상 비밀누설죄

(2) 직권남용죄 : 직권남용죄, 불법체포 · 감금죄, 폭행 · 가혹행위죄, 선거방해죄

(3) 뇌물죄 : 단순수뢰죄 · 사전수뢰죄 · 제3자뇌물제공죄 · 수뢰후부정처사죄 · 사후수뢰죄 · 알선수뢰죄 · 뇌물공여죄

Ⅱ. 직무위배죄

1. 직무유기죄

(1) 서설

① **의의** : 공무원이 정당한 이유없이 그 직무수행을 거부하거나 그 직무를 유기함으로써 성립하는 범죄이다.

② **성질**

㉠ 진정신분범

㉡ 계속범

㉢ 구체적 위험범

㉣ 판례는 부진정부작위범 · 통설은 진정부작위범

보충설명 직무유기죄의 성질

1. **부진정부작위범**(판례) : 직무유기죄는 구체적으로 그 직무를 수행하여야 할 작위의무 있는 자가 이러한 직무를 유기한다는 인식하에 그 작위의무를 수행하지 아니함으로써(유기함으로써) 성립하는 부진정부작위범이다.
2. **진정부작위범**(통설) : 직무유기죄는 구체적으로 작위의무 있는 자의 부작위만으로 성립하는 진정부작위범이다.

(2) 구성요건

① **주체** : 공무원. 따라서 진정신분범이며 진정직무범죄에 해당한다. 여기서 공무원은 구체적인 직무수행의 의무가 있는 자만을 말한다. 예 병가 또는 휴가중인 공무원은 해당되지 않는다.

② **객체** : 공무원의 직무

③ **행위** : 정당한 이유없이 직무수행을 거부하거나 직무를 유기하는 것

㉠ **직무란** : 공무원법상의 본래의 직무 또는 고유한 직무를 말하며 공무원인 신분관계로 인하여 부수적 · 파생적으로 발생하는 직무는 직무에 포함되지 않는다.

예 형소법상 고발의무태만 · 무단결근 · 직무태만의 경우 → 직무유기죄 불성립

㉡ **직무수행을 거부한다란** : 직무를 수행할 의무있는 자가 이를 행하지 않는 것을 말한다.

㉢ **직무유기란**

ⓐ 주관적으로 직무유기의 의사가 있고 객관적으로 현실적인 직무를 유기하여야 한다(판례).

ⓑ 직무집행이 있는 이상 법적 절차를 준수하지 않거나 내용이 부실하더라도 본죄는 성립되지 않는다.

핵심요약 직무유기죄

1. 직무유기죄를 인정하는 경우(판례)

① 직무를 의식적으로 포기한 경우

② 관세공무원이 밀수품 양륙을 묵인한 경우

③ 담당직원이 운전정지처분을 받은 자동차에 대해 이를 묵인하고 번호판을 다시 교부한 경우

④ 경찰관이 범죄사실을 상사에게 보고하지 않고 수사하지 않는 경우

⑤ 세무공무원이 소득세과세자료가 은닉되어 있음을 발견하고 이를 방치한 경우

⑥ 인감증명 발급사무 담당공무원이 내용의 기재와 인감의 날인도 없는 인감증명서에 동장의 인장을 날인하여 교부한 경우

2. 직무유기죄를 인정하지 않는 경우(판례)

① 약사감시원이 무허가 약국개설자를 조사하여 고발하지 아니한 경우

② 일직사관이 근무장소 부근에서 잠을 잔 경우

③ 사법경찰관이 경미한 범죄혐의사실을 조사하여 훈방한 경우

④ 수사관이 허위내용의 진술조서를 작성하거나 공무원이 허위공문서를 작성한 경우

⑤ 야간근무공무원이 근무상의 관례에 따라밤 10시경 귀가한 경우(직무유기의 고의가 없으므로)

⑥ 공무원이 정책결정을 잘못한 경우

⑦ 위험물을 위험창고에 옮기지 않은 경우

⑧ 예비군 교관이 교육과목을 다른 과목으로 대체한 경우

(3) 죄수문제

① **수뢰죄와의 관계** : 공무원이 뇌물을 받은 대가로 직무수행을 거부하거나 직무를 유기한 경우 ➡ 수뢰죄와 직무유기죄의 경합범

② **허위공문서 작성죄와의 관계** : 공무원이 허위사실을 은폐하기 위하여 허위공문서를 작성한 경우 ➡ 허위공문서작성과 동행사죄만 성립

예 ① 예비군 중대장이 대원의 불참사실을 알고도 소속대대장에게 보고하지 않고 오히려 훈련에 참석한 것처럼 허위내용의 학습편성명부를 작성한 경우 ➡ 허위공문서작성죄와 동행사죄

② 경찰관이 음주운전자의 음주운전사실을 은폐하기(봐주기) 위하여 가짜 음주운전적발 보고서를 작성한 경우 ➡ 허위공문서작성죄와 동행사죄

③ **범인도피죄와의 관계** : 검사로부터 범인을 검거하라는 지시를 받은 경찰관이 범인을 도피케 한 경우 ➡ 범인도피죄만 성립(판례)

2. 피의사실공표죄

(1) 서 설

① **의의** : 검찰 · 경찰 기타 범죄수사에 관한 직무를 행하는 자 또는 이를 감독하거나 보조하는 자가 그 직무를 행함에 당하여 지득한 피의사실을 공판청구 전에 공표함으로써 성립하는 범죄이다.

② **보호법익과 보호받는 정도**

㉠ **보호법익** : 국가의 범죄수사권과 피의자의 인권

㉡ **보호받는 정도** : 추상적 위험범

③ **성질**

㉠ 추상적 위험범

㉡ 친고죄도 반의사불벌죄도 아님

(2) 구성요건

① **주체** : 검찰 · 경찰 · 기타 범죄수사에 관한 직무를 행하는 자 또는 이를 감독하거나 보조

하는 자

㉠ 본죄는 특수공무원(예 검사 · 경찰 · 검찰수사관 등)만이 주체가 될 수 있는 진정직무범죄이다.

㉡ 따라서 법원장 · 법원서기 · 판사 등은 본죄의 주체가 될 수 없다.

② **객체** : 직무를 행함에 당하여 지득한 피의사실

㉠ 직무와 관련없이 알게 된 사실은 직무에 포함되지 않으므로 본죄가 성립하지 않는다.

㉡ 피의사실은 진실이건 허위이건 불문한다.

③ **행위** : 공판청구전에 피의사실을 공표하는 것

㉠ **공표**

ⓐ 불특정 또는 다수인에게 그 내용을 알리는 것을 말한다.

ⓑ 공연히 알릴 것을 요하지 않는다(공연성 불요).

ⓒ 공포의 방법은 제한없다. 즉, 작위 · 부작위에 의한 공포를 불문한다.

㉡ **공판청구전에 공표** : 공판청구권(공소제기전)에 공포함으로써 성립한다. 따라서 공소제기후에 알리는 것은 본죄가 성립하지 않는다.

(3) 위법성

① **피해자의 승낙** : 본죄는 국가적 법익에 관한 범죄이므로 피해자의 승낙이 있어도 위법성이 조각되지 않는다.

② **수사활동상 필요하다고 인정되어 피의사실을 공포한 경우** : 공공의 이익을 위한 것이라는 이유만으로는 위법성이 조각될 수 없다(다수설).

3. 공무상 비밀누설죄

(1) 의의 : 공무원 또는 공무원이었던 자가 법령에 의한 직무상 비밀을 누설함으로써 성립하는 범죄이다.

(2) 구성요건

① **주체** : 공무원 또는 공무원이었던 자를 불문한다.

② **객체** : 법령에 의한 직무상 비밀

㉠ **비밀** : 일반적으로 알려지지 않은 사실로서 비밀을 알리지 않는 것이 국가에 이익이 되는 것을 말한다.

㉡ **직무상 비밀** : 직무와 관련하여 알게 된 비밀을 말하며 자기의 직무뿐만 아니라 타인의

직무에 관한 비밀도 포함한다. 따라서 직무와 관계없이 취득한 비밀은 본죄의 객체가 아니다.

㉢ **법령에 의한 비밀**

ⓐ **통설** : 법령에 의하여 비밀로 할 것이 요구되는 사항에 한한다.

ⓑ **판례** : 법령에 의한 비밀 이외에 일반적으로 외부에 알리지 않는 것이 국가에 이익이 되는 모든 비밀을 말한다.

예 감사원 감사관이 공개한 기업의 비업무용 부동산 보유실태에 관한 감사원 보고서의 내용은 공무상 비밀에 해당되지 않는다(판례. 즉, 비밀로서 보호가치가 없으므로 본죄 부인).

관련판례 공무상 비밀누설죄

1. 공무상 비밀누설죄(제127조)에서 법령에 의한 직무상 비밀이란 → 법령에 의하여 비밀로 규정되었거나 비밀로 분류 · 명시된 사항에 한하지 않고 정치 · 군사 · 외교 · 경제 · 사회적 필요에 따라 비밀로 된 사항은 물론 정부나 공무소 또는 국민이 객관적 · 일반적인 입장에서 외부에 알려지지 않는 것에 국가에 (상당한) 이익이 있는 사항도 포함한다(대판 1982. 6. 22, 80도2822).
2. 검찰의 고위간부가 특정사건에 대한 수사가 계속 진행 중인 상태에서 해당 사안에 관한 수사책임자의 잠정적인 판단 등 수사팀의 내부상황을 확인한 뒤 그 내용은 수사대상자 측에 전달한 경우 → (공무상 비밀누설에 해당하여) 공무상 비밀누설죄 성립(대판 2007. 6. 14, 2004도5561)
3. 도시계획과에 근무하는 공무원이 서울시청 이전계획과 그 이전부지의 위치를 친구에게 알려준 경우 → 공무상 비밀누설죄(대판 1982. 6. 22, 80도2822)
4. 국가정보원 내부의 감찰과 관련한 감찰조사 개시시점, 감찰대상자의 소속 및 인적 사항의 일부를 누설한 경우 → 공무상 비밀누설 아님(대판 2003. 11. 27, 2003도5547)

③ **행위** : 누설하는 것

㉠ 누설의 방법에는 제한이 없다. 즉, 작위 · 부작위를 불문한다.

㉡ 이미 알고 있는 사람에게 알리는 것은 누설이 아니다.

④ **기수시기** : 누설행위의 종료시, 즉 상대방의 지득여부는 불문한다.

예 공무원이 공무원 채용시험문제를 수험생인 친구에게 건네준 경우에 수험생이 그 문제를 읽어보지 않았더라도 공무상 비밀누설죄가 성립

(3) 죄수문제 : 위계에 의한 공무집행방해죄와의 관계

예 경찰시험출제위원인 甲이 시험문제를 미리 자기의 동생에게 알려준 경우 → 공무상 비밀누설죄와 위계에 의한

공무집행방해죄의 상상적 경합범

Ⅲ. 직권남용의 죄

1. 직권남용죄

(1) 의의 : 공무원이 직권을 남용하여 사람으로 하여금 의무없는 일을 하게 하거나 사람의 권리행사를 방해함으로써 성립하는 범죄이다.

(2) 구성요건

① **주체** : 공무원, 즉 본죄의 성질상 강제력을 수반할 수 있는 직무를 행하는 공무원에 한한다. 예 경찰 · 검찰 · 세관원 · 철도공안원 · 교도소장 · 근로감독관 등

② **객체** : 직권을 남용하여 사람으로 하여금 의무없는 일을 하게 하거나 권리행사를 방해하는 것

㉠ **직권남용이란**

ⓐ 형식적으로 일반적인 직무권한에 속하나 실질적으로 그 직권의 정당한 권한을 초과하여 행사하는 것을 말한다.

ⓑ 따라서 직무와 전혀 관련이 없는 행위는 본죄가 성립하지 않는다.

예 집행관이 채무자를 체포하거나 세무공무원이 미납세자를 감금한 경우 ➡ 본죄 불성립, 단 체포 · 감금죄는 성립

㉡ **의무없는 일을 하게 한 경우** : 법령상 의무없는 자에게 이를 강요하는 경우뿐만 아니라 의무의 형태를 변경하여 행하는 경우도 포함한다.

예 과중한 납세의무 부과 · 각종 조건을 부가 · 의무이행시기를 앞당기는 것 등

㉢ **권리행사방해**

ⓐ 법령상 인정된 권리를 행사하지 못하게 방해하는 것을 말한다.

예 경찰관이 부당하게 영업정지를 명하거나, 인 · 허가의 권한 있는 공무원이 이를 거부한 경우, 직권을 남용하여 지구당 회의장소에 도청장치한 경우 ➡ 직권남용죄

ⓑ 권리의 현실적인 행사가 방해되어야 한다. 따라서 검사가 고소사건을 불기소하였다는 사실만으로 본죄가 불성립한다(판례).

③ **기수시기** : 피해자가 의무 없는 일을 현실적으로 행하거나 권리행사가 현실적으로 방해되었을 때 기수가 되며(통설 · 판례), 국가의 기능이 현실적으로 침해될 것을 요하지 않는다

(추상적 위험범).

핵심요약 직권남용죄

1. 직권남용죄를 인정하는 경우(판례)

① 대통령 민정수석비서관이 농수산물 도매시장 관리공사 대표이사에게 요구하여 공개입찰이 아닌 수의계약으로 시장내 일부시설을 대통령의 근친에게 임대하게 한 경우

② 기획재정부장관이 회생가능성이 불투명하여 주거래은행으로부터 대출신청이 거절당한 바 있고 금융감독원장으로부터 경영개선명령을 받은 기업에게 대출해 줄 것을 주거래은행장에게 요구하여 새로이 다른 채권은행장들과 협조융자를 추진하고 대출하도록 한 경우(대판 2004. 5. 27, 2002도6251)

③ 순경은 불가피한 경우에 상사로부터 구체적인 사건을 특정하여 수사명령을 받지 아니하면 사법경찰관사무를 취급할 권한이 없으므로 순경이 상사의 명령이 없고 입건되지도 아니한 경우 범죄수사를 빙자하여 허위의 명령서를 발부하여 의무없는 서류제출을 하게 한 경우 → 허위공문서작성 및 직권남용죄가 성립

2. 직권남용죄를 인정하지 않는 경우(판례)

① 치안본부장(현 경찰청장)이 국립과학수사연구소 법의학1과장에게 고문치사의 사인에 관한 기자간담회에 참고할 메모를 작성하도록 요구해서 그의 의사에 반한 메모를 작성하게 하여 교부받은 경우

② 검사가 고발사건을 불기소결정하여 피고발인으로 하여금 처벌받게 하려는 고발인의 의도가 이루어질 수 없게 된 경우

③ 대통령비서실 정책실장이 기업관계자들에게 미술관 전시회 후원을 요청하여 기업관계자들이 특정 미술관에 후원금을 지급한 경우(대판 2009. 1. 30, 2008도6950)

2. 불법체포 · 감금죄

(1) 의의 : 재판 · 검찰 · 경찰 기타 인신구속에 관한 직무를 행하는 자 또는 이를 보조하는 자가 그 직무를 남용하여 사람을 체포 또는 감금함으로써 성립하는 범죄이다.

(2) 구성요건

① **주체** : 재판 · 검찰 · 경찰 · 기타 인신구속에 관한 직무를 행하는 자 또는 이를 보조하는 자

㉠ **부진정신분범** : 본죄는 체포 · 감금죄에 대해 신분으로 인하여 책임(형)이 가중되는 부진정신분범이다.

㉡ **기타 인신구속에 관한 직무를 행하는 자란** : 사법경찰관의 직무를 행할 자와 직무범위에 관한 법률에 규정된 자를 말한다. 예 교도소장 · 구치소장 · 소년원장 · 산림경찰 · 선장 등

㉢ **이를 보조하는 자란** : 법령에 의한 직무상 보조자를 말하며(예 법원서기 · 검찰서기 · 사법경찰관 등) 사실상 보조하는 사인은 포함되지 않는다.

② **행위** : 직권을 남용하여 사람을 체포 · 감금하는 것

핵심요약 불법체포 · 감금죄를 인정하는 경우(판례)

1. 경찰관이 현행범이 아닌 자를 현행범으로 체포하는 경우
2. 법정절차 없이 피의자를 경찰서 보호실에 구금한 경우
3. 임의동행한 피의자를 귀가시키지 않고 경찰서 조사실 또는 보호실에 유치한 때
4. 피해자로 하여금 경찰사무실 안팎을 내왕하도록 했더라도 피해자를 경찰서 밖으로 나가지 못하게 한 경우
5. 즉결심판 피의자의 정당한 귀가요청을 거절한 채 경찰업무상 관행이나 지침에 따라 다음날 즉결심판이 열릴 때까지 경찰서 보호실에 강제유치시키려고 경찰서 내 즉결피의자 대기실에 10~20분 정도 있게 한 경우

3. 폭행 · 가혹행위죄

(1) 의의 : 재판 · 검찰 · 경찰 · 기타 인신구속에 관한 직무를 행하는 자 또는 이를 보조하는 자가 그 직무를 행함에 당하여 형사피의자 또는 기타 사람에 대하여 폭행 또는 가혹한 행위를 함으로써 성립하는 범죄이다.

(2) 구성요건

① **주체** : 재판 · 검찰 · 경찰 기타 인신구속에 관한 직무를 행하는 자 또는 이를 보조하는 자(불법체포 · 감금죄의 주체와 동일하게 해석한다)

② **객체** : 형사피의자 기타의 사람

㉠ **형사피의자** : 공소가 제기되지 않은 자를 말한다.

㉡ **기타의 사람이란** : 수사 · 재판상 조사 · 신문의 대상이 된 자(예 형사피고인 · 증인 · 참고인 등) 이외에 교도소에 수용된 자도 포함된다.

③ **행위** : 직무를 행함에 당하여 폭행 또는 가혹한 행위를 하는 것

㉠ **직무를 행함에 당하여란** : 직무를 행하는 기회에 있어서의 행위를 말하며, 직무와 사항적 · 내용적 관련이 있는 것으로 직권남용보다는 넓은 개념이다.

㉡ **폭행** : 협의의 폭행을 의미, 즉 신체에 대한 유형력의 행사를 말한다.

㉢ **가혹행위** : 폭행 이외의 방법으로 정신적 · 육체적 고통을 주는 일체의 행위를 말한다.

예 장시간 수면을 방해 · 음식물을 제공치 않는 경우 · 피의자의 옷을 벗겨 수치심을 주는 경우 · 협박하여 자백을 요구하는 경우 등

④ **기수시기** : 폭행 · 가혹행위를 한 때에 기수가 된다(추상적 위험범).

(3) 죄수문제

① **구금된 부녀를 강간**(강제추행)**하는 경우** : 폭행 · 가혹행위죄와 강간죄(강제추행죄)의 상상적 경합범

② **구금된 부녀를 간음한 경우** : 폭행 · 가혹행위죄와 업무상 위력 등에 의한 간음죄의 상상적 경합범

4. 선거방해죄

(1) 서 설

① **의의** : 검찰 · 경찰 또는 군의 직에 있는 공무원이 법령에 의한 선거에 관하여 선거인 · 입후보자 또는 입후보자 되려는 자에게 협박을 가하거나 기타 방법으로 선거의 자유를 방해함으로써 성립하는 범죄이다.

② **성질**

㉠ 추상적 위험범

㉡ 목적범 아님

③ **보호법익** : 선거의 자유

(2) 구성요건

① **주체** : 검찰 · 경찰 또는 군의 직에 있는 공무원이며, 군의 직에 있는 공무원에는 군인 이외에 군무원을 포함한다.

② **행위** : 법령에 의한 선거에 관하여 선거인 · 입후보자 또는 입후보자가 되려는 자에게 협박을 가하거나 기타 방법으로 선거의 자유를 방해하는 것

예 대통령후보 · 국회의원후보 · 지방자치단체장후보 등. 단, 아파트동대표후보의 방해는 본죄 부인

③ **기수시기** : (본죄는 추상적 위험범이므로) 선거의 자유를 방해할 행위를 하면 성립하고 현실적으로 방해의 결과가 발생하였을 것을 요하지는 않는다.

Ⅳ. 뇌물죄

1. 뇌물죄에 관한 일반이론

(1) 서설

① **의의** : 뇌물죄란 공무원 또는 중재인이 직무에 관하여 부당한 이득을 취득하는 것을 내용으로 하는 범죄이다.

② **뇌물죄의 본질** : 로마법 사상과 게르만법 사상

㉠ **로마법 사상** : 공무원의 순수성을 강조한다. 따라서 공무원이 직무의무에 위반했느냐는 불문하고 인정한다.

㉡ **게르만법 사상** : 공무원의 직무의무위반을 강조한다. 따라서 작위의무에 위반하는 부정행위가 있는 경우에만 뇌물죄를 인정한다.

③ **보호법익과 보호받는 정도**

㉠ **보호법익** : 직무집행의 공정과 직무행위의 불가매수성

ⓐ **궁극적 보호법익** : 직무집행의 공정성

ⓑ **직접적**(구체적) **보호법익** : 직무행위의 불가매수성(다수설 · 판례)

㉡ **보호받는 정도** : 추상적 위험범

개념정리 직무행위의 불가매수성(不可買受性)

직무행위의 불가매수성이란 공무원 또는 중재인이 현식적으로 부정한 행위를 했느냐의 여부나 직무에 대한 현실적인 침해 유무와는 관계없이 공무원의 직무행위는 거래의 대상이 아니므로 직무행위와 뇌물 사이에 대가관계만 인정되면 뇌물죄가 성립한다는 것을 말한다.

(2) 수뢰죄와 증뢰죄의 관계 : 필요적 공범설(판례) · 독립범죄설 · 이원설(다수설)

① **필요적 공범설**(판례) : 뇌물죄는 수뢰자와 증뢰자의 협동을 필요로 하며, 다만 범인의 신분 유무에 의하여 형의 경 · 중에 차이가 있는 경우를 규정한 필요적 공범이라는 견해

② **개별범죄설**(독립범죄설) : 수뢰죄는 공무원의 직무범죄이나, 증뢰죄는 공무집행을 방해하는 범죄로서 양죄는 각각 독립된 범죄를 규정한 범죄라는 견해

③ **이원설**(다수설) : 뇌물죄 중 수수 · 공여 · 약속은 필요적 공범이나, 요구 · 공여의사표시는

독립된 범죄라는 견해

(3) 뇌물

① **뇌물의 의의** : 공무원 또는 중재인의 직무에 관한 위법(부당)한 보수(이익)로서의 모든 이익을 말한다.

② **뇌물의 성립요건**

㉠ **직무에 관하여**(뇌물과 직무의 관련성)

ⓐ 직무란

i) 공무원 또는 중재인이 그 직위에 따라 공무로 담당하는 일체의 사무를 말한다.

ii) 직접적 직무 · 간접적 직무를 불문한다.

iii) 현재 · 과거 · 미래의 직무를 불문한다.

예 공무원이 다른 직무로 옮긴 후에 전직의 직무에 관하여 뇌물을 받은 경우 ➞ 수뢰죄 인정

iv) 직무행위의 정당성 여부 · 위법여부는 불문한다.

예 뇌물성을 인정한 데에는 의무위반행위의 유무 · 청탁의 유무 등은 뇌물죄 성립에 영향이 없다(판례).

ⓑ 직무에 관하여란

i) 직무행위 자체는 물론 직무행위와 밀접한 관계가 있거나 직무행위와 관련하여 사실상 처리하던 직무를 포함한다.

ii) 직무행위는 작위 · 부작위행위를 불문한다.

핵심요약 수뢰죄

1. 직무에 관여한 것으로 인정하는 경우(수뢰죄 인정 · 판례)

① 자기소관 이외의 사무를 일시 대리한 경우

② 부하직원의 비행 묵인조로 돈을 받은 경우

③ 시청의 광산과장이 개인택시면허를 청탁받은 경우

④ 기획재정부 보험과장이 보험회사의 주식 인수에 대한 노력의 대가로 금원을 취득한 경우

⑤ 대통령이 국책사업의 사업자 선정과 관련하여 금품을 수수한 경우

⑥ 의장선거에서의 투표권을 가지고 있는 군의원들이 이와 관련하여 금품 등을 수수한 경우

2. 직무에 관여한 것으로 인정할 수 없는 경우(수뢰죄 부인 · 판례)

① 공판참여주사가 양형을 감경하여 달라는 청탁을 받은 경우

② 국립대학 학장과 전임강사가 정원외 학생을 입학시켜 후원회비를 받아 후생비로 분배한 경우
③ 국립대학교 교수가 부설연구소의 책임연구원의 지위에서 연구소 자체가 수주한 어업피해조사용역 업무를 수행하는 경우(대판 2002. 5. 31, 2001도670. 즉 교육공무원의 직무에 관한 것이 아니므로)

ⓛ **위법한 보수**(부당한 이익)

ⓐ 직무행위에 대한 대가관계 : 뇌물은 직무에 관한 부당한 이익 내지 불법한 보수이다. 따라서 뇌물과 직무행위 사이에는 대가관계가 있어야 한다.

핵심요약 뇌물죄에서 대가관계

1. 대가관계가 없으므로 뇌물성을 부정하는 경우(판례)
① 국공립학교의 교사가 개인교수로 받은 보수
② 공무원인 의사가 개인적 치료의 대가로 받은 사례
③ 사교적 의례에 속하는 선물
④ 정치헌금 등

2. 대가관계를 인정하여 뇌물성을 인정하는 경우(판례)
① 규모가 작은 경우에도 직무행위와 대가관계가 있는 경우
② 관습상 승인되는 정도를 초과하는 다액의 금품이나 향응을 받은 경우

ⓑ 법익의 불법 · 부당성

i) 뇌물은 직무에 관한 부당한 보수이므로 법령 등에 의한 정당한 보수는 뇌물이 될 수 없다. 예 봉급 · 수당 · 여비 · 일당 등

ii) 따라서 수뢰공무원이 자선적 동기에서 뇌물을 받아 고아원 · 양로원 등에 기부한 경우에도 수뢰죄가 성립한다.

예 금품을 수수한 장소가 공개된 장소이고 수수한 금품을 부하직원들을 위하여 소비한 경우 → 수뢰죄 성립(판례)

ⓒ 모든 이익

i) 의의 : 사람의 욕망을 충족시킬 수 있는 일체의 이익을 말한다. 즉, 금전 · 물품 기타의 재산적 이익뿐만 아니라 사람의 수요 · 욕망을 충족시키기에 족한 일체의 유형 · 무형의 이익을 말한다(판례).

ii) 이익을 인정하는 사례

㉮ 금전소비대차계약에 의한 금융이익 · 임차금 명목의 금원 · 시가급등이 예상되는 주식을 액면가로 매수한 경우, 향응의 제공 · 조합아파트 가입권에 붙은 프리미엄 등

㉯ 이성간의 정교나 성행위, 취직알선 · 해외여행 · 골프회원권 · 사례금 명목의 금품제공 · 공사직의 유리한 지위 · 은행대출 편의제공 등

(4) 뇌물의 몰수와 추징

① 필요적 몰수 · 추징

㉠ **형법의 규정** : 범인 또는 정을 아는 제3자가 받은 뇌물 또는 뇌물에 공할 금품은 몰수한다(필요적 몰수). 단, 몰수하기 불능한 때에는 그 가액을 추징한다(제134조).

㉡ **임의적 몰수의 특칙** : 뇌물의 몰수와 추징은 필요적 몰수 · 추징을 말한다. 따라서 뇌물죄에서 필요적 몰수 · 추징(제134조)은 임의적 몰수(제48조)에 대한 특칙(별)규정이다.

㉢ **몰수 · 추징의 대상**

ⓐ 수수한 뇌물 이외에 공여는 하였으나 수수되지 않은 뇌물과 약속한 뇌물도 포함한다.

ⓑ 단, 뇌물을 요구만 한 경우에는 몰수 및 추징의 대상이 아직 존재하지 않으므로 몰수할 수 없다(판례).

㉣ **몰수 · 추징의 상대방**

ⓐ 원칙 : 뇌물을 현재 보유하고 있는 자로부터 몰수 · 추징해야 한다.

ⓑ 구체적인 사례

i) 뇌물이 수뢰자에게 있는 경우 ➡ 수뢰자로부터 몰수 · 추징

ii) 뇌물이 증뢰자에게 있는 경우 ➡ 증뢰자로부터 몰수 · 추징

iii) 수뢰자가 뇌물을 그대로 보관하였다가 증뢰자에게 반환한 경우 ➡ 증뢰자로부터 몰수 · 추징

iv) 수뢰자가 뇌물을 소비하고 같은 액수의 금액을 증뢰자에게 반환하였거나 수수한 수표를 소비하고 그 금액을 증뢰자에게 반환한 경우 ➡ 수뢰자로부터 몰수 · 추징

v) 수뢰자가 수수한 뇌물을 다시 타인에게 뇌물로 공여한 경우 ➡ 제1수뢰자로부터 몰수 · 추징

㉤ **몰수 · 추징의 방법**

ⓐ 수인이 공동하여 뇌물을 수수한 경우

i) 각자가 실제로 분배받은 뇌물 ➡ 각자가 실제로 분배받은 금품을 몰수하거나 그 가액을 추징한다.

ii) 수수한 뇌물을 공동으로 소비한 경우 ➡ 균분하여 평등하게 추징한다.

ⓑ 추징

i) 뇌물의 전부 또는 일부를 몰수할 수 없는 때 ➡ 그 가액을 추징한다.

ii) 정교(情交)와 같이 가액을 금전으로 환산할 수 없는 때 ➡ 추징할 수 없다.

iii) 추징가액의 산정시기 ➡ (다수설)은 몰수할 수 없게 된 사유가 발생한 당시의 가액을 기준 · (판례)는 판결선고시를 기준으로 한다는 견해가 대립한다.

2. 수뢰죄

(1) 의의 : 공무원 또는 중재인이 직무에 관하여 뇌물을 수수 · 요구 또는 약속함으로써 성립하는 범죄이다.

(2) 구성요건

① **주체** : 공무원 또는 중재인

㉠ **공무원**

ⓐ 공무원이란 법령에 의하여 공무에 종사하는 직원을 말한다.

예 국가 · 지방 · 경력직 · 특정직공무원을 불문

ⓑ 공무의 내용이 단순한 기계적 · 육체적 노무에 종사하는 고용직공무원은 공무원을 부정한다. 예 청소부 · 공원 · 사환 · 인부 등

ⓒ 공법상의 직원, 즉 공법인의 직원은 공무원을 인정한다.

예 우편배달부 · 한국은행의 임직원 · 청원경찰 · 집행관

ⓓ 현재 공무원의 지위에 있는 자만을 말하며 전직한 공무원과 기한부로 채용된 공무원도 공무원에 포함된다(예 지방의회의원, 시 또는 구 도시계획위원회의원). 단, 공무원이 될 자 또는 공무원의 지위를 상실한 자는 포함되지 않는다.

i) 장래 공무원이 될 자는 사전수뢰죄의 주체가 된다.

예 경찰관시험에 합격 후 발령대기중인 자에게 수사형사가 되면 잘봐 달라는 청탁을 받고 뇌물을

수수한 경우 → 사전수뢰죄

ii) 공무원이었던 자는 사후수뢰죄의 주체가 된다.

예 공무원이 직무에 관련하여 뇌물수수를 약속하고 퇴직 후 이를 수수한 경우 → 뇌물약속죄 및 사후수뢰죄 성립(수뢰죄는 불성립. 대판 2008. 2. 1. 2007도5190)

㉡ **중재인**

ⓐ 법령에 의하여 중재의 직무를 담당하는 자를 말한다.

예 중재법 · 노동쟁의조정법 · 언론중재법 등에 의한 중재인이나 중재위원

ⓑ 단순한 사실상의 중재인은 중재인에 포함되지 않는다. 예 공인중개사의 중재

핵심요약 수뢰죄

1. 수죄죄의 주체를 인정

① 공무원(국가 · 지방 · 경력직 · 특수직공무원 불문)

② 우편집배원 · 한국은행임직원 · 집행관 · 청원경찰

2. 수뢰죄의 주체를 부인

① 청소부 · 공원

② 사환(使換) · 인부

3. 수뢰죄의 주체 : 공무원 · 중재인

② **객체** : 직무에 관한 부당한 이익으로서 뇌물(뇌물의 개념 참조). 따라서 수뢰죄에 있어서 청탁의 유무는 수뢰죄 성립에 영향없다.

③ **행위** : 뇌물을 수수 · 요구 · 약속하는 것

㉠ **수수** : 영득의 의사로 뇌물을 현실적으로 취득하는 것을 말한다.

ⓐ 반환할 의사로 일시 받아둔 경우 : 수뢰죄 불성립(영득의사 없으므로)

ⓑ 영득의사로 수수한 후에 반환한 경우 : 수뢰죄 성립

예 부대장이 수수한 금원을 부대행정비로 사용 후 문제가 발생하자 반환한 경우 → 수뢰죄 성립

ⓒ 상관의 승낙을 받고 수수한 경우 : 수수가 직무집행 전 · 후임을 불문하고 수뢰죄 성립

ⓓ 수수장소 · 용도 불문 : 수수한 장소가 공개된 곳인지의 여부 · 수수한 뇌물의 용도 등은 본죄의 성립에 영향없다.

㉡ **요구** : 뇌물취득의사로 상대방에게 뇌물의 공여(제공)를 청구하는 것을 말한다. 따라서 상대방이 이에 응했는지의 여부나 현실적인 재물의 교부는 문제되지 않는다.

㉢ **약속** : 양 당사자 사이에 뇌물의 수수를 합의하는 것을 말한다. 따라서 목적물인 이익이 약속 당시에 현존할 필요는 없고 예기할 수 있으면 본죄가 성립하며, 가액이 확정되었거나 이행기가 확정됨을 요하지 않는다(판례).

핵심요약 수뢰죄

1. 뇌물성을 인정하는 경우(수뢰죄를 인정)

① 사례조로 교부받은 자기앞수표를 은행에 예치하였다가 2주일 후에 반환한 경우

② 영득의사로 수수하였으나 액수가 너무 많아 후일 반환할 의사로 보관한 경우(대판 2007. 3. 29, 2006도9182)

2. 뇌물성을 부정하는 경우(수뢰죄를 부정)

① 자기도 모르는 사이에 놓고 간 돈뭉치를 발견하고 반환한 경우

② 택시를 타고 떠나려는데 돈뭉치를 던져놓고 가버려 돌려줄 방법이 없어서 부득이 다음날 반환한 경우

(3) 죄수문제

① **뇌물을 요구 또는 약속한 후 이를 수수한 경우** : (포괄일죄로서) 1개의 뇌물수수죄

② **공무원이 직무집행의 의사로 상대방을 공갈하여 뇌물을 수수한 경우** : 수뢰죄와 공갈죄의 상상적 경합범

③ **직무집행의 의사없이 또는 직무처리와 대가 관계없이 타인을 공갈하여 재물의 교부를 받은 경우** : 공갈죄만 성립, 단 재물의 교부자는 뇌물공여죄가 불성립(판례)

④ **공무원이 직무에 관하여 타인을 기망하여 재물을 교부받은 경우** : 수뢰죄와 사기죄의 상상적 경합범

⑤ **공무원이 장물인 정을 알면서 뇌물로 수수한 경우** : 수뢰죄와 장물취득죄의 상상적 경합범

3. 사전수뢰죄

(1) 서설

① **의의** : 공무원 또는 중재인이 될 자가 그 담당할 직무에 관하여 청탁을 받고 뇌물을 수수·요구 또는 약속함으로써 성립하고, 그 후 공무원 또는 중재인이 된 때에 처벌하는 범죄이다.

② **성질**

㉠ **감경적 구성요건** : 단순수뢰죄에 비하여 불법(형)이 감경되는 감경적 구성요건이다.

㉡ **추상적 위험범**

㉢ **객관적 처벌조건** : 범죄는 성립하나, 현실적으로 처벌하기 위하여는 공무원·중재인이 되어야 한다.

㉣ **뇌물죄 중 법정형이 가장 경한 범죄**

㉤ **부정한 청탁불요** : 본죄는 부정한 청탁을 요건으로 하지 않는다.

(2) 구성요건

① **주체** : 공무원 또는 중재인이 될 자 예 공무원발령대기자 · 국회의원 또는 자치단체장입후보자

② **객체** : 직무행위와 대가관계에 있는 뇌물

③ **행위** : 담당할 직무에 관하여 청탁을 받고 뇌물을 수수·요구·약속하는 것

㉠ **청탁**

ⓐ 청탁이란 일정한 직무행위를 할 것을 의뢰하는 것을 말한다.

ⓑ 청탁이 반드시 명시적이어야 하는 것은 아니며, 직무행위나 청탁 자체가 부정할 것을 요하지 않는다.

㉡ **청탁을 받고란** : 청탁의뢰에 응할 것을 약속하는 것을 말하며, 직무행위가 부당 또는 부정할 것을 요하지 않는다.

(3) 객관적 처벌조건

① **공무원 또는 중재인이 된 때** : 본죄는 뇌물의 수수·요구·약속만으로 성립되고, 그 자를 처벌하기 위하여는 현실적으로 공무원 또는 중재인이 되어야 한다. 따라서 공무원·중재인이 되지 못하면 사전수뢰죄는 성립하나 (객관적 처벌조건을 결여하여) 처벌되지는 않는다.

② **고의의 대상이 아님** : 공무원 또는 중재인이 되었다는 인식을 필요로 하지 않는다. 즉, 고

의의 대상이 아니다.

③ (뇌물을 수수 · 요구 · 약속하였으나) **공무원 또는 중재인으로 예정된 자가 그 직에 임명이 안 된 경우** : 사전수뢰죄는 성립하나 (객관적 처벌조건을 결여하여) 처벌되지 않는다.

4. 제3자 뇌물공여죄

(1) 서설

① **의의** : 공무원 또는 중재인이 그 직무에 관하여 부정한 청탁을 받고 제3자에게 뇌물을 공여하게 하거나 공여를 요구 또는 약속함으로써 성립하는 범죄이다.

② **성질**

㉠ **간접수뢰죄**(다수설) : 뇌물을 받는 자가 제3자라는 점에서 실질적인 간접수뢰를 규정한 구성요건이다(다수설).

㉡ **부정한 청탁** : 본죄는 부정한 청탁을 요건으로 하는 면에서 사전수뢰죄와 구별된다.

(2) 구성요건

① **주체** : 공무원 또는 중재인(수뢰죄의 주체와 동일하게 해석한다)

② **객체** : 직무와 대가관계가 있는 뇌물(뇌물의 성립요건과 동일하게 해석한다)

③ **행위** : 직무에 관하여 부정한 청탁을 받고 제3자에게 뇌물을 공여하게 하거나 공여를 요구 또는 약속하는 것

㉠ **부정한 청탁** : 본죄는 부정한 청탁을 요하며, 부정한 청탁이란 위법뿐만 아니라 부당한 경우도 포함한다.

㉡ **제3자란** : 행위자와 공동정범자 이외의 사람을 말한다.

㉢ **제3자의 범위**(통설 · 판례)

ⓐ 자연인 · 법인 · 법인격 없는 단체를 불문

ⓑ 동창회 · 향우회 · 정당 등에 기부금 명목으로 금품을 제공한 경우 ➡ 본죄 인정

ⓒ 교사자 · 방조자 또는 간접정범의 도구를 이용한 경우 ➡ 본죄 인정

ⓓ 제3자가 그 정을 알았느냐 여부를 불문하고 뇌물을 현실적으로 수수할 것을 요하지 않는다. 즉, 제3자가 뇌물을 거절해도 본죄는 성립한다.

ⓔ 공무원과 직접적인 이해관계를 가지고 있을 필요는 없으나 사실상 이해관계가 있는 자도 해당된다.

ⓕ 공무원이 일단 수령한 뒤 제3자에게 교부하였으나 공무원이 제3자의 생계를 책임지거나, 제3자에게 채무를 부담하는 경우는 물론 제3자가 공무원의 대리인이나 사자(使者)의 의미를 가지는 때에는 이들은 본죄의 제3자에 해당하지 않으므로 단순수뢰죄가 성립한다(대판 2002. 4. 9, 2001도7056).

예 공무원이 실질적인 경영자로 있는 회사가 청탁명목의 금원을 회사명의의 예금계좌로 송금받은 경우 ➡ 본죄는 부인되나 · 단순수뢰죄가 성립(대판 2004. 3. 26, 2003도8077)

ⓖ 단, 처자나 생활관계를 같이하는 동거가족에게 제공하게 한 경우 ➡ 본죄는 부인되나, 단순수뢰죄가 성립

관련판례 제3자 뇌물공여죄

공정거래위원회 위원장인 피고인이 이동통신회사가 속한 그룹의 구조조정본부장으로부터 당해 이동통신회사의 기업결함심사에 대하여 선처를 부탁받으면서 특정 사찰에의 시주를 요청하여 시주금을 제공케 한 경우 ➡ 제3자 뇌물공여죄. 즉, 그 부탁한 직무가 피고인의 재량권 한 내에 속하더라도 형법 제130조에 정한 부정한 청탁에 해당하고, 위 시주는 기업결함심사와 관련되어 이루어진 것이라고 판단되므로 제3자뇌물수수가 성립(대판 2006. 6. 15, 2004도3424)

5. 수뢰후부정처사죄

(1) 의의: 공무원 · 중재인이 수뢰 후에 부정행위를 함으로써 성립하는 범죄이다.

예 사법경찰관이 피의자로부터 뇌물을 수수한 후 증거물의 압수를 중지한 경우

(2) 구성요건

① **주체**: 공무원 · 중재인 이외에 공무원 · 중재인이 될 자도 포함한다.

② **행위**: (수뢰죄 · 사전수뢰죄 · 제3자 뇌물공여죄)의 죄를 범하여 부정한 행위를 하는것

㉠ 부정한 행위란 그 직무에 위배하는 일체의 행위를 말한다.

㉡ 위법 · 부당한 행위뿐만 아니라 직권남용행위도 포함한다.

㉢ 위배하는 직무행위는 직무행위 자체는 물론 이와 밀접한 관련행위도 포함한다.

㉣ 직무위반행위이어야 하므로 직무 이외의 사적 행위에 대해서는 본죄가 성립하지 않는다.

㉤ 부정한 행위는 작위 · 부작위를 불문한다.

관련판례 부정한 행위

1. 작위에 의한 부정한 행위의 경우(판례)

① 수사기록의 조서 일부를 파기 · 소각하는 행위

② 입찰업무에 종사하는 자가 최고가격 · 최저가격을 응찰자에게 알려주는 행위

③ 세금을 감액하거나 면탈케 하는 행위

2. 부작위에 의한 부정한 행위의 경우(판례)

① 위원이 회의에 참석하지 않은 경우

② 피의자의 요청에 따라 증거품의 압수를 포기하거나 경찰관이 범죄를 묵과하거나 보고하지 않은 경우

관련판례 수뢰 후 부정처사죄

교통계 근무 경찰관이 도박장개설 및 도박범행을 묵인하고 편의를 봐주는 데 대한 사례비 명목으로 금품을 수수한 후 도박장개설 및 도박범행 사실을 잘 알면서도 이를 단속하지 아니한 경우 → 수뢰후 부정처사죄(대판 2003. 6. 13, 2003도1060)

(3) 죄수관련

수뢰한 공무원의 부정한 행위가 허위공문서작성죄 · 공용서류무효죄 · 간수자도주원조죄를 구성한 때 : 수뢰후부정처사죄와 허위공문서작성죄(공용서류무효죄 · 간수자도주원조죄)의 상상적 경합

6. (부정처사 후) 사후수뢰죄

(1) 의의 : 공무원 또는 중재인이 그 직무상 부정한 행위를 한 후 뇌물을 수수 · 요구 또는 약속하거나 제3자에게 이를 공여하게 하거나 공여를 요구 또는 약속함으로써 성립하는 범죄이다.

예 사법경찰관이 피의자에 대한 증거물의 압수를 중지한 후 뇌물을 수수한 경우

(2) 구체적인 사례

① **부정한 행위를 한 공무원이 전직 후에 수뢰한 경우** : 부정처사후 수뢰죄

② **재직중 정당한 행위를 하고 뇌물을 약속한 후 퇴직후에 뇌물을 수수한 경우** : 단순수뢰죄

7. 알선수뢰죄

(1) 의의 : 공무원이 그 지위를 이용하여 다른 공무원의 직무에 속한 사항의 알선에 관하여 뇌물을 수수 · 요구 또는 약속함으로써 성립하는 범죄이다.

예 국방부 공무원이 징병검사기피자로부터 청탁을 받고 병무청의 병무담당자에게 부탁하여 병역을 면제받게 해주겠다고 하여 돈을 받는 경우

(2) 구성요건

① **주체** : 공무원

㉠ 공무원에 한하며 따라서 중재인이나 사인(私人)은 포함되지 않는다.

㉡ 여기서의 공무원은 그 지위를 이용하여야 하므로 적어도 직무를 처리하는 공무원과 직무상 직접 · 간접으로 연관관계를 가지고 법률상 또는 사실상 영향을 미칠 수 있는 공무원을 말한다(판례).

② **행위** : 공무원이 그 지위를 이용하여 다른 공무원의 직무에 속한 사항의 알선에 관하여 뇌물을 수수 · 요구 또는 약속하는 것

㉠ **지위이용**

ⓐ 영향력을 미칠 수 있는 공무원이 그 지위나 신분을 이용하는 것을 말한다.

ⓑ 직무상 직접 · 간접으로 연관관계를 가지고 법률상 또는 사실상 영향을 미칠 수 있으면 된다.

ⓒ 임면권이나 압력을 가할 수 있는 법적 근거가 필요 없고 상하관계 · 협동관계 · 감독관계가 존재할 것도 요하지 않는다.

핵심요약 알선수뢰죄

1. 지위이용이 인정되는 경우(알선수뢰죄를 인정 · 판례)

① 수사과장 甲이 시청건설과장 乙에게 친구 丙의 일을 부탁하고 그 사례금으로 100만원을 받아 전액 부하직원 후생비로 사용한 경우

② 검사 甲이 후배검사에게 친구의 일을 부탁하고 그 사례금을 받아 사무실 운영비로 사용한 경우

③ 법원장은 예하법관의 직무에 관하여

④ 병무청 심리연구사보는 병무담당자의 직무에 관하여

⑤ 육군참모총장의 수석부관이 장교의 진급업무에 관하여

⑥ 노동부 고용대책과장이 연예인 국외공급사무에 관하여

⑦ 지역경제계장이 직전에 자신이 계장으로 있던 지적과 지정계 직원에게 토지거래계약허가를 받도록 알선한 경우

⑧ 다른 세무서에서 징세계장으로 근무하는 전임 징세계장이 후임 징세계장의 직무에 관하여

2. 지위이용이 부정되는 경우(알선수뢰죄를 부정 · 판례)

① 군청건설과 농림계공무원은 도지사의 직무에 관하여 영향을 미칠 수 있는 지위에 있지 않다.

② 검찰주사는 검사의 직무에 대하여 영향을 미칠 수 없다.

③ 사적 관계(단순한 친척사이 · 친구사이) 또는 지위를 이용하지 않은 개인자격의 부탁, 직무와 관계없는 사항을 교섭하고 금품을 수수한 경우

㉡ 알선

ⓐ 일정한 사항을 중개하여 교섭이 가능하도록 편의를 제공하는 것을 말한다.

예 소개장 · 명함 · 편지 등에 '선처를 희망함'이라고 적어 교부한 경우

ⓑ 청탁의 유무와 관계없이 알선이 가능하다.

ⓒ 알선행위는 과거 · 장래의 것이든 불문하며 알선행위가 실제로 이행되었는가는 불문한다.

ⓓ 공무원이 그 지위를 이용하여 다른 공무원이 직무에 속한 사항에 대한 알선이어야 한다.

ⓔ 다른 공무원의 직무행위의 위법 · 적법을 불문하므로 정당한 직무행위에 대한 알선도 본죄에 해당한다(다수설 · 판례).

(3) 죄수문제

① **공무원이 다른 공무원의 직무에 속한 사항에 대해서 알선할 의사 없이 알선해 줄 것처럼 하여 뇌물을 수수한 경우** : 사기죄만 성립

② **알선의사로 그 내용에 대하여 상대방을 기망하여 재물의 교부를 받은 경우** : 알선수뢰죄와 사기죄의 상상적 경합범

③ **알선수뢰한 금품 중 일부를 증뢰할 경우** : 알선수뢰죄와 증뢰죄의 경합범

8. 증뇌물공여죄(증뢰죄 · 증뢰물전달죄)

(1) 의의 : 뇌물을 약속 · 공여 또는 공여의 의사를 표시하거나(뇌물공여죄) 이에 공할 목적으로 제3자에게 금품을 교부하거나 그 정을 알면서 교부를 받음으로써(증뢰물전달죄) 성립하는 범죄이다.

(2) 구성요건

① **주체** : 제한이 없다. 따라서 공무원도 본죄의 주체가 될 수 있다.

관련판례 증뢰죄의 주체

본죄의 주체는 비공무원을 예정한 것이나 공무원일지라도 직무와 관계되지 않는 범위 내에서는 본죄의 주체에 해당될 수 있다. 즉, 피고인이 자신의 공무원으로서의 직무와는 무관하게 군의관 등의 직무에 관하여 뇌물에 공할 목적의 금품이라는 정을 알고 이를 전달해 준다는 명목으로 취득한 경우 ➡ 제3자뇌물취득죄가 성립(대판 2002. 6. 14, 2002도1283)

② **행위** : 뇌물을 약속 · 공여 또는 공여의 의사를 표시하거나, 이에 공할 목적으로 제3자에게 금품을 교부하거나 그 정을 알면서 교부받은 것

㉠ **약속이란** : 증뢰자 · 수뢰자 사이에 의사가 합(일)치하는 것을 말하며, 누가 먼저 제의하였느냐, 직무행위 전 · 후를 불문한다.

㉡ **공여(供與)란** : 뇌물을 취득하게 하는 것을 말하며, 상대방이 뇌물을 수수할 수 있는 상태에 두면 족하고 현실적으로 취득할 것을 요하지 않는다. 상대방은 공무원의 처나 가족일 수도 있다(판례).

㉢ **공여(供與)의 의사표시란** : 상대방에게 뇌물을 공여하겠다는 일방적 의사표시를 말하

며, 명시 또는 묵시의 방법을 불문하며 금액이나 수량을 표시할 필요도 없다.

㉣ **증뢰행위란** : 공무원의 직무행위와 직무관련성이 있어야 한다.

㉤ **증뢰물 전달이란** : 증뢰에 공할 목적으로 제3자에게 금품을 교부하거나 그 정을 알면서 교부를 받는 것을 말한다. 이 경우 제3자가 금품을 수뢰할 자에게 전달하였는가는 본죄의 성립에 영향이 없다(판례). 따라서 제3자로부터 전달받은 금품을 곧바로 증뢰자에게 반환한 경우에도 증뢰물전달죄는 성립한다.

(3) 죄수문제

① **수뢰죄가 무죄로 된 경우** : 증뢰죄는 성립

② **한 개의 행위로 수인의 공무원에게 증뢰한 경우** : 공무원의 수에 따른 증뢰죄의 상상적 경합범

③ **약속 또는 공여의 의사표시를 한 후에 뇌물을 공여한 경우** : 뇌물공여죄만 성립

④ **알선수뢰한 금품 중 일부를 증뢰한 경우** : 알선수뢰죄와 증뢰죄의 경합범

9. 공무원의 직무상 범죄에 대한 형의 가중(제135조)

공무원이 직권을 이용하여 본장 이외의 죄를 범한 때에는 그 죄에 정한 형의 2분의 1까지 가중한다. 단, 공무원의 신분에 의하여 특별히 형이 규정된 때에는 예외로 한다(제135조).

핵심요약 뇌물죄의 구성요건 비교

종 류	주 체	청 탁	부정한 행위
(단순)수뢰죄	공무원 또는 중재인	×	×
사전수뢰죄	공무원 또는 중재인이 될 자	청 탁	×
제3자 뇌물공여죄	공무원 또는 중재인	부정한 청탁	×
수뢰후 부정처사죄	공무원 또는 중재인	청탁 또는 부정한 청탁 불문	부정한 행위
부정처사후 수뢰죄	공무원 또는 중재인	×	부정한 행위
사후수뢰죄	공무원 또는 중재인이었던 자	청 탁	부정한 행위
알선수뢰죄	공무원에 한(중재인×)	×	×

핵심요약 뇌물죄의 구성요건

1. **청탁을 구성요건으로 하는 범죄** : 사전수뢰죄 · 사후수뢰죄
2. **부정한 청탁을 구성요건으로 하는 범죄** : 제3자 뇌물공여죄
3. **청탁 또는 부정한 청탁을 구성요건으로 하는 범죄** : 수뢰후 부정처사죄
4. **부정한 행위를 구성요건으로 하는 범죄** : 수뢰후 부정처사죄 · 부정처사후 수뢰죄 · 사후수뢰죄

제2절 공무방해에 관한 죄

I. 공무방해에 관한 죄의 일반이론

1. 의 의

공무방해에 관한 죄란 국가 또는 공공단체의 공권력행사를 방해하는 것을 내용으로 하는 범죄이다.

2. 보호법익과 보호받는 정도

(1) **보호법익** : 국가기능으로서의 공무

(2) **보호받는 정도** : 추상적 위험범

3. 성 질

(1) **목적범** : 공무방해에 관한 죄 중 직무 · 사직강요죄와 법정 · 국회회의장모욕죄만 목적범이다.

(2) **미수범 처벌** : 공무상 비밀표시무효죄 · 부동산 강제집행효용침해죄 · 공용서류 등 무효죄 · 공용물파괴죄 · 공무상 보관물무효죄만 미수범을 처벌한다.

4. 공무방해에 관한 죄의 형태

(1) **기본적 구성요건** : 공무집행방해죄

(2) 수정적 구성요건 : 직무 · 사직강요죄, 위계에 의한 공무집행방해죄, 법정 · 국회회의장모욕죄 · 인권옹호직무방해죄 · 공무상 비밀표시무효죄 · 부동산강제집행효용침해죄 · 공용서류 등 무효죄 · 공용물파괴죄 · 공무상 보관물무효죄

(3) 가중적 구성요건 : 특수공무집행방해죄 · 특수공무집행방해치사상죄

핵심요약 공무방해에 관한 죄

1. **목적범** : 직무 · 사직강요죄, 법정 · 국회회의장모욕죄
2. **목적범 아님** : 공무집행방해죄 · 위계에 의한 공무집행방해죄 · 인권옹호직무방해죄 · 공무상 비밀표시무효죄 · 공무상 비밀침해죄 · 부동산강제집행효용침해죄 · 공용서류 등 무효죄 · 공용물파괴죄 · 공무상 보관물무효죄 · 특수공무방해죄
3. **미수범 처벌** : 공무상 비밀표시무효죄 · 부동산강제집행효용침해죄 · 공용서류 등 무효죄 · 공용물파괴죄 · 공무상 보관물무효죄
4. **미수범 불벌** : 공무집행방해죄, 직무 · 사직강요죄, 법정 · 국회회의장모욕죄, 위계에 의한 공무집행방해죄, 인권옹호직무방해죄, 특수공무집행방해죄

Ⅱ. 공무집행방해죄

1. 서 설

(1) 의의 : 직무를 집행하는 공무원에 대하여 폭행 · 협박함으로써 성립하는 범죄이다.

예 경찰공무원의 적법한 영장집행을 방해하는 경우

(2) 성질

① **추상적 위험범**

② **행위의 객체** : 공무원

③ **보호의 객체**(보호법익) : 공무

2. 구성요건

(1) 주체 : 제한이 없다.

직무집행행위의 상대방이건 제3자이건 불문하며 공무원도 주체가 될 수 있다. 따라서 신분

범이 아니다.

(2) 객체 : 직무를 집행하는 공무원

① **공무원**

㉠ **의의** : 법령에 의하여 국가 · 공공단체의 사무에 종사하는 자를 말한다.

㉡ **적용범위** : 국가 · 지방공무원 이외에 청원경찰 · 방범대원 · 공소유지 변호사 · 집행관도 공무원에 포함된다. 단, 외국의 공무원은 제외된다.

② **직무집행**

㉠ **의의** : 공무원이 직무상 행할 수 있는 행위를 말한다.

㉡ **근거** : 법령에 의한 사무 · 상사의 명령에 의한 직무를 불문하나 공무원의 일반적(추상적) 직무권한에 속하여야 한다. 예 경찰사무 · 징세사무 · 국공립학교사무

㉢ **직무를 집행중인 공무원에 한** : 직무집행중이란 공무원이 현재 구체적인 직무를 집행하고 있음을 말한다. 따라서 대기 · 순찰 · 일시휴식 · 직무집행에 착수하기 전 · 후도 포함한다.

㉣ **예상직무집행은 부인** : 단순히 직무집행이 예상되는 것만으로는 직무집행에 해당한다고 할 수 없다.

예 출근 또는 퇴근중인 공무원 · 직무집행을 종료한 공무원을 폭행한 경우 ➡ 폭행죄만 성립(판례)

㉤ **직무방해의사 불요** : 직무집행이라는 인식만으로 족하고, 직무방해의사는 요하지 않는다.

핵심요약 공무원의 직무집행

1. 직무시간 동안 좌석에 착석하고 있는 것도 현재 감독사무를 집행하고 있는 것으로 본다.
2. 직무집행을 위해 출근하는 공무원을 폭행하는 경우 ➡ 공무집행방해죄 불성립
3. 불법 주차차량에 불법주차 스티커를 붙였다가 이를 다시 떼어낸 직후에 있는 주차단속 공무원을 폭행한 경우 ➡ 공무집행방해죄가 성립, 즉 폭행 당시 주차단속 공무원은 일련의 직무수행을 위하여 근무중인 상태에 있었다고 보아야 하므로 공무집행방해죄가 성립

③ **직무집행의 적법성** : 직무집행은 적법한 것이어야 한다.

㉠ 직무집행의 행위가 적법하기 위한 요건(적법성의 요건)

ⓐ 당해 공무원의 직무집행행위가 일반적(추상적) 권한에 속하여야 한다.

ⓑ 당해 공무원의 직무집행에 관하여 구체적 권한이 있어야 한다.

ⓒ 직무집행이 법령에 정한 방식과 절차에 따라야 한다.

㉡ **적법성의 판단기준** : 객관설(통설) · 주관설 · 절충설

ⓐ 객관설(통설) : 법원이 법령의 해석을 통하여 객관적으로 판단하여야 한다는 견해

ⓑ 주관설 : 당해 공무원이 적법한 것으로 믿었는가의 여부에 의해 판단하여야 한다는 견해

ⓒ 절충설 : 일반인의 견해를 표준으로 결정하여야 한다는 견해

관련판례 공무집행방해죄

1. 적법한 직무집행행위를 인정하는 경우(판례)

① 교통경찰관이 불심검문을 하는 행위

② 경찰관의 적법한 영장집행행위

③ 집행관의 강제처분행위

④ 법원의 증거조사절차 진행중 참여사무관의 행위

⑤ 경찰공무원이 3회에 걸친 음주측정 후에도 확인할 수 없어 다시 검사받을 것을 요구한 경우

⑥ 경찰관이 미란다 원칙상 고지사항의 일부만 고지하고 신원확인절차를 밟으려는 순간 범인이 유리 조각을 쥐고 휘둘러 이를 제압하는 경찰관에게 상해를 가한 경우(대판 2007. 11. 29, 2007도7961)

2. 적법한 직무집행행위를 부정하는 경우(판례 : 정당방위 가능)

① 경찰관이 조세를 징수하거나, 사법상의 분쟁해결에 관여하는 경우

② 법관이 수사상의 강제처분을 하는 경우

③ 경찰관의 임의동행의 요구를 거절 또는 불응한 자를 현행범이 아닌데도 체포하는 행위

④ 국가정보원 직원이 골프장 출입 공무원을 조사하는 경우

⑤ 버스전용차선 위반 단속의 불공정과 무례한 언행에 항의하자 단속원이 욕설을 하여 그 시비를 가리기 위하여 경찰서로 가자며 다투는 과정에서 단속원을 밀어뜨린 경우

⑥ 경찰관이 적법절차(미란다 원칙)을 준수하지 아니한 채 실력으로 현행범인을 연행하려고 하는 경우

(3) 행위 : 폭행 또는 협박

① **폭행** : 광의의 폭행, 즉 공무원에 대한 직접 · 간접의 유형력의 행사를 말한다.

예 ① 직무집행중인 경찰관에게 단 1회의 순간적인 투석을 하였으나 명중하지 않은 경우 → 공무집행방해죄 인정

② 공무집행중인 파출소 바닥에 인분을 던지고 재떨이에 인분을 담아 사무실 바닥에 던지는 행위 ➡ 공무집행방해죄 인정(판례)

② **협박** : 광의의 협박, 즉 공무원에게 공포심을 일으키게 할 정도의 해악의 고지를 말하며 공무원이 현실적으로 공포심을 일으켰느냐는 불문한다.

예 가처분명령을 집행하는 집행관을 보조하는 인부에게 협박한 경우 ➡ 공무집행방해죄 인정(판례)

③ **폭행 · 협박의 정도** : 공무원의 직무집행을 방해할 정도의 적극적인 것이어야 한다. 따라서 소극적인 거동이나 불복종은 본죄를 부정한다.

핵심요약 공무집행방해죄의 폭행 · 협박

1. **적극적인 폭행 · 협박을 부정하는 경우**(공무집행방해죄 부정 · 판례)
   ① 공무원에 체포당하지 않으려고 손을 뿌리치고 도주하는 행위
   ② 공무원의 출입을 막기 위하여 닫혀진 문을 열어주지 않는 행위
   ③ 풀려진 맹견을 묶지 않는 행위
   ④ 체포를 방해하려고 앉아 있거나 누워 있는 행위
   ⑤ 노동자들이 스크럼을 짜고 노래를 부르며 기세를 올릴 뿐 적극적인 저항을 하지 않는 경우
   ⑥ 운전자가 교통단속경찰관의 면허증 제시요구에 불응하고 차량을 진행한 경우
2. **적극적인 폭행 · 협박을 인정하는 경우**(공무집행방해죄 인정 · 판례)
   ① 공무원을 나가지 못하게 문을 닫는 행위
   ② 공무방해의사로 맹견을 풀어놓은 행위
   ③ 가처분명령을 집행하는 집행관을 보조하는 인부에게 폭행 · 협박한 경우

(4) 기수시기 : 공무원에 대하여 폭행 · 협박을 한 때 기수가 되며, 직무집행이 현실로 방해될 것을 요하지 않는다(추상적 위험범 · 통설).

3. 주관적 구성요건 : 고의

(1) 고의 : 본죄는 상대방이 공무원이고 직무집행 중이라는 사실 및 이에 대해 폭행 · 협박을 가한다는 인식 · 인용이 있어야 한다. 따라서 직무집행을 방해하는 의사나, 직무의 내용에 대한 인식은 요하지 않는다.

(2) 착오 : 상대방이 공무원인 사실을 모르거나 적법성에 대한 착오는 사실의 착오로서 고의를 조

각하여 본죄가 성립하지 않는다.

예 ① 공무집행중인 공무원을 폭행하였지만 그가 공무원인 줄 모른 경우 → (공무집행방해죄는 성립하지 않고) 폭행죄만 성립

② 사복경찰이 강도를 체포하려고 할 때 지나가던 행인이 공무집행중인 줄을 모르고 사복경찰을 폭행한 경우 → 폭행죄만 성립

4. 죄수 및 관련문제

(1) 죄수 : (판례)는 공무원의 수를 기준 · (통설)은 공무의 수를 기준으로 판단한다.

예 동일한 공무를 집행하는 수인(3인)의 공무집행을 방해한 경우 → 판례는 수개(3개)의 공무집행방해죄의 상상적 경합범 · 통설은 하나의 공무집행방해죄만 성립

(2) 관련문제

① **폭행죄 또는 협박죄는 흡수** : 공무집행방해죄만 성립, 즉 폭행죄 · 협박죄는 공무집행방해죄에 흡수된다(법조경합 중 흡수관계).

② **살인죄 · 상해죄는 처벌** : 폭행 · 협박죄의 정도를 초과한 살인 · 상해를 한 경우에 공무집행방해죄와 살인(상해)죄의 상상적 경합범

예 순찰중 지역주민과 잡담하는(담배 피우는) 경찰관을 폭행하여 상해를 입힌 경우 → 공무집행방해죄와 폭행치상죄의 상상적 경합

③ **본죄의 공모공동정범 인정** : 다수인의 의사연락하에 공무집행방해의 폭행에 가담한 경우 → (직접 실행행위를 하지 않는 자도) 공부집행방해죄의 공동정범 성립

④ **업무방해죄 부정** : 공무는 업무방해죄의 업무에 포함되지 않으므로 본죄가 성립하면 업무방해죄는 성립하지 않는다.

Ⅲ. 직무 · 사직강요죄

1. 서 설

(1) 의의 : 공무원에 대하여 그 직무상의 행위를 강요 또는 저지하거나 그 직을 사퇴하게 할 목적으로 폭행 또는 협박을 가하는 범죄이다.

예 ① 자기 세금을 감액시킬 목적으로 세무공무원에게 자기 세금을 감액하지 않으면 사정비서실에 말하여 조사받겠다고 위협한 경우 → 직무강요죄

② 조직폭력배가 자신을 수사하는 경찰에게 전화를 걸어 죽고 싶지 않으면 순순히 경찰을 그만두라고 윽박지

른 경우 → 사직강요죄

(2) 성질

① 목적범

② 추상적 위험범

(3) 보호법익과 보호받는 정도

① **보호법익** : 공무와 공무원의 지위의 안전

② **보호받는 정도** : 추상적 위험범

(4) 공무집행방해죄와의 구별

	직무 · 사직강요죄	공무집행방해죄
행위 대상	현재 또는 장래의 공무집행	현재의 공무집행
목적 여부	목적범	목적범 아님
보호수단	사전적으로 공무집행을 보호	사후적으로 공무집행을 보호

2. 구성요건

(1) 주체 : 제한이 없다.

(2) 객체 : 공무원, 따라서 공무집행중인 공무원뿐만 아니라 장래에 직무를 집행할 공무원도 포함된다.

(3) 행위 : 폭행 · 협박(공무집행죄의 폭행 · 협박과 동일하다)

(4) 기수시기 : 직무 · 사직강요의 목적으로 폭행 · 협박을 가한 때 기수가 된다(추상적 위험범). 따라서 목적달성 여부는 불문한다.

3. 주관적 구성요건 : 고의 + 목적

(1) 고의 : 행위자는 본죄에 대한 인식이 있어야 하며, 공무집행방해의사는 요하지 않는다.

(2) 목적범 : 고의 이외에 직무상의 행위를 강요 또는 저지하거나 그 직을 사퇴케 할 목적이 있어야 한다.

① **강요란** : 공무원에게 작위처분을 적극적으로 하게 하는 것을 말한다.

② **저지란** : 공무원에게 부작위처분을 하게 하는 것을 말한다.

Ⅳ. 위계에 의한 공무집행방해죄

1. 서 설

(1) 의의 : 위계에 의하여 공무원의 직무집행을 방해함으로써 성립하는 범죄이다.

예 경찰관 채용 시험장에서 감독관의 눈을 피하여 답안의 쪽지를 주고받은 경우

(2) 공무집행방해죄와의 구별

	위계에 의한 공무집행방해죄	공무집행방해죄
행 위	위 계	폭행 · 협박
객 체	현재 또는 장래의 공무집행	현재의 공무집행
공무방해의사	필요	불요

(3) 성질

① **목적범 아님**

② **추상적 위험범** : (통설)은 추상적 위험설 · (판례)는 구체적 위험범으로 본다.

③ **공무방해의사 요**(판례) : 고의 이외에 공무집행방해의사가 있어야 한다(판례).

2. 구성요건

(1) 주체 : 제한이 없다.

(2) 객체 : 직무집행중인 공무원

현재의 공무집행 이외에 장래의 공무집행이 예상되는 공무원과 공무집행과 관련있는 비공무원인 제3자도 포함된다.

(3) 행위 : 위계

① **의의** : 타인의 부지 또는 착오를 이용하는 일체의 행위를 말한다.

② **수단 · 방법** : 제한없다. 즉, 기망 · 유혹 · 공연 · 비밀을 불문한다.

③ **위계의 상대방** : 반드시 직무집행중인 공무원에 한하지 않고 제3자를 기망하여 공무를 방해하는 경우에도 포함된다.

(4) 기수시기 : 판례는 현실적인 공무집행방해의 결과가 발생한 때라는 견해(구체적 위험범)이나,

통설은 공무집행방해의 위험성만 있으면 성립하고 현실적인 공무집행방해의 결과발생을 요하지 않는다는 견해(추상적 위험범)

관련판례 공무집행방해죄

1. 위계에 의한 공무집행방해죄를 인정하는 경우(판례)

① 경찰관채용 시험문제를 사전에 입수한 경우

② 감독관의 눈을 피하여 답안쪽지를 전달한 경우

③ 운전면허시험을 대리응시한 경우

④ 자격시험 응시자격을 증명하는 수료증명서를 허위작성하여 제출한 경우

⑤ 경찰관 채용시험에 대리응시한 경우

2. 위계에 의한 공무집행방해죄를 부정하는 경우(판례)

① 수사기관에 대하여 피의자 또는 참고인으로 허위진술한 경우

② 수사기관에 대하여 무고의 목적 없이 허위신고를 한 경우

③ 행정관청에 허가출원사유에 허위신고한 경우

④ 전화가입청약순위에 관하여 허위신고한 경우

⑤ 태풍피해복구보조금을 지원받기 위해서 허위의 피해신고를 한 경우

V. 법정 · 국회회의장모욕죄

1. 서 설

(1) 의의 : 법원의 재판 또는 국회의 심의를 방해 또는 위협할 목적으로 법정이나 국회회의장 또는 그 부근에서 모욕 또는 소동함으로써 성립하는 범죄이다.

(2) 보호법익과 보호받는 정도

① **보호법익** : 법정과 국회의 기능

② **보호받는 정도** : 추상적 위험범(다수설)

(3) 성격

① 목적범

② 추상적 위험범

2. 구성요건

(1) 주체 : 제한이 없다. 즉, 심판을 받는 자(예 피고인 · 피의자 · 증인) 이외에 그 관계자도 주체가 될 수 있다.

(2) 행위 : 법정 · 국회회의장 또는 그 부근에서 모욕 · 소동하는 것

① **모욕**

㉠ **의의** : 경멸의 의사를 표시하는 것을 말한다.

㉡ **모욕의 상대방** : 재판 또는 국회의 심의에 관여하는 자뿐만 아니라 검사 · 피고인 · 방청인 등도 포함한다. 단, 증언거부 또는 선서거부의 표시는 모욕에 해당하지 않는다(통설).

② **소동**

㉠ **의의** : 법원의 재판이나 국회의 심의를 방해할 정도로 소란을 피우는 것을 말한다.

㉡ **소동의 수단 · 방법** : 제한없다. 즉, 사람 · 물건 · 동물을 불문한다.

③ **모욕 · 소동의 시기와 장소**

㉠ **모욕 · 소동의 시기** : 법원의 재판 또는 국회의 심의중은 물론 휴식중에도 인정된다.

㉡ **모욕 · 소동의 장소** : 법정 · 국회회의장 또는 그 부근에서 행하여져야 한다.

(3) 기수시기 : 모욕 · 소동을 한 때, 즉 현실적인 방해의 결과를 요하지 않는다(추상적 위험범).

3. 관련문제

(1) 모욕죄와의 관계 : 본죄의 모욕행위가 동시에 법관 · 국회의원에 대한 모욕이 되는 경우 ➡ 법정 · 국회회의장 모욕죄만 성립(모욕죄는 본죄에 흡수된다. 즉, 법조경합 중 흡수관계)

(2) 법원조직법상의 심리방해죄와의 관계 : 심리방해죄는 행정벌이나, 본죄는 형사벌이다.

Ⅵ. 인권옹호직무방해죄

1. 서 설

(1) 의의 : 경찰의 직무를 행하는 자 또는 이를 보조하는 자가 인권옹호에 관한 검사의 직무집행을 방해하거나 그 명령을 준수하지 아니함으로써 성립하는 범죄이다.

(2) 성질

① 신분범(경찰의 직무를 행하는 자 또는 이를 보호하는 자에 한하므로 신분범이다)

② 추상적 위험범

2. 구성요건

(1) 주체 : 경찰의 직무를 행하는 자 또는 이를 보조하는 자. 따라서 진정신분범이다.

① 경찰의 직무를 행하는 자는 사법경찰관을, 이를 보조하는 자는 사법경찰관리를 말한다.

② 사실상 경찰의 직무를 보조하는 사인(예 경찰정보원)은 제외된다.

(2) 객체 : 검사에 한

(3) 행위 : 인권옹호에 관한 검사의 직무집행을 방해하거나 그 명령을 준수하지 아니하는 것

① **인권옹호에 관한 검사의 직무집행 · 명령** : 각종의 강제처분에 대한 검사의 집행지휘 · 수사지휘 · 구속장소감찰 등을 말한다.

② **직무집행을 방해하는 방법** : 제한없다. 즉, 폭행 · 협박 · 위계를 불문한다.

③ **검사의 직무집행 · 명령의 적법성** : 검사의 직무와 명령은 적법하여야 한다(다수설).

관련판례 인권옹호 직무명령 불준수죄

검사가 긴급체포 등 강제처분의 적법성에 의문을 갖고 대면조사를 위한 피의자 인치를 2회에 걸쳐 명하였으나 이를 이행하지 않는 사법경찰관은 인권옹호 직무명령 불준수죄와 직무유기죄의 상상적 경합(대판 2010. 10. 28, 2008도11999)

Ⅶ. 공무상 비밀표시무효죄

1. 서 설

(1) 의의 : 공무원이 그 직무에 관하여 실시한 봉인 또는 압류 기타 강제처분의 표시를 손상 · 은닉 · 기타 방법으로 그 효용을 침해하는 내용의 범죄이다.

예 봉인된 내용물 있는 용기를 훔쳐내어 그 소재를 불명하게 한 경우

2. 구성요건

(1) 객관적 구성요건

① **주체** : 제한이 없다. 즉, 강제처분을 받은 자에 한정되지 아니한다.

② **객체** : 공무원이 그 직무에 관하여 실시한 봉인 또는 압류 기타 강제처분의 표시

㉠ **봉인**

ⓐ 의의 : 물건을 임의적으로 처분하지 못하게 하기 위해 봉함 기타 이와 유사한 장치를 한 것을 말한다.

ⓑ 봉인의 수단 · 방법 : 반드시 인장을 사용할 필요는 없다. 즉, 압류취지를 기재한 종이를 첨부하거나, 줄을 두르고 압류내용을 기재한 종이를 달아두는 것도 봉인이 된다. 예 공문서 봉투를 봉인하는 경우 · 우편 행낭을 봉인하는 경우

㉡ **압류** : 공무원이 직무상 보전해야 할 물건을 자기점유로 옮기는 강제처분을 말한다.

예 유체동산의 압류 · 가압류 · 가처분 · 국세징수법에 의한 압류 등

㉢ **기타 강제처분의 표시** : 봉인 · 압류 이외에 타인에게 일정한 작위 또는 부작위를 명하는 강제처분을 말한다. 예 부동산압류 · 금전채권의 압류 등

㉣ **강제처분의 유효성** : 강제처분은 유효하여야 한다. 단, 강제처분의 결정이 정당하느냐 여부는 불문한다.

예 부당한 가처분 결정에 따른 강제처분의 표시를 손상한 경우 ➡ 공무상 비밀표시무효죄 인정

③ **행위** : 손상 · 은닉 · 기타 방법으로 그 효용을 해하는 것

㉠ **손상** : 물질적으로 훼손하는 것을 말한다.

㉡ **은닉** : 소재를 불분명하게 하여 발견을 곤란하게 하는 것을 말한다.

㉢ **기타 방법**

ⓐ 손상 · 은닉 이외에 효용을 침해할 수 있는 일체의 행위를 말한다.

예 ① 압류물건을 원래의 보관장소에서 다른 장소로 이전하는 경우 ➡ 본죄 인정
② 점유이전금지가처분이 집행된 건물의 일부를 다른 사람이 점유하게 하는 경우 ➡ 본죄 인정
③ 영업금지가처분에 대해 고시내용에 위반되는 판매업무를 계속하는 경우 ➡ 본죄 인정

ⓑ 기타 방법으로 효용을 침해하는 경우는 강제처분대상이 된 채무자에게만 가능하다.

예 ① A회사에 대한 공사중지가처분에 대하여 甲회사가 건축을 한 경우 ➡ 본죄 인정
② 남편을 채무자로 한 출입금지가처분을 무시하고 처가 출입한 경우 ➡ 본죄 부정

(2) 주관적 구성요건 : 고의

① **고의** : 공무원이 직무상 실시한 봉인 또는 압류 기타 강제처분 표시라는 사실에 대한 인식과 그 표시를 손상 · 은닉 · 기타 방법으로 효용을 침해한다는 인식 또는 의사가 있어야 한다.

② **강제처분의 적법성과 유효성에 대한 인식 여부**

㉠ **학설** : 필요설(판례)과 불필요설(다수설)

	필요설(판례)	**불필요설**(다수설)
의 의	강제처분에 대한 적법성과 유효성에 대한 인식이 필요하다는 견해	강제처분에 대한 적법성과 유효성에 대한 인식이 불필요하다는 견해
착오문제	사실의 착오 문제	법률의 착오 문제
처 벌	고의는 조각되어 과실범처벌규정이 있는 경우에 한하여 과실범으로 처벌한다.	고의는 조각되지 않고 착오에 정당한 이유가 있으면 벌하지 아니한다.

㉡ **결론** : 필요설

ⓐ **필요설**(판례) : 강제처분의 유효성 · 적법성은 본죄의 구성요건에 해당하므로 따라서 필요설이 타당하다.

ⓑ **판례** : 예 가압류의 효력이 없다고 믿었거나 또는 당사자의 합의로 담보가 취소되어 최소절차를 밟을 필요가 없다고 믿고 가압류물건을 가져간 경우 ➡ 본죄 부정, 즉 무죄(사실의 착오로 보아 고의는 조각되고 본죄에 대한 과실범처벌규정이 없으므로)

관련판례 공무상 비밀표시무효죄

사전에 타인에게 양도하기로 합의가 된 유체동산(예 공장기계)에 대한 가압류집행은 무효라고 믿고 그 타인으로 하여금 가져가도록 한 경우 ➡ 본죄 인정(즉, 착오에 정당한 이유가 없으므로 본죄 인정. 대판 2000. 4. 21, 99도5563)

3. 관련문제

(1) 봉인 · 압류 · 기타 강제처분표시를 한 물건을 절취(횡령)**한 경우** : 공무상 비밀표시무효죄와 절도죄(횡령죄)의 상상적 경합범

(2) 봉인 또는 강제처분표시를 무효로 만들고 물건을 절취한 경우 : 공무상 비밀표시무효죄와 절도죄의 경합범

Ⅷ. 공무상 비밀침해죄

1. 의 의

(1) 공무원이 그 직무에 관하여 비밀로 한 봉함 · 기타 문서나 도화를 개봉하거나(공무상 비밀침해죄) 봉함 · 기타 비밀장치한 문서 · 도화 또는 전자기록 등 특수매체기록을 기술적 수단을 이용하여 그 내용을 알아냄으로써(기술적 수단 이용 공무상 비밀침해죄) 성립하는 범죄이다(제140조 제2항 · 제3항).

(2) 예 ① 공무원이 그 직무에 관하여 비밀로 한 문서를 개봉한 경우 ➡ 공무상 비밀침해죄
② 공무원이 보안장치된 특수매체기록의 내용을 비밀번호를 이용하여 알아낸 경우 ➡ 기술적 수단 이용 공무상 비밀침해죄

2. 성 질

(1) 추상적 위험범

(2) 가중적 구성요건(비밀침해죄에 대하여 불법(형)이 가중되는 가중적 구성요건이다)

3. 객 체 : 공무원이 그 직무에 관하여 비밀로 한 봉함 기타 문서 · 도화 · 전자기록 등 특수매체기록 본죄의 객체가 공무상 비밀로 한 것을 제외하고는 비밀침해죄(제316조) 또는 기술적 수단 이용 비밀침해죄와 동일하다(160 · 162면 참조).

4. 행 위 : 개봉하거나, 기술적 수단을 이용하여 그 내용을 알아내는 것(비밀침해죄와 기술적 수단 이용 비밀침해죄의 행위와 동일하다, 161 · 162면 참조)

Ⅸ. 부동산강제집행효용침해죄

1. 서 설

(1) 의의 : 강제집행으로 명도 또는 인도된 부동산에 침입하거나 기타 방법으로 강제집행의 효용을 해함으로써 성립하는 범죄이다.

예 강제집행으로 건물 명도집행이 끝난 후 채무자가 건물에 침입하는 경우

(2) 입법취지 : 강제집행의 적법성 인정. 즉, 강제집행된 부동산에 침입하여 강제집행의 효용을 무력화하고 이로 인하여 소유권 행사에 지장을 초래하는 행위를 처벌하기 위한 규정이다.

(3) 보호법익과 보호받는 정도

① **보호법익** : 강제집행의 효용

② **보호받는 정도** : 침해범 · 결과범

2. 구성요건

(1) 주체 : 제한이 없다. 즉, 강제집행을 받는 자는 물론 그 친족이나 제3자를 불문한다.

(2) 객체 : 강제집행으로 명도 또는 인도된 부동산

① **강제집행** : 민사소송법에 의한 강제집행을 말한다.

② **명도 또는 인도된 부동산**

㉠ **부동산** : 토지 · 건물 또는 그 일부를 말한다. 부동산에는 강제집행으로 퇴거집행된 부동산도 포함된다(대판 2003. 5. 13, 2001도3212).

예 퇴거집행된 지상주차장에 침입한 경우 → 본죄 인정(판례)

㉡ **명도** : 거주자 동산을 부동산으로부터 배제하고 완전한 지배를 채권자에게 넘겨주는 것을 말한다.

㉢ **인도** : 부동산의 점유만 이전하는 것을 말한다.

(3) 행위 : 강제집행으로 명도 또는 인도된 부동산에 침입하거나 기타 방법으로 그 효용을 해하는 것

① **침입** : 침입은 공공연히 행하여졌는가 · 은밀히 행하여졌는가 · 폭력적으로 행하여졌는가를 불문한다.

② **기타 방법** : 해당 부동산을 훼손하거나 출입구에 장애물을 설치하는 등의 행위를 말한다.

3. 관련문제(주거침입죄 또는 손괴죄와의 관계) : 부동산강제집행효용침해죄가 성립하면 주거침입죄 또는 손괴죄는 별도로 성립하지 않는다(법조경합 중 보충관계).

X. 공용서류 등 무효죄

1. 의 의

공무소에서 사용하는 서류 · 기타 물건 또는 전자기록 등 특수매체기록을 손상 또는 은닉하거나 기타 방법으로 그 효용을 침해함으로써 성립하는 범죄이다.

예 교통법규를 위반한 운전자가 교통범칙금 스티커를 찢는 경우

2. 구성요건

(1) 주체 : 제한이 없다.

(2) 객체 : 공무소에서 사용하는 서류 · 기타의 물건 또는 전자기록 등 특수매체기록

① **공무소** : 공무원이 직무를 집행하는 곳을 말한다.

예 ① 한국은행도 국고금예수관계에서는 공무소이다.
② 사립중 · 고등학교와 사립대학은 공무소가 아니다.
③ 사립학교에서 사용하는 입학고사시험지는 공용서류가 아니다.

② **공무소 사용의 서류 · 물건 · 전자기록 등 특수매체기록**

㉠ **의의** : 공무소에서 사용 · 보관하고 있는 일체의 서류나 물건 · 전자기록 등 특수매체기록을 말한다.

㉡ **서류**

ⓐ 공문서 · 사문서, 자기소유 · 타인소유를 불문하며, 정식절차를 밟아 접수 또는 작성되었을 것을 요하지 않는다.

예 검찰청에 증거로 제출된 사문서 · 현재 공무소에 비치 보관된 문서이면 허위문서 · 위조문서 불문, 보존기간 경과후의 문서 불문

ⓑ 문서가 완성되어 효력이 발생할 것을 요하지 않는다.

예 작성중인 미완성의 피의자 신문조서 · 수사기록에 편철되지 않은 진술조서(판례)

ⓒ 공무소에 보관문서이면 작성자 · 소유권자가 사인이라도 무방하다.

㉢ **물건** : 권리행사방해죄(제323조)에서 물건과 동일하다. 단, 공무소에서 사용보관하는 것이라야 하며, 소유권이 누구에게 있느냐는 불문한다.

㉣ **전자기록 등 특수매체기록** : 전기적 기록 · 자기적 기록 · 광기술이나 레이저기술을 이용한 기록을 말한다.

③ **기타 물건** : 공용물 파괴죄의 객체 이외의 모든 물건, 즉 동산 · 부동산 · 도화 등이다. 따라서 공무소에서 사용하는 자동차(공용자동차)는 본죄의 객체가 된다.

예 경찰서장의 관용차를 파괴한 경우 ➡ 본죄 인정

(3) 행위 : 손상 · 은닉 기타 방법으로 그 효용을 해하는 것

① **손상** : 서류나 물건 또는 전자기록 등 특수매체기록을 물리적으로 파손하는 것을 말한다.

예 ① 문서에 첨부된 인지를 떼어낸 경우
② 공문서 작성권한자가 그 내용을 변경 · 삭제할 수 없는 단계에서 이를 변경하는 경우

② **은닉** : 소재를 불분명하게 하여 발견을 곤란하게 하는 것을 말한다.

③ **기타 방법**

㉠ **의의** : 물리적으로 파손하지 않고 그 효용을 해하는 일체의 행위를 말한다.

㉡ **구체적 사례**(판례)

ⓐ 문서내용의 일부나 서명을 말소한 경우

ⓑ 자기 명의의 문서의 일부를 고치거나 자기가 제출한 허가 신청서에 첨부된 설계도면을 바꾸어 넣는 경우

ⓒ 상사가 부하직원이 작성한 공문서 기안을 결재하는 단계에서 그 내용을 허위로 변경 · 삭제하는 경우는 허위공문서작성죄가 성립하고 본죄는 성립하지 않는다.

핵심요약 공용서류무효죄

1. 공용서류무효죄를 인정하는 경우(판례)

① 판사가 확정판결 원본의 일부를 말소한 경우
② 검찰청에 증거로 제출된 사문서를 손상한 경우
③ 상사가 결재한 서류의 일부를 부하 공무원이 삭제한 경우
④ 허위의 혼인신고가 되어 있는 호적원본을 감추어 버린 경우
⑤ 교통법규를 위반한 운전자가 범칙금 스티커를 찢는 경우
⑥ 증거물로 검찰청에 제출된 사문서를 말소한 경우
⑦ 한국은행의 국고금예수관계의 장부내용을 변경한 경우
⑧ 무권한자가 작성한 공무소의 서류를 말소한 경우
⑨ 경찰관이 피의자신문조서 작성 중 화장실에 간 사이에 피의자가 피의자신문조서를 찢어버린 경우
⑩ 공무소에서 사용하는 자동차(공용자동차)를 파괴한 경우

2. 공용서류무효죄를 부정하는 경우(판례)

① 상사가 부하직원이 작성한 공문서를 결재하는 단계에서 그 내용을 허위로 변경 · 삭제한 경우 ➞ 허위공문서작성죄

② 사립중 · 고등학교 입학원서를 손상한 경우

③ 사립대학교에 비치된 공용문서를 은닉한 경우

3. 관련문제

(1) 등기서류에 첨부되어 있는 인지를 떼어내어 이를 절취한 경우 : 공용서류무효죄와 절도죄의 상상적 경합범

(2) 공문서의 서명 · 날인을 말소한 다음 공문서를 위조한 경우 : 공용서류무효죄와 공문서위조죄의 경합범

XI. 공용물파괴죄

1. 의 의

공무소에서 사용하는 건조물 · 선박 · 기차 또는 항공기를 파괴함으로써 성립하는 범죄이다.

예 택시 · 버스 승차대를 손괴한 경우

2. 객 체 : 공무소에서 사용하는 건조물 · 선박 · 기차 또는 항공기

(1) 공익에 사용되는 건조물 : (본죄의 객체가 아닌) 공익건조물파괴죄의 객체이다.

예 택시 · 버스 승차대를 손괴한 경우 ➞ 공익건조물파괴죄

(2) 공무소에서 사용되는 자동차(공용자동차) : (본죄의 객체가 아닌) 공용서류무효죄의 객체이다.

예 공무소에서 사용하는 자동차(경찰서장 관용차)를 파괴한 경우 ➞ 공용서류 등 무효죄 성립

3. 행 위 : 파괴하는 것

(1) 파괴란 손괴보다 물리적 훼손의 정도가 더 큰 경우를 말한다.

(2) 따라서 파괴의 정도에 이르지 아니하면 공용서류 등 무효죄가 적용된다.

XII. 공무상 보관물무효죄

1. 서 설

(1) 의의 : 공무소로부터 보관명령을 받거나 공무소의 명령으로 타인이 관리하는 자기의 물건을 손상 · 은닉 기타의 방법으로 그 효용을 해함으로써 성립하는 범죄이다.

예 공무소의 명령에 따라 간수하고 있는 자기 물건을 손상한 경우 · 압류한 집행관이 채무자에게 보관을 명한 물건을 손상한 경우

(2) 성질

① **신분범** : 공무소의 명령에 따라 관리하는 자에 한하므로 신분범이다.

② **재산범죄가 아닌 공무방해에 중점을 두는 범죄** : 본죄는 권리행사방해죄와 유사하나, 객체가 공무소의 공무를 보호하는 데 있으므로 재산범죄가 아니라 공무방해에 중점을 두는 범죄이다.

2. 구성요건

(1) 주체 : 공무소로부터 보관명령을 받거나 공무소의 명령으로 타인이 간수하는 물건의 소유권자(진정신분범).

(2) 객체 : 공무소로부터 보관명령을 받거나 공무소의 명령으로 타인이 간수하는 자기의 물건

① 보관명령 · 간수명령은 법령에 의거한 것이어야 한다.

② 물건에 대하여 공무소로부터 보관명령을 받은 물건에 한하므로, 즉 보관명령을 받은 사실이 있어야 한다.

③ **구체적 사례**(판례)

㉠ 압류한 집행관이 채무자에게 보관을 명한 경우 ➡ 본죄 인정

㉡ 물건에 대한 보관명령을 받아야 하므로 단순히 채권압류결정의 정본을 송달받은 경우 ➡ (보관명령을 받은 것이라 할 수 없으므로) 본죄 부정

XIII. 특수공무방해죄 · 특수공무방해치사상죄

1. 의 의

단체 또는 다중의 위력을 보이거나 위험한 물건을 휴대하여 공무집행방해죄, 직무 · 사직강요죄, 법정 · 국회회의장모욕죄, 공무상 비밀표시무효죄, 공용서류 등 무효죄, 공용물파괴죄, 공무상 보관물무효죄 및 그 미수범을 범함으로써 성립하는 범죄이다.

2. 구체적 사례

(1) 절도범인을 추적하는 경찰관에게 쇠파이프로 위협하여 그 직무수행을 방해한 경우 → 특수공무방해죄

(2) 절도범인을 추적하는 경찰관에게 쇠파이프로 위협하자 이를 피하다가 넘어져 사망한 경우 → 특수공무방해치사죄

제3절 도주와 범인은닉의 죄

I. 도주와 범인은닉의 죄에 관한 일반이론

1. 서 설

(1) 의의

① **도주의 죄** : 법률에 의하여 체포 · 구금된 자가 스스로 도주하거나(자기도주), 타인이 이에 관여함으로써(도주원조죄) 성립하는 범죄이다.

② **범인은닉의 죄** : 벌금 이상의 형에 해당하는 죄를 범한 자를 은닉 또는 도피케 함으로써 성립하는 범죄이다.

(2) 보호법익과 보호받는 정도(양죄의 구별)

	도주의 죄	범인은닉의 죄
보호법익	국가의 구금기능	국가의 형사사법기능
보호받는 정도	침해범 · 즉시범	추상적 위험범 · 계속범
친족간의 특례규정	없다	있다

2. 도주와 범인은닉의 죄의 형태

(1) 기본적 구성요건: 도주죄 · 도주원조죄 · 범인은닉죄

(2) 가중적 구성요건: 특수도주죄 · 간수자도주원조죄

3. 도주와 범인은닉의 죄의 특징

(1) 미수범 처벌: 도주의 죄와 범인은닉의 죄의 미수는 모두 처벌한다.

(2) 예비 · 음모가 처벌되는 범죄: 단순도주원조죄 · 간수자도주원조죄

(3) 친족간의 특례규정: 범인은닉죄는 적용 인정 · 도주죄는 적용 부인

Ⅱ. (단순)도주죄

1. 서 설

(1) 의의: 법률에 의하여 체포 또는 구금된 자가 도주함으로써 성립하는 범죄이다.

예 절도죄로 구속된 자가 도주한 경우

(2) 성질

① **신분범**: 법률에 의하여 체포 · 구금된 자만이 주체가 되므로 신분범이다.

② **침해범 · 즉시범**(판례)

③ **자수범 아님**: 본죄는 간접정범의 형태로 범할 수 있으므로 자수범이 아니다.

예 타인을 강요하여 자동차를 운전하게 한 후 도주한 경우 → 도주죄의 간접정범

2. 구성요건

(1) 주체: 법률에 의하여 체포 또는 구금된 자(진정신분범)

① **의의** : (법률에 의하여 체포 또는 구금된 자란) 법률에 근거하여 적법하게 신체의 자유를 구속받고 있는 자를 말한다.

② **도주죄의 주체에 해당되는 자**

㉠ 구속 또는 구인된 피고인 · 피의자

㉡ 현행범인 · 준현행범인 · 긴급체포된 자

㉢ 환형처분으로 노역장에 유치되어 있는 자

㉣ 감정유치중인 자

㉤ 사형집행대기자 · 법원의 감치명령으로 구금된 자 · 전쟁포로 등

㉥ 보안처분으로 소년원이나 감별소에 수용된 자

㉦ 형집행을 위하여 구인된 자

③ **도주죄의 주체에 해당되지 않는 자**

㉠ 불법체포 · 구금된 자

㉡ 가석방된 자 · 보석중인 자

㉢ 형의 집행정지중인 자 · 구속의 집행정지중인 자

㉣ 불심검문으로 임의동행중인 자

㉤ 전염병예방법에 의하여 격리수용된 자

㉥ 사인이 체포한 현행범인을 수사기관에 인도전까지

㉦ 구인된 증인

㉧ 보호감호 · 치료감호처분으로 수용된 자

㉨ 아동복지시설에 수용중인 자

관련판례 도주죄

사법경찰관이 피의자를 수사관서까지 동행한 것이 사실상의 강제연행. 즉, 불법체포에 해당하고, 불법체포로부터 6시간이 경과한 후에 이루어진 긴급체포 역시 위법하므로 피의자는 불법체포된 자로서 형법 제145조 제1항에 정한 '법률에 의하여 체포 또는 구금된 자'가 아니어서 도주죄의 주체가 될 수 없다(대판 2006. 7. 6, 2005도6810).

(2) 행위 : 도주하는 것

① **도주란** : 피구금자가 구금상태로부터 이탈하는 것을 말한다.

② **도주의 방법** : 제한없다. 즉, 작위 · 부작위 · 일시적 · 계속적을 불문한다.

예 구속중인 자가 가족을 면회한 후 돌아올 생각으로 일시적으로 이탈한 경우 ➡ 도주죄 성립

(3) 실행의 착수시기 : 체포 · 구금작용의 침해가 개시된 때 예 감방의 문을 열기 시작한 때

(4) 기수시기 : 체포자 또는 간수자의 실력적인 지배권을 벗어났을 때

① (본죄는 침해범이므로) 체포자 · 간수자의 실력적 지배로부터 완전히 벗어난 때 기수가 된다.

② 따라서 도주가 발견되어 계속 추적당하고 있거나, 수용시설 외벽(담)을 넘지 못하고 잠복 중이거나 넘는 중에 발견되면 도주죄의 미수가 된다.

예 교도소의 외벽을 넘은 경우라도 추적을 받고 체포된 경우 ➡ 도주죄의 미수

③ **사례**

예 ① 피구금자를 교사 · 방조하여 도주시킨 경우 ➡ 도주원조죄가 성립하고, 단순도주죄의 공범이 아니다.
② 피구금자가 타인을 교사 · 방조하여 도주에 가공(가담)하도록 한 경우 ➡ 단순도주죄가 성립하고, 도주원조죄의 공범이 아니다.

Ⅲ. 집합명령위반죄

1. 서 설

(1) 의의 : 법령에 의하여 구금된 자가 천재 · 사변 기타 법령에 의하여 잠시 해금된 경우에 정당한 이유없이 그 집합명령에 위반함으로써 성립하는 범죄이다.

(2) 성질

① **진정부작위범**

② **계속범**

③ **미수범 처벌** : 본죄는 집합명령에 응하지 않음으로써 성립하는 진정부작위범으로 미수범은 있을 수 없다(통설). 따라서 미수범 처벌규정은 입법상 불비이다(제149조).

2. 구성요건

(1) 주체 : 법률에 의하여 구금된 자(진정신분범).

① 본죄의 주체는 법률에 의하여 구금된 자이며, (법률에 의하여) 체포된 자는 본죄의 주체가 아니다.

② 예 ① 귀휴허가를 받고 출소한 자가 귀휴하지 않은 경우 → 본죄 인정
② 천재 또는 사변상태에서 불법출소한 자가 자수기간 내에 자수하지 않은 경우 → 도주죄가 성립하고, 집합명령위반죄는 불성립(판례)

(2) 행위의 상황 : 천재 · 사변 기타 법령에 의하여 잠시 해금된 경우이어야 한다.

(3) 행위 : 정당한 이유 없이 집합명령에 위반하는 것

핵심요약 정당한 이유 없이를 구성요건으로 하는 범죄

1. 직무유기죄
2. 집합명령위반죄
3. 전시군수계약불이행죄
4. 전시공수계약불이행죄
5. 전시폭발물제조죄

Ⅳ. 특수도주죄

1. 서 설

(1) 의의 : 법률에 의해 체포 · 구금된 자가 수용설비 또는 기구를 손괴하거나 사람에게 폭행 또는 협박을 가하거나 2인 이상이 합동하여 도주죄를 범함으로써 성립하는 범죄이다.

예 살인죄로 복역 중인 자가 구치소의 창틀을 뜯고 도주한 경우

(2) 성질

① 합동범

② 필요적 공범

③ 신분범

④ 결합범

2. 구성요건

(1) 주체 : 법률에 의하여 체포 · 구금된 자(도주죄의 주체와 동일하다 · 528면 참조)

(2) 행위 : 수용설비 또는 기구를 손괴하거나 사람에게 폭행 · 협박을 가하거나 2인 이상이 합동하여 도주하는 것

① **수용설비** : 사람의 신체자유를 구속하기 위한 설비를 말한다.

예 교도소 · 소년교도소 · 구치소 · 미결수용소와 경찰서의 유치장 등

② **기구** : 신체자유를 직접 구속하는 데 사용되는 물건을 말한다.

예 포승 · 수갑 · 자물쇠 등

③ **손괴** : 수용설비 · 기구를 물리적으로 훼손하는 것을 말하며, 손괴는 도주의 수단으로 행하여져야 하므로, 따라서 수갑을 찬 채로 도주하고 나중에 수갑을 손괴하더라고 본죄는 성립하지 않고 단순도주죄가 성립한다.

예 구금장소의 자물쇠를 열거나 단순히 수갑을 풀고 달아나는 경우 ➡ 도주죄가 성립하고, 본죄는 성립하지 않는다.

④ **사람에 대한 폭행 · 협박**

㉠ 광의의 폭행 · 협박을 의미하며 따라서 반드시 반항을 억압할 정도일 필요가 없다.

㉡ 도주방지에 협력하는 지위에 있는 제3자에 대한 폭행 · 협박도 본죄를 인정한다.

⑤ **2인 이상의 합동도주** : 2인 이상이 법률에 의하여 구금된 자가 상호 의사 연락하에 시간적 · 장소적으로 협동하는 것을 말한다(현장설).

V. 도주원조죄

1. 서 설

(1) 의의 : 법률에 의하여 구금된 자를 탈취하거나 도주하게 함으로써 성립하는 범죄이다.

예 법률에 의하여 구금된 자를 탈취한 경우

(2) 성질

① **독립된 구성요건**(통설 · 판례) : 도주죄에 대한 교사 · 방조를 독립된 구성요건으로 규정한 범죄이다.

② **총칙 공범규정 적용 부정** : 총칙상의 공범규정(교사범 · 방조범)이 적용되지 않는다(통설 ·

판례). 예 피구금자를 교사하여 도주하게 한 경우 ➡ 도주죄의 교사범이 아닌 도주원조죄가 성립

2. 구성요건

(1) 주체 : 제한이 없다. 즉, 본인 이외의 자는 모두 주체가 될 수 있다. 단, 피구금자가 상호의사 연락하에 함께 도주하면 특수도주죄가 성립한다.

예 강도죄로 복역중인 자가 탈옥을 협의 후 같이 탈옥한 경우 ➡ 특수도주죄

(2) 객체 : 법률에 의하여 구금된 자. 따라서 체포되어 연행중인 자는 본죄의 객체가 되지 않는다(통설).

(3) 행위 : 탈취하거나 도주하게 하는 것

① **탈취** : 피구금자를 간수자의 실질적 지배로부터 이탈시켜 자기 또는 제3자의 실력적 지배로 옮기는 것을 말하며, 탈취의 수단과 방법은 불문한다. 예 폭행 · 협박 · 기망 · 유혹 등

② **도주하게 하는 것** : 피구금자의 도주를 야기시키거나 이를 용이하게 하는 일체의 행위를 말한다. 예 도주방법의 교사, 간수자에 대한 폭행 · 협박, 감방문의 개방 등

③ **구체적 사례**

㉠ **도주범인이 기수에 이른 후에 범인의 도피를 도와주는 경우** : 범인도피죄 성립(도주원조죄는 범인도피죄에 흡수된다)

㉡ **피구금자를 교사하여 도주하게 한 경우** : 도주원조죄가 성립하고 도주죄의 교사범은 불성립

(4) 기수시기

① **탈취시** : 탈취의 결과가 나타난 때에 기수이다.

② **도주시** : 간수자의 실질적인 지배권을 벗어난 때에 기수이다.

Ⅵ. 간수자도주원조죄

1. 서 설

(1) 의의 : 법률에 의하여 구금된 자를 간수 또는 호송하는 자가 이를 도주하게 함으로써 성립하는 범죄이다.

예 절도혐의로 구속되어 있는 자의 조사를 위하여 구치소에서 검찰로 호송하는 도중 교도관이 도주할 줄 알면서

수갑을 풀어주어 도주한 경우

(2) 성질

① **가중적 구성요건** : 간수자 · 호송자라는 신분으로 인하여 불법(형)이 가중되는 가중적 구성요건이다.

② **부진정신분범** : 간수자 · 호송자라는 신분으로 인하여 불법(형)이 가중되므로 부진정신분범이다.

2. 구성요건

(1) 주체 : 법률에 의하여 구금된 자를 간수 또는 호송하는 자. 즉 부진정신분범

① 간수 또는 호송의 임무는 반드시 법령에 근거가 있어야 하는 것은 아니다.

② 따라서 반드시 공무원일 것을 요하지 않으며 현실로 그 임무에 종사하고 있는 자이면 된다.

(2) 객체 : 법률에 의하여 구금된 자

① 본죄는 법률에 구금된 자이어야 한다.

② 따라서 현행범을 체포한 사인이 경찰관에게 인도하지 않고 석방한 경우는 본죄가 성립하지 않는다.

(3) 행위 : 피구금자를 도주하게 하는 것

① **도주행위** : 작위 · 부작위를 불문한다.

② **도주하게 하는 것이란** : 도주를 야기하거나 도주의 실행을 용이하게 하는 것을 말한다.

(4) 기수시기 : 피구금자가 도주에 성공한 때 기수가 된다.

Ⅶ. 범인은닉죄

1. 서 설

(1) 의의 : 벌금 이상의 형에 해당하는 죄를 범한 자를 은닉 또는 도피케 함으로써 성립하는 범죄이다.

(2) 성질

① 추상적 위험범설(통설)

② 친족간의 특례규정 있다(제151조 제2항).

(3) 도주죄와의 구별 : 도주의 죄에서 범인은닉죄와의 구별 참조(527면 참조)

2. 구성요건

(1) 객관적 구성요건

① **주체** : 제한없다. 즉, 범인 이외 자는 모두 인정한다.

㉠ **범인 자신이 은닉 또는 도피한 경우** : 범인은닉죄 부정

㉡ **공동정범자 중 1인이 다른 공동정범을 도피시킨 경우** : 범인은닉죄 인정

㉢ **범인이 타인을 교사하여 범인 자신을 은닉 · 도피시킨 경우** : 범인은닉죄의 교사범 (판례)

관련판례 자기은닉 · 도피의 교사

1. 범인이 자신을 위하여 타인으로 하여금 허위의 자백을 하게 하여 범인도피죄를 범하게 하는 행위 → (방어권 남용으로) 범인도피죄의 교사범(대판 2000. 3. 24, 99도5275)
2. 무면허운전으로 사고를 낸 형이 동생을 경찰서에 대신 출두시켜 피의자로 조사받도록 한 행위 → 범인도피죄의 교사범(대판 2006. 12. 7, 2005도3707)

보충설명 제3자를 교사하여 자기를 은닉 · 도피하게 한 경우

범인이 제3자를 교사하여 범인 자신을 은닉 · 도피하게 한 경우에 범인은닉죄의 교사범이 성립하는가에 관해서 견해가 대립된다.

1. **학설 : 부정설**(통설) · **긍정설**(판례)
   ① **부정설**(통설) : 자기비호의 연장에 불과하므로 범인은닉죄의 교사범이 성립하지 않는다는 견해
   ② **긍정설**(판례) : 자기비호의 한계를 일탈한 것으로 범인은닉죄의 교사범이 성립한다는 견해
2. **판례** : 범인이 자신을 위하여 타인으로 하여금 허위의 자백을 하게 하여 범인도피죄를 범하게 하는 행위는 방어권의 남용으로 범인도피교사죄에 해당한다(대판 2000. 3. 24, 2000도20).

② **객체** : 벌금 이상의 형에 해당하는 죄를 범한 자

㉠ **벌금 이상의 형에 해당하는 죄** : 벌금 이상의 형은 법정형을 말하며 구류 · 과료 · 몰수가 병과되고 있는 경우도 인정된다. 따라서 형법각칙에 규정된 모든 범죄는 벌금 이

상의 형에 해당하는 본죄의 대상이다.

보충설명 범인은닉죄의 객체

1. **구류 · 과료 · 몰수가 병과형인 경우** : 범인은닉죄 인정
2. **구류 · 과료 · 몰수가 병과형이 아닌 경우** : 범인은닉죄 부인

㉡ 죄를 범한 자

ⓐ 정범 · 교사범 · 방조범, 예비 · 음모한 자를 불문한다.

ⓑ 죄를 범하였다고 하기 위해서는 구성요건에 해당하고, 위법 · 유책할 뿐만 아니라 처벌조건과 소송조건을 갖추어야 한다. 따라서 면소판결의 확정 · 무죄판결의 확정 · 형의 폐지 · 공소시효의 완성 · 사면 등으로 소추나 처벌이 불가능한 경우는 본죄의 객체가 아니다.

ⓒ 죄를 범한 자인 이상 수사의 개시전 · 후, 공소제기 유 · 무, 진범여부를 불문하고 본죄의 객체가 인정된다(판례).

관련판례 범인도피죄

범인은닉죄(제151조 제1항)에서 '죄를 범한 자'란 범죄의 혐의를 받아 수사대상이 되어 있는 자를 포함하며, 나아가 도피하게 한 당시에는 아직 수사대상이 되어 있지 않았더라도 범인도피죄가 성립한다(대판 2003. 12. 12, 2003도4533).

보충설명 범인은닉죄에서 죄를 범한 자가 진범인이어야 하는가에 대한 견해

1. **다수설** : 진범인을 요한다.
2. **판례** : 진범인을 불요, 즉 진범인이 아니더라도 범죄의 혐의를 받고 수사 또는 소추중인 자를 은닉하더라도 본죄가 성립한다(대판 1983. 3. 23, 83도1486).

핵심요약 범인은닉죄

1. **죄를 범한 자에 해당하는 경우**(범인은닉죄를 인정 : 판례)
   ① 검사의 불기소처분 받은 자를 은닉 · 도피시킨 경우
   ② 공소의 제기가 없는 친고죄를 범한 자를 은닉 · 도피시킨 경우
   ③ 범죄혐의자로 수배중인 자를 은닉 · 도피시킨 경우
2. **죄를 범한 자에 해당되지 않는 경우**(범인은닉죄를 부인 : 판례)
   ① 무죄판결이 확정된 자를 은닉 · 도피시킨 경우
   ② 면소판결이 확정된 자를 은닉 · 도피시킨 경우
   ③ 공소시효가 완성된 자를 은닉 · 도피시킨 경우
   ④ 형의 폐지 · 사면 등으로 소추 또는 처벌이 불가능한 자를 은닉 · 도피시킨 경우
   ⑤ 고소권이 소멸된 자를 은닉 · 도피시킨 경우

③ **행위** : 은닉 또는 도피하게 하는 것

㉠ **은닉** : 장소를 제공하여 범인을 숨겨주는 행위를 말한다.

㉡ **도피하게 한다** : 은닉 이외의 방법으로 범인의 발견을 곤란하게 하는 일체의 행위를 말한다.

핵심요약 범인은닉죄 인정 여부(판례)

은닉 · 도피를 인정(범인은닉죄 인정)	**은닉 · 도피를 부정**(범인은닉죄 부정)
① 도피비용 제공행위 · 은신처 제공행위 ② 변장용의 의류 · 장신구를 제공하는 행위 ③ 가족의 안부나 수사상황을 알려주는 행위 ④ 범인 아닌 자를 범인으로 가장케 하여 수사를 받도록 하는 행위 ⑤ 진범을 대신하여 자기가 범인이라고 허위신고하는 행위 ⑥ 변호인이 진범인의 자수를 저지시키는 행위 ⑦ 경찰관이 범인임을 알면서 체포하지 않고 방임하는 행위 ⑧ 진범인의 체포와 발견에 지장을 초래하는 행위 ⑨ 범인에게 도피를 권고하여 도피시킨 행위	① 변호사가 증언거부권자에게 증언을 거부하게 하는 경우 ② 피고인이 공범의 이름을 묵비하는 경우 ③ 참고인이 수사기관에서 허위진술을 하여 범인이 석방된 경우 ④ 일반인이 범인임을 알면서 신고하지 않는 경우 ⑤ 범인에게 단순히 안부를 묻거나 통상적인 인사말을 하는 경우 ⑥ 일반인이 범인을 체포하여 수사기관에 인계하지 않은 경우

(2) 주관적 구성요건

① **고의** : 벌금 이상의 형에 해당하는 죄를 범한 자를 은닉 또는 도피하게 한다는 인식과 의사가 있어야 한다. 즉, 고의는 미필적 고의만으로 족하다.

② **착오문제**

㉠ **문제의 제기** : 범인의 죄가 벌금 이상의 형에 해당하는 죄가 아니라고 오인하여 은닉 · 도피시킨 경우

㉡ **학설** : 구성요건의 착오설(다수설)과 법률의 착오설의 대립

㉢ **결론** : 구성요건의 착오로 보아 고의는 조각되고 과실범 처벌규정이 있는 경우에 한하여 과실범으로 처벌한다는 구성요건의 착오설이 타당하다.

3. 관련문제

(1) 동일 범인을 은닉하고 도피시킨 경우 : (포괄일죄로) 범인은닉죄

(2) 동일 사건에 관하여 수인의 범인을 1개의 행위로 은닉 · 도피시킨 경우 : 수개의 범인은닉죄의 상상적 경합범

(3) 동일 사건에 관하여 수인의 범인을 수개의 행위로 은닉 · 도피시킨 경우 : 수개의 범인은닉죄의 경합범

4. 친족간의 특례

(1) 형법규정 : 불벌

친족 · 호주 또는 동거의 가족이 본인을 위하여 범인은닉죄를 범한 때에는 벌하지 아니한다(제151조 제2항).

(2) 법적 성질 : 책임조각사유설(다수설) · 인적처벌조각사유설(판례)

① **책임조각사유설**(다수설) : 친족간의 정의에 비추어 범인은닉행위를 하지 않을 것을 기대할 수 없으므로 책임이 조각된다는 견해

② **인적 처벌조각사유설**(판례) : 친족간에도 범인은닉죄는 성립하거나 친족이라는 정의에 비추어 처벌만을 면제한다는 견해

(3) 친족의 범위 : 민법의 규정

민법의 규정에 의한다. 본 특례규정은 내연관계에 있는 자와 그 출생자도 포함된다(통설 : 형

사 피고인에게 유리한 유추해석은 인정되므로). 판례는 부정한다.

보충설명 범인은닉죄에서 친족간의 특례

1. **친족의 범위** : 민법에 따라 결정
2. **문제의 제기** : 법률상의 친족은 당연히 적용되나, 사실상의 친족(예 내연의 처와 그 출생자)도 적용되느냐에 대하여 견해가 대립된다.
   ① **긍정설**(통설) : 형사피고인에게 유리한 유추해석은 인정되므로 사실상의 친족에게도 인정한다는 견해
   ② **부정설**(판례) : 민법상의 친족은 법률상의 친족을 의미하므로 사실상의 친족은 적용되지 않는다는 견해
3. **사례** : 내연관계에 있는 자와 그 출생자가 본인을 위하여 범인은닉죄를 범한 경우
   ① **통설** : 범인은닉죄 부인
   ② **판례** : 범인은닉죄 인정

관련판례 사실상의 친족과 범인은닉죄

1. 사실혼관계에 있는 자는 민법의 친족이라 할 수 없어 제151조 제2항(범인은닉죄와 친족간의 특례) 및 제155조 제2항(증거인멸 등과 친족간의 특례)에서 말하는 친족에 해당하지 않는다(대판 2003. 12. 12, 2003도4533).
2. 사실혼관계에 있는 자가 교통사고를 내자 사건 당일 그 증거물인 사고차량을 치워 수리하도록 하는 한편 외국으로 도피케 한 경우 ➡ 증거인멸죄와 범인도피죄

(4) 본인 : 벌금 이상의 형에 해당하는 죄를 범한 자를 말한다.

(5) 본인을 위하여

① **원칙** : 본인의 형사책임상의 이익에 한하여 적용되므로 재산상의 이익은 포함되지 않는다.

② **예외** : 다음의 경우는 적용되지 않는다(특례적용 부인, 즉 범인은닉죄 인정).

㉠ 본인의 불이익을 위한 경우 ➡ 특례적용 부인

㉡ 본인의 공범자의 이익을 위한 경우 ➡ 특례적용 부인

㉢ 본인 및 공범자의 이익을 위한 경우 ➡ 특례적용 부인

㉣ 본인의 재산상의 이익을 위한 경우 ➡ 특례적용 부인

(6) 범인은닉죄의 친족간특례와 공범관계

① **친족과 비친족이 공동하여 범인은닉죄를 범한 경우** : 친족은 불벌 · 비친족은 범인은닉죄가 성립

② **비친족**(제3자)**이 친족을 교사하여 범인은닉죄를 범한 경우** : 친족은 불벌 · 비친족은 범인은닉죄의 교사범이 성립

③ **친족이 비친족**(제3자)**을 교사하여 범인은닉죄를 범한 경우** : 친족은 범인은닉죄의 교사범 · 비친족은 범인은닉죄가 성립

보충설명 범인은닉죄와 도주죄의 구별

	범인은닉죄	**도주죄**
주 체	자기은닉(도피)죄 불벌	자기도주죄 처벌
친족간의 특례	적용, 즉 불벌	적용 부인, 즉 처벌

제4절 위증과 증거인멸의 죄

I. 위증과 증거인멸의 죄에 관한 일반이론

1. 의 의

(1) 위증의 죄 : 법률에 의하여 선서한 증인이 허위의 진술을 하거나, 법률에 의하여 선서한 감정인 · 통역인 · 번역인이 허위의 감정 · 통역 또는 번역을 함으로써 성립하는 범죄이다.

(2) 증거인멸의 죄 : 타인의 형사사건 또는 징계사건에 관한 증거를 인멸 · 은닉 · 위조 또는 변조하거나 위조 또는 변조한 증거를 사용하거나, 타인의 형사사건 또는 징계사건에 관한 증인을 은닉 또는 도피케 함으로써 성립하는 범죄로 국가의 심판기능을 방해하는 범죄이다.

2. 증거인멸죄의 구별

	위증죄	증거인멸죄
방 법	무형적 방법으로 증거의 증명력 침해	유형적 방법으로 증거의 증명력 침해
신분성	신분범	신분범 아님
친족간의 특례규정	없다	있다
자수 · 자백의 특례	인정(필요적 감 · 면)	부정
선 서	필요	불요

3. 보호법익과 보호받는 정도

(1) 보호법익 : 국가의 사법기능(국가의 사법작용과 징계작용)

(2) 보호받는 정도 : 추상적 위험범

4. 위증과 증거인멸의 죄의 형태

(1) 위증죄의 형태

① **기본적 구성요건** : 단순위증죄

② **가중적 구성요건** : 모해위증죄

③ **독립적 구성요건** : 허위감정 · 통역 · 번역죄

(2) 증거인멸의 죄의 형태

① **기본적 구성요건** : 단순증거인멸죄

② **가중적 구성요건** : 모해증거인멸죄

③ **독립적 구성요건** : 증인 은닉 · 도피죄

Ⅱ. 위증죄

1. 서 설

(1) 의의 : 법률에 의하여 선서한 증인이 허위의 진술을 함으로써 성립하는 범죄이다.

(2) 성질

① **추상적 위험범**(다수설)

② **신분범** : 법률에 의하여 선서한 증인만이 범할 수 있으므로 신분범이다.

③ **자수범** : 신분을 가진 자(법률에 의하여 선서한 자)가 허위의 증언을 할 때만 성립한다. 따라서 간접정범이나 공동정범의 형태로는 본죄를 범할 수 없으므로 자수범이다.

④ **표현범** : 진의 아닌 의사를 진술함으로써 성립하는 표현범이다.

⑤ **미수범 불벌** : 본죄는 미수범 처벌규정이 없다.

⑥ **목적범이 아님** : 본죄는 목적을 요하지 않으므로 목적범이 아니다.

(3) 무고죄와의 구별

① 양죄의 차이점

	위증죄	무고죄
주 체	법률에 의하여 선서한 증인에 한(진정신분범)	제한없다(신분범 아님)
목적 여부	불요(목적범 아님)	필요(목적범)
실행의 착수시기	주관설(즉, 자기 기억에 반하는 진술시)	객관설(즉, 객관적으로 진실에 반하는 사실시)
기수시기	① **원칙** : 선서 후 진술시는 모든 진술이 끝날 때 ② **예외** : 진술 후 선서시는 선서가 끝날 때	공무소 또는 공무원에 도달한 때(도달시)

② 양죄의 공통점

㉠ 친족간에 특례규정 없다.

㉡ 자수 · 자백시 필요적 감면사유

2. 구성요건

(1) 주체 : 법률에 의하여 선서한 증인에 한한다. 따라서 진정신분범 · 자수범이다.

① 법률에 의한 선서

㉠ **의의** : 법률이 정한 절차와 형식에 따라 유효하게 행하여지는 것을 말한다.

㉡ **증인에게 선서를 명하는 법률** : 법률 이외의 위임명령도 포함한다.

예 형사소송법 · 민사소송법 · 비송사건절차법 · 징계법 등

㉢ **선서의 유효성**

ⓐ 선서는 선서를 하게 할 권한있는 기관에 하여야 한다. 따라서 수사기관(검사 · 경찰)에서의 선서는 무효이므로 위증죄가 부인된다.

예 참고인이 경찰이나 검사에 대한 선서는 무효이다. 따라서 허위진술을 하여도 위증죄가 성립하지 않는다.

ⓑ 선서무능력자(16세 미만자 또는 선서의 취지를 이해하지 못하는 자)의 선서는 무효이므로 위증죄가 부인된다.

ⓒ 선서나 절차상의 경미한 하자는 유효한 선서이므로 위증죄가 인정된다.

예 위증의 벌을 경고하지 않고 선서하게 한 경우 · 선서한 법원에 관할 위반이 있거나 기소절차가 부적법한 경우 ➡ 허위의 진술시 위증죄가 성립

ⓓ 선서서에 의하지 않은 선서는 무효이므로 위증죄가 부인된다.

㉣ **선서시기** : 원칙은 증언전에 선서하여야 하나, 예외로 증언후에 선서하여도 된다. 즉, 선서는 증언전 · 후 불문한다(통설 · 판례).

② **증인**

㉠ **의의** : 법원 또는 법관에 대하여 과거의 경험사실을 진술하는 제3자를 말한다.

㉡ **적용범위**

ⓐ 형사피고인 · 민사소송의 당사자 : 본죄의 주체 부인(증인적격이 없으므로)

ⓑ 공범자인 공동피고인 : 본죄의 주체 부인(증인적격이 없으므로)

ⓒ 공범자 아닌 공동피고인 : 본죄의 주체 인정(증인적격이 있으므로)

ⓓ 증언거부권자 : 본죄의 주체 인정(증언거부권자가 증언거부권을 행사하지 않고 선서후 허위의 진술시 증인적격이 있으므로)

보충설명 증언거부권자의 위증

1. 선서한 증인이 증언거부권을 포기하고(행사하지 않고) 허위의 진술시 ➡ 위증죄 인정
2. 선서한 증인에게 증언거부사유가 있음에도 (법원이) 증언거부권을 고지하지 않아 증언거부권을 행사하지 않고 허위의 진술시 ➡ 위증죄 부인, 즉 무죄

(2) 행위 : 허위의 진술을 하는 것

① **허위란** : 객관설 · 주관설(통설 · 판례)이 대립

㉠ **객관설** : 허위란 증인의 진술내용이 객관적 진실에 반하는 것을 말한다는 견해. 따라서 증인의 주관적 기억과 일치하느냐는 불문한다.

㉡ **주관설**(통설 · 판례) : 허위란 증인이 자기의 주관적 기억에 반하는 진술을 하는 것을 말

한다는 견해. 따라서 진술내용이 객관적인 진실과 일치하느냐는 불문한다.

㉢ **구체적인 사례**

ⓐ 허위라고 생각하고 진술하였으나 진술 내용이 객관적인 사실과 일치하는 경우 ➡ 위증죄 인정

ⓑ 진실이라고 생각하고 진술하였으나 진술 내용이 객관적인 사실과 불일치하는 경우 ➡ 위증죄 부정

㉣ **허위의 판단기준** : 당해 신문절차에서 증언 전체를 일체로 하여 판단하여야 한다(판례).

예 증인의 증언은 그 전부를 일체로 관찰 판단하는 것이므로 선서한 증인이 일단 기억에 반한 허위의 진술을 하였더라도 그 신문이 끝나기 전에 그 진술을 철회·시정한 경우 ➡ 위증죄 불성립(판례).

② **허위의 진술이란**

㉠ **의의** : 증인이 자기의 기억에 반하는 사실을 진술하는 것을 말한다(주관설).

㉡ **허위진술의 대상** : 증인이 경험한 사실에 한한다. (즉, 사실판단에 한) 따라서 진술자의 가치판단(예 주관적 평가나 법률적 효력에 관한 의견)은 진술의 대상이 될 수 없다(판례).

㉢ **허위진술의 방법** : 제한없다. 즉, 구두 · 몸짓 · 표정 · 작위 · 부작위를 불문한다.

㉣ **허위진술의 내용**

ⓐ 증인신문의 대상인 한 모두 인정한다. 따라서 요증사실이거나 재판에 영향을 미치는 진술임을 요하지 않는다. 예 증거능력 없는 증언도 인정

ⓑ 증언의 적법성 여부, 진술내용의 적법 · 부적법, 유효 · 무효를 불문한다.

핵심요약 위증죄

1. 허위진술로 인정되는 경우(위증죄 인정 : 판례)

① 잘 알지도 못하면서 잘 알고 있다고 진술한 경우

② 기억이 확실하지 않음에도 확실히 기억하고 있다고 진술한 경우

③ 타인으로부터 전해들은 금품의 전달사실을 마치 피고인 자신이 전달한 것처럼 진술한 경우

④ 전문한 사실을 직접 목격한 것처럼 진술한 경우

⑤ 직접 관여하여 알고 있는 사실이 아님에도 불구하고 직접 확인하거나 목격하여 알고 있다고 진술한 경우

⑥ 방에서 개최된 회의를 마당에서 구경하고 회의에 참석하였다고 증언한 경우

2. 허위진술로 인정되지 않는 경우(위증죄 부인 : 판례)

① 선서를 하고서도 사실을 묵비하여 전혀 공술을 하지 않은 경우

② 기억이 분명하지 못하여 잘못 진술한 경우

③ 증인의 진술이 경험한 사실에 대한 법률적 평가나 단순한 의견에 지나지 않는 경우

④ 허위진술하였으나 신문절차가 끝나기 전에 이를 취소 · 시정한 경우

③ 기수시기

㉠ **사전선서, 즉 선서 후 증언**(진술)**하는 경우** : 모든 증언(진술)이 끝날 때에 기수가 된다.

㉡ **사후선서, 즉 증언**(진술) **후 선서하는 경우** : 선서가 끝날 때에 기수가 된다.

예 처음에는 위증진술을 하였으나 신문이 끝나기 전에 이를 취소 · 시정한 경우 ➡ 위증죄 불성립

3. 공범관계

(1) 간접정범 · 공동정범 부정 : 위증죄는 자수범이다. 따라서 법률에 의하여 선서한 증인 이외의 사람은 위증죄의 간접정범이나 공동정범이 될 수 없다.

(2) 타인의 위증교사 인정 : 비신분자가 선서한 증인을 교사 · 방조하여 위증죄를 범하게 한 경우 ➡ 위증죄의 교사범 또는 종범이 성립(제33조 본문).

(3) 형사피고인이 자기의 형사사건에서 위증한 경우 : 위증죄 부인(피고인의 방어권을 인정하는 취지에서 위증죄 부인)

(4) 형사피고인이 자기의 형사사건에서 타인을 교사하여 위증하게 한 경우 : (판례)는 위증죄 교사범 인정(방어권의 남용이 되므로) · (통설)은 위증죄의 교사범 부인

관련판례 자기의 형사사건에 대한 위증교사

(피고인이 자기의 형사사건에 관하여 허위의 진술을 하는 행위는 피고인의 방어권을 인정하는 취지에서 처벌의 대상이 되지 않으나, 법률에 의하여 선서한 증인이 타인의 형사사건에 관하여 위증을 하면 형법 제152조 제1항의 위증죄가 성립되므로) 자기의 형사사건에 관하여 타인을 교사하여 위증죄를 범하게 하는 경우 ➡ 위증죄의 교사범 인정(방어권 남용이 되므로)(대판 2004. 1. 27, 2003도5114)

4. 죄수문제

(1) 타인을 무고하고 그로 인한 재판에서 위증을 한 경우 : 무고죄와 위증죄의 경합범

(2) 재물편취의 의사로 사기소송을 제기한 후 그 사건에서 위증을 한 경우 : 사기죄와 위증죄의 경합범

(3) 위증죄는 증거인멸죄에 대하여 특별관계(다수설) : 선서한 자의 위증은 위증죄만 성립하나, 선서 없는 자의 위증은 증거인멸죄만 성립한다.

예 선서하지 않은 증인을 교사하여 허위진술을 하게 한 경우 → 증거인멸죄의 교사범

Ⅲ. 자백 · 자수의 특례

1. 의 의 : 허위의 진술을 한 자(위증죄를 범한 자)가 그 진술한 사건의 재판 또는 징계처분이 확정되기 전에 자백 또는 자수한 때에는 그 형을 감경 또는 면제한다(제153조).

(1) 자백이란

① 허위진술한 사실을 법원 · 수사기관에 고백하는 것을 말한다.

② 법원 또는 수사기관 · 징계기관의 신문 중의 자백도 포함된다.

③ 자백은 자의(자발성)를 요하지 않으므로 신문(신문 도중) 또는 자의(스스로)에 의한 자백을 불문한다.

④ 따라서 반드시 범인 스스로의 자발성을 전제로 하는 자수와 구별된다.

(2) 자수란

① 범인 자신이 자기의 범죄 사실을 수사기관에 신고하여 그 소추를 구하는 의사표시를 말한다.

② 자수는 수사기관에 대하여만 인정된다.

③ 법원에 대한 자백은 가능하나, 법원에 대한 자수는 불가능하다.

보충설명 자백과 자수

	자 백	자 수
대 상	법원 또는 수사기관 불문	수사기관에 한
대 리	부인	원칙상 대리 부인, 단 사자(使者)에 의한 자수 인정
자발성(자의)	불요	필요

2. 자백 · 자수의 시기 : 재판확정전 또는 징계처분확정전까지

(1) 자백 · 자수의 시기 : (신문절차가 종결하여) 위증죄가 기수가 된 이후부터 재판확정 전 또는 징계처분이 확정되기 전까지이다.

(2) 허위진술을 정정시 : 신문절차가 종결하기 전에 허위진술을 정정하면 위증죄는 성립하지 않고 본 특례도 적용되지 않는다.

(3) 철회시 : 일단 자백 · 자수한 이상 그 후에 철회하더라도 본 특례는 적용된다.

3. 자백 · 자수의 주체 : 정범과 공범 모두 인정

(1) 자수 · 자백은 정범뿐만 아니라 공범에게도 인정된다.

(2) (자수 · 자백) 특례의 대상(형의 감면)은 자백 · 자수한 자에게만 적용된다.

4. 효 과 : 필요적 감면

(1) 허위진술한 사건의 재판 또는 징계처분이 확정되기 전에 자백 또는 자수한 때에는 형을 감경 또는 면제한다. 즉, 필요적 감면

(2) 즉, 필요적 감면하여야 하며, 필요적 감면 후에 다시 작량(재량)감경도 가능하다.

Ⅳ. 모해위증죄

1. 의 의

(1) 형사사건 또는 징계사건에서 피고인 · 피의자 또는 징계혐의자를 모해할 목적으로 위증한 경우에 성립하는 범죄이다.

(2) 여기서 모해할 목적이란 피고인 · 피의자 또는 징계혐의자에게 형사처분 또는 징계처분을 받게 할 목적을 말한다.

2. 성 질

(1) **부진정 목적범** : 모해할 목적으로 인하여 불법(형)이 가중되는 부진정 목적범이다.

예 甲은 乙을 모해할 목적으로 모해의 목적이 없는 丙을 교사하여 위증토록 한 경우 ➡ 丙은 단순위증죄 · 甲은 모해위증죄의 교사범(판례)

보충설명 모해위증죄의 부진정신분범 인정여부

1. **긍정설**(판례) : 모해의 목적을 형법 제33조 단서의 부진정신분요소로 파악한다는 견해. 따라서 모해할 목적으로 위증을 교사한 자는 정범에게 모해의 목적이 없었던 때에도 모해위증죄교사범으로 처벌되고, 정범인 피교사자는 단순위증죄로 처벌된다(판례).
2. **부정설**(다수설) : 모해의 목적은 행위자요소가 아니라 행위요소이므로 신분에 해당하는 것으로 볼 수 없으므로 부진정신분범을 부인한다는 견해

(2) **자수 · 자백시** : 필요적 감면(제153조)

V. 허위감정 · 통역 · 번역죄

1. 서 설

(1) **의의** : 법률에 의해 선서한 감정인 · 통역인 또는 번역인이 허위의 감정 · 통역 또는 번역을 함으로써 성립하는 범죄이다.

(2) **성질**

① 자수 · 자백의 특례규정 있다(제153조).

② 목적범 아님

2. 주 체 : 법률에 의하여 선서한 감정인 · 통역인 또는 번역인

3. 행 위 : 허위의 감정 · 통역 또는 번역을 하는 것

4. 처 벌 : 본죄는 위증죄의 예에 의하여 처벌한다.

VI. 증거인멸죄

1. 서 설

(1) 의의 : 타인의 형사사건 또는 징계사건에 관한 증거를 인멸 · 은닉 · 위조 또는 변조하거나, 위조 또는 변조한 증거를 사용함으로써 성립하는 범죄로 증거의 완전한 이용을 방해하는 행위를 내용으로 하는 범죄이다(제155조).

(2) 위증죄와 구별

	증거인멸죄	위증죄
방 법	유형적 방법으로 증거의 증명력 침해	무형적 방법으로 증거의 증명력 침해
신분성	신분범 아님	(진정)신분범
친족간의 특례규정	있다	없다
자수 · 자백의 특례	부정	인정(필요적 감면)
선 서	불요	필요

2. 구성요건

(1) 주체 : 제한이 없다. 즉, 친족 · 호주 또는 동거가족도 본죄의 주체가 될 수 있으나 친족간의 특례규정(제155조 제4항)에 따라 책임이 조각될 뿐이다.

(2) 객체 : 타인의 형사사건 또는 징계사건에 관한 증거

① 타인

㉠ 타인이란 행위자 이외의 자를 말한다.

㉡ (타인의 형사사건 또는 징계사건이라야 하므로) 자기의 사건에 대한 증거인멸은 ➡ 증거인멸죄 부인

㉢ 자기의 형사사건 또는 징계사건에 관한 증거를 인멸하기 위하여 타인을 교사하여 인멸한 경우 ➡ 증거인멸죄의 교사범(판례)

㉣ **공범과 자기에게 공통된 증거를 인멸한 경우**

ⓐ 다른 공범자를 위한 의사로 증거를 인멸한 경우 → 증거인멸죄 성립

ⓑ 공범과 자기를 위한 의사로 증거를 인멸한 경우 → 증거인멸죄 부정(판례)

② **형사사건 또는 징계사건**

㉠ 인멸되는 증거는 형사사건 또는 징계사건에 관한 것이어야 한다. 따라서 민사사건 · 행정사건 또는 선거사건에 대한 증거를 인멸한 경우는 본죄가 성립하지 않는다.

㉡ 형사사건인 한 피고사건 · 피의사건을 불문한다(통설).

㉢ 형사사건인 한 수사개시 전의 사건도 포함된다(다수설 · 판례).

㉣ 형사사건 또는 징계사건인 한 범죄의 경중이나 유죄판결의 선고 여부는 불문한다.

㉤ 징계사건은 국가의 징계사건에 한하며, 사인간의 징계사건은 해당되지 않는다.

③ **증거**

㉠ 증거는 범죄의 성부 · 형의 가중감면 · 정황 등을 인정할 수 있는 모든 자료를 말한다.

㉡ 증거는 피고인 · 피의자에게 유리 · 불리를 불문하고 인정한다.

㉢ 증거인멸죄에서 증거는 증인 이외의 모든 인적 · 물적 증거에 한정된다(통설).

예 ① 증인을 은닉하면 → 증인은닉죄 성립
② 증인을 도피케 하면 → 증인도피죄 성립

(3) 행위 : 증거를 인멸 · 은닉 · 위조 또는 변조하거나, 위조 또는 변조한 증거를 사용하는 것

예 ① 타인의 형사사건에 관한 증거를 변조하여 수사기관에 제출한 경우 → 증거인멸죄 성립
② 변호사가 위조된 증거임을 알면서 이를 형사법원에 제출한 경우 → 증거인멸죄 성립
③ 자기의 형사사건에 관하여 불리한 증거를 인멸한 경우 → 무죄

관련판례 증거위조죄

타인의 형사사건과 관련하여 수사기관이나 법원에 제출하거나 현출되게 할 의도로 법률행위 당시에는 존재하지 아니하였던 처분문서를 사후에 그 작성일을 소급하여 작성하는 것은 증거위조죄를 구성하며, 비록 그 내용이 진실하다 하여도 국가의 형사사법기능에 대한 위험이 있으므로, 즉 증거위조죄와 동행사죄의 경합범이 성립(대판 2007. 6. 27, 2002도3600)

3. 친족간의 특례

(1) 불벌 : 친족 · 호주 또는 동거가족이 본인을 위하여 본죄를 범한 때에는 처벌하지 않는다(제

155조 제4항).

(2) 성질 : 책임조각사유, 즉 친족간의 정의를 고려한 책임조각사유이다(판례).

Ⅶ. 증인은닉 · 도피죄

1. 의 의

타인의 형사사건 또는 징계사건에 대한 증인을 은닉 · 도피하게 함으로써 성립하는 범죄이다.

2. 객 체 : 타인의 형사사건 또는 징계사건에 관한 증인

증인에는 형소법상의 증인뿐만 아니라 수사기관에서 조사받는 참고인도 포함한다.

예 甲은 乙이 살인사건에 대한 참고인으로 수사기관에서 조사받고 있다는 사실을 알면서 乙의 부탁을 받고 자기 집에 숨겨둔 경우 ➡ 증인은닉죄

관련판례 자기이익을 위한 증인도피 : 무죄

피고인 자신이 직접형사처분이나 징계처분을 받게 될 것을 두려워한 나머지 자기의 이익을 위하여 증인이 될 사람을 도피하게 한 행위가 동시에 다른 공범자의 형사사건이나 징계사건에 관한 증인을 도피하게 한 결과가 된 경우에도 증인도피죄 부인(대판 2003. 3. 14, 2002도6134)

Ⅷ. 모해증거인멸 · 모해증인은닉죄

1. 의 의

피고인 · 피의자 또는 징계혐의자를 모해할 목적으로 증거를 인멸하거나 증인을 은닉 또는 도피하게 함으로써 성립하는 범죄이다.

2. 성 질 : 부진정 목적범, 즉 모해할 목적으로 불법이 가중(형)되는 부진정 목적범이다.

보충설명 증거인멸죄와 모해증거인멸죄

1. **증거인멸죄** : 목적범 아님
2. **모해증거인멸죄** : 부진정 목적범

핵심요약 범인은닉죄와 증거인멸죄 · 위증죄와 무고죄의 구별

	범인은닉죄 · 증거인멸죄	위증죄 · 무고죄
친족간의 특례	적용, 즉 형 면제	부정
자수 · 자백의 특례	부정	인정(필요적 감면)

제5절 무고의 죄

I. 서 론

1. 의 의

무고의 죄란 타인으로 하여금 형사처분 또는 징계처분을 받게 할 목적으로 공무소 · 공무원에 대해 허위사실을 신고함으로써 성립하는 범죄이다.

2. 본 질 : 개인적 법익침해설 · 국가적 법익침해설 · 절충설(통설)

(1) **개인적 법익침해설** : 피무고자를 부당한 형사처분이나 징계처분의 위험으로부터 구제하기 위한 개인적 이익(법적 안정성)을 보호하기 위한 범죄라는 견해

(2) **국가적 법익침해설** : 국가의 심판기능의 적정을 침해하는 범죄라는 견해

(3) **절충설**(통설) : 국가적 법익침해설과 개인적 법익침해설의 결합. 즉, 국가의 심판기능의 적정한 행사뿐만 아니라 피무고자 개인의 이익(법적 안정성)을 보호하는 범죄라는 견해

3. 보호법익과 보호받는 정도

(1) 보호법익: 국가의 심판기능의 적정한 행사와 피무고자 개인의 이익(법적 안정성)

(2) 보호받는 정도: 추상적 위험범

핵심요약 무고죄

① 목적범
② 과실범 처벌규정 없다.
③ 친족간의 특례규정 없다.
④ 상습범 처벌규정 없다.
⑤ 미수범 처벌규정 없다.

Ⅱ. 무고죄

1. 서 설

(1) 의의 : 타인으로 하여금 형사처분 또는 징계처분을 받게 할 목적으로 공무소 또는 공무원에 대하여 허위의 사실을 신고함으로써 성립하는 죄이다.

(2) 성질: 이중적 성격을 가진 범죄. 즉, 국가의 심판 기능의 적정한 행사(국가적 법익)와 피무고자의 법적 안정성(개인적 법익)을 보호법익으로 한다.

(3) 위증죄와의 구별

	무고죄	위증죄
주 체	제한없다(신분범 아님)	법률에 의하여 선서한 증인에 한(진정신분범)
목 적	목적범	목적범 아님
실행의 착수시기	객관설 즉, 객관적으로 진실에 반하는 경우	주관설 즉, 자기 기억에 반하는 진술서

2. 구성요건

(1) 객관적 구성요건

① **주체**: 제한이 없다. 따라서 공무원도 본죄의 주체가 될 수 있다.

② **행위**: 공무소 또는 공무원에 대하여 허위의 사실을 신고하는 것

㉠ **행위의 대상**: 공무소 또는 공무원에게 하여야 한다.

ⓐ **공무원 또는 공무소** : 모든 공무원 또는 공무소가 아니라 형사처분 · 징계처분에 대하여 직권행사를 할 수 있는 해당공무원 또는 공무소를 말한다(통설).

ⓑ 구체적인 사례

i) **형사처분** : 예 수사기관인 검사 · 사법경찰관 및 그 보조자를 포함한다.

ii) **징계처분** : 징계권 있는 소속장 이외에 징계처분을 촉구할 수 있는 기관을 포함한다.

예 수사기관을 통할하는 대통령 · 관내 경찰서장을 지휘 감독하는 경찰청장 · 감사원장 · 국세청장을 말한다.

ⓛ **행위의 태양** : 허위의 사실을 신고하는 것

ⓐ 허위의 사실

i) **의의** : 객관적 진실에 반하는 사실을 말한다(통설).

ii) 허위의 판단

㉮ **위증죄** : 주관설, 즉 주관적인 기억에 반하는 것을 기준으로 한다.

㉯ **무고죄** : 객관설, 즉 객관적인 진실에 반하는 것을 기준으로 한다.

예 허위라고 믿고 신고한 것이 객관적 진실에 합치하는 경우 ➡ 무죄

iii) 허위여부 판단

㉮ 사실의 중요내용이 진실과 합치되느냐에 따라 판단해야 한다. 따라서 사실을 다소 과장한 정도로는 허위사실이라고 할 수 없다(판례).

㉯ 신고사실이 객관적 사실관계와 일치하는 경우에는 법률적 평가나 죄명을 잘못 기재한 정도로는 허위신고라고 할 수 없다.

예 사기죄를 횡령죄로 · 권리행사 방해를 절도죄로 · 횡령죄를 절도죄로 잘못 기재하여 신고하였더라도 허위신고로 되지 않는다(판례).

㉰ 신고사실이 진실한 이상 형사책임을 부담할 자를 잘못 신고한 경우에도 본죄로 되지 않는다(판례).

㉱ 범죄의 성립을 조각하는 사유를 알고 있었음에도 불구하고 이를 숨기고 신고한 때에는 허위의 사실을 신고한 경우에 해당하여 본죄가 성립한다(판례).

iv) **허위의 사실** : (허위의 사실은) 형사처분 또는 징계처분의 원인이 될 수 있는 것이어야 한다.

㉮ 수사권 · 징계권의 발동을 촉구할 정도의 구체적이어야 한다. 따라서 단순한

추상적 사실의 적시만으로는 부족하다(통설).

㈏ 피무고자는 특정되어야 한다. 반드시 성명을 표시할 필요는 없으나 누구를 무고하였는지는 인식할 수 있어야 한다.

핵심요약 무고죄

1. 허위사실이 인정되는 경우(무고죄 인정 : 판례)

① 공소시효가 완성되었는데 공소시효가 완성되지 않은 것처럼 고소한 경우

② 도박자금으로 대여한 금전의 용도에 대하여 허위로 신고한 경우

③ 죄의 성립을 조각하는 사유(위법성조각사유)를 알고 있었음에도 불구하고 이를 숨기고 신고한 경우

2. 허위사실이 인정되지 않는 경우(무고죄 부인 : 판례)

① 신고사실은 객관적 진실과 일치하나 법적 평가 · 죄명을 잘못 적은 경우

예 사기를 횡령으로 기재하거나 · 횡령을 절도로 잘못 기재하여 신고

② 신고사실에 대한 벌칙규정이 없거나, 사면 또는 공소시효가 완성되었음이 신고내용 자체에 의해 분명한 경우

③ 이미 채무를 변제받았음에도 공정증서를 보관하고 있음을 기화로 주택을 가압류하였다는 취지의 허위의 고소장을 제출한 경우(대판 2003. 6. 13, 2003도1060) 즉 보안소송을 제기하지 아니한 채 가압류를 한 것만으로 사기죄의 실행의 착수가 있다고 볼 수 없다.

④ 형사처분을 받게 할 목적으로 허위사실을 신고하였더라도 그 사실 자체가 형사범죄가 되지 않는 경우

⑤ 고소내용이 터무니없는 허위사실은 아니나 사실에 기초하여 정황을 다소 과장한 정도인 경우

ⓑ 신고

i) 의의 : 자진하여 사실을 고지하는 것을 말한다.

ii) 신고의 요건 : 자발성을 요한다. 따라서 조사관의 요청 · 수사기관의 신문에 의하여 허위진술하는 것은 신고가 아니다.

iii) 신고의 방법 : 제한이 없다. 즉, 서면 · 구두 · 자기명의 · 타인명의를 불문한다. 단, 부작위에 의한 무고는 인정되지 않는다(통설).

핵심요약 무고죄

1. 신고가 인정되는 경우(무고죄 인정 : 판례)

① 고소장에 기재하지 않은 사실을 고소보충조서를 받으면서 자진하여 진술한 경우

② 폭행을 당한 자가 기존에 있던 상처를 위 폭행의 결과라고 고소장을 제출한 경우

③ 피고인이 위조수표에 대한 부정수표단속법 제7조의 고발의무가 있는 은행원을 도구로 이용하여 수사기관에 고발을 하게 하고 이어 수사시관에 대하여 특정인을 위조자로 지목한 경우

④ 옆집에 사는 병무청 직원(A)과 사이가 좋지 않게 지내던 중 병무청장실에 찾아가 구두로 A로부터 사기를 당했다고 허위사실을 신고한 경우

2. 신고가 인정되지 않는 경우(무고죄 부인 : 판례)

① 수사기관의 요청에 의해 알고 있는 사실을 말하는 경우 · 수사기관의 신문에 대하여 허위의 진술을 하는 경우

② 부작위에 의한 무고(자신하여 적극적인 신고가 없으므로)

㉢ **기수시기** : 허위의 신고가 당해 공무소 또는 공무원에게 도달한 때

ⓐ 당해 공무소 또는 공무원에 도달한 이상 수사의 착수여부 · 공소제기 여부는 불문하며, 도달 이후 무고문서를 되돌려 받은 경우 ➡ 무고죄 성립

ⓑ 허위사실을 신고하였으나 당해 공무소 또는 공무원에 도달하지 아니한 경우 ➡ 무죄(무고죄는 미수범 처벌규정이 없으므로)

예 甲은 경찰공무원 乙을 처벌받게 할 목적으로 종로경찰서에 투서하였으나 도달전 분실된 경우 ➡ 무죄

(2) 주관적 구성요건 : 고의 + 목적

① **고의**

㉠ 공무소 또는 공무원에게 허위의 사실을 신고한다는 인식과 의사가 있어야 한다.

㉡ 본죄의 고의는 허위사실에 대한 미필적 고의만으로 족하고 확정적 고의임을 요하지 않는다(통설 · 판례).

예 풍문을 경신하고 확신없는 사실을 신고한 경우 ➡ 무고죄 성립(판례)

② **목적** : 본죄는 목적범이므로 고의 이외에 타인의 형사처분 또는 징계처분을 받게 할 목적이 있어야 한다.

㉠ **타인** : 타인은 특정되고 인식할 수 있는 범인 이외의 자를 말한다.

ⓐ 사자무고 · 허무인무고 : 무고죄 부인. 즉, 무고는 살아있는 실재인이어야 하며 실재인인 한 의사능력 유 · 무, 책임능력 유 · 무를 불문한다.

ⓑ 자기무고 : 무고죄 부인. 즉, 무고는 타인에 대한 무고이어야 하므로 자기무고는 인정되지 않는다.

ⓒ 공동무고 : 무고죄 인정. 즉, 자기와 타인이 공범관계에 있다고 허위사실을 신고한 경우 타인에 대한 부분에 관하여만 무고죄가 성립한다(통설).

ⓓ 승낙무고 : 무고죄 인정. 즉, 무고죄는 국가적 법익과 개인적 법익을 보호하므로 피무고자의 승낙이 있어도 무고죄가 성립한다.

㉡ **형사처분 · 징계처분**

ⓐ 형사처분 : 형벌 이외에 보안처분 또는 보호처분을 포함한다.

ⓑ 징계처분 : 공법상의 특별권력관계에 의한 제재를 말한다.

③ **착오문제**

㉠ **객관적으로 허위인 사실을 진실한 사실로 오인하여 신고한 경우** : 무죄(구성요건의 착오로 고의가 조각되므로)

㉡ **허위사실이라고 인식하고 신고하였으나 진실한 사실인 경우** : 무죄(객관적 사실에 반하지 아니하므로)

3. 죄수와 관련문제

(1) 죄수의 판단기준 : 피무고인의 수를 기준으로 판단한다.

예 1개의 서면신고로 수인을 무고한 경우 ➡ 수개(의) 무고죄의 상상적 경합

(2) 무고 후 위증을 한 경우 : 무고죄와 위증죄의 경합범

(3) 문서를 위조한 후 이를 제출하여 무고한 경우 : 문서위조죄와 무고죄의 경합범

(4) 타인이 위조한 문서를 제출하여 무고한 경우 : 위조문서행사죄와 무고죄의 상상적 경합(다수설)

4. 자백 · 자수에 대한 특례 : 필요적 감면

무고죄를 범한 자가 그 신고한 사건의 재판 또는 징계처분이 확정되기 전에 자백 또는 자수한 때에는 그 형을 감경 또는 면제한다.

지은이에 대하여

한남현(필명 : 한영삼)

주요 경력

(현) 남부대학교 경찰행정학과 교수
남부대학교 경찰행정학과 학과장 역임
입학홍보처장 역임
기숙사관장 역임
경찰대학교 외래교수 역임
경찰종합학교(현직경찰)외래교수 역임
경찰종합학교 간부후보생 외래교수 역임
중앙경찰학교(신임순경)외래교수 역임
수사연구원 외래교수 역임
해양경찰(현직경찰)외래교수 역임
청와대 경호실(101단)외래교수 역임
서울지방경찰청 청원경찰 교육 외래교수 역임
광주지방법원 민사조정위원
스포츠 연예신문 자문위원
경찰청 · 서울지방경찰청 · 부산지방경찰청 · 제주지방 경찰청 등 현직경찰 승진특강
gcast 경찰형법 · 경찰형사소송법 · 수사실무 출제위원 역임
eduspa 경찰형법 · 경찰형사소송법 · 수사실무 출제위원 역임
고시계획 사법고시 형법 출제위원 역임
남부행정고시학원 · 한교행정고시학원(현 KG패스원) · 태학관 · 한림법학원 등에서 경찰형법과 경찰형사소송법 및 사법고시 형법과 형사소송법 다년간 강의

주요 저서 및 논문

『형법각론』, 율곡출판사, 2014
『형법각론』, 법문사, 2009
『형법총론』, 법문사, 2009
『형사소송법』, 법문사, 2009
『경찰형사소송법』, 도서출판 한국고시회, 2004
『경찰형사소송법』, 도서출판 한국고시회, 2003
『수사 I』, 도서출판 새롬, 2003
『경찰형법』, 도서출판 고시연구원, 2003
『경찰형사소송법』, 도서출판 고시연구원, 2002
『수사실무』, 도서출판 새롬, 2002
『경찰형법』, 도서출판 박문각, 2000
『경찰형사소송법』, 도서출판 박문각, 2000
『수사실무 I』, 도서출판 박문각, 2000
『경찰형법』, 도서출판 박문각, 2000
『경찰형사소송법』, 도서출판 박문각, 2000 등 다수 출간
「불법 영득물과 횡령죄 여부에 관한 연구」, 한국행정복지학회, 2013
「평화적인 선진집회와 시위문화 조성에 관한 연구」, 사회복지연구, 2012
「경찰수사권과 개정입법에 관한 평가와 과제」, 경찰법률논총, 2012
「보험사기 방지 대책 및 문제점과 개선방안에 관한 연구」, 한국인권사회복지학회, 2011
「범죄피해자의 형태와 대책」, 남부대학교 논문집, 2011
「성폭력 범죄의 실태와 대책」, 한국교정복지학회, 2008
「광주, 전남지역의 교통사고 현황분석과 교통 안전대책」, 한국콘텐츠학회, 2007. 1 등 다수 논문

형법각론

초판 1쇄 인쇄 2014년 2월 24일
초판 1쇄 발행 2014년 3월 3일

지은이 한남현
펴낸이 박기남
펴낸곳 **율곡출판사**
121-872 서울시 마포구 염리동 36-249
전화 (代) 02) 718-9872/3
팩스 02) 718-9874
홈페이지 www.yulgokbooks.co.kr
이메일 yulgokbook@naver.com
등록 1989.11.10. 제5-206호(윤)
ISBN 978-89-97428-42-7 93360

정가 30,000원